최신 마케팅

디지털 시대의 경쟁 전략

2nd Edition

고인곤, 성정연, 이성철, 이승희, 장형유, 허남일 지음

한빛아카데미
Hanbit Academy, Inc.

최신 마케팅 디지털 시대의 경쟁 전략 2판

초판발행 2023년 11월 10일

지은이 고인곤, 성정연, 이성철, 이승희, 장형유, 허남일 / **펴낸이** 전태호
펴낸곳 한빛아카데미(주) / **주소** 서울시 서대문구 연희로2길 62 한빛아카데미(주) 2층
전화 02-336-7112 / **팩스** 02-336-7199
등록 2013년 1월 14일 제2017-000063호 / **ISBN** 979-11-5664-002-8 93320

책임편집 김현용 / **기획 · 편집 · 진행** 김민송
디자인 표지 윤혜원, **내지** 박정우 / **전산편집** nu:n / **제작** 박성우, 김정우
영업 김태진, 김성삼, 이정훈, 임현기, 이성훈, 김주성 / **마케팅** 길진철, 김호철, 심지연

이 책에 대한 의견이나 오탈자 및 잘못된 내용에 대한 수정 정보는 아래 이메일로 알려주십시오.
잘못된 책은 구입하신 서점에서 교환해 드립니다. 책값은 뒤표지에 표시되어 있습니다.
홈페이지 www.hanbit.co.kr / 이메일 question@hanbit.co.kr

Published by HANBIT Academy, Inc. Printed in Korea

지은이 소개

지은이 고인곤

현재 강남대학교 글로벌경영학부 교수로, 고려대학교에서 경영학박사 학위를 취득했다. KB Investment에서 근무했으며 한국표준협회 전문위원과 한국산업기술진흥원 자문위원으로 활동했다. 한국벤처창업학회 회장을 역임했다. 저서로는 「사업계획서작성법」, 「기업가정신과 창업」, 「마케팅의 미래준비」 등이 있다.

지은이 성정연

현재 성결대학교 경영학과 교수로 경영학과장을 겸임하고 있다. 성균관대학교에서 경영학박사 학위를 취득했다. 성균관대학교 인터랙션사이언스연구소 연구교수와 성결대 글로벌경영기술대학 센터장을 역임했으며, 지금은 벤처창업학회 편집위원, 지식경영연구 편집위원 등 다양한 활동을 하고 있다. SSCI 및 SCOPUS에 국제학술지논문을 게재하고 있다. Journal of Consumer Studies, Services Marketing Journal 및 Asia Pacific Journal of Information Systems의 저널에서 최우수 논문상을 수상했다.

지은이 이성철

현재 강남대학교 실버산업학과 교수로, 성균관대학교에서 경영학박사 학위를 취득했다. 강남대학교 산학협력단장 및 창업지원단장, 실버산업연구소장을 역임했다. 한국전문경영인학회 회장, 한국기업경영학회, 한국상업교육학회 부회장, 전문경영인연구 편집위원, 한국기업경영학회 학술위원장 그리고 한국전문경영인학회 국제학술대회 조직위원장으로 활동했다. 저서로는 「실버산업개론」, 「경영학의 실험설계와 통계분석」, 「외식산업의 경영」, 「마케팅다차원척도분석」, 「SAS 통계탐험대」, 「조사연구의 다변량분석」, 「조사연구의 설계와 분석」 등이 있다.

지은이 이승희

현재 금오공과대학교 경영학과 교수로, 성균관대학교에서 경영학석사 및 박사 학위를 취득했다. 금오공과대학교 산학협력단장, 기획협력처장, 창업진흥센터장, 창업교육센터장을 역임했다. 한국디지털정책학회 회장, 대한산업경영학회 수석부회장, 한국정책학회 부회장으로 활동했다. 저서로는 「메디비스시대의 진자싱거래」, 「경영학원론」, 「최신소비자행동론」 등이 있다.

지은이 장형유

현재 경상국립대학교 경영대학 교수로, 경상대학교에서 경영학 학사, 석사 및 박사 학위를 취득했다. California State University 교환교수 및 경북대학교 초빙교수를 역임했다. 한국전략마케팅학회 회장을 역임했으며 현재는 편집위원장으로 활동하고 있다. 한국마케팅관리학회 부회장, 한국소비자원 CCM인증평가 위원, LH기술평가위원, BNK경남은행 경영자문 위원으로 활동했다. 경상대학교에서 입학부본부장과 인재개발원장으로 활동했으며 경영대학학장으로 활동하고 있다. 주요 저서로는 「최신소비자행동론」이 있으며, 역서로는 「마케팅」이 있다.

지은이 허남일

현재 강남대학교 글로벌경영학부 명예교수로, 성균관대학교에서 경영학 학사, 석사 및 박사 학위를 취득했다. University of Illinois at Urbana-Champaign, University of North Carolina at Greensboro 교환교수, 강남대학교 경영대 학장, 교수협의회 회장, 대학평의회 위원을 역임했다. 한국전문경영인학회 회장과 한국산업경영학회 회장을 역임했으며, 한국경영학회 등 여러 학회 부회장을 역임하였고 한국가스공사 비상임이사와 이사회장을 역임하였다. 주요 저서로는 「마케팅」, 「소비자행동론」, 「경영학의 이해」이 있으며, 역서로는 「인터넷마케팅」이 있다.

머리말

2019년 말에 시작된 코로나19로 인하여 몇 년간 전 세계에서 큰 변화가 있었다. 물론 세계 경제에서도 많은 부분이 달라졌으며, 우리나라 경제도 코로나로 인하여 침체 상태를 벗어나지 못하였다. 교육환경도 많이 달라져서 코로나 기간에는 대부분의 교육 현장에서 비대면 강의가 이루어졌었고, 학생들은 학교에 나오지 못하였다. 거의 3년에 걸친 긴 코로나 시국을 거치면서 재택근무, 비대면 강의, 줌 회의 등이 일상화되었다.

더불어 4차 산업혁명이 진행됨에 따라 AI와 로봇이 우리 생활에서 일상화되었다. 과거 인간이 하던 활동의 상당 부분이 기계화 및 자동화되면서 인간의 일자리를 빼앗아 가고 있다. 특히 경영학 분야에서는 생산활동이 자동화와 로봇으로 대체되었고, 회계도 컴퓨터로 대부분 작성됨으로써 인간의 노동력의 중요도가 낮아졌다. 재무관리나 인사관리도 어느 일정 부분 전산화되어 로봇으로 대체될 수 있지만, 마케팅은 상당 부분이 인간의 상호작용과 감정을 다루어야 하는 분야이기에 마지막까지 로봇이 대체하기 힘든 부분으로 남아있다. 그래서 마케팅 관련 일자리는 AI를 장착한 로봇에 의해 대체되는 마지막 일자리가 될 것으로 생각된다.

본서를 개정하면서 세계 경제와 사회의 전반적인 기업 환경의 변화로 인한 새로운 이론과 기업 사례를 추가하였으며, 4차 산업혁명 시대의 다양한 신기술의 발달이 소비자와 기업에 많은 영향을 미치고 있는 바, 메타버스 마케팅이나 온라인 소비자행동과 같은 새로운 이론과 사례를 추가하고 보완하려고 노력하였다.

이 책은 총 13개의 장으로 구성되어 있다. 1장은 마케팅의 기본 개념을 다루고, 2장은 전략계획에 관한 내용, 3장부터 5장은 주로 마케팅 환경과 분석에 관련된 내용이다. 3장에서는 마케팅 환경을 다루고, 4장에서는 시장 분석과 마케팅 조사 도구에 관해 설명한다. 5장에서는 환경에서 가장 중요한 부분인 소비자 행동에 대해 다룬다. 6장에서는 STP 전략으로, 시장 세분화, 표적 시장 선택, 위치 전략 등 마케팅의 핵심 개념을 학습할 수 있다. 7장부터 13장까지는 마케팅믹스의 4P(제품, 가격, 촉진, 유통)에 대해 다룬다. 7장에서는 제품 전략, 8장에서는

PLC(제품 수명 주기)와 신제품 관리, 9장에서는 가격 결정, 10장에서는 촉진 전략, 11장에서는 광고 관리, 12장에서는 유통 경로, 13장에서는 유통 기관과 물류에 대해 다룬다.

최대한 학생들이 쉽게 이해할 수 있도록 문장을 최대한 풀어서 기술하려고 노력하였으며, 도표와 사진을 많이 수록하였다. 칼라 인쇄를 사용하여 시각적으로도 더 효과적으로 표현했다. 모든 장마다 내용에 들어가기에 앞서 학습목표와 주요 내용을 넣었으며, 각 장의 끝에는 주요 용어와 연습문제를 넣어 학생들이 스스로 공부한 내용을 정리할 수 있도록 하였다. 전체 내용을 한 학기에 끝낼 수 있도록 대학의 학기 즉 15~16주에 맞추어 본문을 13개 장으로 구성하였으며, 최신 사례와 이론을 가능하면 많이 포함하도록 노력하였다.

마지막으로 연구와 강의로 바쁜 가운데서도 집필과 교정을 열심히 해주신 6명의 교수진과 출간에 수고하여 주신 한빛아카데미 관계자 여러분에게 감사의 인사를 전한다.

2023년 겨울
저자 일동

차례

CHAPTER 1 마케팅의 이해

CHAPTER 2

전략계획

CHAPTER 3

마케팅 환경

CHAPTER 4 시장분석과 마케팅 조사

CHAPTER 5 소비자행동

CHAPTER 6 STP전략

CHAPTER 7 제품전략

CHAPTER 8 제품수명주기와 신제품관리

CHAPTER 9 가격결정

CHAPTER 10 촉진전략

CHAPTER 11 광고관리

CHAPTER 12 유통경로

CHAPTER 13 유통기관과 물류

CHAPTER 1

마케팅의 이해

Ⅰ. 마케팅 개념

Ⅱ. 고객가치와 마케팅

Ⅲ. 마케팅 개념의 발전 과정

Ⅳ. 마케팅관리 프로세스

Ⅴ. 마케팅 개념의 확대

학습목표

- 경영이란 무엇인지 생각해 보고 마케팅과의 관계를 알아본다.
- 마케팅의 기초 개념들을 살펴본다.
- 마케팅의 영역을 이해한다.
- 마케팅 개념의 발전 과정을 알아본다.
- 마케팅관리 프로세스를 살펴본다.
- 변화하는 마케팅 환경과 이에 따라 마케팅 개념이 어떻게 확대되는지를 살펴본다.

주요 내용

경영이란 기업의 목적을 달성하기 위한 여러 가지 활동들을 말한다. 과거에는 기업의 목적을 이윤 창출로 국한하였으나, 최근에는 이윤 창출 이외의 다양한 목적을 가진 기업들이 활발하게 출현하고 있다. 따라서 현대 경영에 있어서, 이윤 창출보다는 고객 창출을 우선시해야 하며, 나아가 고객 유지까지도 염두에 두어야 한다. 소비자를 자사의 고객으로 만들고, 계속 유지하기 위해서는 기업은 소비자가 원하는 바를 파악하고 충족시켜 주어야 하는데, 경영의 전통적인 기능 중에서는 오직 마케팅만이 그러한 역할을 수행하고 있다. 즉, 기업 경영의 성패는 마케팅 능력에 달려있다고 해도 과언이 아니다. 나아가 기업의 경영자는 새롭고 유용한 제품을 시장에 내놓음으로써, 이를 통해 사람들이 원하는 바의 생활을 영위할 수 있도록 해야 하는데, 이는 기업의 사회적인 책임과도 관련된다. 이러한 까닭에 피터 드러커는 기업의 근본적 활동은 마케팅과 혁신이 되어야 한다고 주장하였다. 마케팅이란 고객을 위한 가치를 창출하여 전달함으로써 마케터의 목적을 달성하려는 활동으로, 시대의 변화 속에서 현대의 마케팅 개념은 지속 가능한 사회적 마케팅 개념을 지향하고 있다. 소비자로부터 원하는 반응을 끌어내기 위해서 마케터는 다양한 기량을 갖추고 많은 노력을 기울여야 한다.

이번 장에서는 마케팅에 대해서 정의를 내리고, 기초 개념들은 무엇이며, 영역은 어떠한지 알아본다. 또한, 마케팅 개념은 어떤 과정을 거쳐 발전됐는지, 마케팅관리 프로세스는 어떻게 구성되어 있는지를 살펴보고, 마지막으로 변화하는 마케팅 환경에 따라 마케팅 개념이 어떻게 확대되고 있는지 알아본다.

Ⅰ 마케팅 개념

1 경영과 마케팅

특정한 목적을 달성하기 위하여 조직을 구성하고, 운영하는 것을 경영이라고 한다. '목적을 추구하는 집단'으로 기업을 정의한다면, 이러한 경영 개념은 고대부터 존재해 왔다. 마케팅 행위의 본질이라고 할 수 있는 교환행위는 인류가 태초부터 물물교환하면서 시작되었기 때문에 마케팅의 역사는 아주 오래되었다고 볼 수 있다. 그렇지만 백화점의 기원을 1852년 프랑스의 봉마르쉐에서 찾을 수 있다. 현대적인 의미에서의 경영학 또는 기업 경영은 테일러의 과학적 관리법과 포드의 대량생산 체제가 등장하는 20세기 초부터 시작되었다고 본다면, 이때부터 마케팅 개념이 본격적으로 등장했다고 보아도 틀린 말은 아니다.

마케팅이라는 용어가 언제부터 사용되기 시작하였는지는 정확하지 않으나 20세기 초인 1900년대에 미국에서 처음으로 등장하는데, 시장(market)이란 용어에 진행형(ing)을 붙여 만든 그 당시의 신조어였다. 그렇게 본다면 마케팅은 시장에서 일어나는 모든 행위를 다루는 것이라고 볼 수 있다. 1910년대의 미국은 유럽의 제1차 세계대전으로 인하여 공장을 돌리기만 하면 제품이 잘 팔리는 호황을 누리고 있었기 때문에 마케팅 행위가 활발하게 일어나지는 않았다. 그러나 전쟁이 끝나고 유럽의 전후 복구사업도 어느 정도 마무리되면서 재고가 쌓이게 되었다. 그 정점이 1929년 세계 대공황이었고 뒤이은 1930년대는 미국에서 가장 혹독한 불황기로 평가되고 있다. 그 여파로 과거와 같이 가만히 앉아서는 제품이 팔리지 않으면서 기업에는 판매 부서, 시장조사 부서 등이 만들어지고 광고가 활발하게 행해지면서 과장광고, 허위광고 등의 문제도 생겨나고, 그 반작용으로 소비자보호운동도 생겨나고 하면서 마케팅이란 말을 많이 사용하게 되고 중요해지기 시작했다. 하지만 마케팅에 대한 본격적인 학문적 연구와 실무적 사용은 미국의 또 다른 불황기인 1950년대부터라고 해도 과언이 아니다.

경영학적인 시각에서 본다면, 기업은 제품과 서비스를 생산/판매하여 목적을 달성하게 되는데, 전통적인 시각에서는 이윤을 창출하는 활동만을 경영으로 보았으나, 사회의 변화 속에서 다양한 목적을 가진 기업들이 많아짐에 따라 더 이상 이윤 창출 관점으로만 경영을 바라볼 수 없게 되었다. 이러한 변화를 반영하여 피터 드러커(P. Drucker)는 '경영의 목적은 고객을 창출하고 유지하는 것(The purpose of business is to create and keep the customer)'이라고 주장하였다. 그렇다면 기업은 어떻게 해야 소비자를 자사의 고객으로 만들고 계속 유지할 수 있을까? 간단히 답하자면 소비자가 원하는 바를 제대로 파악하고, 이를 충족시켜야 한다. 경영학에는 마케팅을 비롯하여, 인사관리, 생산관리, 재무관리, 회계학 등 전통적인 다섯 개 분야와 후에 추가된 국제경영학, 경영정보학이 있다. 이들 중에서 소비자의 필요(need)나 욕구(want)에 관심을 두는 분야는 오직 마케팅뿐이다. 다시 말해서 마케팅으로 경영의 목적을 달성할 수 있는 것이다. 그런데 소비자의 필요나 욕구는 고정된 것이 아니고 계속 변하게 마련이다. 따라서 기업은 지속적으로 새로운 제품이나 서비스를 개발하고 제공하여야 경영의 목적을 달성할 수 있다. 즉, 마케팅을 통해 사람들이 원하는 바의 생활을 영위할 수 있도록 해야 하며, 이는 기업의 사회적인 책임(CSR: Corporate Social Responsibility)과도 관련이 있다. 드러커는 이러한 이유로 기업의 근본적인 기능을 마케팅과 혁신(innovation)으로 보았다.

한편, 많은 사람들이 판매와 유사한 개념으로 마케팅을 생각하고 있다. 그러나 마케팅은 판매 이외에 다음과 같은 의미를 더 포함하고 있으므로 판매 개념과는 전혀 다르다.

첫째, 마케팅에는 사전에 시장조사를 통하여 소비자 욕구를 파악한 후 제품계획에 적극적으로 반영하는 활동이 포함된다. 즉, '팔릴 수 있는 제품을 만들어 팔겠다'라는 것이다. 기업의 모든 활동은 소비자 욕구를 충족시키는 것을 중심으로 이루어진다. 이에 반해 판매는 '제품을 만들었으니 팔겠다'는 관점으로 접근하며, 이러한 접근 방식은 고객의 요구를 사전에 이해하고 제품을 그에 맞게 개발하는 전략과는 다르다. 왜냐하면 제품을 만든다는 것은 같지만 전자는 기업 중심으로 만드는 것이고, 후자는 소비자 중심으로 만드는 것이기 때문이다. 소비자 중심으로 생산된 제품은 기업 중심의 제품에 비해 팔릴 확률이 높아진다. 이러한 활동을 판매 전(pre-selling) 활동이라 한다.

둘째, 마케팅에서는 판매 후 고객관리 활동이 매우 중요하다. 소비자들은 일반적으로 제품을 구입한 후 성과를 평가해서 만족하면 반복 구매하고, 불만족하면 다른 제품을 구매한다. 한 번 구입한 고객이 '일회성 고객'으로 끝나는지 아니면, '평생 고객'이 되는지에 대한 결정은 기업에게 있어서 매우 중요하다. 이 결정은 판매 이후의 고객관리에 달려있다. 판매에는 이러한 사후 고객관리 활동이 포함되지 않는다. 기업이 계속기업(going concern)으로 유지, 발전해 나가기 위해서는 판매 후에도 A/S를 비롯하여 품질보증, 반품 교환 등 고객의 불만을 극소화하는 노력과 동시에, 광고 및 홍보를 통해 자사 제품에 대한 신뢰와 긍지를 갖도록 함으로써 만족을 확인, 강화하는 노력이 필요하다. 이러한 노력의 결과로 계속된 판매가 보장되므로 이를 판매 후

(post-selling) 활동이라 한다.

마케팅과 판매의 차이점을 그림으로 표시하면 [그림 1-1]과 같다. 판매는 일회성 교환으로 끝나지만, 마케팅은 판매 이외에 판매 전 활동, 판매 후 활동 등 세 개의 활동을 반복하는 것이다.

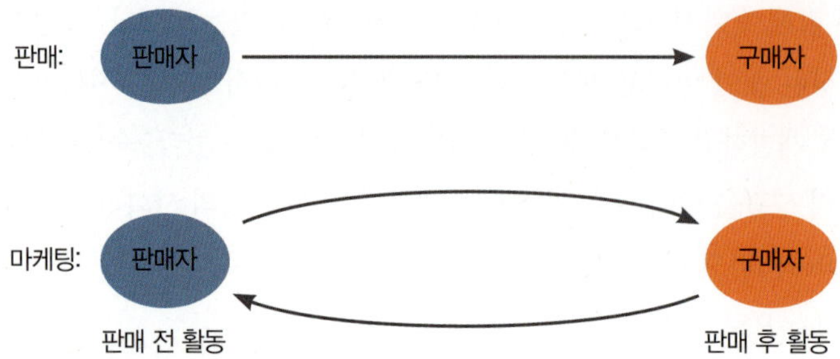

그림 1-1 마케팅과 판매의 차이

그리고 마케팅이 시장에서 일어나는 일을 다룬다면 시장에는 판매자만 있는 것이 아니고 구매자도 있기 때문에 판매행위와 구매행위가 동시에 일어나며 판매와 구매, 즉 거래행위가 잘 성사되려면 수송과 보관 같은 물류 행위나 금융기능, 위험부담 기능, 표준화 기능, 시장정보기능 등이 같이 수반되어야 한다. 결과적으로, 이러한 것들이 모두 포함된 개념이 마케팅이며, 판매자 위주 시장(seller's market)에서 구매자 위주 시장(buyer's market)으로 시장의 패러다임이 이동하면서 중요성이 배가되고 있다.

표 1-1 판매자 위주 시장과 구매자 위주 시장의 비교

구분	판매자 위주 시장	구매자 위주 시장
경제발전단계	공급 < 수요	공급 > 수요
관심분야	공급(생산)	수요(소비)
시장주도권	생산자, 판매자	소비자, 구매자
기업행동지침	기업 중심 '만들면 팔린다'	고객 중심 '팔릴 것을 만든다'
기업경영철학	판매(selling)	마케팅(marketing)

2 마케팅의 정의

오랫동안 마케팅이 과학(science)인지 아트(art), 즉 기술(technique)인지에 대해 논란이 있었다. 과학은 확고한 경험적 사실에 근거한, 보편성과 객관성이 요구되는 지식의 체계로서 사회과학과 자연과학으로 대별된다. 한편, 아트는 직관성(instinct)을 중시하는 인간의 창조 활동으로서 기술과 동일한 의미로도 사용된다. 결론적으로 마케팅은 과학과 아트 모두에 해당하는 매력적인 개념이다. 마케팅은 치밀하게 계획을 수립한 후, 정교한 수준(state of the art)의 도구나 기법을 사용하여 이를 실행하는 경영기능(function)이다. 유능한 마케터는 학문적으로 검증된 이론을 바탕으로 창의성을 발휘한 활동을 통하여 바람직한 성과를 만들어 낸다.

마케팅에서의 **시장**(market)은 라틴어 'mercatus'에서 유래하였는데, 어원적으로 '시장에 내놓는 것(put on the market)'을 의미한다. 즉, 각자의 목적을 실현하기 위해서 무엇인가를 시장에 내놓는다는 것이 마케팅 개념에 내재되어 있다. 사실 오늘날 개별기업의 마케팅 활동은 시장에서의 성공을 위한 판매 전략을 모색하는 데 집중되고 있다. 전술하였듯이 피터 드러커는 기업의 유일하고 타당한 목적은 고객을 창조하고 유지하는 것이라고 하였다. 고객을 창조하기 위해서 기업은 어떤 일을 해야 하는가? 우선, 기업은 어떤 사람들이 시장을 구성하는지와 그들이 무엇을 원하는지를 알아내야 한다. 그런 후에 적절한 방법을 개발하여 고객에게 제공한다. 이 과정을 통해서 창출된 가치를 **시장가치**(market value)라고도 하며, 바람직한 기업은 이를 고객과 공정하게 나누어 갖게 된다. 사실 어느 기업이든지 나름의 가치를 만들지만, 그것이 소비자가 진정으로 원하는 가치, 즉 시장가치인지에 따라 기업 경영의 성패가 갈린다.

미국마케팅학회(American Marketing Association: AMA)는 '마케팅은 고객들에게 가치가 있는 제품들을 창출하고 알리며 전달하고 교환하는 활동이고 조직이며 과정이다(Marketing is the activity, set of institutions and process for creating, communicating, delivering and exchanging offerings that have value for customers, clients, partners and society at large).'라고 마케팅 개념을 정의하고 있으며, 한국마케팅학회(Korean Marketing Association: KMA)도 이와 유사하게 '마케팅은 조직이나 개인이 자신의 목적을 달성시키는 교환을 창출하고 유지할 수 있도록 시장을 정의하고 관리하는 과정'으로 마케팅 개념을 정의하고 있다. 이러한 내용들을 정리하면, '마케팅은 고객의 필요와 욕구를 충족시킬 수 있는 가치(market value)를 창출하고 이를 고객에게 효과적으로 전달함으로써 조직 목적을 달성하는 기능'으로 마케팅 개념을 정의할 수 있다. 마케팅 개념의 정의를 통해서 나타난 특징들은 다음과 같다.

첫째, 마케팅은 기업의 관리 활동이다. 시장에서 거래당사자들 모두를 만족시켜 주는 거래를 성사시키기 위해서는 어느 한 당사자가 더 적극적으로 역할을 수행하게 되는데, 이러한 당사자를 **마케터**(marketer)라고 한다. 거래의 다른 당사자를 고객이라고 하며, 고객은 개인 구매자와 조직구매자가 있다. 마케터는 고객을 만족시킬 수 있도록 시장기회를 파악하여 제품, 가격, 촉진 및 유통을 기획하고, 그 계획을 성실하게 집행한 후에, 계획대로 진행되었는지를 확인하고 통제하는 체계적인 노력을 기울임으로써 스스로의 목적을 실현하게 된다. 이러한 활동을 통해서 고객은 자신의 문제를 해결하는 데서 만족하게 되고 기업은 적정이익을 실현할 수 있게 된다. 마케팅을 조직의 한 기능으로만 보는 것은 마케팅의 역할과 범위를 너무 좁게 규정한다는 비판의 대상이 될 수도 있다.

둘째, 마케팅을 고객에게 가치를 창출하여 알리고 전달하는 프로세스로 정의함으로써 전략적 측면을 강조한다. 즉, 누구의 문제를 해결할 것인가? 그리고 어떻게 해결할 것인가? 이에 대한 답은 시장세분화와 표적시장 선정 및 위상 정립 전략에서 찾을 수 있다. 셋째, 마케팅은 고객관계관리를 강조한다. 마케터는 고객의 문제를 해결해 주고 이 과정에서 자신의 이익을 실현한다. 철도회사는 기차여행이 아니라 운송 서비스를 제공하며 드릴제조업체는 드릴이라는 쇠뭉치가 아니라 그 드릴이 만들어 주는 구멍을 고객에게 제공함으로써 존속할 수 있다. 이렇듯 마케팅은 고객과 기업의 가치를 이원적으로 창출하는 과정이다. 또한, 기업과 고객은 모두가 스스로에게 이득이 되는 거래에 자발적으로 참여하게 된다. 고객의 문제를 해결하는 임무를 경쟁기업보다 더 잘 수행한다면 그 고객은 그 기업을 다시 찾을 것이다. 지속적인 성장을 위해서 기업은 새로운 고객을 끌어들여 그들과 관계를 구축하여 유지하고 강화해야 한다. 즉, 지속적으로 거래를 하게 될 어떤 고객으로부터 얻게 되는 이익 흐름의 현재가치를 의미하는 **생애 가치**(lifetime value)를 고려할 때 고객과 기업의 관계는 장기적인 관점에서 접근해야 한다. [그림 1-2]는 마케팅 개념을 그림으로 나타낸 것이다.

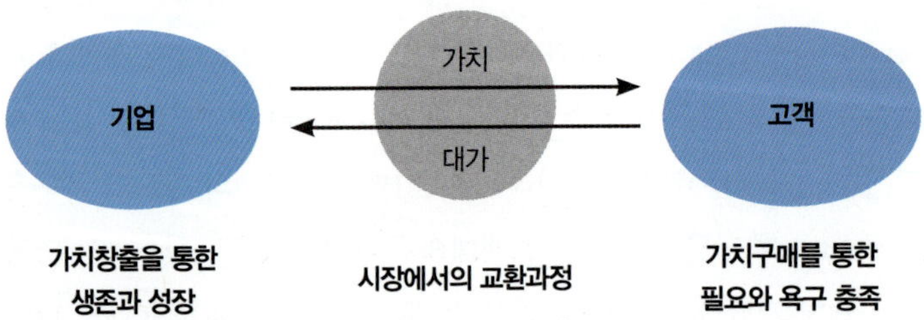

그림 1-2 마케팅 개념

3 마케팅의 기초 개념들

1. 필요와 욕구

마케터는 소비자의 필요와 욕구를 이해하고 적절하게 대응해야 한다. 니즈라고도 하는 **필요**(needs)는 갈증이나 피로, 허기 등과 같이 근본적인 측면에서의 결핍을 느끼고 있는 상태를 말한다. 사람들은 니즈를 느끼면 불안하고 불편하므로 이러한 상태를 벗어나고 싶어 하며, 그러한 구체적인 방법에 대한 바람을 **욕구**(wants)라고 한다. 사람들은 생존하기 위하여 의식주에 대한 필요를 가지고 있다. 또한, 교육, 휴식, 오락 등과 같은 사회적 필요도 갖고 있다. 이러한 필요를 충족시켜 주는 구체적인 대상을 지향할 때, 그 필요는 욕구로 활성화된다. 욕구는 필요를 충족시킬 수 있는 구체적인 제품이나 서비스를 갖고 싶은 생각을 말한다. 예를 들어, 목이 말라서 이를 해소해야겠다면 필요이지만 구체적으로 콜라를 찾거나 이온 음료를 찾는다면 욕구가 된다. 사업가로서 자신의 성공을 다른 사람들이 알아주기를 바라는 자긍심은 기본적인 사회적 필요이며, 부와 사회적 지위에 밀접하게 연결될 수 있는 제네시스를 갖고 싶다는 것은 욕구에 해당한다. 이러한 욕구에 지급 능력이 뒷받침된다면 **수요**(demand)로 바뀌게 된다. 따라서 마케팅에서는 필요와 욕구는 반드시 구분되어야 하는 개념이며, 하나의 필요에 대해서 복수의 욕구가 있을 수 있다는 점에 유의하여야 한다.

성공적인 마케터는 고객의 문제에 대한 해결책을 제공하는 데 주목한다. 즉, 고객이 제품에서 얻게 될 가치를 보여주기 위해서 제품특징보다는 제품 **편익**(benefits)에 초점을 맞춤으로써 필요를 욕구로 활성화할 수 있다. 의류에 대한 필요는 유명브랜드에 대한 욕구로 전환될 수 있으며, 휴식에 대한 필요는 동남아 여행에 대한 욕구가 될 수 있다.

2. 제품과 서비스

소비자의 필요와 욕구를 충족시켜 주는 수단이 제품과 서비스이다. 욕구 충족의 대상 중에서 형체가 있는 것을 제품이라고 한다면 형체가 없는 것을 서비스라고 한다. 마케터가 고객의 욕구를 충족시켜 주는 편익을 제공하겠다고 한다면 이것은 제품, 서비스, 경험 및 정보의 결합인 **시장제공물**(market offerings)에 의해서 구체화된다. 고객의 필요와 욕구를 충족시켜 줄 수 있는 것이면 무엇이든 마케팅의 대상이 될 수 있다. 즉, 형체를 갖는 제품이나 무형의 서비스뿐만 아니라 이벤트, 경험, 인물, 장소, 재산, 조직, 정보 및 아이디어도 마케팅할 수 있으며 이것들을 광의의 제품이라고 한다.

3. 고객가치와 만족

소비자는 제품과 서비스를 어떻게 선택하는가? 소비자는 자신의 필요와 욕구를 가장 잘 충족시켜 줄 것이라고 여겨지는 제품과 서비스를 선택할 것이다. 즉, 시장에 나와 있는 여러 가지 대안들 중에서 고객가치가 가장 큰 대안을 선택할 것이다. 고객가치는 특정 대안을 입수하는데 소요되는 비용과 그 대안에서 얻게 되는 편익과의 차이나 비율로 이해할 수 있다. 고객가치가 가장 큰 대안을 구입하여 사용한 소비자는 제품을 구입하기 전에 기대하였던 성능보다 실제 성능을 더 좋게 지각할 것이며, 만족하게 될 것이다. 소비자의 **만족**(satisfaction)은 기대성과와 실제 지각성과에 대한 비교와 판단이다.

마케터가 더 큰 고객가치를 제공할 수 있는 방법에는 두 가지가 있다. 하나는 동일한 비용으로 더 큰 편익을 제공하는 것이고, 다른 하나는 동일한 편익을 더 저렴하게 제공하는 것이다. 아무리 싼 제품이라도 편익이 떨어지거나, 아무리 편익이 우수하더라도 가격이 너무 비싸다면, 고객가치가 증가한 것으로 느껴지지 않기 때문에 고객들은 매력적인 대안으로 생각하지 않는다. 고객가치에서 편익을 증대시키기 위해서 마케터들이 흔히 사용하는 수단은 품질과 서비스이다. 품질을 좋게 하고 더 많은 서비스를 제공하면 소비자는 더 큰 편익을 얻게 될 것이다. 또한, 같은 품질의 제품을 더 저렴한 가격에 제공한다면 고객가치는 더 커지게 된다. 이렇듯 고객가치는 품질과 서비스에 비례하고 가격에 반비례한다는 점에서 이들을 **고객가치의 3요소**(customer value triad)라고 한다.

4. 교환

소비자는 제품과 서비스를 어떻게 획득하는가? 시장경제에서 소비자가 원하는 것을 획득하는 가장 일반적인 방법은 교환이다. **교환**(exchange)은 일정한 대가를 치르고 누군가로부터 자신이 바라는 것을 획득하는 행위이다. 교환 참가자들은 자신의 상태를 개선해 줄 것이라는 기대를 하고 교환에 참가한다. 참가자들 모두가 기꺼이 받아들일 수 있도록 구체적인 조건에 대한 합의가 이루어지기 위해서는 상당한 교섭이 수반되기 때문에, 교환은 하나의 사건이 아니라 과정으로 이해할 수 있다. 상대방에게 가치가 있는 것을 제공하고 자신이 원하는 것을 획득하는 과정으로 이해할 수 있는 교환이 발생하기 위해서는 다음의 다섯 가지 조건이 충족되어야 한다.

첫째, 최소한 두 명의 당사자가 있어야 한다.

둘째, 각 당사자는 상대방에게 가치가 있는 것을 가지고 있어야 한다.

셋째, 각 당사자는 의사소통과 인도(delivery)가 가능해야 한다.

넷째, 각 당사자는 교환 제안을 받아들이거나 거절할 수 있는 자유가 있어야 한다.

다섯째, 각 당사자는 적절하거나 호감이 가는 것으로 상대방과의 거래를 생각해야 한다.

위의 조건들을 충족시켜서 구체적인 조건들에 대해서 당사자들의 합의가 이루어지면, 교환이 성립된다. 성립된 특정 교환을 우리는 거래(transaction)라고 한다. 교환의 구체적인 조건들에 당사자들이 합의하였다는 것은 각 당사자들이 교환을 통해서 더 나은 상태에 이를 수 있는 것으로 지각한다는 것을 의미하기 때문에 교환은 가치 창출 과정이다. 예컨대 갤럭시폰을 구입한 고객은 이동통신과 관련된 여러 가지 불편함을 해결하고 삼성전자는 이익을 실현할 수 있게 된다. 또한, 생산과 소비의 경제적 분리를 메워줌으로써 마케팅은 **시간효용**(time utility), **장소효용**(place utility) 및 **소유권효용**(ownership utility)을 창출해 준다.

5. 시장

시장은 교환이 이루어지는 곳으로 상품을 교환하기 위해서 사는 사람들과 파는 사람들이 모이는 물리적 장소를 말한다. 경제학에서는 주택시장이나 금융시장 등과 같이 특정 제품이나 서비스를 거래하는 구매자들과 판매자들의 집합을 시장이라고 한다. 그러나 마케팅에서는 판매자들은 산업을 그리고 구매자들은 시장을 구성하는 것으로 본다. 욕구 시장(식품시장)이나 제품시장(자동차시장) 또는 지리적 시장(남대문시장) 등과 같이 다양한 고객집단을 다루기 위해서 시장이라는 용어를 사용하기도 한다. 최근에는 **장소시장**(market place)와 **가상시장**(market space)을 구분하기도 한다. 장소시장은 오프라인에서 쇼핑을 하는 물리적인 특정 시장을 의미하며, 가상시장은 디지털 세계의 사이버공간에서의 시장을 지칭한다. 점점 더 많은 거래가 인터넷과 모바일이라는 가상공간에서 이뤄지고 있어서 전자상거래에 관한 관심이 높아지고 있다. 또한, 소비자의 마음속에서는 밀접한 관계가 있지만, 다양한 산업에 걸쳐있는 보완적 제품과 서비스의 군집을 **메타 시장**(meta market)이라고 한다. 자동차 메타 시장은 자동차제조업체들, 신·중고차 딜러들, 금융회사들, 보험회사들, 정비업체들, 부품딜러들, 자동차 잡지사들, 자동차 사이트 등과 같이 다양한 산업으로 구성되어 있다.

6. 마케팅관리

마케터의 가장 근본적인 임무는 다른 이로부터 원하는 반응을 유도하는 것이다. 예를 들어서 기업은 자사 제품의 구입을, 선거후보자는 유권자들의 표를, 교회는 적극적인 신자를, 대학은 우수한 신입생의 입학을 바란다. 이렇듯 마케팅 활동은 표적으로 삼은 시장에서 마케터가 원하는 반응을 이끌어내기 위해서 수행하는 일련의 행위들로 구성되어 있다. 이러한 임무를 수행하기 위한 활동을 기획하고(planning), 조직하고(organizing), 통제하는(controlling) 것이 바로 **마케팅관리**(marketing management)이다.

마케팅관리의 과제는 크게 세 가지로 나눌 수 있다. 첫째, 기업의 역량과 사회의 흐름을 반영하여 매력적인 시장기회를 찾는다. 둘째, 그 시장에서 누구의 어떤 문제를 해결할 것인지를 중심으로 마케팅 활동의 기본적인 방향을 결정한다. 구체적으로 전체시장을 일정한 기준에 따라 비교적 동질적인 여러 부류로 나누고(세분화: segmentation), 그중에서 가장 매력적인 부분(세분시장)을 표적으로 삼고(표적시장의 결정: targeting), 표적시장의 문제를 어떻게 해결할지를 결정한다(위상 정립: positioning). 이러한 STP에 관한 결정은 마케팅전략의 핵심이 된다. 셋째, 표적시장의 소비자들에게서 원하는 반응을 이끌어낸다.

이를 위해서 마케터가 통제할 수 있는 전술적인 도구들의 집합을 **마케팅믹스**(marketing mix)라고 한다. 마케팅믹스는 표적시장의 소비자들에게 영향을 미치기 위해서 마케터가 사용하는 모든 것을 지칭하지만 제롬 맥카시(J. McCarthy)는 구체적으로 표적시장에 제공하는 재화와 서비스인 제품(product), 제품을 획득하기 위해서 소비자가 지불해야 하는 금액인 가격(price), 표적시장의 소비자들에게 제품을 전달하는 과정인 유통(place) 그리고 마지막으로 제품의 판매를 증진할 목적으로 수행하는 활동인 촉진(promotion)으로 구성된다고 하였다. 마케팅믹스의 네 가지 요소를 일반적으로 4P라고 한다.

사례 | 방탄소년단(BTS)의 경제적 효과

한국 가수 최초로 빌보드 차트 2관왕, 빌보드의 메인 앨범 차트인 '빌보드 200' 1위, 유튜브 뮤직비디오 최단 시간 1억 view 돌파, 세계 86개 국가 아이튠즈 앨범 차트 1위, 한국 가수 최초로 미국 NBC 'SNL'에서 컴백무대, 영국 오피셜 차트 '오피셜 앨범 차트 top 100' 한국가수 최초 1위, 미국 로스앤젤레스 로즈볼 스타디움 투어 6만석 매진, 2019년 4월 12일 발매된 새 앨범 '작은 것들을 위한 시(Boys with Luv)'가 24시간만에 7,460만 건의 조회수를 기록하여 기네스북에 오름, 공식 팬클

렵인 ARMY는 1,500만 명이 넘는 것으로 추산되고 있다.

이 모든 것들이 BTS에 따라다니는 수식어이다. 2019년 5월 6일 방탄소년단은 로스앤젤레스 로즈볼 스타디움에서 콘서트를 열었다. 이 공연장은 웬만한 팝스타가 아니면 시도하기 힘든 공연장으로, 비욘세, 레이디 가가, 콜드플레이, 폴 매카트니 등 세계적으로 유명한 대형 팝스타만이 공연장을 꽉 채울 수 있는 것으로 유명하다. 그런데 비영어권 가수로는 최초로 이 공연장에서 방탄소년단이 6만 석 전석 매진이라는 타이틀로 성공적인 콘서트를 개최하였다.

지난 2019년 1월 20일에는 BTS멤버인 정국이 팬들과 채팅 중에 "어떤 섬유유연제를 쓰고 있냐?"는 질문을 받고 "다우니 어도러블"이라고 대답하면서 그 제품이 불티나게 팔리고 주요 포털사이트 실시간 검색어 오르내리다가 다음 날에는 이 제품이 전 시장에서 품절되는 현상이 발생하였다.

이러한 방탄소년단이 주는 경제효과는 얼마일까? 2018년 12월 현대경제연구원이 BTS의 연평균 생산 유발 효과를 추산해 보았는데 '약 4조 1,400억 원', 여기에 부가가치 유발 효과도 1조 4,200억 원이 된다고 하면서 총 5조 6,000억 원의 경제 효과가 있다고 하였다. 방탄소년단 때문에 한국에 온 관광객은 연평균 80만 명에 달하고, 방탄소년단 관련 수출을 계산해 보면 의류는 2억 3,398달러, 화장품은 4억 2664만 달러, 식품은 4억 5,649만 달러 등 11억 1,700만 달러에 달한다. 방탄소년단이 앞으로의 인기와 파급력을 계속 이어나간다면 향후 10년간 경제효과는 무려 약 42조~55조가 될 것으로 추정한다.

BTS의 소속사인 빅히트 엔터테인먼트의 2018년 매출은 2,142억 원, 2017년보다 132% 상승하였고, 영업이익은 641억 원, 순이익은 502억 원으로 영업이익은 97% 상승, 순이익은 105% 상승하였다. 회사가 8월에 밝힌 2019년 상반기 매출액이 2,001억 원이었는데, 국내 3대 기획사인 SM, JYP, YG 엔터테인먼트의 매출액을 잠시 살펴보면, SM 6,122억 원, YG 2,858억 원, JYP 1,248억 원이다. 매출로 따지면 SM이 1위지만 영업이익을 살펴보면, SM 477억 원, JYP 287억 원, YG 94억 원, 빅히트 엔터테인먼트 641억 원으로, 영업이익으로 따지면 빅히트 엔터테인먼트가 국내 3대 기획사를 훨씬 넘어서는 금액으로 1위를 차지하고 있다.

출처: 2019.5.13. 이코노미조선 등에서 발췌

4 마케팅의 영역

전망이 밝은 제품을 찾아내고 이를 만들기 위해 동료를 모으며 필요한 자금을 조달한 후, 생산 기술과 시설을 구축한다. 그 다음 원료와 부품을 확보하여 실제 제품을 생산하고, 이를 고객이 사용할 수 있게 만들어야 한다. 기업은 새로운 고객을 창출하여 관계를 구축하고 기존 고객과의 관계를 계속 강화해야 성장할 수 있다. 마케팅은 이처럼 다양한 기업 활동과 관련이 있다. [그림 1-3]은 이러한 내용을 제조업자를 중심으로 도식화한 것이다. B2B 마케팅은 산업재 마케팅으로, B2C 마케팅은 소비재 마케팅으로도 불리며, 결과적으로 마케팅의 영역에는 이들 모두가 포함된다.

한편, 라젠드라 스리바스타바(R. Srivastava)와 동료들은 기업 경영의 **핵심활동**(fundamental activities)을 세 가지로 구분한다. 첫 번째는 **제품개발관리**(PDM: Product Development Management) 활동이다. 소비자들이 원하는 바를 충족시켜 줄 수 있는 제품이나 서비스를 개발하는 활동을 의미한다. 두 번째는 **공급망관리**(SCM: Supply Chain Management) 활동이다. 제품 생산이나 서비스 제공에 필요한 원자재를 효율적/효과적으로 조달하기 위한 활동을 의미한다. 세 번째는 **고객 관계관리**(CRM: Customer Relationship Management) 활동이다. 최초 고객을 평생 고객으로 계속 유지하기 위한 활동을 의미한다. **필립 코틀러**(P. Kotler)는 기업이 고객을 위해 가치를 창출하고 강한 고객관계를 구축함으로써 그 대가로서 고객들로부터 상응한 가치를 얻는 과정을 마케팅이라고 보았는데, 이를 종합하면 기업의 세 가지 핵심 활동들은 모두 마케팅 영역에 속한다.

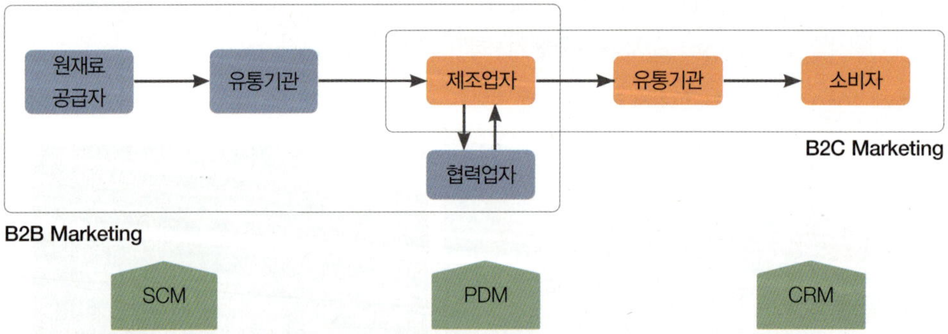

그림 1-3 마케팅의 영역과 기업의 세 가지 핵심활동

Ⅱ 고객가치와 마케팅

1 고객가치의 창조

마케팅은 시장의 요구와 이를 충족시키려는 기업의 노력을 조율하는 활동이라고 할 수 있다. 즉, 마케팅은 표적시장의 소비자들이 원하는 것을 파악하여 적절한 솔루션을 제공한다. 반응적(responsive) 마케터는 시장에서 변화가 표출되었을 때 그것을 충족시키지만, 선제적(anticipative) 마케터는 앞으로 나타날 시장의 변화를 미리 내다보고 대응하며, 창조적(creative) 마케터는 시장의 소비자들이 바라거나 생각하지도 못한 욕구를 찾아내어 혁신적으로 대응한다.

마케팅은 고객의 문제를 해결해 주는 과정에서 가치를 창출함으로써 조직의 목적을 실현한다. 교환의 구체적인 조건이 교환 당사자들 모두에게 이익이 되었을 때 교환 당사자들 사이에 합의가 이루어져서 교환이 성사되므로, 교환은 가치를 창출해 준다. 가치(value)는 교환에서 얻는 것과 주는 것의 차이이다. 즉, 어떤 해결책(solution)에서 얻게 되는 편익(benefits)에 대한 화폐적 평가에서 해결책을 얻는 데 들어간 비용(costs)을 뺀 것이다. 편익과 비용에 대한 평가는 객관적인 측면도 있지만 주관적인 측면도 크게 작용하므로, 소비자의 기호에 맞추는 것과 소비자와 잘 어울린다는 점을 소비자들에게 확신을 시켜주는 것이 중요하다.

대표적인 예로는 한강주조를 들 수 있다. 공장 지대와 힙플레이스가 공존하는 성수동 한 켠에 위치한 한강주조의 양조장에서 생산되는 나루 생막걸리는 2030 소비자들 사이에서 힙한 막걸리로 입소문이 났다. 한강주조의 막걸리는 전통적인 막걸리를 현대적으로 재해석한 제품으로, 탄산감을 줄여 부드러운 목넘김을 추구하고 감미료 대신 쌀 함량을 높여 단맛을 강조했다. 한강주조는 설립 2년 만에 농림축산식품부 주관의 '2021 대한민국 우리술 품평회'에서 탁주 부문 대상을 수상한 데 이어, 매출액 또한 큰 폭으로 상승했다. 패션 매거진 GQ, 곰표 등과 함께 막걸리 업계에서 보기 드문 힙한 콜라보를 선보이기도 했다.

그림 1-4 **막걸리의 이미지를 바꾼 한강주조**

[그림 1-5]는 고객가치를 위한 편익과 비용의 관계를 보여준다. 고객을 만족시키기 위해서 마케터는 (1) 고객의 기대보다 큰 고객가치를 제공하고, (2) 경쟁자보다 큰 고객가치를 고객에게 제공해야 한다. 여기에서 **고객가치**(customer value)는 고객이 제품을 구입하여 사용하는 데서 얻게 되는 편익에 대한 지각과 교환 과정에서 발생하는 비용에 대한 지각의 차이이다. 편익은 제품에서 얻는 긍정적인 결과들이다. 제품은 소비자에게 기능적·사회적·개인적 및 경험적 편익을 제공한다. 고객이 부담하는 비용도 금전적·시간적·심리적 및 행동적 비용이 있다.

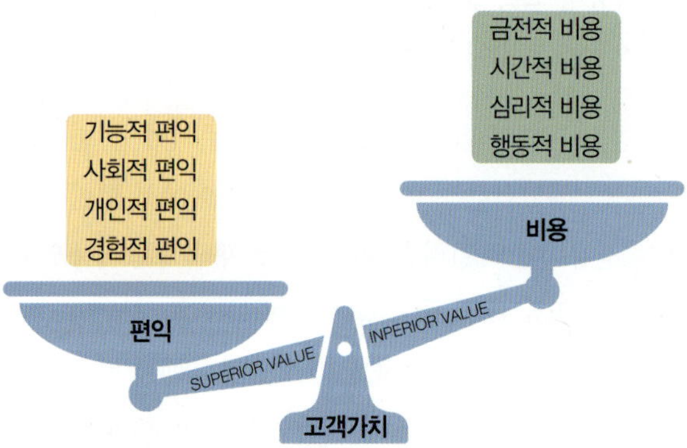

그림 1-5 **고객가치**

2 편익과 비용

1. 편익의 종류

1) 기능적 편익(functional benefits)

제품 사용에서 얻게 되는 실용적 결과이다. 테니스화는 무릎과 관절을 보호해 줄 뿐만 아니라 발을 편하게 해주며, 기초화장품은 피부의 노화를 억제해 준다. 기능적 편익이 경쟁제품에 뒤처지지 않아야 한다.

2) 사회적 편익(social benefits)

특정 제품의 구매와 사용에 대해서 다른 사람들로부터 고객들이 얻게 되는 긍정적 반응이다. 고급 브랜드는 사회적 지위에 대한 욕구를 충족시켜 준다.

3) 개인적 편익(personal benefits)

제품의 구입, 소유, 사용에서 고객들이 얻게 되는 좋은 느낌이다. 자전거를 이용하는 환경운동가는 자동차 매연을 줄일 수 있으므로 기분이 좋아질 수 있으며, 우표 수집가들은 희귀한 우표를 수집하였을 때 희열을 느끼게 된다.

4) 경험적 편익(experiential benefits)

제품에서 고객들이 얻는 감각적 즐거움이다. 분위기 좋은 식당에서 식사하는 것은 먹는 즐거움을 더 크게 해준다.

많은 제품들이 4가지 유형의 편익 모두를 제공할 잠재력을 갖고 있다. 예를 들어, 치약은 치아를 깨끗하게 해주는 기능적 편익을, 매력적인 미소를 갖게 해주는 사회적 편익을, 구강건강을 보장해주는 개인적 편익을, 상쾌한 박하향의 경험적 편익을 제공할 수 있다.

2. 비용의 종류

소비자가 지불해야 할 비용도 여러 가지가 발생한다.

1) 금전적 비용(monetary costs)

금전적 비용은 직접적인 비용뿐만 아니라 잘못된 결정으로 입게 되는 재무적 손실의 위험도 포함한다. 금전적 비용은 편익에 대한 고객의 지각에 영향을 끼칠 수 있다.

2) 시간적 비용(temporal costs)

모든 제품의 구매에는 다소간의 시간이 소요된다. 식당에서 음식을 주문하고 기다리는 시간이 길어지면 짜증을 내게 된다.

3) 심리적 비용(psychological costs)

구매 결정에는 정신적 에너지와 스트레스가 수반된다. 고가의 제품이나 복잡한 제품을 살 때는 많은 정보를 수집하여 각 브랜드의 요모조모를 꼼꼼하게 살펴볼 뿐만 아니라 자신의 선택이 최선이었는지에 대해 다소 불안감을 느낄 수 있다.

4) 행동적 비용(behavioral costs)

제품의 구매와 사용에는 물리적 행동이 수반된다. 유통업체까지 가야하고 때에 따라서는 물건을 실어 날라야 한다.

Ⅲ 마케팅 개념의 발전 과정

미국에서 마케팅 개념의 발전 역사를 살펴보면, 현재의 위치와 향후 발전 방향을 예측할 수 있다. 마케팅 개념은 기업경영이 어디에 초점을 맞추었느냐에 따라 다음의 세 가지로 나누어 볼 수 있다. 첫째는 기업(이윤) 중심 경영, 둘째는 소비자(욕구충족) 중심 경영, 셋째는 사회(복지) 중심 경영이다.

그림 1-6 마케팅 개념의 발전 과정

[그림 1-6]은 마케팅 개념이 생산 개념, 제품 개념, 판매 개념, 고객지향 개념, 사회적 마케팅 개념의 다섯 단계로 발전해 왔음을 보여주고 있다. 이 중 생산 개념이나 제품 개념, 판매 개념은 기업 중심이고, 고객지향 개념은 소비자 중심, 그리고 사회적 마케팅 개념은 사회 중심의 개념이다. 현재 한국은 일부 대기업 등 선진기업들이 고객지향 개념단계로 접어들고 있으며, 중소기업 대부분은 그 형편에 따라 생산 개념이나 제품 개념 또는 판매 개념단계에 머물러 있다고 볼 수 있다.

1 생산 개념

생산 개념(production concept)은 20세기 초반에 이르기까지 제품의 수요에 비해 공급이 부족한 시기에 통용되었던 경영철학이다. 이 단계에서는 생산만 하면 쉽게 판매할 수 있으므로 기업의 관심은 저렴한 제품을 보다 많이 생산하는 것이다. 경영자의 사명은 생산을 많이 해서 더욱 많은 소비자들이 저렴한 가격으로 제품을 살 수 있게 함으로써 사회에 봉사하는 것이다. 이 당시 대표적인 사례로 헨리 포드(H. Ford)를 들 수 있다. 그의 경영이념은 '최저생산비로 사회에 봉사한다'였다. 이를 위해 포드는 자동차 모델을 T형 하나로 단순화하고 부품을 표준화함과 동시에 이동조립 방식에 의한 전문화를 통해 대량생산을 실현함으로써 1909년에 대당 950달러였던 자동차 가격이 5년 후인 1914년에는 450달러로 대폭 인하되었다.

그림 1-7 포드의 T형 자동차

2 제품 개념

제품 개념(product concept)이란 공급부족 문제가 점차 해소되면서, 경쟁기업이 많아짐에 따라 경쟁에서 이기기 위해서는 제품의 품질이 우수해야 한다는 경영철학이다. 제품의 품질향상만이 고객을 창출하고 계속 유지할 수 있는 최선의 방법이라고 생각한다. 이 단계에서는 아직 소비자 욕구와는 관계없이 기업이 제품을 우수하게만 만들면 소비자들은 자사 제품을 더 선호할 것이라고 믿는다.

이처럼 제품의 품질을 중시하는 제품 개념은 자칫 잘못하면 소비자의 본원적 욕구는 무시하고 제품 그 자체에만 집착함으로써 마케팅 근시안(marketing myopia)을 초래하기 쉽다. 마케팅 근시안이란 테드 레빗(T. Levitt)에 의해 주장된 개념으로서 기업이 생산하는 제품만 고려한 나머지 자사의 제품시장 영역을 협소하게 규정하여 경쟁자의 범위를 파악하지 못하는 오류를 말한다. 예를 들어, 미국의 철도회사들은 경쟁 대상을 다른 철도회사로만 규정하고 철도 이외의 버스, 트럭, 비행기 등 새로운 경쟁산업을 무시함으로써 마침내 고객이 철도 대신 더 편리한 다른 교통수단들을 이용함에 따라 주정부나 연방정부의 보조금 산업으로 전락하고 말았다.

3 판매 개념

판매 개념(selling concept)은 1930년대에서 1950년대 사이에 널리 통용되던 경영철학으로 소비자가 자사 제품을 더 많이 구입하도록 하기 위해서는 대대적인 판매촉진 활동을 전개해 나가야 한다는 것이다. 이 시기의 경영자들은 공급이 수요를 초과하기 때문에 초과공급을 해소하기 위해서는 인적판매나 광고 등을 통해 소비자들을 자극해야 한다고 생각했다. 이 단계에서의 마케터들의 주요 원칙은 '우리는 어떤 것이든 팔 수 있다', '제품은 판매되는 것이지, 구매되는 것이 아니다(goods are sold, not bought)' 등이 있다. 그러나 공격적인 판매 방식은 상당한 위험을 수반한다. 이 개념은 장기적이고 수익성 있는 고객 관계를 구축하기보다는 판매를 발생시키는 거래에 우선적으로 초점을 맞추기 때문에 기업에 부정적인 결과를 초래하는 문제를 발생시킬 수 있다.

4 고객지향 개념

1960년대 들어서 기업들은 좋은 품질의 제품이나 강력한 판매촉진 수단만으로는 소비자들의 지속적 구매 활동을 보장받을 수 없다는 생각을 가지고 소비자 욕구에 관심을 두게 되었다. 고객지향 개념(customer oriented concept)이란 소비자의 필요나 욕구를 파악하여 경쟁자들보다 더 효과적인 방법으로 만족을 제공함으로써 결과적으로 조직의 목적을 달성하는 것을 의미한다.

예를 들어, 당시의 대표적인 캠페인으로 GE사의 '당신이 만족하기 전까지는 우리도 만족하지 못합니다. 만족을 보장해 드립니다.', 유나이티드항공사의 '당신이 바로 우리의 상관입니다.' 등이 있다. 이 밖에 널리 유행한 슬로건으로 '소비자는 왕이다.', '만들 수 있는 것을 파는 것이 아니라, 팔릴 수 있는 것을 만들어 판다.' 등이 있다.

고객지향 개념은 판매 개념과 많은 차이점이 있다. 가장 기본적인 차이점은 경영 철학에서 알 수 있으며, 판매 개념은 어디까지나 기업 중심이고, 고객지향 개념은 고객 중심이라는 점이다. 즉, 판매 개념에 입각한 기업은 제품을 먼저 만들고 이를 판매하기 위해 큰 노력을 기울이는 데 반해서 고객지향 개념에 입각한 기업은 먼저 고객의 욕구를 파악한 후 이에 부합하는 제품을 생산한다는 점이 다르다. 고객지향 개념은 다음과 같은 세 가지 중요한 의미를 내포하고 있다.

- 고객 지향성(customer orientation)
- 통합적 마케팅(integrated marketing)
- 고객만족을 통한 이익의 실현(profit through customer satisfaction)

1. 고객 지향성

고객 지향성이란 기업자신의 욕구(이윤)가 아닌 고객의 욕구를 충족시키도록 노력하는 것을 의미한다. 오늘날의 마케팅 개념은 비영리조직에도 확대 적용되어, 이 경우 고객 지향성은 병원에서는 환자의 요구를 충족시키는 것, 학교에서는 학생의 요구를 충족시키는 것, 구청에서는 구민의 요구를 충족시키는 것을 의미한다. 고객 지향성은 말은 쉽지만 실천은 매우 어렵다. 사람은 생리적으로 자기 입장에서 생각하고 행동하는 것이 편하고 쉽다. 남을 가르칠 때에 자기 수준에서 가르치려고 하거나, 부모가 자녀를 부모의 기대치에 맞추려고 노력한다면 이러한 노력은 종종 실패로 끝날 수 있다. 왜냐하면 학생이나 자녀의 수준을 고려하지 않고 자신의 수준을 강조하기 때문에 이를 따라가지 못할 때가 많기 때문이다.

따라서 마케팅에서는 기업 중심의 이기적인 관점에서 접근하면 실현하기 어려울 수 있다. 목표를 달성하기 위해서는 고객의 입장에서 생각해야 하는데, 이것이 바로 고객 지향성이다.

진정으로 고객 지향적인 경우, 고객은 한 번이라도 구매한 경우에도 계속해서 고객으로 남을 수 있다. 기업으로서는 새로운 고객을 획득하는 데 드는 비용보다 기존 고객을 유지하는 데 드는 비용이 훨씬 저렴하다. '한 번 찾은 고객은 평생 고객으로 모시겠습니다'라는 슬로건이 있다. 고객들이 이러한 말에 실감하기 위해서는 기업 경영의 모든 시스템이 고객의 욕구 충족에 맞춰져야 한다.

2. 통합적 마케팅

기업의 목적인 고객의 욕구 충족은 마케팅 부서만 노력한다고 해서 이루어지지 않는다. 기업 내 모든 부서가 이러한 목적 달성을 위해 통합되어야 한다. 따라서 기업의 조직구조도 [그림 1-8]에서 보는 바와 같이 고객을 중심으로 광고를 비롯하여 물적유통, 고객 신용, 연구개발, 마케팅조사, 구매, 판매 등 고객 활동들은 마케팅부로 통합시키고, 생산, 인사, 재무 등 마케팅 이외 부서들은 마케팅을 지원해 주도록 대규모로 조직을 개편해야 한다. 통합마케팅 또는 **전사적 마케팅**(total marketing)에서는 마케팅 부서가 기업의 모든 활동을 통합하고 조정하는 역할을 담당해야 한다.

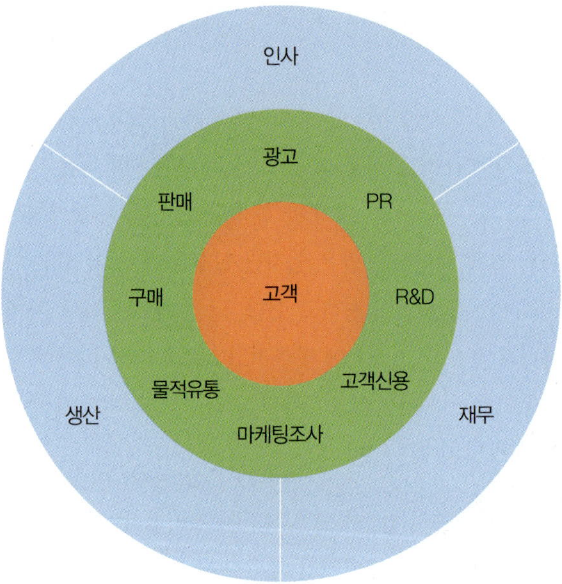

그림 1-8 기업 내에서의 마케팅 역할

3. 고객 만족을 통한 이익 실현

기업 경영의 목적이 무엇이냐고 물어보면 흔히들 이윤극대화라고 말한다. 하지만 이는 지극히 기업 중심적인 발상이다. 이윤극대화를 위해서는 단위당 높은 마진에 많은 상품을 팔아야 하는데, 어느 소비자가 그러한 기업에 호감을 느끼고 구매하겠는가? 반면, 기업이 고객 욕구 충족에 최선을 다한다면 고객만족도가 높아지고 브랜드 로열티가 향상되며 반복 구매가 일어날 것이다. 반복 구매가 이루어지면 판매가 증가하고 생산이 증가하며, 따라서 단위당 원가가 낮아지고 이익 증가로 이어질 것이다. 즉, 이익이란 고객 만족을 위한 노력의 결과로써 얻어지는 것이지, 이익을 직접적으로 추구해서는 어느 정도 이익을 실현할 수 있을지는 몰라도 고객 만족은 얻을 수 없다.

5 사회적 마케팅 개념

마케팅 활동은 기업과 고객들에게 영향을 미칠 뿐만 아니라 전체 사회에도 영향을 미치기 때문에, 마케터들은 자신의 역할과 활동을 법적, 윤리적, 환경적 및 사회적 맥락에서 생각해야 한다. 이에 따라 조직의 과제는 소비자와 사회의 장기적인 복지를 유지하고 향상할 수 있도록 표적시장의 필요, 욕구 및 이해를 파악하여 경쟁자들보다 효과적이고 효율적으로 충족시켜야 한다. 사실, 많은 기업이 자원재활용에 동참하고 있다. 특히 전 세계 30,000여 개의 영업점에서 25억 파운드의 닭고기, 쇠고기, 돼지고기를 구입하고 있는 맥도널드는 공급업체들에게 항생물질 사용을 금지하도록 요청하고 있다. 이러한 여건을 반영하여 생태적 마케팅(ecological marketing), 인본주의적 마케팅(humanistic marketing) 및 사회 지향적 마케팅(societal marketing)과 같은 개념들이 등장했다. 사회적 마케팅(social marketing) 개념은 소비자와 사회의 복지를 유지하고 향상할 수 있는 방식으로 표적시장의 필요와 욕구를 파악하여 경쟁자들보다 효과적이고 효율적으로 만족을 제공해야 한다는 점을 강조한다. 사회적 마케팅 개념을 수용한 마케터는 기업의 이익, 소비자 만족, 공공의 이해 사이에 균형을 유지하고 갈등을 조정해야 한다.

판매 개념이 기업 중심적이고, 고객지향 개념이 소비자 중심적인 데 비해, 사회복지에 더 많은 관심을 가져야 한다는 사회적 마케팅 개념은 1980년대 이후 환경의 중요성이 강조되면서 주목받았다. 개인의 욕구 충족이 사회 전체적으로는 바람직하지 못한 경우가 있다. 예를 들어, 합성세제는 깨끗한 의복에 대한 소비자 욕구를 충족시켜 주지만 수질오염의 주범이 되고 있으며, 각종 인스턴트 식품들은 맛과 편리성을 제공하지만, 장기적으로 보면 소비자 건강을 해치고 방대한 쓰레기 문제를 가져온다. 우리나라에서도 1980년대 중반에 기아자동차가 [그림 1–9]와 같이 로고를 바꾸었는데, 1990년대 들어 사회적 비판 때문에 로고를 변경한 사례가 있다. 주된 비판대상은 로고에 나타난 굴뚝 연기로, 기아자동차는 연기가 아니라 회사의 깃발이라고 적극적으로 해명했지만 받아들여지지 않았다.

로고 변경 전 로고 변경 후

그림 1-9 기아차의 로고 변화

그림 1-10 유한킴벌리의 그린마케팅

나무를 심고 숲을 가꾸는 유한킴벌리의 그린마케팅도 사회적 마케팅의 좋은 예이다.

[그림 1-11]에서 보는 바와 같이 사회적 마케팅 개념을 추구하는 기업은 소비자의 욕구충족과 사회의 복지향상, 그리고 기업의 이윤추구 등 삼자의 이해관계가 조화롭게 달성될 수 있도록 사전에 충분한 검토 과정을 거쳐야 한다. 이와 유사하게 존 엘킹턴(J. Elkington)은 사회적 성과와 환경적 성과, 경제적 성과가 뒷받침되어야 지속 가능한 경영이 이루어진다는 TBL(Triple Bottom Line) 이론을 주장하였다. TBL을 구성하는 세 가지 요소는 지속가능한 성장의 3대 기반

이라고도 불리며 한 기업이 장기적으로 지속가능하게 성장하려면 경제, 사회, 환경적 가치를 균형적으로 추구해야 한다는 것을 의미한다.

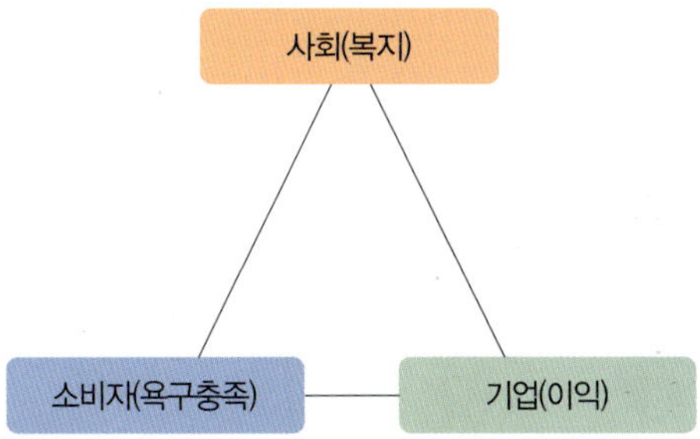

그림 1-11 사회적 마케팅의 추구목표

Ⅳ 마케팅관리 프로세스

마케터의 기본 임무는 인간과 사회의 욕구를 찾아내 충족시켜 줌으로써 기업의 목적을 실현하는 것이다. 즉, 개인 또는 사회의 충족되지 않은 욕구를 찾아내 적절한 해결책을 제공한 대가로 기업의 이익을 실현하는 것이다. 시장의 필요와 욕구를 충족시키려는 기업의 노력을 잘 조율하기 위해서 마케터는 마케팅 활동을 체계적으로 관리해야 한다. 관리(management)의 가장 일반적인 의미는 '일을 시키는 것(getting things done)'이다. 일을 효과적이고 효율적으로 하는 관리자(manager)는 주어진 특정한 목적을 달성하기 위해서 무엇을 할 것인지를 계획하고(plan), 이를 실행하며(do), 그리고 계획대로 실행되었는지를 확인(see)해야 한다. 마케팅관리는 고객가치를 창출하기 위해서 마케터들이 수행하는 활동이나 프로그램을 계획하고, 실행하며, 그리고 통제하는 것으로 이해할 수 있다.

마케팅 활동의 내용과 범위는 사업 분야(예: 화장품 대 철강 제품)에 따라, 그리고 규모(예: 대기업 대 중소기업)에 따라, 활동 지역(예: 국내시장 대 국제시장)에 따라 천차만별이다. 또한, 대부분 기업이 여러 분야에 진출해 있으며, 각 사업 영역에서 다양한 제품과 브랜드를 갖고 있다. 예를 들어, CJ제일제당은 식품소재, 식품, 건강식품, 제약, 바이오, 사료에 이르는 6개 사업이 있으며, 식품 사업은 조미료에서 고추장에 이르는 다양한 제품을 다시다, 해찬들, 백설, 햇반 등의 브랜드로 국내외시장에서 마케팅을 펼치고 있다. CJ제일제당처럼 다양한 사업과 제품 및 브랜드를 갖고 있는 회사들의 마케팅관리는 사업 수준, 제품 수준 또는 브랜드 수준 등 어느 수준에서 이루어지는가? 마케팅관리의 대부분은 기업 또는 사업 수준의 전략을 기반으로 하며, 제품 또는 브랜드 수준에서 이루어진다. 또한, 마케팅 활동은 한국 시장과 중국 시장에서도 다를 수 있다.

그림 1-12 CJ제일제당의 브랜드

제품이나 브랜드 수준에서 이루어지는 마케팅관리의 프로세스는 [그림 1-13]과 같이 마케팅 기회의 식별 및 목표설정, 상황분석, STP 전략의 수립 및 실행, 마케팅믹스전략의 수립 및 실행, 마케팅 활동의 통제로 나눌 수 있다.

그림 1-13 마케팅관리 프로세스

1 마케팅 기회의 식별 및 목표설정

아프리카 원주민 촌락 중에서 현재 신발을 신지 않는 사람들에게 신발 시장에 대한 기회가 있는지를 판단할 때 고려해야 할 사항은 여러 가지이다. 이 촌락에 마케팅 기회가 있을지 여부는 다음과 같은 요소에 달려있다. 원주민들이 신발에 대한 필요와 욕구를 갖고 있는지, 그리고 신발을 구입할 수 있는 능력과 의지를 갖고 있는지, 또한 원주민들이 '신발이 발을 보호해 주므로 자신들에게 유용하다'는 점을 인식하도록 만들 수 있는지 여부 그리고 이를 위한 마케팅 비용을 포함한 모든 비용을 고려하여 수익성을 판단해야 한다.

마케팅관리 프로세스의 첫 단계는 관련 제품의 과거, 현재 및 미래의 상황을 분석하여, 새로운 기회와 위협 요인을 찾아 목표를 설정하는 것이다. 미래의 상황은 과거와 현재 상황을 분석하여 예측하게 된다.

2 상황분석

상황분석은 해당 제품의 실적과 역량에 대한 분석, 고객과 경쟁자에 대한 분석, 산업에 대한 분석 및 거시환경에 대한 분석을 포함한다. 상황분석 방법은 여러 가지가 있으나 대표적인 것이 **SWOT 분석 방법**이다. SWOT 분석 방법은 기업 내부의 자원 및 역량 요인과 기업 외부의 기회 및 위협 요인의 결합을 통해 기업전략을 도출하는 방법으로, 조직의 성장 기회는 조직의 내부 역량인 강점(strength)/약점(weakness) 요인과 외부 환경의 기회(opportunities)/위협(threats) 요인의 적합성에서 온다는 점에 초점을 맞춘다. 마케터는 SWOT 분석을 통해 자사의 취약점을 숨기면서 환경의 위협을 모면하고, 자사의 독특한 역량을 통해서 환경의 기회를 적극적으로 활용하는 전략을 구상할 수 있다.

3 STP 전략의 수립 및 실행

STP 전략은 '어디에서 어떻게 경쟁할 것인가'라는 이슈를 다룬다. 시장의 소비자들은 각기 다른 취향과 스타일을 갖고 있으며 날로 까다로워지고 있다. 예컨대 스마트폰을 사는 소비자 중에 어떤 소비자는 애플리케이션의 다양성을, 다른 소비자는 작동의 편리성을, 그리고 또 다른 소비자는 화면의 선명성을 앞세우고 있으며 이들은 각기 다른 특성이 있다. 스마트폰 시장에서 마케팅 기회를 확인한 마케터는 누구에게, 어떻게 다가갈 것인가? 마케터가 취할 수 있는 한 가지 대안은 애플리케이션의 다양성을 중요하게 여기는 소비자들을 한 집단으로 묶고, 작동의 편리성을 중요하게 여기는 소비자들을 다른 집단으로, 그리고 화면의 선명성을 앞세운 소비자들을 또 다른 집단으로 묶어서 마케팅전략을 마련하는 것이다. 이처럼 시장을 일정한 기준을 이용하여 비슷한 부류의 소비자들로 묶는 것을 **시장세분화**(market segmentation)라고 한다. 마치

사려는 옷들을 평가한 후에 자기 몸에 가장 잘 맞는 옷을 고르는 것처럼, 나뉜 여러 가지 세분 시장들의 매력을 평가하여 자신의 역량으로 공략할 수 있는 세분 시장을 선정하는 것을 표적시장의 선정(market targeting)이라고 한다. 그 다음에 선정된 표적시장의 소비자 마음속에 '왜 이 제품을 선택해야 하는가?'를 중심으로 자사 제품의 독특한 이미지를 심어준다(positioning).

4 마케팅믹스전략의 수립 및 실행

마케터는 표적시장에서 원하는 위치를 기반으로 다양한 활동을 펼치며 해당 시장을 공략한다. 맥카시(J. McCarthy)는 표적시장을 공략하기 위해서 마케터들이 펼칠 수 있는 다양한 활동들을 4가지의 마케팅믹스(marketing mix) 도구로 분류하였다. 제품(product), 가격(price), 촉진(promotion), 유통(place)을 마케팅의 4P라고 한다. 한편, 코틀러(P. Kotler)와 켈러(K. Keller)는 기업들이 시장에서 펼치고 있는 다양한 마케팅 활동을 보다 잘 묘사할 수 있는 체계로 사람(people), 프로세스(process), 프로그램(program) 및 성과(performance)의 새로운 4P를 제안하였다. 사람은 조직 내부의 인적자원의 역량이 마케팅 활동에서 매우 중요하다는 점과 소비자는 제품을 사서 소비하는 주체에 불과하기보다는 그들의 삶을 폭넓게 이해해야 하는 인간이라는 점을 반영하고 있다. 프로세스는 마케팅관리에 스며든 모든 창의성, 분야 및 구조를 반영하는 것으로 올바른 프로세스를 구축함으로써 마케터는 장기적이고 호혜적인 관계를 구축하고 유지할 수 있다. 프로그램은 전통적인 4P에 해당하며, 마케팅 활동들은 시너지 효과를 낼 수 있도록 통합되어 기업의 목적을 달성할 수 있어야 한다는 점을 강조한다.

5 마케팅 활동의 통제

성과는 재무적 및 비재무적 함의를 갖는 성과측정치들(수익성, 브랜드 및 고객자산)과 기업을 뛰어넘어 사회적 함의를 갖는 성과측정치(사회적 책임, 윤리적 및 커뮤니티에 관련된)를 포괄하고 있다. 아무리 뛰어난 전략이라도 잘 실행되었을 때 기대한 성과를 가져다줄 수 있다. 전략은 목적을 달성하기 위해서 왜 특정 활동을 하는지와 그 활동의 내용에 대해 다루는 반면, 실행은 누가, 언제, 어디에서, 어떻게 그 활동을 펼쳐야 하는지를 다룬다. 마케팅 실행(marketing implementation)은 마케팅 계획에 따라 구성원들에게 임무를 할당하여 계획의 목적을 달성할 수 있도록 임무를 수행하는 프로세스이다. 실행 프로세스에서는 다음의 4가지 기량이 필요하다.

첫째, 기대한 성과를 거두지 못하였을 때, 전략 또는 실행이 잘못된 것인지와 실행에 이유가 있다면 어디에서 잘못되었는지를 파악할 수 있는 진단 기량, 둘째, 실행에서의 문제가 마케팅 부서, 마케팅 프로그램, 또는 기업 차원의 문제인지를 알아내는 식별 기량, 셋째, 자원을 할당하고, 조직하고, 다른 사람들과 상호작용할 수 있는 실행 기량, 넷째, 마케팅 활동을 추적하여 평가할 수 있는 평가 기량이다.

마케팅 활동의 통제(marketing control)는 마케팅 목적을 달성해 가는 과정을 점검하는 것이다. 이 과정에서 마케터는 계획대로 잘 진행되고 있는지 아니면 차질이 생겼는지, 만일 차질이 생겼다면 어디에서 왜 차질이 생겼는지, 어떤 대응이 필요한지를 살펴보아야 한다. 마케팅 통제는 판매 부서, 유통 부문과 같은 주요 부문의 효율성을 따지는 효율성 통제(efficiency control)와 전반적인 목적의 달성 정도와 유효성을 점검하는 효과성 통제(effectiveness control)로 나뉘어 이루어진다.

V 마케팅 개념의 확대

전통적인 마케팅이 기업을 대상으로 하고 그것도 생산 활동이 있는 제조기업을 대상으로 하였다면 경영학의 분야가 넓어지면서 서비스 기업의 마케팅 활동을 다루는 서비스 마케팅이 등장하고, 학교나 병원 등 비영리조직의 문제를 다루는 비영리조직 마케팅이 생겨났다. 특히, 비영리조직 마케팅은 기존의 마케팅이 영리조직, 즉 기업만을 대상으로 하였다면 공공기관, 학교, 병원, 종교단체, 사회복지 단체와 같은 비영리조직에서도 마케팅 활동이 필요하고 또 도입하여야 한다는 것을 시사한다. 한편, 국내 시장만을 대상으로 하던 기업이 다국적기업이 되고 기업의 활동이 국경을 넘어서 활발하게 이루어지면서 국제마케팅 내지 글로벌 마케팅의 개념이 만들어졌다. 인터넷의 발명으로 기업들의 온라인 활동, 모바일 활동이 중요해지면서 인터넷 마케팅, 온라인 마케팅, 모바일 마케팅 등의 개념이 생겨났다.

이처럼 마케팅이란 단어 앞에 여러 가지 단어를 앞세워서 신조어를 만들어 내는데 그러한 것들을 보면 크게 두 가지로 대별해 볼 수 있다. 무엇을 대상으로 한 마케팅과 무엇을 이용한 마케팅이다. 서비스 마케팅, 비영리조직 마케팅은 서비스 기업, 비영리조직을 대상으로 한 마케팅이며, 온라인 마케팅, 모바일 마케팅은 온라인이나 모바일을 이용한 마케팅 활동이다. 스포츠 마케팅은 스포츠 기업, 스포츠 활동을 대상으로 한 마케팅이며, 의료마케팅 또는 병원마케팅은 의료기관을 대상으로 한다. 키즈 마케팅은 어린이를 대상으로, 실버 마케팅은 노인을 대상으로 한 마케팅 활동이며, VIP 마케팅은 VIP 고객을 대상으로 한 마케팅 활동이라 할 수 있다.

날씨를 이용한 날씨마케팅, 향기를 이용한 향기마케팅, 다양한 색채(컬러)를 이용하여 소비자의 구매욕구를 자극하려는 컬러 마케팅, 의도적으로 구설수를 일으켜서 주목을 끌려고 하는 노이즈(noise) 마케팅, 특정 기업이나 상품을 드라마나 영화에 의도적으로 노출시키는 PPL(product placement) 마케팅, SNS를 이용해 입소문을 내는 바이럴(viral) 마케팅, 데이터베이스를 이용한 DB 마케팅, 전화를 이용한 텔레마케팅, 소비자의 감성(심리)을 자극하는 감성마케팅, 자선 활동이나 대의명분을 이용한 코즈(cause) 마케팅, 문화 활동을 이용한 문화마케팅, 영향력 있는 유명인사(influencer)를 이용한 인플루언서 마케팅, 과거의 제품이나 서비스를 현재 소비자들의 기호에 맞게 재해석하여 이용하는 복고(retro)마케팅, 과거와 현재의 만남, 과거의 제품에 현대 기술을 접목하여 이용하는 뉴트로(new-tro) 마케팅, 틈새시장을 이용하는 니치(niche) 마케팅, 인터넷을 기반으로 하는 온라인 마케팅보다 넓은 개념으로 모든 디지털 기기와 플랫폼을 기반으로 진행되는 디지털 마케팅 등 확대된 마케팅 개념은 이루 헤아릴 수 없이 많고, 지금도 계속 신조어들이 만들어지고 있다.

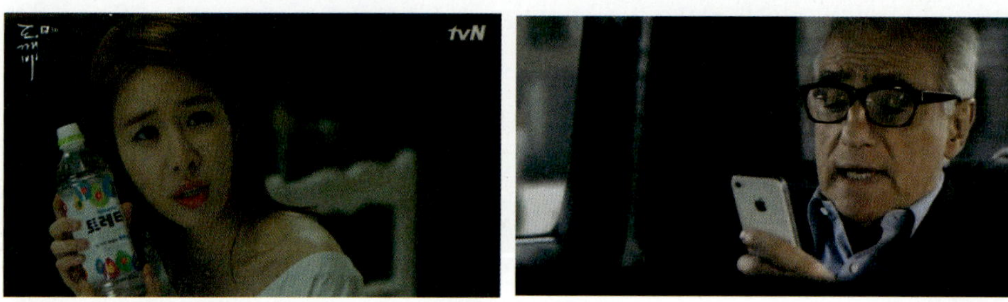

그림 1-14 PPL 마케팅

주요 용어

고객가치(customer value)
고객지향 개념(customer oriented concept)
고객지향성(customer-orientation)
교환(exchange)
구매자 위주 시장(buyer's market)
마케팅 개념(marketing concept)
마케팅근시안(marketing myopia)
마케팅믹스(marketing mix)
마케팅 영역(marketing territory)
사회적 마케팅 개념(social marketing concept)
생산 개념(production concept)
생애가치(life time value)
시장(market)
제품 개념(product concept)
통합적 마케팅(intergrated marketing)
판매 개념(selling concept)
판매 전(pre-selling) 활동
판매 후(post-selling) 활동
판매자 위주 시장(seller's market)
편익(benefit)
필요, 욕구(need, want)
STP
4P

연습문제

01 경영에서 마케팅이 중요한 이유를 설명하시오.

02 마케팅의 주요 핵심용어를 사용하여 마케팅을 정의해 보시오.

03 판매자 위주 시장과 구매자 위주 시장의 차이점을 비교 · 설명하시오.

04 마케팅 개념과 판매 개념의 차이점은 무엇이라고 생각하는가?

05 마케팅 개념의 변화과정을 설명하시오.

06 기업의 핵심활동들에는 무엇이 있는지 설명하고, 마케팅과의 관계를 논하시오.

07 어떻게 고객가치를 극대화 할 수 있는지 토론하시오.

08 마케팅관리 프로세스를 설명하시오.

09 마케팅믹스 개념에 대해 설명하고, 4P의 효율적 배합에 대해 토론해보시오.

10 마케팅 개념을 확대한 다양한 종류의 마케팅에 대해 알아보시오.

CHAPTER 2

전략계획

Ⅰ. 기업경영과 전략계획

Ⅱ. 기업사명의 정립과 사업 영역의 결정

Ⅲ. 자원할당 및 사업포트폴리오

Ⅳ. 성장방향의 결정

Ⅴ. SBU의 전략적 계획 과정

Ⅵ. 비즈니스 역량계발 및 마케팅 프로세스

Ⅶ. 팬데믹에 따른 마케팅 전략의 변환

학습목표

- 마케팅 활동과 기업의 전략적 결정은 어떻게 연결될 수 있는지 살펴본다.
- 마케팅전략과 전술 수립의 변화와 미래 방향에 대해 알아본다.
- 기업사명은 어떻게 정립되어야 하는지 알아본다.
- 사업 영역을 규정하는 기준에 대해 이해한다.
- 사업포트폴리오분석의 기본원리를 알아본다.
- 기업성장의 방향에 대해 알아본다.
- 비즈니스 역량의 구성 요소를 살펴본다.

주요 내용

경영이란 기업의 목적을 달성하기 위한 여러 가지 활동들을 말한다. 과거에는 기업의 목적을 이윤 창출로 국한하였으나, 최근에는 이윤 창출 이외의 다양한 목적을 가진 기업들이 활발하게 출현하고 있다. 따라서 현대 경영에 있어서, 이윤 창출보다는 고객 창출을 우선시해야 하며, 나아가 고객 유지까지도 염두에 두어야 한다. 소비자를 자사의 고객으로 만들고, 계속 유지하기 위해서는 기업은 소비자가 원하는 바를 파악하고 충족시켜 주어야 하는데, 경영의 전통적인 기능 중에서는 오직 마케팅만이 그러한 역할을 수행하고 있다. 즉, 기업 경영의 성패는 마케팅 능력에 달려있다고 해도 과언이 아니다. 나아가 기업의 경영자는 새롭고 유용한 제품을 시장에 내놓음으로써, 이를 통해 사람들이 원하는 바의 생활을 영위할 수 있도록 해야 하는데, 이는 기업의 사회적인 책임과도 관련된다. 이러한 까닭에 피터 드러커는 기업의 근본적 활동은 마케팅과 혁신이 되어야 한다고 주장하였다. 마케팅이란 고객을 위한 가치를 창출하여 전달함으로써 마케터의 목적을 달성하려는 활동으로, 시대의 변화 속에서 현대의 마케팅 개념은 지속 가능 개념을 지향하고 있다. 소비자로부터 원하는 반응을 끌어내기 위해서 마케터는 다양한 기량을 갖추고 많은 노력을 기울여야 한다.

이번 장에서는 마케팅에 대해서 정의를 내리고, 기본 개념은 무엇이며, 영역은 어떠한지 알아본다. 또한, 마케팅 개념은 어떤 과정을 거쳐 발전됐는지, 마케팅관리 프로세스는 어떻게 구성되어 있는지를 살펴보고, 마지막으로 변화하는 마케팅 환경에 따라 마케팅 개념이 어떻게 확대되고 있는지 알아본다.

Ⅰ 기업경영과 전략계획

전략(strategy)이라는 용어는 마케팅, 생산, 재무, 인사 등의 개별 기능 영역 중심적인 경영사고가 지배하던 1950~1960년대에 기업에 대한 전체론적(holistic) 사고방식으로 경영학에 도입되었다. 즉, 기업경영에서 전략은 전체로서의 기업이 나아갈 방향을 정하고 그 방향에서 어떻게 경쟁할 것인지를 결정한다. 기업의 전략적 결정은 조직구성과 계층 및 기업문화가 표방하는 비전·미션에 나타난 전반적인 사고방식을 통해 분석할 수 있다.

1 조직계층과 전략

기업의 여러 계층에 있는 경영자들은 관심 영역과 활동 범위에서 큰 차이가 있는데, 대체로 기업 활동은 기업수준, 사업수준 및 기능수준이라는 세 가지 조직계층에서 분석할 수 있다. 경영자들은 **기업수준**(corporate level)에서 기업목적을 설정하고 주주, 종업원, 고객, 공급자 등과 같은 이해관계자들이 책정한 성과표준을 따를 수 있도록 활동들을 조정한다. 어떤 사업을 수행해야 하며 전체 목적을 달성하기 위해서 여러 사업 영역에 자원을 어떻게 할당할 것인가와 같은 문제를 다룬다. 기업수준에서 마케팅의 역할은 충족되지 않은 소비자의 필요 및 욕구와 경쟁자의 전략적 이동 등과 같이 중요한 외부적 요인들을 최고경영진의 의사결정에 반영하는 것이다.

사업수준(business level)에서 경영자는 전반적인 경제동향보다는 자신이 속한 산업에 초점을 맞춘다. 여기에서 사업부는 넓은 의미의 시장에서 몇 가지 관련된 제품과 기술을 관리하는 조직을 지칭한다. 사업부 수준에서 마케팅은 시장의 필요 및 욕구와 이에 대한 경쟁자들의 반응을 자세하게 이해할 수 있게 해준다. 사업부는 경쟁우위를 확보하고 유지하기 위하여 자신들이 가장 잘할 수 있는 것을 적극적으로 이용한다. 예를 들어, 기술 우위를 갖고 있는 기업들은 아주 탁월한 제품과 서비스를 제공하고 기술적 우세를 유지하기 위한 재투자로 자사의 강점을 구축해 나간다.

기능수준(function level)에서는 경영자들이 사업전략을 구현하기 위해서 생산, 마케팅, 인사, 재무 등 기능 영역의 구체적인 실행 방안들을 모색하게 된다. 기능수준에서 마케터는 특정 시장의 특정 제품에 관련된 마케팅믹스에 초점을 맞춘다.

기업수준, 사업수준 및 마케팅 부서에서의 활동들은 고객의 문제를 해결해주고 기업의 전략적

의도(strategic intent)와 목적을 실현한다는 시장지향성(market-orientation)을 공유함으로써 보다 원활하게 통합해 나갈 수 있다.

2 사고방식과 전략

모든 조직은 '삼성맨' 또는 '현대맨' 등의 표현에 함축된 나름의 독특한 **사고방식**(mind-set)을 갖고 있다. 이러한 사고방식은 추상화의 수준에 따라 문화, 전략, 전술로 구분할 수 있다. 사고방식의 각 수준은 고객의 필요와 욕구를 충족시켜서 기업의 이익을 실현한다는 점을 어떻게든 반영해야 한다.

조직문화는 가장 추상적 수준의 경영 사고방식으로 조직구성원들이 공유하고 있는 근본적인 신념 및 행동규범으로 이해할 수 있다. 조직문화는 구성원들이 현실을 인식하는 방식, 구성원들이 서로 사람을 대하고 공조하는 방식, 그리고 조직을 이끌어가는 방향성에 영향을 끼친다. 중국은 한국과는 사뭇 다른 조직문화를 보이는데, 한국 기업문화는 업무에 대한 정확한 설명 없이도 스스로 자료를 찾거나 예측해서 업무를 진행하는 것을 요구하는 반면, 중국은 업무 영역이 명확하지 않은 업무에 대해서는 업무를 하지 않으며 업무가 연결되는 부분은 서로 자기의 영역이 아니라고 생각해서 자주 업무의 사각지대가 생기며 정의되지 않은 업무에 대해서는 매우 수동적이다. 중국에 진출한 한국기업이 이러한 기업문화의 특성을 제대로 파악하지 못한다면 시장의 기회와 위협에 대응할 수 있는 기업능력에 상당한 문제가 초래될 것이다. 예를 들어, 뉴유나이티드모터스(NUMMI)는 기업문화를 바꿔 경쟁력 있는 회사로 재탄생한 대표적 사례이다. 원래는 캘리포니아에 있던 GM공장인 NUMMI는 워낙 생산성이 낮아 폐쇄한 후 도요타가 경영하는 조건으로 재가동했는데, 도요타가 경영한 후 놀라운 변화가 일어났다. 전 직원의 85%가 예전과 동일하고 장비도 그대로였는데 결근율이 20%에서 3%로 낮아지고 노사 문제도 사라졌을뿐더러 생산성이 가장 높은 공장으로 바뀌었다. 이러한 변신의 비결은 기술이나 직원들의 능력 차이가 아닌, NUMMI가 추구하는 상호신뢰와 존중의 가치를 실제 경영 방식에 적용한 결과였다.

전략도 구성원이 공유하는 일련의 신념이지만, 이 신념은 회사의 특정 목적을 성취하는 방법에 관한 것이다. 수익성 향상, 고객만족의 증대, 시장점유율 하락의 완화 등과 같은 목적을 성취하기 위해서 자원을 알맞게 사용하는 기업의 실행 방안이 바로 전략이다. **전술**(tactics)은 가장 구체적인 수준에서 행동 방안을 구현시켜 주는 것으로 환경 변화에 대한 반응행동으로 지속적이고 변칙적으로 수행되는 구체적인 해결책이다. 마케팅에서의 전술은 마케팅믹스를 통해서 구체화 된다.

사례 | 불황일수록 빛나는 시장지향적 전략

성공적인 시장지향전략의 특징은 무엇인가? 이 전략을 잘 활용한 기업들의 경험으로부터 우리는 어떤 교훈을 얻을 수 있는가? 이에 대한 답은 다음의 네 가지로 요약될 수 있다.

첫째, 시장의 추세 및 고객의 욕구를 파악 또는 창출하고, 회사의 모든 활동을 철저하게 시장의 흐름과 고객의 욕구에 맞춘다. 시장 중심적으로 움직이는 회사는 관련 시장의 추세를 체계적으로 분석하고, 의사결정을 하거나 프로젝트를 진행하는 데 있어서 어느 정도의 위험을 기꺼이 부담한다. 즉, 웬만한 정도의 실패율은 받아들일 각오가 되어 있다.

예를 들면, 우리나라의 농심은 1970년대 초에 시장상황을 면밀히 검토한 끝에 뻥튀기 개념의 스낵이 장래성이 밝고 어린이들의 건강에도 좋을 것이라고 생각했다. 그리하여 뻥튀기의 공정을 대량생산이 가능한 방향으로 연구 · 개발할 것을 결심했다. 그러나 농심은 스낵의 제조공정을 개발하는 과정에서 당시의 재력으로는 감당하기 어려울 만큼의 연구개발비를 지불해야 했다. 이때 실험용으로 쓴 밀가루만 해도 4.5톤 트럭 80대분에 이르렀다고 한다. 그러나 이 회사에는 이른바 '실패할 수 있는 자유(free to fail)'가 있었다. 즉, 연구개발 프로젝트의 수행 과정에서 있을 수 있는 잘못이나 손실은 당사자에게 책임을 묻지 않고 일체 회사에서 흡수하는 조직 분위기가 있었기 때문에 '새우깡'이라는 훌륭한 장수 상품이 나올 수 있었다.

미국의 3M도 종업원들에게 그들에게 주어진 시간의 15%를 스스로 선택한 프로젝트를 추진하는 데 쓰라고 권하고 있다. 이렇듯 이 회사에는 위험을 감수하고 혁신을 추구하는 분위기가 있고, 바로 그 때문에 총매출에서 신제품의 판매가 차지하는 비중이 약 30%나 된다고 한다.

둘째, 명확하고 시장지향적인 사업의 정의 및 포지셔닝을 들 수 있다. 사업을 올바르게 이해하고 정의하는 것은 전략의 기초이자 전략기획의 출발점이다. 예를 들어, 독일의 천공기 제조회사 힐티(Hilti)는 '우리는 구멍을 만듭니다'라는 말로 자사의 사업을 정의하고 있다. 이것은 제품이나 기술과는 상관없이 장기적 관점에서 내려진 뚜렷하면서도 시장지향적인 사업정의의 표본이다. 아마도 언젠가는 레이저, 물, 또는 초음파로도 구멍을 뚫게 될 것이다. 그러나 힐티는 기술이 아무리 바뀌더라도 고객들의 욕구를 계속 충족시킬 수 있을 것임에 틀림없다.

셋째, 고객들이 얻고자 하는 핵심가치를 알아내고 그들을 위해 그것을 창출 · 제공함으로써 경쟁사에 대비한 경쟁우위를 확보한다. 얼핏 보기에는 시장지향적인 것으로 보이는 전략을 추구하는 많은 회사들이 좋은 성적을 못 내고 있다. 그 까닭은 고객들에게 실질적인 가치 및 효용을 제공하고 있지 않기 때문이다. 고객이 얻는 효용은 제품(루이뷔통)일 수도 있고 서비스(캐터필라)일 수도 있으며, 또는 가격(월마트, 알디)일 수도 있다.

넷째, 빨리 배우고 적응하는 능력이다. 우리는 모든 것이 점점 더 빨라지는 시대에 살고 있다. 이러한 속도의 시대에서는 기업들 사이의 경쟁이 이제 시간경쟁이 되어가고 있다. 앞으로는 최소한 환경이 변화하는 속도만큼 빨리 적응할 수 있는 기업만이 살아남을 것으로 보인다. 또 어떤 경영자는 속도의 시대에서의 학습 능력의 중요성을 다음과 같이 표현한 바 있다. "미래의 회사가 갖게 될 유일한 경쟁우위는 경쟁사보다 더 빨리 배울 수 있는 경영자의 능력일 것이다."

그런데 과거에 시장에서 오랫동안 잘 해온 기업일수록 타성이 붙어 학습과 적응을 게을리하는 경향이 있다. 왜냐하면 위기가 닥치고 나서야 행동의 필요성을 느끼기 때문이다. 그러나 회사가 문제의 심각성을 알아차렸을 때는 이미 너무 늦은 경우가 허다하다. 그래서 경영자는 과거의 성공과 영광, 그리고 경험이 오히려 자신의 시야를 좁히고 생각을 가로막을 수 있다는 사실을 잊어서는 안 된다. "시대의 추세에 따르지 않는 자는 시간과 더불어 사라진다."

시장지향성은 밖에서 그냥 주어지는 것이 아니며, 모든 기업이 적극적으로 만들어가야 하는 것이다. 따라서 각 기업은 얼마만큼의 활동을 하여 어느 정도의 시장지향성을 갖추어야 하는지를 스스로 정해야 한다. 특히, 오늘날 같은 극심한 불황의 시대에서는 시장지향성 또는 시장지향적 전략의 중요성은 더욱 커지게 마련이다. 왜냐하면 현재 위기의 본질은 수요보다 공급이 많기 때문에 일어나는 매출의 감소와 가격의 하락이기 때문이다. 시장지향적 사고를 바탕으로 한 고객 가치의 창출만이 이러한 위기를 극복할 수 있기 때문이다. 위의 격언은 이러한 시대에 많은 기업이 되새겨 볼 좋은 지침이 될 것이다.

출처: 머니투데이에 연재된 'MBA 지상특강'를 근간으로 편집함.

3 마케팅과 전략계획

시장지향적 전략계획(market-oriented strategic planning)이란 조직의 목표, 기술과 자원을 변화하는 시장기회에 적합시켜 유지하고 성장하기 위한 관리 과정으로 사업과 제품들을 형성시키고 결합하여 기업의 수익과 성장을 창출하는 것을 주요 목표로 한다. 성공적인 기업은 시장지향적 전략계획을 통해서 계속해서 변화하는 시장에 적응하고, 또한 대응하는 방법을 알아야 하고, 시장 지향적인 전략계획의 기법을 실천해야 한다.

마케팅 활동과 기업의 전략적 결정을 연결시켜주는 시장지향적 전략계획은 [그림 2-1]과 같다. 기업수준에서는 활동무대(비즈니스)를 결정하고 각 비즈니스에 자원을 할당할 뿐만 아니라 조직의 문화를 일궈낸다. 마케팅과 관련된 조직문화는 우수한 품질과 서비스를 통해서 고객들을 특별하게 보살피는 **고객지향성**(customer orientation)과 자사의 강점을 활용하고 경쟁자의 허를 찔러 경쟁에 이기는 **경쟁지향성**(competition orientation)으로 크게 나눌 수 있다.

소형 고가 복사기 시장에서, 거대한 Xerox의 약점을 찾아내고 자체적인 입지를 확립한 Savin 사와 음식 및 숙박 서비스로 업계 최상위 위치를 차지한 Marriot 호텔은 각각 경쟁 지향적 문화와 시장 지향성을 성공적으로 구현한 대표적인 사례이다.

	기업수준	사업수준	제품수준
문화	조직문화의 형성 시장지향적 대 경쟁지향성	가치는 특정 시장에서 의미 있는 것을 강조한다.	전반적인 관점 또는 세계관
전략	고객욕구를 충족시키기 위한 시너지의 관점에서 M&A 평가	표적시장과 산업에 대한 전략기획	전술들을 시장에 대한 응집력 있는 접근 방법으로 종합하는 방법
전술	조직의 주요 구성원들을 개발하고 관리하기 위한 전술	중요한 기술적 혹은 생산자원을 개발하기 위한 구체적인 전술	4Ps에 대한 전술

그림 2-1 마케팅과 전략계획

전략적 계획은 **기업수준**(corporate level), **사업수준**(division level), **사업단위수준**(business unit level), 그리고 **제품수준**(product level)으로 구분되어 진행되는데, 기업수준에서는 얼마나 많은 자원을 각 사업부에 할당할 것인가 뿐만 아니라, 어떠한 사업단위를 시작하고 제외할 것인가를 결정하고 각 사업부는 사업부 내에 속한 각 사업단위에 자금을 할당하는 사업 계획을 수립하며 구체적으로 사업단위에서는 제품별 목표를 성취하기 위한 마케팅믹스전략 등의 구체적인 마케팅 계획이 수립된다.

사업 수준에서는 주어진 시장에서 경쟁우위를 확보할 수 있는 대상 시장을 식별하고 그 안에서 차별화된 경쟁력을 구축한다. 이 과정에서 시장 조건, 고객 요구 사항, 기업의 특성 등이 상세하게 고려되어야 하며, 자사의 경영 전략과 경쟁자의 전략적 동향까지 고려해야 한다. 대상 시장에서 경쟁력 있는 위치를 확립하기 위해 우수한 품질과 서비스를 통해 고객의 요구를 충족시키는 데 집중해야 하며, 경쟁자보다 변화하는 고객 요구를 더 신속하게 파악하고 대응해야 한다. 이를 통해 관계를 강화하고 지속 가능한 관계를 형성하여 경쟁우위를 확보한다. 즉, 목표 시장에서 경쟁자보다 더 빠르고 긴밀하며 관계성이 높은 경쟁우위를 창출하기 위해서는 경영 자원과 마케팅 자산을 효과적으로 확보하는 것이 필수이다.

제품수준에 관여하는 경영자들은 전술을 개발해야 한다. 기업수준과 사업수준에서도 매우 구체적인 목표를 실현하기 위해서 전술을 활용할 수도 있지만, 전술적 계획은 제품수준에서 일상적으로 집행하고, 평가하고, 조정할 수 있다. 전술적 계획은 매우 구체적이고 적용범위가 좁아서 많은 주의와 신속한 대응이 필요하다. 이 수준에서 생기는 많은 문제들이 신속한 반응이 필요하므로 전술적 계획 실행에서는 적절한 타이밍이 매우 중요하다. 예를 들어, 경제신문에서 발표되는 경영대상이나 브랜드대상과 같은 수상 내역을 기업에서는 놓치지 않고 고객만족 향상을 위한 도구로 활용하고 있다.

4 마케팅전략의 변화와 방향모색

팬데믹이 바꾼 마케팅, 무엇을 어떻게 준비해야 할까? 지속적으로 증가하던 모바일/온라인 소비는 코로나를 기점으로 급성장하며 오프라인 소비를 넘어섰다. 온라인을 포함한 디지털 시장의 규모가 커짐에 따라 그 수요도 늘어났으며, 기업과 소비자 모두 안전하고 편리한 디지털 환경을 선호하고 있다. 이와 맞물려 마케팅전략 전반과 디지털 마케팅 참여전략 그리고 전략적 우선순위와 워크플로 및 전략 프로세스 등 많은 부분에서 변화를 거듭하고 있다. 위기 속에 기회가 상존하듯이 변화하는 상황을 기회의 전략 창으로 잘 활용하고 대응하면 기업에게 보다 큰 가치를 창출해 줄 수도 있다. 기업환경 변화에 따른 마케팅전략의 변화와 방향을 몇 가지 차원에서 모색해 본다.

1. 고객소통과 고객중심경영

'혁신'과 더불어 '고객과의 소통'은 급격하게 변하는 상황 속에서도 변하지 않는 최우선 순위이자 최상위 과제다. 마케팅 기술의 발전과 담당자들의 노력으로 이전보다 더 높은 수준의 고객만족을 실현하고 있다. 이로 인해 고객의 기대 수준 역시 상승하고, 자원 제한으로 마케팅 담당자들은 어려움을 겪고 있다. 이럴 때일수록 고객과의 소통은 중요한 사항으로, 디지털 채널을 통한 빠른 실시간 소통에 초점을 맞춰야 한다.

2. 마케팅 역할강화 및 마케팅전략 실행의 중요성 강화

마케팅에서 고객 경험이 가장 중요한 역할을 한다는 원칙은 변하지 않는다. 고객 경험은 여전히 핵심적인 경쟁 차별화 요소이다. 디지털 채널을 포함한 다양한 플랫폼은 고객과의 소통을 편리하고 안전하게 만들 뿐만 아니라 기존의 미디어와는 다른 장점을 제공한다. 앞으로 기업이 고객의 기대를 충족시키는 데 가장 중요한 역할을 하는 것은 '디지털 역량'으로 시간이 지남에 따라 마케팅에서 디지털 기술이 더욱 중요해질 것이며, 대표적인 기술 중 하나가 CRM(Customer Relationship Management)이다. CRM은 기업이 고객 중심 자원을 최대한 활용하고 이를 기반으로 고객의 요구를 파악하는 활동을 지원한다.

3. 유비쿼터스 마케팅환경과 데이터 중심의 마케팅

엔데믹 시대의 마케팅조직은 원격근무와 관련된 새로운 정책을 도입하며, 어디서나 일할 수 있는 환경으로 전환되고 있다. 온라인을 통해 시간과 장소에 구애받지 않고 원하는 업무를 진행할 수 있다. 이처럼 기업환경이 디지털로 옮겨 감에 따라 활용할 수 있는 데이터도 증가했다. 디지털에서는 모든 활동이 데이터로 기록되기에 데이터 활용도에 따라 마케팅 성과가 좌우될 것이며, 국내 마케팅에서는 데이터의 중요성으로 인해 고객 데이터의 통합 뷰(unified view) 확보가 최우선 과제로 부상했다. 데이터 활용과 관련하여 기존과 다른 양상도 나타난다. 이전에는 구글 및 애플과 같은 플랫폼을 활용하여 데이터 수집이 간단했고, 주로 데이터 처리에 집중했으나, 이제는 데이터 수집부터 전반적인 과정을 관리해야 하며, 많은 마케팅 담당자가 CRM 플랫폼 자체에 중점을 둔다.

4. 디지털마케팅 분석도구의 진화와 고급화

세일즈포스 마케팅 클라우드 '저니빌더'와 세일즈포스 AI 접목 플랫폼 '데이토라마'와 같은 강력한 분석 도구들이 마케팅전략 수립과 실행에서 핵심적인 역할을 한다. IBM은 세일즈포스의 데이토라마(datorama)를 도입하여 수개월이 소요되던 마케팅 및 미디어 데이터 통합을 자동화했다. 데이터 통합 과정에서 도입 전에는 전략적인 의사결정이 어려웠지만, 도입 후에는 데이터 수집 중일지라도 데이터가 실시간으로 업데이트되어 의사결정에 신속하게 활용된다. 데이터를 통합 관리해 신속하면서도 정밀하게 분석하는 데이토라마는 IBM에게 필요한 인사이트를 적재적소에 제공한다. 이를 바탕으로 경영진은 전 세계에 걸쳐있는 잠재 기회를 파악해 더욱 전략적인 의사결정이 가능해졌다.

이러한 혁신은 데이터 흐름을 통합하는 것뿐 아니라 데이터 중심의 조직문화 구축을 견인했다. 이후 IBM은 전 세계 500개 이상의 데이터 흐름을 통합 관리가 가능해졌으며, 40명으로 구성된 팀이 마케팅 캠페인 최적화·미디어 믹스·인사이트 도출 등 매일 150개 이상의 리포트를 작성할 수 있는 역량을 확보했다. '데이터 기반 마케팅 환경'을 구축한 데이토라마는 ROI 기반 의사결정을 기반으로 새로운 캠페인 기획을 현실화했고, 이전에는 확보하기 어려웠던 인사이트를 확보하며 캠페인 성공 확률을 높였다. 워너 브라더스도 데이터 통합 관리를 통해 새로운 환경에서 성장을 이뤄냈다.

한편, 세일즈포스 마케팅 클라우드는 고객 정보를 바탕으로 거래, 상담일, 상담 내용 등 마케팅에 활용될 수 있는 데이터를 체계적으로 관리한다. 이처럼 CRM은 고객 통합 데이터베이스를 기반으로 유의미한 수치를 도출해 다양한 마케팅, 세일즈 채널과 연동할 수 있다. 기존 마케팅 담당자가 신규 고객 유치를 위해 '일관된 전략'을 세웠다면, 지금은 신규 고객을 유치하면서 기존 고객을 관리하고 유지하려고 한다. 이로 인해 고객에게 브랜드를 인지시키고 거래 종료 이후 서비스를 제공받는 등 고객의 모든 여정을 관리하는 CRM의 등장은 데이터 홍수 속에 빠진 마케터들에게 구원의 손길과도 같다. 유의미한 데이터 도출을 모색하는 무수한 마케팅 전문가는 이들 또한 사람이기에 '고객 유치'와 '고객 유지'를 모두 완벽하게 수행하기에는 한계가 있음에도 현재 진행 중인 4차산업 혁명시대의 다수 글로벌 기업은 세일즈포스 마케팅 클라우드 '저니빌더'와 세일스포스 AI 접목 플랫폼 '데이토라마' 등을 통해 마케팅 전략수립과 실행방식에 변화를 주며 끊임없는 전략적 혁명을 추진하고 있다.

5 시장지향적 전략계획 과정

급변하는 경쟁환경에서 지속 가능한 성장력을 이루기 위해서 많은 기업들은 마케팅 컨셉을 전사적 관점에서 기업의 철학으로 수용하고 있다. 이러한 사고를 구체적으로 기업사명문(mission statement)에 반영되며, 경영 철학을 형성한다. 마케팅 컨셉을 경영철학으로 수용한 기업이 계속해서 성장하려면 시장의 기회와 위협, 기업의 목적, 자원 및 역량 사이에 실행 가능한 적합성을 개발하고 유지해야 한다.

전략기획은 외부 분석과 내부 분석에서 시작한다. 외부 분석은 소비자, 경쟁자, 산업 및 환경을 분석하여 시장의 기회(opportunities)와 위협(threats) 요인을 파악한다. 내부 분석에서는 전략과 성과에 대한 평가, 전략적 쟁점, 조직특성, 원가, 사업구성 및 재무적 자원을 분석하여, 자사의 강점(strengths)과 약점(weaknesses)을 파악한다. 시장 기회와 위협을 강점과 약점과 결합하여 경쟁력 있는 전략을 개발하는 것이 SWOT 분석이다. 이 과정은 강점, 약점, 기회 및 위협을 효과적으로 요약하는 과정으로, 그 결과 바람직한 전략 대안을 찾게 된다. 이러한 SWOT 분석을 기반으로 시장 주도적 전략계획은 구체적인 [그림 2-2]와 같은 단계를 통해 이루어진다.

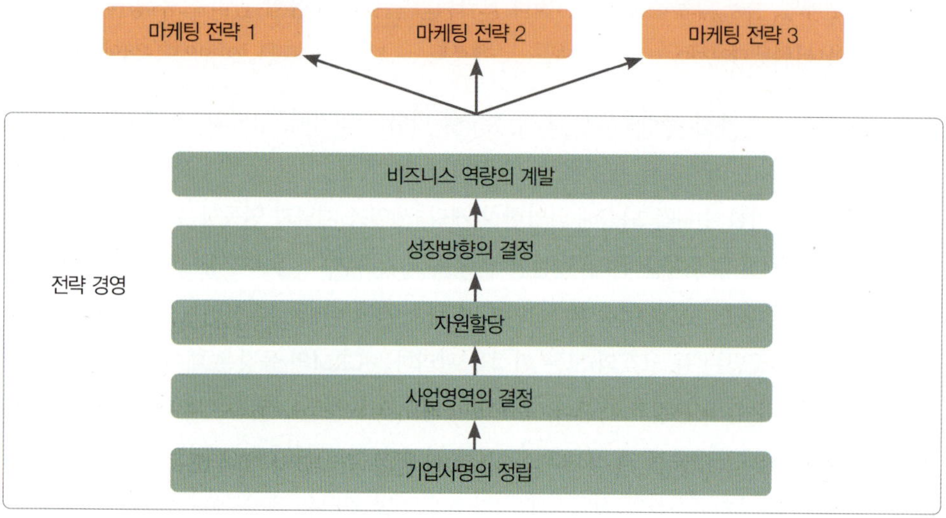

그림 2-2 시장-주도적 전략계획 과정

Ⅱ 기업사명의 정립과 사업 영역의 결정

1 기업사명의 정립

성공적인 기업은 변화하는 환경에서 자신의 임무를 잘 이해하고, 이에 따라 고객에게 기업의 노력과 자원을 집중하기 위한 규칙과 효율성을 수립한다. 기업이 중장기적으로 자사경영의 행동지침을 제공하는 장래 청사진을 **기업사명**(corporate mission)이라고 한다. 풀무원의 '바른먹거리로 사람과 지구의 건강한 내일을 만드는 기업'이나 아모레퍼시픽의 '사람을 아름답게 세상을 아름답게'와 같이 기업이 추구하는 사업의 방향을 명확하게 보여준다. 기업은 처음 시작할 때 명확한 사명을 가지고 시작하지만, 시간이 지나면서 퇴색되는 경향이 있는데, 피터 드러커(Peter Drucker)는 기업사명에 관한 다음과 같은 근본적인 질문을 지속적으로 제기해야 한다고 주장했다.

- 우리 회사의 사업은 무엇인가?(What is our business?)
- 우리 회사의 고객은 누구인가?(Who is the customer?)
- 우리 회사의 고객에게 가치가 있는 것은 무엇인가?(What is of value to the customer?)
- 우리 회사의 사업은 앞으로 어떻게 될 것인가?(What will our business be?)
- 우리 회사의 사업은 앞으로 어떻게 되어야 하는가?(What should our business be?)

기업의 미션, 비전, 전략, 핵심가치의 개념을 정의해서 관련된 예를 세부적으로 제시하면 다음과 같다.

첫째, 미션은 기업의 근본적인 목적과 핵심 가치, 그리고 조직의 "왜 존재하는가?"에 대한 명확한 의미이다. 이는 조직의 존재 가치와 사회에 제공하는 가치, 그리고 직원들이 일하는 의미와 관련이 있으며, 모든 이해관계자가 받아들일 수 있는 개념이어야 한다. 그 조직의 존재 목적이 되기 때문에 가장 우선시해야 하며 변하지 않아야 한다.

둘째, 비전은 기업의 미래상으로 미션에 따라 조직이 달성해야 할 미래의 목표로 "무엇이 될 것인가?" 그리고 "무엇을 이룰 것인가?"에 대한 해답으로 미션에 따라 구체적으로 달성해야 할 조직의 중장기적 미래며 전략을 통해 구현하고자 하는 조직의 중장기적 미래상이다. 비전은 실질적이며 조직원들을 선도할 수 있어야 하며 구체적이고 명확한 조직의 미래를 표현할 수 있어야 한다. 비전의 유형을 제시하면 다음과 같다.

- 명확한 과제: 케네디 NASA – 달에 사람을 보낸다.
- 극복할 대상을 명시: 나이키 – 무찌르자 아디다스
- 모범 모델을 가치관으로 제시: 알펜시아 – 아시아의 알프스가 된다.

셋째, 전략은 목적 달성을 위한 방법으로 비전 달성을 위한 구체적인 전술들의 운용방안이다. "어떻게 달성할 것인가?"에 대한 답으로 사업전략, 경영전략, 사업 부문별 전략, 운영전략, 영업전략 및 마케팅전략 수립과정이 여기에 포함된다.

마지막으로 핵심가치는 일하는 원칙과 기준으로 조직과 구성원들이 마주할 수많은 의사결정에서의 가치판단 기준이다. "어떻게 일하는가?" 또는 "어떤 기준으로 판단하는가?"에 대한 답을 제시하는 것으로 일을 수행하는 데 있어 우선순위가 되며, 모든 구성원이 반드시 지켜야 할 원칙과 기준으로 아무리 좋은 사업이라도 핵심가치에 어긋나면 실행하지 않게 된다. 주요 기업들의 핵심가치는 다음과 같다.

- 디즈니: 상상력, 창의성, 재미
- 애플: 단순함, 디자인, 품질
- 삼성: 인재제일, 최고지향, 변화선도, 정도경영, 상생
- 듀폰: 안전과 보건, 윤리준수, 직원존중, 환경보호

과거에 세계시장을 석권한 소니라는 기업의 세계적 경쟁력 장착의 배경에 좋은 기업사명 도출이 자리 잡고 있었으며, 최근에 세계 시장의 지속 가능 경쟁우위를 구가하고 있는 3M이나 코스트코 및 디즈니 등도 수많은 경쟁사가 있음에도 불구하고 자사를 찾아야 하는 이유를 제시하면서 궁극적으로 고객에게 제공하는 것이 무엇인가에 대한 존재 이유를 명확하게 전달함을 통해 지속가능한 경쟁 이점을 창출해 나가고 있다.

SONY	공공의 이익과 기쁨을 위한 기술 혁신과 기술 활용이 주는 즐거움을 경험함
3M	미해결된 문제의 혁신적 해결을 위한 끊임없는 탐색과정
McKinsey&Company	기업과 정부의 더 나은 성공에 도움을 주는 것
COSTCO WHOLESALE	우리의 사명은 회원들에게 양질의 제품과 서비스를 최저 가격에 지속적으로 공급하는 것입니다.
The Walt Disney Company	사람들을 행복하게 만드는것

그림 2-3 선도기업의 기업사명

이상과 같이 잘 정립된 기업사명은 다음과 같은 공통된 특성을 갖추고 있다.

첫째, 종업원들의 경영 활동에 명확한 지침을 제공하는 몇 가지 명확한 가치를 제공해 준다. '최고품질의 제품을 최선의 서비스로 가장 저렴하게 제공하여 초우량기업이 된다.'와 같은 기업사명은 그럴듯해 보이지만 너무 많은 가치를 포함하고 있어서 종업원들의 활동에 지침이 되지는 못한다.

둘째, 잘 정립된 기업사명은 기업의 미래에 대한 비전과 밀접한 관계가 있으며, 미래에 대한 이상적인 시나리오를 제공하여 기업의 역량을 잘 결집하면 구체적으로 실행할 수 있게 된다. 예컨대, 한때 기업사명으로 제시되었던 삼성전자의 'Digital-e Company'는 혁신적인 디지털 제품과 e 프로세스를 통해 디지털 컨버전스 혁명을 주도하는 기업을 말한다. 'Digital'은 사업구조 개편을 통해 기술과 제품, 사업을 융복합화, 네트워크화하며, 디자인력을 강화하여 디지털 컨버전스 시대에 맞는 제품혁신을 이루는 것을 의미한다. e는 가장 빠르고 효율적인 프로세스를 통해 간단하고 신속한 경영체제를 구축함으로써 리드타임을 단축하고 경영 속도를 향상시키는 것을 의미한다. 이러한 'Digital-e Company'는 "디지털 컨버전스를 주도하는 기업"이라는 비전을 실현하며, 사업구조의 재편과 비즈니스 프로세스의 혁신으로 이어진다.

셋째, 좋은 기업사명은 기업이 활동할 주요 **경쟁범위**(competitive scope)를 명확히 제시해 준다. 즉, 기업사명은 앞으로 진출할 사업을 모색하고 그 사업을 수행하는 시장의 범위를 명확히 제시해야 한다. 하버드 대학의 레빗(Theoredore Levitt) 교수에 따르면, 사업을 제품 중심으로만 정의하면 시장을 협소하게 바라보는 **마케팅근시안**(marketing myopia)을 초래하기 때문에 범위를 넓혀 고객욕구 중심으로 정의하는 것이 더 바람직하다고 주장했다. 프리토-레이(Frito-Lay)는 기업사명을 옥수수 칩 사업에 두기보다는 스낵식품 사업으로 정의한다. 스포츠구단의 사명은 단순히 경기를 하는 것이 아니라 팬들의 즐거움과 관심에 이바지하는 것으로 정의하며, P&G는 세계 소비자의 생활을 향상하는 우수한 품질과 가치의 제품을 제공하는 것으로 기업사명을 정의하고 있다. 기업은 제품이 아니라 고객욕구를 중심으로 사업을 정의할 때 새로운 시장기회와 경쟁의 출현에 잘 대응할 수 있다.

2 사업 영역과 전략적 사업단위 정의

명확한 사명을 정립한 경영자들은 사업 영역을 정의하여 선택하고, 각 사업 영역을 관리할 단위를 결정하게 된다.

1. 사업 영역의 정의

사업 영역(business domain)은 영위하게 될 시장·산업의 범위를 말한다. 사업은 제품을 생산하는 과정이 아니라 고객을 만족시키는 과정으로 이해해야 한다. 물품을 구매하는 사람들의 집합인 시장의 경계는 자연적으로 존재하는 것이 아니라 인위적으로 설정된다. 사업 영역을 정의하는 데서 기업의 제품과 잠재소비자의 필요와 욕구 그리고 경쟁이 복합적으로 작용함으로, 시장을 정의하고 경계를 설정하는 것이 쉽지 않으며, 마케팅의 성공을 크게 좌우한다. 예를 들어, 과거에 Macintosh를 개발하였던 Apple사가 독점적인 기술에 집착하지 않고 사업 영역을 유연하게 정의하여 관련 운영 시스템을 컴퓨터업계에 공개하였었다면, Microsoft사의 Window 시스템의 경쟁력에 심각한 위협이 되었을 수도 있다.

사업 영역의 정의는 경쟁자, 시장경계 및 성과에 직접적으로 영향을 미칠 수 있다. [그림 2-4]는 고객집단, 고객욕구 및 기술의 차원에 따라 사업 영역을 정의하여 보여준다. 고객집단은 "누가 우리의 고객인가?"에 답을 구하는 것으로, 이의 선택 방법은 시장세분화에서 더 자세하게 살펴볼 것이다.

예컨대 고객집단은 교육, 사업출장 및 정부 중에서 출장이 잦은 사업가들의 집단을 시장으로 선택할 수 있다. 고객욕구는 "우리는 고객의 어떤 문제를 해결해주는가?"에 대한 답으로, 무선통신, Handhold, Notebook 중에서 Notebook 욕구를 선택할 수 있다. 끝으로 기술은 고객의 문제를 해결하는데 이용하는 기술로 인텔(Intel)을 예로 들면, i3, i5, i7를 붙여 성능을 나누고 뒤에 세대를 붙여서 11세대 i3-11100, i5-11500, i7-11700, 12세대 i3-12100, i5-12500, i7-12700 등으로 제시하여 지속적인 사업영역에 따른 시장을 확보해 나가고 있다.

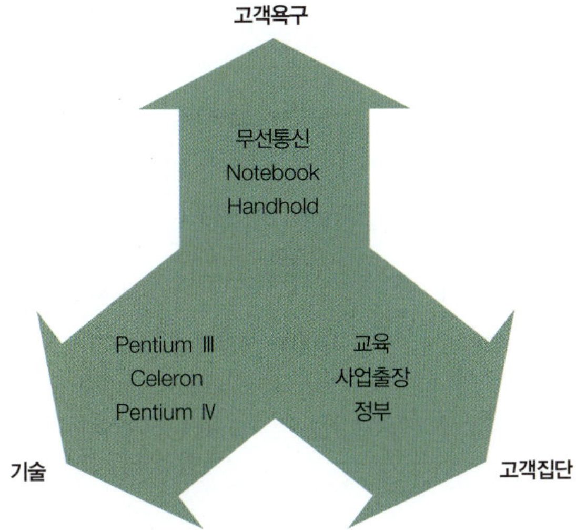

그림 2-4 사업 영역의 정의

사업 영역을 정의하는 데는 고객집단, 고객욕구, 기술 이외에도 지리적 범위, 경쟁 및 환경 등과 같은 기준들을 이용할 수 있다. 또한, 여러 개의 사업 영역을 정의한 후에 특정 사업 영역을 선택하는 것은 경쟁우위와의 적합성에 따라 달라진다. 최근 헬리콥터 사업은 해외시장개척과 기술적 혁신 그리고 견고한 네트워크가 핵심 성공 요인(key success factor)이 될 수 있는데, 이를 뒷받침해 줄 수 있는 기업 역량과 자원에 따라 사업 영역이 달라질 수 있다. 사업영역의 문제는 왜 어떤 회사는 수익을 지속적으로 향상시키며 성장하는 반면, 다른 회사는 더 좋은 조건을 갖고도 이루지 못하는지에 대한 해답으로 컨설팅 회사와 전략 가이드북은 핵심 영역에 중점을 두는 것을 제1의 우선순위로 꼽는다. 그렇다면 이러한 '핵심사업영역을 어떻게 정의해야 하는가?'라는 의문은 수많은 기업들이 직면하는 중요한 과제이다.

베인앤컴퍼니는 핵심 사업을 파악하기 위해 5가지 자산이 있는지 확인하는 것이 중요하다고 말한다.

- 잠재적으로 가장 수익성이 높은 단골 고객
- 가장 차별화되고 전략적인 능력
- 가장 결정적인 제품 매출
- 가장 중요한 유통 경로
- 위 항목에 도움이 되는 기타 전략적 자산(특허, 브랜드 등)

베인앤컴퍼니에서는 컨설팅을 시작할 때 가장 먼저 "귀사가 추구하는 사업의 정의는 무엇입니까?", "귀사의 핵심 사업은 무엇이고 잠재적인 경쟁우위의 원천은 무엇입니까?"라는 질문을 한다. 이러한 질문에 대답하기 위해서는 위의 5가지 차원 각각을 이해하고 있어야 한다. 어떤 회사에 있어서는 핵심 사업을 정의하는 것이 크게 어렵지 않지만, 어떤 회사에서는 극도로 까다로운 문제일 수 있다. 그러나 어떤 경우든 가능한 한 명확하게 정의를 내리는 것이 중요하다.

지속적인 수익을 달성하기 위한 모든 기업의 최대 전략이슈는 자신 기업의 핵심 사업이 무엇이며 잠재적인 경쟁우위의 원천이 무엇인지 알아내어 핵심 사업의 잠재력을 최대한으로 활용하였는가를 냉정히 파악하는 것이다.

2. 전략적 사업단위의 결정

오늘날 대부분의 기업들은 여러 가지 사업을 경영하는데, 독자적인 전략을 필요로 하는 사업을 중심으로 관리 단위가 편성된다. **전략사업부**(SBU: strategic business unit)는 대개 최고경영진으로부터 생산과 마케팅에 대한 권한을 위임받고 성과에 책임을 지는 독립적인 사업단위이다. 전략사업부의 규모와 범위는 기업의 특성과 최고경영자의 경영 방식에 따라 차이가 있다. 예를 들어, CJ그룹은 [표 2-1]와 같이 약 22개 관계회사들을 크게 5개 사업군으로 분류한다. 그리고 CJ그룹은 건강, 즐거움, 편리성이라는 브랜드 분류 기준에 따라 세부적으로 비비고, tvN, 올리브영을 포함한 다양한 브랜드를 구축하여 그에 따라 사업을 전개해 나가고 있다. [표 2-2]는 CJ그룹의 핵심 사업 영역인 식품과 식품서비스, 생명공학, 엔터테인먼트와 미디어, 신유통 등을 중심으로 '건강, 즐거움, 편리를 창조하는 글로벌 생활 문화기업'으로 나아가는 사업 분야를 구분하여 보여준다.

표 2-1 CJ 그룹의 사업 영역

사업군	계열회사
식품, 식품서비스	• CJ제일제당: K-FOOD 열풍을 이끄는 글로벌 식품 문화 기업 • CJ푸드빌: 대한민국을 대표하는 글로벌 외식 문화 기업 • CJ프레시웨이: 대한민국 대표 글로벌 식자재 유통 & 푸드서비스 기업
생명공학	• CJ제일제당 BIO사업부문: 초일류 친환경 바이오 발효 기술로 기존의 BIO사업영역을 뛰어넘어 건강한 인류의 삶을 추구하는 기업 • CJ Feed&Care: 고객 가치 창출 및 미래 사료 · 축산 산업발전 선도 기업
물류, 신유통	• CJ올리브영: 건강한 아름다움을 제안하는 라이프스타일 플랫폼 기업 • CJ올리브네트웍스: DIGITAL EXPERIENCE와 신기술을 기반으로 미래를 여는 INTELLIGENT ICT기업 • CJ대한통운: 글로벌 물류혁신을 주도하는 기업 • CJ대한통운 건설부문 · 리조트부문: 비즈니스 성공을 지원하는 인프라 솔루션 파트너 • CJ ENM 커머스부문: 편리하고 즐거운 쇼핑 문화를 선도하는 기업
엔터테인먼트, 미디어	• CJ ENM 엔터테인먼트부문: 글로벌 No.1 라이프스타일 크리에이터 • CJ CGV: 영화 그 이상의 감동을 선사하는 문화놀이터 • CJ 4DPLEX: 4DX & 스크린X ! 세계 영화 산업의 패러다임을 바꾼 新 기술,극장 한류를 대표하는 문화 아이콘

출처: 2023년 11월 CJ그룹 홈페이지 기준.

표 2-2 CJ 그룹의 브랜드

브랜드분류	세부 브랜드
건강	비비고, 다시나, 해찬늘, 햇반, 쁘띠첼, 바이오, 뚜레쥬르, 이츠웰, 투섬플레이스, VIPS
즐거움	tvN, Mnet MAMA, KCON, CGV, ONSTYLE, CJ엔터테인먼트
편리	올리브영, CJ ONE, 오쇼핑, CJ대한통운, 클럽나인브릿지

출처: 2019년 3월 CJ공시자료 기준.

다양한 사업과 제품을 관리하는 단위를 어느 수준에서 정하는 것이 적절할까? 전략사업부는 '비비고'나 '햇반'과 같은 상표수준(brand level)이나 단위제품수준으로 구분할 수도 있고, 단위제품들의 집합인 제품라인 또는 이보다 상위인 기업수준에서 정할 수도 있다. 예를 들어, 전략사업단위는 슈퍼타이, 테크, 드봉비누와 같은 브랜드나 단위제품 수준으로 설정될 수 있을 뿐만 아니라, 이러한 단위제품들을 포괄하는 세탁용품이라는 **제품범주수준**(product category level) 또는 그보다 확대하여 세탁용품과 주방 및 화장실용품을 포함하는 제품범주군(the set of product categories)까지 확대하여 결정할 수 있다.

전략사업부는 제품들 간에 공통된 생산, 유통경로, 고객층 등을 갖는 경우 하나의 전략사업부로 구성함으로써 전략의 수립과 실행을 용이하게 한다. 전략사업부를 너무 넓게 정의하면(즉, 너무 많은 제품을 포함하면) 전략 방향을 설정하는 데 어려움이 발생하며, 너무 좁게 정의하면 조직 계층이 길어지고 새로운 기회를 파악하는 것이 어려워진다. 일반적으로 전략적 사업관리 단위는 첫째, 독립적인 기획이 필요한 단일 사업이나 연관된 사업으로 구성하고, 둘째, 자체 경쟁자를 갖추도록 하며, 셋째, 전략 기획과 수익성에 대한 책임과 권한을 부여하며, 마지막으로 명확한 경쟁 사업단위와의 경쟁 관계가 존재하도록 편성하는 것이 좋다.

Ⅲ 자원할당 및 사업포트폴리오

기업의 자원은 한정되어 있으므로, 각 사업의 매력을 평가하여 자원을 할당하는데 포트폴리오 기법을 이용한다. **포트폴리오기법**(portfolio techniques)은 위험을 최소화하면서 수익을 극대화할 수 있도록 주식과 채권 등 증권의 최적조합을 찾는 기법이다. **사업포트폴리오**(business portfolio)는 각 사업들의 기업 전체에 대한 기여도를 평가하여 기업의 지속적 성장을 위한 최적사업조합을 찾을 수 있게 해준다. 사업포트폴리오 모델은 아주 다양하지만, 가장 대표적인 BCG 모델(성장–점유율모형)과 GE 모델(정책방향모형)에 대해 살펴보자.

1 BCG 모델

미국의 경영자문회사인 Boston Consulting Group(BCG)이 1960년대에 개발한 성장–점유율 모형(growth-share model)은 기업이 안정적인 성장을 달성하려면 현재의 현금흐름(cash flow)을 지원하면서도 미래의 성장을 위해 투자가 필요한 사업 간에 균형을 유지해야 함을 강조한다. 이 모형은 **BCG 매트릭스**에 의해 구체화된다. 즉, 기업의 다양한 사업들을 시장 성장률과 상대적 시장 점유율이라는 두 가지 변수를 이용해 2차원 공간에 표현하여 각 사업의 현금흐름을 비교할 수 있다. 이 모형은 다음과 같은 세 가지 주요 가정을 기반으로 한다.

- 시장성장률은 **현금유출**(cash outflow)을 나타내며, **시장의 성숙도**(maturity)를 반영한다. 즉, 성장률이 높은 시장에 속한 사업들은 현금흐름을 지원받아야 하는데, 그 이유는 시장이 빠르게 성장하면 추가 자원과 역량 투자가 필요하기 때문이다. 제품수명주기이론에 따르면,

일반적으로 성장률이 정체될 때보다 높은 성장률을 보이는 사업이 더 매력적으로 여겨져 대부분의 기업은 성장률이 높은 시장에서 점유율을 확대하려고 한다.

- 상대적 시장점유율은 **현금유입**(cash inflow)을 나타내며, 상대적 시장점유율이 높은 사업은 경쟁지위가 강하다. 이 특징은 경험곡선효과와 PIMS의 연구결과에서 확인할 수 있다. **경험곡선효과**(experience curve effect)는 누적생산량이 2배로 증가할 때마다 비용(생산원가뿐만 아니라 광고비, 유통비, 판매비 등을 포함한 전반적인 비용)이 일정한 비율로 감소되는 현상을 의미한다. 예를 들어, 처음 100단위를 생산할 때 단위당 100원의 비용이 들었을 때 20%의 경험곡선효과가 있다면, 누적생산량이 200단위가 되었을 때 단위당 비용은 80원으로 줄어들고, 누적생산량이 400단위가 되면 단위당 비용은 64원이 된다. 이러한 경험곡선효과는 학습곡선(learning curve), 규모의 경제, 기술진보, 제품재설계 등으로 인해 발생한다. 또한, PIMS(Profit Impact of Market Strategy)에 의한 연구결과에 따르면 시장점유율이 높아질수록 수익성이 향상되고 현금흐름이 원활해진다는 것을 확인할 수 있다.
- 기업들은 성숙도가 높은 시장에서 강한 경쟁지위를 갖는 사업에서 현금흐름을 창출하여 미래의 높은 잠재력을 갖는 사업을 지원하는 것이 가장 바람직하다.

BCG 매트릭스는 시장성장률과 상대적 시장점유율 그리고 원의 크기로 구성된다. BCG 매트릭스를 작성하는 방법은 다음의 예제를 이용하여 알아보자.

표 2-3 상대적 시장점유율과 시장성장률 예시

SBU	매출액	$\sqrt{p}$	상위 3사 매출액	시장성장률	상대적 시장점유율
A	15	0.39	20 15 15	15	0.39
B	26	0.51	26 1 8	18	2.60
C	44	0.66	44 8 7	6	5.50
D	15	0.39	30 18 15	4	0.50

[표 2–3]을 살펴보면 크게 4개의 사업단위를 갖고 있으며 총매출액은 100이다. 각 사업이 속한 시장의 성장률은 표의 네 번째 열에 있으며, 상대적 시장점유율은 다섯 번째 열에 나타나 있다. 시장성장률은 산업 및 자사의 과거 실적과 미래 전망을 고려하여 설정되며, 이 예시에서는 기준선을 10%로 하였다. 상대적 시장점유율은 자사의 시장점유율을 최대 경쟁자의 시장점유율로 나눈 비율이다. 예를 들어, SBU A의 경우는 15/20=0.75이며, C의 경우는 44/8=5.5가 된

다. 상대적 시장점유율이 1이면 공동의 시장선도자임을 나타내며, 1보다 작으면 그 시장에서의 경쟁지위가 약하다는 것을 의미하고, 1보다 크면 경쟁지위가 강하다는 것을 의미한다. 따라서 상대적 시장점유율의 기준선은 1이 된다.

표에 제시된 자료를 바탕으로 시장성장률은 평균에 근접하는 10%를 기준으로 상하로 구분하고 상대적 시장점유율은 1을 기준으로 좌우로 분류하여 각 사업의 위치를 결정한다. 이후 각 사업의 매출액비율을 고려하여 원을 그리면 [그림 2-5]와 같은 BCG 매트릭스를 생성할 수 있다. [그림 2-5]은 이러한 BCG 매트릭스를 나타내며 각 사업은 원으로 표시되는데, 원의 위치는 각 사업의 시장성장률과 상대적 시장점유율의 값을 나타내며, 이에 따라 문제아(problem children), 스타(stars), 현금젖소(cash cows) 그리고 개(dogs)로 나누어지며, 원의 크기는 해당 사업의 매출액이 전체 회사 매출액 대비 차지하는 비율을 나타낸다.

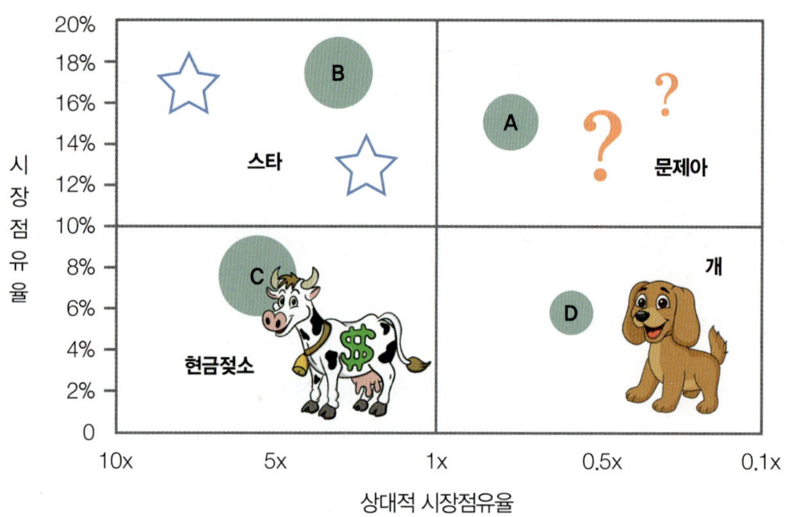

그림 2-5 BCG 매트릭스

- 문제아(problem children): 문제아란 높은 성장률의 시장에서 낮은 상대적 시장점유율을 가진 사업을 말한다. 기업들은 이미 시장을 선도하는 기업이 존재하는 높은 성장 잠재력을 가진 시장에 진입하기 때문에, 대부분의 사업은 문제아유형에서 시작한다. 새로 진입한 기업은 빠르게 성장하는 시장에서 선도기업을 따라잡기 위해서 연구개발이나 설비 또는 고객확보에 많은 자금을 투입해야 한다. 이러한 사업은 시장의 잠재력과 함께 경쟁 우위를 얻을 수

있는지 여부에 따라서 자금 투자 여부를 신중하게 결정해야 하므로, 이 사업은 물음표(?)라고도 한다. 경쟁우위를 확보할 수 있는 사업은 주로 현금젖소 등에서 현금흐름을 지원받게 된다.

- **스타**(stars): 문제아로 시작한 사업이 성공하게 되면 스타로 분류되며, 고도성장시장에서 시장을 선도하는 기업으로 발전한다. 이로 인해 현금 유입이 빠르게 확대되는 특징이 있다. 그러나 급속한 시장 변화에 대처하고 경쟁자들의 공격을 물리쳐야 하기 때문에 현금유출도 크게 증가하게 되어 현금흐름에는 여전히 압박이 있을 수 있다.
- **현금젖소**(cash cows): 상대적 시장점유율이 가장 높은 시장의 성장률이 둔화되어 성숙기에 접어들면, 경쟁지위를 강화하거나 방어하는데 투자할 필요성이 줄어들어 현금잉여(cash surplus)를 창출하게 된다. 현금잉여는 문제아나 스타와 같이 경쟁지위를 강화해야 하는 부분이나 신제품 도입을 위한 연구개발 등을 지원하는 데 사용될 수 있다.
- **개**(dogs): 개는 성장률이 낮은 시장에서 시장점유율이 취약한 사업을 말한다. 여기에 속한 사업은 시장성장률의 부진에 대한 기대나 감정적인 이유 등으로 인해 유지하기도 하지만, 전망이 밝지 않은 경우에는 철수할 수도 있다.

BCG 매트릭스를 활용하면 사업구성의 건전성을 평가할 수 있다. 일반적으로 가장 큰 원이 현금젖소에 위치하고, 사업들이 4개 부문에 고르게 분포되어 있다면 사업구성이 건전하다고 간주한다. 성공적인 사업은 시간이 흐름에 따라 문제아, 스타, 현금젖소 그리고 개로 이동해가며 일생을 마치게 된다. 이러한 BCG 매트릭스를 3~5년마다 작성하여 추세를 분석하고 주요 경쟁사의 매트릭스와 비교하여 목표 포트폴리오를 설정하는 데 활용할 수 있다.

BCG매트릭스에 의해서 현황을 파악하고 나면, 각 사업의 목표와 전략을 수립하고 자원을 할당하게 된다. 일반적으로 네 가지 유형의 전략을 구사할 수 있다.

- **확대전략**(build): 확대전략은 사업의 시장점유율을 확대하기 위해 많은 자원을 할당하는 전략을 의미한다. 이는 경쟁우위를 확보할 수 있는 문제아에 적합한 전략이다.
- **유지전략**(hold): 유지전략은 현재의 시장점유율을 방어하는 데 필요한 자원만 할당하는 전략이다. 큰 현금잉여를 창출하는 현금젖소에 가장 적합하며, 경쟁지위가 강한 스타에서도 사용할 수 있다.
- **수확전략**(harvest): 수확전략은 장기적인 효과를 고려하지 않고 단기적인 현금흐름을 늘리기 위해 사업의 수익을 최대한 얻는 전략이다. 이는 사업의 수익을 최대한 끌어내고 해당

사업을 최대한 활용하는 것을 의미한다. 수확전략은 연구개발이나 시설교체 등을 통해 지속적으로 비용을 절감하여 장기적으로는 사업에서 철수할 가능성도 있음을 염두에 두고 진행한다. 이러한 전략은 미래가 불투명한 현금젖소에 주로 사용되며, 개 사업에도 적용할 수 있다.

- **철수전략**(divest): 철수전략은 자원을 다른 곳에 활용하기 위해 사업을 처분하는 것을 의미한다. 전망이 밝지 않은 문제아나 개와 같은 사업에 사용된다. 특정 사업에 대해 철수전략이나 수확전략을 구사할 것인지는 신중하게 결정되어야 한다. 수확전략은 사업의 미래가치가 저하될 수 있으며, 사업상황이 좋을 때 철수하면 매각가격의 교섭에서 유리한 입장을 갖게 된다.

BCG의 성장–점유율 모형은 사업의 현금흐름을 중심으로 하는데, 이 모형의 강점은 시장성장률과 상대적 시장점유율이라는 두 가지 변수를 통해 간단하게 사업들의 시장 상황을 파악할 수 있다는 점이다. 그러나 이 모형은 아래와 같은 한계점도 고려해야 한다. 첫째, BCG모형은 현금흐름에만 초점을 맞추고 있다. 사업의 투자 기회에 대한 평가에서 현금흐름뿐만 아니라 투자수익률, 매출액 성장이나 위험에도 관심을 가져야 한다. 둘째, 시장의 경계를 어떻게 정의하느냐에 따라 분석 결과가 크게 달라진다. 셋째, 가정의 현실성과 변수의 측정에 한계가 있다. 이 모형에서 상대적 시장점유율이 높을수록 경쟁지위가 강하고 시장성장률이 높을수록 사업이 더 매력적이라고 가정하고 있는데, 이러한 가정은 현실에 부합되지 않는 경우가 많다. 또한, 시장점유율과 시장성장률의 측정방법에 따라 분석 결과가 달라질 수 있다.

2 GE 모델

GE 모델은 GE(General Electric)사에서 주로 활용되었으며 경영자문회사인 McKinsey도 이 모형을 사용해오고 있다. 상대적 시장점유율과 시장성장률의 두 가지 지표로 각각의 SBU를 평가하는 BCG 모델은 평가기준이 포괄적이고, 단순하여 창의적 전략도출을 저해시킨다는 지적이 있다.

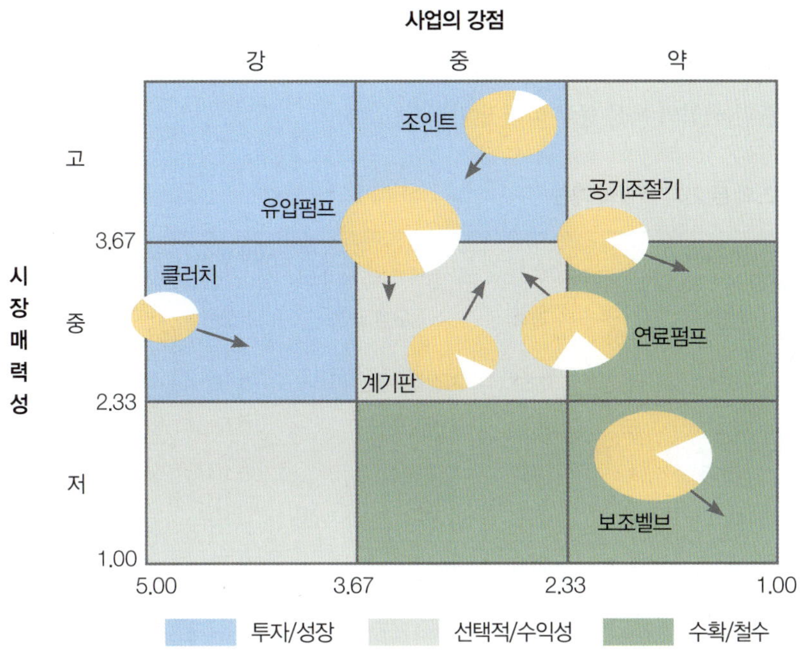

그림 2-6 GE 매트릭스

출처: Kotler(2012), Marketing Management, Prentice-Hall.

성장-점유율 매트릭스에서의 위치만을 기초로 하여 개별 SBU에 부과할 적절한 목표를 개별적으로 결정하기란 쉽지 않다. [그림 2-6]은 GE사가 개발한 다요인 포트폴리오 매트릭스로 BCG의 여러 단점을 보완하였다.

GE 매트릭스는 **시장매력도**(market attractiveness)와 **사업 강점**(business strength)의 두 가지 차원으로 이루어져 있다. GE 매트릭스와 BCG 매트릭스의 가장 큰 차이점은 GE 매트릭스의 두 차원이다. BCG 매트릭스는 단순히 점유율과 성장률의 수치를 사용하지만, GE 매트릭스의 시장매력도나 사업 강점은 여러 요인들의 점수를 통해 산출된다. 사업 강점 역시 강, 중, 약의 세 단계로 그리고 시장매력성은 저, 중, 고의 세 단계로 구분되며 하나의 원의 면적은 관련시장의 크기를 나타내며, 부채꼴 부분의 면적은 그 사업에 대한 자사 사업단위의 시장점유율을 나타낸다.

GE 매트릭스의 두 차원은 다음과 같이 측정된다. 각 차원의 구성 요인을 먼저 선정해야 한다. [표 2-4]에는 시장매력도 여덟 가지 요인과 제약적인 조건, 사업 강점은 12개 요인으로 구성되어 있다. BCG 매트릭스의 차원인 시장성장률과 시장점유율 주요 고려사항에 해당되기 때문에 GE 매트릭스 차원의 구성요인에 포함되어 있음을 알 수 있다. 이러한 구성 요인들은 각 기업의 처한 환경, 진출한 사업의 특성 등에 따라 달라질 수 있다.

표 2-4 GE 매트릭스의 두 가지 차원의 계산

시장매력도				사업 강점			
구성 요인	가중치	평점 (1~5)	가치	구성 요인	가중치	평점 (1~5)	가치
총시장규모	0.20	4	0.80	시장점유율	0.10	4	0.40
연간 시장성장률	0.20	5	1.00	성장속도	0.15	2	0.30
과거 이익추세	0.15	4	0.60	제품 품질	0.10	4	0.40
경쟁강도	0.15	2	0.30	브랜드 명성과 자산	0.10	5	0.50
기술 요구 정도	0.15	4	0.60	유통망	0.05	4	0.20
인플레이션의 영향	0.05	3	0.15	IMC효과	0.05	3	0.15
사업파트너와 관계구조	0.05	2	0.10	생산 능력	0.05	3	0.15
환경적 영향	0.05	3	0.15	생산능률성	0.05	2	0.10
사회 · 정치 · 법률적 제약	수용 가능 여부			단위원가	0.15	3	0.45
				원재료 공급	0.05	5	0.25
				R&D와 C&D 성과	0.10	3	0.30
				관리인력	0.05	4	0.20
합계	1.00		3.70	합계	1.00		3.40

구성 요인들을 확인한 후 구성 요인들에 대한 가중치를 적용해야 한다. 가중치는 각 구성 요인들의 상대적 중요도를 말하는 것으로써, 가중치의 합은 1이 되어야 한다. 예를 들어, 총시장규모와 연간 시장성장률 두 가지의 중요도는 같고 그 크기는 0.20이다. 가중치 적용이 끝나면 각 구성 요인에 대한 점수를 매기게 된다. 이때 1점은 가장 매력적이지 못함, 5점은 가장 매력적임을 뜻한다. 그 다음 각 요인별로 가중치와 점수를 곱하고 산출된 값의 합이 바로 차원의 점수가 되는 것이다. GE 매트릭스는 9개의 영역으로 하위 오른쪽 하단 3부문은 수확·철수를 해야 하는 영역이고, 나머지 대각선상의 3칸은 선택적으로 결정을 해야 하고 수익을 관리해야 하며, 왼쪽 상단에 속한 3부문의 SBU는 기업이 투자 및 성장시켜야 할 강력한 전략적 사업단위이다.

이상에서 제시한 SBU 포트폴리오 분석 모델의 효용성에도 불구하고 이러한 모델들에만 의존하는 것을 전략적 계획의 우를 범할 수도 있다. GE 매트릭스는 여러 요인들을 추가적으로 고려하기 때문에 좀더 광범위한 부분의 의사결정을 내릴 수 있다는 이점이 있는 반면, BCG 매트릭스는 보다 단순하고 간단·명료하게 주요 전략적 검토사항들을 점검할 수 있다.

Ⅳ 성장방향의 결정

사업구성에 대한 검토가 끝나면 경영자들은 현재의 사업구조로 실현할 수 있는 매출예측치와 목표매출 사이의 차이를 메울 수 있는 사업방향을 모색하게 된다. 기업들은 집중적 성장전략, 다각화 성장전략 및 통합적 성장전략을 통해서 성장할 수 있다.

1 집중적 성장전략

새로운 성장기회를 찾는데 유용하게 활용될 수 있는 분석체계로 Ansoff는 제품–시장 확장 그리드를 제시하였다([그림 2–7]). 기존 사업을 개선시킴으로써 성장기회를 찾는 **집중적 성장**(intensive growth)은 시장침투, 신시장개척 및 신제품개발을 포함한다.

기존 시장에서 기존 제품으로 성장을 추구하는 시장침투(market penetration)는 현재 자사제품을 사용하지 않는 고객들을 끌어들이거나 기존 고객의 제품사용률(usage rate)을 높이는 방법이 있다. 즉, 경쟁자의 고객들을 빼앗거나 비사용자들이 자사상표를 사용하도록 유도하는 것이다. 제품사용률을 높이는 방법으로는 사용빈도를 높이는 것과 1회 사용량을 늘리는 것, 그리고 새로운 용도를 개발하는 것이 있다.

구분		시장	
		기존	새로운
제품	기존	시장침투	시장개척
	새로운	제품개발	다각화

그림 2-7 **제품–시장 확장그리드**

제품개발(product development)은 신제품을 개발하여 기존 고객들에게 판매함으로써 성장을 도모하는 것이다. 구체적인 방법으로는 휴대폰에 데이터 통신을 덧붙이는 것과 같이 제품특징을 추가하거나 청정원에서 순창고추장에 순창쌈장을 추가하는 것과 같이 제품계열을 확장하는 것이 있다.

시장개척(market development)은 기존 제품을 새로운 시장에서 판매함으로써 성장해 가는 것이다. 구체적인 방법으로는 북극의 소비자들에게 냉장고를 판매하는 것과 같이 시장의 범위를 지리적으로 확대하는 것이나 유아용 베이비 샴푸를 청소년들에게 파는 것과 같이 새로운 세분시장에 진출하는 것을 들 수 있다.

2 다각화 성장전략

다각화 성장전략(diversification growth strategy)은 기존 사업과는 다른 새로운 분야에 진출하여 성장기회를 찾는 것이다. 여기에는 첫째, 휴대폰제조회사가 산업용 무전기를 개발하여 판매하는 것과 같이 기존 제품과 기술적 또는 마케팅에서 시너지를 가질 수 있는 제품을 개발하여 새로운 고객들에게 판매하는 집중적 다각화(concentric diversification)가 있다. 둘째, 제일제당이 슈퍼마켓 고객들에게 화장품을 개발하여 판매한 것과 같이 기존 제품과 기술적으로 관련이 없는 제품을 개발하여 기존 고객들에게 판매하여 성장하는 수평적 다각화(horizontal diversification), 그리고 자동차회사가 제지업에 진출하는 것과 같이 기존의 기술, 제품 및 시장과 관련이 전혀 없는 새로운 사업을 개발하는 복합적 다각화(conglomerate diversification)가 있다.

3 통합적 성장전략

기업의 매출과 이익은 공급업체-제조업체-도매상-소매상으로 이루어진 **가치사슬**(value chain)에서 후방, 전방 및 수평통합을 통해서 증가시킬 수 있다. 후방통합(backward integration)은 자동차회사가 외부에서 공급받던 브레이크 시스템을 자체적으로 개발하여 자동차를 조립하는 것과 같이 제조업체가 부품공급업체를 인수하여 성장을 추구하는 것이다. 전방통합(forward integration)은 세제원료를 공급하던 동양화학이 세제를 생산하는 (주)옥시를 설립한 것과 같이 가치사슬에서 앞부분의 사업을 덧붙이는 것이다. 후방통합과 전방통합을 합쳐서 수직적 통합이라 한다. 수평통합(horizontal integration)은 제조업체가 동일제품의 다른 제조업체를 인수하는 것과 같이 가치사슬의 동일단계에 있는 다른 기업을 인수하여 성장하는 것이다.

V SBU의 전략적 계획 과정

기업수준(corporate level)의 기업전략계획이 수립되고 나면 사업부전략계획(business strategic planning)의 단계로 넘어간다. 사업단위에 전략적인 권한이 부여되면 SBU이며, 단일 SBU, 또는 두 개 이상의 SBU들이 모여 특정 사업부를 구성하기 때문이다. 사업부의 전략계획과정은 [그림 2-8]과 같이 여덟 단계로 구성되어 있다.

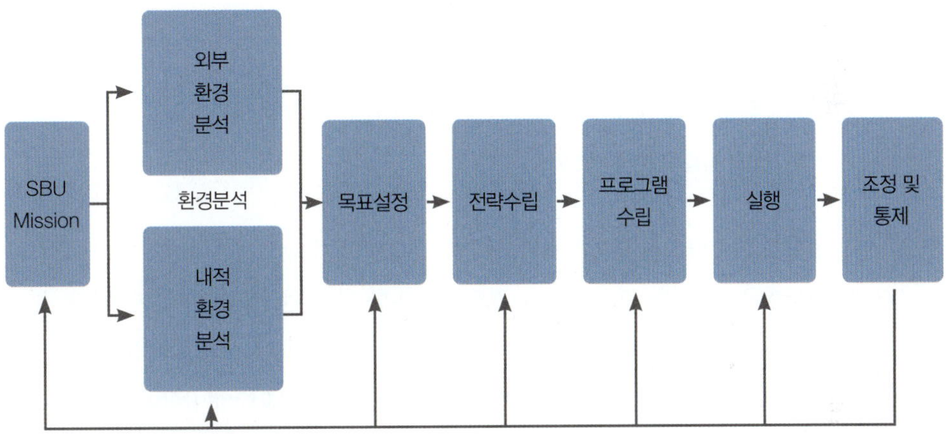

그림 2-8 사업부 전략계획 과정

각 사업부들은 기업사명의 범위 내에서 자신만의 독특한 사명을 정의해야 한다. 이러한 미션이 정의되고 나면 기업이 사업을 하는데 있어, 자사의 외부적인 요소인 사업에 대한 기회 및 현재 사업에 대한 위협에 주의를 기울여야 한다. 또한 이러한 외부적인 요소에 대응하기 위해서는 내부적인 요소, 즉 자사가 가지고 있는 강점은 무엇인지, 약점은 무엇인지를 파악해야 한다. 또한 환경분석 과정에서 기업은 새로운 기회와 위협을 인식하여 기업이 수익을 창출할 수 있는 마케팅 기회(marketing opportunity)를 발굴하고 환경적 위협(environmental threats) 요소를 도출해야 한다. 환경적 위협이란 기업이 방어적인 마케팅 활동을 실시하고 있지 않은 상태에서 판매나 이익을 저하시키는 바람직하지 못한 추세나 변화에 의해 생기는 도전적인 문제이다. 환경적 위협은 위협의 심각성과 발생가능성에 따라 분류된다. 기업은 위협을 처리하기 위해서, 위협의 발생 전 또는 발생하는 동안, 그 기업이 어떠한 변화를 취할 수 있는가를 미리 제시하는 상황계획을 마련해야 한다. 보다 세부적으로 마케팅기회를 분석할 때에는 그러한 기회가 가지는 매력성과 성공가능성으로 매트릭스를 구성하여 그 기회의 정도를 명확화 함과 동시에 위협적인 요소는 그러한 위협의 심각성과 발생가능성으로 매트릭스를 구성하고 위협의 난이도를 분석하고 그에 따른 대응전략을 명확화 해야 한다. 기회와 위협의 세부적 매트릭스는 다음의 [그림 2-9]와 같다.

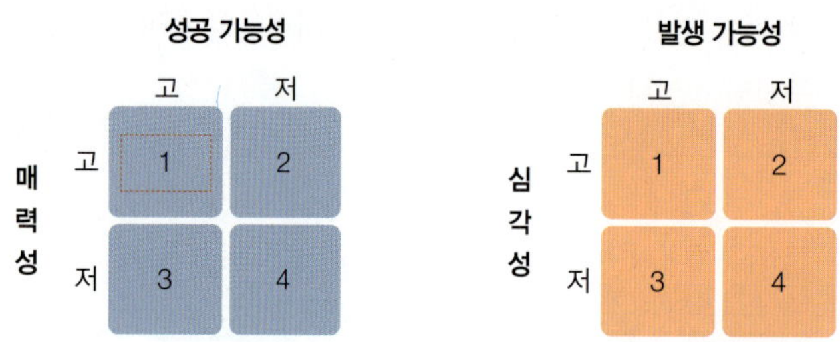

그림 2-9 기회 및 위협의 심층적 분석 매트릭스

한편, 개별 전략적 사업단위는 주기적으로 강점과 약점을 평가해야 하는데, [표 2-5]와 같이 사업의 마케팅, 재무, 제조 및 조직 능력을 검토하며 또한 각 요인들을 아주 강함, 강함, 중간수준, 약함, 아주 약함 등에 따라서 평가한다. 이러한 평가는 샘플로 제시한 4개 영역뿐만 아니라 기업경영과 관련한 광범위하고 다양한 영역에서 기업의 장·단점을 평가하고 이를 환경적 기회위협과 매칭 하면서 전략적 사업단위의 구체적인 대응전략을 강구해야 한다.

이상에서 제시한 환경분석이 마무리되면 구체적인 기업 목표를 수립해야 하는데, 이러한 목표는 기업의 경영목적을 측정가능한 내용으로 전환한 것이다. 대부분의 사업부는 수익성, 판매성장, 시장점유율 향상, 위험 감수, 혁신성 및 명성 등을 포함한 다양한 경영 목표들을 추구한다. 설정된 목표는 계층적으로 구분되어야 하며 모든 목표는 정량적으로 표시되어야 한다.

표 2-5 자사의 강점 및 약점분석

		자체평가					중요성		
		아주 강함	강함	중간	약함	아주 약함	고	중	저
마케팅	– 명성과 인지도	____	____	____	____	____	____	____	____
	– 시장점유율	____	____	____	____	____	____	____	____
	– 제품서비스 품질력	____	____	____	____	____	____	____	____
	– 가격 효율성	____	____	____	____	____	____	____	____
	– 유통 효율성	____	____	____	____	____	____	____	____
	– 촉진 효율성	____	____	____	____	____	____	____	____
	– 판매원 효율성	____	____	____	____	____	____	____	____
	– 4차산업연계성	____	____	____	____	____	____	____	____
	– 브랜드 자산	____	____	____	____	____	____	____	____
재무	– 자본비용/자본조달력	____	____	____	____	____	____	____	____
	– 수익성, 투자수익률	____	____	____	____	____	____	____	____
	– 재무적 건전성	____	____	____	____	____	____	____	____
생산운영	– 최신 생산시설설비	____	____	____	____	____	____	____	____
	– 범위의 경제와 규모의 경제	____	____	____	____	____	____	____	____
	– 수용 · 대응 능력	____	____	____	____	____	____	____	____
	– 스마트 팩토리 구축	____	____	____	____	____	____	____	____
	– 적시생산능력	____	____	____	____	____	____	____	____
	– 기술적 제조기술	____	____	____	____	____	____	____	____
조직	– 현대적 서번트 리더십	____	____	____	____	____	____	____	____
	– 유능하고 헌신적인 종업원	____	____	____	____	____	____	____	____
	– 기업가적 지향성	____	____	____	____	____	____	____	____
	– 유연성과 적응성	____	____	____	____	____	____	____	____

사업부 수준의 전략 구사와 관련해서는 마이클 포터의 본원적 경쟁 전략을 언급하지 않을 수 없다. 이는 사업부 차원에서는 어떻게 경쟁에서 이길 수 있느냐에 초점을 두는 것으로 원가우위, 차별화, 집중화 전략이 있는데, 그 내용은 [그림 2-10]과 같다. 원가우위(cost leadership)는 경쟁사보다 더 낮은 가격(원가)을 실현하려는 전략이다. 대량생산을 통한 규모의 경제성, 경험축적을 통한 경험효과, 그리고 생산 및 유통비용을 줄이는 등의 기업 활동의 비용을 축소하는

방법 등이 있으며, 대량으로 생산하는 기업에게 유리한 전략이다. 차별화(differentiation)는 경쟁 제품과는 구별되는 독특한 제품이점을 달성하는 것으로 모방당하지 않도록 지속적으로 차별적 이점을 개발해야 한다. 집중화(focus)는 원가우위 집중화와 차별적 집중화가 나눌 수 있는데, 원가우위와 차별화는 산업 전체 시장을 추구하나 집중화는 하나 또는 그 이상의 세분시장에 집중한다는 점이 다르다.

그림 2-10 본원적 경쟁전략

기업목표를 달성하기 위한 전략이 수립되면, 이러한 전략을 수행하기 위한 세부적인 지원 활동 프로그램을 작성해야 한다. 즉, 그 사업부가 기술적 선도력을 달성하고자 결정하였다면, 기술개발부를 강화하고, 새로운 기술에 대한 정보를 수집하고, 선도적인 제품을 개발하고, 기술적인 판매원을 훈련하고, 또한 기술 선도기업이라는 것을 고객들에게 제대로 인식시키기 위한 광고 프로그램 등에 관한 활동 프로그램을 수립해야 한다.

목표가 수립되고 이에 따른 전략이 확정되고 나서 세부적으로 전략실행을 위한 프로그램까지 계획되더라도 이를 원활히 실행하지 못한다면 제대로 된 성과를 낼 수 없다. McKinsey사에 의하면 제대로 된 실행에 필요한 일곱 가지 요소가 있다. 첫째, 소프트웨어적 요소로 스타일, 기술, 스탭, 공유된 가치, 둘째로는 하드웨어적 요소로 전략, 조직구조, 시스템이 있다.

전략과 프로그램의 시행은 단속적으로 그치는 것이 아니라 그 결과에 대한 피드백 및 통제를 통해 좀 더 효율적인 성과를 내게 된다. 또한 변화하는 외적, 내적 환경에 따라서도 전략계획은 적절히 수정이 되어야 한다. 이러한 환경이 변화할 경우 전략, 프로그램은 물론 때때로 사업부 목표까지 조정될 수도 있다.

Ⅵ 비즈니스 역량계발 및 마케팅 프로세스

기업의 성장 방향이 결정되면, 경영자들은 이를 실현해 줄 수 있는 비즈니스 역량을 계발하고 특정 제품의 마케팅전략을 기획하게 된다.

1 비즈니스 역량개발

1. 비즈니스 역량의 의의

기업의 역량이라는 개념은 1950년대 이래로 경영전략에서 강점과 약점 체계의 요소로 논의됐다. 초기 체계는 유용한 통찰력을 제공할 수 있지만, 실무에서는 역량에 대한 철저한 이론적 이해가 부족하여 강점과 약점의 긴 목록을 작성하는 데 그치게 되었다. 역량(capabilities)은 여러 활동을 조정하고 자산을 활용할 수 있게 해주는 기량(skills)과 누적된 지식의 복합적 묶음으로, 조직의 프로세스(process: 업무처리절차와 흐름)에 의해서 실행된다. 역량은 주문처리, 신제품개발, 서비스제공 등과 같은 전형적인 기업 활동에서 표현된다. 우수한 성과를 내는 것으로 잘 알려진 한 가지 역량은 Wal−Mart의 환송(cross-docking) 물류시스템이다. 이것은 점내흐름을 토대로 한 개별점포들의 주문에서 시작되는 보다 넓은 범위를 갖는 "고객 견인(customer pull)"시스템의 일부이다. 개별점포들의 주문이 모아져서 공급자는 트럭 단위로 공급할 수 있게 된다. 트럭 단위의 석재화물은 월−마트의 창고에 인도되어서 분류되고, 재포장되어 개별점포로 배달된다. 하나의 적하장(loading dock)에서 다른 곳으로 옮기는데 48시간 이하가 소요되며, 통상적인 재고 및 취급 비용을 현저하게 절감할 수 있다.

비즈니스 프로세스에 포함된 여러 활동을 실행해 주는 것이 바로 역량이기 때문에, 역량과 조직의 프로세스는 밀접하게 연결되어 있다. 기업들은 가치사슬과 핵심 성공 요인(key success factor)에 의해서 정의되는 본연의 사업 활동을 수행하는 데 필요한 만큼 많은 프로세스를 갖고 있다. 따라서 생명보험회사에 필요한 비즈니스 프로세스들은 마이크로프로세서 제조업체의 비즈니스 프로세스들과 다를 것이다. 각 비즈니스 프로세스는 명확하게 알아볼 수 있는 시작 및 종결 상태를 가지며 그 사이에서 수행되는 모든 작업을 함축한다. 예를 들어, 신제품개발은 아이디어 평가에서 제품출시로 진행되며, 주문처리 프로세스는 주문을 받는데서 대금지급까지 포괄한다. 역량은 조직의 프로세스에 깊숙이 박혀 있으므로, 경영자들이 찾아내기 쉽지 않다.

이 문제를 극복할 방법은 역량이 활용되는 프로세스 활동들의 세부적인 지도를 만드는 것이다. 이 지도는 역량과 이에 수반된 프로세스들이 여러 기능과 조직의 여러 수준을 연결하고(span) 광범위한 커뮤니케이션을 포함하고 있음을 보여준다.

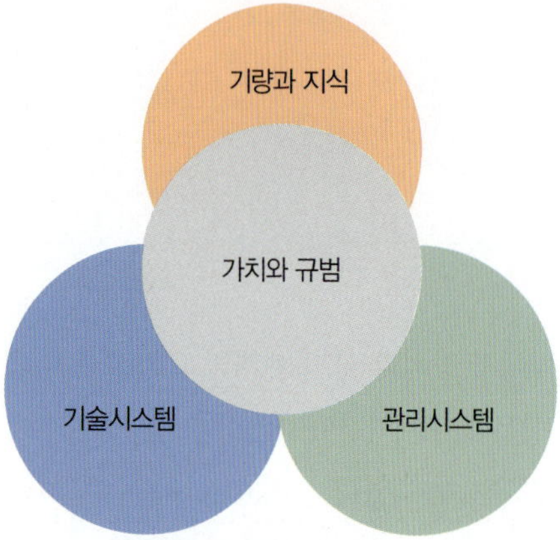

그림 2-11 역량의 지식구성 요소

또한, 역량의 지식 요소가 잘 드러나지 않고 흩어져 있어서 역량은 분명하게 드러나지 않는다. 이 지식 요소는 [그림 2-11]과 같이 4가지 차원이 있다. 첫째, 종업원들의 누적된 지식과 기량(skills)으로, 이는 기술적 지식, 훈련, 그 프로세스에서의 오랜 경험 등에서 온다. 둘째, 차원은 기술시스템에 파묻힌 지식으로, 연결된 데이터베이스내의 정보, 특정 문제나 거래를 다루는 데 대한 공식적인 절차와 확립된 관례, 그리고 컴퓨터시스템 그 자체를 구성한다. 마지막으로는 지식의 내용과 해석을 규정짓고, 개인의 역량을 초월하며, 이들 역량들을 논리정연한 전체로 통일시켜 주는 관리시스템, 그리고 가치와 규범이다. 관리시스템은 지식을 창출하고 통제하는 공식 및 비공식적인 방법을 나타낸다. 어떤 정보가 수집되고 어떤 유형이 가장 중요하며, 그 정보에 누가 접근할 것이며, 어떻게 활용할 것인가 등을 지배하는 가치와 규범은 전반적인 기업 문화의 일부분이다.

2. 독특한 역량

모든 기업은 자신의 가치사슬에서 제품이나 서비스를 이동시키는 데 필요한 활동을 수행할 수 있는 많은 역량을 갖고 있다. 일부는 적절한 수준에서, 그리고 일부는 취약하게 수행될 수 있지만, 그 기업이 경쟁자보다 더 나은 성과를 낳으려고 한다면 몇 가지는 우수해야 한다. 바로 이 우수한 역량을 독특한 역량(distinctive capabilities)이라고 하는데, 이는 소중하고 상쇄하기 어려운 시장지위를 지원해 준다. 이것들은 자원의 집중적인 활용, 헌신적인 인력의 투입, 학습에 대한 지속적인 노력으로 특별한 주의를 기울여 관리되고 개선되어야 한다.

역량의 독특성에 대한 가장 엄격한 테스트는 우수한 고객 편익－고객의 관점에서 정의된－의 제공에 크게 기여하고 있는지 또는 고객에게 가치를 제공하는 데서 상당한 원가－유효성을 확보할 수 있게 해주느냐를 파악하는 것이다. 이러한 점에서 독특한 역량은 핵심성공 요인과 같이 작용한다. 예컨대, 연료 효율성, 신뢰성 및 민감하고 배기량이 작은 엔진과 동력전달 계통에서 Honda의 뛰어난 기술력은 Honda에서 제조하는 제품에 엄청난 양의 편익을 더해주고 비교우위를 가진다. 다른 예로는 지속적인 품질개선과 신속한 제품개발의 대가인 Motorolla, 통합적 거래시스템을 관리할 수 있는 Federal Express의 능력을 들 수 있다.

고객들은 자신들이 받는 우수한 서비스를 가능하게 해주는 숨겨진 프로세스는 알지 못하며 관심을 가지려고 하지도 않는다. 따라서 중요한 경영과제 중 하나는 어떤 역량을 강조할지를 결정하는 것인데, 이것은 어떻게 경쟁할 것인지에 대한 선택에 따라 달라진다. 어떻게 해서 Marriott Hotel은 비즈니스 여행자들과 회의기획가들에게 고품질 서비스라는 최고의 평가를 일관되게 받을 수 있게 되었는지를 생각해 보자. 그들은 좋은 장소를 물색하고, 새로운 호텔을 순조롭게 개업시켜 마케팅하는 데서 Hyatt, Hilton 등과 같은 역량을 갖고 있다. 그들을 일관되게 구별하고 독특한 서비스 역량을 드러내는 것은 "세부적인 것에 대한 열정적인 관찰력(fanatical eye for details)"이다. 침실을 정리하는 청소부는 66가지의 지침을 따라야 한다. 우수한 고객서비스를 제공하기 위하여 어떻게 솔선해야 하는지에 대해서 Marriott 종업원들에게 분명한 지침을 제공하는 독특한 역량을 창출하는 것은 철저함과 고객 민감성에 가치를 부여하는 조직문화 내에서 이들 연결된 프로세스의 효과적인 관리이다.

또 다른 테스트는 경쟁자들에 의해서 쉽게 상쇄될 수 있는지를 묻는 것이다. 독특한 역량을 개발하기란 어렵기 때문에 모방이 여의치 않다. 물류시스템으로 Wal－Mart가 성취한 것을 K－Mart는 아주 잘 알고 있으며, 하드웨어와 소프트웨어를 쉽게 구입할 수 있지만 근원적인 숨겨진 역량을 상쇄시키지는 못하였다. 첫째, 월마트의 역량은 복잡한 프로세스에 깊숙이 박혀있으며 이 프로세스는 연속적으로 이어지는 기량 및 지식과 조화를 이루고 있고 수년 동안의 상당한 학습을 포함하고 있다. 둘째, 월마트의 프로세스들은 다른 조직단위에 널리 퍼져있기 때문에 쉽게 눈에 보이지 않는다. 셋째, 조정기량을 구성하고 있는 집합적인 지식 대부분은 잘 드러나지 않으며 많은 사람들에게 분산되어 있으므로, 경쟁자가 단순히 최고의 능력을 지닌 사람을 배치하는 것만으로 필요한 지식을 획득할 수 없다.

독특한 역량의 또 다른 속성은 역량이 강건하고(robust) 환경의 변화에 대한 기업의 적응을 가속하는 여러 방법에 사용될 수 있다는 것이다. 예컨대, 혼다는 발전기, 모터보트 엔진, 잔디 깎는 기계와 같이 관련된 다양한 시장에서 독특한 역량을 창출하기 위하여 엔진과 동력전달계통 기술개발과 제조공정에서의 전사적 명성을 활용해 왔다. 딜러들과의 네트워크를 형성함으로써 관리와 금융 면에서 유리한 입장에 서게 된 것과 같은 딜러 관리에서 Honda의 독특한 역량이 새로운 시장 진입에 도움이 되었는지는 분명하지 않다. 그러나 딜러들을 관리하는 Honda의 기량은 자동차시장에서 매우 값진 것이며, Honda의 딜러들은 고객 만족에서 높은 점수를 받고 있다. 관련성이 있는 시장으로 확장한 Honda의 다각화전략이 딜러 관리역량의 도움을 실제로 받았는지는 분명하지 않다.

Honda가 전개해 왔던 것과 같이, 여러 가지 비즈니스를 연결하고 지원해 주는 기업의 역량들을 일반적으로 **핵심역량**(core competencies)이라고 한다. 각 개별사업 단위는 봉사하는 시장에서 우수한 경쟁지위를 획득하는 데 필요한 독특한 역량 모두나 일부를 신속하고 효과적으로 개발하기 위하여 기업전체의 자원에 의존한다. 이들 핵심역량은 사업 및 기업자산과 구별된다. 이상에서 살펴본 기업의 역량은 [그림 2-12]와 같이 경쟁지위에 연결된다.

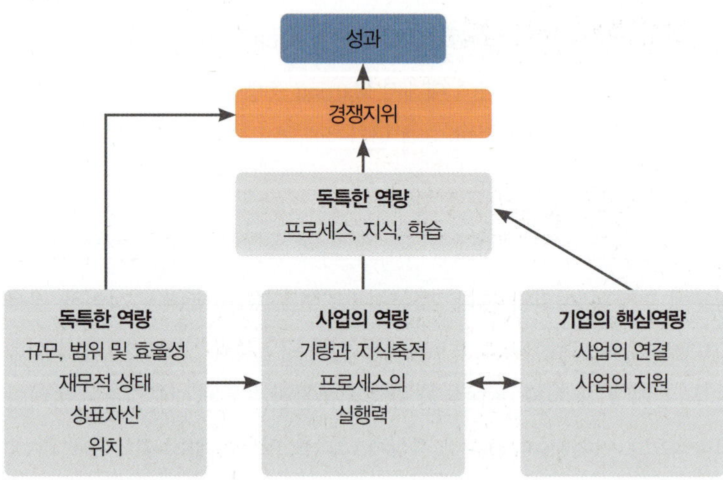

그림 2-12 **경쟁우위의 원천**

3. 역량과 사업 성과

역량의 전략적 중요성은 유지할 수 있는 경쟁우위와 우수한 수익성에 명백하게 공헌할 수 있다는 점에 있다. 역량이 어떻게 경쟁우위의 원천으로 작용하는지를 설명하고 우위가 얼마나 오래 지속되는지를 설명하는 문헌이 증가하고 있다. 역량을 기반으로 한 우위의 지속성은 다음과 같은 원리에서 비롯되었다.

① 희소성
② 상대적인 비이동성(거래 불가능하며, 현재 활용 중인 곳에서 가치가 있음)
③ 모방의 난이도

어느 기업이 독특한 역량을 갖지 않는다면 어떻게 되는가? 즉, 필수적인 프로세스 중에서 어느 것도 경쟁자들의 평균보다 더 숙달되어 있지 않고 표적 고객들에게 중요한 어느 차원에서도 호의적인 특색을 갖지 못한다면, 어떻게 되는가? 만일 그 산업이 거의 완전경쟁이고 경쟁자들 중 누구도 의미 있는 우위를 갖지 못한다면, 이익이 그 산업의 평균 수준에서 안정될 것이다. 이러한 경우는 거의 없으며, 여러 경쟁자들은 각기 나름대로 독특한 역량을 갖고 더 좋은 품질이나, 더 신속한 서비스 혹은 더 혁신적인 제품을 제공할 것이다. 이런 경우에는 부족한 편익을 상쇄시키기 위하여 가격을 낮추게 된다. 따라서 독특한 역량과 우수한 수익성 사이에는 직접적인 관계가 존재한다.

2 마케팅 프로세스

마케팅 프로세스는 마케팅 기회 개발, 마케팅전략 개발, 마케팅믹스 개발단계를 거친다. 우선, 마케팅전략을 개발하고 프로그램을 짜기 위해서는 마케팅 기회를 개발하는 것이 먼저이다. 여러 종류의 기회를 개발하고 평가하기 위해서는 신뢰성 있는 마케팅조사와 정보시스템을 갖추어야 한다. 마케팅조사를 통하여 마케팅 환경에 대한 중요한 정보를 수집한다. 전략을 개발하기 위하여 환경분석이 이루어져야 한다. 환경은 미시환경과 거시환경이 있다. 미시환경은 제품을 생산하고 판매하는 기업의 능력에 영향을 미치는 요소로써, 공급업자, 도매상, 중간상인, 고객, 경쟁자들이 있다. 이들에 대한 자세한 분석이 필요하다. 거시환경분석은 인구 통계적·경제적·물적·기술적·정치적–법적, 그리고 사회문화적 요인들을 분석하는 것이다. 기업은 소비자 시장을 이해할 필요가 있다. 소비자들이 어떠한 행동을 하는가를 심리학, 사회학, 문화인류학적인 연구결과들에 대한 이해가 필요하다. 즉, 얼마나 많은 가계에서 누가 왜 구매하며, 어떠한 특징과 가격을 찾고 있는가? 어디에서 구매하는가? 다른 상표들의 이미지는 무엇인가 등을 이해하여야 한다. 또한 기업은 기업 간 관계가 넓혀지고 조직구매가 많아지기 때문에 기업시장에서 구매행동을 이해하여야 할 필요가 있다.

마케팅 기회를 개발한 이후에는 후속적으로 그러한 기회에 부합하는 마케팅전략을 개발해야 한다. 근본적으로 경쟁상황 속에서 마케팅이 일어나고 있기 때문에, 산업경쟁의 메커니즘과 경쟁자들에게 깊은 관심을 필요로 한다. 환경분석과 경쟁자분석이 끝나면, 시장세분화를 통해 표적시장을 찾아 포지셔닝을 수행하는 마케팅전략 과정으로 들어간다. 포지셔닝전략은 경쟁상황 속에서 기업은 타사와 자사를 차별화시키는 전략이다.

마케팅전략에 맞추어 제품, 가격, 촉진, 유통이 결합되어 이루어지는 마케팅믹스 결정이 뒤따른다. 가장 기본적인 것은 제품결정(product decision)이다. 제품, 질, 디자인, 특징, 브랜드, 포장을 포함하는 제품을 개발한다. 산업이 제조업에서 서비스산업으로 넘어가고 있는 시점에서 임대, 배송, 수리, 훈련과 같은 서비스에 대한 이해가 중요해져가고 있다. 실무에서 가장 시급하게 다가오는 마케팅믹스 도구는 가격결정(pricing decision)이다. 유통결정(place decision)은 제품을 표적고객들에게 접근하여 유용하게 만든다. 촉진결정(promotion decision)은 기업이 그의 제품들을 표적시장으로 의사전달하고 촉진하기 위해 수행하는 모든 활동들을 포함한다. 판매원을 고용, 훈련, 동기유발시키고, 광고, 판매촉진, 공중관계, 스폰서십 마케팅을 통해 촉진력을 높인다.

Ⅶ 팬데믹에 따른 마케팅 전략의 변환

팬데믹을 경험하는 과정에서 소비자 성향과 패턴이 급변하여 마케팅 전략도 변화가 필요했다. 팬데믹으로 인해 변화된 마케팅 전략에 대해 자세히 알아보자.

① 제품개발 프로세스의 변화

포스트 팬데믹 환경에서 제품개발 과정은 시제품 개발에서의 테스트마켓 및 시험과 보완(test-and-learn)과 같은 접근법을 통해 더 신속한 의사결정이 필요하다. 이는 과거와 달리, 마케팅 활동을 부분적으로 또는 소규모로 실험하고 학습한 다음 효과가 있는 영역에 집중하여 보완하는 전략적 접근이 필요하다는 것을 의미한다.

② 마케팅전략 수립과정에서 키워드의 변화

마케팅 전략의 주요 변화는 건강 관련 우려, 사회적 거리두기, 상점 폐쇄로 인한 소비자 행동 변화에서 나타난다. 온라인 구매가 급증하고 비접촉식 결제와 안전 프로토콜의 사용이 증가하며, 재택근무 및 자택대기령으로 데이터 통신망의 중요성이 높아졌다. 이로 인해 특정 디지털 플랫폼의 중요성이 부각되며, 광고는 디지털 플랫폼으로 이동하는 추세를 보인다.

마케팅은 더욱 복잡해지고 빠른 결정이 필요한 상황에서 기업의 성장을 좌우할 핵심 요소로 부상하게 되었다. 소비자 우선순위가 빠르게 변화함에 따라 마케팅 전략의 유연성이 매우 중요하며, 이는 기업의 경쟁력을 확보하는 데 필수적이다.

코로나19 이후의 기업 경쟁력 확보 전략과 소비자 라이프스타일 변화에 따른 소비패턴의 변화는 정확히 어떻게 나타날지 불확실하지만, 원격 업무, 전자상거래, 대체 미디어 포맷, 비접촉식 결제 등의 요소가 더욱 중요해질 것으로 예상된다. 따라서 각 회사의 마케팅팀은 파트너와 긴밀하게 협력하여 신제품의 개발 방향과 우선순위를 계속해서 테스트하고 조정해야 한다.

③ 마케팅조직의 의사결정 신속화를 위한 마케팅 전략의 변환

마케팅 조직이 신속한 의사결정을 위해 고려해야 할 세 가지 측면의 문제는 다음과 같다.

첫째, 의사결정을 늦추는 요소들에 대한 분석과 검토이다. 다수의 확인이 필요한 승인 절차나 결정 절차는 마케팅 작업을 늦출 수 있다. 최근 미국과 캐나다에서 500명 이상의 마케팅 임원을 대상으로 한 조사에 따르면, 매출과 시장점유율이 높은 기업들은 느린 의사결정으로 마케팅 효과가 방해되었다고 응답했다. 즉, 신속한 승인 및 결정 절차가 중요하다는 것을 알 수 있다. 예를 들어, 프랑스의 명품업체 LVMH는 제조 시설을 빠르게 손 세정제 생산으로 전환하여 프랑스 보건당국에 무료로 제공한 케이스가 있다. 이러한 사례는 소비자에게 강한 인상을 남긴다.

④ 시장조사 등 시험 및 보완 접근법의 변화

신속한 변화를 위해 다양한 분야의 창의적인 팀을 조직하고 더 자주 시장 조사를 실시해야 한다. 정보 교환의 부족은 혁신을 억제할 수 있으므로 마케팅 리더는 부서 간 협력을 강화하기 위해 팀을 구성하고 협력을 강조한다. 시장 조사는 소비자의 구매 행동을 이해하여 원하는 비즈니스 결과를 신속하게 달성하는 데 도움을 주는 방향으로 재조정되어야 한다. 이러한 "시험하고 배우는" 접근법은 코로나 팬데믹 이후에 필수 전략이 되었으며, 소비자 행동의 급격한 변화로 인해 기존의 마케팅믹스 전략이 효과를 발휘하지 못하고 있으므로 새로운 마케팅믹스를 개발하고 제품, 가격, 유통, 촉진 등의 마케팅 변수를 통합적으로 관리하는 전략이 있어야 한다. 전략적 시장 조사를 기반으로 한 기업들은 새로운 소비 습관과 가격 역학에 신속하게 대응할 수 있는 기업 전략과 마케팅 전략을 효과적으로 연계하는 전략적 통합 체계를 구축할 필요가 있다.

⑤ 외부 파트너들의 역할구조 변화

마케팅 조직의 의사결정 속도를 높이기 위해 마케팅 전략을 변화시키는 과정에서 외부 파트너의 역할이 이전보다 더 중요하다. 신속한 변화를 위한 팀은 외부 에이전시 및 다른 파트너로 확장되어야 하며, 파트너의 역할과 책임이 명확히 정의되어야 한다. 외부 파트너도 소비자와의 다양한 메시지 및 창의적인 콘텐츠를 시험하고 개선할 수 있는 프로세스를 빠르게 진행할 수 있어야 하며, 성과에 따라 보상을 지급하는 새로운 인센티브 모델을 고려해야 한다.

또한, 파트너는 마케팅 프로세스에 밀접하게 통합된다. 일부 기업은 내부 아웃소싱 작업(기획, 제작 등)을 확대하는 방안을 고려할 수 있으며, 이를 통해 비용 절감과 민첩성 강화를 달성할 수 있다. 선진 마케팅 기업들은 여러 작업을 내부에서 수행하면서 동시에 공급 업체를 프로세스에 통합할 수 있는 기업 전략과 마케팅 전략을 종합적으로 고려해야 한다.

⑥ 포스트코로나와 마케팅전략

코로나 바이러스로 인한 변화는 우리의 일상과 업무 방식에 큰 영향을 미쳤다. 특히 광고와 마케팅 방식에도 상당한 변화가 있었으며, 이러한 변화의 중심에는 온라인 및 모바일 마케팅이 있다. 이러한 추세는 앞으로도 계속될 것으로 예상된다. 이제 기업과 마케터들은 이전과는 다른 방식으로 접근하여, 집에서 많은 시간을 보내는 잠재적 고객을 어떻게 확보하고 제품 또는 서비스를 체험하도록 유도할지에 대한 전략과 전술을 개발해야 한다.

트위터가 모든 직원에게 영구적인 원격 근무를 허용한다고 발표한 것을 고려할 때, 미래의 업무 방식 변화에 주목해야 한다. FlexJobs에 따르면, 지난 5년 동안 원격 근무가 44% 증가하였으며, 지난 10년 동안은 90% 이상 성장했다. 코로나는 이러한 업무 환경 변화를 가속화했다. 국제적인 전문가들은 많은 회사가 트위터를 따를 가능성이 높다고 언급하고 있으며, 한국의 다수 기업들도 원격 근무 및 재택 근무 시스템을 도입하고 있다. 이러한 기업 및 근무 환경의 변화는 기존의 마케팅 우선순위를 재평가할 필요가 있음을 의미하므로, 마케팅 전략에 이러한 측면을 고려해야 한다.

이러한 변화를 몇 가지 측면으로 제시해 보면 다음과 같다.

첫째, 기존의 기업 마케팅 전략은 변화할 것으로 예상된다. 일상적으로 출퇴근하는 인구가 줄어들면서 마케팅 전략 자체에 변화가 필요하다. 즉, 사람들이 길을 걸을 때 친숙한 로고가 있는 건물을 지나거나 매장의 제품에서 로고를 보는 등 이전에 흔히 하던 마케팅 활동들이 더 적게 발생한다. 이러한 변화로 전통적인 광고 매체(예: 지하철 역 광고판, 빌보드, 영상 광고) 및 오프라인 마케팅의 효과와 효율성은 재평가되어야 한다. 기업은 이제 소비자들의 새로운 인식을 기반으로 한 브랜드, 이미지, 로고 등의 'Top of Mind' 전략을 고려해야 한다.

둘째, 브랜드에 대한 새로운 접근과 관련된 내용이다. 브랜드는 이제 단순히 제품을 판매하는 업체가 아니라 교육 및 엔터테인먼트의 제공자로도 인식된다. 소비자들은 브랜드를 제품을 구매하는 곳뿐만 아니라 교육과 엔터테인먼트의 원천, 출처, 제공자로 바라본다. 소비자들은 자신이 구매한 제품과 브랜드와 직접적인 관련이 있는 것처럼 생각하고 느끼며 이에 따라 행동한다. 포스트 팬데믹 시대에서는 이러한 관계를 유지하고 키우는 것이 성공의 열쇠가 된다.

이와 함께 콘텐츠 마케팅 전략이 이전보다 더 중요해졌다. 콘텐츠 마케팅에서는 특별한 중점 분야를 선택하는 것이 중요하며, 신뢰할 수 있는 정보를 제공해야 한다. 이러한 중요한 역할을 하는 것이 플랫폼이다. 'Top of Mind'를 유지하기 위한 성공적인 콘텐츠 마케팅 전략을 위해서는 온라인 및 모바일 환경에서 기본 요소에 충실해야 한다. 이 기본 요소 또는 핵심 조각은 사용자를 중심으로 한 콘텐츠 마케팅 전략의 기반이 되어야 한다. 기본적인 콘텐츠는 모든 독자에게 왜, 무엇을, 어디서, 언제, 어떻게와 관련된 질문에 답할 수 있어야 한다. 콘텐츠 마케팅은 브랜드 홍보나 판매가 아닌 소비자에게 필요한 정보를 제공하고 소비 과정에서 발생할 수 있는 문제를 해결하기 위한 간결하고 실행 가능한 콘텐츠로 구성되어야 한다. 소셜 미디어 마케팅은 최근 가장 뚜렷한 형태 중 하나로 나타났으며, 실제로 효과적인 소셜 미디어 전략을 구축하려면 비즈니스에 적합한 플랫폼을 선택하고 소비자와 관련된 모든 요구 사항과 욕구를 이해해야 한다.

주요 용어

기업사명
다각화 성장전략(diversification growth strategy)
독특한 역량(distinctive capabilities)
복합적 다각화(conglomerate diversification)
비전
비즈니스역량
사고방식(mind-set)
사업 강점(business strength)
사업 영역(business domain)
사업포트폴리오
상대적 시장점유율
성장-점유율모형
수평적 다각화(horizontal diversification)
수평통합(horizontal integration)
수확전략(harvest)
시장개척(market development)
시장매력도(market attractiveness)
시장변화
시장성장률
시장침투(market penetration)
원가우위전략
유지전략(hold)
전략(strategy)
전략사업부(SBU: strategic business unit)
전방통합(forward integration)
전술(tactics)
정책방향모형
제품개발(product development)
조직문화
집중적 다각화(concentric diversification)
집중적 성장전략
차별화전략
철수전략(divest)
통합적 성장전략
팬데믹
핵심역량(core competencies)
현금유입(cash inflow)
현금유출(cash outflow)
확대전략(build)
후방통합(backward integration)
BCG 모델
GE 모델
SWOT 분석

연습문제

01 전략을 정의하고 전략적 결정이 마케팅 활동과 어떻게 연결되는지를 설명하시오.

02 새로운 사업을 시작할 때 특정 산업에서 시장-주도적 전략 기획과 마케팅 기획에서 다루어야 할 이슈들을 논의해보시오.

03 명시적인 사명문을 갖는 기업들은 그렇지 않은 기업들보다 우수한 성과를 거두고 있다고 한다. 사명문을 작성할 때 다루어지는 이슈들이 고객가치에 갖는 시사점을 논의해보시오.

04 4차산업혁명에 연관된 2개 기업을 선정하여 각 기업이 사업 영역을 어떻게 규정하고 있으며, 마케팅 성과에는 어떤 영향을 끼치는지를 논의해보시오.

05 새로운 비즈니스 모델을 발굴하는 과정에서 마케팅근시안이 갖는 시사점을 논의해보시오.

06 BCG의 성장-점유율모형과 GE의 정책방향모형의 장점과 단점을 비교 · 설명하시오.

07 본원적 경쟁전략별 특 · 장점에 대해 논의해보시오.

08 전반통합과 후방통합을 예를 들어 설명하시오.

CHAPTER 3

마케팅 환경

학습목표

- 마케팅환경의 중요성과 변화에 대해 알아본다.
- 내부 마케팅환경에 대해 알아본다.
- 미시적 마케팅환경과 거시적 마케팅환경에 대해 알아본다.
- 마케팅 환경분석 방법에 대해 살펴본다.

주요 내용

기업은 마케팅 활동을 수행하면서 다양한 내부환경 요인과 외부 환경 요인에 의해 직 · 간접으로 영향을 받게 된다. 내부환경 요인은 기업과 마케팅담당자가 통제할 수 있는 요인으로 기업의 사업 영역, 전반적인 사업 목표, 마케팅 부서, 마케팅 관련 부서, 기업문화와 같이 기업으로서 통제할 수 있는 요인을 말한다.

외부 환경 요인은 미시적 환경 요인과 거시적 환경 요인으로 나누어 볼 수 있다. 미시적 환경 요인은 마케팅 활동에 직접적으로 영향을 미치는 환경 요인으로 마케팅의 과업과 매우 밀접한 환경 요인을 말한다. 이러한 미시적 환경 요인으로 공급자, 고객 시장, 공중, 경쟁업자, 중개업자 등이 있다. 거시적 환경 요인은 마케팅 활동에 간접적이거나 포괄적으로 영향을 미치는 환경 요인으로 인구 통계적 환경, 기술적 환경, 정치 · 법률적 환경, 사회 · 문화적 환경, 경제적 여건 등이 있다. 이러한 외부 환경 요인은 통제할 수 없는 환경 요인으로 기업 입장에서는 최적 적응해야 한다. 한편, 마케팅 환경분석을 위한 대표적인 방법으로 3C분석, SWOT분석, PEST분석이 많이 이용된다.

손자병법(孫子兵法) 모공편(謀攻篇)에 '지피지기(知彼知己)면 백전불태(百戰不殆)'라는 말이 있다. '적을 알고 나를 알면 백번 싸워도 위태롭지 않다'라는 말이다. 다시 말해, 자사 기업의 내부환경을 알고 기업을 둘러싼 외부 환경을 알면 기업이 원하는 마케팅 활동을 성공적으로 수행할 수 있다는 의미이다.

Ⅰ 마케팅환경의 의의

1 마케팅환경의 중요성

마케팅환경(marketing environment)이란 기업이 마케팅 활동을 하는데 직·간접으로 영향을 미치는 기업 내·외부의 영향 요인들을 지칭한다. 이러한 영향 요인들은 기업입장에서 보면 대부분 통제 불가능한 요소들이다. 즉, 경영자가 어떤 노력을 들여서도 환경을 변화시킬 수 없음을 뜻한다. 예를 들어, 나라마다 다른 전통과 풍습이나 시행되고 있는 기존 법률 등을 개별기업의 경영자가 어떻게 바꿀 수 있겠는가? 경영자는 그러한 환경을 사전에 잘 파악하여 적응할 뿐이다.

마케팅 활동에서 환경이 중요한 이유는 기업에 무한한 위협(threats)과 기회(opportunities)를 제공해 주기 때문이다. 위협이란 기업이 환경에 잘 대응하지 못할 때 마케팅 목표 달성에 부정적 영향을 미칠 가능성이 있는 사건이나 추세를 의미하며, 반대로 기회란 환경 변화에 적절히 대응할 때 마케팅 목표 달성에 긍정적 영향을 미칠 가능성이 있는 사건이나 추세를 의미한다. 기업이 환경을 잘 모르고 환경에 어울리지 않는 마케팅 전략을 고집하다가는 참패하고 만다.

예를 들어, 아이리버는 창사 이래, MP3/4 플레이어, PMP 등의 멀티미디어 기기를 비롯하여 전자사전, 내비게이션, 네트워크 제품 등 다방면에 걸쳐 우수한 제품들을 선보이면서 국내에서뿐만 아니라 해외에서도 사랑받았던 글로벌 브랜드였다. 2000년대 초 아이리버는 MP3 산업을 선도하며 업계 1위를 달렸으며 후발주자 애플을 견제하는 [그림 3-1]과 같은 광고를 내 화제가 되기도 하였다. 그러나 멀티미디어 기능이 통합된 스마트폰이 등장함으로써 사양길로 접어들게 되었다. 당시 MP3 제품은 제품수명주기상 쇠퇴기에 있었고 기술수명주기상 더 이상의 혁신을 기대할 수 없었으며, 하드웨어만 고집하고 음원 콘텐츠 시장의 개발에도 소홀히 하여 사회·문화적으로 혁신적인 소비자들의 요구에 부응한 애플의 다양한 음원 콘텐츠 시장에도 뒤처지면서 실패로 끝나게 되었다.

그림 3-1 **아이리버의 애플을 겨냥한 광고**

반면, 기업이 환경 변화를 잘 파악하고 이에 적합한 마케팅 전략을 수립할 때, 환경은 무한한 기회를 기업에 제공할 수 있다. 예를 들어, 제품 광고에만 열을 올리는 다른 광고와는 달리, 유한킴벌리는 [그림 3-2]와 같이 환경의 중요성을 강조하는 '우리 강산 푸르게 푸르게'라는 공익 광고를 통해 1백만 그루의 나무를 심는 등 자연보호에 앞장서 왔다. 사회적으로 환경의 중요성은 날로 심화하고 소비자들의 유한킴벌리에 대한 이미지는 좋게 기억되어 유한킴벌리 제품은 단연 시장점유율 1위를 고수하고 있다.

오늘날 PC의 보급 확대는 그동안 점포가 없어 판매를 꿈도 꾸지 못했던 사업가들에게 무한한 기회를 제공한다. 누구든지 쇼핑 사이트를 구축하여 전 세계를 상대로 직접 소비자와 거래할 수 있게 되었다. 한 예로 아마존은 인터넷망을 통해 세계 소비자들에게 서적이나 일용품을 직접 판매하고 있다. 아바타 같은 경우는 스토리와 기술(CG)의 조화로 시너지효과를 창출하여 성공한 사례이다. 어떻게 보면 단순하고 진부한 스토리를 첨단영상 기술과 친숙한 스토리로 관객들의 감성을 자극하여 성공한 케이스이다. 이러한 성공 사례들은 환경변화가 이를 예측하지 못하고 적응치 못한 기업들에게는 타격을 주었다. 한 예로 인터넷을 통한 서적구매가 활발해짐에 따라 그동안 유명 서점들이 타격을 입고 도산한 바 있다.

그림 3-2 유한킴벌리 광고

2 마케팅환경의 변화

마케팅환경은 시대가 변화하면서 그 환경도 변화하게 된다. 마케팅의 본질은 고객의 욕구를 파악하고 그 욕구를 충족시키는 활동이다. 따라서 기업은 시대의 변화 흐름에 맞추고 고객의 욕구에 맞는 마케팅 활동을 수행해야 한다.

최근 4차산업혁명 시대가 급격히 다가오고 있다. 정보기술의 융합과 인공지능(AI)기술의 발전으로 사람과 사람 간, 사물과 사물 간의 모든 것이 연결과 네트워크화가 더욱 진전되고 있다. 이를 통해 거대한 빅데이터(big data)가 형성되고 축적되고 있으며, 빅데이터와 인공지능 기술을 활용하여 개별 고객에게 맞춤형 서비스를 제공하는 것이 가능해졌다.

4차산업혁명 시대의 주요 변화를 살펴보면 [그림 3-3]과 같이 공유경제, 개별 맞춤형 서비스, 무인경제로 요약할 수 있다.

첫째, 공간과 설비가 공유되는 공유경제 시대가 도래할 것으로 예상된다. 생산을 위한 공간이나 사무실 공간, 전시 공간 등이 공유되고 자동차나 기계설비를 공유하는 시대가 도래할 것이다. 예를 들어, 우버 택시와 같이 자동차를 빌려 쓰게 되거나 에어비앤비와 같이 방이나 집, 별장 등을 숙박 공간으로 임대하는 공유서비스를 들 수 있다. 또한, **스마트오피스**(smart office)와 같이 정보기술(IT)이 접목된 가구와 제품이 들어찬 사무실을 공유하는 것이다.

둘째, 소비자가 원하는 개별 맞춤형 서비스를 이용할 수 있을 것이다. 엄청난 개인화의 자료가 빅데이터를 통해 수집과 분석을 할 수 있어서 개별 맞춤형 마케팅이 가능하다. 즉, 생산과 소비 과정에서 소비자의 요구가 실시간으로 기획이나 디자인, 제조단계에 반영될 수 있다는 것이다. 예를 들어, 나이키는 사용자마다 크기와 형태가 다른 신체의 특성에 따라 3D 프린팅 기술을 이용해 신발을 개별 맞춤형으로 생산하고, 아디다스는 매장에 비치된 런닝 머신을 소비자에게 뛰게 한 후 취합된 정보를 기반으로 자신의 요구에 맞는 최적화 된 신발을 3D 프린팅하여 제공 받을 수 있도록 하고 있다.

셋째, 스마트 소비자의 출현이다. 진화된 기술의 발달로 인해 소비자들을 점점 똑똑해지고 과거의 수동적 방식의 소비에서 적극적으로 능동적인 소비자로 변신하고 있다. 이처럼 소비자가 시장의 주도권을 갖는 스마트 소비자로 변신하게 되면서 직접 새로운 제품이나 서비스를 체험해 자신이 원하는 것인지를 확인하고 구매하는 트라이슈머(try-sumer), 제품과 서비스의 체험과 관련된 이야기를 적극적으로 알리는 스토리슈머(story-sumer), 제조사가 제시하는 방식이 아닌 취향에 따라 제품을 새로운 방식으로 활용하는 모디슈머(modi-sumer), 다양한 경로로 기업의 제품개발과 디자인 및 판매 등에 적극으로 개입하며 새롭게 창조하려는 크리슈머(cre-sumer), 생산에 직접 참여하는 프로슈머(pro-sumer) 등 적극적이고 다양한 모습을 갖춘 소비자로 변하고 있다.

넷째, 메타버스 마케팅 시대의 도래이다. 디지털 기술의 발달과 코로나로 인한 비대면 마케팅 활동의 확대는 가상과 현실의 세계가 공존하는 메타버스 기반의 마케팅 활동에도 크게 영향을 미치게 되었다. 가상·초월을 의미하는 '메타(meta)'와 현실 세계를 의미하는 '유니버스(universe)'의 합성어가 메타버스(metaverse)이다. 이러한 메타버스 세상에 아바타를 이용해 타인과의 게임, 비즈니스, 소비활동, 커뮤니케이션 등이 가능해지고 있다. 메타버스의 주요 소비층은 MZ

세대와 α(알파)세대로, 이 세대들은 스마트폰과 컴퓨터를 능숙하게 다루며 가상의 세계를 자유자재로 오가면서 성장해온 젊은 세대이다. 글로벌 시장조사업체인 스트래티지애널리틱스(SA)는 메타버스 시장이 2025년까지 2,800억 달러에 달할 것으로 예측한다. 이로써 메타버스 내 가상매장은 상품 주문, 홍보, 상담 및 계약 체결과 같은 다양한 기능을 제공함으로써, 미래의 혁신적인 마케팅 채널로 자리잡게 될 것이다.

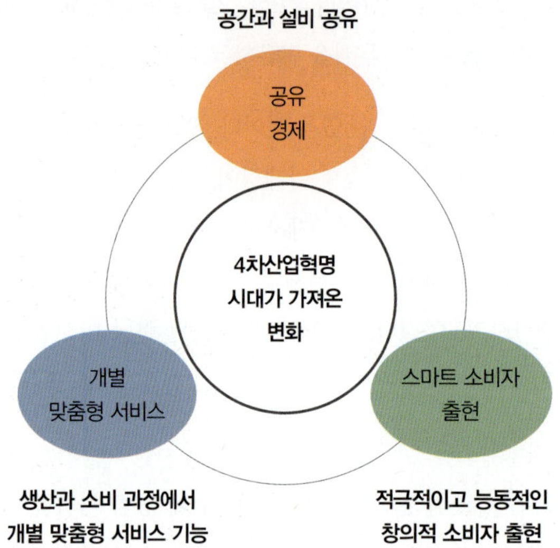

그림 3-3 4차산업혁명 시대가 가져온 변화

3 마케팅환경의 탐색과 관리

마케팅환경의 변화는 기업의 마케팅 활동에 위협으로 작용할 수도 있고, 때론 기회 요인으로 영향을 미칠 수도 있다. 따라서 기업은 마케팅 활동에 영향을 미칠 수 있는 환경 변화에 대한 정보를 끊임없이 수집·분석하여 이러한 환경 변화 추세가 시장과 마케팅 활동에 미치는 영향을 정확히 평가해야 한다. 이를 **환경탐색**(environment scanning)이라 하는데, 이러한 과정을 도식화한 것이 [그림 3-4]이다. 환경탐색을 통해 환경의 기회 요인과 위협 요인을 파악하여 기회 요인은 극대화하고, 위협 요인은 최소화하는 방안을 모색할 수 있다.

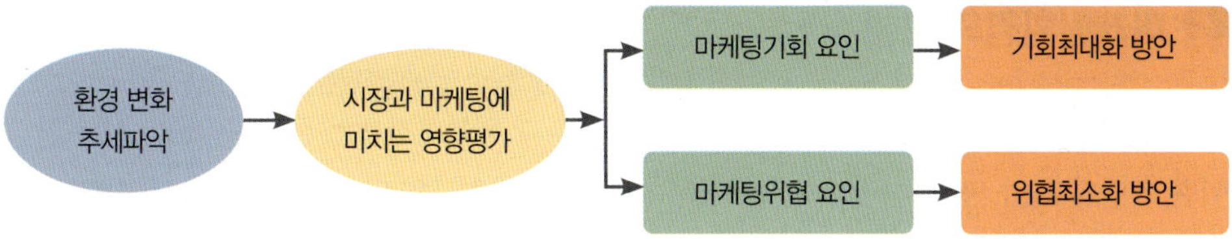

그림 3-4 환경탐색 과정

기업 차원에서 어떻게 환경관리를 할 수 있을까? 이는 기업이 통제할 수 있는 요인과 통제 불가능 요인을 파악하는 일부터 시작해야 한다. 기업의 통제 가능 요인은 제품을 비롯하여 가격, 촉진, 유통 등 4Ps이다. 이러한 요인들은 기업이 자율적으로 결정할 수 있다. 그러나 소비자를 비롯하여 사회문화적 환경, 경제적 환경, 기술적 환경, 정치·법률적 환경, 인구 통계적 환경 등은 기업으로서는 어쩔 수 없는 통제 불가능 요인이 된다. 따라서 기업이 환경에 적절히 대처한다는 것은 통제 가능한 4Ps를 소비자욕구에 맞추어 짜되, 4Ps 프로그램의 내용이 통제 불가능한 환경적 요인에 잘 조화가 되도록 하는 것이다. 이렇게 마케팅 활동을 한다면 소비자를 비롯한 환경과 잘 조화를 이룰 수 있기 때문에 성공적일 수 있다. 그러므로 환경관리를 잘하기 위해서는 세심한 환경탐색이 선행되어야 한다.

그러나 기업이 환경관리 하는 데 있어서 4Ps와 같은 정상적인 마케팅 수단만 가지고서는 제대로 활동할 수 없는 경우가 있다. 이때에는 4Ps 이외에 파워, 정치, 여론형성(public opinion formation) 등의 비정상적인 수단들을 동원하여 환경의 한계를 극복하는데 이를 **메가 마케팅**(mega-marketing)이라 한다. 예를 들어, 펩시콜라가 인도시장 진입 시 당시 인도 내의 청량음료 회사와 다국적기업을 거부하는 국회의원들의 반대에 부딪히자 인도 정부에 대하여 농산물 수출지원 및 식품 가공, 포장 처리기술 전수 등을 제안하였다. 이런 노력으로 인도 정부를 설득하고 이해관계자집단들의 지지를 얻음으로써 인도 시장 진입에 성공할 수 있었다. 이처럼 기업의 노력에 따라 일반적으로 통제 불가능한 것으로 받아들여지는 환경 요인들도 정치, 여론 형성 등 4Ps 이외의 변수를 적극 사용하면 영향을 미칠 수 있다.

4 마케팅환경의 구성 요인

마케팅환경은 [그림 3-5]에서와 같이 크게 내부환경과 외부환경으로 나눌 수 있다. 내부환경이란 기업의 사업 영역, 사업 목표, 마케팅 조직, 마케팅 관련 조직, 기업문화 등을 말하는데 이러한 환경 요인들은 기업의 내부 요인으로 기업이 통제할 수 있는 요인을 말한다.

기업 외부 요인은 마케팅 활동과 직접적으로 관련을 갖는 **미시적 환경**(micro-environment)과 간접적이거나 포괄적으로 영향을 미치는 **거시적 환경**(macro-environment)으로 나뉜다. 미시적 환경에는 공급자를 비롯하여 마케팅중개업자, 경쟁업자, 고객, 공중 등이 있으며, 거시적 환경에는 인구 통계적 환경을 비롯하여 경제적 환경, 사회·문화적 환경, 기술적 환경, 정치·법률적 환경 등이 있다.

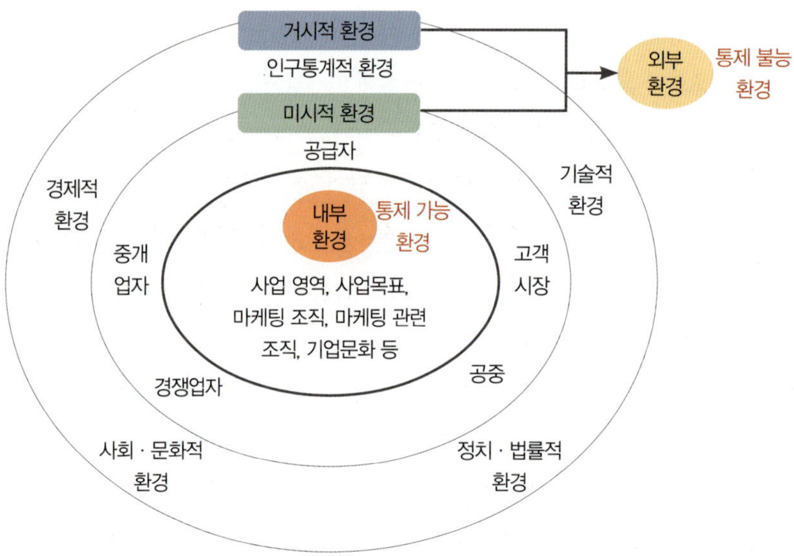

그림 3-5 마케팅환경의 구성 요인

Ⅱ 마케팅의 내부환경

마케팅의 내부환경 요인은 최고경영층에서 주도하는 통제 요인과 마케팅 부서에서 주도하거나 관련되는 통제 요인으로 구분하여 [그림 3-6]과 같이 사업의 영역, 기업의 전반적 목표, 기업문화, 마케팅 부서, 그리고 마케팅 관련 부서 등이 있는데 기업은 마케팅 활동을 수행할 때 이러한 내부환경 요인들을 고려해서 전개해야 한다.

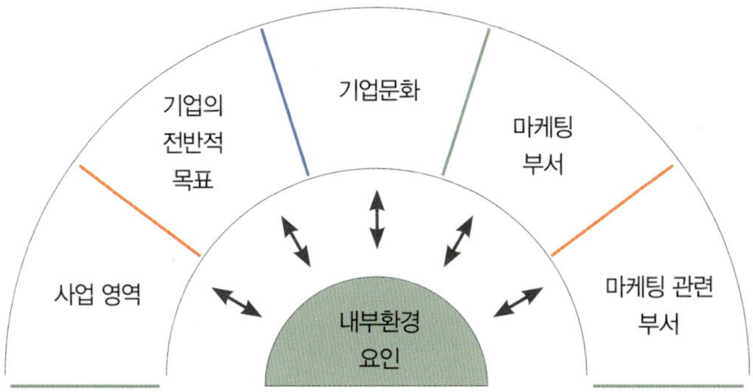

그림 3-6 마케팅 내부환경 요인

1 사업 영역

기업 활동을 수행할 때 최고경영층에서 주도하는 기업 내부의 통제 가능 환경 요인으로 사업 영역을 고려할 수 있다. 이때 **사업 영역**에 대한 정의는 어떤 사업부에 대해 어느 지역 범위까지 어떤 소유구조를 가져가야 할지, 그리고 구체적으로 어떤 사업 분야에 진출할지 등에 대해 중요한 의사결정을 해야 한다. 예를 들어, 전자업종을 운영하는 기업의 경우 TV, 냉장고, 세탁기 등 어느 분야에 집중할지와 또한 국내시장을 공략할 것인지, 글로벌 시장을 공략할 것인지에 대한 의사결정을 해야 한다. 이에 따라 마케팅 전략과 활동 내용이 달라지는 것이다. 그리고 글로벌 시장에 진출할 때 직접투자를 할지 합작투자를 할지에 따라서도 마케팅 전략과 전술이 달라질 수 있기 때문이다.

2 기업의 전반적인 목표

기업의 마케팅 활동은 기업이 전반적인 목표를 어떻게 설정하느냐에 따라 달라질 수 있다. 기업의 목표는 대체로 매출액과 시장점유율, 이익률 목표, 고객만족도 등으로 설정되게 되는데, 이러한 제시된 기업의 전반적 목표 수준과 정도에 따라 이를 달성하기 위한 마케팅의 전략과 전술의 구체적인 활동들이 달라져야 한다. 따라서 기업의 단기적인 목표와 장기적인 목표를 고려해서 마케팅 활동을 추진하고 이러한 제시된 목표에 대한 실적의 측정을 통해서 지속적인 평가와 피드백 활동이 필요하게 된다.

3 기업문화

기업문화는 조직구성원들이 공유하고 따르는 가치, 규범, 관행 등으로 구성된다. 이러한 기업문화는 기업 내부적으로는 구성원 간 결속력을 높이고 효율성을 제고시키며, 대외적으로는 기업의 이미지를 제고시키고 그 기업이 추구하는 방향을 외부에 알리는 역할을 하게 된다.

특히 기업문화는 마케팅과 관련한 의사결정과 활동에 영향을 끼치게 된다. 예를 들어, 어떤 기업이 시장지향적 기업문화를 갖고 있느냐, 그렇지 않으냐에 따라서 혹은 사회지향적 공헌 마케팅 기업문화를 갖고 있느냐, 그렇지 않으냐에 따라 신제품 아이디어 창출과 개발 과정 및 마케팅 수행 과정에서 마케팅의 구체적인 활동 내용이 달라질 수 있다.

4 마케팅 부서의 역할

기업의 마케팅 활동은 기업 내에서의 마케팅 부서의 위상과 역할 비중에 따라 크게 좌우된다. 또한, 마케팅 부서가 추구하는 목표와 표적시장에 따라서도 달라질 수 있다. 예를 들어, 단기적인 시장점유율 증가나 이익률 증가보다는 기업에 대한 이미지 제고나 고객만족도 제고가 목표라고 하면 마케팅 활동은 이에 맞추어져야 할 것이다. 그리고 어떤 세분시장을 표적시장으로 선정했는가에 따라서도 마케팅 활동이 달라질 수 있다. BMW 자동차 회사는 오너 드라이버를 위한 고급 승용차 선호 고객을 표적시장으로 선정했다면 이러한 예상 표적 고객들을 대상으로 한 마케팅 활동에 주력해야 할 것이다. 이처럼 기업의 마케터는 기업 내의 마케팅 부서가 추구하는 목표와 표적시장, 위상에 따라서 이에 적합한 4Ps전략을 구상하여 최적화해야 한다. 마케팅 활동은 계획–실행–통제의 과정을 거치게 되는데 항상 추진하고 있는 마케팅믹스 활동에 대한 고객과 시장의 반응을 점검해서 그 문제점을 수정하고 보완하는 개선 조치를 수행해야 한다.

5 마케팅 관련 부서

기업의 마케팅 활동과 관련된 부서로는 연구개발(R&D) 부서, 생산 부서, 재무 부서, 인적자원 관리 부서 등이 있다. 소비자가 원하는 제품을 개발하기 위해서는 연구개발 부서와 유기적인 관계를 갖고 협력해야 할 것이다. 또한, 이렇게 개발된 제품이 원활하게 적시에 생산이 될 수 있도록 하기 위해선 생산 부서와도 긴밀한 협조 관계를 유지해야 한다. 중요한 적기의 시기에 활발한 마케팅 활동을 통한 필요한 물량이 원활하게 시장에 출하될 수 있으려면 재무 부서의 재정적인 지원도 매우 중요하게 된다. 양질의 마케팅 인력이 신규 유망시장에 투입되어 적절한 마케팅 활동이 이루어지려면 인적자원 부서와도 긴밀한 협조가 필요하다. 따라서, 마케팅과 관련한 다른 부서들과도 충돌과 갈등이 없이 원활하게 업무가 협조 되고 조화를 이룰 수 있도록 다른 부서와의 긴밀한 제도적인 장치가 잘 마련되어야 한다.

Ⅲ 마케팅의 미시적 환경

기업의 마케팅 활동에 미치는 외부 환경 요인 중 미시적 환경 요인은 마케팅 활동에 직접적으로 영향을 미치는 환경 요인으로 [그림 3-7]에서 보는 바와 같이 공급자, 중개업자, 경쟁업자, 공중, 소비자 등이 있다.

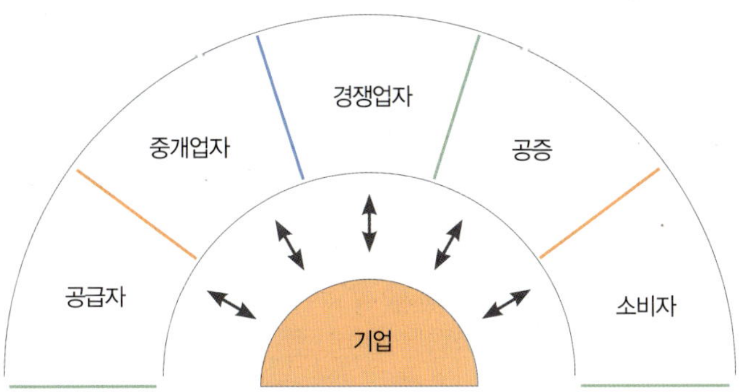

그림 3-7 마케팅의 미시적 요인

1 공급자

공급자(suppliers)는 기업이 제품이나 서비스를 생산하는 데 필요한 원재료, 부품, 설비, 반제품, 완제품, 기타 자원을 제공하는 조직을 말한다. 기업들은 그들의 제품이나 서비스를 생산하는 데 필요한 자원을 공급자로부터 조달받기 때문에 공급자 문제는 곧 마케팅 활동에 심각한 영향을 미친다. 그러므로 신뢰할 만한 공급자를 선정·확보하는 일이 무엇보다 중요하며, 공급하는 데 있어서 재고 부족이나 공급 지연, 노사분규, 원자재가격 상승 등 문제가 없는지를 항시 점검해야 한다. 공급자 문제가 발생하게 되면 단기적으로는 판매에 타격을 주거나 장기적으로는 고객 만족을 해칠 수 있기 때문이다.

2 마케팅 중개업자

마케팅 중개업자(marketing intermediaries)는 기업의 제품이나 서비스를 최종 구매자에게 판매, 촉진하거나 유통하는 일을 하는 도·소매상을 비롯하여 물적 유통회사, 마케팅 서비스회사, 금융기관 등을 말한다. 제조업자는 유능한 도·소매상을 선정하고 그들과 우호적인 관계를 유지하는 일이 매우 중요하다.

특히, 인터넷 마케팅의 활성화로 운송, 보관업 등 물적 유통기능의 중요성이 더해가고 있다. 어떻게 하면 신속하고 안전하게 제품을 전달할 수 있느냐가 성패의 관건이 되고 있다. 또한 기업이 올바른 표적시장을 설정하여 촉진하는 데 도움을 주는 마케팅 리서치회사를 비롯하여 광고대행사, 매체사, 마케팅 자문회사 등 마케팅 서비스회사의 선정 및 관리를 위해서 이들을 파악해야 한다. 은행이나 보험회사 등 금융기관도 마케팅 활동에 필수적인 존재들이다.

3 경쟁업자

독점기업이 아닌 한 기업 간 경쟁은 불가피하다. 오늘날과 같은 국경 없는 무한경쟁시대에서는 국내업자 간 경쟁에서 외국업자와의 경쟁으로 경쟁상대자가 확대되었으며, 동종업종 간 경쟁에서 이종 업종 간 경쟁으로 경쟁 대상도 확산하였다. 예를 들어, 휴대전화에 디지털카메라를 장착시킨 카메라폰의 등장은 앞으로 카메라 시장을 잠식할 것이 예상되며, 24시 찜질방의 확대는 숙박업에 영향을 미치고 있다.

따라서, 기업들은 지속적으로 **경쟁업자**의 상황을 분석하여 경쟁상 우위의 고지를 점하기 위해서 노력해야 하고 미래를 위한 신규 R&D 투자에도 게을리해서는 안 된다. 또한 수많은 제품 가운데 자사 제품을 강조하기 위해 품질이나 외관상 특징, 서비스, 상표, 포장 및 광고 등을 독특하게 하는 제품차별화전략(product differentiation strategy)을 추진하고 신제품개발이나 기존 제품의 개량에도 힘을 쏟아야 있다.

물론 경쟁만이 능사는 아니다. 경우에 따라서는 경쟁업체와 제휴하여 자사가 얻을 수 없는 이점을 상대방 기업으로부터 얻음으로써 호혜적인 관계에서 사이좋게 공생, 공영할 수 있는데 이를 **심비오틱 마케팅**(symbiotic marketing)이라 한다. 약육강식만이 통할 것 같은 자연 세계에서도 말미잘과 집게라든가 악어와 악어새와 같이 서로 돕고 공생(symbiosis)한다. 예를 들어, 중소 제화업체들이 서로간의 무리한 가격경쟁을 방지하고 무명상표의 이미지를 갱신하고자 '귀족'이라는 공동브랜드를 내걸고 공동생산하여 성공을 거둔바 있다. 한국콜마주식회사는 화장품만을 전문적으로 기술개발하고 생산하는 중견업체이다. 충분히 자체 브랜드를 부착해서 판매할 수 있는데 전량 기존의 화장품회사에 납품함으로써 경쟁을 피하고 호혜적 관계를 유지하며 발전하고 있다. 미국의 전기제품 메이커인 Magnavox는 자체 개발한 신제품 전화 복사기(telecopier)를 복사기 전문 생산 및 판매회사인 Xerox를 통해 판매함으로써 성공을 거둔 바 있다.

4 공중

기업의 마케팅환경은 다양한 공중을 포함하고 있는데, **공중**(public)이란 조직목적을 달성하는데 현재 혹은 잠재적으로 이해관계를 갖고 있거나 영향을 미치는 모든 집단을 말한다. 이러한 집단에는 언론기관을 비롯하여 정부기관, 금융기관, 언론사, 시민단체, 지역사회단체, 근로자나 경영자와 같은 내부공중 등이 포함된다.

기업들은 공중과의 좋은 관계를 유지하기 위하여 사내·외보를 발간하여 PR(public relations)하고 있다. 또한 기업은 공중에 대한 PR을 효율적으로 하기 위해 DECOMAS(Design Coordination as Management Strategy)전략을 실시하고 있다. 우리말로 번역하면 '경영전략으로서의 디자인 조정·통합'이라는 뜻이며 CI(corporate identity)라고도 한다. 즉, 기업을 상징하는 각종 디자인을 기업 이미지에 맞추어 조정·통합하고 이를 일관성 있게 대중들에게 표현함으로써 기업의 실상과 일반대중의 심상(image)이 일치하게끔 하는 전략이다. 디자인 대상은 회사명을 비롯하여 심벌마크, 상표, 슬로건, 전용인쇄활자체, 영명스펠링 등이 포함된다. 기업을 상징하는 디자인이 일단 확정되었으면 모든 광고를 비롯하여 간판, 포장용기, 제품, 건물, 수송차량, 명함, 사무용지 등 모든 종류의 커뮤니케이션 매체에 적용된다.

데코마스 도입 시기는 이미지 갭이 중대한 위기를 낳았을 때, 경영자 교체 시, 흡수·합병이 행해졌을 때, 해외시장에 진출할 때, 창립 30주년 60주년과 같은 창립기념 시, 적극적으로 이미지 혁신을 가져오고자 할 때 등이다. 국내에서는 신세계백화점이 1973년에 처음으로 데코마스를 도입하였으며, 국민은행이 주택은행과 합병하면서 종전의 로고를 [그림 3-8]처럼 앞의 로고를 뒤의 로고로 변경한 바 있다.

그림 3-8 국민은행 로고의 변경 전과 후

5 소비자

소비자집단은 기업에게 있어서 가장 영향력이 크다. 따라서 기업의 입장에선 소비자들에게 가장 많은 관심을 가진다. 아무리 기업이 공을 들여 제품이나 서비스를 제공하려 해도 소비자가 외면하면 참으로 어렵게 된다. 따라서 기업은 끊임없이 소비자행동을 조사·분석하여 표적고객을 정확하게 설정하고 이들에 맞는 포지셔닝전략을 수립해야 한다. 소비자 연구는 제5장에서 상세히 설명키로 하고 여기에서는 오늘날 **소비자운동**(consumerism)에 의한 소비자파워의 증대현상을 알아보자.

우리나라에서는 아직도 소비자를 우습게 보는 경향이 있는데 참으로 위험한 발상이다. '소비자주권경제(consumer sovereignty economy)'란 말이 있다. 모든 경제의 원동력이 소비자로부터 비롯된다는 말이다. 소비자의 목소리가 날로 커지고 조직화하고 있다. 영국은 산업혁명기부터 소비자들이 스스로 협동조합을 결성하여 그들이 필요한 생활물자를 직접 공동구입하고 이익 발생 시 이용실적에 따라 조합원에게 배당하는 식으로 소비자운동을 전개하였다. 미국은 제품 테스트 기관들이 정확한 제품정보를 제공함으로써 소비자들이 선택을 잘할 수 있도록 소비자운동을 전개하고 있다. 우리나라는 미국과 같은 운동 형태인데 정보제공이 매우 미약하다.

전 세계적으로 전개하는 소비자운동은 다음과 같은 7대 소비자 권리를 실현하는 데 있으므로 기업은 이점을 준수하도록 노력해야 한다.

- 안전의 권리(the right to safety): 소비자는 건강과 생명이 피해 및 위험으로부터 안전함을 보장받을 권리가 있다.
- 알 권리(the right to be informed): 소비자는 객관적이며 완전한 제품정보를 제공받을 권리가 있다.
- 선택의 권리(the right to choose): 소비자는 자유롭게 제품을 선택 구매할 권리가 있다.
- 의사 존중을 받을 권리(the right to be heard): 소비자 의견이 존중되고 정확히 반영될 권리가 있다.
- 피해보상을 받을 권리(the right to compensation against damage): 소비자가 제품으로부터 피해를 입었으면 보상받을 권리가 있다.
- 교육을 받을 권리(the right to education): 소비자는 제품을 올바르게 사용할 수 있도록 교육을 받을 권리가 있다.
- 쾌적한 생활환경을 보장받을 권리(the right to clean environment): 소비자는 쾌적한 삶을 영위할 수 있도록 깨끗한 환경을 보장받을 권리가 있다.

Ⅳ 마케팅의 거시적 환경

마케팅 외부 환경 중 마케팅 활동에 간접적으로나 포괄적으로 영향을 미치는 거시적 환경으로 [그림 3-9]에서와 같이 인구 통계적 환경을 비롯하여 사회·문화적 환경, 경제적 환경, 정치·법률적 환경, 기술적 환경 등을 꼽을 수 있다.

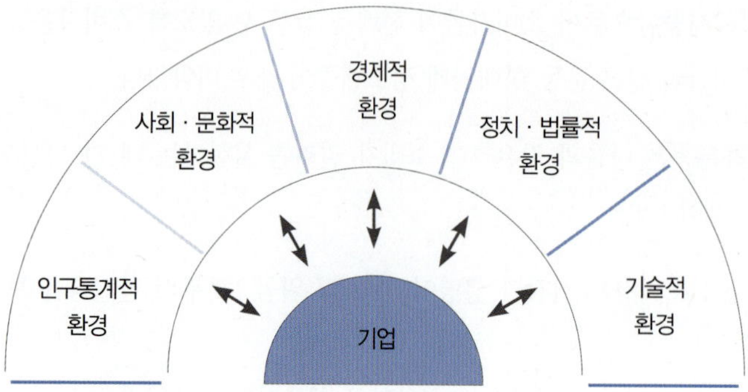

그림 3-9 마케팅의 거시적 환경

1 인구통계적 환경

인구통계적 환경(demographic environment)이란 시장의 규모를 결정짓는 가장 기초적인 요인으로 성, 연령, 인구성장률, 출산율, 인구밀도, 직업, 가족구성, 결혼 여부, 주거 지역, 인종 등과 같은 측정 가능한 인구 특성들을 말한다. 이러한 인구통계적 변수는 시장세분화기준으로 가장 많이 사용되었다. 예를 들면, 유아시장, 청소년시장, 미혼여성시장, 실버시장 등등이다. [그림 3-10]과 [그림 3-11]을 통해서 인구구조가 어느 시점에서는 정적인 것 같아도 시간이 지남에 따라 끊임없이 변화하고 있는 것을 알 수 있다. 총인구는 2020년 5,184만 명에서 2030년 5,120만 명까지 증가한 후 감소, 2070년 3,766만 명(1980년 수준)에 이를 전망이다.

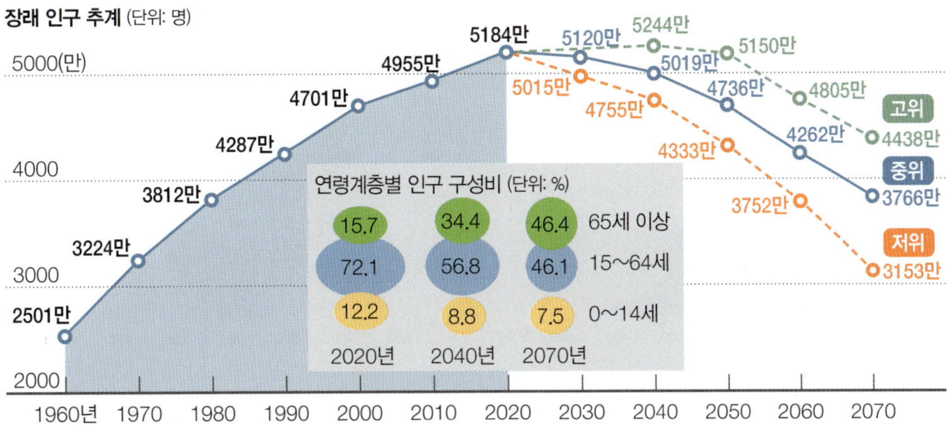

● **총인구, 1960~2070년**

지표	시나리오	1960	1970	1980	1990	2000	2010	2020	2030	2040	2050	2060	2070
총인구 (만명)	중위 추계	2,501	3,224	3,812	4,287	4,701	4,955	5,184	5,120	5,019	4,736	4,262	3,766
	고위 추계									5,244	5,150	4,805	4,438
	저위 추계								5,015	4,755	4,333	3,752	3,153

● **출생·사망·자연증가, 1985~2070년(중위)**

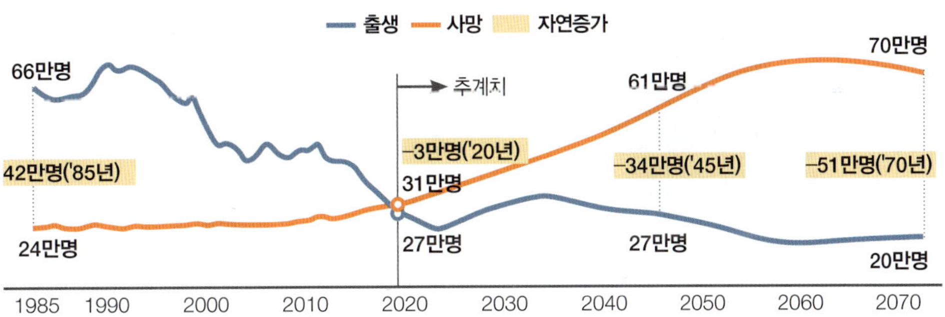

자료: 통계청, 장래인구 추계, 출생 · 사망 · 자연증가(1985~2070년), 2021. 9

그림 3-10 통계청, 장래인구 추계(2020~2070년)

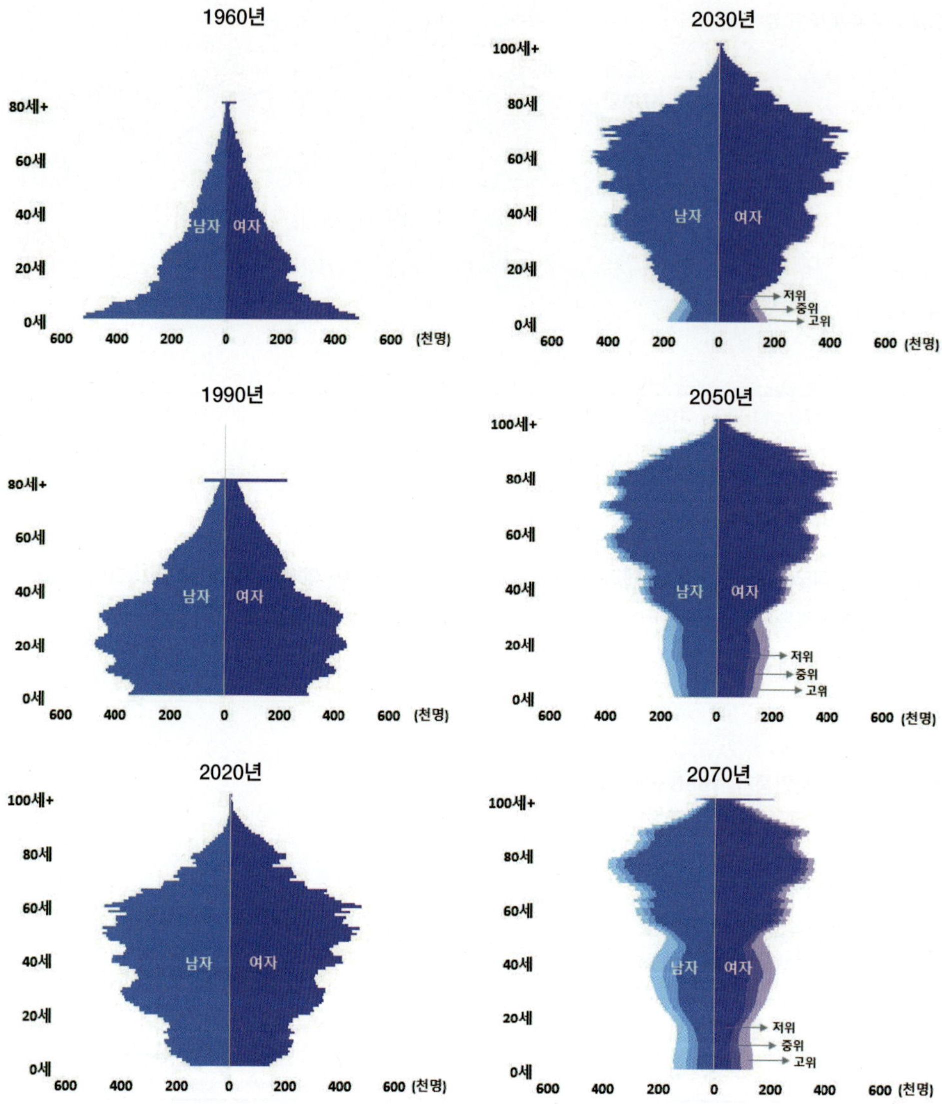

자료: 통계청, 장래인구특별추계 1960~2070년, 2021. 9.

그림 3-11 1990~2070년도의 우리나라 인구피라미드

우리나라의 인구 통계적 환경 가운데 특징적 변화는 다음과 같다.

첫째, 출산율의 계속적인 감소추세이다. 출생아수는 2020년 27만 명에서 2030년 27만 명 수준으로 유지되다가 2070년에는 20만 명까지 감소할 전망이다.

둘째, 65세 이상의 노년층의 계속적인 증가추세이다. 고령인구는 2020년 814만 명(15.7%)에 비해, 2040년 1,727만 명(34.4%) 2.12배, 2070년 1,747만 명(총인구의 46.4%)으로 2.15배로 증가할 전망이다. 미래에는 초고령화사회로 진입할 것으로 나타났다. 따라서 노년층을 대상으로 한 건강식품 및 의약품, 실버타운, 노후보험, 건강의료기, 효도관광상품 등 실버시장(silver market)의 규모가 크게 늘 것으로 전망된다.

셋째, 생산연령인구는 2020년 3,738만 명에서 10년간 357만 명 감소하다가 2070년에 1,737만 명 수준일 전망이다. 이에 따라 결국 생산연령인구 1백명 당 부양할 인구는 2020년 38.7명(노년 21.8명)에서 계속 높아져 2070년 116.8명(노년 100.6명)까지 증가할 전망되어 미래 생산연령인구는 부양에 대한 부담이 매우 커질 전망이다.

넷째, 다문화 인구의 증가와 1인 가구의 증가이다. 법무부 출입국외국인정책본부의 통계연보에 따르면 2022년 5월 한국에 체류하는 외국인은 201만2천862명으로 전월 대비 1.3%(2만5천612명) 불어나며 2021년 2월 이후 1년 3개월 만에 200만 명대로 올라섰고, 1인 가구 비율도 2021년 기준 국내 거주하는 외국인 중 1인 가구는 전체의 26.3%인 것으로 나타났다. 전년 대비 2.9%포인트 증가한 수치다.

2 사회 · 문화적 환경

사회 · 문화적 환경(socio-cultural environment)이란 사회구성원들이 성장하며 그 사회에서 형성되는 라이프스타일을 비롯하여 사회계층, 종교, 신념, 풍속, 가치관 등을 말한다. 특히 오늘날은 인터넷과 메스컴의 발달로 사회적인 주요 이슈가 빠르게 확산되는 경향이 있다. 예를 들어, 환경공해에 대한 인식이 고조됨에 따라 각종 환경보호단체의 주장과 행동이 강해지고 있다. 여기에 기업이 무감각하게 대처하여 표적이 될 때 그 기업은 심한 타격을 입을 수 있다.

이러한 배경에서 **그린 마케팅**(green marketing)이 주목받고 있다. 그린 마케팅이란 환경의 효율적 관리를 통해 인간의 삶의 질을 향상하도록 마케팅 활동을 하는 것을 말하는데, 제조 과정에서 유통 및 최종 소비에 이르기까지 공해가 유발되지 않도록 하는 것이다. 즉, 제조 과정에서 소음공해를 비롯하여 수질 및 공기오염이 없도록 생산시설이나 공해물질 분해처리시설을 갖춰야 하며, 제품 자체도 공해 요인을 극소화할 수 있도록 재설계해야 한다. 유통 및 소비 과정에서도 포장용기로 많이 사용되는 플라스틱, 비닐, 알루미늄 캔, 병 등은 재활용될 수 있도록 수거

하거나 분해되어 없어지도록 재질을 바꿔야 한다. 예를 들어, 분해되는 비닐 개발을 비롯하여 비료, 농약을 사용하지 않는 무공해농산물, 무공해 세제, 전기와 기존 연료를 동시에 사용하여 대기오염을 최소화할 수 있는 자동차 판매 등이 있다.

요즘 우리 사회에서는 외국인 인구가 늘고, 다문화 문제가 사회적 이슈로 부각되고 있다. 한류 열풍 덕분에 우리 문화는 해외에서도 인기를 끌고 있으며 또한 주 5일 근무와 52시간 노동 정책으로 휴가 문화가 변화하고 부부들의 역할 변화가 일어나고 있다. 전통적인 가치관과 신념도 인터넷과 매스컴의 영향으로 빠르게 변하고 있다. 그래서 기업들은 사회와 문화적인 변화를 주의 깊게 연구하고 대처해야 한다.

그림 3-12 **한류의 대표주자들**

3 경제적 환경

경제적 환경(economic environment)은 소비자의 구매력과 소비 패턴에 영향을 미치는 요인들로 구성된다. 경제적 환경의 대표적인 지표로서 마케팅관리자의 관심을 끄는 요인으로는 소득수준의 변화와 그에 따른 소비 패턴의 변화를 들 수 있다. 선진국으로 갈수록 소득분포는 다이아몬드형으로 중산층 비중이 높은 데 반하여, 후진국으로 갈수록 피라미드형으로 저소득층 비중이 높다. 소비 패턴도 소득수준이 낮은 층일수록 음식물비 지출 비중이 높고, 고소득층으로 갈수록 각종 레저, 오락 등 문화비 지출 비중이 높다.

대한민국은 과거 20년 동안 12개 분야의 전통산업에 치중하며 선진국의 우수기술을 쫓아가는 추격형 경제에서 벗어나지 못했고, 이는 궁극적으로 산업경쟁력 약화로 이어져 장기적인 저성장으로 이어졌다. 이러한 현상은 [그림 3-13]에서와 같이 2018년 1인당 국민소득 3만 달러 달성에 도달할 때까지 1997년 이후 정권이 바뀔 때(5년)마다 평균 1%씩 하락하는 경제구조로 나타나게 되었다. 이러한 문제를 극복하기 위해 대전환 시대 과감히 선도형 경제로 산업구조를 전환해야 하고, 디지털 역량을 바탕으로 한 미래 신산업 육성에 더욱 박차를 가해야 하는 전환점에 도달했다고 할 수 있다. 특히, 코로나19 사태는 세계 경제를 마비 상태로 만들면서 초유의 글로벌 경제위기를 가속화시켰다.

한국경제의 특징은 그동안 한강의 기적이라고도 불리면서 비약적인 경제발전을 들 수 있다. 1960년 80달러에 불과하던 1인당 국민소득이 60년 만에 3만 달러를 넘어서고 있고 세계 10위권 전후의 경제 규모를 자랑하고 있으며, 제조업 위주의 수출주도 정책으로 인하여 1962년 5천만 달러이던 수출이 1977년 1백억 달러, 1995년 1천억 달러를 넘어 2018년에는 6천억 달러를 상회하고 있다.

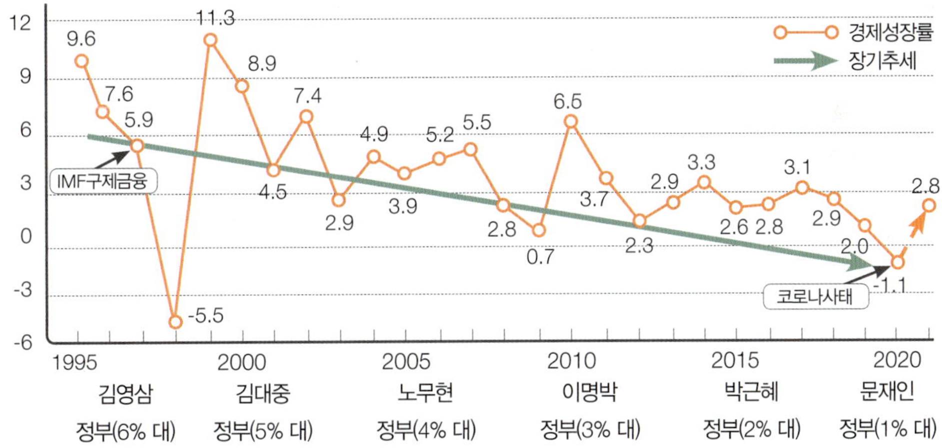

자료: 한국생산성본부, 포용적 혁신성장을 위한 디지털 뉴딜 포럼(2019)에서 참조하여 작성

그림 3-13 한국경제의 경제성장 추이

4 정치 · 법률적 환경

마케팅 활동은 정치적 환경이 어떻게 진행되느냐에 따라 심각한 영향을 받는다. **정치적 환경** (political environment)이란 어떤 사회에서 조직이나 개인의 활동에 제약을 가하고 영향을 미치는 법률을 비롯하여 정부 기관, 압력단체들로 구성된다.

즉, 정부가 경제에 간섭하는 정도로 세금, 노동법, 무역 제재, 환경법, 관세, 정치적 안정성 등을 포괄한다. 여기서 정치적 요소는 정부 차원에서 진흥하거나 제재하고자 하는 재화나 용역의 종류를 포함하기도 한다. 이러한 정치적 환경은 기업 활동을 제한하기도 하지만 새로운 비즈니스 기회를 창출하기도 한다.

또한, 정부나 공공기관에 의하여 입안된 법률에 따라 규제받게 된다. 기업 활동과 밀접한 법률로는 상법, 독점거래 및 공정거래에 관한 법률, 소비자보호법, 세법, 기타 유통 관련 법규 등 매우 많이 존재한다. 특히, 기업이 국제마케팅을 원활하게 추진하기 위해서는 무엇보다도 WTO의 각종 규제사항을 파악하고 앞으로의 추세를 예측하여 그에 적극적으로 대처해 나가야 한다. 대내적으로는 기업 활동을 규제하는 각종 법규를 파악해야 하는데 여기에는 크게 세 종류의 법률에 대해 알아보자.

첫째, 소비자를 보호하기 위한 법률로 소비자보호법(1980)을 비롯하여 물가안정 및 공정거래에 관한 법률(1975), 식품위생법(1976), 그리고 최근에 물건을 제조 공급한 사업자에게 그 제품의 결함으로 인하여 사용자가 입은 생명, 신체 또는 재산의 손해에 대하여 배상할 책임을 부여하는 제조물책임법(2000) 등이 있다.

둘째, 기업 간 경쟁의 공정성을 유지하기 위한 법률로서 독점규제 및 공정거래에 관한 법률(1980)을 비롯하여 부정경쟁방지법(1986), 하도급 공정화에 관한 법률(1984) 등이 있다.

셋째, 자연환경을 보호함으로써 사회복지를 향상하기 위한 법률로서 환경정책법(1990) 등이 있다.

이 밖에도 정부 지출계획 및 세금 정책 등과 같은 재정정책이나 관세 및 쿼터정책을 비롯한 정부의 각종 산업정책 등의 변화도 관심 있게 살펴보아야 한다.

5 기술적 환경

기술적 환경(technological environment)이란 신제품개발로 새로운 시장기회를 제공하는 신기술을 창출해 내는 요인들을 말한다. 새로운 기술은 새로운 시장기회를 제공하게 된다. 기업들은 지속적인 성장을 위해 신제품개발에 역점을 두고 있다. 그러나 최근 제4차산업혁명으로 인하여 기술 발전 속도는 빠르게 진행되고 있으므로 기업은 국내·외의 기술개발에 관심을 두고 관련 정보를 수집하고 있다.

기술은 소비자들의 라이프스타일, 소비 패턴에 큰 영향을 미친다. 기술은 다음 세 가지 형태로 시장에 영향을 줄 수 있다.

첫째, 컴퓨터를 비롯한 레이저, 로봇, AI와 같은 신기술은 완전히 새로운 산업과 시장을 만들 수 있다.

둘째, 새로운 기술은 기존의 산업을 변화시키거나 없앨 수 있다. 예를 들어, TV가 처음으로 등장했을 때 영화와 라디오는 심각한 타격을 입었으며 인터넷에 의한 전자상거래는 서점 등 오프라인 점포의 생존을 위협하였다. 컴퓨터 등장으로 타자기는 거의 대체되고 없어졌다.

셋째, 신기술은 이와 관련 없는 새로운 산업과 시장을 활성화할 수 있다. 전자레인지를 비롯하여 자동 식기세척기, 세탁기, 전기밥통 등 시간 절약 제품의 개발은 생활에 여유시간을 제공함으로써 다른 활동에 더 많은 시간을 투입할 수 있게 해준다.

기술은 신기술을 이룬 기업에는 기회가 되지만 그렇지 못한 경쟁기업에는 커다란 위협이 된다. 그래서 기술은 기업의 사활에 영향을 줄 정도로 중요하다. 이에 대응하기 위해서 기업들은 앞다투어 R&D에 투자하고 있다.

기술 발전은 제품개발은 물론, 유통, 광고 등 마케팅 수단에도 영향을 미친다. 예컨대, 컴퓨터의 보급으로 인터넷을 통해 광고하고 촉진하며 온라인을 통해 판매할 수 있게 되었다. 그러나 기술은 인간에게 유익함을 줄 수 있지만 반대로 피해도 줄 수 있다는 점을 기업은 명심해서 부정적 영향이 극소화되도록 노력해야 한다. 예를 들어, 인터넷에 의한 전자상거래는 소비자에게 쇼핑의 편리성을 제공하지만, 그에 따른 많은 피해도 주고 있으며, 최신 보급되고 있는 카메라폰은 언제 어디서고 남이 모르는 사이에 사진을 찍음으로써 사회적 문제를 낳고 있다.

제1차산업혁명 (18세기)		제2차산업혁명 (19~20세기 초)		제3차산업혁명 (20세기 후반)		제4차산업혁명 (21세기 초반)
증기기관 기반의 기계화혁명	→	전기에너지 기반의 대량생산혁명	→	인터넷 기반의 지식정보혁명	→	인공지능 기반의 지능정보 혁명 (제2차 정보혁명)

그림 3-14 제4차산업혁명

그림 3-15 드론과 자동차, 로봇의 진화

사례 | 훨훨 나는 FILA… 2년새 매출 3배로

글로벌 스포츠 브랜드 휠라(FILA)가 다음 달 17일부터 23일까지 이탈리아 밀라노에서 열리는 '밀라노 패션위크'에 참석해 2020년 봄여름(SS) 시즌 컬렉션을 선보인다. 패션업체들에게는 '꿈의 무대'로 불리는 세계 4대 패션쇼에 지난해 9월에 이어 2년 연속 참가하는 것이다. 스포츠 브랜드의 단독 참가는 이례적인 일로, 최근 10, 20대 소비자에게 인기를 끌고 있는 휠라의 브랜드 파워 덕분이라는 분석이 나온다.

휠라의 브랜드 파워와 실적이 꾸준한 성장세를 보이고 있다. 증권업계는 올해 휠라코리아의 매출이 처음 3조 원을 넘어설 것으로 전망했다. 26일 현재 금융정보업체 에프앤가이드의 휠라코리아 매출 전망치는 3조4,678억 원에 달한다. 사상 최대 실적을 낸 지난해(2조9,546억 원)보다 17% 가량 성장한 수준이다. 이지영 NH투자증권 연구원은 "탄탄한 브랜드 파워를 바탕으로 국내 · 외 매출이 고르게 성장한 덕분"이라며 "당분간 매출 고성장세를 이어가며 영업이익률도 높아질 것으로 보인다"고 말했다.

2016년 대대적인 리뉴얼을 한 휠라가 2017년 매출이 상승했을 때만 해도 '10, 20대에게 반짝 인기를 끌 만한 아이템을 내놓은 것'이라는 지적이 있었다. 하지만 최근엔 휠라가 안정적 성장세에 돌입했다는 의견이 나온다. 1911년 브랜드 론칭 이후 100년 이상 쌓아온 헤리지티와 레트로 감성, 미래지향적 콘셉트, 가격조정정책 등이 맞물리며 장기적 성장 동력을 확보했다는 것이다. 휠라 매출 규모는 2016년 9,671억 원에서 2018년 2조 9,546억 원으로 3배 이상으로 확대됐다. 영업이익도 2016년 118억 원에서 2017년 2,175억 원, 2018년 3,571억 원 등으로 상승했다. 올해 영업이익은 4,700억 원 수준으로 전망된다. 글로벌 시장에서의 입지도 탄탄해지고 있다. 지난해 2월 이탈리아 명품 브랜드 펜디는 휠라에 컬렉션 협업을 제안했다. 당시 펜디는 'FENDI' 로고의 'F'에 휠라 고유의 'F 로고'를 넣었다. 높아진 휠라의 브랜드 파워를 인정한 시도라는 평가가 나왔다.

휠라는 1911년 이탈리아에서 Fila 형제들에 의해 창립되었으며, 1991년 한국의 윤윤수 사장에 의해 FILA Korea를 설립하여 비약적인 발전을 거듭한 끝에 2007년 전세계 휠라 상표권을 필라 코리아가 인수하여 자회사가 본사를 비롯한 다른 모든 자회사를 인수하는 격이 되었으며, 2011년에는 미국 골프전문업체 Acushnet 회사(Titleist상표)를 인수하여 세상을 또 한번 놀라게 하였다.

출처: 동아일보 2019. 8. 27. 기사를 근간으로 편집함.

V 마케팅 환경분석의 방법

마케팅 환경분석이란 기업이 마케팅 활동을 수행하기 전에 반드시 수행해야 하는 필수적인 과정이다. 마케팅 환경분석을 통해 기업은 시장의 규모와 성장 잠재력을 파악하고, 경쟁업체의 마케팅 전략을 분석하고, 소비자의 욕구와 요구를 파악할 수 있다. 이러한 정보를 바탕으로 기업은 효과적인 마케팅 활동을 수행하고, 경쟁우위를 확보하고, 마케팅 활동의 효과를 측정하고 개선할 수 있다. 마케팅 환경분석의 기법에는 다양한 방법이 있는데, 그중 가장 대표적인 기법은 3C 분석, SWOT 분석, PEST 분석 등이 있다.

1 3C 분석

3C 분석은 고객, 경쟁사, 자사를 분석하는 가장 간단한 마케팅 환경분석 기법이다. 3C 분석을 통해 기업은 마케팅 활동의 방향을 결정하고, 경쟁우위를 확보하고, 마케팅 활동의 효과를 측정하고 개선할 수 있다. 3C 분석은 기업이 마케팅 전략을 수립하기 전에 자신의 강점과 약점, 기회와 위협을 파악하고, 이를 바탕으로 경쟁에서 우위를 점할 수 있는 전략을 수립하는 데 도움이 된다.

- **고객(Customer) 분석** : 고객 분석은 기업이 제공하는 제품이나 서비스의 잠재 고객을 파악하는 것을 말한다. 고객 분석을 통해 기업은 고객의 요구와 요구를 이해하고, 이를 제품이나 서비스에 반영하여 고객 만족도를 높일 수 있다.
- **경쟁사(Competitor) 분석** : 경쟁사 분석은 기업이 경쟁하는 기업을 파악하고, 그들의 강점과 약점을 분석하는 것을 말한다. 경쟁자 분석을 통해 기업은 경쟁에서 우위를 점하기 위한 전략을 수립할 수 있다.
- **자사(Company) 분석** : 자사 분석은 기업의 강점과 약점을 파악하는 것을 말합니다. 자사 분석을 통해 기업은 자신의 경쟁력을 강화하고, 마케팅 전략을 수립할 수 있다.

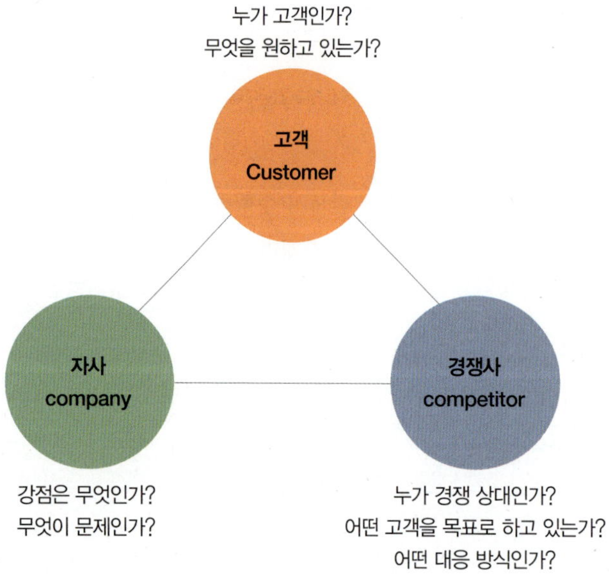

그림 3-16 3C 분석

2 SWOT 분석

SWOT 분석은 기업의 강점, 약점, 기회, 위협을 분석하여 전략을 수립하는 방법이다. SWOT 분석은 가장 많이 활용하는 대표적인 분석 방법으로 기업의 내부 환경과 외부환경을 고려하여 이루어지며, 이를 통해 기업이 경쟁우위를 확보하고 목표를 달성할 수 있도록 도움을 준다.

- 강점(Strengths): 기업이 경쟁우위를 확보하고 목표를 달성하는 데 도움이 되는 요소이다. 강점에는 기업의 기술, 자원, 인재, 브랜드, 고객 충성도 등이 포함될 수 있다.
- 약점(Weaknesses): 기업이 경쟁우위를 확보하고 목표를 달성하는 데 방해가 되는 요소이다. 약점에는 기업의 재무 상태, 경쟁력, 고객 만족도 등이 포함될 수 있다.
- 기회(Opportunities): 기업이 성장하고 발전할 수 있는 요소이다. 기회에는 새로운 시장 진출, 기술개발, 규제 완화 등이 포함될 수 있다.
- 위협(Threats): 기업이 성장하고 발전하는 데 방해가 되는 요소이다. 위협에는 경기침체, 경쟁심화, 규제강화 등이 포함될 수 있다.

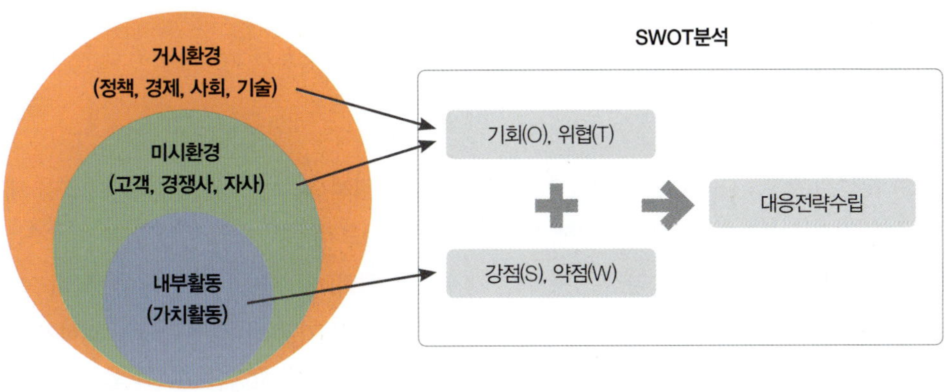

그림 3-17 환경과 SWOT 분석

SWOT 분석은 기업의 경영전략 수립에 유용한 도구이지만, 한계점도 있다. SWOT 분석은 기업의 내부 환경과 외부환경을 고려하여 이루어지지만, 미래를 예측하는 것은 불가능하다.

SWOT 분석표를 작성하는 절차는 다음과 같다.

- 1단계: 시장환경으로부터 오는 위협 및 기회요인 파악
- 2단계: 우리 회사에 대한 핵심역량의 분석
- 3단계: 자사의 핵심역량의 강·약점(S, W)과 시장의 환경변화 요인(O, T)에 비추어 본 자사의 현재 위치의 파악
- 4단계: 우리 회사의 현 위치에 근거한 마케팅 전략 수립

내적요소 / 외적요소	강점(S)	약점(W)
	5~10개의 강점을 나열함	5~10개의 약점을 나열함
기회(O)	SO전략	WO전략
5~10개의 외적인 기회를 나열함	공급(생산)	수요(소비)
위협(T)	ST전략	WT전략
5~10개의 외적인 위협을 나열함	위협을 피하기 위해 강점을 활용하는 전략을 생성함	약점을 최소화하고 위협을 피하는 전략을 생성함

그림 3-18 **SWOT 분석표**

3 PEST 분석

PEST 분석은 시장조사나 전략 분석을 할 때 특별히 거시경제 요소에서 기업이 의사결정을 내려야 할 경우 사용하는 기법이다. 시장 성장과 축소, 사업포지셔닝, 사업 방향 등을 파악하는 데 효과적인 도구이다. PEST 분석은 정치적, 경제적, 사회적, 기술적 요소를 분석하여 비즈니스 환경을 이해하고 전략을 수립하는 방법이다. PEST 분석은 기업의 내부환경을 고려하지 않고 외부 환경만을 고려하여 이루어지기 때문에, 기업의 내부환경을 고려한 SWOT 분석과 함께 사용하여야 한다.

- 정치적(Political) 환경: 정치적, 법률적 환경변화가 시장의 규칙이나 전제를 변화시키기도 하고 경쟁의 구조를 변화시키는 등 기업 경영환경에 미치는 영향을 분석한다.
- 경제적(Economic) 환경: 외부 경제 환경요인의 변화도 기업에 상당한 영향을 미치게 된다. 사례로 경제성장 또는 정체는 기업의 제품 수요에 영향을 미치고, 원화 가치의 상승은 수입 및 수출기업에 기회와 위협을 초래하게 된다.

- **사회적(Social) 환경**: 인구통계학적 구조의 변화와 소비자 기호의 변화는 기업 경영에 큰 영향을 미친다. 출산율의 저하, 맞벌이 가구의 증대, 노인인구의 증대 등은 관련 비즈니스에 영향을 미치고, 제품이나 서비스에 대한 소비자 기호의 변화 또한 큰 영향을 미치게 된다.
- **기술적(Technological) 환경**: 기술적인 혁신이나 비약적인 개선 등의 변화가 기업의 비즈니스 시스템에 영향을 미치게 되며, 이러한 부분이 경쟁 상황을 변화시키고 정보기술 인프라의 확장에 따른 비용 절감과 부가가치의 증대 효과로 경쟁력이 향상되는 것이 이에 해당한다.

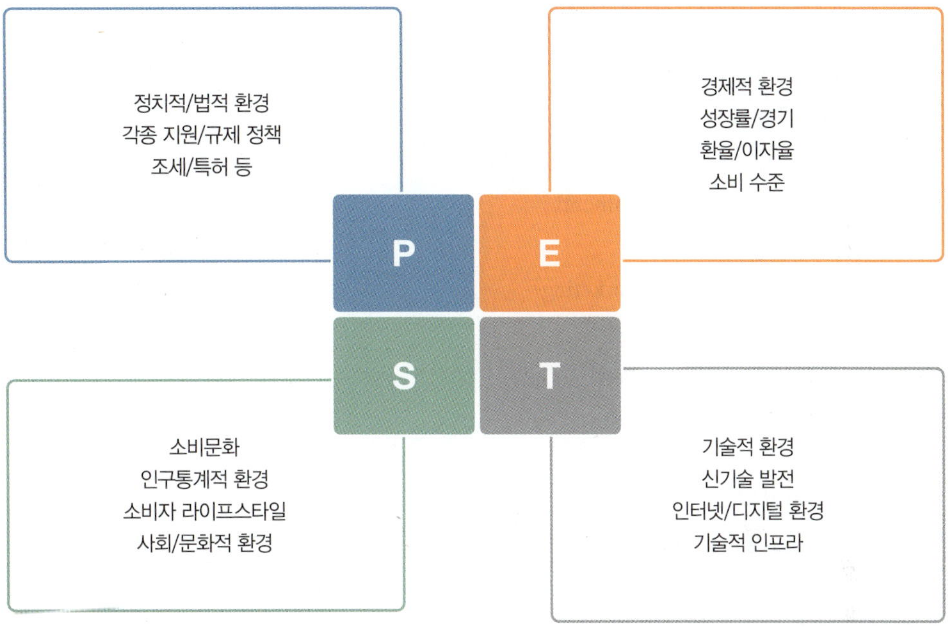

자료: 방용성, 불확실성을 극복하기 위한 거시환경 분석, MeCONOMY, March 2022.

그림 3-19 PEST 분석

주요 용어

거시적 환경(macro-environment)
경제적 환경(economic environment)
공중(public)
그린 마케팅(green marketing)
기술적 환경(technological environment)
기업문화
기회(opportunities)
내부 · 외부 환경
마케팅 중개업자(marketing intermediaries)
마케팅환경(marketing environment)
메가 마케팅(mega-marketing)
메타버스 마케팅(metaverse marketing)
모디슈머(modi-sumer)
미시적 환경(micro-environment)
빅데이터(big data)
사업 영역
사회 · 문화적 환경
(socio-cultural environment)
소비자 7개 권리
소비자운동(consumerism)
스토리슈머(story-sumer)
심비오틱 마케팅(symbiotic marketing)
위협(threats)
인구통계적 환경
정치 · 법률적 환경
크리슈머(cre-sumer)
트라이슈머(try-sumer)
프로슈머(pro-sumer)
환경탐색(environment scanning)
α세대
DECOMAS/CI
MZ세대
PEST 분석
PR(public relations)
SWOT 분석
3C 분석

연습문제

01 마케팅환경의 중요성과 관련된 사례를 설명하시오.

02 4차산업혁명 시대가 기업의 마케팅 측면에서 가져올 변화에 대해서 설명하시오.

03 마케팅환경에는 통제할 수 있는 내부환경 요인과 통제 불가능한 외부 환경 요인이 있는데 이러한 환경 요인들에는 구체적으로 무엇이 있고 마케팅 활동에는 어떠한 영향을 주는가?

04 메가 마케팅이 무엇이며, 어떤 경우에 필요한가?

05 경쟁환경에 대처하기 위한 방법으로 심비오틱 마케팅이 무엇인지 사례를 들어 설명하시오.

06 효율적 PR 방법의 일환인 DECOMAS 전략에 관해 사례를 들어 설명하시오.

07 소비자운동이 무엇인지 소비자 권리를 중심으로 설명하시오.

08 우리나라의 인구통계적 변화 가운데 하나를 설정하여 이를 체계적으로 분석하고 이에 대한 대응 전략을 제시하시오.

09 그린 마케팅이란 무엇인지 사례를 들어 설명하시오.

10 기술 발달에 따른 혜택과 부작용이 사회에 미치는 영향을 사례를 들어 설명하시오.

11 마케팅 환경분석의 대표적인 방법들을 설명하시오.

CHAPTER 4

시장분석과 마케팅 조사

Ⅰ. 시장의 개념

Ⅱ. 수요예측과 판매예측

Ⅲ. 마케팅 정보시스템

Ⅳ. 마케팅조사

학습목표

- 시장의 개념과 시장의 매력도를 평가하는 방법에 대해 알아본다.
- 수요예측과 판매예측에 사용되는 다양한 방법들을 살펴본다.
- 마케팅 정보시스템의 구성에 대해 알아본다.
- 마케팅조사의 프로세스를 살펴본다.

주요 내용

마케팅은 시장과 관련된 가치를 창출하기 위한 제반 활동이다. 시장은 비단 마케팅 분야뿐만 아니라 경영학 전반에 걸쳐 언급되는 중요한 개념이다. 시장을 분석한다는 것은 매력도를 평가한다는 것으로 볼 수 있으며, 시장의 매력도는 크게 외형적 요인이나 구조적 요인, 거시 환경적인 요인을 고려하여 평가할 수 있다.

기업의 매출을 추정함에 있어서는 객관성 및 현실적 달성 가능성을 전제로 하여야 하며, 판매예측 담당자는 각 예측 방법들의 장단점과 제품수명주기 단계, 예측에 필요한 시간이나 비용 등을 종합적으로 고려해 적합한 예측 방법을 선택하여야 한다.

마케팅 전략을 수립하면서 절대적으로 필요한 것이 바로 정보이다. 이러한 정보는 객관적이어야 하고, 시의적절하여야 하며, 합리적이어야 한다. 기업은 마케팅조사를 통해 정보를 수집하고 분석하게 된다. 이번 장에서는 시장분석과 수요 및 판매예측에 대해서 살펴보고, 마케팀정보시스템의 구성요소 및 그 흐름과 마케팅조사의 프로세스에 대하여 알아본다.

I 시장의 개념

1 시장과 산업

마케팅은 시장과 관련된 가치를 창출하기 위한 제반 활동이다. 기업에 있어서 **시장**(market)이란 잠재적 구매자를 포함한 고객의 집단을 말한다. 시장은 비단 마케팅 분야뿐만 아니라 경영학 전반에 걸쳐 언급되는 중요한 개념이다.

초기에 시장은 제품을 판매하거나 구입하는 등의 교환행위가 이루어지는 장소의 의미로 사용되었으나 점차 그 의미가 확대되어 이제는 교환행위 및 이와 관련된 활동을 수행하는 사람이나 기업까지 포함하는 개념으로 변화되었다. 시장은 고정된 것이 아니라 계속 변화하기 때문에 시장의 동태성(dynamism)을 고려하여 전략을 수립하여야 한다.

시장의 개념에 포함되는 내용은 다음과 같다.

① 물품의 매매가 이루어지는 교환의 장소
② 동일한 필요와 욕구를 충족시켜주는 제품들의 집합체
③ 제품거래를 광범위하게 수행하는 사람들과 조직체의 집합

한편, **산업**(industry)은 자동차산업, 석유산업과 같이 동일한 제품을 생산하는 기업들의 집단을 의미한다. 같은 산업에 속하는 기업들은 같은 **표준산업분류번호**(SIC code: Standard Industrial Classification code)를 가지고 있다. 마이클 포터(M. Porter)는 산업의 개념을 더욱 확대하여 서로 대체 관계에 있는 제품이나 서비스를 생산하는 기업집단으로 산업을 정의하였다. 비록 시장과 산업이 정확히 일치하지 않는 예도 있지만, 양 개념은 바라보는 시각에 따라 같은 개념을 다르게 표현하는 것으로 보아도 무방하다. 즉, 시장은 수요 측면에서의 정의이며, 산업은 공급 측면에서의 정의라고 할 수 있는데, 본 장에서는 소비자 중심의 개념에 초점을 맞추어 시장에 대한 분석을 알아보기로 한다.

2 시장분석의 필요성

마케팅 활동을 수행할 때 시장분석이 필요한 이유는 다음과 같다.

- 시장의 규모와 성장 잠재력을 분석하여 마케팅 활동의 방향을 결정한다.
- 소비자의 필요와 욕구를 파악하여 마케팅 전략을 수립한다.
- 소비자의 구매의사결정 과정을 이해하여 마케팅 커뮤니케이션을 효과적으로 수행한다.
- 경쟁업체의 마케팅 전략을 분석하여 경쟁우위를 확보한다.
- 시장의 성장 잠재력을 파악하여 신규 시장 진출을 결정한다.
- 시장의 변화를 예측하여 마케팅 전략을 유연하게 조정한다.
- 마케팅 활동의 효과를 측정하고 개선한다.

이와같이 시장분석은 소비자행동을 이해하고 마케팅 활동을 수행하기 전에 반드시 수행해야 하는 필수적인 과정이다. 이를 통해 기업은 마케팅 활동의 성과를 제고할 수 있다.

3 시장의 매력도 평가

시장을 분석한다는 것은 **매력도**(attractiveness)를 평가한다는 것으로 볼 수 있다. 매력 있는 시장이란 기업의 목적을 가장 잘 달성시켜 주는 시장이다. 기업의 목적은 주어진 상황에 따라 달라질 수 있다. 즉, 수익이 될 수도 있고 시장점유율이 될 수도 있으며, 고객 수가 될 수도 있다. 시장의 매력도는 외형적 요인이나 구조적 요인, 거시 환경적인 요인을 고려하여 평가한다.

1. 시장의 외형적 요인

시장의 외형적 요인은 시장규모, 시장성장률, 수익성, 제품수명주기 단계 등을 말한다. 일반적으로 시장규모가 클수록, 시장성장률이 높을수록, 수익성이 높을수록 시장의 매력도에는 긍정적인 영향을 미친다. 또한 제품수명주기상 어떤 단계에 있는지에 따라서 다음과 같이 시장의 매력도가 달라진다.

- 도입기: 시장의 규모가 작고 성장률이 낮으므로 매력도는 낮다
- 성장기: 시장의 규모는 중간이고 성장률은 높으므로 매력도는 높다
- 성숙기: 시장의 규모는 크고 성장률은 낮으므로 매력도는 보통이다
- 쇠퇴기: 시장의 규모는 작고 성장률이 낮으므로 매력도는 낮다

시장의 외형적 요인을 분석할 때는 반드시 경쟁 상황을 고려해야 하므로 후술할 시장의 구조적 요인에 대한 분석과 병행하는 것이 바람직하다. 만일 시장의 외형적인 요인이 긍정적일 경우에는 경쟁자들도 시장을 매력적으로 평가하여 진입할 가능성이 커지기 때문이다. 이를 **다수의 오류**(majority fallacy)라고도 한다.

2. 시장의 구조적 요인

포터(M. Porter)는 **5요인 모형**(5 force model)의 다섯 가지 구성 요소를 제시했다. 포터는 경제학의 구조–행동–성과(SCP: structure-conduct-performance) 모형을 이론적 토대로 하여 [그림 4–1]과 같이 시장의 구조적 요인을 체계적으로 분석하는 틀을 만들고 이들 요인을 분석함으로써 시장의 매력도를 평가할 수 있다고 주장하였다. SCP 모형은 구매자와 판매자의 수, 진입장벽 등의 산업구조가 기업의 행동에 영향을 미치고, 기업이나 사회적 수준의 성과가 산출된다는 것이다.

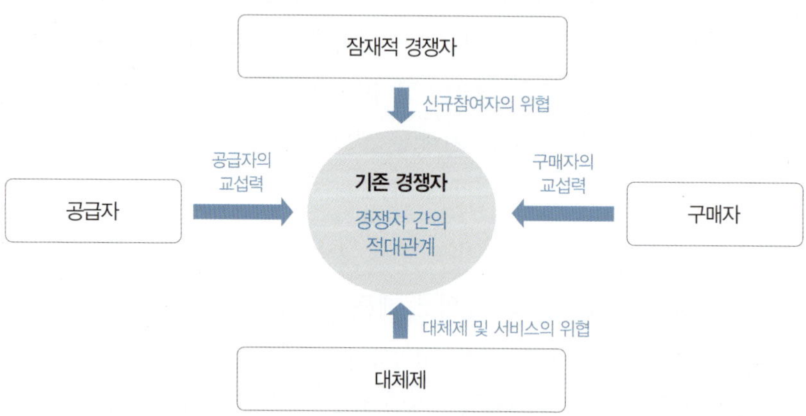

그림 4-1 5요인 모형

1) 기존 경쟁자

현재 시장에서 사업을 하는 기업 간의 경쟁 강도는 다음과 같은 상황에서 강해지므로 시장의 매력도에 부정적인 영향을 미친다.

- 경쟁기업의 수가 많을수록
- 경쟁기업이 상대적 크기 차이가 없을수록
- 제품 및 전략의 유사성 정도가 높을수록
- 시장의 성장이 정체될수록
- 고정비용이 높을수록
- 시장에서의 철수가 쉽지 않을수록

2) 잠재적 경쟁자

현재 시장에서는 사업을 하고 있지는 않지만, 여건이 변화되면 시장에 진입하여 경쟁 관계에 접어들 가능성이 있는 기업들로부터 받는 위협은 다음과 같은 상황에서 강해지므로 시장의 매력도에 부정적인 영향을 미친다.

- 정부의 진입규제가 약할수록
- 투자소요액이 낮을수록
- 원가 차이가 없을수록
- 강력한 브랜드가 없을수록
- 중요한 투입 요소 확보가 어렵지 않을수록

3) 대체재

현재의 제품을 대체할 수 있는 제품이나 서비스가 많을수록 시장의 매력도는 저하된다.

진입장벽과 철수장벽

- 진입장벽(entry barrier): 기업이 시장에 새로이 진입하고자 할 때 방해하는 요소를 말한다. 대표적인 진입장벽은 다음과 같으며, 대부분 선발진입자 이점들(first mover advantages)에 해당한다. 시장에 내포된 진입장벽과 이미 시장에서 사업을 하고 있는 기존 기업들의 대응에 따라 진출기업이 느끼는 위협의 폭이 결정된다.
  - 규모의 경제: 신규 진입기업은 기존 기업에 비해 규모의 경제를 달성하지 못하고 있다
  - 제품의 차별화: 소비자들은 기존 기업의 제품을 기준(standard)으로 받아들이고 있기 때문에 신규 진입기업은 제품을 차별화하기가 쉽지 않다
  - 소요자본: 신규 진입기업은 사업수행에 소요되는 자본을 조달하여야 한다.
  - 전환비용(switching cost): 소비자가 기존 기업으로부터 신규 진입기업으로 전환할 때 비용을 지불해야 하는 경우가 있다
  - 유통경로에의 접근: 기존 기업들이 유통경로를 장악하고 있으므로 신규 진입기업은 어려움을 겪는다.
  - 규모와 무관한 비용상의 불리함: 독점적 생산기술, 원자재 확보, 입지, 학습곡선, 정부의 보조
  - 정부의 정책
- 철수장벽(exit barrier): 기업이 시장에서 철수하고자 할 때 방해하는 요소를 말한다. 기업들은 여러 요인들에 얽매어 투자수익률이 낮거나 심지어 결손 상태에서도 철수하지 못하는 경우가 있다.
  - 특수한 자산: 해당 사업에서만 사용되는 자산을 말하며 많이 보유하고 있을수록 철수하는 경우 많은 손실이 발생한다.
  - 철수에 따른 비용: 고정설비의 철거비용이나 노조와의 계약에 따른 비용보전 등이다.
  - 전략적 상관성: 당장은 손실 상태이지만 전략적으로 감내하는 경우이다.
  - 심리적 요인: 최고경영자의 고집이나 오기와 같은 심리적인 요인도 장벽으로 작용한다.
  - 정부 및 사회적 제약: 사회에 미치는 영향을 고려하여 철수에 제약을 두는 경우이다.

4) 구매자

자사의 제품을 구매하는 유통기관이나 소비자가 구매자이다. **구매자의 교섭력**(bargaining power)은 다음과 같은 상황에서 강해지므로 시장의 매력도에 부정적인 영향을 미친다.

- 구매자의 수가 적거나 구매자가 조직화된 경우
- 구매자가 후방 통합하여 제품의 일부나 전부를 만들 수 있을 때
- 제품차별화의 정도가 낮을 때

- 구매자들이 비교구매를 하거나 쉽게 타제품과 가격과 품질을 비교할 수 있는 경우
- 구매자들이 구입처를 전환하는 데 드는 비용이 낮은 경우

5) 공급자

자사의 제품생산에 필요한 원자재를 공급하는 **공급자의 교섭력**(bargaining power)은 다음과 같은 상황에서 강해지므로 시장의 매력도에 부정적인 영향을 미친다.

- 공급자의 수가 적거나 공급자들이 조직화된 경우
- 공급자를 교체할 때 소요되는 전환비용이 높을 경우
- 공급자가 전방통합의 가능성이 높을 경우
- 공급자의 가격에 민감하지 않을 경우

[그림 4-2]는 폐기물 연료화 사업이 어느 정도 사업성이 있는지를 포터의 5가지 요인을 바탕으로 평가한 사례이다.

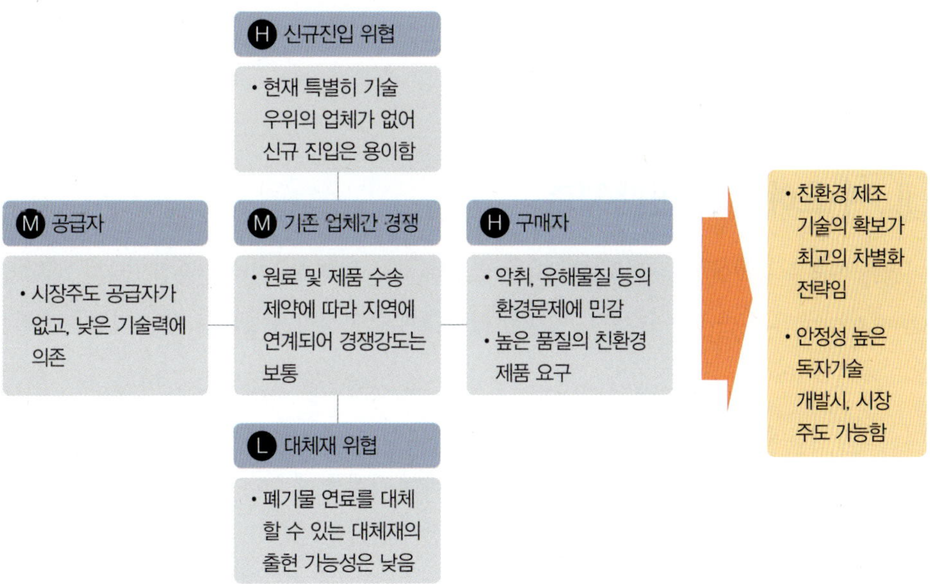

단, L, M, H는 각각 Low, Medium, High를 나타내며, 자사 입장에서의 분석 결과임

그림 4-2 5요인 모형의 사례(폐기물 연료화 사업)

4 시장의 거시적 환경 요인

시장의 거시적 환경 요인은 3장에서 언급한 인구 통계적 환경, 사회·문화적 환경, 경제적 환경, 정치적 환경, 기술적 환경 등을 말한다. 이들 환경은 기업이 통제할 수는 없지만 시장에 많은 영향을 미치기 때문에 매력도를 평가할 때 반드시 분석해야 하지만, 거시환경의 범위가 매우 넓으므로 모두 분석하기는 어려우며 통상적으로는 필요하다고 생각되는 환경들을 선별하여 분석하게 된다.

- 인구 통계적 요인: 목표시장에 속하는 소비자들의 성별 및 나이, 소득수준, 지역별 분포 및 가구 수 등
- 경제적 요인: 경기의 변동, 물가 상승률, 이자율 등
- 기술적 요인: 관련 기술 및 생산 프로세스의 동향 등
- 법적 요인: 조세 및 관련 법 규정 등
- 정치·사회·문화적 요인: 정치 상황의 변화, 라이프스타일, 가치관, 사회계층, 문화·예술적 환경 등
- 자연·환경적 요인: 자연 자원, 환경문제 등

Ⅱ 수요예측과 판매예측

기업은 매출을 통하여 이윤을 창출하고 그 일부를 다시 재투자하거나 운용함으로써 **계속기업**(going concern)으로 존속할 수 있다. 따라서 이러한 매출 추정이 잘못되는 경우 기업은 심각한 어려움에 봉착하게 된다.

매출을 추정함에 있어서는 객관성 및 현실적 달성 가능성을 전제하여야 하는데, 이는 곧 합리적 근거 하에서 수요 규모를 산정하고 이에 기초하여 판매를 예측하여야 한다는 의미이다. 대략적으로 추정한 전체 시장 규모에 대한 예상 시장 점유율을 간단히 곱해서 얻은 판매 예측액은 의미가 없으며, 오히려 불신을 유발할 수 있다. 즉, 판매를 정확히 예측하기 위해서는 정확한 수요예측이 전제되어야 한다.

수요와 판매를 예측하는 방법으로는 여러 가지 자료(data)를 종합적으로 검토하여 추정하는 방법과 과거의 수요 및 판매실적을 분석하여 이를 바탕으로 추정하는 방법으로 대별할 수 있다.

이때 사용되는 자료로는 1차 자료와 2차 자료가 있는데 1차 자료는 조사자의 필요로 인터뷰나 관찰, 실험 등을 통해 수집된 자료이며, 2차 자료는 다른 목적에 의해 기존에 수집된 자료로서 여러 가지 통계자료가 이에 속한다. 자료를 수집하는 마케팅조사와 관련된 내용은 본 장의 후반부에서 다룰 것이다.

사례 | 수요예측에 실패한 에어버스

여객기 시장을 제패할 줄 알았던 '하늘 위 호텔' A380이 결국 생산 중단 수순을 밟게 됐다. 최근 외신에 따르면, 프랑스 툴루즈에 본사를 둔 유럽 합작회사 에어버스는 자사 여객기 모델 A380을 2021년을 마지막으로 더 이상 생산하지 않겠다고 밝혔다. 많은 이들이 2층짜리 여객기로 알고 있는 모델이다. 에어버스는 14일(현지 시간) 밝힌 성명을 통해 더 이상 생산라인을 유지할 이유가 없어졌다고 밝혔다. 주 고객사였던 UAE의 에미레이트항공이 최근 A380 주문을 취소하면서 주문 잔량은 한 건도 남아 있지 않았던 상황이었다. 세계 최대의 항공기 타이틀도 미국 보잉이 만드는 B747에 다시 넘겨주게 됐다.

미국 보잉과의 경쟁이 만든 점보 항공기의 생산 중단을 아쉬워하는 목소리가 적지 않다. A380의 별명은 앞서도 언급한 것처럼 '하늘 위 호텔'이다. 2층으로 된 기내구조와 기체 길이는 72.72m, 높이는 24.09m로 실내 구조가 넉넉한 점이 특징이다. 500명 이상 태울 수 있고, 내부에 샤워실과 바 등을 갖춘 경우가 많다. 아랍 신흥 부호들이 개인용으로도 주문하고, 개조하면서 '궁극의 럭셔리'라는 별칭도 얻었다. 한 대당 가격은 우리 돈으로 약 5,000억 원 수준, 별도의 개조를 거치면 6,000억 원 선에도 근접해진다.

A380 개발 계획이 공개되고 이에 대한 수분을 받기 시작한 시점은 2000년이다. 초대형 항공기 제작은 에어버스의 오랜 꿈이기도 했다. 보잉747로 대표되는 대형 여객기 시장에서, 기술력이 뒤처진다는 인식을 바꾸기 위해 계획된 기종이었다. 대형기가 왜 에어버스의 숙원사업이었는지를 이해하려면, 에어버스의 역사를 살펴볼 필요가 있다.

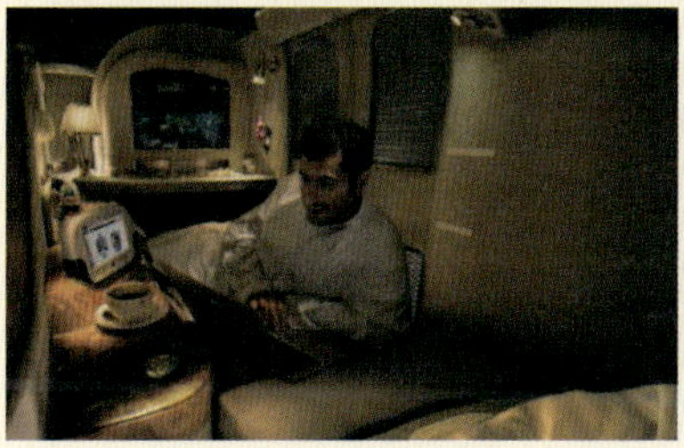

에미레이트항공 에어버스 A380 기종의 일등석에 자동문과 개인 미니바, 독서등, 업무용 책상 등이 갖춰져 있다. 일등석 라인엔 두 개의 샤워스파 시설도 갖추고 있다. 사진 출처: 에미레이트항공 제공

에어버스가 1982년 선보인 A320 모델은 글로벌 호황 분위기를 타고 베스트셀링 모델로 거듭났고, A330, A340 모델을 잇달아 출시하면서 브랜드 이미지도 보다 확고해졌다. 1990년대 들어 글로벌 시장이 위축되자 보잉이 대규모 구조조정에 들어간 반면, 에어버스는 오히려 A320 확대를 이어가면서 대조를 이뤘다. 이 시기 항공사들은 사업에 대한 의지가 높은 에어버스 측에 주문을 몰아줬는데, 이로 인해 민간 항공기 시장에서 보잉과 에어버스의 위상이 비슷한 수준에 이르게 됐다.
그러나 400석을 넘어서는 초대형 여객기 시장에 있어서만큼은 보잉747에 밀려 에어버스가 고전했다. 대형 여객기 분야는 그 회사의 기술력을 의미한다는 점에서 에어버스가 절치부심하는 영역이었다. 에어버스는 2000년 500석을 넘어서는 A380을 생산키로 밝혔다. 20년간 대형항공기에 대한 수요가 늘어 약 1,500대를 팔 수 있을 것이라는 장밋빛 미래를 그리던 시점이었다. 이 무렵 에어버스의 질주가 이어지면서 2003년엔 연간 항공기 수주 건수가 사상 처음으로 보잉을 앞지르기도 했다. 이때만 해도 에어버스의 시대를 의심하는 전문가는 없었다.
그러나 에어버스는 늘어난 주문량에 따른 생산 차질을 빚으면서 골치를 썩이기 시작했다. 당초 A380 생산 주문을 받을 당시 공언했던 2006년 상반기 항공사 인도도 지연됐다. 각국 항공사들이 주문을 취소하고, 손해배상을 요구하는 사태가 벌어지기도 했다.
항공 문화의 변화도 대형기 인기를 떨어트린 요인으로 분석된다. 최근 항공 트렌드는 점보 여객기로 각국의 허브공항들로 승객을 실어 나른 뒤, 거기서 지역 공항으로 환승하는 이른바 허브앤스포크(hub-and-spoke) 방식에서 벗어나, 중소형 여객기로 환승 없이 출발지와 목적지를 바로 잇는 직항(point-to-point)으로 뒤바뀌는 추세다. 중형 항공기가 대형 항공기보다 더 많은 수익을 낼 수 있는 구조다.
에어버스가 2021년까지 예정된 A380 주문 물량을 다 소화하더라도 약 270대를 만드는 것에 그칠 것으로 보인다. 당초 2020년까지 1,500대를 팔겠다고 계획한 것과 비교하면 초라한 수치다.
이러한 흐름이 확산할수록 많은 승객을 태워야 하는 점보 여객기의 수익성은 나빠질 수밖에 없다. 최대 853명까지 태울 수 있는 A380의 좌석을 채우기가 빠듯할 수밖에 없다. 게다가 점보기는 연료 효율도 좋지 않았다. 항공사들이 A380 도입을 더 꺼릴 수밖에 없는 요인이었다.(보잉747 역시 이와 같은 이유로 2022년쯤 생산이 중단될 것으로 보인다.)
체면을 구기긴 했지만, 에어버스는 중형기를 중심으로 사업구조를 재편하면서 보잉과의 경쟁을 이어나간다는 방침이다. 주요 고객사인 에미레이트항공이 A380 주문은 최근 취소하긴 했으나, 대신 선택한 것도 에어버스의 상대적으로 작은 기종인 A330네오와 A350이었다. 에어버스의 지난해 매출은 637억 유로, 약 81조 원에 달한다. 전년 대비 8% 증가한 수치다.

출처: 인터비즈(inter-biz@naver.com, 2019.2.15.)

1 수요예측

수요란 현실적으로 도달할 수 있는 전체 시장 규모를 의미하며, 자사 제품이 소속된 시장에서 동종의 제품들이 일정 기간 소비자에게 팔릴 수 있는 최대 판매가능액이다. 이러한 의미에서 **잠재시장**(potential market)과 구분하여 **시장예측**(market forecast)으로 표현하기도 한다. **수요예측**(demand forecast) 방법에는 다음과 같은 것들이 있다.

1. 연쇄비율법

순차적 비율 방법이라고도 하며 신제품 시장의 잠재 규모를 예측할 때 효과적인 방법이다. **연쇄비율법**(chain ratio method)의 기본 로직은 구매와 관련된 여러 조건을 계량화하고 차례로 곱하여, 제품의 예상 고객을 전체로부터 출발해 자사가 목표로 하는 세부 시장으로 압축시키는 것이다. 예를 들어, 강남전자의 경기도 지역에서의 45인치 LED TV에 대한 수요는 다음과 같이 예측할 수 있다.

강남전자의 경기도 지역에서의 45인치 LED TV 수요
= 경기도 지역의 총가구 수 × 가구당 연간 가전제품 구입액 ×
가전제품 구입액 중 LED TV 지출 비율 × LED TV 중 45인치 판매 비율

이 방법은 논리적으로는 명쾌하지만, 구매와 관련된 여러 가지 조건 중 현실적으로 구하기 어려운 지료들이 존재할 수 있으며, 결과적으로 수요 규모를 추정할 수 없으므로 실제로 사용하기에는 쉽지 않다.

2. 구매력지수법

구매력지수법(buying power index method)은 소비재의 지역별 시장 잠재수요를 추정하고자 할 때 효과적인 방법이다. 구매력지수법의 기본적인 로직은 지역별 판매 자료와 함께 그 지역의 특성에 관한 자료를 수집하여 각 특성에 가중치를 부여함으로써 지역별 상대적 잠재수요 규모를 나타내는 **구매력지수**(BPI: Buying Power Index)를 산출하는 것이다. 항목과 가중치는 기업이 자의적으로 부여할 수 있으며, 일반적으로는 다음과 같은 공식을 사용하여 구매력지수를 산출한다.

$$BPI = 0.2 \times \text{상대적 인구} + 0.3 \times \text{상대적 소매시장 규모} + 0.5 \times \text{상대적 가처분소득}$$

예를 들어, 서울시가 전국 가처분소득의 30%, 총소매점 매출액의 40%, 총인구의 23.8%를 차지하는 경우의 구매력지수는 다음과 같이 계산된다.

$$0.5 \times 30.0\% + 0.3 \times 40.0\% + 0.2 \times 23.8\% = 31.76\%$$

즉, 서울시의 잠재수요는 전체 시장의 31.76%를 차지할 것으로 예상되므로 지역별로 마케팅 예산을 배분하여야 한다면 마케팅 전체 예산 중 이 부분만큼을 서울시에 할당하면 된다.

3. 표준산업분류법

표준산업분류법(standard industry classification method)은 산업재의 지역별 잠재수요를 추정할 때 효과적인 방법이다. 표준산업분류법의 기본적인 로직은 우선 자사 제품 수요기업들의 표준산업분류 코드(SIC code)를 파악한 후, 수요기업들의 매출액과 제품소요량을 추산하는 것이다. 예를 들어, 대형 냉동 탱크 제조회사의 경우 제품의 수요는 다음과 같이 예측된다.

- 대형 냉동 탱크 수요기업의 SIC 코드 및 매출액을 고려한 제품소요량 파악
  - C10219(기타 수산동물 가공 및 저장처리업): 10억 원의 매출을 올리기 위해서는 대형 냉동 탱크가 8대 필요함
  - C10309(기타 과실·채소 가공 및 저장처리업): 10억 원의 매출을 올리기 위해서는 대형 냉동 탱크가 3대 필요함
- C10219 산업의 총매출액이 500억 원, C10309 산업의 총매출액은 2,000억 원이라면 대형 냉동 탱크의 총수요량은 1,000대이다.

이 방법을 사용하기 위해서는 각 표준산업분류 코드별로 여러 가지 다양한 통계자료가 제공되어야 한다.

4. 수요공급 대응법

수요공급 대응법(demand/supply matching method)은 실무적으로 사용하기에 가장 무리가 없는 방법이다. 수요공급 대응법의 기본적인 로직은 시장에는 수요와 공급 부문이 있으므로 이들 규모

의 연평균 증가율을 산출하여 향후의 시장 규모를 추정하는 것이다. 즉, 과거로부터의 추세를 바탕으로 미래의 수요를 파악하는 시계열 방법과 유사하다.

한편, 수요 부문은 내수와 수출로 구성되며, 공급 부문은 수입과 생산으로 구성되므로 통상 5개 연도 정도의 관련 실적자료를 수집하여 이를 바탕으로 향후 수요를 추정한다. 추정에 필요한 자료는 통계청의 '광업제조업동향조사'나 각 협회 · 조합에서 구할 수 있다. [그림 4-3]은 수요공급 대응법을 사용하여 수요를 예측한 사례이다.

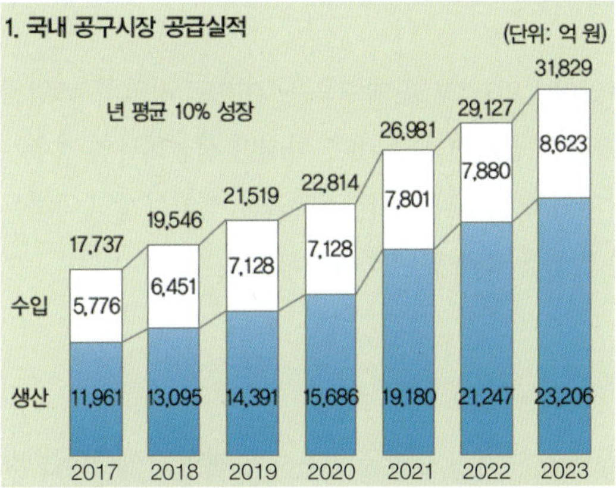

- 2023년 국내 공구 시장 공급 능력은 2017년 대비 약 1.8배 성장
  – 생산은 1.9배, 수입은 1.5배 증대하여 자체 생산 능력이 더욱 증가함
- 이는 국내 제조업 발달에 따라 연평균 10% 이상의 성장을 나타내고 있는 것으로 판단되며, 향후 지속적인 성장이 예상됨
- 수입 또한 지속적으로 증가하고 있으며 이 중 절삭공구가 50%를 점유하고 있음

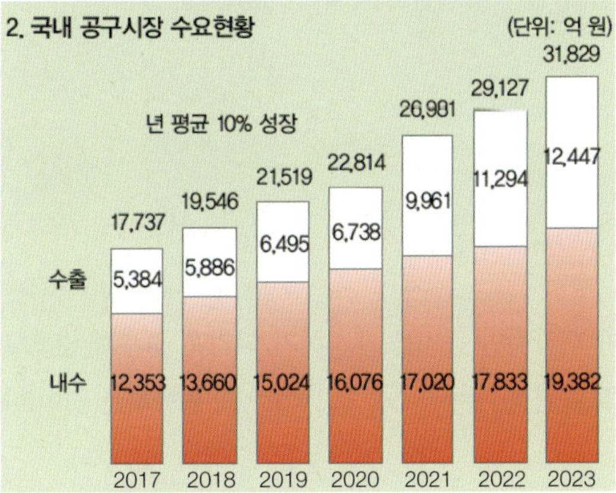

- 수출을 제외한 국내 공구 시장 수요는 2017년 대비 약 1.6배 성장
- 수출은 2017년 대비 2.3배 증가하여 국내 수요보다 더 큰 성장을 함
- 국내 산업발달과 공구 제작기술력 향상으로 지속적인 성장이 예상됨
- 국내 공구 제작 기술의 향상 및 가격경쟁력 확보로 세계시장 수출 비중이 증가추세임

그림 4-3 수요공급 대응법의 예

2 판매예측

판매예측(sales forecast)은 수요예측에 의하여 도출된 전체 시장규모 추정치에 대한 기업의 예상 판매액을 추정하는 것이다. 따라서 판매예측이란 수요예측 과정의 연장으로 볼 수도 있으며, 단순화하면 다음과 같이 표현할 수 있다.

판매예측액 = 수요예측액 × 해당 기업의 시장점유율

전술한 강남전자의 경기도 지역에서의 45인치 LED TV 판매예측은 경기도 지역의 45인치 LED TV 수요예측액에 강남전자의 시장점유율을 곱하면 산출된다. 하지만 신설회사인 경우는 시장점유율이 존재하지 않는다. 또한 기존 기업의 경우라도 시장점유율을 정확하게 파악하는 것은 쉽지 않은 일이다. 이때는 다음과 같은 방법을 통해 판매를 예측하게 된다.

1. 판단적/정성적 방법

판단적/정성적 방법(judgmental/qualitative method)은 과거의 경험을 근거로 판매액을 예측하는 방법으로, 판단하는 주체나 근거에 따라서 다음과 같은 방법들로 나눌 수 있다.

- 경영자 판단법
- 판매원 의견 통합법
- 델파이(Delphi) 방법
- 사례 유추법

판단적/정성적 방법은 판매예측치에 대하여 객관적인 근거를 제시하기 어려운 경우가 많으므로 후술하는 바와 같은 계량적인 방법으로 도출된 판매예측치를 조정하는 데 활용하는 것이 바람직하다.

2. 시계열분석법

시간의 흐름에 따라 어떤 규칙이나 우연성에 의해 변화된 값을 가지는 자료를 시계열자료라고 한다. **시계열분석법**(time series analysis method)은 과거의 판매액 자료를 이용하여 미래의 판매액을 예측하는 통계적인 방법을 말한다. 한편, 어느 시점의 판매액 자료를 어느 정도 고려하는가에 따라서 시계열 방법은 다음과 같이 분류된다.

1) 단순예측법

단순예측법(naive forecasting method)은 시계열 방법 중 가장 간단한 판매예측 방법으로 가장 최근의 판매액 실적이 미래 판매액에 대한 최적의 추정치라고 가정하는 방법이다. 따라서 단순예측법에 따르면 당기의 판매실적을 차기 판매액으로 추정하게 된다.

(단위: 백만 원)

구분	시간대					
	1	2	3	4	5	6
실제판매액	95	52	72	74	85	43
예측판매액	–	95	52	72	74	85

2) 추세분석법

추세분석법(trend projection method)은 전기의 판매실적에서 당기의 판매실적에 이르는 추세를 이용하는 방법이다. 추세를 금액으로 보아 변동금액을 미래 판매액에 반영할 수도 있으며, 비율로 보아 변동비율을 미래 판매액에 반영할 수도 있다.

(단위: 백만 원)

구분	시간대					
	1	2	3	4	5	6
실제판매액	95	52	72	74	85	43
판매추세	–	–43	20	2	11	–42
예측판매액	–	–	9	92	76	96

단, 상기 예는 변동금액 반영 방법을 사용한 것임.

3) 평활법

평활법(smoothing method)은 과거 판매실적 자료의 불규칙적인 변동(random noise)을 제거하여 시계열 자료의 체계적인 움직임을 찾아내고자 하는 방법이다. 평활법은 과거 판매실적 자료에 부여하는 가중치에 따라 단순이동평균법과 지수평활법으로 나누어진다.

① 단순이동평균법

단순이동평균법(simple moving average method)은 기업의 과거 판매실적 자료 중 일정 기간의 평균을 구하여 미래의 판매액을 예측하는 방법이다. 시간이 지남에 따라 평균값 산정에 사용하는 판매실적 자료도 계속 변화(이동)하게 된다. 단순이동평균법을 수식으로 나타내면 다음과 같다.

$$MA_{t+1} = (S_t + S_{t-1} \cdots + S_{t-n+1}) / n$$

여기서, MA_{t+1}: t+1기의 판매예측액

S_t: t기의 실제 판매액

n: 이동평균의 계산에 사용된 기간 수

단순이동평균법에서 주의할 점은 이 방법에는 과거의 각 판매실적 자료들이 미래의 판매예측액에 미치는 영향이 같다는 가정이 내포되어 있으며, 또한 이동평균값은 일정 기간(n)의 과거 판매실적의 평균이므로 n의 크기에 따라 이동평균값이 급격하게 변화할 수도 있고, 완만하게 변화할 수도 있다는 점이다. 따라서 단순이동평균법에서는 이상적인 이동평균기간의 수(n)를 결정하는 것이 중요하다. 만약 과거의 판매실적 자료에서 어떤 주기를 발견할 수 있다면 n의 크기를 그 주기와 동일하게 설정하면 되겠지만, 대부분은 n의 크기를 변화시키면서 그 시계열 자료의 전체적인 변화와 흐름을 잘 표현하는 최적의 n값을 찾게 된다. 한편, 시계열 자료에 2개 이상의 주기가 존재하는 경우도 있는데, 이때는 작은 주기를 n값으로 하는 것이 좋다.

② 지수평활법

과거의 판매실적 자료와 최근의 판매실적 자료를 같은 비중을 두어 미래의 판매액 예측에 사용하는 것은 재고해 볼 필요가 있다. 지수평활법은 바로 이러한 점에 착안한 방법이다. 즉, 단순이동평균법에서는 특정 기간(n)의 판매실적 자료만을 이용하여 평균을 계산하지만, 지수평활법에서는 과거의 모든 판매실적 자료를 이용하되 각 판매실적 자료에 가중치를 두어 평균을 계산하게 된다.

지수평활법(exponential smoothing method)은 최근의 판매실적을 보다 의미 있는 것으로 간주하고 과거의 판매실적일수록 그 영향력을 체계적으로 감소시킬 수 있다는 것이 가장 큰 장점이다. 따라서 이 과정에서 사용하는 평활상수 α값의 크기가 중요하게 된다. α값은 0부터 1 사이에서 결정하게 되는데 α값을 1에 가까운 값으로 결정하면 미래의 판매액은 최근 판매실적의 영향을 크게 받게 되지만 α값을 0에 가까운 값으로 결정하면 미래의 판매액은 최근보다는 과거의 판매실적의 영향을 크게 받게 된다. 지수평활법을 수식으로 나타내면 다음과 같다.

$$MA_{t+1} = \alpha S_t + (1\text{-}\alpha) MA_t$$

여기서, MA_{t+1}: t+1기의 판매예측액

S_t: t기의 실제매출액

α : 평활 상수

MA_t : t기의 판매예측액

(단위: 백만 원)

구분	시간대					
	1	2	3	4	5	6
실제판매액	95	52	72	74	85	43
예측판매액	–	95	69	71	73	80

단, α = 0.6이며, 2기의 예측판매액은 단순예측법을 사용하였음.

4) 확산모형

확산모형(diffusion model)은 혁신적 내구성 신제품의 최초 구매예측이나 판매성장의 패턴 예측에 유용하며 Bass 모형이라고도 불린다. 확산모형에는 다음과 같은 가정이 내포되어 있다.

- 잠재시장의 규모는 고정되어 있다.
- 소비자는 구매자와 비구매자만 존재한다.
- 구매에 있어서 대체 구매나 중복구매 및 재구매는 허용되지 않는다.

확산모형에서는 소비자의 최초 구매확률은 이전 구매자 수의 선형함수라고 간주한다. 즉, t기에 소비자가 제품을 구매할 확률은 혁신성의 정도와 t기까지의 구매자들에게서 주어지는 구매압력의 합이다. 이를 수식으로 나타내면 다음과 같다.

$$P(t) = p + q\,(N(t)/m)$$

여기서, $P(t)$: t기에 제품을 최초 구매할 확률

p: 혁신모수

q: 모방모수

m: 잠재시장의 규모

$N(t)$: t기까지의 누적 구매자 수

또한, 상기 수식을 미분하면 판매가 극대화되는 시점과 판매량을 구할 수도 있다. 이 방법을 사용하기 위해서는 혁신모수와 모방모수가 필요하지만, 이를 추정하기는 쉽지 않다. 한편, 기업

의 미래 판매액은 경제적이거나 인구 통계적인 변화 및 경쟁 상황의 변화와 같은 기업환경의 변화에 많은 영향을 받게 되며, 그 밖에도 기업의 마케팅 노력에 의해서도 달라질 수 있다. 그러나 확산모형은 이러한 요인을 고려하지 못한다는 단점을 가지고 있다.

3. 인과관계분석 방법

시계열 방법은 미래의 판매예측에 있어서 시간을 가장 중요한 변수로 보고 과거부터 현재까지의 판매실적을 사용했지만, **인과관계분석 방법**(causal relation analysis method)은 판매액을 종속변수(결과)로 보고, 이에 영향을 미치는 독립변수들(원인)을 찾아내어 이들 간의 정확한 관계를 규명함으로써 미래의 판매액을 예측하는 방법이다. 회귀분석과 구매의도조사법이 있다.

1) 회귀분석

회귀분석(regression analysis)은 현재 사용되고 있는 인과 관계 분석기법 중 가장 대표적인 방법이다. 어떠한 요소들이 제품의 판매에 영향을 미치고, 그중 어떤 요소가 가장 중요한 요소이며, 판매에 영향을 미치는 정도는 각각 얼마나 되는지를 파악함으로써 이 요소들, 즉 현재에 파악된 독립변수들로써 미래의 판매액을 예측하는 방법이다. 종속변수와 독립변수 간의 관계는 일반적으로 선형(linear)으로 가정하는데, 이를 수식으로 나타내면 다음과 같다.

$$Y = \beta_0 + \beta_1 X_1 + \beta_2 X_2 + \beta_3 X_3 + \cdots + \beta_n X_n + \varepsilon_i$$

여기서, Y : 판매예측액

β_0 : 상수

X_i : 독립변수

β_i : 회귀계수(독립변수 i가 Y에 미치는 영향력)

n : 독립변수의 수

ε_i : 오차항

예를 들어, H자동차의 판매에 영향을 미치는 요소로 가격과 판매원의 수, 광고비를 꼽았다고 하자. 회귀분석에 의해서 H자동차의 판매예측 모형을 만들면 판매예측액(Y)은 다음과 같이 표시된다.

$$Y = 5{,}000 + 0.65 \times (\text{판매원의 수}) - 0.24 \times (\text{가격}) + 0.12 \times (\text{광고비})$$

따라서 판매직원이 3,000명이고, 가격과 광고비가 각각 20,000,000원, 200,000,000원이라면 판매예측량은 8,870대가 될 것이다. 입력자료의 단위에 따라 판매예측은 금액이 아닐 수도 있다.

회귀분석을 위해서는 SPSS, SAS 등의 통계 패키지를 이용하게 되는데, 전술한 다른 방법들에 비하여 상대적으로 객관적인 판매예측치를 얻을 수 있다는 장점이 있으나, 다음과 같은 이슈들을 고려해야 한다.

첫째, 자료의 관찰치가 너무 적거나, 정규분포의 가정에 위배되지 않아야 한다.

둘째, 독립변수들 간의 상관관계가 없거나, 낮아야 한다.

셋째, 판매에 영향을 미치는 독립변수들을 가능한 한 모두 파악하여야 한다.

2) 구매의도조사법

구매의도조사법(survey of buying intention)의 기본적인 로직은 소비자가 제품을 구매할 의도를 조사함으로써 미래의 판매액을 예측할 수 있다는 것이다. 구매의도는 인터뷰나 관찰, 실험 등을 통해 조사된다. 그런데 소비자가 구매의도를 가지고 있다고 하여도 반드시 구매행동으로 이어지는 것은 아니다. 이와 같은 불일치 상황은 산업재에 비해서 소비재에서 더 많이 발생한다. 따라서 구매의도조사법은 산업재의 경우에 더 효과적이다.

예를 들어, S전자가 1,000명의 응답자를 대상으로 컴퓨터에 대한 구매의도를 조사한 결과가 다음과 같다고 하자. 표의 맨 밑줄은 가중치로서 S전자가 과거의 경험을 바탕으로 결정하게 된다.

당신은 앞으로 6개월 이내에 컴퓨터를 구입할 의사가 있습니까? (n=1,000)					
전혀 없음 n=50	조금 있음 n=100	있음 n=300	많음 n=400	매우 많음 n=100	확실함 n=50
0.0	0.2	0.4	0.6	0.8	1.0

이들 응답자의 예상구매량은 510대이다. 따라서 전체 시장의 소비자를 10,000명이라고 가정한다면 S전자의 판매예측량은 5,100대로 산출된다.

응답자들의 예상구매량

= 50명×(0.0)+100명×(0.2)+300명×(0.4)+400명×(0.6)+100명×(0.8)+50명×(1.0)

= 510대

전체 시장 소비자들의 예상구매량

= 510대×(10,000/1,000명)

= 5,100대

4. 판매예측의 정확성 제고 및 적합한 예측 방법의 선택

판매예측의 정확성을 높이기 위해서 담당자는 예측이 행해지는 절차나 사용한 예측 방법의 특성 및 과정 등을 잘 이해하고 있어야 한다. 또한 시장이나 제품, 판매조직 등과 같은 관련된 모든 요소들을 전부 고려하여 판매를 예측하여야 한다. 그리고 각 예측 방법들의 장단점과 제품 수명주기 단계, 예측에 필요한 시간이나 비용 등을 종합적으로 고려해 적합한 예측 방법을 선택하여야 할 것이다. [표 4-1]은 각 예측 방법들을 비교한 것이다.

표 4-1 여러 가지 판매예측 방법

판매예측 방법		예측기간	특징
판단적/정성적 방법	경영자 판단법	단기, 중기, 장기	PLC 모든 단계에서 적합한 방법 예측결정이 신속하며 객관적 측정이 어려운 요소도 포함 경영자 주관에 따른 편향 우려
	판매원 의견 통합법	단기	PLC 모든 단계에서 적합한 방법 판매원들의 동기에 따라 예측이 과대 · 과소평가될 가능성
	델파이 방법	장기	PLC 도입기에 적합한 방법 돌발사건의 대처 용이
	사례유추법	장기	PLC 도입기에 적합한 방법 신제품의 수요 및 이익률 예측에 유용
시계열 분석 방법	단순예측법	단기	PLC 성숙기에 적합한 방법 판매추세가 안정적이어야 함
	추세분석법	단기	PLC 성숙기에 적합한 방법 판매추세가 안정적이어야 함
	단순이동 평균법	단기	PLC 성숙기에 적합한 방법 이동평균기간(n) 결정에 주의

시계열 분석 방법	지수평활법	단기	PLC 성숙기에 적합한 방법 평활상수값(α) 결정에 주의
	확산모형	단기	PLC 도입기에 적합한 방법 과거 실적의 설명력은 좋으나 미래의 예측력은 낮음
인과관계 분석 방법	회귀분석	단기, 중기	PLC 성장기에 적합한 방법 대표적인 인과관계분석 방법
	구매의도 조사법	단기, 중기	PLC 도입기에 적합한 방법 조사설계가 중요함

Ⅲ 마케팅 정보시스템

1 마케팅 정보시스템의 의의

마케팅에서 절대적으로 필요한 것이 바로 **정보**(information)이다. 정보에 대해서는 아무리 강조해도 지나치지 않다. 특히 인터넷 환경의 발달로 인하여 주변에는 주체할 수 없을 정도의 많은 자료(data)들이 넘쳐나고 있다. 이러한 단편적인 내용을 가진 자료들을 취합하여 가공하고 유용하게 변화시킨 형태를 일반적으로 정보라고 한다. 이러한 정보는 객관적이어야 하고 시의적절하여야 하며, 합리적이어야 한다. 따라서 기업이 서로 다른 환경이나 급변하는 상황에 신속하고도 정확하게 대처하기 위해서는 체계적인 정보관리가 필수적이다. **마케팅 정보시스템**(marketing information system)이란 '마케팅 의사결성자에게 필요한 정보를 적시에 정확하게 제공할 목적으로 관련 정보를 수집, 분석, 평가, 분배하는 사람이나 설비, 절차 등'을 말한다. [그림 4-4]는 이를 도식화하여 보여준다.

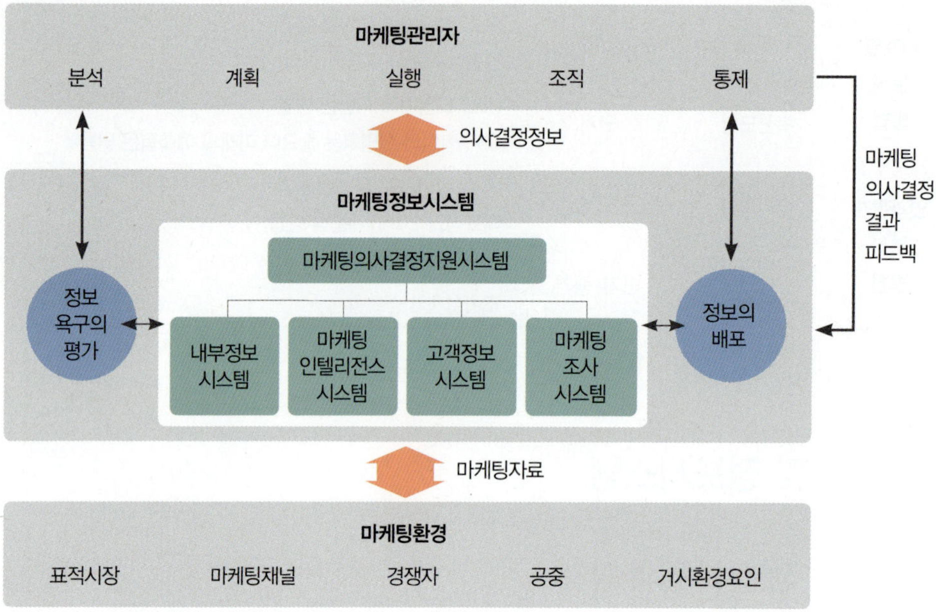

그림 4-4 마케팅 정보시스템

[그림 4-4]에서 보는 바와 같이 마케팅 정보시스템에서는 마케팅관리자가 절대적인 역할을 수행한다. 우선, 마케팅관리자는 필요한 정보가 무엇인가를 파악하여야 한다. 다음으로 내부 데이터베이스를 비롯하여 마케팅 환경, 마케팅조사, 정보분석 등을 통해 정보를 개발한 후, 마지막으로 더 나은 의사결정을 할 수 있도록 적시에 적절한 형태로 정보를 분배하게 된다.

2 마케팅 정보시스템의 흐름

1. 정보 욕구의 평가

마케팅관리자가 마케팅 계획을 수립하고 실행, 통제하기 위해서는 이에 관련된 정보가 필요하다. 따라서 마케팅관리자가 어떤 정보를 필요로 하고 있는지를 정확히 파악하고 그 정보의 가치를 평가하는 일이 먼저 이루어져야 한다. 마케팅관리자들과의 인터뷰를 통해 그들의 정보 욕구를 파악할 수 있다. 그런데 정보를 수집하고 분석, 저장, 분배하는 데는 막대한 비용이 수반되므로 마케팅관리자가 필요로 하는 정보의 가치가 비용과 비교해서 어느 정도인지를 평가해야 한다. 만약 정보의 가치보다 정보를 수집, 처리하는 비용이 더 큰 것으로 평가된다면 그러한 정보 욕구는 받아들여질 수 없다.

2. 필요한 정보의 개발

마케팅관리자가 필요로 하는 정보는 내부 데이터베이스를 비롯하여 마케팅 환경, 마케팅조사 등을 통해 수집되며, 정보분석 과정을 거치면서 마케팅관리자가 활용하기에 더 유용한 정보가 된다.

1) 내부 기록 시스템

내부 기록 시스템(internal information system)이란 기업 내부의 자료원으로부터 획득한 각종 정보를 컴퓨터에 수록한 것으로 마케팅관리자가 가장 쉽고 빠르게 이용할 수 있는 것이다. 데이터베이스에 수록된 정보는 여러 부서를 통해 수집될 수 있다.

① 회계 부서에는 재무제표를 비롯하여 판매액, 비용 및 현금흐름에 관한 상세한 정보가 있다.

② 생산 부서에는 생산계획을 비롯하여 선적, 재고 등에 관한 정보가 있다.

③ 판매 부서에는 유통업체와 경쟁업체의 활동에 관한 정보가 있다.

④ 마케팅 부서에는 고객의 인구통계 및 심리적 특성과 구매 행동에 관한 정보가 있다. 이러한 정보는 주로 고객카드 신청 시의 입력자료를 통해 얻어진다. 예컨대 각 백화점의 고객카드, 항공사의 마일리지 보너스카드, 각 은행의 신용카드 등이 있다. 또한 기업에는 개인 소비자가 고객 카드를 사용하여 구입한 실적이 POS(point of sale)시스템에 의해 수집된다.

⑤ 고객관리부에는 고객 만족 및 서비스상의 문제점들이 기록된 자료가 있다.

⑥ 조사부나 자체 연구소에서는 주요 당면과제에 관한 각종 연구보고서를 내놓고 있다.

이러한 자료는 부서마다 흩어져 있기 때문에 이것을 한 군데로 수집하고 관리해서 마케팅관리자들이 적절한 의사결정을 내릴 수 있도록 지원해 주어야 한다.

2) 마케팅인텔리전스시스템

마케팅인텔리전스시스템(marketing intelligence system)이란 마케팅관리자가 계획을 수립하고 조정하는 데 도움을 줄 수 있는 마케팅환경에 대한 일상적인 정보를 말한다. 즉, 마케팅인텔리전스시스템이란 기업의 경쟁환경을 비롯하여 여러 가지 거시환경이나 고객 환경에 관한 정보를 수집, 분석, 분배하는 것이다. 내부 데이터베이스가 과거의 기업 내 자료를 수집, 분석하는 데 반해, 마케팅 첩보는 기업 주변의 모든 현재 정보를 수집, 분석하는 것이다.

기업은 다양한 원천을 통해 마케팅 정보를 수집할 수 있다.

① 중역을 비롯하여 엔지니어, 구매팀, 판매팀, 연구원 등 기업 내부의 인력을 통해 많은 정보를 수집할 수 있다.

② 공급업자를 비롯하여 유통업자, 주요 고객 등 가까이 접하는 이해관계자 집단을 통해 경쟁자와 제품에 관한 중요한 정보를 얻을 수 있다.

③ 각종 매체를 비롯하여 정부 기관에서 발행하는 정기간행물을 통해 정보를 수집할 수 있다.

④ 경쟁업체가 발간하는 연차 보고서를 비롯하여 각종 사업보고서, 박람회 출품, 기사자료, 광고, 웹 페이지 등을 통해 경쟁사에 관한 정보를 수집할 수 있다.

3) 마케팅조사 시스템

마케팅조사 시스템(marketing research system)이란 기업이 당면하고 있는 특정한 마케팅 상황에 관련된 자료를 체계적으로 수집, 분석, 보고하는 것을 말한다. 특히, 유용한 자료를 어떻게 수집하는가의 문제는 마케팅 계획을 수립하는 데 있어서 매우 중요하다. 앞에서 살펴본 내부 데이터베이스나 마케팅 정보를 이미 수집된 2차 자료가 대부분이지만, 마케팅조사는 특정 문제해결을 위한 것이기 때문에 2차 자료 이외에 직접 1차 자료를 수집하는 경우도 많다. 큰 기업들은 대부분 자체 마케팅조사부를 설치하여 이러한 조사업무를 담당토록 하고 있지만, 그렇지 않은 기업들은 외부의 조사 전문기업에 맡기고 있다.

4) 고객정보시스템

고객정보시스템(customer information system)이란 고객의 인구 통계적 특성, 라이프스타일, 구매행동 등의 자료를 축적한 데이터베이스를 뜻한다. 고객 정보를 통해 기업은 고객 행동을 이해하고 고객이 원하는 것을 적시에 제공한다. 이를 통해 브랜드 충성도 확보, 이탈 방지, 신규 고객 유인 등의 성과를 달성할 수 있다. 고객에 대한 정확한 이해를 바탕으로 고객이 원하는 제품과 서비스를 지속적으로 제공하고 고객의 이탈을 막고 오래도록 유지시켜야 한다. 또한 고객 특성에 기초한 마케터 활동을 계획하고 지원하며 평가해야 한다.

5) 마케팅의사결정지원시스템

마케팅의사결정지원시스템(marketing decision support system)은 기업이 기업과 환경으로부터 관련 정보를 수집, 해석하고 또한 그 정보를 마케팅 활동조치의 기초로서 전환하는데 도움이 되는 소프트웨어와 하드웨어로 된 자료, 시스템, 도구, 기법들로 구성된 일체이다. 이를 위해 다양한 통계분석기법과 분석모델들이 개발되었다. 예컨대, 마케팅관리자들이 효율적인 마케팅 전략을 수립하고, 적절한 광고믹스를 개발하거나, 신제품의 판매예측, 판매점의 위치선정 및 판매지역 설계 등을 잘 할 수 있도록 도움이 되는 수많은 분석모델들이 개발되었다.

- 통계적인 도구: 다중회귀분석, 판별분석, 요인분석, 군집분석, 결합분석, 다차원 척도법
- 모델: 마르코브-과정 모델, 대기 모델, 신제품 사전시험 모델, 판매반응모델
- 최적화 과정: 미분학, 수학적 프로그래밍, 통계적 의사결정 이론, 게임이론, Heuristics

3. 정보의 배포

마케팅 정보는 관리자들이 그것을 가지고 더 나은 마케팅 의사결정에 사용할 때 비로소 그 가치가 발휘된다. 그러므로 마케팅 정보 및 조사 활동을 통해 수집된 정보는 적시에 그것을 필요로 하는 마케팅관리자에게 배포되어야 한다. 그러기 위해서 대부분의 기업은 최신 경영 성과에 관한 정보를 비롯하여 외부 환경 변화 및 조사연구 결과 등 중요한 정보를 정기적으로 마케팅 관리자에게 제공하기 위해 집중화된 마케팅 정보시스템(centralized marketing intelligence system)을 채택해 왔다.

그러나 집중화된 시스템은 특수한 상황이나 현장에 관련된 비일상적인 정보를 제공하는 데는 한계가 있다. 예컨대, 잘 팔리는 제품이 소진된 일선 판매점 관리자에게는 당장 그 제품에 대한 여타 점포별 재고수준 및 주문 가능량에 대한 정보입수가 시급한 문제이다. 최근에는 컴퓨터를 비롯하여 소프트웨어, 정보통신 등 정보기술의 발달로 많은 기업들이 집중화된 마케팅 정보 시스템에서 분화된 마케팅 정보시스템(decentralizing marketing information system)으로 전환하고 있다. 즉, 마케팅관리자들은 언제나 어디서나 필요한 정보를 기업 데이터베이스나 외부의 각종

정보 서비스망을 통해 직접 얻을 수 있으며, 이것을 개인용 컴퓨터에서 분석, 정리하여 다른 사람들과 의사소통할 수 있게 되었다.

결과적으로 기업의 마케팅 정보시스템이 잘 정비되어 있으면 마케팅관리자는 기업이 정기적으로 제공하는 각종 정보와 본인이 직접 취득한 정보를 바탕으로 훨씬 더 올바른 의사결정을 할 수 있다.

Ⅳ 마케팅조사

1 마케팅조사의 중요성

소비자는 제품이나 서비스를 구매하고 사용함으로써 니즈(needs)와 원츠(wants)를 충족시킨다. 따라서 기업은 소비자를 조사하여 니즈와 원츠를 파악하고 그에 적합한 제품이나 서비스를 만들어 가격을 책정하고, 홍보하고, 소비자에게 전달함으로써 원하는 성과를 산출할 수 있다. 그런데 기업들은 과학적인 조사 없이 직관이나 경험에만 기초해서 소비자를 가장 잘 알고 있다고 자만할 때가 많다. 그러나 기업이 소비자를 이해하는 것과 소비자들이 생각하는 것은 전혀 다를 수 있다. 그런데도 기업들은 여전히 오랜 경험을 내세워 자기 방식대로 소비자들을 해석하려는 잘못을 범하고 있다.

마케팅조사(marketing research)는 기업이 당면한 특정 마케팅 의사결정에 필요한 정보를 제공하기 위해 체계적이고 과학적인 방법에 따라 자료를 수집, 분석, 보고하는 것이다. 오늘날 기업의 성패는 정확한 정보력에 있다고 할 수 있다. 즉, 고객과 경쟁사 등 기업 환경에 대한 정보수집 능력과 이렇게 수집된 정보를 분석하여 기업의 의사결정 과정에 얼마나 신속히 반영할 수 있는가가 기업 성패를 좌우한다. 마케팅조사 업무는 기업 자체적으로 할 수도 있지만 외부의 전문조사기관에 의뢰하여 수행될 수 있다.

2 마케팅조사의 프로세스

자료를 정보화하는 전체적인 흐름을 파악하고 있어야 효율적이고도 효과적인 조사를 할 수 있다. 일반적으로 언급되는 마케팅조사의 프로세스는 [그림 4-5]와 같다. 단계별로 중요한 내용들을 살펴보자.

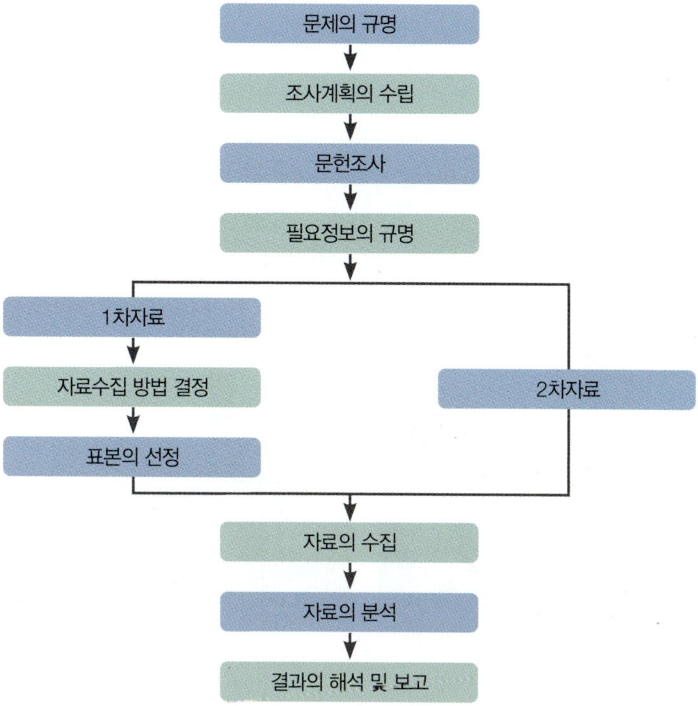

그림 4-5 **마케팅조사의 프로세스**

사례 | 코카콜라의 클래식 코크와 뉴 코크

코카콜라는 처음에는 두통이나 우울증을 치료하는 의약품으로 출발했다. 그러다가 20세기 들어서 금주 운동과 활발한 광고에 힘입어 코카콜라는 청량음료의 대명사가 되어버릴 만큼 유명하게 되었다. 그런데 뒤늦게 펩시콜라가 콜라 시장에 뛰어들었고 이후 두 회사는 기나긴 경쟁의 시간을 보내게 된다. 코카콜라는 시장에 처음으로 진입한 회사로서 이른바 '선발진입자 이점(first mover's advantage)'을 톡톡히 누리고 있었으나, 펩시콜라는 후발주자이지만 포장 용기의 변화나 세대 간의 이미지 차별화 전술 등 여러 가지 공격 방법으로 코카콜라를 괴롭혔다.

소비자 블라인드 테스트인 '펩시 챌린지'도 코카콜라를 무척이나 당황시킨 이벤트였다. 이 테스트에서 소비자들은 펩시를 더 선택하였고 이러한 결과를 펩시콜라는 대대적으로 매스컴을 통해 광고했다. 이때 코카콜라는 소비자들이 펩시콜라를 선택한 이유를 콜라의 맛 때문이라고 보고 '뉴 코크'라는 신제품을 개발 · 시판하기에 이르렀다. 코카콜라의 경영진들은 펩시콜라의 패배는 시간 문제라고 큰소리쳤다. 그러나 결과는 코카콜라의 참담한 패배였다. 소비자들의 철저한 외면 속에서 '뉴 코크'는 3개월 만에 매장의 진열대에서 사라졌고, 대신 '클래식 코크'라는 새로운(그러나 전통적인 코카콜라 맛을 가진) 이름의 제품이 그 자리를 대신하였다.

코카콜라는 왜 실패하고 말았을까? 코카콜라는 자사 매출의 감소 원인을 엉뚱한 데서 찾으려고 한 데서 그 이유를 찾을 수 있다. 코카콜라는 소비자가 경쟁 브랜드인 펩시콜라를 선택하는 이유를 맛 때문이라고 사전에 성급하게 결론을 내리고는, 그에 맞추어 시장조사를 하였기 때문에 아무리 조사 과정이 잘 설계되어 있다고 하더라도 결과는 잘못된 방향으로 코카콜라를 이끌어 가고 만 것이다. 그 결과 코카콜라가 내놓은 신제품인 '뉴 코크'는 기존의 제품보다 좀 더 단맛을 내게 되었다. 그런데 소비자들이 원한 것은 단맛이 아니었기 때문에 '뉴 코크'는 시장에서 참패하였다.

팹시 챌린지는 참가자의 눈을 가린 뒤 두 가지의 콜라(코카콜라와 펩시콜라)를 시음해 보고 맛이 더 좋은 콜라를 선택하게 하는 방법이었다.

1. 문제의 규명

마케팅 문제를 규명할 때 의사결정 문제와 조사 문제는 구분되어야 한다. 의사결정 문제는 경영자나 마케팅관리자가 수행해야 할 과업이며, 조사 문제는 이러한 의사결정에 필요한 정보를 수집하고 제공하는 것과 관련된 문제이다. [그림 4-6]은 여러 마케팅 상황에서의 **문제규명**(problem definition)에 대한 예이다.

조사 문제를 규명할 때는 다음과 같은 점들을 유의하여야 한다.

- 이 단계는 마케팅조사를 수행함으로써 달성하게 되는 목적을 파악하는 단계이므로 마케팅 문제 자체뿐만 아니라 배경에 대한 분석도 병행되어야 의사결정 문제의 초점을 벗어나지 않는다.
- 문제를 어떻게 인식하는가에 따라 전체적인 마케팅조사의 방향이 결정되며, 이 단계에서는 마케팅조사 활동을 수행하는데 발생하는 문제점의 포착 및 해결 방안까지도 염두에 두어야 한다.

마케팅 상황	진단	의사결정 문제	조사 문제
시장점유율 감소	고객들의 경쟁사 브랜드로의 대체	자사 브랜드 애호도 강화	경쟁사 브랜드가 선호되는 이유 규명
매출액 감소	고객의 감소	고객수요창출	고객의 감소 이유 규명
이윤 감소	기존 광고의 효과가 낮음	새로운 광고의 설계	낮은 기존광고 효과의 이유 규명

그림 4-6 여러 가지 상황에 따른 문제의 규명

2. 조사계획의 수립

인식된 문제를 해결하기 위한 조사 프로젝트를 수행하고 통제하기 위하여 전체적인 밑그림을 그리는 단계이다. 즉, 이 단계에서는 필요한 정보를 수집하고 해석하는 방법이나 절차에 대한 마스터플랜을 만들게 된다.

조사계획의 수립(research design)에 있어서는 조사에 소요되는 시간과 비용을 절약하여 조사의 효율성을 높이는 데 주안점을 두어야 한다. 조사계획의 세부적인 수립단계는 먼저 **연구목적**(research objectives)을 확정한 다음 향후 추진할 조사의 종류 및 방법을 결정하는 것이다. 연구목적에 따라서 조사는 탐색적 조사와 기술적 조사, 인과적 조사로 나뉜다.

1) 탐색적 조사

탐색적 조사(exploratory research)는 연구조사 주제에 대한 선행 연구조사나 사전 지식이 거의 없는 상태에서 연구조사 문제에 대한 방향을 잡아보고 연구조사 주제에 대한 보다 넓은 시야를 얻고자 하는 목적으로 진행되는 연구조사이다. 탐색적 조사는 기술적 조사나 인과적 조사와 같은 다른 조사의 선행단계로서 당면한 문제를 보다 명확히 파악하고 관련된 변수를 찾아내어 가설을 세우는 데 이용된다. 탐색적 조사의 역할은 다음과 같다.

- 의사결정 문제와 기회를 규명한다.
- 조사 문제를 규명한다.
- 당면한 상황과 관련된 변수들 사이의 관계에 대한 통찰력을 향상시킨다.
- 다양한 의사결정 문제와 기회들의 중요도에 따른 우선순위를 파악한다.
- 당면한 문제에 대한 지식수준을 향상시킨다.
- 조사 개념을 명료화한다.

문헌조사나 전문가 의견조사, 사례조사(case study), 표적 집단 면접법(FGI) 등이 탐색적 조사의 대표적인 예이다.

2) 기술적 조사

기술적 조사(descriptive research)는 연구조사 대상의 환경이나 특성을 묘사하는 연구조사를 의미하며 특정한 주제나 이슈에 대한 특성을 확인하거나 정보를 얻을 목적으로 진행되는 연구조사를 말한다. 기술적 조사는 인과관계 파악보다는 현상 파악과 변수 관계를 파악하는 데 중점을 두는 조사로서 사회과학 분야의 조사에서 가장 널리 이용되는 조사이다. 기술적 조사의 역할은 다음과 같다.

- 당면한 상황의 특성 파악과 특정 상황의 발생빈도(frequency)를 파악한다.
- 관련된 변수 간의 상호관계(relation)를 파악한다.
- 과거의 실적에 기초하여 미래 상황을 예측한다.

특정 시점을 기준으로 여러 샘플을 조사함으로써 다른 특성의 집단 간의 차이를 규명하고자 하는 **횡단조사**(cross sectional analysis)와 시점을 달리하여 한 샘플의 동일한 측면을 반복적으로 측정하는 **종단조사**(time series analysis)가 기술적 조사에 속한다.

3) 인과적 조사

인과관계란 원인과 결과의 관계를 의미하므로 **인과적 조사**(casual research)는 어떠한 현상을 묘사하거나 기술하는 분석보다 깊게 분석하는 연구조사로서, 특정한 현상이 왜 나타났으며 어떻게 나타났는지를 파악하는 연구조사를 말한다. 결국 인과적 조사는 원인과 결과의 관계에 대하여 증거를 파악하는 것이 주요 목적이라고 할 수 있다.

특정 현상이 발생하는 이유를 살펴보고 이에 따른 효과를 규명하기 위하여 인과적 조사는 우선 각 변수 간의 인과관계에 대한 가설을 설정하고 이를 검정하는 순서로 진행된다. 겉으로는 단순하게 보이는 현상이라도 다양한 요소들의 영향을 받을 수 있다. 따라서 이들 요소 중 결정적으로 영향을 미치는 요소만을 가려내어 인과관계를 살펴보아야 한다. 인과관계를 살펴보는 가장 강력한 조사 방법은 실험조사이다. 실험조사에서는 엄격한 실험설계로 실험 상황을 통제하여 기타 변수들의 효과를 배제한 후, 특정 변수들 간의 원인과 결과를 파악하게 된다. 실험조사의 종류는 원시실험조사와 유사 실험조사, 순수 실험조사가 있다.

3. 문헌조사

문헌이란 서적이나 논문, 기존 연구자료 등을 말하며, 본격적인 조사에 들어가기 전에는 반드시 조사 문제와 관련된 문헌을 심도 있게 조사하여야 한다. **문헌조사**(literature review)는 관련된 기존 문헌자료를 탐색하고 분석하는 일련의 과정으로서, 다음과 같은 기능이 있다. 따라서 문헌조사가 잘 돼야 연구조사의 전체적인 틀이 잘 갖추어질 수 있다.

- 주제와 관련된 다양한 연구 문제를 단기간에 검토할 수 있도록 도움을 준다.
- 주제와 관련된 기존 연구 동향에 대한 전체적인 흐름을 보여준다.

4. 필요 정보의 규명

어떤 정보수집 방법을 택하는가에 따라서 조사 방법의 종류(type of study)가 결정된다. 정보의 수집 방법을 결정하기 전에 조사자는 우선 필요한 정보의 종류를 결정해야 한다. 정보는 크게 **1차 자료**(primary data)와 **2차 자료**(secondary data)로 분류된다.

1차 자료란 구체적인 연구목적에 맞게 연구자가 직접 수집한 자료를 말한다. 따라서 1차 자료를 얻는 과정은 복잡하고 많은 비용과 시간이 요구된다. 이러한 1차 자료와 구분되는 개념인 2차 자료는 다른 연구목적을 위하여 이전에 수집된 자료를 말한다. 정부나 공공기관, 은행 등에서 조사하여 작성한 각종 통계자료가 대표적인 예이다. 따라서 2차 자료를 사용하게 되면 시간을 절약할 수 있으며, 비용도 절감할 수 있다. 그러나 2차 자료 중에서는 개인 차원에서는 직접 조사하여 자료를 수집하는 것이 불가능한 경우도 있다.

결론적으로 2차 자료는 1차 자료에 비해서 여러 가지 장점이 있으므로 모든 조사에 있어서 먼저 2차 자료를 검토하고, 가급적 1차 자료의 수집은 최소화하는 것이 바람직하다. 그러나 2차 자료가 존재하지 않거나, 불충분하거나 너무 오래된 경우에는 1차 자료를 구해야 함은 물론이다.

표 4-2 1차 자료와 2차 자료의 비교

구분	1차 자료	2차 자료
자료수집 목적	주어진 연구목적	다른 연구목적
자료수집 기간	길다	짧다
자료수집 비용	많다	적다
자료수집 과정	복잡하다	간편하다

5. 자료의 수집 방법 결정

1) 1차 자료의 경우

필요한 정보를 1차 자료로 결정했다면 어떤 방법으로 수집할 것인지를 검토해야 한다. 1차 자료를 수집하는 방법은 다양하다.

우선, **대화**(communication)를 통해 필요한 정보를 얻을 것인지 아니면 **관찰**(observation)을 통할 것인지를 결정한다. 일반적으로 다양한 정보의 취득 가능성이나 비용 측면을 고려한다면 대화 방법이, 취득정보의 객관성 측면에서는 관찰 방법이 유리하다. 다음 단계로 표준화된 항목에 의해 정보를 얻을 것인지, 응답자에게 조사목적을 공개할지를 결정한다.

대화를 통한 자료의 수집 방법은 관찰 방법에 비하여 위에서 언급한 장점 이외에도 응답자의 내면적인 심리상태까지도 파악할 수 있으므로 학문적으로나 실무적으로 많이 사용되고 있다. 여기에는 심층면접법, 투사법, 표적집단면접법 등이 있다. **심층면접법**(depth interview)은 조사자와 응답자 간의 1대1 대면접촉에 의해 조사 주제에 대한 응답자의 잠재된 동기, 신념, 태도 등을 발견하는 조사 방법이다. **표적집단면접법**(FGI: Focus Group Interview)은 소수의 응답자를 특정 장소에 모이게 한 후 자연스러운 분위기에서 조사목적과 관련된 대화를 유도하여 유용한 정보를 얻는 조사 방법이다. **투사법**(projective technique)은 응답자들이 타인의 행동을 해석하는 과정에서 자신의 동기, 신념, 태도 혹은 감정 등이 간접적으로 표출되도록 유도하는 조사 방법을 말한다. 실무적으로는 Nestle사가 인스턴트 커피를 개발한 후 투사법을 사용하여 미국 주부들의 심리상태를 파악하고 마케팅전략에 활용한 사례가 유명하다. 한편 이러한 대화 방법은 다분히 표준화되지 않은 비체계적인 조사 방법인 데 비하여 표준화된 질문항목을 사용하여 자료를 수집하는 방법을 **서베이**(survey)라고 한다. 서베이는 모든 응답자들에게 동일한 설문지를 이용하여 질문하는 방법이다. 객관적 사실조사법은 응답자들에게 조사주제와 관련된 항목들을 질문한 후, 응답의 정확성 정도로 태도나 신뢰를 평가하는 방법으로 타당성이 낮아 잘 사용하지 않는 방법이다.

표 4-3 표준화 및 공개 여부에 따른 1차 자료 수집 방법

표준화 및 공개여부	표준화 항목	비표준화 항목
조사목적 공개	서베이	심층면접법, 표적집단면접법
조사목적 비공개	객관적 사실조사법	투사법

대화를 하기 위해서 반드시 응답자와 대면할 필요는 없다. 즉, 인터뷰 외에도 우편이나 전화, 인터넷을 통한 서베이도 가능하다. 따라서 자료의 수집방법을 결정할 때에는 1차 자료를 수집하기 위한 구체적인 수단도 검토해야 한다.

자료의 수집을 위하여 관찰을 하는 경우가 있을 수 있는데, 표적집단면접에서 한 쪽 방향에서만 볼 수 있는 거울(one-way mirror)을 통하여 응답자들의 대화를 관찰하거나, 손님을 가장하여 실제로 매장에 나가 서비스 상태 등을 관찰하는 방법도 있을 수 있다. 이 외에도 매장 내의 카페트의 마모 정도와 같은 물리적인 흔적을 추적하여 관찰하는 방법도 있으며, 지나가는 사람이나 자동차의 트래픽을 관찰하여 필요한 자료를 수집하는 경우도 있다. 그러나 이러한 방법들은 인간의 심층적인 내면심리를 파악하기가 곤란하기 때문에 일반적으로는 전술한 바와 같이 대화를 병행하는 방법을 주로 사용하고 있다. 결론적으로 말하면, 관찰 방법은 적절하게 사용하면 매우 값진 정보를 얻을 수 있으므로 대화를 통한 방법과는 배타적인 방법이라기보다는 상호 단점을 보완하는 조사 방법으로 유용하게 사용될 수 있다.

2) 2차 자료의 경우

2차 자료는 다른 조사자에 의해 다른 조사목적으로 이미 수집된 자료를 말하는데 여기에는 크게 **기업내부자료**와 **기업외부자료**로 구분해 볼 수 있다. 여기서 기업내부자료는 기업경영과 관련하여 기업내부에 지속적으로 축적된 자료를 말한다. 기업외부자료는 외부기관으로부터 유·무상으로 입수할 수 있는 자료를 말한다. 2차자료의 유형은 크게 정부기관간행물, 정기간행물 및 서적, 상업적 자료로 구분할 수 있다.

만약 1차 자료 수집이 필요 없어서 필요한 정보를 2차 자료로 결정했다면, 바로 해당 자료의 수집단계로 넘어가면 된다.

6. 표본의 선정

응답자의 범위에 따라서 조사는 조사 대상(즉, 모집단)을 모두 조사하는 전수조사와 조사 대상의 일부만을 조사하는 표본조사로 나뉜다. 표본조사는 전체 조사 대상인 모집단 내에서 모집단의 특성을 잘 나타낼 수 있는 일부 대상(표본)을 추출하여 이들로부터 자료를 수집하고, 이를 근거로 전체 모집단의 특성을 추정하는 방법이다. 따라서 특정 표본이 모집단을 적절히 대표할 수 있어야 한다는 것이 표본조사의 전제가 된다.

전수조사와 표본조사는 각각 장단점이 있지만 일반적으로는 다음과 같은 이유로 표본조사를 많이 하는데, 이 경우 어떻게 표본을 선정할 것인가를 검토하여야 한다.

- 신속성 및 경제성 측면에서 일반적으로 표본조사가 전수조사에 비해 유리하다.
- 표본조사에서는 전수조사에 비해 세밀한 조사를 할 수 있다.
- 원천적으로 전수조사할 수 없는 다음과 같은 경우에는 표본조사를 하여야 한다.
  - 모집단이 무수히 많은 경우
  - 응답자의 파악이 불가능한 경우
  - 파괴적인 조사의 경우
- 표본오차보다 비표본오차가 클 것으로 예상될 때는 표본조사가 전수조사에 비해 더 정확할 수 있다.
- 조사를 통해 응답자가 오염될 가능성이 있는 경우에는 표본조사를 하여야 한다.

표본추출 방법(sample design)은 조사 대상자들이 표본으로 추출될 확률이 알려져 있는지에 따라서 **확률표본추출 방법**과 **비확률표본추출 방법**으로 대별된다. 아울러 무작위적(random)으로 표본을 추출하는가 아니면 조사자 임의로 표본을 추출하는가가 양 방법의 가장 큰 차이라고 하겠다. 일반적으로는 확률표본추출 방법이 비확률표본추출 방법에 비해서 더 정확하고 연구결과를 일반화하기가 쉽지만, 비용과 시간이 많이 소요된다는 단점이 있다. 확률표본추출 방법에는 단순무작위, 체계적, 층화, 군집표본추출법이 있으며, 비확률표본추출 방법에는 편의, 판단,

할당표본추출법이 있다.

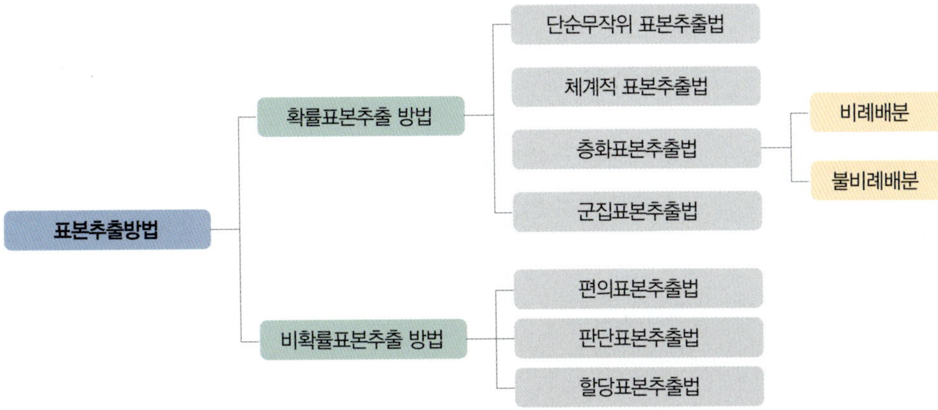

그림 4-7 **표본추출 방법**

확률표본추출 방법 중 단순무작위 표본추출법은 모집단의 구성원들이 표본으로 추출될 확률이 동일하도록 난수표, 컴퓨터 등을 사용하여 표본을 추출하는 방법이다. 체계적 표본추출법은 모집단을 표본수로 나눈 **표본간격**(sampling interval)을 사용하여 표본을 추출하는 방법이다. 층화표본추출법은 모집단을 상호배타적인 소집단으로 나누고 각 집단으로부터 무작위로 표본을 추출하는 방법이다. 층화표본추출법에는 비례층화추출법과 불비례층화추출법이 있다. 비례층화추출법은 각 소집단의 크기에 비례하여 표본을 추출하는 방법이다. 예를 들어 모집단의 남학생 수가 여학생 수의 2배라면 표본으로 추출될 남학생의 수를 여학생의 2배가 되도록 하는 것이다. 불비례층화추출법은 각 소집단의 크기와 분산을 모두 고려하여 표본을 추출하는 방법이다. 예를 들어 고소득 소비자가 저소득 소비자에 비해 특정제품 구매량의 변동 폭이 더 클 것으로 예상된다면 고소득 소비자들로부터 더 많이 표본을 추출하는 것이다. 군집표본추출법은 모집단을 상호배타적인 소집단으로 나눈 후, 특정집단을 선택하여 그 집단의 전부나 일부를 표본으로 선정하는 방법이다.

비확률표본추출 방법 중 편의표본추출법은 조사자가 가장 접근하기 쉬운 모집단 구성원을 표본으로 추출하는 방법으로, 표본추출방법 중 가장 비용이 적게 들고 시간을 절약할 수 있는 방법이다. 판단표본추출법은 표본으로 적합하다고 판단되는 모집단 구성원을 추출하는 방법으로 조사자가 모집단에 대한 지식이 많은 경우에 유용하다. 할당표본추출법은 조사자가 **범주**

(category)나 할당량(quota)을 정하고 표본을 추출하는 방법으로 실무적으로 많이 사용되는 방법이다.

7. 자료의 수집

1) 1차 자료의 경우

1차 자료의 경우에는 조사 방법에 따라 차이는 있으나 일반적으로는 설문지를 통하여 자료를 수집하게 된다. 설문지는 다음과 같은 장점이 있다.

- 표준화된 질문 항목을 이용함으로써 결과의 비교가능성을 높일 수 있다.
- 빠른 시간에 핵심적인 정보만을 선별하여 입수할 수 있다.
- 비교적 객관적이고, 솔직하고, 정확한 정보를 입수할 수 있다.

설문지에는 일반적으로 다음 사항들이 포함되어야 한다.

① 응답자에 대한 협조 요청
② 응답자 식별 자료
③ 항목별 지시사항
④ 조사 주제 관련 항목
⑤ 응답자의 인구 통계적 자료

1차 자료의 경우는 특히 잘못된 조사는 돌이키기 어려우므로, 설문지 완성 시점에서는 조사설계와 분석 방법 및 조사 결과의 개괄적 방향도 추정하고 있어야 한다. 설문조사에서는 조사자의 역할이 중요하므로 책임 있는 조사 담당자를 선발하여 조사의 목적과 내용을 명확히 파악하도록 해야 한다.

설문지를 작성하는 절차는 다음과 같다.

① **사전 준비**: 조사 문제의 세부 영역별로 필요한 정보를 열거하고 수집될 정보를 확인한다. 아울러 우편, 전화, 대인면접, 인터넷 등 어떤 방법으로 응답자를 접촉할지 결정한다.
② **개별항목의 내용 결정**: 꼭 필요한 내용인가, 한 문항으로 충분한가, 응답을 정확히 할 수 있을까, 응답자가 기꺼이 정보를 제공할까 등의 문제를 고려한다.
③ **응답 형태의 결정**: 자유 응답형(open-ended question), 다지선다형(multiple choice question), 양

자택일형(dichotomy question) 중에서 적합한 형태를 선정한다.

④ **개별항목의 완성**: 선택형 질문에 대해서는 모든 가능한 응답을 제시하되 응답 항목 간에 내용상 중복되지 말아야 한다. 이외에도 단어들의 뜻을 명확히 설명하고 조사자가 응답자의 상태를 임의로 가정하지 말아야 한다. 또한 너무 자세한 질문은 하지 않는 것이 좋다.

⑤ **질문 순서의 결정**: 일반적으로 오리엔테이션 질문(opening question)을 가장 먼저 배열하고 가장 흥미로운 문항을 앞부분에 배열한다. 반면에 어렵고 지루한 질문은 설문의 가운데 부분에, 질문 내용이 심각하거나 민감한 문항은 뒷부분에 배열하는 것이 좋다. 인구통계적 배경질문은 맨 뒤에 배치하며, 다음 문항에 미칠 영향을 고려하여 각 질문의 배열 순서를 결정한다.

⑥ **설문지의 외형 결정**: 응답자들이 설문지를 중요한 것으로 인지하여 자발적인 협조를 할 수 있도록 설문지의 형태를 결정한다.

⑦ **사전 조사**(pilot test): 설문지가 완성되면 본 조사에 들어가기 전에 반드시 사전 조사를 하여야 한다. 사전 조사에 의해 연구자가 의도하는 내용이 응답자에게 충분히 전달되고 있는지, 응답 항목이 빠져 있지는 않은지, 사용하고 있는 용어들이 응답자에게 생소하지는 않는지, 응답을 회피하는 문항은 없는지 등을 미리 점검할 수 있다.

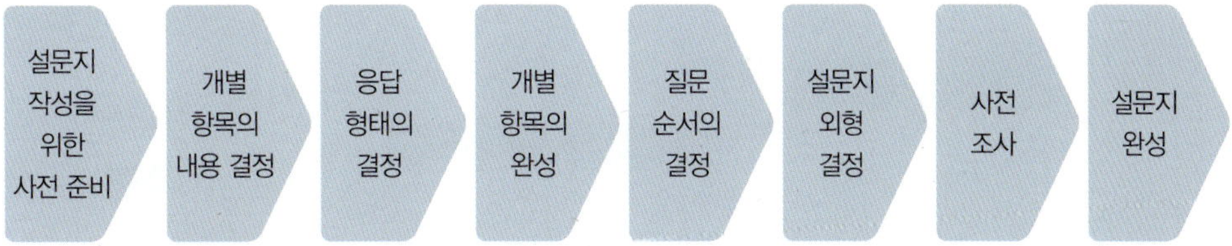

그림 4-8 설문지 작성 절차

2) 2차 자료의 경우

마케팅계획 수립에 있어서 2차 자료를 활용해야 할 경우는 다양하다. 예를 들어, 본 장에서 언급한 수요예측 및 판매예측 과정에서 2차 자료가 필요할 것이다. 또한 환경분석에서는 경쟁자나 소비자, 시장과 관련된 여러 가지 2차 자료가 필요하다. 과거에 비해서 최근에는 인터넷 등 정보통신기술의 도움에 의해 2차 자료를 수집하는 데 소요되는 비용이나 시간을 획기적으로 줄일 수 있게 되었다.

8. 자료의 분석

수집된 자료는 컴퓨터를 이용하여 SPSS나 AMOS, SAS 등의 통계 전문패키지를 사용하여 분석하게 된다. 2차 자료의 분석은 이러한 분석 방법을 사용하지 않을 수도 있지만, 1차 자료의 분석은 수집된 자료의 편집, 코딩, 통계기법 사용으로 이루어진다.

조사자가 어떤 통계기법을 사용할지는 분석하려는 변수들의 수와 측정 단위, 조사목적 등에 영향을 받는다. [그림 4-9]에 나타나 있듯이 자료를 분석하는 데 사용하는 통계분석 방법은 다양하다. 통계분석 방법이나 분석 관점의 차이에 따라 연구 결과의 해석이 달라질 수 있으므로 조사자는 신중하게 분석 방법을 결정하여야 한다.

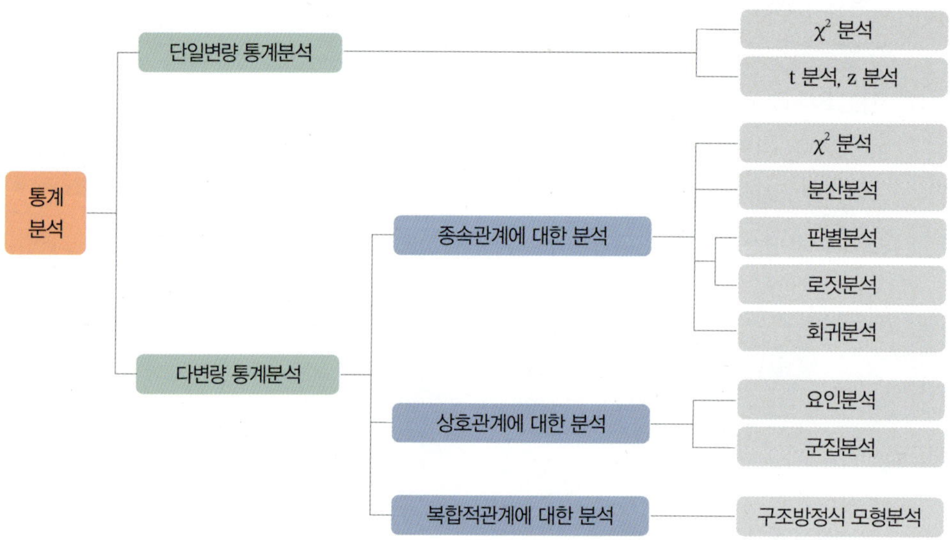

그림 4-9 **여러 가지 통계분석 방법들**

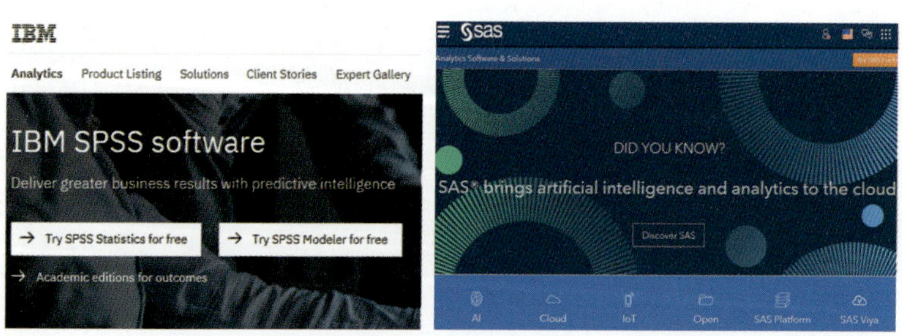

그림 4-10 **SPSS와 SAS의 홈페이지 화면**

9. 결과의 해석 및 보고

마케팅조사자의 임무 중 가장 중요한 것이 조사 결과를 이해관계자들에게 정확하게 전달하는 것이다. 조사자는 이를 위하여 조사결과를 해석하고 연구의 시사점이나 한계점을 포함하여 보고서를 작성한다. 특히, 마케팅조사자와 조사 결과의 이용자가 동일하지 않다면 이들 사이의 의사소통이 원활하도록 조사 결과가 해석되고 보고서로 작성되어야 한다. 조사 내용과 결과가 아무리 좋아도 실제로 정보를 이용할 사람이 이해하지 못한다면 아무런 효과가 없는 것이므로 마케팅 정보이용자의 이해도와 조사에 관한 지식의 정도에 맞추어 조사 결과보고서를 작성하여야 한다.

주요 용어

구매력지수법(buying power index method)
기술적 조사(descriptive research)
대화/관찰 방법
마케팅조사(marketing research)
마케팅 정보시스템
(marketing information system)
문헌조사(literature review)
산업(industry)
설문지
수요공급 대응법
(demand/supply matching method)
수요예측(demand forecast)
시계열 방법
시장(market)
시장의 매력도
연쇄비율법(chain ratio method)
의사결정 문제/조사 문제
인과관계분석 방법
(causal relation analysis method)
인과적 조사(casual research)
전수조사
진입장벽(entry barrier)
철수장벽(exit barrier)
탐색적 조사(exploratory research)
통계분석 방법
판단적/정성적 방법
(judgmental/qualitative method)
판매예측(sales forecast)
표본조사
표본추출 방법(sample design)
표준산업분류법(standard industry
classification method)
1차 자료(primary data)
2차 자료(secondary data)
5요인 모형(5force model)

연습문제

01 기업을 선정하여 시장의 매력도를 평가하시오.

02 기업을 선정하여 장벽전략을 수립하시오.

03 기업을 선정하여 수요예측을 통하여 시장규모를 산정하시오.

04 기업을 선정하여 4개년 간의 판매실적을 구한 후, 초기 3개년의 판매실적을 사용하여 최종연도의 판매액을 산출하고 실제판매액과 비교해 보시오. 추정 방법으로는 단순예측법과 추세분석법(변동비율 반영) 및 단순이동평균법($n = 3$)을 사용하시오.

05 마케팅 정보시스템의 흐름에 관해 단계별로 설명하시오.

06 마케팅전략 수립을 위해서는 왜 마케팅조사가 중요한지를 토론하시오.

07 마케팅조사 프로세스를 그려보고 각 단계별로 설명하시오.

08 표본추출의 방법에 대해 설명하시오.

09 조사주제를 선정한 후 설문지를 작성하시오.

CHAPTER 5

소비자행동

Ⅰ. 소비자행동의 이해와 분석

Ⅱ. 소비자의 구매의사결정 과정

Ⅲ. 소비자 구매의사결정에 영향을 미치는 요인

Ⅳ. 온라인 소비자행동

학습목표

- 소비자행동을 이해해야 하는 이유에 대해 알아본다.
- 소비자행동을 분석하는 방법을 이해한다.
- 소비자의 구매의사결정 과정을 살펴본다.
- 소비자의 구매의사결정 과정에 영향을 미치는 요인들을 알아본다.
- 온라인 소비자행동 특성과 유형 및 메타버스 마케팅에 대해 알아본다.

주요 내용

마케팅 활동의 핵심은 소비자의 특성을 고려하고 다양한 욕구를 파악하여 이를 충족시켜 주는 것이다. 소비자를 제대로 모르고서는 마케팅 활동을 제대로 수행할 수 없다. 그러나, 복잡하고 까다로운 소비자의 행동과 심리적 과정, 관계를 이해하기가 쉽지 않다. 소비자행동에 직 · 간접으로 영향을 미치는 많은 요인들이 있다. 사회문화적인 요인, 마케팅 요인, 개인적 특성 요인, 심리적 요인 등 많은 요인들이 소비자행동을 하는 데 영향을 미치게 된다. 이러한 영향 요인들이 어떻게 영향을 미치는지 잘 이해해야 마케팅에 성공할 수 있다. 한편, 소비자가 어떻게 구매의사결정을 하는지도 잘 알아야 한다. 이러한 구매의사결정 과정을 이해하였을 때 적절한 마케팅 활동을 전개할 수 있고 구매와 재구매를 유도할 수 있다. 또한, 소비자는 고유한 특성이 있으므로 이러한 소비자의 특성을 잘 파악해야 쉽게 접근하여 그 특성을 고려한 마케팅 활동을 펼칠 수 있다. 한편, 디지털 기술의 발전은 온라인을 통한 쇼핑의 급증을 초래하게 됨에 따라 온라인 소비자행동에 대한 특성과 유형 및 최근 새롭게 부각되고 있는 메타버스 마케팅에 대해 살펴본다. 이렇게 마케팅 활동의 시작은 결국 소비자행동의 이해로부터 시작해서 소비자를 만족시키는 것으로 끝이 난다고 할 정도로 소비자행동의 이해는 마케팅 활동의 핵심이다.

I 소비자행동의 이해와 분석

1 소비자행동의 이해

소비자행동의 이해는 마케팅의 출발점이자 핵심이다. 마케팅은 결국 소비자가 원하는 욕구를 파악해서 만족시켜 주는 활동이다. 그래서 소비자가 왜, 그리고 어떻게 구매의사결정을 하고 어떤 요인들에 영향을 받는지, 소비자는 어떤 특성이 있는지를 알아야 한다. 그런데 소비자의 마음을 헤아린다는 것은 참으로 어렵다. 그래서 소비자의 마음을 알 수 없는 상자 '블랙박스(black box)'라고 표현하기도 한다. 기업으로서 이러한 복잡하고 까다로운 소비자의 욕구와 행동을 잘 파악해야 최종적으로 자신들의 제품을 소비자들에게 판매할 수 있다.

소비자는 단순히 소비만 하는 것이 아니라 다른 사람들의 구매의사결정에 영향을 미치는 역할도 하고, 구매의 필요성을 제안하기도 하고, 다른 사람들의 구매에 결정적인 역할도 수행한다. 또한, 다양한 개인적인 특성이 있어서 동일한 자극이 주어져도 다른 반응을 보이게 된다. 결국 마케터 관점에서 소비자들이 무엇을 구매하고, 어디에서 구매하고, 언제 구매하고, 얼마나 구매하는지 파악하는 것은 매우 중요한 일이다. 다양한 학문을 활용하여 소비자의 행동을 파악하기 위해 이러한 행동들을 분석한다.

한편, 소비자행동은 단순히 보이는 외적인 행동뿐만 아니라 심리적 과정, 그리고 소비자 간의 관계를 포함하는 개념이다. 따라서 소비자행동은 겉으로 드러나는 행동뿐만 아니라 내면의 보이지 않는 심리적인 과정과 소비자의 구매행동에 미치는 주변 사람들과의 관계도 잘 살펴야 한다. 소비자행동을 이해하려면 첫째, 소비자의 구매의사결정 과정은 어떻게 이루어져 있는가?, 둘째, 이러한 구매의사결정 과정에서 어떠한 요인들이 소비자행동에 영향을 미치는가?, 마지막으로 소비자들이 가지고 있는 고유한 개인적 특성들은 무엇이고 이러한 특성들은 소비자행동에 어떻게 영향을 미치는가? 와 같은 측면에서 살펴보아야 한다.

2 분석 방법

1. 기본적 분석모델

소비자의 구매 과정을 단순화시키면 다음과 같이 간략하게 설명할 수 있다. 즉, TV나 신문 등의 광고를 보고(stimulus: 자극) 이것저것을 마음속에서 비교·검토한 다음(organism: 인체) 어느 상표를 하나 선택해서 구매(response: 반응)한다. 따라서 소비자의 구매행동을 S → O → R 모델로 나타낼 수 있다.

[그림 5-1]은 이 모델을 좀 더 구체화해서 나타낸 그림이다. 자극이란 소비자의 감각기관을 통해 인체 내부로 들어올 수 있는 **투입변수**(input variables)들로, 여기에는 제품, 가격, 유통, 촉진 등 마케팅 관련 정보는 물론, 경제적·기술적·정치적·문화적 환경 요인들이 모두 포함된다. 자극은 이처럼 외적 자극 이외에도 갈증이 나거나 배가 고플 때와 같이 내적으로도 발생할 수 있다. 반응이란 자극으로 소비자가 나타낸 행동을 의미하며, 투입에 관한 결과라 볼 수 있다. 여기에는 소비자의 제품 및 상표선택, 점포선택, 구매량, 구매시기 등에 관련된 구매행동이 포함된다.

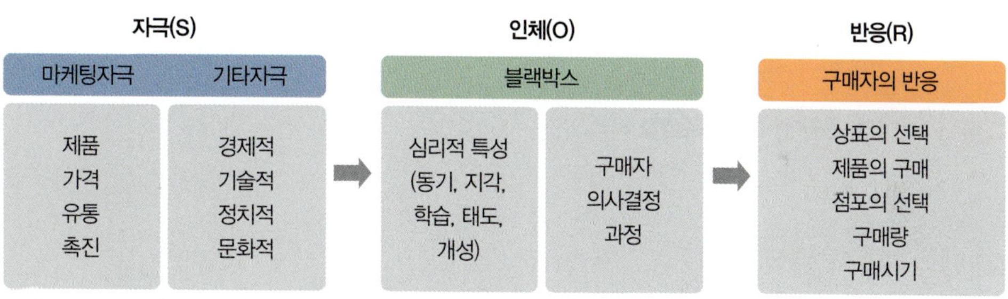

그림 5-1 소비자행동에 대한 기본적 분석 모델

자극과 반응 사이에 소비자의 사고 과정이 존재한다. 여기에는 동기, 지각, 학습, 태도, 개성 등과 같은 개개인의 심리적 특성 요인들이 포함된다. 자극과 반응은 상당 부분 우리가 눈으로 관찰할 수 있다. 반면에, 소비자의 내부 심리적 특성은 **비가시적**(unobservable)이기 때문에 이 부분을 블랙박스라 한다. 블랙박스(black box)는 소비자행동 연구에 있어서 매우 중요한 존재이다. 즉, 여러 소비자들에게 똑같은 자극을 투입할 때도 그들은 똑같은 반응을 하지 않으며, 또한 특정 소비자에게 똑같은 자극을 여러 번 투입할 때도 그에 대한 반응은 그때그때 다르게 나타날 수 있다. 이는 곧 블랙박스가 자극에 대한 소비자들의 반응 패턴을 결정짓는 역할을 하고 있기 때문이다.

그러므로 소비자행동을 제대로 파악하기 위해서는 보이지 않는 소비자의 내부 세계를 분석해야 한다. 소비자행동을 분석하는 방법은 크게 두 가지가 있는데, 첫째는 [그림 5-2]에서 보는 바와 같이 눈으로 관찰이 가능한 자극과 반응을 세심하게 살펴봄으로써 블랙박스의 정체를 어느 정도 규명하는 방법이다. 두 번째 방법은 직접 소비자를 대상으로 질문을 통하여 내적 상태를 조사하거나 측정 기구를 이용하여 소비자의 심리 상태가 어떻게 반응으로 나타나는지를 조사하는 것으로 소비자조사에서는 대부분 이 방법을 사용한다.

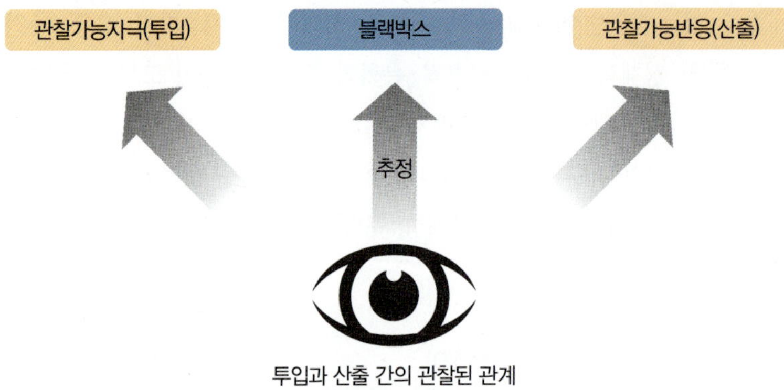

그림 5-2 **추정을 통한 블랙박스 분석법**

2. 행동과학적 분석 방법

'사람은 사회적 동물이다'라는 말이 있듯이 소비자행동은 당연히 그를 둘러싸고 있는 많은 사회·문화적 환경 요인에 영향을 받는다. 여기에는 [그림 5-3]에서 보는 바와 같이 넓게는 문화로부터 사회계층, 준거집단, 가족에 이르기까지 다양한 집단들이 있다. 예컨대, 인도 사람이 쇠고기를, 또 유대인이 돼지고기를 안 먹는 이유는 바로 그들의 문화 때문이다. 문화가 다르면 소비자행동은 달라진다. 또한 소비자들은 자기가 속하고 있는 사회계층의 소비 패턴을 따라가게 마련이며 친구나 서클과 같은 준거집단에 영향을 받는다. 가장 가깝게는 가족의 영향을 많이 받는데, 예를 들어 가장이 승용차를 구입하고 싶어도 가족들이 반대하면 구매가 이루어질 수 없다.

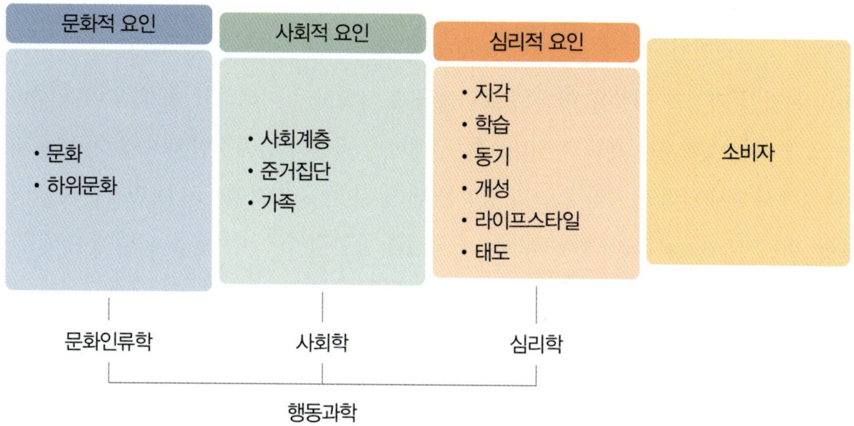

그림 5-3 소비자행동에 영향을 미치는 요인과 관련 학문

또한 소비자의 행동은 그를 둘러싸고 있는 환경 요인 이외에도 각자 내부의 심리적 요인에 의해서도 영향을 받는다. 즉, 사람은 사회적 동물이면서 동시에 감정을 가진 심리적 존재이기 때문이다. 심리적 영향 요인으로는 지각을 비롯하여 학습, 동기, 개성 및 라이프스타일, 태도 등이 있다. 각 소비자는 개별적인 심리적 요소를 가지고 있기 때문에, 같은 사회적 환경에 있는 소비자들 사이에서도 행동이 다를 수밖에 없다.

그러므로 소비자행동을 제대로 이해하기 위해서는 행동에 영향을 미치는 환경 요인과 심리적 요인을 동시에 복합적으로 분석해야 한다. 이를 함수식으로 표현하면 '소비자행동 B=f(E·P)(E=환경변수, P=심리적 변수)'로 나타낼 수 있다. 문화가 소비자행동에 어떤 영향을 미치는지를 파악하려면 문화인류학과 같은 학문을 활용해야 하며 사회계층, 준거집단, 가족 등이 소비자행동에 미치는 영향을 파악하기 위해서는 사회학과 같은 학문의 도움이 필요하다. 또한, 다양한 심리적인 요인이 소비자행동에 어떠한 영향을 미치는지 이해하려면 심리학이나 사회심리학과 같은 학문을 활용해야 한다.

따라서 소비자행동을 분석하기 위해서는 단일한 학문적 관점으로만 접근하지 않고, 문화인류학, 사회학, 사회심리학, 심리학 등 여러 가지 학문을 종합적으로 고려하여 분석해야 한다. 이러한 다양한 학문을 종합해서 인간의 행동을 연구하고자 하는 학문이 있는데, 이것이 곧 **행동과학**(behavioral sciences)이다. 따라서 소비자행동을 행동과학적으로 접근하여 분석하려는 것이 오늘날의 일반적인 추세이다.

3 소비자행동 모델

소비자행동의 복잡한 과정과 영향을 미치는 요인들을 도식화하여 이해하기 쉽게 표현한 것이 소비자행동 모델이다. 소비자는 제품과 서비스를 구매하게 되면서 심리적인 단계를 거치게 되고 그러한 과정에서 대내외적인 여러 요인의 영향을 받게 된다. 소비자행동의 대표적인 모델인 엥겔–블랙웰–미니아드(Engel & Blackwell-Miniard) 모델과 종합적인 소비자행동 모델에 대해 살펴보고자 한다.

1. 엥겔–블랙웰–미니아드 모델

소비자행동은 구매 및 소비행동 이외에도 이러한 행동이 일어나기 전까지 어떻게 정보를 입수하여 의사결정을 하는가 하는 과정이 포함된다. **엥겔–블랙웰–미니아드 모델**은 [그림 5–4]에서 보는 바와 같이 소비자행동을 네 부분으로 나누어 모델화한다. 즉, 여러 가지 자극이라는 투입(input)이 있고, 소비자 내부에 들어가서 기억되는 정보처리 과정이 있으며, 구매의사결정이 5단계에 걸쳐 일어나는데 이러한 행동에 영향을 미치는 변수로서 환경적 영향 요인과 심리적 특성 요인들이 있다. 행동에 영향을 미치는 변수로써 사회·문화적 환경 요인과 심리적 요인을 들고 있어 행동과학적으로 소비자행동을 분석한다.

소비자의 정보처리 과정은 다음과 같다. 외부 자극에 노출되면, 주의를 기울여 선택적으로 주의를 기울이게 되고 개인의 감각기관으로 들어온다. 이해되고 수용될 때 비로소 머릿속에 보유 상태로 머물게 된다. 이는 머릿속에서 단기기억으로 일시적으로 유지된다(약 18초 이내). 이후 단기기억은 망각 될 수도 있고 장기기억으로 이동할 수도 있다.

소비자의 구매의사결정 과정은 문제해결 과정으로 생각할 수 있다. 왜냐하면 사람들은 이상과 현실이 동떨어져 문제가 발생하였을 때 불행을 느끼며, 이것을 해결하려고 노력하기 때문이다. 문제는 누구든 다 있기 때문에 소비자가 문제로 인식(problem recognition)할 때 비로소 구매가 일어날 수 있다. **정보탐색**(information search)을 하면 몇 가지 선택할 대안을 가지며, 이러한 대안은 각자 나름의 평가 기준(예컨대, 가격, 성능, 디자인 등등)에 의해 **대안 평가**(alternative evaluation)된다. 이러한 평가기준이 제품에 대한 신념(beliefs)이 되어 어떤 제품은 좋고 나쁘다는 태도(attitude)를 형성하게 되고 구매하려는 의도가 생기면 **구매**(purchasing)로 이어진다. 문제는 구매했다고 해서 다 해결되는 것이 아니고 **구매 후 평가**(post-purchasing evaluation)해서 만족했을 때 비로소 끝이 나며 신념을 강화해 반복 구매로 이어진다.

그러나 소비자행동이 어느 품목을 구매하든 모두 이 모델대로 되는 것은 아니다. 이 모델대로 소비자가 행동하는 경우는 대체로 구매하고자 하는 품목이 고가이거나, 잘못 구매했을 경우 예상된 위험이 큰 경우, 자아 이미지와 관련이 높은 품목 등 **고관여**(high involvement)제품으로 이 때는 구매하기 전에 가능한 한 광범위한 정보탐색 과정을 거쳐 대안평가를 신중히 하려 한다. 그렇지 않은 **저관여**(low involvement)제품을 구매하고자 할 때는 의사결정 과정에서 정보탐색 및 대안평가 과정이 무시되거나 간단한 과정을 거쳐 바로 구매행동을 하게 된다. 왜냐하면 설사 잘못 구매했다 하더라도 별로 손해 보지 않을뿐더러 이미지 손상과 관련이 적기 때문에 정보탐색 하는 데 큰 노력을 투입하려 하지 않기 때문이다.

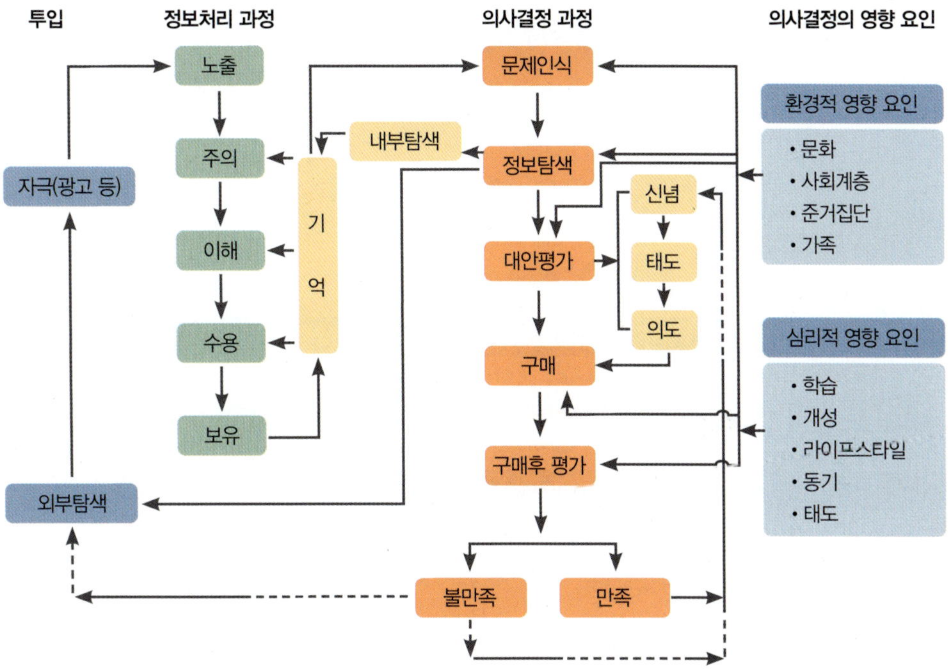

자료: J.F. Engel, R.D. Blackwell, and P.W. Miniard, Consumer Behavior, 6th ed., p. 482.

그림 5-4 소비자행동 모델

2. 종합적 소비자행동 모델

많은 학자들이 소비자 행동 모델을 다양하게 제시했고, 이러한 다양한 모델들의 공통점을 종합하여 [그림 5-5]에 나타난 종합적인 소비자 행동 모델을 볼 수 있다. 종합적인 소비자행동 모델은 소비자의 구매의사결정 과정을 문제인식 → 정보탐색 → 대안평가 → 구매결정 → 구매 후 행동의 5단계로 나타내 볼 수 있다. 이러한 구매의사결정에 영향을 미치는 외부 영향 요인으로 크게 두 가지 사회·문화적 요인과 마케팅적 요인으로 구분해 볼 수 있다. 사회·문화적 요인에는 문화, 사회계층, 준거집단, 가족을 들 수 있고 마케팅적 요인은 4Ps로 제품, 가격, 유통, 커뮤니케이션을 들 수 있다. 한편, 내부 영향 요인으로 크게 두 가지 개인적 요인과 심리적 요인으로 구분해 볼 수 있다. 개인적 요인은 연령, 직업, 개성, 생활양식을 들 수 있고 심리적 요인에는 지각, 학습, 동기, 태도를 들 수 있다. 이러한 종합적 소비자행동모델은 소비자 입장에서 구매의사결정과정에서 미치는 외부와 내부의 요인들을 종합해서 살펴보았다는 특징이 있다.

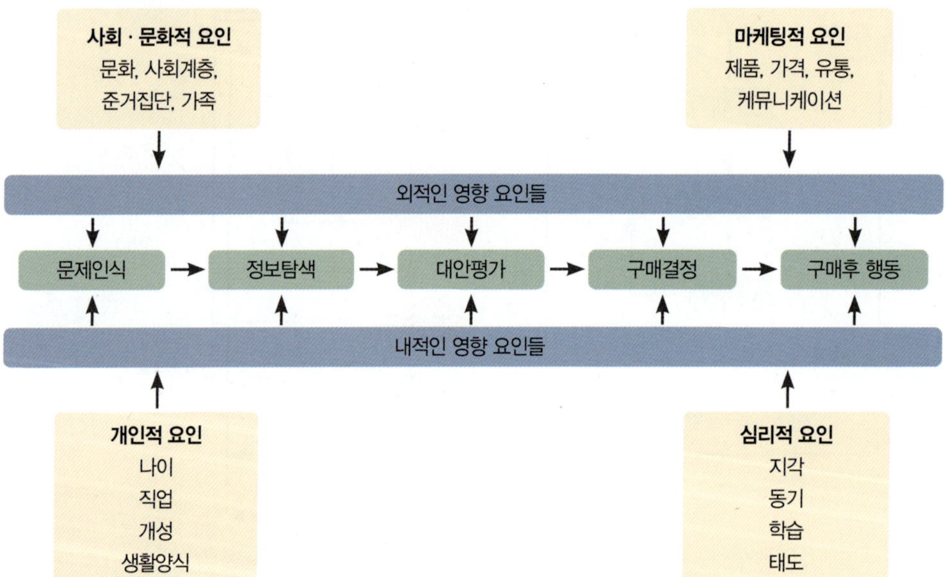

그림 5-5 종합적인 소비자행동 모델

Ⅱ 소비자의 구매의사결정 과정

1 관여도와 구매의사결정 과정

소비자들이 문제해결자로서 구매의사를 결정하는 패턴이 똑같을 수는 없다. 즉, 여러 가지 의사결정 유형이 있는데, [그림 5–6]에서 보는 바와 같이 구매에 관여하는 수준이 낮은 데로부터 높은 데로 갈수록 의사결정은 더욱 복잡해진다. **구매관여**(purchase involvement)를 연결 선상으로 보아 아주 낮은 단계에서는 습관적 의사결정, 중간단계에서는 한정적 의사결정, 아주 높은 단계에서는 광범위한 의사결정 등 세 가지로 의사결정 유형을 분류할 수 있다. 여기서 구매 관여란 특정 구매를 하고자 하는 욕구로 야기된 구매 과정으로 그에 관련된 관심 내지는 흥미 정도를 말한다. 그리하여 구매 관여는 개인과 제품, 상황적 특성 등의 상호작용에 영향을 받으며 소비자들에게 잠정적으로 머무는 것으로 볼 수 있다.

따라서 구매 관여가 **제품관여**(product involvement)와 반드시 일치하는 것은 아니다. 가령 어떤 사람이 한 상표에 대해서는 높은 관여수준을 지니고 있으면서도 구매 과정에서의 관여수준은 상표애호도 때문에 극히 낮을 수도 있다. 반대로 제품관여수준은 낮은데도, 돈을 절약하기 위해 높은 구매 관여수준을 지니는 경우도 있다. 다음으로 구매 관여수준이 증가함에 따라 의사결정 과정이 어떻게 변화하는지 살펴보자.

1. 습관적 의사결정

습관적 의사결정(habitual decision making) 과정에서는 엄격한 의미의 의사결정이라 할 것이 없다. 왜냐하면 [그림 5–6]에서 보는 바와 같이 문제가 인식되면 곧 내부탐색(장기기억)을 통해 단일의 해결안(상표)을 얻게 되고 구매로 연결되기 때문이다. 다만 사용한 결과 기대에 미치지 못할 경우에 한해서 구매 후 평가할 뿐이다. 그리하여 습관적 의사결정은 흔히 구매에 대한 관여 수준이 극히 낮고 반복적 구매행동을 가져올 때 일어나게 된다.

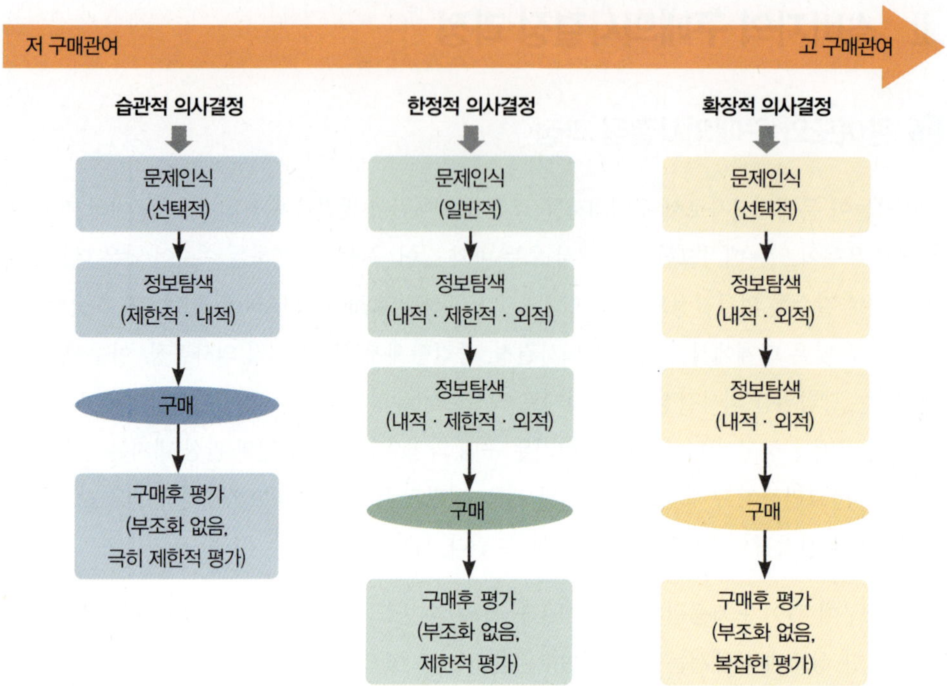

자료: Hawkins, Bestrn, and Coney, Consummer Behavior–Implications for Marketing Strategy, 4th ed., p. 532.

그림 5-6 관여수준과 의사결정 유형

습관적 의사결정은 구매하고자 하는 제품의 상표 간에 별 차이가 없어서 그중 한 상표를 반복적으로 구매할 때 많이 일어나며, 또 어떤 상표에 대한 **애호도**(brand loyalty)가 높게 형성되면 다음에 구매 시에는 예외 없이 상표를 선택하려 할 때 습관적 의사결정이 일어난다.

2. 한정적 의사결정

한정적 의사결정(limited decision making)은 습관적 의사결정과 광범위한 의사결정의 중간 유형에 속한다. 그러나 이의 가장 단순한 형태(최저수준의 구매 관여)는 습관적 의사결정과 매우 유사하다. 예컨대, 진열된 상품을 보고 단순히 상품에 대한 기존 이미지 내지는 순간적인 호감 때문에 상품을 구매하는 경우가 있다. 사실 소비자들이 마트와 같은 장소에서 매일 구매하는 제품들에 대해서는 제한된 정보탐색이나 대안평가를 거쳐 구매가 이루어지는데, 이런 경우가 한정적 의사결정의 일반적인 사례라 볼 수 있다. 따라서 이렇게 의사결정이 될 때는 정보탐색이 활발하게 이루어지지 않으므로, 소비자들이 소매점에서 쉽게 인식할 수 있도록 진열과 가격표시, 배치 등 **판매시점광고**(point of sale advertising)가 중요한 역할을 하게 된다.

3. 확장적 의사결정

[그림 5-6]에서 보는 바와 같이 **확장적 의사결정**(extended decision making)은 매우 높은 수준의 구매 관여에서 일어나는 것으로, 그러한 결정에는 광범위한 내부 및 외부 정보탐색을 하고 나서 다수의 대안에 대한 복잡한 평가 과정이 따르게 된다. 그뿐만 아니라, 구매 후에는 그 구매의 정확성에 의심하는 마음을 갖고 그에 대해 철저한 재평가를 하는 것이 보통이다. 그러나 그와 같은 복잡한 의사결정은 현실적으로 그다지 많이 볼 수 있는 것은 아니며, 예컨대 주택이나 컴퓨터, 자동차, 의류 등과 같은 고가품을 구매할 때 이러한 의사결정 과정을 거친다.

2 문제인식

소비자의 욕구 또는 문제란, 현재 상황과 향후 원하는 상황이 일치하지 않을 때 일어난다. 따라서 소비자가 희망하는 것들이 현실적으로 즉시 다 해결이 된다면 소비자에게는 문제가 있을 수 없다. 그러나 현실적으로 대부분의 사람들이 현실에 만족하지 않고 보다 나은 이상을 추구하기 때문에 누구에게나 문제가 있게 마련이다. 그러나 문제가 있다고 해서 누구든지 문제를 해결하려고 하는 것은 아니다. 즉, 어떤 사람들은 문제를 해결하기 위하여, 다시 말하자면 실제 상태를 희망 상태와 일치시키기 위하여 구매 행동을 하는 경우도 있지만, 어떤 사람들은 끝내 아무런 조처를 하지 않는 경우도 있다. 이는 문제의 심각성 정도가 일정 수준 이상인 식역(threshold)을 초과해야만 비로소 그 사람은 문제를 인식하게 되기 때문이다.

[그림 5-7]에서 보는 바와 같이 실제 상태와 희망 상태의 불일치 정도가 식역 이상일 때는 문제를 인식할 필요성을 느끼지만, 그 이하일 때는 문제는 있어도 이에 별 관심을 기울이지 않게 된다. 여기서 식역이라 하면 현실과 이상 간의 불일치 정도를 심각한 것으로 받아들이는 한계점으로서 사람에 따라 다르다고 볼 수 있다.

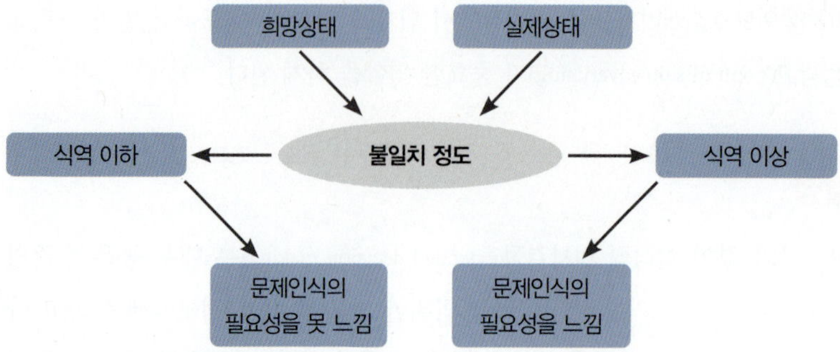

자료: Engel, Blackwell, and Miniard, Consumer Behavior, 6th ed., p. 490.

그림 5-7 문제인식 과정

그런데 문제 인식이 됐다고 해서 이것이 자동으로 어떤 행동을 촉진하는 것은 아니다. 문제인식이 어떤 행동으로 연결되기 위해서는 다음 두 가지 요건이 갖춰져야 하는데, 첫째는 인식된 문제가 매우 중요한 것이어야 하며, 둘째로 문제를 해결하기 위한 수단이 경제적으로나 시간상 가능한 경우일 때이다.

3 정보탐색

구매의사결정 과정에서 제2단계에 속하는 **정보탐색**(search for information)은 시장에서 어떤 목적물에 대한 의사결정을 보다 용이하게 하기 위해서 개인이 정신적·신체적으로 정보를 수집하고 처리하는 활동이라고 볼 수 있다. 이러한 정보탐색은 기억 속에 저장된 스스로의 지식을 통해서 정보를 끌어내는 **내부탐색**(internal search)과 시장이나 광고 등과 같이 외부환경으로부터 정보를 수집하는 **외부탐색**(external search)으로 나누어 볼 수 있다.

의사결정의 유형에 따라 내부탐색과 외부탐색이 언제 수행되는지는 [표 5-1]에서 확인할 수 있다. 넓은 범위의 문제를 해결하며 의사결정을 내리는 경우, 내부와 외부 조사가 활발히 이루어진다. 습관적인 의사결정을 내릴 때는 주로 내부탐색에만 의존하고, 제한된 문제를 해결하는 경우에는 내부탐색을 주로 하면서 가끔 외부탐색도 병행할 수 있다. 즉, 고관여제품을 구매할 때는 가격이나 위험부담과 같은 중요한 요소 때문에 내부탐색뿐만 아니라 외부로부터 더 많은 정보를 얻으려고 노력할 것이며, 저관여제품을 구매할 때는 부담이 적기 때문에 외부로부터의 정보를 그렇게 많이 수집하려고 하지 않을 것이다.

표 5-1 의사결정 유형별 정보탐색 정도

탐색의 성격	의사결정 유형		
	광범위한 문제해결	한정적 문제해결	습관적 문제해결
1. 상표 수	많다	적다	하나
2. 상점 수	많다	적다	모름
3. 제품의 속성	많다	적다	하나
4. 외적 정보원 수	많다	적다	없다
5. 소요시간	많다	적다	극소

1. 내부탐색

소비자가 문제를 인식한 후 일어나는 첫 번째 단계로 바로 내부탐색(internal search)인데, 이는 구매 상황과 관련하여 기억 속에 저장된 정보를 회상하고 재검토하는 정신적 과정을 의미한다. 이러한 과정은 [그림 5-8]과 같이 나타낼 수 있는데, 여기에서 기억은 광고 등과 같은 노출된 자극을 주의하고 이해, 수용 및 보유(retention) 과정을 통한 장기저장된 기억(long-term memory)을 말한다. 소비자가 구매의사결정 하는데 기억 속에 저장된 정보가 적절하거나 충분할 때는 다음 단계로 행동이 이행되지만, 그렇지 않을 때는 외부탐색을 하게 된다.

2. 외부탐색

외부탐색은 [그림 5-8]에서 보는 바와 같이 자체 기억에서 회상할 수 있는 것 외에 외부의 정보를 획득하는 과정을 말한다. 이러한 정보원에는 광고를 비롯하여 친구, 판매원, 소매점의 진열, 상품전문잡지 등 여러 가지가 있다. 내부탐색이 항상 수동적인 데 비해 외부탐색은 수동적이거나 능동적일 수 있다는 차이점이 있다. 최근에는 인터넷을 통해 손쉽게 정보를 탐색할 수 있다. 이로 인해 기업들은 [그림 5-9]와 같이 인터넷 검색엔진을 활용하여 광고 및 홍보를 통해 노출되어 광고 효과를 높이고자 한다.

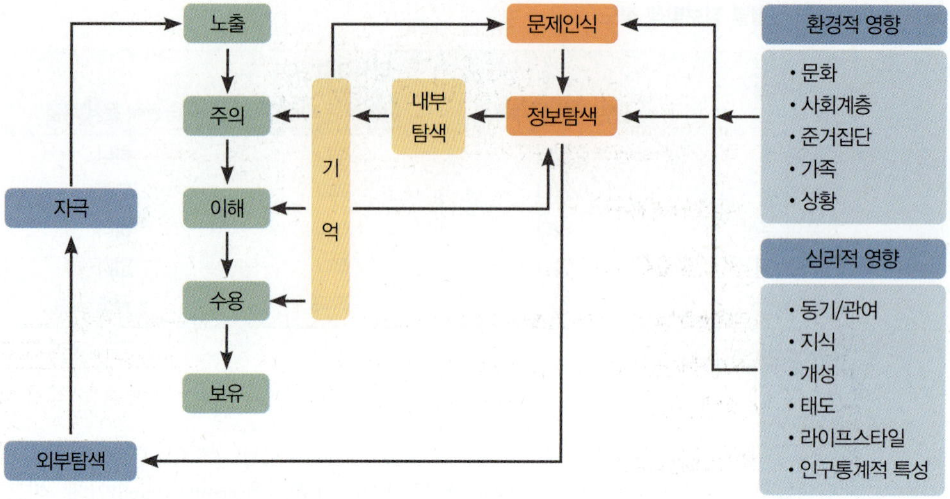

자료: Engel, Blackwell, and Miniard, Consumer Behavior, 6th ed., p. 480.

그림 5-8 의사결정 과정에서의 정보탐색단계

외부탐색을 통해서 입수하려는 정보는 다음 네 가지로 분류할 수 있다. 첫째, 대안상표(alternative brands)에는 어떠한 것들이 있는가에 대한 정보이고, 둘째는 대안상표들을 비교할 수 있는 평가기준에 관한 정보, 셋째는 평가기준의 중요도에 관한 정보, 넷째는 신념을 형성하기 위한 정보로서, 예컨대 상표들이 지닌 속성과 이러한 속성들이 제공하는 혜택에 관한 것이다. 이러한 정보는 소비자가 상표에 대한 신념과 태도를 형성시킴으로써 상표대안 간의 평가를 쉽게 해준다.

소비자가 정보를 얼마만큼, 또 어떻게 탐색하느냐 하는 것은 [그림 5-8]에서 보는 바와 같이 그를 둘러싸고 있는 가족, 준거집단, 사회계층, 문화 등 환경적 요인과 동기, 학습, 개성, 태도 등 심리적 요인에 영향을 받게 된다.

4 대안평가

대안평가(alternative evaluation)란 소비자의 욕구에 맞도록 어떤 대안이 평가되고 선택되는 과정을 말한다. 사실상 이러한 대안평가는 정보탐색과 별개의 과정으로 이루어지기보다는 동시에 이루어지는 경우가 대부분이다. 소비자가 정보를 처리해 본 경험이 많으면 많을수록 평가의 시간은 짧아지게 되며, 제품의 중요성이 높고 위험이 클수록 평가의 정도 역시 높아지게 된다. 대안을 평가하는 과정은 [그림 5-9]에서 보는 바와 같이 신념 → 태도 → 의도 과정을 거쳐서 선택 및 구매에 이르게 된다. 제품에 대한 신념은 평가 기준에 의해서 형성되는데, 예를 들어 어떤 사람이 구두를 사려고 하는데 이 사람은 평소에 구두는 싸고 튼튼해야 한다는 것을 첫 번째로 꼽는다고 하자. 그렇다면 이 사람의 구두에 대한 신념은 싸고 튼튼한 것으로, 만일에 선택하고자 하는 구두 A, B, C 세 개가 있는데 A는 고급, B는 스타일 및 맵시, C는 저가와 내구성에서 뛰어나다면, 이 사람은 A나 B보다도 C에 대하여 더 호감을 느끼게 될 것이다. 이것이 바로 구두에 대한 태도로 구매하고자 하는 **의도**(intention)가 구체화하면 C를 선택, 구매하게 되는 것이다. 대안을 평가하는 행동에서도 소비자를 둘러싸고 있는 문화나 사회계층, 사회집단, 가족과 같은 환경 요인과 개개인의 심리적 요인들이 영향을 미친다.

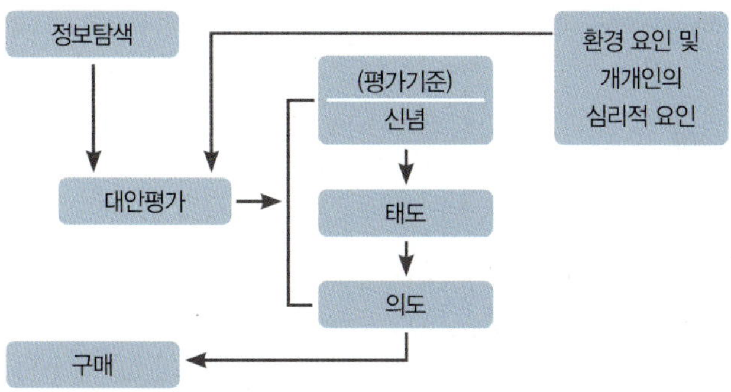

그림 5-9 대안평가 과정

한편, 소비자가 구매하고 싶은 브랜드를 정보탐색의 과정을 통해 브랜드를 선정하는 과정을 알아보자. [그림 5-10]에서 보는 바와 같이 소비자는 제품을 구매할 때 평소 친숙했던 브랜드를 먼저 떠올리게 된다. 이때 기억 속에서 떠올리게 되는 친숙한 브랜드가 **환기군**(evoked set) 브랜드이다. 기억 속의 브랜드는 아니지만 우연히 보게 되거나 정보탐색 과정에서 알게 된 브랜드가 **인식군**(awareness set) 브랜드이다. 소비자는 이러한 환기군 브랜드와 인식군 브랜드 중에서 몇 개만이 자신의 구매기준과 일치하게 됨을 알고 선별하게 되었을 때 이러한 브랜드가 **고려군**(consideration set) 브랜드이다. 마지막으로 이러한 고려군 브랜드 중에서도 자신에게 부합되는 몇 개의 강력한 브랜드를 선택하게 되는데 이를 **선택군**(choice set) 브랜드라고 한다. 결국 마케터는 자신의 제품을 소비자들이 인식군, 고려군, 선택군에 들어갈 수 있도록 전략화해야 한다는 것이다.

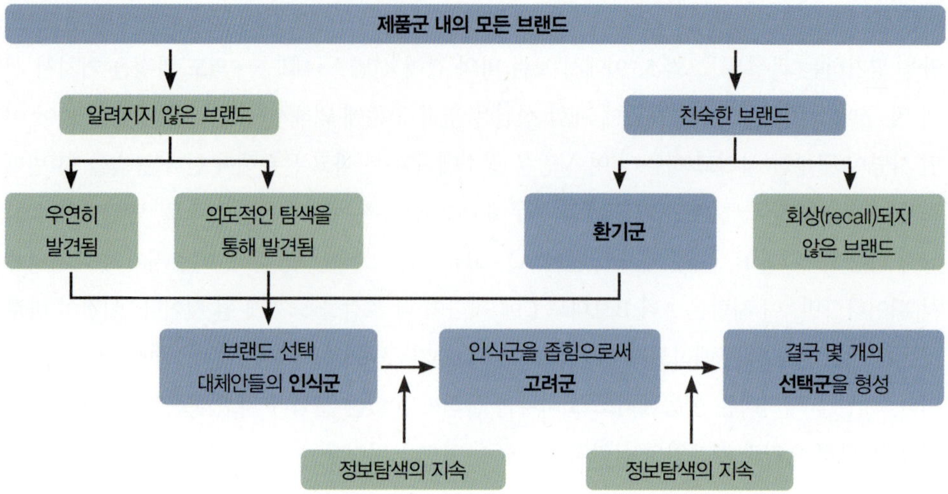

자료: J. P. Peter, and J. C. Olson, Understanding Consumer Behavior, Burr Ridge, Ill., Irwin–The Irwin series in marketing, 1994, p. 162

그림 5-10 소비자의 브랜드 정보탐색 과정

5 구매

1. 점포선택기준 및 점포 애호도

소비자들이 점포선택에 사용하고 있는 기준이 무엇인가에 대하여 다음과 같은 8개의 기본 항목이 제시되었다.

① 전반적인 점포 특성(지역사회에서의 평판, 점포의 수)
② 점포의 물리적 특성(실내장식, 청결, 계산대 서비스 등)
③ 소비자가 점포에 도달하는 편의성(소요 시간, 주차 등)
④ 제공되는 제품(품질, 다양성, 신뢰성)
⑤ 가격수준(가치, 특별염가 판매)
⑥ 판매원(정중하고, 친절하고, 협조적인)
⑦ 점포의 광고(정보제공, 소구, 신뢰성)
⑧ 점포에 대한 지각(인지도)

점포 애호도(store loyalty)란 소비자가 일정 기간에 어떤 점포를 계속 선호하는 성향을 말한다. 많은 소비자로부터 점포 애호도를 받는 소매점은 그만큼 안정적인 고객층을 확보한 셈이다. 일반적으로 점포 애호 고객은 상표에 대해서도 애호 성향이 있는 것으로 나타났다. 즉, 상표선택에 드는 시간과 노력을 절약하려는 소비자가 점포선택에서도 시간과 노력을 절약하려고 하기 때문이며, 또 동일 점포에서의 쇼핑은 그 점포가 취급하는 상표(특히 소매점 기획 상품)에 대한 애호도를 증대시키기 때문으로 풀이된다.

2. 점포 내 구매행동

소비자가 쇼핑할 점포를 선택한 후에는 점포 내에서 구매행동이 시작되는데, 실제 이러한 구매행동 중에는 사전에 계획되지 않고 점포에 와서 비로소 구매가 결정되는 경우가 많다. 이와 같은 **비계획적 구매**(unplaned purchase)는 주로 저관여 제품과 같이 점포 밖에서 대안을 탐색하는 데 걸리는 시간과 노력이 별 가치가 없는 경우나, 또는 소비자들이 다양성과 새로운 것을 추구하려는 충동에서 일어난다. 그렇다고 비계획적 구매가 반드시 **충동구매**(impulse buying)인 것은 아니다. 예컨대, 어떤 주부가 슈퍼마켓에 진열된 빵을 보고 비로소 집에 빵이 떨어졌다는 사실을 깨닫고 구매하면 이 주부는 비계획적 구매를 한 것이지 충동구매를 한 것은 아니다.

따라서 진열, 선반 위치, 포장, 가격 등과 같은 **점포 내 자극**(in store stimulus)이 구매 결정에 큰 영향을 미친다. 점포 내 자극의 중요성은 미용 보조품에 대한 조사에서 입증되었는데, 응답자 중 27%가 진열 때문에 계획하지 않았던 더 많은 품목을 구매하였으며, 응답자의 35%가 무료견본과 전시 때문에, 응답자의 56%기 가격촉진물 때문에 각각 더 추가 구매한 것으로 나타났다.

3. 무점포 구매행동

최근에는 통신시설의 발달로 점포에 가지 않아도 TV를 통한 쇼핑을 비롯하여 인터넷, 카탈로그, 직접우송판매, 방문판매 방식 등에 의해서 **무점포구매**(non store purchasing) 또는 **가내구매**(in-home buying)가 늘어나고 있다. 이처럼 무점포 구매가 늘어나고 있는 이유로는 ① 쇼핑할 시간이 비교적 제한된 취업 여성의 증가, ② 가정용 컴퓨터, 팩시밀리, 케이블TV, 비디오, 은행의 자동사무기기, 운송수단 등 새로운 기술의 급속한 보급, ③ 대부분 쇼핑센터에서는 쉽게 찾아볼 수 없는 전문품에 대한 수요의 증대 등을 꼽을 수 있다.

6 구매 후 평가

소비자는 제품을 구매해서 소비하거나 사용하면서 자신의 선택에 대해 평가하게 된다. 이러한 **구매 후 평가**(postpurchase evaluation)는 가격이 비싼 고관여 제품을 구매했을 때는 물론이고, 저관여 제품을 구매했을 때도 발생하기 때문에 소비자나 마케터에게 모두 중요한 과정이라고 할 수 있다. 소비자의 구매 후 평가 과정을 그림으로 나타내 보면 [그림 5-11]과 같다. 구매 후 평가를 통해 소비자가 심리적으로 느끼는 것은 크게 만족이나 불만족 중의 하나일 것이다. 이때 소비자가 느끼는 만족이란 구매상황에서 그가 지급한 희생이 적절히 보상되었다고 지각된 상태를 말한다. 구매 후 소비하는 과정에서 소비자가 느끼는 만족 또는 불만족은 다 같이 대안을 평가하는 데에 중요한 역할을 하는 신념에 영향을 미친다.

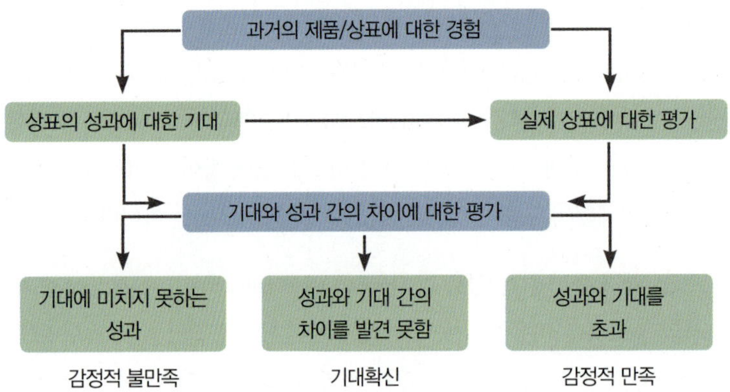

자료: J. C. Mowen, Consumer Behavior, 2nd ed., Macmillian Publishing Co., 1990, p. 346.

그림 5-11 소비자 만족, 불만족의 형성

그러므로 만족하게 되면 그 상표에 대하여 긍정적인 신념이 강화되므로, 다음에 또다시 구매할 필요가 생기면 그 상표를 반복 구매하게 된다. 소비자의 구매 의사결정 과정을 문제해결 과정으로 보았을 때, 그의 문제는 구매해서 소비하는 가운데, 만족한 경우에 비로소 해결되는 것이다. 그러나 불만족을 하게 되면 그 상표에 대하여 부정적인 신념이 형성되기 때문에 다음에 또다시 구매할 필요가 있을 때는 그 상표 이외의 것을 선택하고자 새로이 정보탐색을 하게 된다.

한편, 소비자가 불만족 시에 예상되는 행동은 [그림 5-12]와 같이 크게 불만족 행동을 표현하는 경우와 불만족은 하지만 행동하지 않는 경우로 나누어 볼 수 있다. 불만족 행동을 표현하는 때도 공적인 행동과 사적인 행동으로 나누어 볼 수 있다. 공적인 행동으로는 관련 기업에 직접 불평하거나 법적 보상을 추구하는 경우, 정부 기관, 시민단체에 불평하는 경우로 나누어 볼 수 있다. 사적인 행동으로는 구매를 중단하거나 부정적인 구전을 퍼뜨리는 상황이 예상된다.

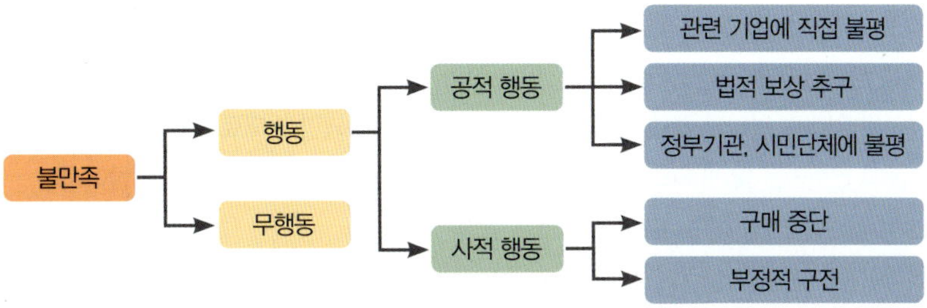

그림 5-12 소비자 불만족 시 예상되는 행동

어떤 상표를 한번 선택한 소비자가 반복 구매를 할 것인가 또는 1회의 구매로 그칠 것인가 하는 것은 구매 후의 평가 과정에 달려 있다고 할 수 있다. 기업의 입장에서 보면 이 과정이 매우 중요하며, 어떻게 하면 자사 제품의 소비를 통하여 만족을 극대화하고, 가능한 한 불만족 요인을 극소화할 것인가 하는 관점에서의 전략을 모색해야 한다.

Ⅲ 소비자 구매의사결정에 영향을 미치는 요인

1 사회·문화적 영향 요인

소비자의 구매의사결정에 영향을 미치는 사회·문화적 요인에는 문화를 비롯하여 사회계층, 준거집단, 가족 등이 있다.

1. 문화

문화(culture)는 "사회의 구성원으로서 인간이 획득하는 지식, 신념, 예술, 도덕, 법률, 관습 및 기타 재능, 습관 등을 포함하는 복합체"이다. 문화는 인간에 의해 창조되고 학습되며, 지속적이면서도 끊임없이 변화한다. 또한 문화는 보편적이면서 다양하며, 구성원들에 널리 공유되며 규범적으로 작용한다.

사례 | 문화의 변화 – 포노사피엔스 시대

과거의 사람들은 약속을 할 때 00역 2번 출구, 00건물 앞에 모여서 단체로 이동하였었다. 그렇지만 요즘은 아무도 그렇게 하지 않는다. 상호만 가르쳐주거나 주소만 가르쳐주면 각자가 직접 약속 장소로 찾아간다. 그것은 스마트폰이 있어서 가능해졌다.

요즘 과거의 대표적 상권인 명동, 종로, 가로수길, 경리단길의 대로변 상권이 죽어가고 있다. 대로변 상가와 골목길 상가는 임대료 차이가 큰데, 어느 지역의 상권이 활성화되면 임대료가 상승하고 임대료가 상승하면 기존의 원주민은 쫓겨나고 그 임대료를 낼 수 있는 새로운 기업이 그 자리에 들어서는데 그렇지 못하면 그 상권은 빈 상가가 생기고 죽어가게 된다.

소비 패턴이 변화하여 반드시 중심상권이 아니더라도 소비자들은 제품, 즉 품질만 좋으면 어디든 찾아갈 수 있게 되었다. 주소체계가 잘 되어 있고 스마트폰의 내비게이션이 잘 가르쳐주기 때문이다. 이화52번가 골목길의 일식집 파파노다이닝이나 망원로6번길 미아돈나 샌드위치집 같은 경우는 골목길 안에 있지만 음식맛이 좋아 손님이 줄을 서게 된다. 소비자들은 가치소비를 하는 것이다.

출처: 주간조선, 2019. 3. 24. 기사요약.

따라서 문화는 소비자의 행동에 강력하고도 광범위한 영향을 미친다. 경제학자인 듀젠베리(Dusenberry)는 "사람들이 행하는 모든 활동은 문화에 의해 결정되며, 거의 모든 재화의 구입은 신체적인 안락감을 제공받기 위해서나, 또는 문화적인 생활을 영위하기 위한 활동 수행을 위해 행해진다."고 주장했다. 한 소비자가 지닌 문화적 가치는 곧 그가 선택하는 제품, 상표, 판매점의 종류에 영향을 주고, 또 그의 쇼핑 패턴과 광고매체의 선택 등을 결정한다.

문화가 다르다는 것은 구성원들이 공유하고 있는 문화적 신념, 가치 및 규범이 다르다는 것을 의미한다. 예컨대 유대인이 돼지고기를 먹지 않는 것은 종교적 신념 때문이며, 추석날 송편을 빚어 먹고 설날엔 떡국을 먹는 것은 관습이라는 규범 때문이다. 신념이 다르면 색깔이나 숫자도 달리 해석한다. 우리나라 사람들은 예로부터 백의민족으로 흰색을 좋아하지만, 일본은 흰색을 상색으로 꺼리며, 기독교 국가는 숫자 13을 싫어하고 7을 선호하는 반면에 중국은 8을 발전의 의미로 매우 선호한다.

따라서 문화권이 다른 국가로 마케팅 활동을 확대하고자 할 때 자국 문화와의 **비교문화분석**(cross cultural analysis)을 통해서 표준화 전략을 쓸 것인지 아니면 비표준화 전략을 쓸 것인지를 결정해야 한다. 예컨대, 럭스(Lux) 액체 세제는 미국에서 주부의 손에 해가 적다는 것을 강조하여 성공했기 때문에 독일에서도 똑같은 캠페인(표준화 전략)을 벌였으나 실패했다. 왜냐하면,

독일 주부들은 손에 해가 끼치는 것보다 접시를 얼마나 깨끗하게 닦을 수 있는지에 더 관심을 두었기 때문이다. 따라서 럭스사는 독일 주부들의 이 신념에 맞춰 강력한 세제를 생산하고 이를 강조하는 광고를 통해 판매량을 높였다.

2. 사회계층

사회계층(social class)이란 유사한 가치관, 흥미, 라이프스타일과 행동 패턴을 지닌 비교적 영속적이고 동질적인 집단이라고 정의할 수 있다. 사회계층은 보통 낮은 지위에서 높은 지위에 이르기까지 계층화되어 있으며, 개인은 그가 속한 사회계층에서 통용되는 규범, 태도 및 행동에 영향을 받는다. 따라서 사회계층은 오래전부터 시장세분화를 위한 기준으로 사용됐으며 [그림 5-13]은 상류층을 표적시장으로 설정한 예이다. 사회계층이 시장세분화전략에 적용되기 위해서는 첫째, 그 제품을 사용하고 있는 사회계층이 어떤 계층인가를 파악한 후, 둘째 시장세분화를 위해 사회계층과 여타 변수(소득, 라이프스타일 등)를 서로 비교해 보고, 셋째 기업이 목표로 하는 표적시장의 사회계층 특성이 무엇인가를 분석해서, 넷째 사회계층 특성과 일치하는 마케팅믹스의 효율을 극대화하기 위한 마케팅 프로그램을 개발한다.

Mercedes-Benz

그림 5-13 상류층 고객을 주요 타겟으로 하는 메르세데스 벤츠

3. 준거집단

준거집단(reference group)이란 개인이 자신의 판단, 신념, 행동을 결정하는데 **준거**(reference) 또는 기준으로 사용하는 집단으로서 태도나 행동을 평가하기 위한 기준점을 제공해 준다. 그러므로 개개인의 행동이 어떤 집단에 의해 영향을 받는다면, 그가 실제로 그 집단에 가입했거나 또는 안 했거나 관계없이 그러한 집단은 준거집단이 되는 것이다. 예를 들어, 10대는 그들이 좋아하는 연예인이나 운동선수들의 모습과 행동을 많이 따라 하는 경향이 있다. 준거집단은 세 가지 방향에서 소비자 선택에 영향을 미친다.

첫째, 준거집단은 **정보제공적 영향**(information influence)이 있다. 전문가의 증언이나 친구들의 경험은 정보제공적 소통이 되며, 또한 어떤 제품의 가시적 소비(자동차, 가구, 의상 등)는 소비자에게 어느 상표 또는 제품이 집단 내에서 가장 인기가 있는지에 대한 정보를 제공한다.

둘째, 준거집단은 개인의 신념, 태도, 행동을 집단의 것과 비교하도록 하는 **비교기준적 영향**(comparative influence)이 있는데, 그것은 개인이 집단과 동일시하도록 함으로써 집단 소비 패턴을 따라하는 동기가 된다. 이러한 비교기준적 영향 때문에 친구 사이의 소비 패턴은 비슷해지는 것이다.

셋째, 준거집단은 집단규범을 근거로 개인의 태도와 행동에 직접 영향을 미침으로써, 이들 규범에 순응하도록 고무한다는 점에서 **규범제공적 영향**(normative influence)을 가지고 있다. 예컨대, 학생들은 학생의 신분에 맞는 복장을 하게 되고, 병원에서 의사나 간호사는 그들의 역할에 맞는 복장을 한다.

4. 가족

가족(family)이란 혈연, 결혼 또는 입양 관계를 통해 함께 사는 2인 이상의 집단을 말한다. 보통 정상적인 가족이란 결혼한 한 쌍과 그 자녀로 구성된다. 가족 내에서 부부의 역할이 최근에 많이 변화하고 있다. 이는 주부들의 취업 증가에 의한 사회 활동 비중이 높아졌기 때문이다. 이러한 주부의 **이중역할**(dual role) 수행은 마케팅에 많은 점을 시사한다. 첫째, 이제까지 주부의 전용물로 간주됐던 집안 청소, 세탁, 음식 만들기, 아기 이유식 주기 등을 남녀 공동으로 사용할 수 있도록 제품을 변경할 필요가 있다. 둘째, 주부의 위상이 높아짐에 따라 광고 할 때 주부를 종전과 같이 남편의 종속적인 존재로 표현해서는 안 된다. 셋째, 시간 부족으로 인터넷 등 홈쇼핑의 비중이 점차 높아질 것으로 예상된다.

특히 가정 내 역할 분담으로, 남녀 모두 자녀나 배우자의 필요에 따른 제품을 대신 구매하는 **구매대리인**(purchasing agent) 역할을 수행한다. 조사 결과에 따르면 남편이 입는 내복이나 와이셔츠의 68%를 남편 대신 아내가 대신 구매하는 것으로 나타났다. 이는 사용자가 비록 남편일지라도 실질적인 구매인이 아내일 경우에는 제품 광고 시 사용자보다는 구매대리인에게 소구하는 것이 더 효과적임을 시사한다. [그림 5-14]는 사용자가 남편이지만 의사결정 및 구매자가 주부인 경우를 대상으로 광고한 사례이다.

가족도 수명이 있다. 개인이 미혼으로 있다가 결혼해서 자녀를 출산하고 학교에 보내고 자녀들이 출가하면서 가족이 축소되며, 마침내는 부부 중 한 명이 죽음을 맞이하게 되어 가족이 해체되는 일련의 과정을 **가족생활주기**(family life cycle)라 한다. 가족생활주기를 단계별로 구분 짓기 위하여 통상적으로 ① 결혼 여부, ② 가족 구성원의 나이, ③ 가장의 노동 유무, ④ 가족 수 등 다수의 변수가 사용된다. 단계마다 재정 형편과 관심사가 다르므로 특히 보험, 여행, 교육, 금융업 부문에서 가족생활주기를 많이 활용하고 있다.

그림 5-14 **사용자는 남편이지만 선택 영향자가 주부인 경우의 광고사례**

2 심리적 영향 요인

소비자행동에 영향을 미치는 심리적 요인으로는 지각을 비롯하여 학습, 동기, 개성, 라이프스타일, 태도 등이 있다.

1. 지각

지각(perception)이란 외부의 자극이 인체 내부에 들어오게 되면 각 개인의 욕구나 기대, 가치 등과 결부되어 그 사람 나름의 의미 있는 해석을 하는 것을 말한다. 대상은 하나이지만 그것을 해석하는 방법은 사람마다 다를 수 있다. 예를 들어, [그림 5-15]를 보는 사람에 따라 동일한 그림이더라도 왼쪽 그림은 색소폰을 연주하는 사람이나 여성으로 볼 수 있다. 또한 오른쪽 그림은젊은 여성 또는 노파와 같이 다양하게 해석될 수 있다.

그림 5-15 애매한 도형과 배경

기업 광고에서 지각을 어떻게 활용할 것인가는 중요한 문제이다. 지각을 유발하기 위해서는 먼저 광고가 다양한 자극 중에서 선택되어야 한다. 광고를 소비자에게 선택되게 만들기 위해서 광고는 진기하고 크게, 컬러를 활용하고 **대조**(contrast)를 강조하여 제작해야 한다. 또한 광고의 내용은 소비자들이 고통을 느끼거나 위협받지 않게 구성하여 **지각방어**(perceptual defense)가 발생하지 않도록 해야 한다.

광고가 선택된다고 하더라도 과연 소비자들이 기업이 의도한 광고 내용대로 해석할 것인가는 또 별개의 문제이다. 예컨대, '기아'의 전 로고는 기아의 영문자 위에 깃발을 그려 넣었는데 굴뚝의 연기로 해석해서 로고를 바꾼 바 있으며, '에이스'침대는 침대를 단순한 가구 기준으로 선택해서는 안 된다는 점을 강조하기 위해 "침대는 가구가 아닙니다."라고 했더니 초등학생들이 그대로 받아들여 사회적 문제가 된 적이 있다. 따라서 소비자들이 어떻게 자사 브랜드를 해석하고 있는지 알기 위한 지각측정이 매우 중요하다.

2. 학습

학습(learning)이란 과거의 경험으로부터 야기되는 비교적 영속적인 행동의 변화를 말한다. 기업은 주로 광고나 홍보 등 프로모션 활동을 통해 소비자의 사고와 행동을 변화시키려고 노력한다. 소비자의 학습원리를 설명하는 이론은 S → R 모델, S → R → C 모델, S → O → R 모델 등 세 가지가 있다.

첫째, 자극(S, stimulus)과 반응(R, response)을 반복함으로써 학습된다는 이론으로써 반복에 의해서 영어단어나 구구단을 외우고, 어린이가 말을 배우는 것은 모두 이 학습이론으로 설명된다. 예를 들어, 사람들에게 "공무원 시험은?"하고 물어보면(S) "공무원 시험 합격은 에듀윌!"(R)이라는 CM송과 함께 서경석을 바로 떠올릴 것이다. 서경석은 에듀윌의 대표 모델로 활동함과 동시에 다양한 대외행사에도 참여했다. 에듀윌은 초창기에 광고모델로 서울대 불어불문학 출신인 연예계 대표 브레인 서경석을 등장시켰다. "서경석(S)→ 똑똑하다(R)"라는 무조건자극 "서경석"에 조건자극 "에듀윌"을 결부시켜 반복광고 함으로써 "에듀윌"하면 "서경석"이 연상되면서 "공무원 시험을 똑똑하게 준비하는 방법"으로 인식된다. 반복광고의 대부분은 이 학습원리를 활용한 것이다.

그림 5-16 소비자의 학습원리를 활용한 '에듀윌' 광고사례

둘째, 사람은 자극과 반응의 단순한 반복으로 학습하기보다는 반응의 결과(C, consequence)에 따라 반응이 강화될 수도 있고 약화될 수 있다. 예컨대, 어떤 광고를 보고(S) 그 제품을 구매하면(R), 만족을 얻을 수도 있고 또 그렇지 않을 수도 있는데(C), 만약 그것이 만족스러웠다면(보상적 결과) 그 제품에 대한 구매는 앞으로도 반복될 가능성이 높다. 개나 돌고래 훈련도 다 이

이론에 의한 것으로 사인을 보낸 대로(S) 잘 따라 하면(R) 어김없이 먹이를 주면서 칭찬해 줌으로써(C) 사인에 맞는 행동을 잘 따라 하려 한다.

기업은 광고하면서 소비자가 제품을 통해 어떤 혜택이 돌아가 틀림없이 그 제품을 통하여 만족하리라는 점을 강조하든가, 가격할인을 강조하여 구매하도록 한다든지, 무료샘플, 경품교환권 등의 판매촉진에 의해 제품을 써보도록 유인함으로써 만족스러웠다면 비록 이러한 유인이 없어지더라도 그 제품을 계속해서 구입한다.

셋째, 소비자는 실제로 제품을 구매, 사용하지 않았더라도 다른 사람의 행동을 관찰, 기억, 모방함으로써 많은 것을 학습할 수 있기 때문에 S → O(organism) → R 모델로 설명할 수 있다. 즉, 자극(S)이 인체(O) 내에 들어와서 어떠한 인지 과정을 겪느냐에 따라 행동(R)이 결정된다고 본다. 따라서 기업이 소비자들이 바람직한 행동(R)을 유도하기 위해서는 생각(O)을 변화시켜야 하고, 이를 위해서는 그에 맞는 자극(S)을 새롭게 할 필요가 있다. 이처럼 학습을 설명하는 이론은 대표적으로 고전적 조건화이론과 조작적 조건화이론 및 인지적 학습이론이 있다. 조건화이론은 자극과 반응 간의 관계를 통해 원하는 행동을 유도하는 경우이고, 인지적 학습이론은 소비자가 정보를 처리하는 결과에서 발생하는 학습에 초점을 맞추게 된다.

고전적 조건화(classical conditioning)이론은 [그림 5-17]에서와 같이 무조건 자극이 주어졌을 때 무조건적인 반응이 일어나는 경우로 유행하는 대중가요를 들으면 유쾌한 기분(무조건 반응)이 느껴지는 것이다. 조건자극은 광고를 통해 특정 필기구를 음악과 연계하여 여러 번 반복하면 나중에 이 필기구를 보면 유쾌한 기분이 드는 경우이다.

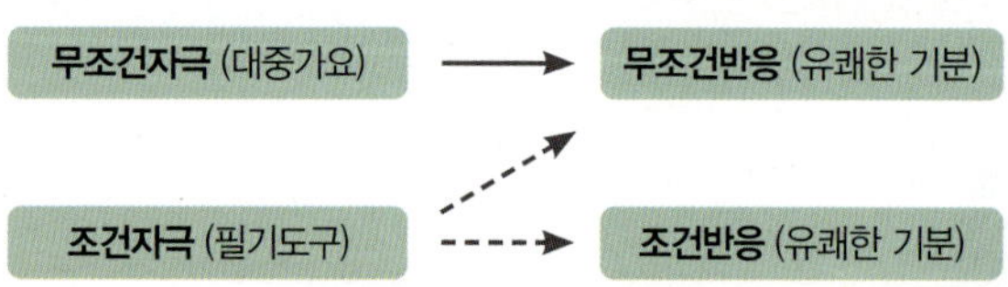

그림 5-17 고전적 조건화이론

조작적 조건화(operant conditioning)이론은 [그림 5-18]에서와 같이 자극을 통해 특정인에게 원하는 반응을 유도하는 것으로, 예를 들면 한 제과 회사에서 무설탕 껌을 개발했는데 소비자에게 무료 견본을 주어 맛보기(반응유도)를 유도하여 상큼한 맛이 있으면서 치아에는 유해하지 않다는 점을 구매 결과로 확인하게 되면 다음에도 이 무설탕 껌을 반복적으로 구매하게 된다는 것이다.

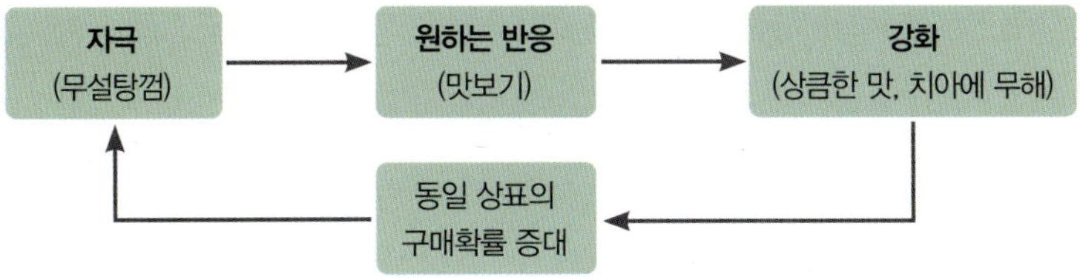

그림 5-18 조작적 조건화이론

한편, 인지적 학습이론은 소비자들은 문제해결 과정이나 상황에 대처하는 과정에서 기존 지식을 바탕으로 하여 문제해결을 하거나 새로운 내용을 습득하여 학습하고 창조적인 사고를 통하여 학습을 통해 소비 활동을 한다. 즉, 아직 경험하지 못한 상황에 적절히 대처하는 행동은 외부 환경에서 필요한 정보를 능동적으로 수집하여 인지함으로써 이루어진다는 학습이론으로 학습을 자극과 반응 사이의 연상보다는 문제해결 과정으로 보고 있다. 침팬지가 우리 안에 높이 매달아 놓은 바나나를 먹고 싶은데 손이 닿지 않아 고민하며 생각하다가 상자를 쌓고 바나나를 먹는 과정을 인지적 학습이론으로 설명할 수 있다. 관련 내용은 [그림 5-19]를 참고하여라.

그림 5-19 인지적 학습이론의 절차

3. 동기

동기(motive)란 목표를 향해서 행동의 방향을 지시하고, 촉진하고, 가속화하도록 하는 내적 상태를 말한다. 즉, 동기는 행동의 내재한 원동력이기 때문에 겉으로 드러나는 소비자행동을 이해하는 데 필수적이다. 행동을 나타내게 하는 동기가 무엇인가를 알아야만 효율적으로 그에 대응하는 전략을 수립할 수 있다.

예를 들어, 네스카페(Nescafe)는 1950년대 초 막대한 R&D를 들여 먹기 편리한 오늘날의 인스턴트커피를 개발해서 시판에 들어갔다. 그런데 예상과는 달리 갈아서 마시는 종전의 커피 대신으로 인스턴트 커피를 구입하지 않았다. 그래서 전화로 "왜 인스턴트커피를 구입하지 않는가?"라고 직접적인 질문을 한 결과 종전의 커피와 맛과 향이 다르다는 응답을 얻었다. 제품개선을 하였으나 반응은 마찬가지였다. 그래서 **투영법**(projective techniques)을 이용하여 간접적인 애매한 질문을 하였다.

[표 5-2]에서 보는 바와 같이 두 개의 **구매 계획표**(shopping list)를 작성해서 50명씩의 두 개의 주부집단에 나누어 주고 이 구매 계획표를 짠 주부는 어떤 주부일지 상상하여 작성하도록 했다. 쇼핑 리스트는 품목이 모두 7개로 내용이 똑같고 단지 쇼핑 리스트 1은 인스턴트 커피이고, 쇼핑 리스트 2는 가루커피라는 것만 달랐다. 조사결과 쇼핑 리스트 2에 대한 응답은 대체로 검소하고 현모양처라고 하는 반면에, 쇼핑 리스트 1에 대한 응답은 게으르고 무계획적이며, 심지어 악처라고 평했다. 따라서 주부들이 인스턴트 커피를 구매하지 않는 것은 그들이 피상적으로 말하는 맛과 향기에 의한 것이 아니라, 인스턴트 커피를 구매할 때 주위로부터 좋지 않은 평가를 받는 것이 두렵기 때문이었다. 따라서 네스카페는 바쁜 현대 생활에서 인스턴트 커피를 사용하는 것이 오히려 현명하다는 광고전략을 내세워 성공할 수 있었다.

표 5-2 쇼핑 리스트

SHOPPING LIST 1	SHOPPING LIST 2
Pound and a half of hamburger	Pound and a half of hamburger
2 loaves of Wonder Bread	2 loaves of Wonder Bread
Bunch of carrots	Bunch of carrots
1 can of Rumford's Baking Powder	1 can of Rumford's Baking Powder
Nescafe Instant Coffee	1 lb. Maxwell House Coffee(drip grind)
2 cans Del Monte Peaches	2 cans Del Monte Peaches
5 lbs. potatoes	5 lbs. potatoes

4. 태도

태도(attitude)란 개개인이 어떤 대상(예컨대 제품, 상표, 상점 등)에 대하여 얼마나 긍정적 또는 부정적·호의적 또는 비호의적·찬성적 또는 비판적으로 느끼는가를 말한다. 소비자들이 자사 브랜드에 우호적인 태도를 가지고 있다면 별문제가 없겠지만 그렇지 않으면 어떠한 이유로 비우호적인 태도를 보이고 있는가를 분석해서 우호적인 태도로 변화될 수 있도록 적절한 전략을 수립하여야 할 것이다. 왜냐하면 소비자들이 자사 브랜드를 좋지 않게 생각하는 한 그 소비자들이 구매할 확률은 극히 희박하기 때문이다.

그러나 최근에는 태도를 단일 차원으로 해석하는 것보다 다차원적인 것으로 보는 피시바인(Fishbein)의 태도 모델이 인정 받고 있다. 사람들의 태도 형성은 대상에 대한 그들의 신념(지각과 지식)을 바탕으로 해서 이루어진다고 보았다. 제품과 같은 대상도 크기나 모양, 성능 등 많은 속성들을 가지고 있으므로 사람들은 이러한 개개의 특성을 알아보고자 정보를 입수해서 신념을 형성하게 된다. 또한 사람들은 이러한 속성에 대한 신념을 바탕으로 해서 그에 대한 긍정적 또는 부정적 감정을 형성하게 된다. 그러므로 피시바인의 모델에 의할 것 같으면 어떤 대상에 대한 개인의 전반적 태도는 그 대상의 여러 가지 속성에 대한 신념과 느낌으로 형성된다고 본다. 이러한 이유로 이를 다속성 태도 모델이라 부른다.

피시바인의 태도 모델을 식으로 나타내면 다음과 같다.

$$A = \sum_{i=1}^{n} b_i e_i$$

A : 대상에 대한 태도
h_i : 속성 i 에 대한 소비지의 신념의 강도
e_i : 속성 i 에 대한 소비자의 평가(중요성)
n : 고려되는 속성의 수

5. 개성과 라이프스타일

개성(personality)은 환경 자극에 대해서 일관성 있게 반응하는 것을 말한다. 즉, 개성은 어떤 환경적 자극에 대하여 일관성 있는 반응을 보이도록 함으로써 소비자행동을 설명하고 예측하는 데 도움을 줄 수 있다. 호니(Karen Horney)는 개성이란 부모와 자식 관계로부터 나오는 걱정거리에 대처하기 위하여 사람들이 학습함으로써 형성된다고 한다. 그는 인간이 상호 간에 이러한

불안감을 해소하는 방법에 따라 세 집단으로 분류하였다.

- **순응 지향성**(compliant orientation)
  충돌을 피하고 다른 사람의 뜻에 복종하려는 경향이 있으며, 흔히 선량, 동정, 사랑, 비이기성과 겸손 등이 이들의 속성이다.
- **공격 지향성**(aggressive orientation)
  남들보다 뛰어나기를 원하며, 성공, 위신 및 존경을 성취하려고 한다. 힘, 권력, 비감성적 현실주의가 이들의 속성이다.
- **고립 지향성**(detached orientation)
  이들은 남들과의 사이에 감정적인 거리를 두기를 원하며, 의무로부터의 자유, 자립, 그리고 자급자족에 높은 가치를 둔다. 이들은 남들과 같아지기를 싫어하며 이성과 지성을 감성보다 높이 평가한다.

라이프스타일(life style)은 사회 전체 또는 일부 계층의 고유하고 특징적인 생활양식을 가리킨다. 라이프스타일은 고정된 것이 아니라, 개인의 가치, 태도, 신념 및 외부의 사회·문화적 환경의 영향에 의해 변화될 수 있으므로, 마케팅관리자는 표적소비자들의 라이프스타일을 수시로 분석·평가하지 않으면 안 된다. 라이프스타일 조사는 AIO(Activities, Interests, Opinions) 세 가지 변수로 측정한다. 즉, ① 소비자는 주로 어떤 활동을 하면서 시간을 보내는가? ② 중요하게 여기고 있는 관심사는 무엇인가? ③ 각종 사물이나 사건에 대해 어떤 의견을 가지고 있는가? ④ 마지막으로 연령, 소득, 직업, 거주지 등 인구통계적 자료에 관한 질문들로 구성된다.

Ⅳ 온라인 소비자행동

1 온라인 소비자행동의 이해

디지털 시대가 도래하면서 온라인 시장을 이용하는 고객들이 폭발적으로 증가하고 있다. 온라인 시장을 이용하는 고객들은 기존의 오프라인 시장을 이용하였던 소비자의 행동과 무엇이 다른지 이해할 필요가 있다. 과연 온라인 시장을 이용하는 고객들은 주로 누구이고 어떤 제품을 구매하는지, 온라인 시장에서의 소비자들은 어떤 특성을 보이는지 등을 잘 이해해야 마케팅 활동을 성공적으로 수행할 수 있기 때문이다.

1. 온라인 소비자의 특성

온라인 소비자는 디지털 기술을 이용해 상품과 서비스를 검색하고 구매하는 사람들이다. 특히, 스마트폰의 보급 덕분에 소비자들은 모바일 간편결제, 매장 방문 전 구매, 택시 혹은 호텔 예약 같은 서비스 등 전혀 낯설지 않은 상황이 되었다.

온라인 소비자의 주요 특성을 살펴보면 다음과 같다.

첫째, 관심도와 참여도가 증가하고 교육 수준 향상과 '나'에 대한 자신감 증대로 능동적이고 적극적인 태도를 보인다.

둘째, 정보지향의 성향을 보이며, 개인화와 맞춤화 가속, 자신의 욕구 표출을 꺼리지 않고 개인적 선호나 기준이 뚜렷해져 개인화된 서비스를 선호한다.

셋째, 관계지향의 성향을 보이는데 커뮤니티와 멤버십 가입을 선호하며, 소비자들끼리 정보를 주고받고 공유하는 것을 즐기는 특성이 있다.

넷째, 고객 주의력 분산 성향을 보이는데 뉴미디어가 많이 등장하면서 소비자들의 하나의 매체에 대한 자극과 주의력이 떨어지게 된다.

다섯째, 다중직무 수행자의 성향을 보이며, 혁신수용자 증가, 새로운 문화와 제품, 기술에 관심이 많고 정보 공유가 빨라졌으며, 타인의 정보에 영향을 많이 받는다.

2. 온라인 소비자의 유형

온라인 소비자를 '인터넷을 상품 및 서비스 구매에 어떻게 활용하는가?'와 정도에 따라 '순수 온라인 소비자(pure online consume)', '혼합사용소비자(hybrid consumer)', '순수 오프라인 소비자(pure offline consumer)로 구분할 수 있다.

순수 온라인 소비자는 '인터넷으로만 정보를 검색하고 인터넷으로만 물건을 구매하는 소비자'를 말하는데 이론적으로는 가능하나 현실적으로는 존재하지 않는 소비자 분류이다. 혼합사용 소비자는 '상품과 서비스 구매에 있어서 온라인과 오프라인을 함께 사용하는 부류'이다. 순수 오프라인 소비자는 '정보검색과 구매를 모두 오프라인에서만 하는 소비자 분류'로서 이들은 사실상 혁신의 수용 주기상 지각수용자로서 인터넷 마케팅의 대상에서 제외된다.

표 5-3 온라인 소비자 유형

구분	주요특성
[Type 1] 온라인 검색/오프라인 구매 소비자	인터넷으로 상품과 서비스 정보를 검색하지만, 실제 구매는 오프라인에서 하는 소비자
[Type 2] 상황적 혼합사용 소비자	상황에 따라서 온 · 오프라인 정보검색을 병행하며 구매 역시 상황에 따라 온 · 오프라인 구매를 병행하는 소비자
[Type 3] 오프라인 검색/온라인 구매 소비자	정보검색은 오프라인에서 하고 실구매는 온라인을 통해서 하는 소비자

자료: 박승배외, 최신 소비자행동론(4판), 명경사, 2022.

2 온라인 소비자 의사결정 과정

온라인 소비자들의 의사결정과정을 잘 설명할 수 있는 모델이 AISAS모델이다. AIDA(Awareness-Interest-Desire-Action)모델과 AISAS모델의 가장 큰 차이점은 '노출–흥미'의 과정 이후 '검색'의 과정이 들어간다는 점과 실제 구매를 한 후 자신의 결정에 대한 평가를 다른 사람과 공유한다는 점이다.

자료: 유필화, 김용준, 한상만, '현대마케팅론', 박영사, 2012

그림 5-20 AISAS모델

1. 검색(Search) – 검색광고(Search Advertising)

디지털 시대 소비자들은 구매의사결정을 할 때 검색을 통해 정보를 습득하는 경우가 많으므로 기업 또한 이에 능동적으로 대처해야 할 것이다. 이때 기업에서 대처할 수 있는 전략이 바로 검색광고를 활용하는 것이다. 검색광고는 일반적으로 검색엔진을 통해 소비자가 특정 제품군에 대해 검색했을 때, 그와 관련된 검색 결과를 제시하는 방식이다. 흔히 국내의 대형 포털 사이트나 해외의 검색엔진 서비스를 이용할 때 접할 수 있는 광고유형으로, 가장 많은 사람들이 선택한 결과를 제시해 주는 방식과 키워드와 가장 유사한 성격의 제품군에 대한 추천을 제시해 주는 방식으로 글로벌순위방식(Global Ranking Method)이라 한다.

2. 검색(Action) – 사용(Trial)

일반적으로 기업은 단순히 정보만을 제공하는 것이 아니라 소비자가 구매하기 전 자사의 제품이나 서비스를 직접 체험하게 하는 '사용' 이벤트를 통해 소비자들에게 자사의 제품을 알리게 된다. 디지털 시대의 방식으로 우리에게 가장 익숙한 방식의 '사용'은 바로 컴퓨터 프로그램을 활용하는 것이다. 과거에는 제품을 직접 구매하기 전까지는 그 제품의 특징을 알아낼 수 없다는 단점이 있었으나, 쉐어웨어(shareware)나 데모(demo)를 통하여 실제로 사용해 봄으로써 소비자들에게 직접 체험할 기회를 제공하고 있다.

3. 공유(Share) – 입소문(Word of Mouth, Word of Mouse)

온라인을 통해 소비자들 정보를 공유, 확산하는 과정이 대중화되면서, 그 어느 때보다 온라인을 통한 정보의 공유와 확산이 중요해지고 있다. 온라인을 통한 입소문은 성별, 나이, 지역의 제약을 받았던 오프라인과는 달리 제약이 없이 자유롭게 퍼진다. 오늘날 facebook, Twitter와 같은 모바일 기반으로 한 소셜네트워크 서비스의 확산을 통해, 온라인을 통한 입소문은 시간과 장소의 제약이 없이 실시간으로 이루어지고 있으며, 전파력이 높다는 특징을 가지고 있다. 입소문은 온라인 소비자의 유형 중 주로 오피니언 리더(opinion leader)나 혁신적 소비자에 의해 주도적으로 이루어진다고 할 수 있다.

3 소비자들이 온라인 구매를 선택하는 이유

소비자들이 일반적으로 온라인을 통해 쇼핑하고 구매하는 여섯 가지 이유로 [그림 5-21]에서 와 같이 편리성, 선택, 맞춤 주문, 의사소통, 비용, 통제 등의 이유 때문이다.

온라인에서의 쇼핑과 구매는 편리하다는 것, 다양한 상품을 많은 정보를 통해서 선택할 수 있고 필요한 상품과 서비스를 맞춤 주문할 수 있다는 것이다. 또한, 인터넷 기반으로 구매 과정에서 충분한 의사소통을 할 수 있고 가장 저렴한 비용으로 살 수 있다는 것과 인터넷 정보기술을 능숙하게 사용하여 원하는 시간, 방식, 조건에서 정보를 찾고 대안들을 평가하고 구매 결정을 내릴 수 있다는 점이다.

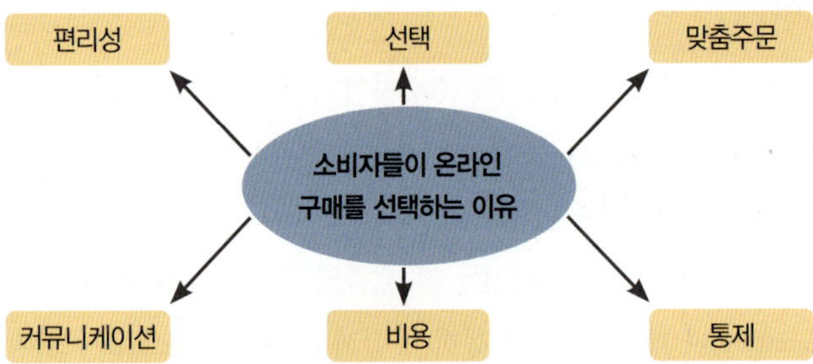

자료: Kern, Roger A., Steven W. Hartley and William ?, The Core Marketing, McGraw-Hill, Inc., 2013.

그림 5-21 소비자들이 온라인 구매를 선택하는 이유

4 메타버스 마케팅

디지털 기술이 발달하면서 최근 가상과 현실의 세계가 상호작용하는 3차원 가상 세계인 메타버스가 급부상하고 있다. 특히, 코로나19가 전 세계적으로 지속되면서, 3차원 가상 세계에서 비대면으로 타인과 소통할 수 있는 메타버스 플랫폼 서비스가 활발하게 활용되고 있다.

자료 : 네이버 제페토(2021. 8)

자료: https://m.etnews.com/20210819000165)

자료 : 로블록스

자료 : 포트나이트

그림 5-22 국내외 메타버스 플랫폼 사례

메타버스(metaverse)는 가상·초월을 의미하는 '메타(meta)'와 현실 세계를 의미하는 '유니버스(universe)'의 합성어로 현실과 가상이 공존하는 3차원의 가상 세계를 말한다. 이제 디지털 세상에서 아바타를 이용해 타인과의 게임, 비즈니스, 소비활동, 의사소통 등이 가능해지고 있다.

메타버스는 빠르게 변화하는 MZ세대나 알파 세대의 추세를 빠르게 파악하여, 이들을 타겟팅하기 위한 가장 효과적인 수단으로 활용될 수 있다. 이를 통해 광고 및 유료 상품을 판매하여 수익을 창출할 수 있다. 앞으로는 실물 세계와 연계한 전자상거래(e-Commerce)와 메타버스를 활용한 콘서트나 종합 엔터테인먼트 플랫폼으로도 수익이 확장될 전망이다.

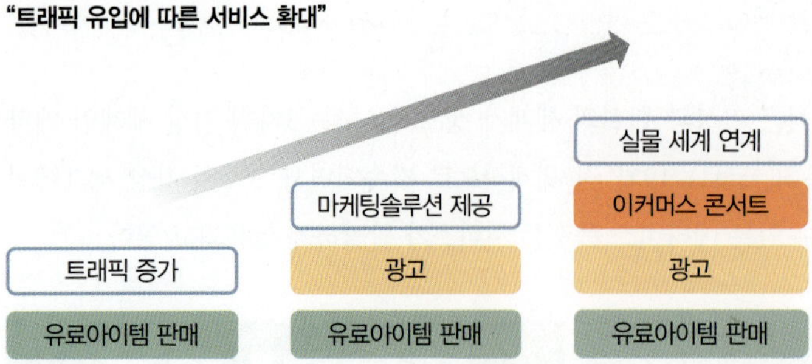

그림 5-23 메타버스 수익모델 진화 과정

글로벌 시장조사업체 스트래티지애널리틱스(SA)는 메타버스 시장이 2025년 2,800억 달러(약 315조 원)까지 성장할 것으로 전망했다. 이에 따라 국내외 정보통신기업들은 메타버스 시장을 선점하기 위해 앞다투어 진출하고 있다.

앞으로는 가상 세계에서 다양한 차량을 구경하고 시승할 수 있는 기회도 제공될 것이다. 또한 가상 공간에서 콘서트나 신곡 발표회를 즐길 수 있으며, 상품을 둘러보고 구매할 수도 있다. 또한, 이제는 더 이상 오프라인 방문을 통해 아파트 견본 주택을 방문하여 집의 구조를 살피지 않고도 가상의 세계에서 아파트의 내부를 구석구석 살피고 분양을 위한 상담도 받을 수 있게 될 것이다.

메타버스는 다양한 분야에서 마케팅의 핵심 도구로 사용될 수 있다. 예를 들어, 영향력 있는 디지털 휴먼 마케팅에서는 인간과 같은 아바타가 역할을 수행하거나, 가상의 공간에서 옥외광고와 배너광고를 수행할 수 있다. 메타버스 내 가상매장을 통해 구매 주문을 받아 처리하고 배송도 이루어질 수 있다. 이처럼 메타버스는 고객과의 깊은 상호작용을 가능하게 하며, 기존 마케팅 패러다임을 혁신적으로 변화시킬 것으로 예상된다.

한편, 세계 최대 소셜미디어인 페이스북은 회사이름(사명)을 '메타(Meta)'로 바꾸고 페이스북을 소셜미디어를 넘어 가상현실(VR)의 영역으로 넓히면서 미래 디지털 경제의 핵심이 될 메타버스 세계로 비즈니스를 전환하고 있다.

그림 5-24 '메타'로 바뀐 페이스북의 사명

주요 용어

가족(family)
가족생활주기(family life cycle)
개성(personality)
고관여제품(high involvement)
고립지향성(detached orientation)
공격지향성(aggressive orientation)
구매 관여(purchase involvement)
구매대리인(purchasing agent)
구매 후 평가
기억
내부탐색(internal search)
노출
대안평가(alternative evaluation)
동기
라이프스타일(life style)
메타버스 마케팅
무점포구매(non store purchasing)
문화(culture)
반응
보유(retention)
비계획적 구매(unplaned purchase)
비교문화분석(cross cultural analysis)
사회계층(social class)
수용
순응 지향성(compliant orientation)
습관적 의사결정(habitual decision making)
외부탐색(external search)
이중역할(dual role)
인지적 학습
자극(stimulus)
저관여제품(low involvement)
점포 애호도(store loyalty)
정보탐색(information search)
제품관여(product involvement)
조작적 조건화(operant conditioning)
준거집단(reference group)
지각(perception)
지각방어(perceptual defense)
충동구매(impulse buying)
투영법(projective techniques)
한정적 의사결정(limited decision making)
행동과학(behavior science)
혼합사용소비자(hybrid consumer)
AIO(Activities, Interests, Opinions)
AISAS 모델

연습문제

01 소비자행동 모델에는 대표적으로 어떤 것들이 있는가?

02 소비자행동을 행동과학적으로 접근하여 B=f(E · P)로 분석하는 것이 타당한 이유는 무엇인가?

03 소비자의 정보처리 과정 및 구매의사결정 과정을 설명하시오.

04 구매 관여수준에 따라 소비자의 구매의사결정 유형이 어떻게 다른지 설명하시오.

05 무점포구매에는 어떤 것들이 있으며, 앞으로 이러한 구매행동은 어떻게 될 것으로 예상되는가?

06 소비자의 구매 후 평가 과정이 기업에게 왜 중요한지 설명하시오.

07 소비자행동에 영향을 미치는 환경요인, 즉 문화, 사회계층, 준거집단, 가족 중 관심 있는 하나를 선택하여 구체적인 사례와 마케팅전략에 대하여 설명하시오.

08 소비자행동에 영향을 미치는 심리요인, 즉 지각, 학습, 동기, 개성, 라이프스타일, 태도 중 하나를 선택하여 구체적인 사례와 마케팅전략에 대하여 설명하시오.

09 소비자행동의 심리 요인 중 학습과 관련된 이론을 설명하시오.

10 동기조사 방법으로 쇼핑 리스트를 사용한 투영법에 대하여 설명하시오.

11 온라인 소비자 행동 특성과 유형을 설명하시오.

12 소비자들이 온라인에서 쇼핑을 하는 이유에 대해 설명하시오.

13 메타버스 마케팅이 무엇이고 주요 활용 사례를 설명하시오.

CHAPTER 6

STP전략

Ⅰ. 시장세분화

Ⅱ. 표적시장의 선정

Ⅲ. 위상정립전략

학습목표

- 시장세분화에 대해 알아본다.
- 표적시장을 선정하는 방법에 대해 살펴본다.
- 위상을 정립하는 방법들을 알아본다.

주요 내용

이번 장에서는 전체 시장을 작은 규모로 나누는 시장세분화의 개념과 마케팅 활동을 수행할 표적시장의 선정 및 선정된 표적시장에 대한 위상정립전략에 대해 살펴볼 것이다. 마케팅전략을 수행하는 데 있어 마케팅관리자들은 구체적인 시장을 선정하려고 하는데, 이는 기업이 전체 시장의 소비자들을 모두 만족시키는 하나의 제품을 찾기가 쉽지 않기 때문이다. 따라서 자사 제품에 적합한 소비자 또는 구매층을 선별하여야 한다. 이를 통해 기업은 비용절감과 마케팅 효과의 극대화를 도모할 수 있다.

시장을 나누는 세분화의 기준은 기업의 전략과 제품에 따라 다양하다. 시장세분화 작업 이후에 생성된 여러 개의 세분시장 중에 어떤 시장을 기업의 표적으로 삼아 마케팅을 전개할 것인가를 정해야 하며 이를 표적시장의 선정이라 한다. 또한, 선정된 표적시장의 소비자들에게 기업의 제품을 어떻게 적절히 인지시킬 것인지를 결정해야 하는데, 이것을 위상정립(포지셔닝, positioning)이라 한다. 이러한 일련의 과정을 우리는 '시장세분화전략' 또는 'STP전략'이라고 한다.

여러 환경적 변화로 소비자는 점점 더 다양한 제품과 서비스를 원하게 되고 소비 경험이 축적됨에 따라 대안의 선택기준이 까다로워지고 있다. 이와 더불어 시장의 경쟁이 날로 심화되어 소비자의 유사한 니즈와 욕구를 충족시킬 만한 새로운 제품이 지속적으로 출시되고 있다. 이러한 추세는 소비자에게 선택의 폭을 보다 넓게 함으로써 제품 및 서비스에 대한 만족도를 향상시키는 반면, 기업에는 늘 새로운 발상의 마케팅을 요구하는 과제로 작용한다.

이에 마케팅관리자들은 전략 수행에 있어 보다 구체적인 시장을 선정하려고 한다. 기업이 출시하는 제품 및 서비스는 모든 소비자들을 대상으로 할 수 없으므로 자사의 제품에 적합한 소비자 또는 구매층을 선별해야 한다. 동일한 유형과 성격을 갖는 소비자들로 시장을 구분하고, 구분된 세분시장 중 가장 매력적인 표적시장을 선정하여 그 시장에 속한 소비자들을 대상으로 마케팅전략을 펼치는 것이 비용절감과 마케팅 효과를 극대화시키고 고객선호에 대한 기반을 다져 경쟁력을 확보할 수 있는 기회이다. 따라서 시장세분화전략은 기업의 지속적인 관심 대상으로 받아들여지고 있으며 마케팅관리자에게 더욱 중요한 과제로 부각 되고 있다.

이번 장에서는 [그림 6-1]과 같이 시장세분화전략의 3단계를 각각 살펴보고자 한다. 시장세분화전략은 세분화(Segmentation), 표적화(Targeting), 위치화(Positioning)로 이루어지며, 각 단계는 기업의 마케팅전략에 알맞게 수행되어야 한다.

그림 6-1 시장세분화전략 3단계

I 시장세분화

1 시장세분화의 의의

1. 시장세분화의 정의

시장세분화(market segmentation)란 전체 시장을 동일유형(same type)과 동일성격(same quality)의 비슷한 소비자집단으로 나누어 기업이 제공하는 제품이나 서비스에 가장 적합한 고객집단을 선정하는 과정이다. 즉, 소비자들을 비슷한 욕구를 보이는 사람들끼리 나누거나, 구매 및 소비 행동 패턴이 유사한 사람들끼리 집단화시켜 전체 고객을 여러 집단으로 나눠 기업이 판매하는 제품 및 서비스를 구매할 것으로 여겨지는 소비자집단 또는 기업이 목표로 두고 있는 고객집단을 선별하는 마케팅전략의 수행 과정이다.

2. 시장세분화의 배경

1) 일 대 일 마케팅

산업혁명 이전의 주문생산 시대에는 기업이 상대하는 고객의 수가 많지 않았고, 생산자가 고객을 직접 대면하여 주문받았기 때문에 고객 개개인의 욕구를 이해하기는 어려운 일이 아니었다. 오늘날 관점에서 보면, 이는 일 대 일 마케팅(one-to-one marketing)이라고 부를 수 있을 것이다. 다만 이 시기에 일 대 일 마케팅으로 고객에게 제공되는 제품은 가격이 매우 비싸 일반 대중들이 제품의 혜택을 누리지 못한다는 문제를 안고 있었다.

2) 매스 마케팅

산업혁명 이후 대량생산의 시대가 시작되면서, 기업은 일반 대중들을 대상으로 제품을 생산하게 되었고 이전처럼 고객 한 사람 한 사람 만나서 그들의 욕구를 확인하는 것은 현실적으로 불가능해졌다. 따라서 이 시기의 기업들은 한 가지 제품만을 대량 생산하여 값싸게 공급하는 데에 관심을 두고 있었다. 이를 매스 마케팅(mass marketing)이라고 부른다. 매스 마케팅의 대표적인 예로 매번 언급되는 Ford 자동차사의 '모델 T'는 1908년부터 1927년까지 한 가지 모델, 한 가지 색깔로 총 1,500만 대가 생산되는 기록을 수립하였다. 당시 소비자들 사이에서 "검은색이라면 어느 색깔이든 원하는 차를 살 수 있다."라는 농담이 유행했던 것만 봐도 매스 마케팅의 효과를 짐작해 볼 수 있다. 국내의 경우 럭키화학(지금의 LG생활건강)이 1954년부터 1975년까지 '럭키치약' 한 가지만을 생산한 것이 대표적인 매스 마케팅 사례로 여겨진다.

매스 마케팅은 소비자들의 욕구가 다양하지 않은 시기에는 성공을 거둘 수 있었으나, 고객의 욕구가 점차 다양해지는 상황에서 매스 마케팅을 고집하면 기업의 존폐 위기에 처할 수 있는데, Ford자동차가 GM에 선두를 빼앗긴 것이 좋은 예라고 할 수 있다. GM은 여러 개의 자동차 회사를 인수·합병하여 만들어진 회사였기 때문에, 폰티악(스포티한 차), 뷰익(전통 세단), 캐딜락(고급차) 등 다양한 차종을 내놓을 수 있었다. 그 이후, Ford사의 모델 T보다 더 스포티하거나 더 고급스러운 차를 원하던 사람들이 GM의 차를 사게 되면서 모델 T의 판매 대수는 급격히 감소하였고, 전성기에 60%의 시장점유율을 보이며 시장을 독주하던 Ford사는 그 당시 GM에게 선두를 빼앗긴 이후 수십 년 동안 선두 자리를 되찾을 수 없었다.

Ford의 모델T

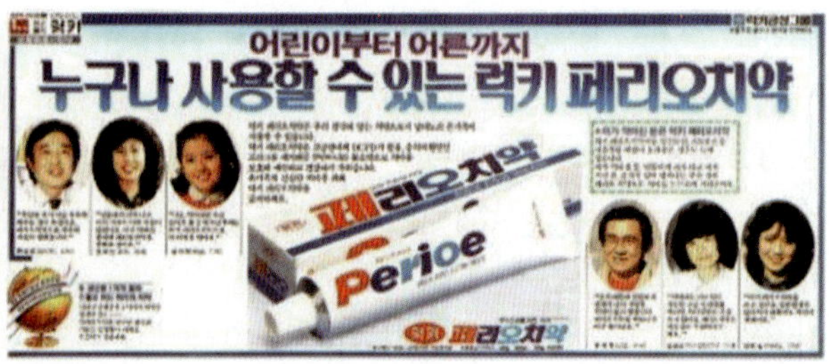

럭키화학의 럭키치약

그림 6-2 매스 마케팅의 대표적 사례

3) 세분시장 마케팅

시장이 세분되지 않을 때 다양한 욕구를 가진 소비자들이 모두 결합하여 단 하나의 시장으로 나타난다. 이 상태를 비차별적 시장이라고 하는데, 소비자 개개인의 욕구가 점차 다양해지고 있는 현 상황에서 하나의 제품 및 서비스로 이러한 소비자들을 모두 만족시키고자 하는 비차별화 마케팅은 부적절한 전략이 된다. 그렇다고 해서 기업으로서는 시장을 극단적으로 차별화하여 소비자 개개인에게 부합되는 전략으로 개별적 대상을 모두 만족시키기에는 비용적·현실적 한계가 있다. 이에, 일종의 타협안으로 비슷한 욕구가 있는 소비자들을 묶어 하나의 작은 시장으로 간주하고, 그 작은 규모의 시장 욕구에 맞는 제품을 마케팅하게 되었다. 이 '작은 시장'을 세분시장(market segment)이라고 부르고, 전체 시장을 여러 개의 세분시장으로 나누는 것을 시장

세분화(market segmentation)라고 부른다. 각 세분시장의 욕구에 맞는 제품을 마케팅하는 것을 세분시장 마케팅(segment marketing)이라고 한다.

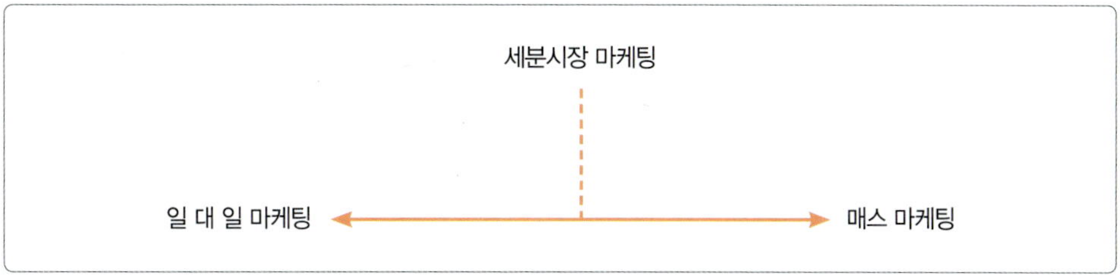

그림 6-3 일 대 일 마케팅과 매스 마케팅의 타협점으로서의 세분시장 마케팅

3. 시장세분화의 수준

1) 틈새시장 마케팅

틈새시장(niche market)을 공략하는 제품을 개발하여 시장에 지속적으로 내놓는 마케팅을 말한다. 니치(niche)는 틈새라는 뜻으로 '남이 모르는 좋은 낚시터'라는 은유적인 의미이다. 시장점유율이 작은 중소기업들이 전문화를 통해 대기업이 관심을 두지 않는 작은 시장을 개척하여 지속적인 마케팅 활동을 통해 성장하기도 한다. 대표적인 예로 사우스웨스트항공은 다른 항공사가 보지 못했던 단거리 노선을 틈새시장으로 보고 접근하여, 필요하지 않은 서비스를 제외해 보다 저렴한 항공료로 항공 서비스를 제공하였으며, 승객 개개인에게 친절한 서비스 제공을 추구하여 성공하였다.

2) 지역시장 마케팅

전국시장을 대상으로 접근하는가와 지역시장으로 접근하는가는 매우 다르다. 지역시장 마케팅은 기업이 지역 소비자들과의 밀접한 네트워크를 형성하고 있어 그들의 필요와 욕구에 적합한 제품 및 서비스를 제공할 수 있다고 생각될 때 행하는 마케팅이다. 다만 규모의 경제 논리를 강조하는 기업의 경우에는 이러한 방법이 맞지 않는데, 그 이유는 지역마다 다른 전략을 가지고, 접근해야 하므로 생산과 마케팅 비용이 상승하기 때문이다.

3) 고객맞춤화

시장을 하나의 집합으로 보지 않고 개별화된 관점으로 보는 고객맞춤화(customization)가 발전하고 있는데, 이를 위해서는 고객에 대한 광범위한 데이터베이스가 확보되어야 하며 정보통신기술의 발달을 통해 더 고도화될 수 있다. 이를 통해 데이터베이스 마케팅이나 고객관계관리(CRM: customer relationship management)개념을 발전시킬 수 있다. 최근에는 인공지능(A.I, Artificial Intelligence)과 빅데이터를 활용한 알고리즘 기술 등의 발전으로 초개인화(Hyper-Personalization)된 1:1 맞춤 서비스를 제공하기도 한다.

4) 소비자 선호를 중심으로 한 세분화

시장을 세분화하기 위해 기업은 시장 내의 소비자들의 선호집단 유형별로 나눠볼 필요가 있다. 기업의 제품이 가지고 있는 두 가지 주요한 특성을 X, Y축으로 하여 소비자조사를 시행하고 선호의 위치를 파악하여 [그림 6-4]와 같은 선호 패턴을 발견할 수 있다.

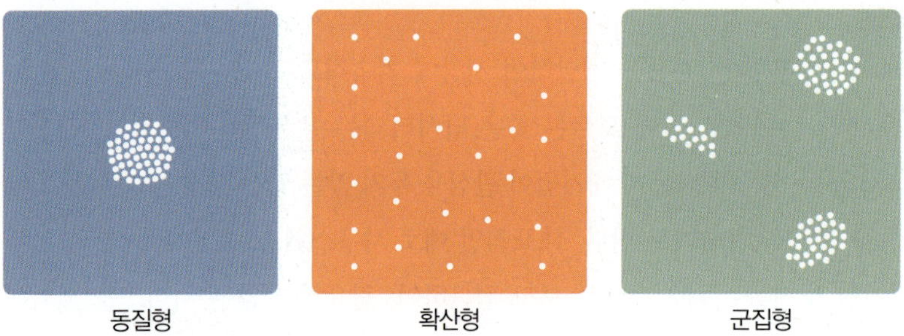

그림 6-4 시장선호의 기본 유형

① **동질형 선호 유형**(homogeneous preferences)

시장 내의 소비자들이 제품에 대해 모두 유사한 욕구 정도를 보이며 동질적인 선호를 보이는 것으로 이 시장 내에서는 세분시장이 존재하지 않는다. 따라서 기업은 동일한 선호 유형을 갖는 대부분의 소비자를 대상으로 하는 매스마케팅을 전개한다.

② **확산형 선호 유형**(diffused preferences)

대부분 소비자들이 제품에 요구하는 수준이 제각각 다른 경우로, 선호 정도가 넓게 분산되어서 한곳에 집중됨이 없는 유형을 말한다. 예를 들어, 대학생들이 선호하는 영화 장르를 조사했을 때 어떤 학생은 멜로 장르를 좋아하고, 다른 학생들은 공포나 스릴러 영화를 좋아하는 등 제각기 다른 선호를 보이기 때문에 각각 다른 시장을 형성하고 있는 경우를 말한다. 이렇게 형성된 각 시장을 다른 영화 장르로 공략하여 해당 선호 유형을 보이는 개개인의 욕구를 충족시켜야 한다. 즉, 제품의 다양화(product-variety)나 개인마케팅(individual marketing)이 필요하다.

그림 6-5 **코카-콜라의 시장세분화**

③ **군집형 선호 유형**(clustered preferences)

소비자들이 시장 내에서 확연하게 구분되는 몇 개의 집단으로 나뉘어 있는 경우를 말하며, 기업은 이러면 더 세밀한 시장세분화를 통해 특정 세분시장을 선정하여 어떤 집단의 소비자들에게 어떤 제품을 어떻게 제공할 것인지를 구체적으로 계획하여 마케팅전략을 펼쳐야 하므로 표적마케팅(target marketing)이 필요하다.

2 시장세분화 과정

1. 시장세분화단계

시장 세분화는 세 단계의 과정으로 이루어진다. 세분화를 위해 기업은 시장조사를 수행하며, 조사를 통해 수집된 정보를 토대로 시장을 분석한다. 분석을 통해 얻은 자료를 요약·정리하여 설명하고 마지막으로 구체적인 시장세분화 세부 과정을 거쳐 표적시장을 선정하게 된다. 이러한 단계를 크게 조사단계, 분석단계, 프로파일 단계로 구분하여 자세히 살펴보자.

1) 조사단계(survey stage)

소비자들의 동기, 태도, 구매행동에 대한 통찰을 얻기 위해 소비자 인터뷰, 설문지를 비롯하여 특정 소비자의 초점집단(focus group)조사를 수행한다. 이를 통해 소비자의 욕구, 제품 사용 유형, 제품의 중요도 평가, 인구통계적·심리적 특성과 같이 의미 있는 시장으로 구분할 수 있는 기준을 파악할 수 있다.

2) 분석단계(analysis stage)

앞선 조사를 통해 수집된 정보를 토대로 소비자와 상관관계가 높은 기준을 추출하기 위해 자료를 분석하고(요인분석; factor analysis), 유사성을 나타내는 소비자들을 군집화하고 세분화된 시장의 수를 선정하기 위한 분석을 수행한다(군집분석; cluster analysis). 뿐만 아니라 수많은 전략적·경쟁적 고려사항을 검토하여 특정 세분시장을 표적시장으로 선정한다.

3) 프로파일 단계(profile stage)

각 소비자의 집단별로 구분되는 특징이나 태도, 행동특성, 인구통계적·심리적 특성 등 여러 가지 기준을 통해 분석결과를 요약하고 설명한다. 이때 각각의 소비자집단은 가장 특징적인 특성에 따라 군집명이 부여되고, 이 중 한 개 또는 몇 개의 세분시장을 기업의 표적시장으로 선정할 수 있다.

2. 시장세분화 세부 과정

[그림 6-6]은 시장 세분화의 세부적인 과정을 도식화하여 나타냈다. 그림을 참고하여 각 단계별로 자세한 내용을 알아보자.

그림 6-6 시장세분화 세부 과정

1) 가능한 세분시장 확인 및 규명

시장세분화의 초기 단계에서 마케팅관리자는 어떤 시장을 몇 개의 시장으로 세분화할 수 있는지를 탐색하게 된다. 세분시장을 확인하고 규명하는 데 기업의 목표와 사명의 이해를 바탕으로 이를 달성할 수 있는 의사결정을 수행해야 한다.

① 세분화의 요건

세분된 시장에 대해 마케팅관리자는 어느 세분시장에 초점을 두고 구체적인 마케팅전략을 집중시킬 것인가를 결정해야 한다. 다음과 같은 몇 가지 사항에 대하여 해당 기준을 충족한 시장을 기업의 세분시장으로 결정할 수 있다. 첫째, 세분시장의 규모는 다른 사람이 보기에도 모두가 인정할 만한 규모로 측정되어야만 하며, 그 크기가 충분히 커야 한다. 둘째, 세분시장마다 소비자들은 유사한 욕구를 지니고, 있어야 한다. 셋째, 다른 세분시장의 소비자들과 구별되는 다른 욕구를 지녀야 하며, 마지막으로 최소한 한 개 이상의 표적 세분시장이 존재해야 한다.

② 세분시장의 결합

마케팅관리자가 평가하기에 기업의 목표가 되는 소비자가 해당 세분시장과 다른 특성을 가질 경우, 세분시장을 결합하여 표적시장을 선정할 수 있다. 이를 통해 자사의 목표와 부합되는 더욱 의미 있는 세분시장으로 개발하거나 마케팅전략의 대상을 좁혀 나갈 수 있다. 예를 들어, 연령에 따라 세분시장을 나눈 후 브랜드 충성도와 같은 변수를 추가시켜 해당 시장을 더 개발할 수 있으며, 마케팅 대상을 도심에 사는 특정 연령 세분시장의 소비자 중 특정 브랜드에 충성도를 보이는 소비자로 좁혀 나갈 수 있다.

2) 세분시장 규모 결정

시장을 세분화된 시장으로 나눈 후 마케팅관리자는 각각 세분시장의 규모를 결정해야 한다. 세분시장의 크기를 결정하는 요소로 시장잠재력을 들 수 있는데, 시장잠재력이란 해당 세분시장 내에서 소비자들이 일정 기간 특별한 수준의 마케팅 활동 하에 제품을 구매하는 총량을 의미한다. 이를 통해 세분시장에 영향을 미칠 수 있는 통제 불가능한 변수를 경험적으로 산출하여 기업 목표와 어느 정도 일치성을 보이는 가를 평가할 수 있다.

3) 수요 유형의 계량화

마케팅관리자는 기업이 판매하는 제품의 수요 유형을 파악하고 있어야 한다. 수요 유형이란 실질적 수요지를 파악하는 과정으로, 실제 구매자집단을 분석한 결과가 세분시장의 소비자와 차이가 발생할 때 세분시장의 범위를 수정하는 데 필요하다.

4) 표적시장의 선정

표적시장(target market)은 기업의 노력을 집중시켜야 하는 표적이 되는 집단으로, 마케팅관리자는 여러 세분시장 중 기업의 목표를 가장 효과적으로 달성할 수 있으며 이익을 많이 얻을 수 있는 시장을 선정해야 한다. 표적시장을 선정하고자 할 때 다음과 같은 기준으로 수행해야 한다. 첫째, 세분시장의 규모를 파악하고, 둘째 미래에 예상되는 성장 정도를 파악하고, 셋째 경쟁자의 유무 또는 세분시장을 둘러싸고 있는 대내·외 경쟁상황을 파악하고, 넷째 세분시장에 마케팅 노력을 집중시키는 데 드는 비용을 확인하며, 마지막으로 자사의 기업 목표와 기업이 보유한 자원, 기업의 강점 등을 비교하여 선정하여야 한다.

3 시장세분화 기준

마케팅관리자들은 시장을 세분화하기 위해 다양한 기준 중에서 한 가지 또는 몇 가지를 혼합하여 선택할 수 있다. 선택의 방법은 마케팅관리자의 지식, 해당 제품의 특성, 구매 경향 및 현재 시장에 대한 평가 등에 의해 이루어진다. 연령, 소득, 지역, 성별 등의 다양한 시장세분화 기준 중에서 가장 적절한 기준을 선정하여 세분화를 수행할 수 있다. 세분화를 수행하는 방법은 [그림 6-7]과 같다. 소비자의 특성에 근거한 접근 방법과 제품에 대한 소비자 관련성에 근거한 접근 방법 중 기업의 목표를 가장 효과적으로 달성할 방법을 선택하고, 각 방법에 포함되는 기준을 가지고 시장을 세분화한다.

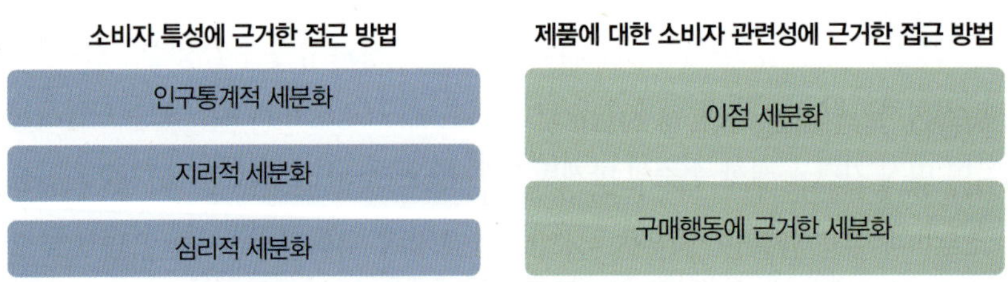

그림 6-7 소비자시장의 세분화 방법

1. 인구통계적 세분화

인구통계적 변수의 경우 소비자들의 욕구 및 구매 행동과 밀접하게 관련되는 경우가 많으며, 측정하기가 비교적 쉬우므로 시장세분화 변수로 널리 사용되는 가장 기본적인 기준이다. 인구통계조사 시 주로 사용되는 변수들인 연령, 성별, 소득, 직업, 교육 수준, 종교, 가족수명주기 등의 변수이다.

표 6-1 소비자 시장세분화 방법과 이용 가능한 기준변수

소비자 특성에 근거한 접근 방법			제품에 대한 소비자 관련성에 근거한 접근 방법
인구통계적 세분화	지리적 세분화	심리적 세분화	제품을 통해 추구하는 편익 또는 사용 이점, 제품 사용 상황, 사용빈도, 제품충성도, 구매전 단계, 가격민감성 등
연령, 성별, 소득, 직업, 교육 정도, 종교, 인종, 국적, 가족 구성, 가족 수명주기 등	지역, 인구밀도, 도시 규모, 기후 등	사회계층, 개성, 라이프스타일, 동기 등	

1) 연령

사람들의 욕구나 취향은 나이가 들어감에 따라서 변화하므로 마케팅관리자들은 연령을 기준으로 시장을 세분화할 수 있다. 예컨대 치약의 경우, 아이들, 성인, 노년층으로 크게 3단계로 제품계열을 나눌 수 있다. 어린이 시장(kid's market)의 경우, 인형이나 장난감, 패스트푸드 등의 중요한 고객으로 여겨지며, 특히 영유아기의 경우 개월 수에 따라 지칭하는 용어와 각각의 세분시장 욕구가 다르므로 보다 더 세분화할 수 있다. 한편, 이처럼 연령을 기준으로 시장을 세분화하는 것의 필요성은 높지만, 실제에 적용하는데 있어서 한계점이 존재한다. 동일한 연령이라 하더라도, 개개인의 처한 경제적·사회적 등 환경적인 요소에 따라 각각이 느끼는 바가 다르고, 제품 및 서비스를 통해 얻고자 하는 부분이 천차만별이므로 연령만을 기준으로 시장을 세분화하는 것은 무리가 있다고 볼 수 있다.

2) 인생주기단계

인생주기단계(life-cycle stage)란 앞서 언급한 시장세분화 변수로서 연령의 한계점을 보완할 수 있는 기준 중의 하나이다. 기업 제품의 목표시장의 소비자들이 실제 연령에 비해 심리적으로 젊을 수 있다. 예컨대, 혼다(Honda)는 Element차를 21살의 젊고 관능적인, 해안가에 차를 세워

놓고 파티를 여는 대학생을 목표시장으로 “바퀴 위의 기숙사(dorm room on wheels)”를 문구로 광고했다. 그러나 예상과 달리 많은 베이비부머들이 해당 광고에 열광했고, Element 구매자의 평균 나이는 42살로 조사되었다. 이에 혼다는, 젊음을 유지하고 싶어 하는 베이비부머들을 위해 연령별 집단 간의 경계를 모호하게 잡고, 새로운 자동차 Fit의 목표시장을 1982년생~2006년생을 지칭하는 Y세대와 빈 둥지 부모(empty-nest parents)를 대상으로 출시를 준비하였다.

3) 세대

각 세대에 따라 소비자들은 그들이 성장하는 시기의 음악, 영화, 정치·사회적 사건들의 영향을 받게 된다. 인구통계학자들은 동일한 세대 집단을 동류집단(cohorts)이라 지칭하며, 이들은 동일한 경험을 공유하고, 유사한 사고방식과 가치관을 가지기 때문에 다른 동류집단과 구별되는 행동 패턴을 보이며 선호하는 제품에도 차이가 있다고 본다. 각 시대의 흐름에 따라 세대별로 다양한 방면에서 큰 차이를 보이기 때문에, 세대가 전환되는 시기에는 마케팅적으로도 큰 주목을 받으며 해당 세대를 노리는 마케팅이 중요해지기도 한다. 학자들마다 세부적으로는 차이가 있지만 일반적으로 베이비부머(1955~1964), X세대(1965~1981), Y(M)세대(1982~1996), Z세대(1997~2009), α세대(2010~)로 구분한다.

4) 성별

성별에 의한 시장세분화는 제품의 색상이나 주 사용자 등의 차이를 명확하게 보이므로, 마케팅관리자가 활용하는 보편적인 접근 방법 중 하나이다. 특히 성별에 의한 세분화는 과거부터 현재 그리고 더 나아가 미래까지 어느 정도 일정한 패턴을 보이며 의류, 화장품, 속옷 등의 제품시장이 주로 성별에 의해 이루어졌다. 최근 들어 성별에 따른 세분시장의 구분이 모호해지는 경향이 두드러지게 나타나고 있으므로 제품에 따라 적절하게 활용해야 한다.

5) 소득

마케팅관리자는 소득을 기준으로 시장을 세분화함으로써 제품의 가격이나 스타일, 품질 등을 고려하여 소득층별로 소비자들이 어떠한 반응을 보일 것인가를 확인할 수 있다. 보통 저소득층은 할인판매, 제품의 견고성과 경제성, 실용성에 주로 관심을 두며, 고소득층의 경우 제품의 상징성, 심미성, 자아를 표출할 수 있는 고품질 브랜드 제품을 구매하고자 하는 경향이 있다. 소득에 의한 세분화는 주택, 자동차, 여행상품 등의 시장을 구분하는 데 활용되며, 심리적 세분화 기준 중 하나인 사회계층에 따른 세분화와 밀접하게 연관이 있다.

6) 인종·종족·국적·종교

인종·종족·국적에 의한 시장세분화는 여러 국적의 사람들로 구성된 다민족국가에서 주로 사용되는 중요한 세분화 변수 중의 하나이다. 미국의 경우 아프리카계, 스페인계, 아시아계 등의 다양한 인종으로 구성되어 있으며, 인종에 따라 각각 다른 요구와 구매 패턴을 보이는 등 소비자행동에 있어 시장별로 큰 차이를 갖는다. 또한, 종교에 따라 문화나 소비 유형은 전혀 다르게 나타날 수 있다. 종교적 신념에 따라 소고기를 비롯한 육식이 금기되는 나라에서 육류제품을 위한 시장세분화는 현실적으로 불가능하다.

7) 직업

대부분의 마케팅관리자는 직업을 하나의 세분시장으로 인정한다. 전문직, 관리직, 사무직, 판매직, 서비스직, 생산직, 일용직, 주부, 학생, 무직, 기타 직업 등의 기준은 소비자조사에서 활용되는 세분화 기준이다.

8) 교육 수준

교육 수준을 시장세분화의 기준으로 보는 이유는 소비자의 교육 정도에 따라 정보에 대한 이해도와 관심사가 다르게 작용할 수 있기 때문이다. 전문적인 배경지식을 요구하는 제품을 마케팅하고자 할 경우, 초점이 되는 세분시장은 고학력자로 구성된 시장일 것이다. 교육 수준의 경우 소득과 마찬가지로 심리적 세분화 변수인 사회계층과 밀접한 관련이 있다.

9) 가족구조 및 가족수명주기

가족수명주기의 변화, 가족 규모, 구성원 등을 통해 시장을 세분화할 수 있다. 오늘날에는 핵가족화, 이혼과 재혼의 증가, 1인 가구 증가, 출산율 감소로 인한 자녀 수의 감소 등 수많은 가족구조의 변화로 과거와는 확연한 차이가 나타난다. 이러한 변화를 반영하여 1인용 도시락, 과자나 음료수 등의 소형 포장 제품이 출시되고 많이 이용된다.

2. 지리적 세분화

지리적 세분화(geographic segmentation)는 지역이나 인구밀도, 도시의 규모, 기후 등에 따른 특징을 기준으로 시장을 세분화하는 과정이다. 예를 들어, 기업은 자사 제품의 판매량을 서울특별시, 광역시, 전라도, 경상도, 강원도 등 도시 기준으로 나누어 살펴볼 수 있다. 스포츠용품을 판매하는 기업의 경우 지역별 기후의 차이를 기준으로 겨울이 긴 지역이나 상대적으로 추운 지역에는 스키용품을 판매하고, 여름이 긴 지역이나 날씨가 따뜻한 지역에는 수상스포츠 제품을 개발하여 각 시장에 접근할 수 있다.

한편, 최근에는 지역화(regionalization)를 시도하는 기업이 증가하고 있다. 이러한 기업은 특정 지역, 도시 및 주변 지역에서만 유일한 욕구와 취향에 맞는 마케팅믹스를 사용하고 있다.

3. 심리특성에 의한 세분화

심리특성에 의한 세분화(psychographic segmentation)는 소비자들이 스스로 느끼는 심리적인 부분에 의해 시장을 세분화하는 것이며, 사회계층, 라이프스타일, 개성 등의 변수가 있으며, 심리묘사적 혹은 심리분석적 세분화라고도 불린다. 소비자 개인의 성향과 심리상태에 따라 어떤 사회계층에 속하는가, 어떤 라이프스타일을 추구하며 행동하는지, 어떤 개성을 보이는지, 어떤 동기로 제품을 구매하는지 등이 영향을 받는다.

사회계층에 의한 소비자는 앞서 살펴본 인구통계학적 세분화 변수인 소득과 교육 수준과 밀접한 관련성을 가지며, 높은 사회적 지위에 있는 소비자일수록 자긍심을 높이고 자신의 자아를 표출할 수 있는 제품 및 서비스에 반응하며 이와 관련된 소비 형태를 보인다. 라이프스타일에 의한 세분화는 AIO에 의해 평가되는데, 이는 주로 어떠한 활동에 중요성을 부여하는가를 보는 활동(activity) 영역, 무엇에 흥미를 느끼는가를 보는 관심(interest) 영역, 자기 자신과 외부에 대해 어떤 사고 또는 의견을 갖는가의 의견(opinion) 영역을 기준으로 사람들의 생활양식을 구분한 것이다. 소비자들은 서로 다른 가치관을 가지며 이러한 가치관에 근거하여 개인별 AIO를 갖는다.

표 6-2 AIO분석에 사용되는 변수들

활동(Activity)	관심(Interest)	의견(Opinion)
일	가족	자기자산
취미	가정	사회적 쟁점
사회 활동	지업	정치
휴가	지역사회	사회
오락	여가 활동	경제
클럽회원 활동	유행	교육
지역사회 활동	음식	제품
쇼핑	대중매체	미래
스포츠	업적	문화

[그림 6-8]은 VALS(Value and Life-Style)인 라이프스타일 측정 도구를 나타내고 있다. VALS는 4개의 인구통계에 관한 질문과 35개의 태도와 관련된 질문을 응답하도록 하여 그 결과를 바탕으로 소비자를 나눈다. 소비자가 보유한 자원과 혁신적 성향, 주요 동기를 고려하여 혁신형(innovators), 사고형(thinkers), 신념형(believers), 성취형(achievers), 노력형(strivers), 경험형(experiencers), 자립형(makers), 생존형(survivors) 총 8개의 세분시장으로 구분한다.

VALS™ 체계

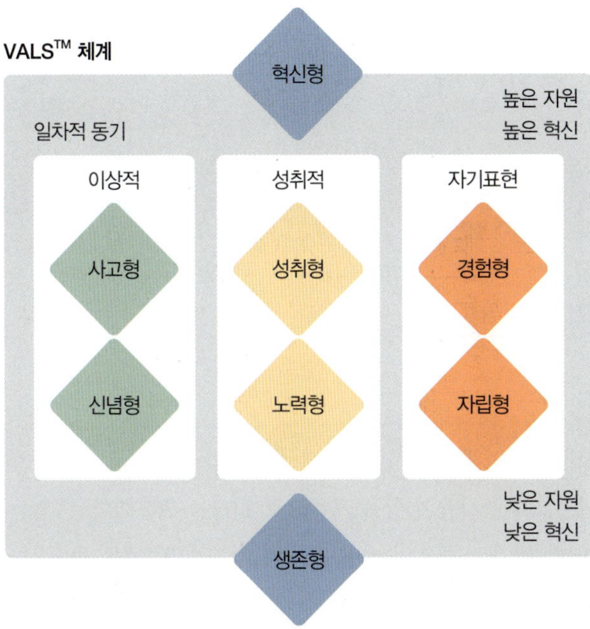

그림 6-8 8개의 VALS 세분화 집단

4. 행동적 세분화

행동적 세분화(behavioral segmentation)란 제품과 관련된 소비자의 행동을 기반으로 전체 시장을 분류하는 방법으로, 제품에 따른 소비자의 특성을 고려하여 세분화하는 것입니다. 제품을 통해 얻고자 하는 편익, 제품을 사용하는 상황, 제품을 사용하는 비율, 브랜드에 대한 충성도, 제품에 대한 대도 등에 기초하여 세분시장을 구분한다.

1) 제품 편익(혜택)

소비자들을 제품을 구매하고 사용함으로써 어떠한 편익을 얻고자 한다. 소비자들에게 특정 제품이 어떠한 잠재적 혜택을 주는가를 질문하여 같은 혜택에 비슷한 중요성을 부여한 소비자들을 군집화하여 세분시장을 찾는 방법이다. 어떤 사람이 중요하다고 생각하는 제품이라도 다른 사람에게는 전혀 불필요한 제품이 될 수도 있다. 이와 같은 혜택 세분화(benefit segmentation)를 창안한 핼리(Haley, 1968)는 치약을 구매하고 사용하는 데 소비자가 추구하는 혜택을 기준으로 치약 시장을 [표 6-3]과 같이 구분하였다.

표 6-3 치약시장의 혜택세분화의 예

구분			인구통계적 특성	행동적 특성	성격	라이프 스타일
추구하는 혜택 (benefit)	향기, 제품모양	감각적 시장	어린이	향기치약 사용자	높은 자기관여	쾌락적
	빛나는 치아	사교적 시장	10대 젊은 층	흡연자	사교적	활동적
	충치 예방	근심 시장	대가족	대량사용자	우울한 성격	보수적
	가격	독립적 시장	남자	대량사용자	강한 자율성	가치지향적

2) 제품 사용 상황

소비자들은 대부분 어떤 제품을 구매할 때, 언제, 어떠한 이유에서 사용할 것이라고 평가하게 된다. 따라서 소비자의 제품에 대한 구매 혹은 사용 상황을 기준으로 시장을 세분화할 수 있는데, 주로 소비자의 일상생활에서 어떠한 계기로 제품의 사용 상황이 정해진다. 예를 들어, 항공기 여행은 사업차 방문, 휴가 또는 개인적 업무 등의 이유로 하게 되며, 각각의 이유에 따른 세분화를 통해 기업은 제품 사용을 확대할 수 있다.

3) 제품 사용 비율

시장을 세분화하는 주된 목적은 제품의 필요성과 소비 가능성을 평가하는 것이다. 즉, 얼마나 자주, 사용 시 평균적으로 얼마만큼의 제품이 소비되는지 등의 기준을 통해 시장을 나눌 수 있다. 시장은 소량, 보통, 다량 사용자로 세분될 수 있으며, 소비되는 빈도와 비율에 근거하여 제품을 세분화하여 판매하고 있다. 코카콜라의 경우 500ml 캔, 700ml 포장, 1.5L 페트병, 또는 6개들이 소형 캔 등 소비자의 제품 사용 비율에 따라 제품을 세분화하였다. 일반적으로 다량 사용자의 경우, 그 수는 적지만 일반적으로 전체 소비량의 많은 부분을 차지한다.

4) 브랜드 충성도

브랜드 충성도(brand loyalty)는 소비자들이 어떤 특정 브랜드에 대해 애호도가 높거나 선호하는 심리상태를 말한다. 소비자들은 브랜드 충성도가 높을수록 해당 브랜드를 지속적으로 반복 구매하는 경향을 보인다. 담배, 주류, 커피 등과 같은 기호 제품이나 저관여제품도 브랜드 충성도를 기초로 하고 있으며 기업 입장에서는 안정적인 수요를 지속시킬 수 있다는 장점이 있다. 기업은 통상 브랜드 충성도 수준에 따라 4개의 집단을 구성한다. 항상 하나의 브랜드만을 구매하는 충성집단(hard-core loyals), 2~3개의 브랜드에 충성도를 보이는 분할충성집단(split loyals), 하나의 브랜드를 선호하다가 다른 브랜드를 선호하는 이동집단(shifting loyals), 충성을 보이지 않는 전환집단(switchers) 이렇게 총 4개의 하위집단으로 나눌 수 있다.

5) 태도

마케팅관리자는 제품에 대한 소비자의 태도(attitude)를 조사하여 그 차이를 기준으로 시장을 세분화할 수 있다. 열정적(enthusiastic) 집단, 긍정적(positive) 집단, 무관심한(indifferent) 집단, 부정적(negative) 집단, 적대적(hostile) 집단으로 나누어 접근할 수 있다. 정치 캠페인에서 선거운동을 하는 사람들은 접근해야 할 유권자에게 어느 정도 시간을 할애할 것인지를 결정하기 위해 그 유권자의 태도를 이용한다. 열광적인 유권자에게 감사하고, 투표를 권유한다. 긍정적인 사람들을 강화하고, 무관심한 유권자의 표를 얻기 위해 노력하며, 부정적이고 적대적인 유권자에 대해서는 시간을 소비하지 않는다.

4 효과적 시장세분화의 요건

앞서 제시된 다양한 세분화 방법들이 모두 효과적인 것은 아니며, 어떤 방법으로 시장을 세분화하는가에 따라 세분시장의 특징이 다르게 나타날 수 있다. 따라서 효과적인 시장세분화가 이루어지기 위해 다음과 같은 특성이 존재하는가를 살펴보아야 한다.

1. 측정 가능성

측정 가능성은 세분된 시장의 규모나 구매력 및 특성이 측정될 수 있는 정도를 말한다. 다만 측정하기 어려운 세분화 변수도 존재할 수 있다.

2. 실질성

세분시장이 충분히 크거나 수익이 있을 정도를 의미한다. 즉, 세분시장이 기업의 마케팅 계획이 추구하는 가치와 목적을 달성하는 데 있어 실질적으로 측정 가능한지의 정도를 말하는 것이다. 이를 위해서 세분시장은 유사하거나 같은 요구를 가진 소비자집단으로 구성되어야 하며 기업에 충분한 이익을 가져다줄 만큼의 크기 이상을 지니고 있어야 한다.

3. 접근 가능성

접근 가능성이란 기업의 마케팅 전략이 특정 세분시장에 효과적으로 도달하고 실행될 수 있는 정도를 나타낸다. 즉, 세분시장의 소비자들이 자사의 제품이나 서비스에 접근하기에 용이한가를 말하는 것이다. 이를 확인하기 위해 고객들이 주로 어떤 매체를 활용하는지, 또는 주로 어느 지역에 거주하는지 등의 정보를 가지고 있어야 한다.

4. 차별화 가능성

세분시장으로 나누는 것은 개념적으로 구분하는 것이며 실제 마케팅전략을 수행하면서 다른 결과를 가져올 수 있다. 만약 어떠한 기준으로 세분화하였으나 세분시장마다 제품 구매 정도가 유사하게 나타났다면, 집단 간에는 차별성이 존재하지 않는다고 볼 수 있다. 예를 들어, 기혼여성과 미혼여성의 트렌치코트의 판매량이 같다면, 두 집단은 '여성'이라는 기준으로만 세분화할 수 있으며, '기혼'과 '미혼'의 차이로 개별적인 세분시장을 형성하지는 않는다.

5 바람직한 시장세분화 방법

앞에서 살펴본 바와 같이 시장세분화는 마케팅 활동의 중요한 부분을 차지하며, 성공적인 시장세분화는 기업이 제품 및 서비스에 대한 소비자의 만족을 비롯하여 마케팅 비용의 절감과 마케팅 효과의 극대화와 같은 긍정적인 효과를 가져올 수 있다. 따라서 현대 마케팅의 핵심이라고 할 정도로 거의 모든 기업이 채택하고 있는 필수적인 개념이다. 하지만 '예외 없는 규칙이 없다'라는 말처럼, 시장 세분화에도 예외가 존재할 수 있다. 이에 대해 다음에서 설명하려고 한다.

그림 6-9 시장세분화의 시기상조 예시 (Kirsch's NO·CAL Cola)

① 혁신적인 신상품의 경우에는 시장세분화가 시기상조일 수 있다.

고객의 욕구가 충분히 형성되기 전에 일찍 앞서 시행되는 세분시장 마케팅으로 실패하게 될 수도 있다. 다시 말해, 혁신적인 신상품의 경우에는 시장세분화가 시기상조일 수 있다. 우리가 알고 있는 Diet Coke는 첫 다이어트 콜라가 아니다. 이보다 30년 전인 1952년에 첫선을 보인 커쉬 노캘 콜라(Kirsch's NO·CAL Cola)가 최초의 다이어트 콜라로 러시아 이주민인 Kirsch는 1904년 뉴욕에 음료수 회사를 창립하여 당뇨와 심혈관 질환 환자들을 위해 설탕이 없는 음료수를 만들기 원했으나, 1920년대의 기술로는 무설탕 제품에도 인공 감미료가 첨가되어야 했으며, 당시 음료 시장에 다이어트 음료가 없는 상황이었다. 그럼에도 그는 1952년에 'NO·CAL'이라고 불리는 다이어트 음료를 개발하였으며 이후 11개의 향을 추가하여 제품을 확장했다. 당시 소비자들에게 어느 정도 인기를 끌었으나, 너무 이른 시기에 출품된 관계로 판매 부진이 이어져 실패로 돌아갔고, 그 후 30년이 지나 우리가 잘 아는 무설탕 콜라가 빛을 볼 수 있었다.

② 지나친 세분시장 마케팅은 수익성을 악화시킬 수 있다.

시장세분화에 있어 전체시장을 몇 개의 세분시장을 나눌 것인지 결정하는 데 있어 여러 요인이 고려되어야 한다. 즉, 각 세분시장의 규모, 추가되는 비용(개발비용, 생산비용, 재고비용, 마케팅비용 등), 유통업자의 반응, 경쟁상황 등이 다차원적으로 고려되어야 한다. 일반적으로 다수의 세분시장에서 마케팅 활동을 하면 할수록, 매출액은 높아지나 그와 함께 마케팅비용을 비롯한 여러 비용 또한 높아지므로 수익성에 반드시 좋은 영향을 미친다고 볼 수 없다. 오히려 과도한 비용으로 수익성에 문제가 발생될 수 있다. 또한 지나치게 많이 세분화된 시장에서 소수의 세분시장에서만 마케팅 활동을 하게 되면, 시장규모가 너무 작아져 수익성에 문제가 발생할 수도 있다. 표준화된 기준이 있을 수는 없지만, 기업의 규모나 현재 시장의 다양한 요인 등을 고려하여 소화할 수 있는 세분시장을 선택하는 것이 바람직하다.

③ 도전자는 역세분화를 하는 것이 바람직할 수도 있다.

세분화된 시장을 통합하여 여러 세분시장에 동시에 어필할 수 있는 제품을 내놓는 것을 **역세분화**(counter-segmentation)라고 한다. 역세분화는 시장에서 상대적으로 점유율이 낮은 기업에게 적합한 방법으로, 기존의 구도 하에서 획기적 변화를 가져오기 힘들다고 판단될 때 역세분화를 통해 시장에 영향력을 끼칠 수 있다. 한 예로, 한때 우리나라의 샴푸시장은 저가 샴푸, 겸용 샴푸(샴푸+린스), 비듬방지 샴푸의 세 가지 세분시장으로 나누어져 있었다. 당시 아모레퍼시픽(AMORE PACIFIC)의 주력시장이었던 저가 샴푸시장이 위축되고 있었고, 겸용 샴푸시장에는 LG나 애경보다 늦게 진입하였으며, 비듬방지 샴푸시장에는 발을 들여놓고 있지 않았기 때문에 샴푸시장에서 아모레퍼시픽의 점유율은 점차 낮아지고 있었다. 이에 대처하기 위해 아모레퍼시픽은 1992년 겸용 샴푸의 린스 기능을 강화하고, 여기에 비듬방지 기능도 추가한 '댄트롤 샴푸'를 출시하였다. 댄트롤은 출시한 지 불과 1년여 만에 샴푸시장에서 점유율 1위 브랜드의 자리에 올랐다. 또한, 의류 건조, 제습, 살균, 다림 등의 기능을 하나로 묶어 의류관리기 라는 새로운 시장을 만들어 선점하여 큰 인기를 모은 LG의 스타일러 또한 역세분화의 좋은 예이다.

아모레퍼시픽의 댄트롤 샴푸

LG전자의 스타일러 오브제컬렉션

그림 6-10 역세분화 사례

Ⅱ 표적시장의 선정

1 표적시장 선정의 접근 방법

시장세분화를 통해 마케팅관리자는 여러 개의 세분시장을 확인할 수 있다. 세분화 과정을 통해 구분된 세분시장 중 하나 또는 몇 개의 세분시장에 기업의 마케팅 노력을 집중시키게 되는데, 그 기준은 해당 시장이 기업에 이윤을 제공해 줄 수 있을 만큼 충분히 매력적인 시장인지 또는 시장에 진입하는데 기업의 자원은 충분한지 등을 고려해야 한다. 따라서 기업은 [그림 6-11]과 같이 시장을 어떻게 세분화하여 접근할 것인가를 결정하게 된다.

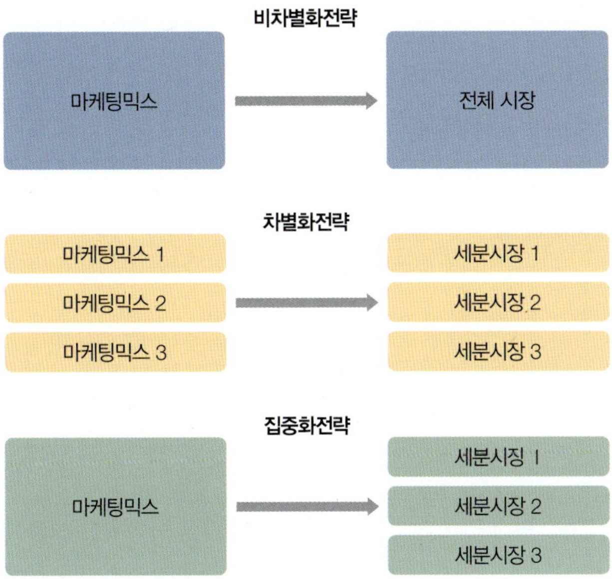

그림 6-11 **표적시장 선정의 접근 방법**

표적시장을 선정하는 첫 번째 접근 방법은 **비차별화전략**(undifferentiated strategy)이다. 이는 세분시장 간의 차이를 무시하고 하나의 제품으로 전체 시장에 접근하는 방법으로, 기업은 구매자의 기본적인 욕구나 차이보다는 그들 간의 공통적인 부분에 초점을 둠으로써 시장을 개발하려고 할 것이다. 비차별화전략은 제품라인을 좁게 가지고 마케팅 관련 비용을 줄임으로써, 제품가격을 낮출 수 있기 때문에 가격에 민감한 소비자들을 대상으로 한다. 또한 시장을 개척할 수 있는 신제품을 가지고 시장을 세분화하지 않는 **디세그맨테이션**(de-segmentation)을 통해 상대적으로 경쟁이 적은 새로운 시장, 즉 블루오션을 개척하는 방법이 되기도 한다.

두 번째 접근 방법은 **차별화전략**(differentiated strategy)이다. 여러 개의 표적시장을 선정하고 각각 세분시장마다 적합한 마케팅전략을 개발하고 계획을 수행하는 것이다. 화장품 회사가 최고급 제품부터 중저가, 저가 등을 개발하여 다양한 시장을 동시에 공략하는 것이 대표적이며, 일례로 아모레퍼시픽(AMORE PACIFIC)은 '한방화장품'이라는 영역 자체가 생소한 시기부터 제품을 개발하여 1997년 설화수 브랜드를 만들어 차별화를 시도하여 성공하였다. 그 이후 헤라(HERA), 라네즈(LANEGIE), 아이오페(IOPE) 등 다른 브랜드를 개발하여 다른 세분시장을 공략하고 있다.

세 번째 접근 방법은 **집중화전략**(concentrated strategy)이다. 하나의 세분시장을 대상으로 하나 또는 그 이상의 제품을 소비자에게 접근시키기 위한 세분화전략으로, 기업의 자원이 한정된 경우 활용될 수 있다. 이는 틈새시장(niche market)전략이라고 불리며, 다른 경쟁자가 공략하지 못한 세분시장에 대해 적극적으로 공략할 수 있다. 또한, 상대적으로 높은 매출액을 가져오는 상위 20% 고객들에게 집중적으로 마케팅하려는 방법도 집중화전략에 해당한다.

2 표적화 절차

1. 세분시장 평가

각기 전혀 다른 특성을 지닌 세분시장을 여러 가지 기준으로 평가하여, 가장 바람직한 세분시장을 발견하는 것이 필요하다. 평가 기준에는 세분시장의 규모와 성장률, 매력성을 비롯하여 기업의 목표와 자원의 적절성 등이 있는데, 표적시장이 되기 위해서 세분시장은 높은 매력도를 가지고 있어야 하며, 경쟁자들보다 높은 경쟁우위에 있어야 한다. 또한 해당 세분시장에 들어가는 것이 기업의 목표와 기업문화, 기존의 시장 및 마케팅믹스와 높은 적합성을 가지고 있어야 한다. 세분시장을 평가하는 기준은 다음과 같다.

1) 세분시장의 규모와 성장률

시장의 적절한 규모란 상대적인 것으로, 기업의 규모에 따라 다르게 측정된다. 대기업의 경우 판매량이 높은 시장을 선호하는 경향이 있어 소규모의 세분시장을 간과하거나 회피하기도 한다. 중소기업의 경우 충분한 기업 자원이 확보되기가 상대적으로 힘들어서 판매량이 많거나 막대한 자금력이 요구되는 시장을 포기하거나 회피한다. 그러나 기업의 규모와 관계없이 이윤을 남길 수 있다고 평가되는 시장의 규모와 성장률이 세분시장을 선택하는 기준이 된다. 또한, 세분시장의 성장률을 추정하기 위해서는 미래의 시장 상황 하에서 기업이 달성할 것으로 기대되는 매출액, 즉 미래의 시장 규모를 예측하여야 하는데, 기업으로서 자사가 선택한 시장이 지속적인 성장추세에 있다고 판단되면, 이윤 확보가 쉬워지므로 표적시장으로 될 가능성이 커진다.

2) 세분시장의 매력성

만약 각각의 세분시장들이 충분한 규모를 가지고 있고, 성장가능성이 높다고 평가된다고 하더라도 수익성의 관점에서 그다지 매력적이지 못할 수도 있다. 기업은 세분시장의 진입장벽과 탈출장벽의 높고 낮음을 기준으로 세분시장의 매력성을 파악할 수 있다. 다음과 같이 시장을 둘러싼 다섯 가지 위협을 진단하여 장기적인 수익성에 대한 영향력을 평가한다.

세분시장의 매력성과 다음의 다섯 가지 위협을 진단하여 기업의 장기적 수익성에 대한 영향력을 평가해야 한다.

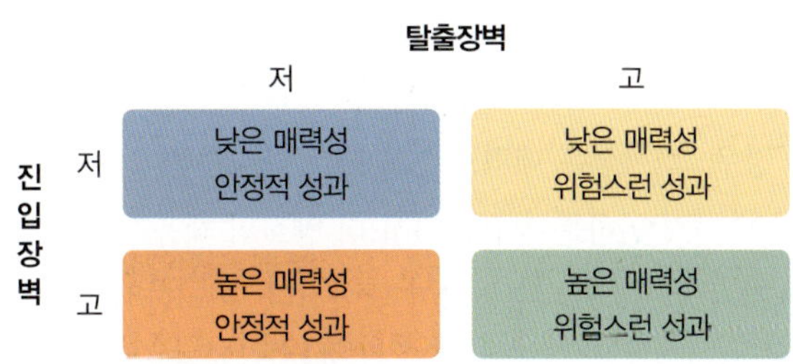

그림 6-12 **세분시장의 매력성**

① 세분시장 내 강력한 경쟁자의 위협

어떤 세분시장은 이미 다수의 강력하고 공격적인 경쟁자들이 존재하고 있을 수 있다. 이러면 시장의 매력성이 매우 떨어지는데, 만약 그 세분시장이 안정적인 상태이거나 하향적인 상황이라고 한다면 고정비용이 높게 들 것이고, 탈출장벽이 높으므로 장기적인 관점에서 해당 시장에 진입하는 것은 매우 위험성이 높다. 또한 시장 내의 가격경쟁이나 광고비용을 비롯한 기타 촉진비용이 증가할 수 있기 때문에 신제품개발과 출시에서도 큰 비용이 소요될 가능성이 높다.

② 새로운 침입자의 위협

일반적으로 경쟁자의 수가 많아질수록 수익성은 낮아지므로, 새로운 경쟁자들이 쉽게 들어올 수 있는 시장은 매력도가 낮은 시장으로 볼 수 있다. 따라서 이미 해당 시장 내에 존재하는 기업들은 새로운 경쟁자들이 쉽게 들어오지 못하도록 여러 가지 장벽을 쌓게 된다. 세분시장의 매력성은 해당 시장으로의 진출이나 탈출 시 장벽이 어느 정도 존재하느냐에 따라 달라지는데, 기업에 있어 진입장벽은 높고 탈출장벽은 낮은 시장이 매력성이 있다고 할 수 있다.

③ 대체재의 위협

대체재의 위협은 항상 존재하고 있다. 세분시장에 있어 진출하고자 하는 제품에 대한 실질적 또는 잠재적 대체재가 존재한다면 제품 가격을 높이기가 어려워지므로 수익성이 낮아진다. 따라서 대체재가 많을수록 시장의 매력도는 낮아진다. 또한, 대체재 산업이 새로운 기술의 발전으로 함께 발달 되고 경쟁이 심화된다면 전체적인 가격하락과 이익 저하가 나타날 확률이 높아진다.

④구매자 교섭력의 증가에 따른 위협

구매자는 시장에서 제품을 구매하는 모든 사람을 가리키며, 반드시 최종 소비자만을 의미하지는 않는다. 유통업자나 또 다른 제조업자가 될 수도 있다. 일반적으로 이러한 구매자집단이 지속적으로 강력한 교섭력을 지니게 되는 경우 그 시장은 매력성을 잃게 된다. 구매자들은 판매자의 이익 감소에 관심이 없으며, 지속적인 가격 인하를 강요하면서 더 양질의 제품과 여러 가지 부대서비스를 요구하기 때문에, 판매자가 얻게 되는 수익성이 낮아진다. 이러한 상황에서 기업은 구매자가 구매하지 않으면 손해를 본다고 느낄 정도의 우수한 제품으로 접근할 수밖에 없다.

⑤ 공급자의 협상력 향상에 따른 위협

만약 기업에 물품을 납품하는 공급업자의 수가 작거나 조직화되어 있다면 기업은 공급업자가 제시하는 가격에 맞출 수밖에 없다. 또, 이를 대체할 제품이 존재하지 않는다면 더욱더 공급업자에게 끌려갈 수 있고 최종 제품의 가격은 상승하게 되어 그 시장의 매력도는 낮아진다. 최선의 방어책은 기존의 공급업자와 좋은 관계를 유지하고 새로운 공급원을 다양한 방법으로 개발하는 것이다.

3) 기업 목표와 자원의 적절성

기업에 있어 어떤 세분시장이 적절한 시장규모를 가지며 지속적인 성장률을 보이고, 수익성이 높은 매력적인 시장이라고 하더라도, 기업의 목표와 자원의 적절성을 고려했을 때 일치하는 시장이어야 한다. 만일 기업의 장기적 목표가 해당 산업 내의 지속적 판매율 1위 기업일 경우, 단기적으로 이익을 볼 수 있으나 장기적 관점에서 투자 가능성이 저조하다고 판단되는 세분시장은 고려되지 않을 것이다. 그러나, 기업의 목표와 부합하는 세분시장일지라도, 기업이 보유한 인적, 물리적 자원, 또는 기술력을 고려하여 시장 진입이 불가능하다고 판단된다면 그 시장은 포기해야 하는 시장으로 분류된다.

3 세분시장의 선정과 진출 결정

기업은 여러 개의 다양한 세분시장을 평가하였고, 이를 기준으로 어느 세분시장에 또는 몇 개의 세분시장에 어느 정도의 규모로 진출할 것인가를 결정하게 된다. 궁극적으로 보면, 세분시장의 선정과 진출의 결정이 곧 표적시장의 선정을 의미한다. 기업이 가진 자원은 한정되어 있으므로 [그림 6-13]과 같이 더욱 전문화된 방법으로 세분시장의 진출을 구체화하게 된다.

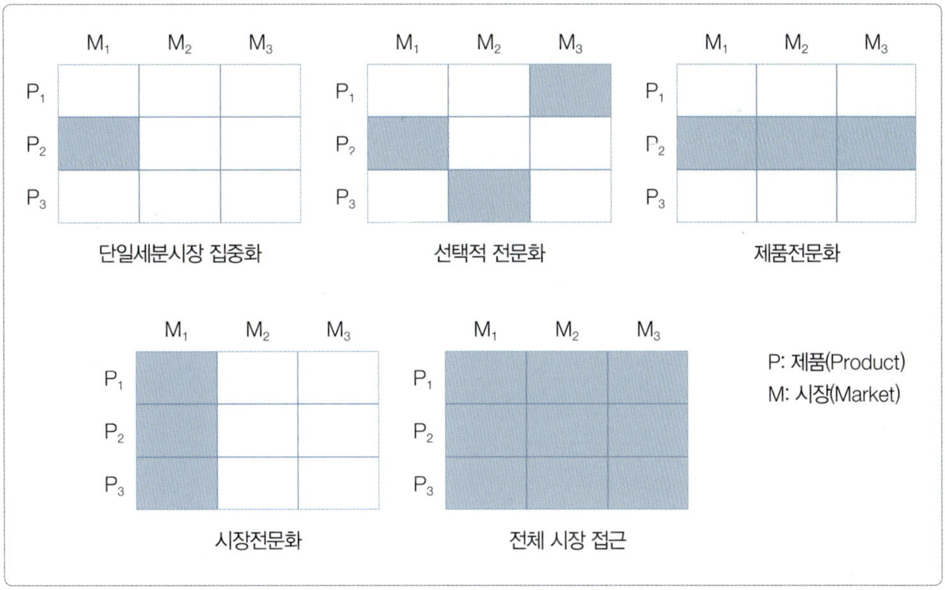

그림 6-13 세분시장 선정의 다섯 가지 접근

1) 단일세분시장 집중화

단일세분시장 집중화(single-segment concentration)는 기업의 자원이 제한되어 있거나 세분시장 내 경쟁자가 없으면 한 가지 마케팅믹스로 하나의 세분시장만을 선정하여 진출하는 전략이다. 기업은 해당 시장에 집중적인 마케팅 노력을 기울일 수 있고, 시장 내의 욕구를 더욱 잘 알 수 있기 때문에 다른 기업에 비해 상대적으로 강력한 위치를 확보할 수 있다. 나아가 세분시장 내의 선도적 위치를 장악한다면 수익률의 증가를 유지시킬 수 있다. 그러나 세분시장의 선호가 갑자기 변하거나, 강력한 경쟁자가 등장하거나, 세분시장 자체가 사라지게 될 때 제한된 기업의 자원으로는 이러한 환경 변화에 빠른 대처가 어려워 커다란 위험에 직면할 수 있다.

2) 선택적 전문화

선택적 전문화(selective specialization)는 몇 개의 세분시장을 선정하여 각각 세분시장마다 기업의 목표와 자원을 조화롭게 적용하는 전략으로, 세분시장마다 다른 마케팅전략과 노력을 기울일 수 있다. 복수의 세분시장들이 서로 시너지 효과를 이루기는 어려울 수 있으나, 각 세분시장으로부터 충분한 수익률을 얻을 수 있다면 기업에는 위험을 줄일 수 있는 장점이 있다. 즉, A세분시장에서 기업의 위치가 매력성을 잃는다 해도, B세분시장에서는 이익이 증가할 수 있으므로 기업이 받을 위험은 줄어들게 된다.

3) 제품전문화

제품전문화(product specialization)는 한 가지 제품만을 생산하여 다양한 세분시장으로 진출하여 집중화하거나 전문화하는 전략으로, 기업의 전문성과 명성을 구축할 수 있게 해주며 장기적 이익을 확보할 수 있게 해준다. 현미경 제조업체는 현미경과 관련한 기술력에 집중하여 정부 기관, 대학연구소, 기업연구소 등 다양한 시장을 공략하여 각 세분시장의 욕구에 부합되는 현미경을 제조하여 판매할 수 있다. 그러나, 자사의 전문적인 기술력을 대체할 만한 와해성기술(disruptive technology)을 가진 경쟁기업의 출현으로 제품 대체가 발생할 수 있는 위협이 존재하므로, 해당 제품에 관한 지속적인 연구 및 개발에 투자해야 한다.

4) 시장전문화

시장전문화(market specialization)는 기업이 어떤 특정 고객집단의 욕구를 인식하고 여러 제품으로 그들의 다양한 욕구를 충족시키는 전략이다. '실험실'이라는 시장에서 요구되는 제품을 모두 납품하는 기업을 예로 들 수 있는데, 실험실에서 사용하는 실험용 장갑이나 가위, 현미경, 배양기, 각종 화학약품, 플라스틱이나 유리기기 등 다양한 제품을 판매하는 것이다. 이는 앞서

'현미경'이라는 제품으로 여러 시장에 진출하는 제품전문화와 구분된다.

5) 전체 시장 접근

만약 모든 세분시장의 모든 고객들을 대상으로 한다면 그것은 곧 전체 시장을 확보하고자 하는 전략으로 볼 수 있다. 주로 대기업의 경우가 이러한 **전체 시장 접근**(full market coverage)전략을 수행하고 있는데, IBM의 경우 컴퓨터 관련 시장 내에서 하드웨어, 소프트웨어를 비롯하여 게임, 애니메이션 산업, 모니터 브라운관 산업, 프린터나 주변 기기 산업 등을 모두 아우르며, GM은 자동차시장 전체를, 코카-콜라는 전 세계 음료시장에 다양한 음료를 판매함으로써 전체 시장을 확보하고자 한다. 전체 시장에 접근하기 위해 기업은 자사의 자원과 시장의 매력도 등을 기준으로 앞서 살펴본 비차별화 마케팅, 차별화 마케팅, 집중화 마케팅전략을 수행한다.

Ⅲ 위상정립전략

1 위상정립의 의의

포지셔닝(positioning)은 1972년 Al Ries와 Jack Trout의 "The Positioning Era(1972)"에 의해 보편화된 용어로, 위상정립, 정위화, 위치화, 위치정립 등으로 번역되어 사용된다. 그들은 유명한 제품들은 일반적으로 소비자들의 마음속에서 독특한 자리(위상)를 잡고 있다는 점을 관찰하여, 위상정립은 제품 자체에 대한 것이 아니라 소비자의 마음에 대한 것으로 커뮤니케이션 측면과 연관성이 있다는 점을 상조하였다.

위상(position)은 표적시장 소비자들의 마음속에서 특정 브랜드가 차지하고 있는 자리로, 경쟁브랜드들의 자리와 대비된다. 즉, 소비자의 마음속에서 경쟁브랜드들과 다르게 비추어지는 상대적 이미지이다. 위상을 심어준다는 것은 그 브랜드의 실체보다는 그 브랜드가 소비자들에게 전달되어 만들어진 이미지가 더 중요하기 때문에 이와 관련한 커뮤니케이션 활동이 잘 이루어져야 한다.

위상이 소비자 마음속에 제대로 심어지면, 표적시장의 소비자들이 그 제품을 사야만 하는 당위적 이유라고 할 수 있는 **고객 중심적 가치제안**(customer-focused value proposition)을 형성할 수 있다. 이러한 위상은 독특한 니즈와 욕구를 갖는 세분시장을 찾아내 뚜렷하게 차별화된 전략으로 시장을 공략함으로써 얻는 지속 가능한 경쟁우위(sustainable competitive advantages: SCA)와 연결된다.

2 위상정립전략 방법

그렇다면 위상정립을 어떻게 할 것인가? 일반적으로 위상정립은 어떤 표적시장을 염두에 두고 일단 제품을 개발한 후에 브랜드 혹은 광고에 대한 결정을 하면서 확정되는 것으로 제품의 실질적 특성인 품질, 기능 등과 반드시 일치하는 것은 아니다. 즉, 기업의 노력으로 얼마든지 다른 방향으로 위상을 정립할 수 있다. 위상정립전략의 방법을 다음과 같이 구분하여 살펴보고자 한다.

1. 제품특성에 의한 위상정립

가장 많이 이용하는 전략으로, 제품이 갖는 실질적인 속성 혹은 특성에 의해 위상정립이 이루어질 수 있다. 마티즈는 경제적인 차, 그랜저는 고급차, 포르쉐는 스포츠카, 벤츠는 안전하고 안락한 차로 인식되며, 미국 소비자들에게 도요타나 혼다는 고장이 잘 안 나는 차, 볼보는 안전하고 튼튼한 차로 인식되고 있다. 또 다른 예로는, 다이슨 청소기는 가볍지만 흡입력이 강력한 청소기, 그리고 IKEA는 다양한 디자인의 저렴한 조립식 가구 브랜드로 인식되고 있다.

그림 6-14 특성에 의한 위상정립

2. 소비자가 추구하는 편익 · 혜택에 의한 위상정립

혜택은 제품이 소비자에게 제공하는 이점으로, 기업은 잠재소비자가 추구하는 편익 혹은 혜택에 의해 위상을 정립할 수 있다. 메가커피의 경우 가성비 좋은 카페로, 폴바셋의 경우 스페셜티 커피와 함께 고급스러운 프리미엄 카페로 인식된다. 게토레이와 포카리스웨트는 '갈증 해소'를 위한 음료로 제품을 위치시키며, 낮은 도수를 원하는 소비자를 위해 롯데주류는 처음처럼을 하이트진로는 참이슬 후레쉬, 진로이즈백 등의 제품을 선보이고 있다. 또한, 배달의 민족은 최근 1인 가정의 증가와 '혼밥'의 유행으로 1인분도 배달시킬 수 있는 음식점을 연동해 주는 서비스를 제공하며, 쿠팡은 빠르게 배송받고 싶은 소비자들을 위해 로켓배송 서비스를 제공한다.

그림 6-15 특성에 의한 위상정립

3. 제품 사용 상황에 의한 위상정립

특성 사용 상황에 맞추어 위상을 정립하는 경우이다. 컨디션과 헛개차는 술 먹은 후에 마시는 음료이며, 시험 기간에 공부할 때는 핫식스, 피로회복에는 박카스와 같이 특정 상황과 제품을 결부시켜 위상을 정립할 수 있다. 농심 짜파게티의 경우 '일요일은 내가 짜파게티 요리사', '오늘은 내가 짜파게티 요리사'의 광고 문구로 일요일에 아빠가 가족에게 해주는 요리, 누구나 혼자 쉽게 즐길 수 있는 짜장면을 콘셉트로 삼아 위상을 정립하였다.

그림 6-16 사용 상황에 의한 위상정립

4. 제품사용자에 의한 위상정립

제품을 사용할 사용자집단에 맞추어 위상을 정립하는 방법이다. 아가방앤컴퍼니(구, 아가방)는 이름만 들어도 유아용품을 판매하는 기업이라는 것을 알 수 있으며, 과거 엘지생활건강의 뽀뽀뽀치약은 어린이용 치약으로 위상정립하였다. 정관장의 여성 전문 브랜드 화애락은 특히 50대 갱년기 여성에 초점을 둔 '화애락진' 제품을 선보이고 있다. 또한, 여성 못지않게 남성들의 피부관리에 관한 관심이 높아지면서 남성 화장품 시장이 크게 성장하고 있으며, 남성 전용으로 새로운 브랜드가 출시되거나, 기존 화장품 브랜드 내에 남성 화장품 라인이 더욱 풍부해지고 있다. 이니스프리는 '포르게스 포맨 올인원 에센스'를, 라네즈 옴므는 여성보다 상대적으로 피지가 많은 남성을 대상으로 하는 '오일 컨트롤 라인'을 출시하였으며, 아모레퍼시픽은 2019년 9월, Z세대 남성을 위한 메이크업 브랜드 비레디(BeREADY)를 출시하였다.

5. 문화적 상징에 의한 위상정립

표적시장 내 경쟁자들이 사용하지 않는 의미 있고 뿌리 깊은 문화적 상징을 통해 위상을 정립할 수 있다. 미국의 말보루(Marlboro) 담배는 개척정신의 상징인 광활한 서부를 배경으로 카우보이를 등장시켜 미국인들의 향수를 자극하였다. 대만 샌드위치 브랜드 '홍루이젠'은 1947년 대만에서 창립되어 현재까지 사랑받는 대만의 국민 샌드위치로 프랜차이즈 계약을 통해 대만의 분위기와 맛, 추억을 전달한다.

6. 경쟁자에 의한 위상정립

위상정립에 있어 경쟁자는 전략의 준거체계로 작용한다. 경쟁자가 개발하고 잘 정립한 이미지를 자사가 개발한 다른 이미지의 전달 연결고리로 활용할 수 있으며, 경쟁자보다 낫거나 동등하다고 인식시킴으로써 위상을 정립할 수 있다. 유명한 예로, 미국 최대의 렌트카 회사인 Hertz에 대항하여 Avis는 “우리 회사는 2위입니다. 그러나 더 열심히 노력하겠습니다.”라고 강조했고, 7 Up은 콜라가 아니라는(Uncola) 점을 강조하여 콜라를 마실 만한 상황에서 7 Up은 청량음료이지만 카페인이 없는 음료라는 위상을 성공적으로 만들어냈다. 국내 예로는, 대표적인 소주 브랜드 ‘참이슬’과 ‘처음처럼’을 들 수 있다. 하이트 진로는 기존 진로소주의 알코올 도수를 낮추어 1998년부터 ‘참이슬’을 판매하여 소주시장에서 1위를 오래 유지해왔다. 이후, 이에 대응하여 낮은 알코올 도수의 소주를 원하는 니즈를 파악하여 2006년에 롯데주류는 19.8도의 ‘처음처럼’을 출시하였다. 그 영향으로 하이트 진로는 19.5도의 ‘참이슬 후레쉬’를 출시하여 경쟁하였으며, 최근에는 16.9도의 낮은 도수와 레트로감성의 유행이라는 흐름에 맞춰 예전 진로 소주병의 모양을 한 ‘진로이즈백’을 출시하였다.

Ries와 Trout는 위상정립을 창의적인 활동으로 인식하면서, 잘 알려진 제품들은 소비자들의 마음속에 이미 어떤 위상을 차지하고 있으므로 새로운 기업이 기존 경쟁사의 확고한 위상을 빼앗기 위한 방법으로 세 가지 대안을 제시한다. 첫 번째는 소비자들의 마음속에 자신의 위상을 더 강하게 심는 방법으로, 앞서 살펴본 Avis와 7 Up의 예가 여기에 속한다. 두 번째 방법은 자리잡고 있지 않은 새로운 위상을 탐색하여 차지하는 것이다. 1980년대 초, 신한은행이 처음 문을 열 때, 기존 은행에 비해 빠른 업무 진행과 친절한 은행으로 위상을 정립시킴으로써 빠른 성장을 할 수 있었다. 세 번째는 경쟁사를 낮추거나 위상을 재정립(re-positioning)시키는 것이다. 애국심이 깊은 소비자들에게 경쟁제품이 외국에서 만들어진다는 것을 알려준다든지, 반대로 외국제품을 선호하는 소비자들에게는 자사의 제품이 외국의 것과 동일하다는 것을 강조할 수 있다.

그림 6-17 **경쟁자에 의한 위상정립의 예**

3 위상정립전략의 수립 과정

위상정립전략을 수립하기 위해서는 먼저 SWOT 분석을 통해 자사의 경쟁력 및 강점을 파악하고, 경쟁자와의 차별화 가능 요인을 탐색하여 적절한 경쟁우위를 선택하여야 한다. 그 과정에서 **지각도**(perceptual map)를 그려봄으로써 적합한 위치를 더욱 시각적으로 명확하게 파악할 수 있으며, 위상정립이 결정되면 마케팅믹스를 통해 소비자들에게 효과적으로 전달하고, 이후 사후관리까지 행해져야 한다. 위상전략의 수립 과정은 [그림 6−18]과 같다.

1. 경쟁적 강점의 파악

위상정립전략을 수립하기 위해서 가장 먼저 해야 할 일은 경쟁자에 대한 이해를 통한 자기 기업의 정확한 위치를 아는 것이다. 마케팅전략에 있어 필수적으로 활용되는 SWOT 분석을 통해 기업의 강·약점은 무엇인지 파악하고, 외부환경으로부터의 기회와 위협 요인도 파악해야 한다. 우선 표적시장에 어떠한 경쟁자들이 있는가를 식별해야 그들과 다른 차별화된 시도를 준비할 수 있다. 또한, 소비자들이 경쟁자의 제품을 어떻게 지각하고 평가하는가를 파악하여 자사 제품과 비교할 수 있는 적절한 제품 속성들을 선택할 수 있다.

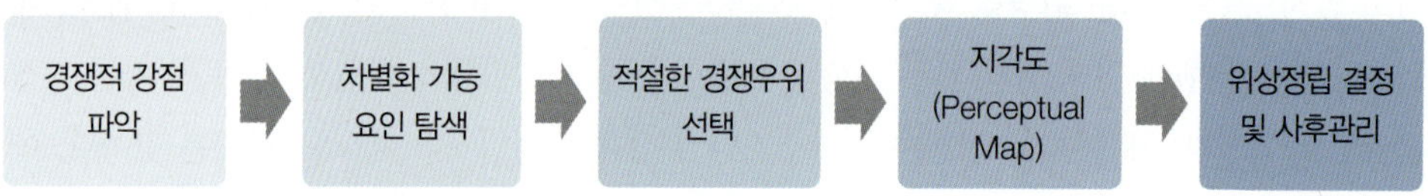

그림 6-18 **위상정립전략의 수립 과정**

2. 차별화 가능 요인의 탐색

전략수행에 앞서 자기 이해 및 경쟁자 이해를 바탕으로 차별화 가능 요인을 탐색해야 한다. **차별화**(differentiation)의 종류는 크게 실질적 차별화와 심리적 차별화로 나누어 볼 수 있는데, 실질적 차별화는 경쟁제품과 실제로 차이가 있는 부분이며, 심리적 차별화는 제품이 실제로는 차이가 없지만, 소비자들이 차이가 있다고 생각하게 하는 것이다. 구체적으로 제품 차별화, 서비스 차별화, 인적 차별화, 경로 차별화, 이미지 차별화로 나누어 볼 수 있다.

먼저 제품 차별화는 제품의 형태나 특성, 성능, 품질, 스타일 및 디자인 등에서 경쟁제품과 무엇인가 차이가 나도록 하는 것이다. 이는 현재 기업들이 가장 많이 사용하는 방법이지만 다른 경쟁기업에서 곧바로 모방할 수 있는 위험성이 있다.

다음으로 서비스 차별화는 제품을 주문하는 과정이 좀 더 수월하게 한다든지, 배송을 빨리, 적기에 해 준다든지, 제품의 설치나 수리를 무료로 해준다는지, 또 제품 사용에 대한 교육이나 훈련 과정을 제공한다든지 등의 다양한 서비스 영역에서 경쟁기업과 차별화하는 것이다.

세 번째는 인적 차별화인데, 이는 회사 구성원들의 인적 능력을 차별화시키는 것으로써 잘 훈련된 판매원이나 서비스 담당자는 경쟁기업과 비교하여 커다란 강점이 될 수 있다. 해당 분야의 충분한 지식과 기술을 보유하도록 하고, 고객에게 더 친절한 서비스를 제공하며, 일관되고 정확한 서비스를 제공함으로써 고객과의 유대관계를 형성할 수 있도록 하는 등의 방법이다.

네 번째는 차별화는 유통경로 측면에서 경쟁기업과 다른 방법을 사용하는 경로 차별화이다. 한국야쿠르트는 소매점판매보다 소위 '야쿠르트 아줌마'를 통한 방문판매를 주로 하며, 초기의 Timex 시계는 시계전문점이 아닌 소비자의 접근성이 높은 일반 슈퍼나 연쇄점을 통한 판매로 성공을 거둘 수 있었다.

마지막으로 이미지 차별화는 색상, 상징물, 매체, 분위, 행사 등에 의해 차별화하는 것이다. 지팡이를 들고 있는 수염 난 할아버지를 보면 KFC를 연상하게 되고, 빨간 바탕에 노란색 'M'자는 맥도날드(McDonald's)를 떠올리게 한다. 말보루(Marlboro)담배는 미국 서부의 카우보이를 내세워 남자다운 이미지를 강조하고, 반대로 버즈니아 슬림(Virgina Slim)은 여성스러운 분위기를 강조하고 있다. 또한, 기업은 올림픽이나 월드컵과 같은 전 세계적인 행사를 후원하면서 그들의 이미지를 높이려고 한다. 삼성(Samsung)계열의 회사들이 프로축구, 프로야구, 프로 농구 등에 자사 팀을 구성하고 행사를 후원하는 것도 경쟁기업과의 이미지 차별화를 도모하기 위함으로 볼 수 있다.

이러한 차별화 가능 요인들을 바탕으로 경쟁자와 대비하여 성공적인 차별화를 이루기 위해서 각 요인의 상대적 중요성, 독특성, 우수성, 전달성, 선점 가능성 등을 고려하여야 한다.

3. 적절한 경쟁우위의 선택

차별화 가능 요인을 파악하였다면, 그중에서 어떤 요인을 위상정립에 사용할 것인지, 또 하나의 차별 요인을 사용할 것인지, 둘 이상의 복수 요인을 사용할 것인지도 결정해야 한다. 이를 통해 기업은 **경쟁우위**(competitive advantage)를 확인할 수 있다. Mercedes Benz는 자사의 우수한 자동차 기술을, Volvo는 최고의 안전성과 내구성을 경쟁우위의 요소로 삼고 위상을 정립한다.

4. 지각도

지각도(perceptual map)는 어떤 브랜드, 기업 등이 소비자의 마음속에 차지하고 있는 상대적 위치를 시각적으로 나타내는 것으로 이를 통해 위상정립전략을 수행하기 때문에 **포지셔닝 맵**(positioning map)이라고도 한다. 지각도의 종류는 제품이 제공하는 혜택 요인을 기준으로 브랜드별 유사성 정도만을 나타내주는 지각도와 유사성 정보와 함께 소비자들의 **이상점**(ideal point)의 위치를 나타내주는 지각도가 있다.

기업은 지각도를 통해 제품에 대한 소비자들의 인식을 평가해 볼 수 있다. 또한 기존 제품들이 소비자들의 지각에 어떠한 위치를 차지하고 있는가를 알게 되어 경쟁제품의 진입이 없거나 약한 공간과 세분시장을 발견할 수 있게 해준다. 또한, 새롭게 개발한 제품이 기존 제품과 비교하여 어느 위치에 존재하는지 알게 해줌으로써 경쟁 대상을 미리 파악하여 대응 전략을 마련할 기회를 제공한다.

a. 유사성 정도만을 나타내주는 지각도(자동차)

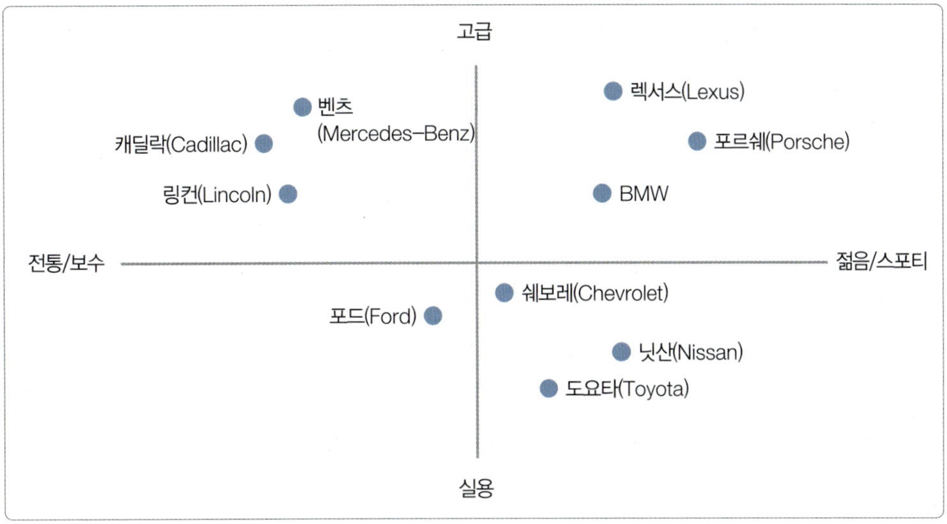

b. 유사성과 소비자의 이상점을 나타내주는 지각도(음료)

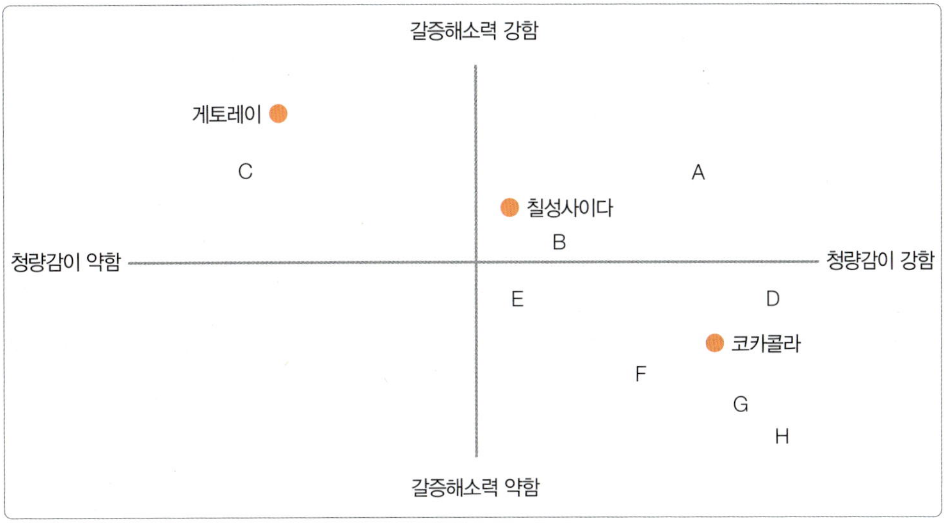

그림 6-19 지각도(Perceptual map)의 예시

5. 위상정립의 결정 및 사후관리

자사의 위상이 정립되면, 소비자들에게 기업의 제품 및 서비스를 더욱 효과적으로 전달할 수 있는 마케팅믹스 요인을 결정하고 실행해야 한다. 특히 위상정립은 제품 자체보다 소비자가 해당 제품을 인식하는 데 초점을 두고 있으므로, 광고를 포함한 모든 커뮤니케이션 수단을 적절하게 써야 한다. 광고를 할 때 첫 문구에는 해당 제품이 어떤 제품군에 속하는지를 표시해야 하고, 제품군 속의 다른 제품들과의 차이점을 부각시켜야 한다.

한편, 위상정립을 하는 데 있어 다음과 같은 오류가 발생되는 경우가 있으니 주의해야 한다. 너무 많은 위치를 차지하려는 '과대 위상정립', 촉진전략을 너무 약하게 하여 제품 위상에 오류가 발생 되는 '과소 위상정립', 앞뒤가 맞지 않는 전략으로 소비자들로 하여금 혼란을 초래하는 '혼란된 위상정립'과 믿기 어려운 주장을 하여 제품 신뢰성에 손상이 가는 '의아한 위상정립'의 경우이다.

주요 용어

비차별화전략(undifferentiated strategy)
선택적 전문화(selective specialization)
시장세분화(market segmentation)
시장전문화(market specialization)
위상정립전략
제품전문화(product specialization)
지각도(perceptual map)
집중화마케팅
차별화전략(differentiated strategy)
표적시장(target market)
STP전략

연습문제

01 시장세분화의 배경과 세부 과정을 설명하시오.

02 시장세분화의 일반적 기준에는 무엇이 있는지 설명하시오.

03 효과적인 시장세분화를 위한 요건을 설명하시오.

04 표적시장에 접근하는 세 가지 방식을 설명하시오.

05 표적시장의 선정 시 중요하게 고려해야 할 요인을 설명하시오.

06 여러 세분시장 중에 표적시장으로 선정하는 다섯 가지 방법을 설명하시오.

07 위상정립의 개념과 전략을 설명하시오.

08 위상정립전략의 수립단계를 설명하시오.

09 지각도의 개념과 활용 방안에 대해 설명하시오.

CHAPTER 7

제품전략

Ⅰ. 제품의 정의와 분류

Ⅱ. 제품믹스와 제품계열관리

Ⅲ. 브랜드와 브랜드 자산

Ⅳ. 포장과 라벨

학습목표

- 제품은 어떻게 정의되고 분류되는가?
- 제품믹스란 무엇인가?
- 제품계열의 관리는 어떻게 하는가?
- 브랜드와 브랜드 자산은 무엇인가?
- 제품의 포장과 라벨의 중요성은 무엇인가?

주요 내용

기업을 운영하는 데 제품은 가장 중요하고 기초가 되는 마케팅믹스 요소 중 하나이다. 제품은 기업이 소비자들에게 무엇을 제공할지에 대한 개념으로, 전통적으로 제품 및 서비스로 불리면서 유형의 재화를 비롯하여 서비스, 경험, 정보 등을 포함하는 개념으로 확장되었다.

제품은 내구성 또는 유형성을 기준으로 비내구재, 내구재, 서비스의 3가지 분류로 구분될 수 있다. 또한 제품을 구매하는 주체에 따라 소비재와 산업재로 구분된다. 소비재의 경우 소비자의 구매습관에 따라 편의품, 선매품, 전문품, 비탐색품으로, 산업재의 경우 원자재와 부품, 자본재, 소모품과 서비스로 세부 구분된다. 제품관리에 있어서 중요한 부분은 제품믹스를 기업의 목표와 맞게 잘 구성해야 하는데, 제품믹스란 기업이 생산하여 판매하는 모든 제품계열과 품목의 적절한 조합을 말한다.

브랜드란 경쟁자의 제품과 자사의 것을 구별하기 위해 사용하는 명칭, 술어, 표시, 상징 또는 디자인이나 이것들의 조합을 말한다. 포장(packaging)이란, 제품을 위해 필요한 용기(container)를 디자인하고 생산하는 모든 활동을 포함한 것이다. 근래에 이르기까지 포장의 개념은 제품을 담아 손상을 보호하고, 제품을 절약할 수 있는 수단으로 인식되어 왔다. 그러나 소비자의 소득 향상과 기술의 발달로 포장에 대해 기대하는 소비자의 욕구가 향상되어 그 중요성은 점차 높아가고 있다. 라벨(label)의 궁극적인 목적은 제품 자체에 대한 정보를 제공하는 목적과 제품에 대한 촉진기능을 수행한다.

Ⅰ 제품의 정의와 분류

기업을 운영하면서 빠르게 변화하는 환경과 경쟁자의 반응, 소비자들의 기호 변화 등 통제할 수 없는 요소들이 어떻게 변동하고 있는가를 정확하게 분석하고 예측하는 것은 매우 중요한 부분이다. 이를 토대로 4Ps(Product, Price, Place, Promotion)라고 불리는 마케팅믹스(marketing mix)의 구체적인 수단인 제품개발, 가격전략, 유통관리 및 촉진 수단의 개발 등에 대하여 철저한 분석과 연구를 수행하기 때문에 그 중요성은 더 강조된다.

그 중, 제품은 가장 중요하고 기초가 되는 마케팅믹스의 요소이다. 기업에서 소비자들이 원하고 만족할 만한 제품을 제공하는 것만으로도 시장에서 우위의 위치를 선정하고, 장기적으로 매출을 늘리고 이익을 창출할 수 있기 때문이다. 반대로 잘못 개발되거나 선정된 제품의 경우 기업에 막대한 손실을 가져다줄 수 있으며 때에 따라서 기업의 존폐에 영향을 미칠 수도 있다.

1 제품의 정의

제품(product)이란, "구매자가 관심을 두게 되어 구입하여 사용하거나 소비함으로써 자신의 욕구를 충족시켜 줄 수 있는 모든 것"을 말한다. 전통적으로 **서비스**(service)와 함께 불리면서 제품은 유형의 재화, 서비스는 무형의 재화로 일컬어왔다. 과거에는 제품이 물리적 형태로 제한되어 시각적이거나 촉각적인 특성을 가졌지만, 현재에는 제품의 정의가 확장되어 물리적 상품 뿐만 아니라 서비스, 경험, 사건(행사), 사람, 정보 및 아이디어를 포함한다. 제품 정의가 확대되면서 관광상품, 금융상품 등과 같은 다양한 분야에서 사용되고 있다. 제품과 상품이라는 용어는 종종 혼용되지만, 일반적으로 제품은 생산 단계를 나타내고 상품은 판매 단계를 의미한다. 일부 학자들은 제품을 더 제한된 의미로 사용하고, 상품은 제품과 서비스를 모두 포괄하는 보다 포괄적인 의미로 사용하기도 한다.

2 제품의 차원

제품은 소비자의 욕구를 어느 정도 충족하느냐에 따라 5가지 차원으로 나누어 볼 수 있으며, 각각의 차원들은 **고객가치 계층**(customer-value hierarchy)을 형성한다. 가장 근본적인 차원은 **핵심**

이점(core benefit)으로서 고객이 실제로 구입하는 근본적인 서비스나 혜택의 형상화된 모습을 말한다. 호텔의 경우, 손님은 실제로 '휴식과 수면'을 구입하고, 화장품의 경우, '아름다움'을, 드릴의 경우 '구멍 뚫음'을 구입한다.

두 번째 차원으로, 마케팅관리자는 핵심 이점을 **기본적 제품**(basic product), 즉 **실재적 제품**(tangible product)으로 형상화한다. 호텔의 경우 침대, 욕실, 수건 등이 기본적 제품이 되며, 휴대전화의 경우, 스타일, 색상, 브랜드와 같은 눈에 볼 수 있는 유형체로 나타난다.

세 번째 차원에서 마케팅관리자는 **기대하는 제품**(expected product), 즉 구매자가 제품을 구매할 때 기대하는 모든 속성과 조건을 고려해야 한다. 이는 고객이 제품을 구매할 때 기대하는 속성, 편익, 서비스가 포함된다. 또한, 이러한 요소는 브랜드, 고객 그룹 및 구매 시점에 따라 다양할 수 있다. 예를 들어, 호텔 손님들은 깨끗한 침대, 수건, 화려한 조명 및 조용한 분위기를 기대한다.

네 번째 차원은 고객의 기대를 넘어 고객의 바람을 충족시키는 **확장된 제품**(augmented product)이다. **제품확장**(product augmentation)을 위해서 고객이 제품을 획득하여 사용하고 폐기하는 전체 소비 과정을 바라보고, 이에 추가적인 서비스와 혜택을 제공해야 한다. 품질 보증, 반품 및 교환, 배달, 설치, 교육 등을 포함한다. IBM의 경우 컴퓨터라는 제품에 교육, 소프트웨어, 프로그램, 신속한 수리 및 보증 등과 같은 추가적 서비스와 혜택을 제공함으로써 컴퓨터만이 아닌 소프트웨어로서의 시스템을 파는 것으로 확장하였다. 한편 이러한 확장된 제품을 제공하고자 할 경우, 일정 부분의 비용이 수반되므로 기업의 목표와 자원을 고려하여 고급화 전략을 통해 차별화할 것인지, 아니면 저비용으로 저가정책으로 나갈 것인지를 결정해야 한다.

마지막 차원은 **잠재적 제품**(potential product)으로, 이는 제품이 미래에 어떻게 변화하고 확장될 수 있는지를 나타낸다. 이 수준에서 마케팅관리자는 고객을 만족시키고 자신의 제품이 경쟁기업과 차별화할 수 있는 새로운 방식을 적극적으로 탐색하려 한다. 블루오션의 제품을 개발하고자 하는 기업들은 이 잠재적 제품 수준을 강조한다.

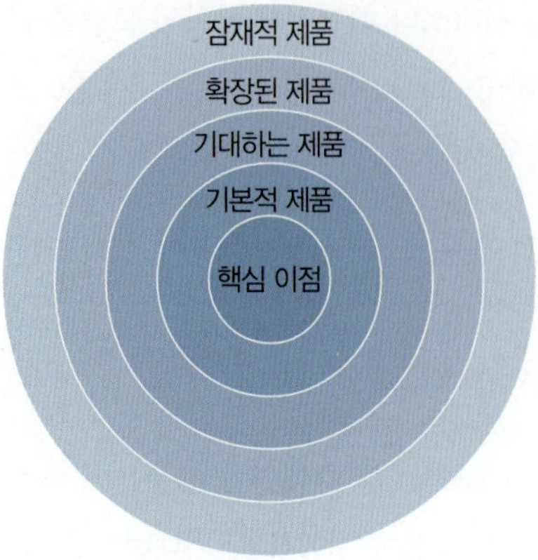

그림 7-1 제품의 5차원

3 제품의 분류

여러 가지 기준에 따라 제품을 분류할 수 있다. 제품의 내구성 또는 유형성을 기준 및 제품의 용도에 따라 구분한다. 여러 유형으로 분류된 제품은 각각의 제품 유형에 적합한 마케팅믹스 전략이 필요하다.

1. 내구성과 유형성

제품은 내구성 또는 유형성을 기준으로 비내구재, 내구재, 서비스의 3가지 부류로 나눌 수 있다.

1) 비내구재

비내구재(nondurable goods)란 보통 한 번 내지 두세 번 사용하면 소모되는 유형 제품으로 자동차 기름, 종이 등과 같은 소모품, 맥주나 음식물 등과 같이 우리 주변에서 흔히 볼 수 있는 제품이다. 이러한 제품은 소비자가 자주 구입하므로 가능한 한 다수의 지역에서 판매되어야 하며, 구매 후에는 제품에 대한 소비자들의 인식을 강화하기 위한 촉진수단, 즉 대량광고를 통해 지속적 사용을 유도하고 선호도를 구축하는 전략이 필요하다. 주로 **저관여**(low-involvement)의 구매 결정에서 이루어진다.

2) 내구재

내구재(durable goods)는 보통 여러 번, 오랫동안 사용할 수 있는 유형의 제품으로 자동차, 가구, 가전용품 등이 이에 속한다. 내구재는 보통 인적판매나 서비스가 수반되어야 하며, 품질보증이 잘 돼야 한다. 내구재는 **고관여**(high-involvement) 의사결정 하에서 구매가 이루어진다.

3) 서비스

서비스(services)란 판매를 목적으로 제공되는 활동, 효익 또는 기타 만족을 줄 수 있는 것이 포함된다. 서비스는 무형의 것으로 분리할 수 없으며, 가변적이고 소모성이 높은 특징이 있다. 따라서 고도의 품질관리와 서비스 제공자의 신뢰성 및 적응성이 요구된다.

사례 | 마스크팩 하나로 세계진출 – 메디힐

메디힐은 2009년 창고형 사무실에서 3명이 L&P Cosmetic을 설립하여 시작하였고 2012년 마스크팩 전문 브랜드인 메디힐을 론칭하였다. 메디힐 제품이 등장하기 이전에 마스크팩 제품은 화장품을 사면 끼워주는 사은품 정도의 저가 제품이었다. 하지만 마스크팩이야말로 복잡한 피부관리를 쉽게 도와주고 성격이 급한 한국 사람들 정서에 딱 맞는 제품이라는 생각에서 착안하여 메디힐은 마스크팩 개발에 승부수를 띄웠다. 모두가 비슷한 저가형 마스크팩을 판매할 때 조금 비싸더라도 좋은 성분을 넣은 고급 마스크팩을 만드는 차별화 전략을 세운 것이다. 메디힐 마스크팩의 기능성을 인정받기 시작하였고 다양한 소비자의 니즈에 맞춰 여러 성분의 마스크팩을 다각도로 개발하였다.

2015년 중국의 홈쇼핑과 면세점에 진출하였으며, 2017년 미국 괌, 인도네시아, 2018년 베트남, 영국 등에 진출하였으며 2019년에는 전 세계 26개국에 진출하였으며, 2018년 10월 마스크팩 누적 판매량 15억 장을 돌파하였고, 연말에는 매출 3,300억 원, 기업가치 1조 원의 회사로 성장하였다. 마스크팩 하나로 불과 10년 만에 이룩한 쾌거이다.

출처: 동아일보 2019. 8. 27. 기사를 근간으로 편집함.

2. 소비재

소비재는 최종소비자에 의해 구매되는 제품으로, 소비자의 구매습관에 따라 편의품, 선매품, 전문품, 비탐색품으로 나눌 수 있다. 각 소비재 유형에 따라 요구되는 마케팅 노력에도 차이가 발생한다.

1) 편의품

편의품(convenience goods)은 소비자가 최소한의 구매 노력으로 소량으로 자주, 즉각적으로 구매하는 제품이다. 여러 상표를 비교하지 않고 구매하는 경향이 있으며, 가깝고 편리한 장소에서 구매하게 된다. 일반적으로 단가가 낮고 구매 빈도가 높은 담배, 비누, 껌 등이 있다. 편의품은 상용품, 충동구매품, 비상용품으로 분류할 수 있다.

먼저 **상용품**(staples)으론 소비자가 정기적으로 구매하는 제품으로 우유, 치약, 케첩 등이 있다. 상용품을 구매하는 데 가장 중요하게 작용하는 것은 해당 제품에 대한 소비자의 애착도이다. **충동구매품**(impulse goods)은 사전 계획이나 정보 탐색의 노력 없이 구매하는 제품이다. 저녁 식사 재료를 사러 마트에 장을 보러 방문한 소비자가 잡지나 화장품을 구매하는 것처럼 우리 일상생활에서 쉽게 발견할 수 있다. **비상용품**(emergency goods)은 급하게 필요할 때마다 구매하는 제품으로 갑자기 비가 내릴 때 우산을 구입하거나, 작업하다가 칼에 손이 베어서 일회용 반창고를 구매하는 등의 예를 들 수 있다.

2) 선매품

선매품(shopping goods)은 소비자가 구매하는 과정에서 제품의 가격, 품질, 스타일, 적합성 등을 기준으로 제품을 특징적으로 비교하고 선택하여 구매하는 제품으로, 동질적 선매품과 이질적 선매품으로 구분된다.

동질적 선매품은 소비자들이 제품을 구매하는 데 품질보다 **가격 기준**(price-based)으로 삼고 구매가 이루어지는 제품으로, 예를 들어 TV를 구매하는 상황에서 소비자는 모든 제조회사에서 생산하는 TV 제품의 품질은 유사하다고 생각하고 얼마나 많이 할인받을 수 있냐에 초점을 두고 구매하는 것이다. 이질적 선매품은 가격보다 제품의 **속성 기준**(attribute-based)으로 구매가 이루어지는 제품으로 가구, 의류 등이 여기에 속한다. 따라서 이질적 선매품의 판매업자는 다양한 구색을 완비하여 소비자 개인별 취향을 충족시켜야 하며, 잘 훈련된 판매원을 통해 고객에게 정보 제공과 상담 역할을 잘 수행할 필요가 있다.

표 7-1 소비재의 특성

소비재의 특성	소비재 유형		
	편의품	선매품	전문품
구매에 투자되는 시간과 노력	매우 적음	상당함	상황에 따라 다름
구매에 소요되는 시간	매우 적음	상당함	상당함
얼마나 빨리 욕구가 충족되는지?	즉각	상대적으로 긴 시간	상대적으로 긴 시간
가격과 품질이 비교되는지?	아니오	네	아니오
가격	보통 낮음	높음	높음
구매 빈도	보통 자주	드문	드문
중요도	중요하지 않음	종종 매우 중요함	상황에 따라 다름

마케팅 노력	소비재 유형		
	편의품	선매품	전문품
유통경로의 길이	긴 편	짧음	매우 짧음
소매업자의 중요성	개별 점포는 상대적으로 중요하지 않음	중요함	매우 중요함
점포 수	가능한 한 많이	약간	약간; 종종 시장 내 하나만 존재
회전율	높음	낮은 편	낮은 편
매출총이익	낮음	높음	높음
광고책임자	생산업자(제조업자)	소매업자	공동 책임
구매 시점 전시의 중요도	매우 중요함	널 중요함	덜 중요함
상표 또는 점포 이름의 중요도	브랜드명	점포명	둘 다
포장의 중요도	매우 중요함	덜 중요함	덜 중요함

3) 전문품

전문품(specialty goods)이란 특정 고객집단이 매우 중요하게 여기고, 제품 구매에 상당한 노력을 기울이는 제품으로, 관습적으로 특별한 구매 노력을 기울일 만한 특성을 보유하고 있거나 브랜드 식별이 가능한 것이다. 고급 시계, 자동차 등이 이에 속한다. 전문품을 구매하는 소비자는 **브랜드 충성도**(brand loyalty)가 높고, 자기가 좋아하는 제품을 구매하기 위해 노력도 기울일 수 있을 준비가 되어있으므로 가격에 대해서도 비탄력적이다. 따라서 판매업자는 위치상의 편의를 갖출 필요가 없고, 점포는 그들만의 매력을 강조할 수 있어야 한다.

4) 비탐색품

비탐색품(unsought goods)은 소비자가 알지 못하거나 알고 있더라도 일반적으로 구매하지 않는 흡연감지기와 같은 제품이나, 알고는 있으나 찾지 않는 전형적인 제품인 생명보험, 납골당 등이 있다. 따라서 비탐색품은 광고나 인적판매와 같은 실질적인 마케팅 노력이 많이 투입되어야 한다.

3. 산업재

산업재는 제품 생산자나 재판매업자 등 조직구매자에 의해 구매되는 제품이다. 생산 과정과 투입 방법과 상대적인 비용 관점에서 분류되는데, 원자재와 부품, 자본재, 소모품과 서비스 세 부류로 구분된다.

1) 원자재와 부품

제품 생산에 완전히 투입되는 재화를 말하며, **원자재**(materials) 및 가공재와 **부품**(parts)의 2가지로 나누어진다. 원자재의 경우 다시 농업제품(밀, 면, 과일 및 채소 등)과 천연제품(어류, 목재, 원유 등)으로 분류되고 가공재와 부품은 철강, 시멘트와 같이 추가적인 가공 처리가 수반되는 구성 재료와 형태 변화 없이 완제품 생산에 투입되는 구성부품으로 분류된다.

2) 자본재

자본재(capital item)는 완제품을 진행하고 관리하는 것을 원활하게 하는 재화로서 지속적으로 사용되는 산업재로, 건물이나 부대시설물과 같은 설비품과 공장용 장비와 사무실용 장비 등 운반이 가능한 보조장비의 2가지로 분류된다.

3) 소모품과 서비스

소모품(supplies)과 **서비스**(business services)는 완제품 생산과 관리를 원활하게 하는 데 단기적으로 사용되는 재화와 서비스이다. 소모품은 윤활유, 전산용지와 같은 운영 소모품과 페인트, 못 등과 같은 수선 소모품이 있다. 서비스로는 앞선 소모품을 활용한 유지 서비스나 사업 전반을 최적화할 수 있는 경영자문 서비스 등이 있다.

Ⅱ 제품믹스와 제품계열관리

1 제품믹스

제품믹스(product mix)란 기업이 생산하여 판매하는 모든 **제품계열**(product line)과 품목(item)의 적절한 조합을 말한다. 하나의 개별제품은 하나의 품목을 형성하고 있으며, 각각의 품목들은 제품계열별로 여러 개가 존재할 수 있다. 이처럼 유사한 품목들은 하나의 제품계열을 구성하고 있으며, 다수의 제품계열은 하나의 제품믹스를 구성하게 된다.

1. 제품믹스의 구성 요소

제품믹스는 특정 판매자가 구매자들에게 제공하는 모든 제품계열과 품목을 합한 것이다. 제품믹스를 이루는 구성 요소 중 제품계열은 동일 유형의 유통경로를 통해 동일한 고객집단에게 판매되는 서로 밀접한 관련이 있는 제품들의 집단이다. 품목은 하나의 제품계열 내에서 크기, 가격, 외형 또는 다른 속성에 따라 구분할 수 있는 하나의 독특한 단위이다. 즉, 제품의 요소인 상표, 포장 혹은 서비스가 특정한 품목을 형성하고, 다양한 품목은 제품계열을 이루며, 각 구성 요소의 특성에 따라 구분된다. 이러한 여러 개의 제품계열은 제품믹스를 구성한다.

제품믹스는 제품계열과 각 제품계열에 속하는 품목의 수를 결정함으로써 구성된다. 기업이 다루고 있는 제품계열의 수를 제품믹스의 넓이(width)라 하고, 제품계열 내 품목의 수를 제품믹스의 깊이(depth)라고 한다. 또한, 제품믹스 안에서 품목의 총수를 제품믹스의 길이(length)라고 한다. 기업의 제품믹스는 넓이(폭), 길이, 깊이 및 일관성을 갖는데 이러한 개념들은 [표 7-2]와 같으며 그 예시로 농심의 제품으로 설명될 수 있다.

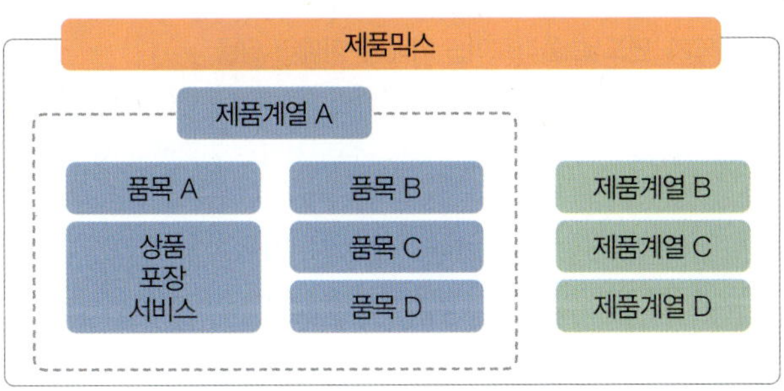

그림 7-2 **제품믹스의 구성 요소**

표 7-2 농심 제품에 대한 제품믹스의 넓이와 제품계열의 깊이

〈농심〉	제품믹스의 넓이(폭)			
	면	스낵	음료	간편식
제품계열의 깊이	신라면 너구리 안성탕면 짜파게티 오징어짬뽕 새우탕면 육개장 둥지냉면 튀김우동 사리곰탕면	새우깡 포스틱 꿀꽈배기 바나나킥 포테토칩 양파링 알새우칩	카프리썬 백산수 웰치 오이오차	쿡탐국물라복이 새우볶음밥

표 7-3 제품믹스 가격결정의 6가지 상황

구 분	내 용
제품계열 (product line) 가격결정	• 단일 품목이 아닌 제품계열별로 가격의 단계가 개발되어 시장에 도입 예) 남성정장 점포는 한 벌당 가격을 3가지 수준으로 구분하여 판매 • 소비자는 가격기준에 대해 품질의 차이가 있을 거라고 연상할 것 • 판매업자의 과제는 소비자가 가격수준에 따라 품질 차이를 지각할 수 있도록 하는 것
별도선택 특성 (optional-feature) 가격결정	• 주 제품과 함께 별도의 제품, 특성 및 서비스를 제공함 예) 카니발 구매 시 조수석 시트, 선루프, 뒷좌석 TV 등을 별도 제품 판매 • 주 제품의 기본원가에 포함시킬 부분과 별도 제품의 부분을 결정해야 하므로 매우 어려움
종속제품 (captive-product) 가격결정	• 주 제품과 부속품이 갖추어져야 제품의 기능을 사용할 수 있을 때의 가격결정으로 주 제품의 가격은 낮게 책정하여 소비자의 구매를 유도한 후 부속품의 가격은 높게 책정하여 이윤을 창출하는 전략 예) 주 제품-부속품: 면도기-면도날, 폴라로이드 카메라-카메라 필름 • 부속품의 가격을 너무 높게 책정할 경우 모조품과 대체품이 판매를 잠식할 위험이 있음
이분 (two-part) 가격결정	• 기본 가격에 추가 사용 수수료를 추가하는 방법으로, 주로 서비스 기업에서 사용하는 가격결정 방법 예) 놀이동산 이용료와 놀이기구 탑승요금, 휴대폰 기본요금과 사용요금 • 고객의 서비스 사용을 유인하기 위해 기본 가격은 낮게 책정되어야 하지만 이익은 사용수수료에서 얻을 수 있음 • 기본서비스와 추가 사용에 대해 각각 얼마를 부과할지의 의사결정이 필요

부산물 (by-product) 가격결정	• 특정 제품의 경우 가공하는 과정에서 나오는 부산물에 가격을 책정하여 판매하는 방법 예) 육류(소고기)가공 시 간, 천엽 등의 부산물에 가격을 책정하여 식당에 판매하는 경우 • 주된 사업 목적은 아니지만, 부산물에 가격을 책정함으로써 어느 정도의 수익을 얻을 수 있음
제품묶음 (product-bundling) 가격결정	• 두 개 이상의 제품을 하나로 묶어 단일 가격을 책정하여 판매하는 방법 • 결합판매(tied-in sales)의 형태인 순수한 묶음(pure bundling)과 개별적으로 팔기도 하고 묶음으로 제품을 제공하기도 하는 혼합된 묶음(mixed bundling)이 있음 예) 마이크로소프트 오피스(Microsoft office)는 MS word, MS excel, MS powerpoint 등 다양한 기능의 소프트웨어를 하나의 제품으로 묶어서 판매 • 일반적으로 판매업자는 품목이 개별적으로 판매될 경우보다 묶음에 대해 더 싸게 가격을 부과함

- 농심의 제품믹스 넓이는 기업이 얼마나 많은 종류의 제품계열을 취급하느냐와 관련이 있다. 위의 표에는 4개의 계열로서 제품믹스의 넓이를 나타낸다. (사실상 농심은 더 많은 제품계열을 생산하고 있다.)
- 농심의 제품믹스 길이는 제품믹스에 포함된 총 품목 수를 말한다. [표 7-2]에서 보면, 제품믹스의 길이는 23개 품목이다. 농심 제품계열의 평균 길이는 총길이(23개)를 계열 수(4개)로 나누어 계산할 수 있다.
- 농심의 제품계열 깊이는 계열 내의 각 제품이 얼마나 다양하게 제공되고 있는지를 말한다. 농심의 '면'이라는 제품계열에는 10개의 깊이, '스낵'의 경우 7개의 깊이로 구성되어 있음을 확인할 수 있다.

2. 제품믹스와 가격결정

마케팅관리자는 특정 제품이 제품믹스에 한 품목일 경우 가격을 결정하는 방식을 수정해야 한다. 제품믹스 **가격결정**(product mix pricing)의 경우 기업은 전체 제품믹스의 이익을 최대화할 수 있는 총괄적 가격을 탐색해야 한다. 제품의 가격을 결정하기가 어려운 이유는 제품이 수요와 공급 면에서 상호 연관되어 있고, 경쟁에 있어 다르게 작용할 수 있기 때문이다. 따라서 제품믹스의 가격결정에 대한 의사결정은 마케팅관리자에게 매우 중요한 이슈이다. 제품믹스 가격결정은 6개의 상황으로 구분할 수 있는데, 각 상황은 [표 7-3]과 같다.

2 제품계열

1. 제품계열의 개념

제품계열(product line)은 하나의 제품믹스 내에서 유사한 기능을 가지고 있거나 같은 유통경로를 통해 동일한 고객집단에 판매되는, 혹은 주어진 가격결정의 범위 내에서 판매될 때 서로 밀접한 관계가 있는 일련의 제품군을 지칭한다. 하나의 제품계열만으로는 기업 성장에 한계가 있기 마련이므로, 보다 나은 제품전략을 수립하기 위해서는 제품계열에 관한 결정을 내려야 한다. 그뿐만 아니라 기업이 제품의 계열화를 시도하는 이유는 성장에 대한 목표 달성과 위험분산의 수단으로, 기업이 보유한 자원을 적절하게 활용하여 시장 내에서 자사의 경쟁력을 향상시키기 위함이다. 이를 위해서 기업은 제품계열별로 별개의 마케팅전략을 수립해야 하며, 제품계열을 구성하고 있는 각 품목의 판매액, 이익, 경쟁상황 등에 대한 분석이 선행되어야 한다.

2. 제품계열의 분석

제품계열을 제공하는 기업의 경우, 소비자들의 각기 다른 요구 조건과 낮은 생산원가를 충족시키는 기본적 형태와 규격 등을 수립한다. 따라서 제품계열 관리자는 어느 품목을 구축하고 유지할지, 어떻게 수확하고 처분할 것인지를 결정해야 한다. 이를 위해 해당 제품계열 내의 각 품목의 판매액과 수익을 파악해야 하며, 나아가 각 제품계열에 대한 시장 프로파일(profile)을 이해해야 한다.

제품계열분석은 앞서 살펴본 제품계열의 길이와 제품믹스 가격결정의 2가지 중요한 분야에 대한 정보를 제공한다. 제품계열 길이의 문제는 기업목표의 영향을 받는다. 교차판매를 유도하기 위해서 또는 호경기와 불경기에 대응하기 위해 제품계열 길이를 확대할 수 있다. 다만, 각 제품계열에 품목이 추가됨에 따라 설계, 기술 비용, 재고비용과 같은 제반 비용이 증가함을 인지해야 한다.

1) 제품계열의 판매액과 수익

[그림 7-3]은 5개 품목으로 구성된 제품계열에 대한 **판매액**(sales)과 **수익**(profits) 현황을 보여준다. 이를 통해 제품 품목별로 기업의 이익에 대한 공헌율을 확인할 수 있으며, 이를 바탕으로 제품계열의 각 품목에 대한 관리를 수행한다. '품목 A'는 총판매액의 50%이며, 총수익의 30%

를 점하며, '품목 B'와 함께 총판매액의 80%와 총수익의 60%를 점하므로, 다른 품목보다 주의 깊게 관리되어야 한다. 만일 이 두 품목이 경쟁사의 공격을 받는 등의 영향을 받아 현재의 판매액과 수익성이 무너진다면 기업에 큰 위협 요소로 작용하기 때문이다. 한편, '품목 E'는 해당 제품계열 총판매액과 수익의 각 5%를 차지하고 있으므로, 제품계열 관리자는 이 품목이 강력한 시장잠재력을 가지고 있지 않을 경우, 계열에서 제외하는 것을 고려할 수 있다.

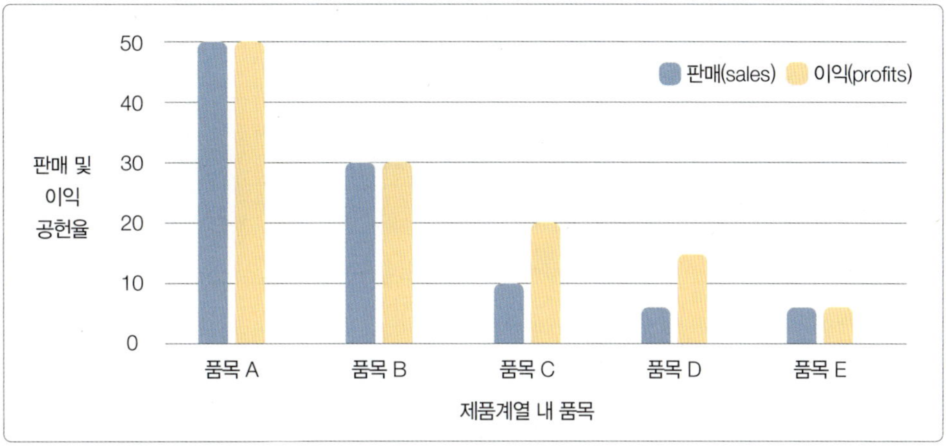

그림 7-3 제품계열의 판매액과 수익에 대한 품목별 공헌율

2) 제품계열의 시장 프로파일

제품계열 관리자는 제품계열이 경쟁자의 유사 계열에 대응하여 어떤 위치에 자리 잡고 있는지 검토해야 한다. 해당 제품계열의 2가지 주요 속성을 기준으로 경쟁사의 품목들과 자사의 제품계열 위치를 보여주는 **제품설명도**(product map)를 통해 어떤 경쟁사의 어떤 품목의 제품과 경쟁해야 하는지를 파악할 수 있다.

[그림 7-4]는 판지로 구성된 제품계열을 가진 제지회사 X의 제품설명도이다. 판지의 속성 중 중요한 2가지는 종이 무게와 마무리의 질이다. 종이 무게는 일반적으로 90, 120, 150, 180의 수준으로 제공되며, 종이의 마무리 질은 저, 중, 고의 3가지 수준으로 공급된다. A, B, C, D는 제지회사 X의 경쟁자이며 각 경쟁자의 품목들의 위치를 보여준다. 경쟁사 A는 특중량 계층으로 종이 마무리 질이 중간 이하(중, 저)로 2개 품목을 판매한다.

제품설명도는 경쟁사의 품목들이 X의 품목과 경쟁하는지 보여준다. 하나의 예로, X의 저중량의 중질 종이는 경쟁사 B와 D의 종이와 경쟁하게 되나, 고중량의 중질 종이는 직접적인 경쟁사가 없음을 알 수 있다. 또, X사가 신제품을 개발할 때 가능성 있는 위치를 밝혀준다. 예를 들어, 고중량의 저질 종이를 제공하는 제조업체는 발견되지 않음으로, 만약 X가 이에 맞는 종이를 생산하고 낮은 가격을 책정한다면, X사의 제품계열의 이 품목을 추가할 것을 고려해 볼 수 있다.

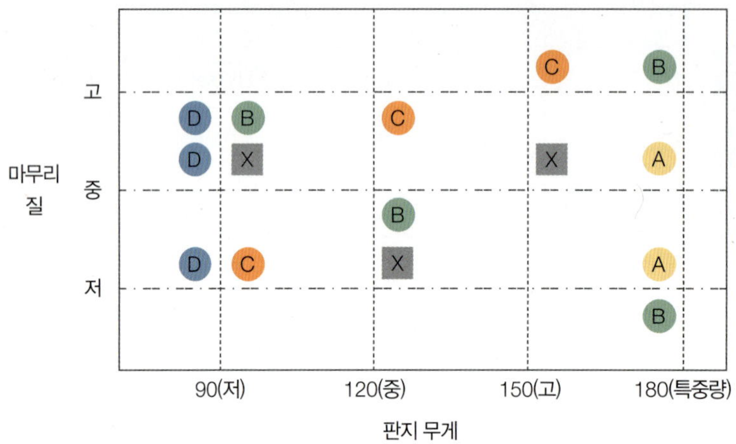

그림 7-4 판지 제품계열에 대한 제품설명도

3. 제품계열의 관리

하나의 제품계열만으로는 성장에 한계가 있기 마련이다. 따라서 기업이 성장을 모색하거나 경쟁기업의 공격에 대비하기 위해서 제품계열의 수를 늘리는데, 이때 기업은 ① 제품계열을 확장할 것인가, ② 제품계열 내의 존재하는 모든 품목을 취급할 것인가, ③ 제품계열을 최신의 것으로 바꿀 것인가, ④ 제품계열 내에서 어떠한 품목의 특징을 바꿀 것인가 등을 결정하여야 한다. 제품계열을 관리하는 세 가지 방법은 다음과 같다.

1) 제품계열의 확대

제품계열의 확대(line stretching)는 기업이 현재 시장에서 제공하고 있는 제품의 가격이나 품질 또는 크기 등 속성이 다른 품목을 추가하는 것을 말하며, 이런 확대 유형에는 하향연장, 상향연장 및 양방향연장이라는 세 가지 방법이 있다.

① 하향연장(downward stretch)

하향연장전략은 기존의 제품에 비해 더 낮은 품질이나 가격의 품목을 제품계열에 추가하는 것으로, 가격이 높고 품질이 고급이거나 또는 대형의 품목을 생산하는 기업이 저가, 저급 또는 소형의 품목을 추가로 생산하는 것을 말한다. 하향연장은 타사의 저가품시장에 침투하고자 할 때, 시장 내 고급제품의 낮은 성장률이 전망될 때, 저가품시장에 경쟁사의 진입을 저지하려고 할 때, 그리고 기존 고급제품의 명성으로 그 밑의 시장에 진입하고자 할 때 사용하는 전략이다. 한편, 이러한 하향연장을 결정하는 데는 다음과 같은 위험이 따른다. 첫째, 새로운 품목의 출현은 기존 품목의 시장에서의 잠식을 불러일으킬 수 있다. 둘째, 경쟁자가 상향연장전략으로 반격을 가할 위협이 있다. 마지막으로 중간상들이 새로운 품목의 판매를 거부할 우려가 있다는 점이다.

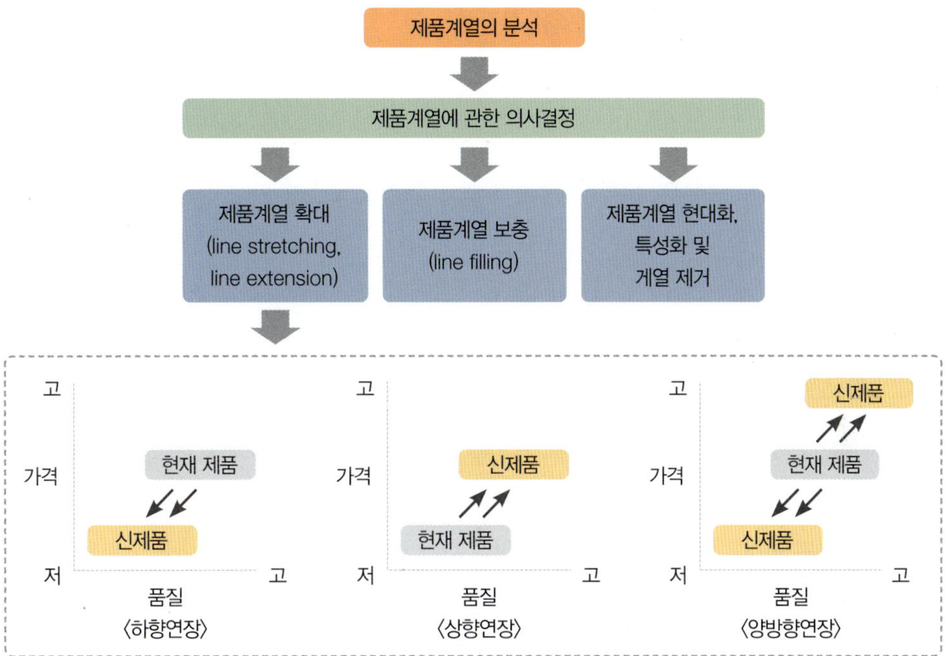

그림 7-5 제품계열의 관리

② 상향연장(upward stretch)

현재의 가격이 낮거나 품질이 저급이거나 소형인 품목에 더 높은 품질이나 가격의 제품을 추가하는 것을 말한다. 이러한 전략을 선택하는 이유는 새로 추가된 품목의 판매성장률이나 이윤 폭이 높을 것으로 생각되고, 이를 통해 기업들은 더 높은 성장률, 더 높은 마진율 또는 완전 계열 제조업체로 자신을 위치하기 위해 고가격시장으로 진출하고자 한다. 많은 시장은 이러한 고가격시장에 진출하여 세분시장을 형성하고 있는데, 예컨대 커피는 Starbucks 커피, 아이스크림에서 Haagen-Dazs, 그리고 생수에서 Evian이 대표적인 예이다. 일본 자동차회사들은 각자 고가격 자동차를 시장에 도입하고 있는데, Toyota는 Lexus, Nissan은 Infiniti를 출시했으며, Honda는 Acura를, 우리나라는 현대가 GENESIS를 출시했다. 주목할 점은 완전히 새로운 명칭을 이용했다는 점이다. 그 이유는 기업이 기존에 제공하던 제품보다 상향된 품목을 처음 도입할 때, 소비자들이 해당 상표를 허용하지 않을 수도 있고, 그들의 신뢰를 확보하기 어려울 수 있기 때문이다.

③ 양방향연장(two-way stretch)

상향과 하향의 양쪽 방향으로 제품계열을 확장하는 것으로, 경쟁사의 기존 제품보다 소비자들에게 더 많은 가치를 제공하는 것이 중요하다.

2) 제품계열의 보충

제품계열의 보충(line filling)은 소비자들에게 선택의 폭을 넓혀주기 위해 한 계열 내에 더 많은 품목을 추가하여 제품계열이 더 길어질 수 있다. 여러 가지 이유에 의해 계열을 보충하는데, 그 이유는 기업의 이익을 증대하기 위해서, 현재 제품계열에는 품목이 없어 판매 기회가 없다고 불평하는 중간상들을 만족시켜야 할 경우 또 충족되지 못한 수요가 존재할 때, 마지막으로 선도적인 완전계열 기업이 되기 위해서 진행된다.

한편, 계열을 보충할 때 기존 제품계열의 품목을 없애거나 소비자를 혼란시킬 정도로 지나치게 수행하는 것보다 고객들의 마음속에서 각 품목에 차이가 느껴지도록 행해야 한다. 기업은 제시한 품목이 어떤 시장의 욕구를 충족시키기 위해 취한 것인지, 단순히 기업 내적의 필요성을 충족시키기 위해 추가한 것이 아니라는 것을 조사, 검토해야 한다.

3) 제품계열의 현대화, 특성화 및 계열 제거

급격하게 변화하는 시장에서 **제품계열의 현대화**(line modernization)는 계속적으로 수행되어야 한다. 기업들은 고가치, 고가격 품목으로 소비자들이 이동하도록 유인하기 위해서 제품 개선을 계획한다. 특히 소프트웨어 기업들은 계속적으로 더 발전된 제품 변형품을 도입하고 있다. 제품계열 현대화의 중요한 측면은 제품 개선 시기를 정하는 것인데, 너무 이른 시점에서는 이미

판매 중인 제품의 매출을 영향을 미칠 수 있고, 너무 늦게 개선을 시행하면 경쟁사가 이미 강력한 평판을 확립한 후에 이루어지게 되는 문제가 있다. **제품계열의 특성화**(line featuring)란 제품계열 내에 속한 품목 중에서 독특한 공통점이 있는 특성에 따라 제품으로 구성하거나 경쟁제품에 비해 차별적인 특성을 부여하도록 하는 것이다. 한편 제품계열 관리자는 주기적으로 기업의 이익을 악화시키는 품목이 있는 계열을 검토해야 하는데, 이는 판매분석과 원가분석을 통해 확인될 수 있다. 일례로 1999년, Unilever사는 2003년까지 1,600개의 서로 다른 상표들 중 3/4을 제거함으로써 자사의 최상 가치를 획득하기 위해 계획된 'Path to Growth' 프로그램을 발표하였다. 이는 자사 이익의 90% 이상은 400개 상표에서 창출되므로, 나머지 1,200여 개의 상표는 제품계열에서 제거할 필요가 있다고 판단한 것이다.

Ⅲ 브랜드와 브랜드 자산

1 브랜드 관리

1. 브랜드의 정의

사람을 구분하기 위하여 이름을 지어 사용하는 것처럼 수많은 제품을 구분하기 위하여 물건에도 이름을 지어 사용하는데, 이것을 상표, 즉 브랜드라고 한다. **브랜드**(brand)란 경쟁자의 제품과 자사의 제품을 구별하기 위해 사용하는 명칭(name), 술어(term), 표시(sign), 상징(symbol) 또는 디자인(design)이나 이것들의 조합을 말한다. 브랜드는 언어 및 문자적 요소인 **상표명**(brand name)과 비문자적 요소인 상징, 디자인 등으로 이루어진 **상표마크**(brand mark)로 구성된다. 이러한 브랜드 중 특허청에 상표권을 등록하여 독점적 사용권이 부여된 상표를 등록상표(trademark)라고 하며 Ⓡ 또는 TM 표시를 붙여 구별하는데, 이런 표시가 없더라도 우리가 알고 있는 대부분의 브랜드는 등록상표라고 보면 된다.

우리가 보통 브랜드라고 부르는 것에는 여러 가지 종류가 있다. 풀무원, LG전자, 아모레퍼시픽(AMORE PACIFIC) 등은 기업명이 브랜드 자체의 역할을 하고 있어 **기업 브랜드**(corporate brand)라고 부른다. 백설표(설탕, 밀가루 등), 청정원(두부, 된장) 등은 여러 가지 제품에 부착되는 **패밀리 브랜드**(family brand 또는 umbrella brand)의 역할을 한다. 그랜져, 쏘나타 등은 한 가지 제품에 부착되는 개별 브랜드(individual brand)이다. 그리고 구형 모델과 구분하기 위해 붙이는 숫자나, '프리미엄', '플러스', '골드' 등과 같은 품질이 개선됨을 나타내는 명칭인 브랜드 수식어(brand modifier)도 있다. 이처럼 우리가 흔히 브랜드라고 부르는 것들은 [그림 7-6]의 예와 같이 기업 브랜드, 패밀리 브랜드, 개별 브랜드, 브랜드 수식어 등 4단계의 브랜드 계층구조(brand hierarchy)로 나눌 수 있다.

그렇다면 브랜드를 왜 사용하는가? 브랜드는 왜 중요한가? 브랜드는 정의에서도 언급했듯이 기본적으로 제품을 구분할 목적으로 사용된다. 브랜드는 유사제품과 구분하는 기능을 하고, 특정 브랜드에 대한 호감을 통한 재구매율을 높이는 역할을 한다. 또 특정 브랜드에 대한 소비자들의 상표애호도가 형성되면 제품의 매출이 증가하고 이익이 증대되어 시장에서 우위를 차지하여 신제품 도입이 상대적으로 용이해질 수 있다.

그렇다면, 좋은 브랜드가 되기 위해서 어떤 조건이 필요할까? 일반적으로 좋은 브랜드가 되는 데는 다음과 같은 구비조건이 필요하다.

- 기억하고 알아보기 쉽고, 발음하기 쉬워야 한다. (예: 새우깡, 쏘나타, 브라보콘)
- 경쟁사의 브랜드명과 구별되는 독특한 이름이어야 한다. (예: 오뚜기카레, 짜파게티)
- 제품과 잘 어울리고 제품이 제공하는 편익을 암시하면 더욱 좋다. (예: 물먹는 하마(습기제거제), 키미테(멀미약), 속청(소화제))
- 법의 보호를 받을 수 있는 이름이어야 한다. (상표법에 등록되어야 함)
- 시각적 표현과 청각적 효과 등을 고려해야 한다. (예: S-oil 로고송, McDonald's 금색 아치형 로고)
- 여러 나라의 언어로 발음하여도 발음하기 좋고, 의미에 문제가 없어야 한다.

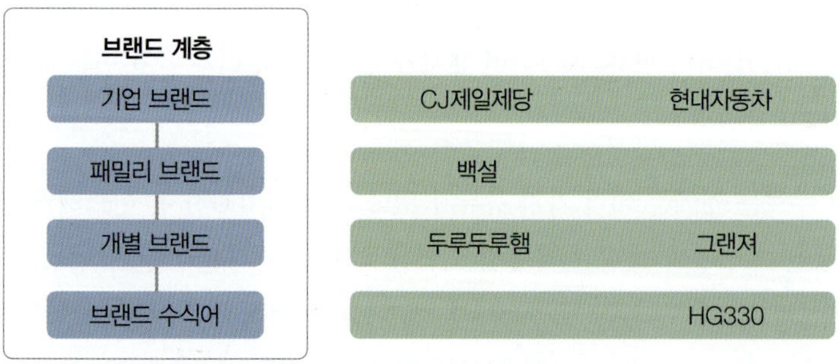

그림 7-6 브랜드 계층구조의 예

2. 브랜드의 구성 요소

브랜드 구성 요소(brand element)는 브랜드를 확인, 규명하고 또한 차별화하는 데 서브하는 등록 상표화 할 수 있는 수단이다. 대부분의 강력한 브랜드는 다양한 구성 요소를 이용한다. 예컨대 Nike는 '분출하는 듯한 모양의' 로고와 능력을 부여하는 "Just Do It"이라는 슬로건, 그리고 승리를 나타내는 그리스의 날개 달린 여신을 이르는 'Nike'라는 이름을 갖고 있다.

마케팅 기업은 가능한 한 많은 브랜드 자산을 구축하기 위해 브랜드의 구성 요소를 선정해야 하는데, 이를 선택하는 데는 6개의 기준이 있다. '브랜드 구축'으로 특징화될 수 있는 기준(①~③)과 보다 '방어적'이고 또한 도전적인 문제에 대해 브랜드 자산을 균형화하고 보존하는 데 도움을 주는 기준(④~⑥)이 있다.

①**기억할 수 있음**(memorable): 브랜드 구성 요소가 얼마나 쉽게 상기되고, 인식되는가? 브랜드 구성 요소가 구매와 소비에 대해 진정성이 있는가?

②**의미가 있음**(meaningful): 브랜드 구성 요소가 어느 정도 신뢰적인가? 브랜드 구성 요소가 상응되는 유사한 범주 그리고 제품의 구성 성분에 대해, 또는 어떤 사람들이 그 브랜드를 사용하는지 제시할 수 있는가?

③**좋아할 수 있음**(likable): 브랜드 구성 요소가 어떻게 미학적으로 소구하는가?

④**전이할 수 있음**(transferable): 동일하거나 서로 다른 범주의 신제품을 도입하는 데 브랜드 구성 요소를 이용할 수 있는가? 브랜드 구성 요소가 지리적 경계 및 세부시장에 걸쳐 브랜드 자산에 어느 정도 보탬이 되는가?

⑤**적용할 수 있음**(adaptable): 브랜드 구성 요소가 어떻게 적용될 수 있으며, 첨단화할 수 있는가?

⑥**보호될 수 있음**(protectable): 브랜드 구성 요소가 어떻게 법적으로, 경쟁적으로 보호될 수 있는가?

3. 브랜드 개념관리

소비자는 브랜드를 구매하면서 자신이 추구하는 욕구를 충족시키기를 원하므로 기업은 각기 다른 소비자의 욕구를 겨냥하여 **브랜드 개념**(brand concept)을 개발해 나간다. 이를 통해 소비자들의 마음속에 기업이 심어주고 싶은 의미를 개발함으로써, 기능성, 상징성, 경험성으로 나타나는 소비자 욕구를 자극할 수 있다. 소비자의 기능에 대한 욕구를 겨냥한 기능적(functional) 브랜드 개념은 제품이 갖는 기능 면에 대한 소비자의 욕구로, 예를 들면 자동차를 구매할 때 이동성, 안정성, 경제성과 같은 소비자의 욕구를 고려하는 것이다. 소비자가 제품 사용을 통해 자신의 긍지나 자아 이미지를 향상시키려는 욕구를 중심으로 한 상징적(symbolic) 브랜드 개념을 개발한다. 또한, 소비자가 제품을 구매하고 난 뒤 사용하는 동안의 감각적 즐거움을 경험하고자 하는 욕구에 대응한 경험적(experiential) 브랜드 개념을 개발한다. 전략적 브랜드 개념과 이미지 관리라는 개념으로 도입기, 정교화기, 강화기라는 세 가지 단계로 접근하고 있으며, 이를 정리하면 [표 7-4]와 같다.

표 7-4 브랜드 개념관리

	기능적 브랜드 개념	상징적 브랜드 개념	경험적 브랜드 개념
개념 도입기	기능 문제 해결 강조	자아 개념 강화를 위해 접근의 제한성 강조	감각적 · 인지적 자극 강조
개념 정교화기	특정 문제에서 일반 문제로 해결범위 확대	이미지 유지를 위해 표적고객시장 확보	핵심제품을 이용 액세서리, 연결제품 제시
개념 강화기	기능유사제품으로 확장, 브랜드 이미지 강화	관련 제품으로 확장, 브랜드 이미지 강화	유사제품군으로 확장, 브랜드 이미지 강화

1) 개념 도입기

개념 도입기(concept introduction)에는 시장에서 처음으로 브랜드를 진입시키는 단계로서 브랜드 이미지를 설정하고자 한다. 기업이 추구하는 브랜드 개념을 소비자가 이해하고 흡수할 수 있도록 하는 것이 필요하다. 게토레이의 광고에서 "흡수가 빨라야 한다"라는 문구를 통해 기능적 브랜드 개념을 명확하게 전달한 예처럼 제품을 통해 기능 문제 해결을 강조하며, 자아 개념을 강화하고, 브랜드 개념 개발을 위해 감각적이고 인지적인 자료를 강조한다.

그림 7-7 기능적 브랜드 개념을 명확하게 전달한 '게토레이'의 초기 광고

2) 개념 정교화기

개념 정교화기(concept elaboration)에서는 소비자들 마음속의 자사 브랜드와 연관되는 개념을 더욱 정교하게 다듬어야 한다. 경쟁기업의 브랜드와 비교하여 자사의 것이 더 우월하다는 것을 구체적으로 인식시킴으로써 브랜드 가치를 높이는 접근 방법을 택한다. 특정 문제에서 일반적 문제로 제품을 통한 문제 해결범위를 확대하고, 이미지 유지를 위해 표적고객시장을 보호하며 핵심제품을 기준으로 액세서리, 연결제품을 제시하여 브랜드 개념을 정교화 한다.

3) 개념 강화기

개념 강화기(concept fortification)에는 자사가 생산하는 다른 제품까지 심화된 이미지를 일반화시켜 기업 전체의 이미지를 강화한다. 기업은 여러 종류의 제품계열을 두고 있으므로 각 제품이 서로 연관되어 전체적인 개념을 강화시켜, 기능유사제품, 관련 제품과 유사제품군으로 브랜드 개념을 확장함으로써 브랜드 이미지를 강화할 수 있다.

4. 브랜드 정체성 관리

브랜드 정체성(brand identity)은 '기업이 표적고객의 마음속에 심어주기를 원하는 바람직한 연상'을 말하며, 이와 관련한 전략은 소비자들의 마음속에 바람직한 브랜드 정체성을 구축하기 위해 모든 브랜드 접촉점을 관리하는 것을 통틀어 말한다. Aaker(1996)는 [그림 7-8]과 같이 전략적 브랜드 분석을 위해서는 고객, 경쟁사, 자사분석을 통해 브랜드 정체성 계획시스템을 구성하여 소비자로 하여금 기능적·감성적·상징적 혜택을 제공하고, 브랜드에 대한 신뢰성을 구축하여 브랜드와 고객 간의 관계를 형성하고, 이를 통해 브랜드 정체성 실행시스템을 구성하여야 한다고 주장한다.

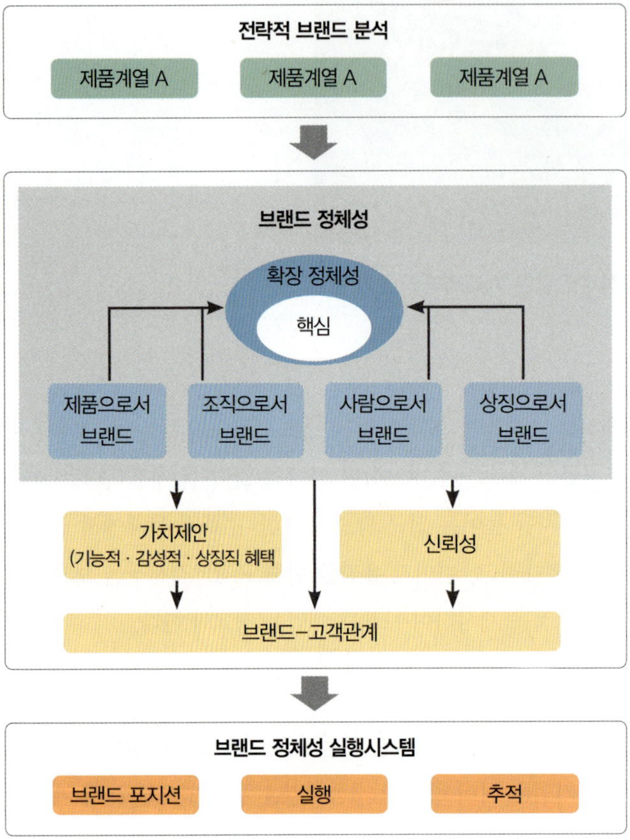

그림 7-8 Aaker의 브랜드 정체성 모형

대표적 글로벌 브랜드 McDonald's의 핵심 정체성(core identity)은 가족과 어린이를 중심으로 신속·정확하고 다정스러운 서비스를 제공하며, 세계 어느 곳에서나 일관성 있게 뜨겁고 맛 좋은 음식을 제공하는 것이다. 이러한 핵심 정체성을 위한 McDonald's의 **확장 정체성**(extended identity)은 편리성, 브랜드 개성, 제품종류, 사용자, 로고, 관계 등으로 가장 편리하고 빠른 음식점이며, 가족적이고 미국적이며 진실하고 활기차고 재미있는 곳으로 브랜드 개성을 잡고 있다. 햄버거를 비롯한 아이들이 좋아하는 장난감을 제공하는 해피밀을 제공하며, 가족과 아이들을 주고객으로 하며 McDonald's에서 보내는 시간은 가족과의 재미있고 즐거운 시간을 연상시키도록 하면서 화목한 가족관계를 강조한다. 또한, 어린이 자선단체를 만들어 사회와의 관계성을 강조하며, 금빛의 아치 로고를 내세운다. 이러한 브랜드 정체성 확립을 통해 기능적·정서적 혜택과 제품 및 브랜드에 대한 신뢰성을 제공함으로써 브랜드-고객관계에 영향을 미칠 수 있다.

2 브랜드 자산

1. 브랜드 자산의 개념

브랜드 자산(brand equity)이란 제품 또는 서비스에 브랜드(상표)를 부여함으로써 얻는 부가 가치를 나타내며, 이는 소비자들의 브랜드와 관련된 인식, 감정, 행동과 함께 가격, 시장점유율, 수익 등으로 나타날 수 있다. 즉, 브랜드 자산의 효과는 높은 브랜드 애호도, 시장점유율 또는 수익성의 증가로 나타난다. 고객의 관점에서 브랜드 자산은 브랜드 부여로 인해 고객의 선호도가 증가하는 것을 나타내며, 기업 관점에서는 브랜드 부여로 인해 고객 선호도가 증가하고 이로써 매출액 증가와 비용 절감이 이루어져 기업의 수익성이 증가하는 것을 의미한다.

기업의 측면에서 강력한 브랜드 자산이 중요한 이유는 첫째, 브랜드 자산이 강력하게 구축되어 있다면, 그렇지 않은 경우에 비해 더 높은 시장점유율을 획득하거나 더 높은 가격 프리미엄을 획득할 수 있다. 둘째, **라이센싱**(licensing) 수입을 얻을 수 있다. 마지막으로, 브랜드 확장을 통한 신제품의 성공가능성을 높이거나, 신제품 출시에 투입되는 비용을 낮출 수 있기 때문이다.

2. 브랜드 자산의 원천

브랜드 자산은 고객을 중심으로 형성되기 때문에, 고객의 관점에서 이를 이해하는 것이 핵심이다. 고객, 기업, 관리자 각각의 시각에서 브랜드 자산을 고려할 수 있지만, 고객의 마음에서 이 자산이 어떻게 형성되는지를 이해하는 것이 출발점이다.

표 7-5 브랜드 인지도 종류와 예시

"라면 브랜드 중에서 기억나는 것들을 말씀해 주세요"	
브랜드 인지도의 종류	**예시**
최초 상기도 (top-of-mind awareness)	응답자 중 몇 %가 신라면을 가장 먼저 답했는지에 관한 브랜드 인지도
비보조 인지도 (unaided awareness)	응답 순서에 상관없이 응답자 중 몇 %가 신라면을 답했는지에 관한 브랜드 인지도
보조 인지도 (aided awareness)	"신라면이라는 라면을 들어본 적이 있습니까?"라는 질문에 "예"라고 답한 응답자들의 %에 관한 브랜드 인지도

1) 브랜드 인지도와 브랜드 자산의 형성

브랜드 자산이 형성되기 위한 첫 번째 조건은 우선 많은 고객들이 우리 브랜드를 기억하고 있어야 한다는 것이 급선무다. 고객이 브랜드에 대해 인지하지 못한다면, 브랜드를 구입할 가능성이 희박하기 때문이다. 보통 사람들은 자주 들어본 브랜드에 대해 호감을 갖게 되고 품질도 좋을 것이라 기대하는 경향이 있으므로 유명한 브랜드는 그렇지 않은 브랜드에 비해 더 유리하다.

브랜드 인지도(brand awareness)는 고객들이 우리 브랜드를 기억하고 있는 정도를 말하며, 측정하는 방법에 따라 최초상기도, 비보조 인지도, 보조 인지도 세 가지 종류로 구분될 수 있다.

2) 브랜드 이미지 특징

소비자에게 어떤 브랜드를 구입해야 하는 이유를 제공하는 것은 바로 **브랜드 이미지**(brand image)이다. 브랜드 이미지는 **브랜드 연상**(brand association)이라고도 하는데, 특정 브랜드나 제품과 연관되어 즉각적으로 떠오르는 이미지나 감정, 상징들을 말한다. Nike의 초승달 로고, Coca-Cola의 붉은색, Apple의 사과 로고 등이 대표적이다. 브랜드 이미지는 고객이 해당 브랜드의 광고를 보거나, 직접 이용해보거나, 주변 사람들의 이용 경험을 통해 형성된다.

브랜드 이미지가 그 브랜드에 도움이 되려면 유리하고, 독특하고, 강력해야 한다. 아무리 훌륭한 브랜드라고 하더라도 항상 유리한 이미지만 갖는 것은 아니다. 고객 개개인에 따라 해당 브랜드에 대해 불리한 이미지를 가질 수도 있으므로, 기업은 소비자들이 브랜드에 대해 유리한 이미지를 많이 기억하도록 관리하는 것을 중요한 과제로 삼아야 한다. 한편, 소비자들이 우리 브랜드에 대해 유리한 이미지를 많이 갖고 있다고 해서 충분한 것은 아니다. 다른 브랜드와 비교해 독특하고 강력한 이미지를 만들어 차별화해야 한다. 이렇게 형성된 브랜드 이미지는 소비자가 제품을 바로 구매하도록 만들진 않더라도 브랜드에 경쟁사와 구별되는 고유성을 부여하는 등 기업의 중요한 자산이 된다. 따라서 브랜드 이미지, 연상은 브랜드 혹은 제품의 위상정립(포지셔닝)과 밀접한 관련이 있으며, 소비자가 구매를 결정하는 데 결정적인 역할을 한다.

애플: 혁신　　　파타고니아: 친환경

그림 7-9 포지셔닝에 성공한 브랜드

표 7-6 포지셔닝에 성공한 브랜드

브랜드	포지셔닝
에플(Apple)	혁신
파타고니아(Patagonia)	친환경 의류
볼보(Volvo)	안전
오쏘몰(orthomol)	명품 비타민
메가커피	가성비 커피
에이스침대	과학
할리 데이비슨(Harley–Davidson)	남성적

3) 브랜드 이미지와 제품속성과의 관련성 여부

대부분의 브랜드는 많은 수의 이미지들이 연결되어 있으므로, 이를 제품의 속성과 관련된 부분과 그렇지 않은 부분으로 나누어 보는 것이 도움이 된다. 보통의 경우 광고를 기획하는 과정에서 브랜드 이미지에 대해 결정을 하는데, 제품속성과 부합되는 유리하고 강력하고, 독특한 이미지를 형성하여 브랜드 자산을 창출하고자 한다. 그러나 브랜드 이미지들 중에는 제품의 속성과 무관한 것들도 있음에 주목해야 하며, 만일 제품속성과 관련하여 강력하고 차별화되는 브랜드 이미지를 창출하는 데 어려움을 느낀다면, 오히려 제품속성과는 무관한 이미지를 창출하는 방법으로 사고를 전환해 볼 필요가 있다.

4) 브랜드의 차별점과 동일점

기업은 소비자들에게 자사의 브랜드를 사야 하는 이유를 한 가지라도 확실하게 전달할 필요가 있다. 그러나 한 가지 이유만 기억시키면 소비자가 자사의 브랜드를 살 것인지에 대한 의문이 발생한다. Volvo의 예를 들어 살펴보자. Volvo는 '매우 안전한 차'라는 브랜드 이미지를 소비자들에게 포지셔닝 하는 데 성공했지만, 만일 Volvo의 차가 안전하기는 하지만, 엔진의 성능이 떨어지고, 스타일이 볼품없고, A/S가 형편없는 차라고 가정하면, 과연 소비자들이 구매할 것인가를 생각해보자. Volvo가 잘 팔리기 위해서는 안전하다는 이미지만으로는 충분하지 않다. 즉, '안전'하다는 이미지에 있어서는 경쟁자보다 앞서나가면서, '엔진 성능', '스타일', 'A/S'에 있어서는 경쟁자들과 비슷한 수준이라는 이미지를 제공해야 잠재적 구매자들에게 어필할 수 있을 것이다.

소비자들이 경쟁 브랜드에 비해 우리의 브랜드가 어떠한 편익(benefit)을 더 많이 갖고 있다고 믿을 때, 그 편익을 브랜드의 **차별점**(point of difference)이라고 부르는데, Volvo의 경우 '안전'이 여기에 해당한다. 이와 달리 소비자들이 어떤 편익에 대해 우리 브랜드와 경쟁 브랜드 간에 특별한 차이가 없다고 믿을 때, 이러한 편익을 **동일점**(point of parity)이라고 부르며, 위의 예시에서 Volvo의 '엔진 성능', '스타일', 'A/S'가 해당된다. 결국, Volvo를 많이 팔기 위해서는 '안전'을 늘 최우선으로 강조하되 성능, 스타일, A/S 등은 경쟁자에 비해 결코 뒤쳐지지 않는다는 이미지를 주도록 기술이나 디자인, 서비스체계 등에도 신경을 써야 하는 것이다. 이처럼 차별점뿐만 아니라 동일점까지 포함하여 자사의 브랜드가 고객들의 마음속에 심어주고자 하는 이미지의 집합을 **브랜드 정체성**(brand identity)이라고 한다.

3. 브랜드 자산의 구축

브랜드 자산을 구축하기 위해서는 브랜드의 인지도를 높이고, 유리하고 독특하고 강력한 이미지를 심어주어야 한다. 그러나 여기서 끝나는 것이 아니며, 이 고객들을 실제 구매로 유도해야 한다. 이를 달성하기 위해 4가지 다음 수단이 필요하다.

첫째, 위상정립(포지셔닝)에 어울리는 브랜드 요소, 즉 브랜드 네임, 로고, 슬로건, 패키지 등을 갖추어야 한다. 아파트 브랜드 중 하나인 '롯데캐슬'은 '캐슬'이라는 브랜드 네임으로 고급 아파트로 효과적인 포지셔닝을 할 수 있었다.

둘째, 마케팅믹스 요소들이 위상정립(포지셔닝)을 지지(support)해줘야 한다. 만일 자사의 브랜드를 프리미엄 브랜드로 포지셔닝 하고자 한다면, 고품질의 제품일 뿐만 아니라 가격, 촉진, 유통에 있어서 모두 프리미엄의 이미지를 제공할 수 있도록 수행되어야 한다.

셋째, 자사의 힘만으로 브랜드 자산을 구축하는 것이 어렵다면 이미 고객들의 마음속에 강력하게 자리 잡고 있는 다른 브랜드나 다른 요소의 힘을 활용할 수 있다. 대기업의 경우 올림픽, 월드컵과 같은 전 세계적인 행사의 공식 스폰서를 자처함으로써 글로벌 브랜드로서의 자산을 구축할 수 있다.

마지막으로, 고객과 직원이 빈번하게 접촉하는 서비스 기업의 경우 직원의 행동과 전문지식이 브랜드 자산 구축에 중요한 역할을 수행할 수 있다. 기업이 아무리 금융의 전문가라고 광고하더라도, 실제 고객과 접촉하는 창구 지원이 전문지식을 갖지 못하고, 언행이 바르지 못하다면 그 효과가 없을 것이다.

브랜드 자산을 성공적으로 구축하기 위해서는 **'일관성**(consistency)'을 키워드로 삼고, 브랜드 포지셔닝, 포지셔닝과 마케팅믹스 요소 간의 일관성, 투자에 있어 일관성을 가져야 한다.

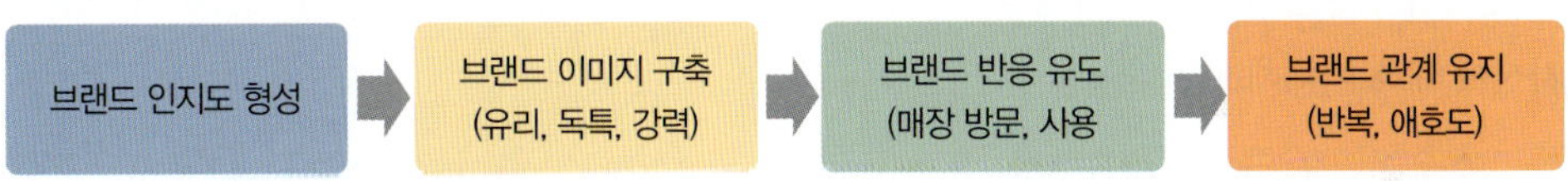

그림 7-10 브랜드 자산의 구축단계

4. 브랜드 자산의 측정

"측정할 수 있어야 관리할 수 있다(measurable is manageable)."라는 말처럼 브랜드를 기업의 중요한 자산으로 인식하고, 이를 체계적으로 관리하기 위해서 브랜드 자산의 측정은 반드시 이루어져야 한다. 그렇다면 어떻게 브랜드 자산을 측정하는가? 크게 기업의 관점과 고객의 관점으로 나눠 측정 방법을 살펴보고자 한다.

1) 기업의 관점에서 측정 방법

기업이 측정하고자 하는 브랜드를 갖고 있는 경우의 현금흐름과 그렇지 않은 경우의 현금흐름을 예측하여 두 현금흐름 사이의 차이를 계산하는 것이다. 이렇게 측정된 브랜드 자산의 크기는 화폐단위로 자동 표시되기 때문에 기업을 인수·합병하거나 브랜드를 개별적으로 사고팔 때 매우 유용하다. 브랜드 자산은 기본적으로 무형적이므로, 기업의 무형자산의 총 가치 중에서 브랜드와 무관한 항목들, 가령 특허권이나 정부 보호에 기인한 부분들을 차감한 나머지를 기업의 브랜드 자산가치로 볼 수 있다.

(기업 무형자산의 총 가치) = (기업 주식의 시가총액) – (기업 유형자산의 총 가치)
(기업의 브랜드 자산가치) = (기업 무형자산의 총 가치) – (브랜드와 무관한 부분 가치)

2) 고객의 관점에서 측정 방법

고객의 관점에서 브랜드 자산을 측정하기 위해서 소비자의 브랜드 인식 구조를 확인, 규명하고 추적 조사함으로써 브랜드 자산의 잠재적 원천을 평가하는 간접적 접근 방법과 상이한 마케팅에 따른 소비자의 반응에 대해 브랜드 인식의 직접적인 영향을 평가하는 방법이 있다. 이 2가지의 접근 방법은 상호 보완적인 것이며, 기업은 2가지 방법을 함께 활용할 수 있다. 즉, 유용한 전략적 기능을 수행하고 마케팅 의사결정을 위해 기업은 다음의 방법들을 이용하여 브랜드 자산에 대해 이해해야 한다.

- **브랜드 감사**(brand audit): 브랜드의 건강함을 평가하고 브랜드 자산의 원천을 파악하기 위해서, 이를 통해 브랜드 자산을 개선·향상하고, 도입하여 이용하는 방법을 제시하기 위한 일련의 절차와 관련되는 고객 집중적인 측정 및 실행 방법
- **브랜드–추적조사**(brand-tracking studies): 시간이 지남에 따라 브랜드 및 마케팅 프로그램이 수행되는 방법에 대한 일관된 기준선이 되는 정보를 제공하기 위해 소비자들로부터 정량적인 정보를 입수하여, 브랜드 가치가 창출되는 곳, 양, 그리고 어떤 방법으로 이루어지는지를 이해하는 수단

5. 브랜드 자산의 관리

기업이 브랜드 자산을 체계적으로 관리하기 위해서 정기적으로 브랜드 자산을 측정하고 이에 따라 얻어진 정보를 분석하고 적절한 행동을 취해야 한다. 구체적인 절차는 [표 7–7]과 같다.

표 7-7 브랜드 자산관리 과정

브랜드 자산관리 과정	내용
① 브랜드의 강점과 약점 파악	• 프로파일(profile)분석과 경쟁위치도(브랜드 속성에 대한 지각과 중요도를 함께 나타내는 맵)를 이용하여 자사 브랜드를 경쟁 브랜드들과 비교하여 강점과 약점을 파악
② 가능한 대안 모색	• 앞의 단계에서 제시된 강점을 더욱 강조하고 약점을 감추거나 보완하기 위해 어떠한 행동을 취할 수 있는지를 모색 • 브랜드 속성 그 자체를 개선시키거나, 속성에 대한 지각을 개선시키는 것, 속성의 중요도를 변화시키는 것의 대안을 모색할 수 있음 • 브랜드 이미지에 대해서 기존 이미지를 그대로 유지시키거나, 기존 이미지를 변화시키거나 전혀 다른 이미지를 새롭게 창출하는 대안을 모색할 수 있음
③ 우선순위 부여 후 적절한 대안의 선정	• 앞의 단계에서 창출해 낸 여러 대안들의 우선순위를 부여하여 기업 예산이 허용하는 범위 내에서 하나 또는 그 이상의 적절한 대안을 선정하는 것
④ 브랜드 자산의 정기적인 측정	• 측정의 정확성과 측정된 정보의 유용성은 물론 측정비용을 고려한 현실적인 측정방법을 활용하여 정기적으로 브랜드 자산의 크기를 측정하는 것

6. 브랜드 자산의 전략적 활용

1) 브랜드 자산의 강화

브랜드는 기업의 중요하고 지속적인 자산으로서 그 가치가 쇠퇴하지 않도록 신중하게 관리되고 활용되어야 한다. 유럽에서 가장 강력한 브랜드 중 하나인 니베아(NIVEA)는 피부 크림 브랜드로부터 시작하여 '부드럽고', '온화하고', '돌보아 주는'이라는 브랜드 약속을 강화하는 브랜드 확대를 신중하게 설계하고 시행함으로써 피부관리뿐만 아니라 자기관리용 브랜드로 그 범위를 확대하였다. 이처럼 브랜드 자산을 강화하기 위해서 기업은 자사의 브랜드를 항상 올바른 방향으로 전진할 수 있도록 노력해야 하며, 새롭고 강한 흥미를 불러일으킬 수 있는 제품을 시장에 내놓기 위해 끊임없이 계획하고 발전해나가야 한다.

브랜드를 강화하는 데 있어 가장 중요한 부분은 일관되고 지속적인 마케팅 지원을 제공하는 것이다. 여기서 말하는 '일관성'은 전혀 변화가 없는 동일성을 의미하지는 않는다. 성공적인 위치로부터 벗어 날 필요는 없지만, 브랜드의 전반적인 방향과 실행을 유지하기 위해서는 해당 브랜드에 대한 전략적 변화가 필요하다. 즉, 어떠한 변화가 요구될 때 마케팅관리자는 브랜드 자산의 원천을 강력하게 보존하고 방어해야 한다. 구체적으로 마케팅 기업은 시장으로부터 널리 인정받는 제품의 개선, 향상 또는 창의적으로 설계된 광고 캠페인을 통해 브랜드 자체와 그 의미를 강화하는 활동을 수행할 수 있으며, 단기적인 촉진용 할인과 같은 재무적 이점을 창출하기 위해 기존 브랜드 자산을 통합할 수 있다. 또한, 브랜드를 재활성화할 필요가 있을 경우 브랜드의 재포지셔닝(repositioning)을 통해 브랜드 자산을 강화할 수 있다. 대표적인 사례로 아디다스(Adidas)는 1992년에 나이키(Nike)와 리복(Reebok)의 공격으로 1억 달러의 적자를 내고 브랜드의 재활성화 필요성을 느꼈다. 이에 유명 광고대행사의 경영자를 새로운 최고경영자로 교체하고, 소비자조사를 실시하여 10대의 소비자를 표적시장으로 설정하고 재포지셔닝에 돌입하여 2000년까지 6배의 매출 신장과 2%에서 14%까지 시장점유율을 올렸다.

그림 7-11 2022 글로벌 100대 브랜드(인터브랜드)

2) 브랜드 자산의 확장

비교적 높은 브랜드 자산을 가지고 있는 기업은 신제품을 출시할 때 새로운 브랜드를 만들어 붙이기보다는 기존의 다른 제품군에 붙여진 브랜드를 활용하여 확장 사용하는 것을 **브랜드 확장**(brand extension)이라고 한다.

브랜드 확장을 하여 기존 브랜드와 확장 브랜드 사이에 적합성(fit)에 성공하면, **브랜드 연상**(brand association)과 인지도를 강화하여 시장 내 지속적인 경쟁우위를 보장하게 된다. 뿐만 아니라, 이를 통해 비용절감의 효과를 얻을 수 있다. Aaker(1990)는 브랜드 확장의 효과를 [표 7-8]과 같이 요약하였으며, 이는 브랜드 확장에 대한 소비자의 평가를 기준으로 구분하였다.

표 7-8 브랜드 확장에 대한 소비자평가

구분	브랜드 확장의 효과
좋다(Good)	• 기존 브랜드가 확장 브랜드에 도움을 준다. • 브랜드 확장을 통해 기존 브랜드 역시 강화된다. • 소비자들의 브랜드 및 품질 연상, 브랜드 인지도를 강화하여 지속적 경쟁우위를 확보한다.
나쁘다(Bad)	• 기존 브랜드가 확장 브랜드에 도움을 주지 못한다. • 적합성(fit)이 미흡하여, 소비자들로 하여금 반대 속성을 연상시킨다.
아주 나쁘다(Ugly)	• 브랜드 확장으로 인해 기존 브랜드가 손상을 입는다. • 새로운 브랜드로서 얻을 수 있는 잠재력 발휘 기회를 상실한다. • 소비자들의 기존 브랜드 연상을 약화시키고, 품질 및 이미지에 부정적인 영향을 미친다.

우리나라의 경우, 체계적인 브랜드 확장을 통해 오랫동안 지속하는 브랜드를 찾아보기가 쉽지 않으며, 대부분 시장에 잠깐 나타났다가 사라진다. 신제품에 대해 브랜드 확장전략을 사용하기보다는 패션성이 강한 개별 브랜드전략을 사용하는데, 이는 투자한 비용만큼 효과를 거두지 못하고 실패하는 경향이 있다.

브랜드 확장은 [그림 7-12]와 같이 브랜드 범주의 동일성 여부에 따라 크게 **라인 확장**(line extension)과 **카테고리 확장**(category extension)으로 구분한다. 라인 확장의 경우 확장의 방향이 수직적인지 수평적인지에 따라 다시 구분되고, 수직적 라인 확장의 경우 하향 확장과 상향 확장으로 구분된다. 브랜드 확장의 구분에 대한 개념과 각각의 내용을 [표 7-9]와 같이 정리해 보았다.

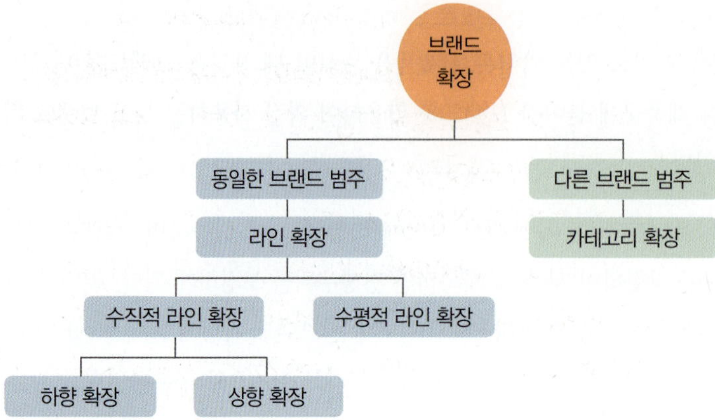

그림 7-12 브랜드 확장의 종류

표 7-9 브랜드 확장의 구분 및 장·단점

구분		내용
라인 확장 (line extension) 기존 브랜드와 동일 범주에 출시된 신제품에 기존 브랜드를 사용하는 것	장점	• 적은 비용으로 매출 및 수익성 증대효과를 거둘 수 있음 • 반향효과(feedback effect), 즉 기존 브랜드에 대해 갖고 있던 소비자의 태도가 긍정적으로 변화할 수 있음
	단점	• 기존 브랜드가 신제품의 특성을 잘 나타내지 못할 가능성 있음 • 기존 브랜드에 대한 소비자의 태도가 나빠지거나 판매가 주는 부정적 반향효과가 발생할 수 있음 • 하향 확장(기존 브랜드보다 낮은 가격대로의 확장)의 경우, 기존 브랜드 자산을 약화시키는 희석효과(dilution effect)가 발생할 수 있음 • 상향 확장(기존 브랜드보다 높은 가격대로의 확장)의 경우, 프리미엄 이미지 구축에 실패할 가능성이 있음 • 라인 확장 이후, 같은 브랜드의 제품이 다른 유통경로로 판매될 경우, 경로 간의 갈등을 일으킬 위험이 있음
카테고리 확장 (category extension) 기존 브랜드와 다른 범주에 속하는 신제품에 기존 브랜드를 사용하는 것	장점	• 낮은 비용으로도 신제품의 즉각적인 인지도를 확보하여 성공 가능성을 높일 수 있음 • 소비자들이 새로운 브랜드는 '크고 유명한' 브랜드라고 생각하여 더 높은 신뢰감을 갖게 되는 긍정적 반향효과를 기대할 수 있음
	단점	• 두 브랜드 범주 간의 유사성이 현저히 낮은 경우에는 실패할 가능성이 높음 • 기존 브랜드가 어떤 브랜드의 범주와 밀접하게 연결되어 있는 경우, 실패할 가능성이 높음 예) '하이트=맥주'라는 이미지가 강하므로 다른 종류의 술에 '하이트'를 쓴다면 성공하기 어려울 것임 • 기존 브랜드 자산과 이미지에 타격을 줄 수 있는 부정적 반향효과가 발생할 수 있음

Ⅳ 포장과 라벨

1 포장의 개념과 기능

포장(packaging)이란, 제품을 위해 필요한 **용기**(container)를 디자인하고 생산하는 모든 활동을 포함한 것이다. 근래에 이르기까지 포장의 개념은 제품을 담아 손상을 보호하고, 제품을 절약할 수 있는 수단으로 인식되어 왔다. 그러나 소비자의 소득 향상과 기술의 발달로 포장에 대해 기대하는 소비자의 욕구가 향상되어 그 중요성은 점차 높아가고 있다. 소비자들은 보다 견고하고, 편리하며, 아름답고 보기에 좋은, 무엇인가 색다른 포장을 원하며 제품의 품질의 중요성만큼 외형적인 디자인이나 포장이 제품을 선택하는 데 중요한 요인으로 여긴다.

즉, 기업의 입장에서 포장은 소비자가 제품을 저장, 운반, 보관, 이용하는데 편의성을 제공할 수 있어야 하며, 포장 자체로 하나의 촉진 활동으로써 판매를 증가시킬 수 있다는 인식이 높아가고 있다. 오늘날 마케팅관리자들이 포장을 마케팅믹스 4가지 요인(4Ps)과 함께 5Ps라고 부르는 것을 보면, 포장을 하나의 독립적 판매수단으로 인식하고 있음을 알 수 있다.

그림 7-13 **포장의 예시**

마케팅 도구로서 포장을 활용하고 그 중요성이 강조되는 요인은 다음과 같다.

첫째, 여러 형태의 점포에서 소비자가 셀프 서비스하는 제품의 수가 증가하고 있다. 따라서 소비자의 주의를 끌 수 있고, 제품의 특징을 잘 설명해주는 포장이 필요하다. 이를 통해 소비자에게 만족과 신뢰감을 제공하여 해당 제품에 대해 전반적으로 호의적인 인상을 만들 수 있어야 한다.

둘째, 생활수준의 향상으로 소비자들을 보다 편리하고, 외형적으로 훌륭하며 자신의 권위를 나타낼 수 있을만한 포장에 기꺼이 돈을 지불할 의사가 있으며, 이러한 포장을 선호한다.

셋째, 포장을 통해 기업과 브랜드에 대한 즉각적인 인식이 가능하다. 예컨대, 마트의 라면 통로에서 핑크색을 본다면, 우리는 '까르보불닭볶음면'을 떠올릴 수 있다.

넷째, 독특하고 혁신적인 포장은 소비자에게 혜택을 제공할 뿐만 아니라 생산자의 이익을 증가시킬 수 있는 기회를 준다. 예를 들어, 큰 용량의 봉지과자 포장은 작은 봉지과자 것과 달리 제품 개봉 후에 다시 밀폐할 수 있게 되어 있다.

이러한 포장의 목적과 소비자 요구에 상응하는 만족을 달성하기 위해서 마케팅관리자들은 포장의 **심미적**(aesthetic)·**기능적**(functional) 구성 요소에 대한 탁월한 선택과 정확한 사용이 요구된다. 심미적 측면에서, 포장은 크기와 모양, 재료, 색상, 글자와 그래픽 등이 있으며 각 사항마다 요구되어지는 요소가 있다. 특히 색상의 경우 포장에 있어 중요한 부분 중 하나인데, 그 이유는 각각의 색상이 서로 다른 의미를 전달하여 문화에 따라, 혹은 세분시장에 따라 다르게 활용할 수 있기 때문이다. 예컨대, 빨간색은 에너지와 열정이 넘치는, 또는 위험성을 고지하는데 사용되며, 초록색의 경우 청결함, 신선함, 환경 친화적, 재생적 이미지를 제공한다. 최근에는 ESG 경영이 확산하면서 재료에 대한 부분도 중요해지고 있는데, 재활용 및 분리수거 가능한 재료를 사용하여 친환경 이미지를 강조하는 경우도 많아지고 있다.

기능적으로는 포장의 구조적 디자인이 가장 중요한 요소이다. 포장의 구성 요소들은 각각 조화를 이뤄야하며, 또한 제품의 가격, 광고를 비롯한 마케팅 요소들과도 조화롭게 디자인되어야 한다. 기업은 제품의 포장을 디자인 한 후에 [그림 7-14]와 같은 테스트 과정을 거친다.

그림 7-14 포장 테스트 과정

평상시 상황에서 제품의 포장이 기술적으로 결함이 없는지를 검사 한 후에(기술 테스트), 포장에 인쇄된 글씨를 읽을 수 있는지, 포장 색상이 조화로운지를 테스트 하고(외관 테스트), 판매자가 포장의 매력적인 부분을 찾을 수 있는지, 다루기 쉬운지를 테스트 한다(판매자 테스트).

마지막으로 구매자가 포장에 대해 호의적으로 반응할지를 테스트 하는데, 카메라를 감춘 뒤 시선추적(eye-tracking)을 통해 얼마나 많은 소비자들이 포장에 시선이 가고, 이를 살펴보는지를 검사한다.

이러한 과정을 거쳐 완성된 포장은 제품기능, 의사전달기능, 가격기능의 3가지 기능을 수행한다고 볼 수 있다.

첫째, 제품기능은 제품 자체의 한계를 극복하거나 제품을 보호하며 사용을 더 편리하게 만드는 역할을 하는 것을 의미한다. 예컨대, 음료수나 화장품과 같이 액체로 된 제품은 플라스틱이나 유리 등의 용기에 담아 취급 및 사용을 편리하게 하고, 유통기한이 상대적으로 긴 제품의 경우 통조림이나 밀폐용기를 사용하여 제품의 부패를 막아주는 기능을 한다. 또한 과자류와 같이 부서지지 쉬운 제품은 봉지의 공기를 채워 담거나 비교적 튼튼한 용기에 담아 제품의 손상을 방지하며, 무게가 있는 제품의 경우 포장에 손잡이를 달아 이동에 편리성을 부여한다.

둘째, 의사전달기능은 포장에 제품에 대한 정보나 특징을 인쇄하여 제시하고, 브랜드명 및 기업명을 제시함으로써 제품을 식별할 수 있도록 한다. 또한, 독특하고 혁신적인 디자인을 통해 소비자로 하여금 특별한 인상을 가지게 하며, 이를 통해 구매를 유도하기도 한다.

마지막으로 가격기능으로서 포장에 가격을 표시하여 소비자들이 쉽게 제품 가격을 인식할 수 있도록 하며, 대형포장을 통해 다량의 제품을 구매하도록 하는 기능을 수행한다.

2 라벨의 개념과 기능

라벨(label)은 단순히 브랜드명만 표기하거나 정교하게 디자인된 그래픽의 형식으로 제품 포장의 한 부분으로 볼 수 있다. 따라서 제품에 대한 많은 정보를 제시하거나, 또는 단순히 브랜드명만 나타낼 수 있다. 라벨의 경우 판매자가 단순하게 디자인하고자 하더라도 법률적으로 보다 많은 정보를 제공하는 것이 요구되는 상황에서는 불가능할 수 있다. 라벨의 궁극적인 목적은 제품 자체에 대한 정보를 제공하는 목적과 제품에 대한 촉진기능을 수행하는 것으로, 다음과 같은 기능을 수행한다.

먼저 제품 또는 브랜드가 무엇인지, 또 어느 기업의 것인가를 확인할 수 있도록 해준다. 예를 들어 선키스트(Sunkist)는 맛별로 오렌지, 포도 등이 찍혀있으므로 제품의 맛, 브랜드를 보다 명확하게 확인할 수 있게 라벨을 제작했다.

라벨의 두 번째 기능은 제품의 등급(grade)을 표시해 주는 것이다. 진라면의 경우 '순한맛', '매운맛'을 구분하여 표기함으로써 제품의 맛의 등급을 확인할 수 있다. 오뚜기카레의 경우도 마찬가지이다.

셋째, 제품에 대한 여러 가지 특성, 예컨대 누가 생산했는지, 어디에서 언제 만들어졌는지, 그 내용물을 무엇이며 어떻게 사용되고 있는지, 그리고 어떻게 안전하게 사용할 것인지 등의 상세한 정보가 기술되어 있어 소비자가 확인할 수 있다. 미국식품의약국(FDA)은 식품의 경우 단백질, 지방, 탄수화물, 칼로리 등의 영양소에 대한 라벨 사용을 요구한다.

마지막으로, 라벨을 통해 제품의 매력성을 표현할 수 있다면, 제품의 촉진기능을 수행하게 된다.

그림 7-15 **제품에 대한 정보를 제공하는 라벨의 예**

주요 용어

기대제품
라벨(label)
브랜드(brand)
브랜드 자산(brand equity)
브랜드 정체성(brand identity)
산업재
소비재
잠재적 제품(potential product)
제품(product)
제품계열의 전략
제품믹스(product mix)
포장(packaging)
핵심제품
확장제품

연습문제

01 제품의 5가지 차원과 각 차원의 특징을 설명하시오.

02 제품믹스란 무엇이며, 제품믹스의 구성 요소와 가격결정의 6가지 상황에 대해 설명하시오.

03 제품계열의 구성 요소와 이를 관리하는 과정에 대해 설명하시오.

04 브랜드의 개념과 중요성을 설명하고, 브랜드 개념의 관리 과정을 설명하시오.

05 브랜드 자산의 개념과 브랜드 자산의 구축단계에 대해 설명하시오.

06 브랜드 확장의 유형과 각각의 장 · 단점을 설명하시오.

07 포장의 개념과 목적, 그리고 기능을 설명하시오.

08 라벨의 개념과 기능을 설명하시오.

CHAPTER 8

제품수명주기와 신제품관리

Ⅰ. 제품수명주기

Ⅱ. 신제품의 개발과 확산전략

Ⅲ. 신제품의 수용과 확산

학습목표

- 제품수명주기의 기본 개념을 이해한다.
- 제품수명주기의 단계별 특징과 그에 따른 마케팅전략을 알아본다.
- 신제품개발의 중요성을 살펴본다.
- 신제품개발의 과정을 이해한다.
- 신제품은 어떻게 수용되고 확산되는지 알아본다.

주요 내용

모든 제품에는 일정 기간 동안 생존하다가 그 수명을 다하면 사라지는 수명 주기가 있다. 이런 주기를 제품 수명 주기라고 한다. 일반적으로 이 수명 주기를 4단계로 나눌 수 있다. 처음에 제품이 시장에 도입되는 도입기, 제품이 알려지기 시작하고 매출이 급증하는 성장기, 대부분의 소비자들이 제품에 대해 알고 매출 증가율이 둔화되는 성숙기, 그리고 제품이 소비자들에게 관심을 잃고 매출이 감소하는 쇠퇴기로 구분한다.

기업들은 "무한경쟁의 시대"에 대응하기 위해 지속적으로 신제품을 개발한다. 신제품 개발은 아이디어 생성, 평가, 제품 개념화 및 검토 등의 단계를 거치며, 제품의 비즈니스 가능성을 평가하고 양호한 결과를 얻으면 원형 제품을 만들고 시장에서 테스트한다. 이 과정이 완료되면 제품을 출시한다.

이렇게 개발된 신제품을 소비자에게 처음 알려지고 구매하기까지의 과정을 신제품 수용이라 한다. 소비자는 신제품을 인지, 관심, 평가, 시험 구매, 그리고 최종적으로 수용 단계를 거친다. 마케팅 관리자가 소비자 개개인의 신제품 수용 단계를 이해하면 시장 진출 전략에 도움이 된다. 수용자 그룹은 혁신을 채택하는 데 걸리는 시간을 기준으로 혁신자, 조기수용자, 조기다수자, 후기다수자, 느림보층의 5개의 집단으로 분류할 수 있다. 마케팅관리자는 각 단계별 특성을 파악하여 대응해야 한다.

Ⅰ 제품수명주기

1 제품수명주기의 개념

제품이 출시되고 난 뒤에는 모든 생물이 태어나서 자라고 어느 일정 기간 동안 생존하다가 수명을 다하면 사라지는 것과 마찬가지로 제품에도 수명주기가 존재하는데, 이를 **제품수명주기**(PLC: Product Life Cycle)라고 한다. 즉, 한 제품이 시장에 나타나서 사라질 때까지의 과정을 일컫는다. 제품수명주기는 다음의 4가지 내용을 주장한다. 첫째, 제품은 제한된 수명을 가진다. 둘째, 제품을 판매함에 있어 구별되는 단계를 거치는데, 각각의 단계는 판매자로 하여금 다른 기회와 과제, 문제를 제시한다. 셋째, **수익**(profits)은 제품수명주기의 단계에 따라 증가하거나 감소한다. 마지막으로 제품은 각 단계마다 재무, 제조, 구매, 인적자원, 마케팅과 관련하여 다른 전략으로 수행되어야 한다.

제품수명주기는 일반적으로 4단계로 나누는데, 제품이 시장에 처음 나타나 매출이 느리게 올라가고, 제품 도입에 다른 거대한 비용 투자로 수익이 존재하지 않는 도입기, 제품이 소비자에게 알려지기 시작하고 매출이 급격이 증가하는 성장기, 대부분의 잠재소비자들에게 알려지고 제품이 달성할 목표치를 거의 달성하여 매출이 낮아지는 성숙기, 제품이 소비자들에게 외면당하여 매출이 하락하고 수익이 악화되는 쇠퇴기로 구분할 수 있다.

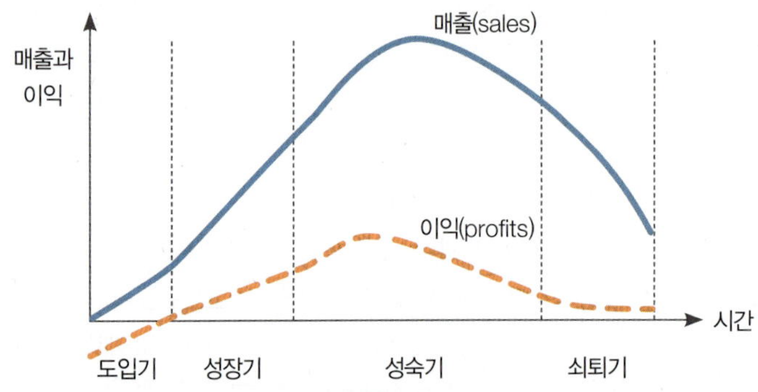

그림 8-1 제품수명주기에 따른 매출과 이익의 변화

2 제품수명주기의 관리

1. 도입기

신제품이 시장에 도입되면 새로운 제품이기 때문에 소비자들이 아직 관심이 없으며, 또한 해당 제품에 대해 잘 알지 못한다. 따라서 **도입기**(introduction)에서는 소비자의 초기 반응을 빠르게 파악하고 이에 따른 가격, 촉진, 유통전략을 선정해야 한다. 특히 잠재적 소비자가 제품을 인식하여 제품 사용을 시도할 수 있도록 촉진전략에 대한 투자가 높은 비율을 차지한다. 도입기에는 보통 완만한 판매성장률을 보이며, 신제품개발을 위해 연구개발비, 촉진비용 등의 지출이 많아 이익이 마이너스이거나 매우 낮은 단계이다. 지금은 널리 알려진 인스턴트커피, 분말커피용 크림 등은 수년간 도입기에 머물러 있다. 왜냐하면 소비자들은 자기의 소비습관을 쉽게 바꾸려 하지 않고, 당시 이 제품들을 취급할 소매상을 많이 확보하지 못했기 때문이다.

도입기에 요구되는 마케팅전략은 [그림 8-2]와 같은데, 신제품이 출시되면 마케팅관리자는 제품의 가격, 촉진 등과 같은 마케팅 변수의 수준의 높고 낮은 정도를 기준으로 적절한 전략을 수행할 수 있다.

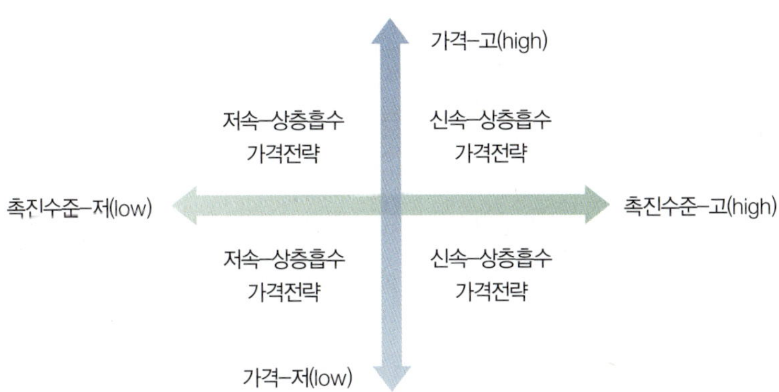

그림 8-2 제품수명주기–도입기의 마케팅 전략

첫째, '신속–상층흡수 가격전략'은 고가격과 높은 수준의 촉진으로 신제품을 출시하는 것이다. 이 전략은 해당 제품에 대해 대부분의 잠재시장이 알지 못하거나, 잠재시장의 구성원이 해당 제품을 소유하거나 지불하고자 하는 의지가 있다는 가정하에 이루어진다. 기업은 고가격제품의 장점을 부각시켜 시장에 확산시키기 위해 촉진전략에 많은 투자를 하는데, 이를 통해 제품의 시장침투율을 높일 수 있다.

둘째, '저속–상층흡수 가격전략'은 고가격과 낮은 수준의 촉진으로 신제품을 출시하는 것으로, 고가격의 목적은 가능한 제품 단위당 총이익을 높이기 위함이고, 낮은 수준의 촉진은 촉진전략에 수반되는 마케팅 비용을 낮추고자 함이다. 이러한 전략은 시장의 규모가 한정적이며, 대부분 시장이 해당 제품을 알고 있고, 구매자들이 고가격을 지급하고 구매하려고 하거나, 잠재적 경쟁이 그다지 치열하지 않을 때 사용할 수 있다.

셋째, '신속–시장침투 가격전략'은 제품 가격은 낮게 하고 촉진에 엄청나게 투자하여 신제품을 출시하는 것으로, 가장 빠른 시장침투와 가장 큰 시장점유율을 불러일으킬 수 있다. 이 전략은 시장의 규모가 크고, 그 시장이 해당 제품에 대해 잘 알지 못하며, 대다수의 구매자들이 가격에 민감할 경우, 또 제품 단위당 제조원가가 규모의 생산과 제조 경험으로 낮아질 수 있을 경우에 사용한다.

마지막으로 '저속–시장침투 가격전략'은 저가격과 낮은 수준의 촉진으로 신제품을 출시하는 것으로, 낮은 가격으로 급속한 제품수용을 고무시키며, 순이익을 높이기 위해 촉진비용을 낮게 한다. 시장규모가 비교적 크고, 해당 시장이 제품에 대해 잘 알고 있으며, 잠재적 구매자들이 가격에 대해 민감할 때 사용하는 전략이다.

2. 성장기

제품을 사용한 소비자들이 만족을 느끼게 됨에 따라 한 번 구매한 고객들은 다시 제품을 구입하는 **성장기**(growth)단계에서 제품 매출이 급격히 증가한다. 제품을 사용한 소비자들이 만족을 느끼게 됨에 따라 한 번 구매한 고객들은 다시 제품을 구입하고, 광고 등을 비롯한 촉진전략으로 망설이던 고객이 시험적으로 구매를 시작하기 때문이다. 또한, 매출의 급증은 기업의 수익을 증가시키므로, 여러 경쟁자들이 이 제품시장에 진입하여 유사제품이 생기게 된다. 기업은 제품에 새로운 특성을 도입하거나 유통경로를 확장시키는 등 무리하게 투자를 확대하는 경향이 있는데, 이 단계에서는 반드시 경쟁자가 진출하리라는 것을 염두에 두고, 전략적으로 계획을 수립해야 한다.

이러한 성장을 장기간 지속시키기 위해 다음과 같은 여러 전략을 사용한다.

- 제품의 품질을 개선하고, 새로운 제품특성 및 보다 개선된 스타일을 추가한다.
- 새로운 모델을 추가하거나, 크기, 맛, 향 등이 다른 **측면전략**(flanker) 제품을 통해 주(main) 제품을 경쟁자로부터 보호한다.
- 새로운 세분시장에 진입한다.
- 유통전략의 범위를 늘리거나 새로운 유통경로에 진입한다.
- 광고의 중점을 제품인식과 시험적 사용에서 제품선호와 확신, 구매를 유발하기 위한 내용을 변경한다.
- 가격에 민감한 구매자를 유인하기 위해 적정시기에 제품가격을 낮춘다.

3. 성숙기

어느 정도의 수준이 되면, 판매성장률이 둔화되거나 정체하는 시기를 맞게 되는데, 이 시기를 제품이 상대적으로 성숙된 단계에 진입했다고 본다. 대부분의 제품이 **성숙기**(maturity)단계에서 오래 지속되며 이 단계에서 마케팅관리자들은 어떤 방법으로 이를 극복할지 매우 고민이 많아진다. 성숙기는 성장, 안정, 쇠퇴의 하위단계로 세분할 수 있다.

첫째, 성장성숙기에는 제품의 판매성장률이 둔화되기 시작하며, 이를 채울 새로운 유통경로는 없고, 새로운 경쟁적 힘이 드러나는 시기이다.

둘째, 안정성숙기는 시장 포화로 소비자 1인당 판매량은 일정수준을 유지하게 된다. 대부분의 잠재소비자들은 이미 제품을 사용해 본 적이 있고, 미래의 판매량은 인구성장률과 대체수요에 따라 결정된다.

마지막으로 쇠퇴성숙기는 소비자들이 다른 제품을 구매하기 시작하여 판매량의 절대수준이 하락하고, 판매성장률의 감소로 산업 전반에 유휴시설이 발생하며, 경쟁자들 간의 경쟁 심화로 가격경쟁이 시작되는 시기이다. 이 시기에 기업은 시장, 제품, 그리고 마케팅 프로그램의 수정을 요하는 마케팅전략을 수행한다. 먼저 **시장수정**(market modification)전략은 판매량을 결정짓는 2가지 요소인 브랜드 사용자 수와 사용자 1인당 사용률을 늘림으로써 시장을 확장하는 전략이다. 제품을 시험적으로 사용하지 않았던 비사용 소비자를 대상으로 새로운 시장 부문을 개척하거나, 새로운 세분시장에 진입하거나 경쟁자의 소비자들을 끌어당기는 방법으로 사용자 수를 늘리고, 기존 고객으로 하여금 제품의 사용률을 증가시키도록 하는 것이다. 두 번째 전략은

제품수정(product modification)전략으로, 기존 제품이 새롭고 개선된 제품으로 더 나은 기능을 수행할 수 있도록 하는 품질개선과 보다 다양한 기능을 수행하고, 안전하며 편리한 제품이 되도록 크기, 무게, 재료 등을 추가하는 제품 특성개선이 있다. 또한 소비자의 주의를 끌 수 있을만한 심미적 요소를 증진하는 스타일 개선의 방법이 있다. 마지막으로 마케팅관리자들은 가격, 유통, 의사소통과 같은 비제품(non-product) 요소를 수정함으로써 판매량을 늘릴 수 있는 **마케팅 프로그램 수정**(marketing program modification)전략이 있다.

4. 쇠퇴기

대부분의 제품이나 브랜드는 결국 **쇠퇴기**(decline)를 맞이하게 된다. 쇠퇴기를 맞이하는 속도는 제품이 무엇이냐에 따라, 또는 기업을 둘러싼 여러 상황적 요소에 따라 완만할 수도 있고 급속히 진행될 수도 있다. 판매량이 감소하는 이유는 여러 가지가 있다. 기술적인 진보로 다른 종류나 형태의 제품이 시장에 나와 기존의 것을 대체하기도 하고, 소비자의 기호가 변하거나 유행이 바뀌어 다른 제품을 선호하게 될 수도 있다. 특히, 새로운 것을 추구하는 소비자들의 경우 기존 제품을 구매하지 않고 이를 대체할 수 있는 신제품으로 바꾸게 된다. 이에 따라 매출이 감소되고, 변화를 원하지 않은 보수적 성향의 소비자들이 기존 제품을 사용하면서 겨우 매출을 유지하는 정도이다. 판매와 이익이 감소함에 따라 기업은 다른 사업 분야에 진출하기 위해 시장에서 철수한다. 이와 같은 쇠퇴기에 있는 제품을 효율적으로 관리하기 위해 다음과 같은 사항들을 파악해야 한다.

- 마케팅관리자들은 각 제품에 대한 시장규모, 시장점유율, 가격, 원가 및 이익 등의 추세를 나타낸 자료를 바탕으로 분석하여, 취약 제품으로 분리되는 제품을 확인한다. 판매하락의 기간, 시장점유율 추세, 총이익률, 투자수익률 등을 기준으로 분석하여 각 제품의 판매액과 이익 등이 앞으로 어떻게 변화할 것인가를 살펴본 후 쇠퇴기 제품을 관리해야 한다.
- **탈출장벽**(exit barriers)의 수준에 따라 마케팅전략을 조정해야 한다. 즉, 탈출장벽이 낮으면 낮을수록 그 산업에서 더 용이하게 이탈할 수 있으며 또한 남은 기업들은 철수 기업들의 고객을 유인하기 위해 그대로 존속하게 되어, 남은 기업들의 판매와 이익은 증가하게 된다. 적절한 쇠퇴기 전략은 업계의 상대적 매력성과 그 업계 내에서 당해 기업의 경쟁적 장점에 의해 정해진다.

- 제품의 판매를 중단하기로 결정할 때 몇 가지 선택 방법을 고려하여야 한다. 첫째, 제품을 타인에게 이전할 것인지 또는 그것을 폐기할 것인지를 고려하여야 한다. 둘째, 신속하게 판매를 중단할 것인지 또는 서서히 중단할 것인지를 결정하여야 한다. 셋째, 기존 제품에 필요한 부품이나 서비스의 수준도 결정해야 한다.

위에서 살펴본 바와 같이 제품은 수명주기를 가지며, 4단계 각각의 특성과 마케팅 목적, 그리고 이에 부합되는 전략을 정리하면 [표 8-1]과 같다.

표 8-1 제품수명주기의 특성, 마케팅 목표 및 전략의 요약

	도입기 (introduction)	성장기 (growth)	성숙기 (maturity)	쇠퇴기 (decline)
특성				
판매량	낮은 판매량	급속한 판매량 성장	판매의 극대점 도달	판매량 감소
상품원가	높은 비용	점차 하락	낮아짐	낮음
이익	적자 또는 낮은 이익	이익이 점차 증가	높은 이익	이익 감소
고객층	혁신층	조기수용자	중간다수층	후기수용층(느림보)
경쟁자	없거나 소수	증가	많음	감소
마케팅 목표				
	제품 인지도 형성 및 제품사용 시도	시장점유율 최대화	이익극대화를 위한 시장점유율 유지	비용절감, 투자 회수
전략				
제품	기본 형태의 제품 제공	제품 확대, 서비스 향상, 품질보증의 도입	브랜드와 품목의 다양화	취약 제품의 철수
가격	원가가산전략 (고가 또는 저가전략)	시장침투가격	경쟁자에 대응할 수 있는 최선의 가격	저가전략
유통	선택적 유통 (좁은 경로 커버리지)	집약적 유통 (경로 커버리지 확대)	집약적 유통 (경로 커버리지 최대화)	선택적 유통(수익성이 적은 유통경로 폐쇄)
광고 및 판매촉진	조기수용층과 중간상에 대한 제품 인지 형성	일반 소비자층의 제품 인지도, 제품 관심의 향상	브랜드 간 차이와 제품 편익 차이를 강조	핵심, 고정적인 고객 유치를 위한 최소한의 광고

3 제품수명주기의 여러 형태

제품수명주기의 개념을 통해 기업은 제품 카테고리(독한 술), 제품 형태(무색의 독한 술)와 제품(보드카), 또는 브랜드(스미노프)에 대한 분석을 수행할 수 있다. 다만 앞서 살펴본 제품수명주기 기간이 얼마 동안 지속될지, 혹은 각 단계의 기간이 얼마나 될 것이지는 제품의 종류에 따라 다르며, 모든 제품이 종모양의 제품수명주기를 갖는 것은 아니다. 기술이 발달함에 따라 수명주기의 기간은 짧아지는 추세이며, 일반적으로 다음과 같은 형태로 구분할 수 있다.

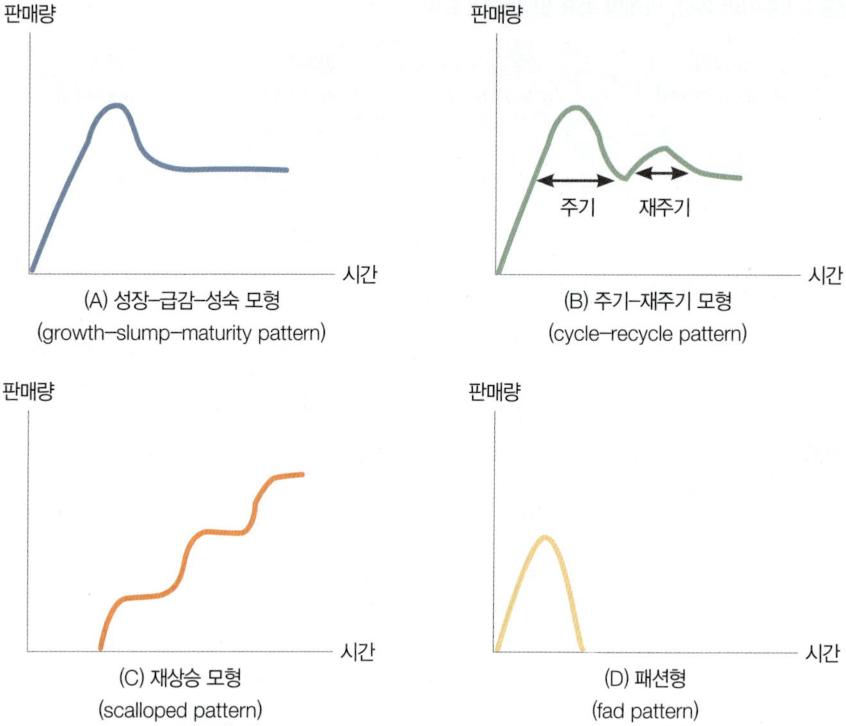

그림 8-3 제품수명주기의 여러 형태

1. 성장–급감–성숙 모형

성장–급감–성숙 모형(growth-slump-maturity pattern)은 [그림 8–3(A)]에 제시된 제품수명주기의 형태로, 손에 들고 조작이 가능한 소형 믹서나 빵 만드는 기구와 같은 가정 내 부엌에서 주로 사용하는 기구 제품의 특성으로, 제품이 처음 시장에 도입될 때 매우 빠르게 판매량이 증가한다. 이후 판매량이 감소하지만, 후기수용자의 제품 구매와 초기수용자의 제품 교체로 일정 수준에서 판매량이 유지되는 형태이다.

2. 주기–재주기 모형

주기–재주기 모형(cycle-recycle pattern)은 [그림 8–3의 (B)]와 같은 형태로 나타난다. 주기–재주기 모형은 제1차 주기가 끝나가면서, 기존 제품에 새로운 용도를 추가하거나 새로운 판매 조직을 도입하여 제품을 다른 제품과 차별화하고 판매량 및 매출을 늘리는 것으로, 제2차 주기를 형성하는 과정이다. 보통 새로 시판된 약의 경우 이러한 제품수명주기 형태가 나타나는데, 제약회사는 신약이 개발되면 매우 공격적으로 제품을 촉진한다. 이후 판매량이 줄어들기 시작할 때, 또 다른 촉진전략을 재주기(recycle) 시기에 투입함으로써 판매량을 증가시키고자 한다.

3. 재상승 모형

재상승 모형(scalloped pattern)은 [그림 8–3(C)]과 같은 형태로 제품의 새로운 특성과 용도, 사용자의 발견에 따라 주기에 따라 연속적으로 판매량이 증가하는 형태를 보인다. 나일론의 수명주기가 대표적인 재상승 모형인데, 시간이 지남에 따라 낙하산용, 스타킹과 같은 양말용, 셔츠, 카펫용 등이 순차적으로 개발되어 매출을 지속적으로 증대시켰기 때문이다.

4. 패션형

패션형(fad pattern)은 제품수명주기의 특별한 형태 중 하나인 패션형은 판매량의 매우 빠른 증가와 빠른 하락이 특징이다. 제품이 수용되는 기간이 매우 짧으며 흥미로운 것을 찾는 사람들 혹은 다른 사람들과 자기 자신을 구별하기를 원하는 사람들에 한해 나타나는 제품수명주기이다. 이러한 주기를 갖는 제품은 살아남기 힘들다. 그러나 성공적인 마케팅관리자는 패션형 초기에 급증하는 판매량이 시간이 지나도 꾸준히 유지되도록 노력할 것이다.

사라진 제품　　　　장수 제품　　　　신제품

그림 8-4 다양한 수명주기의 제품들

4 제품수명주기에 영향을 미치는 요인

제품수명주기에 영향을 미치는 요인들로는 기술의 발전, 신제품의 확산속도, 소비자 선호도의 변화, 기업을 둘러싼 환경의 변화, 제품 자체의 새로운 디자인과 용도의 발견 등이 있다.

1. 기술의 발전

먼 옛날에 철도차량을 움직이는 동력이 증기기관차였다가, 디젤엔진이 발전함에 따라 증기기관차의 수요는 몰락하였다. 뿐만 아니라 프로펠라 비행기는 제트 비행기로, 흑백TV는 칼라TV로, 또 그 이후에는 LED 화면 기술의 발전으로 대체되었다. 이처럼 기술의 발달은 기존 제품을 몰락시키고 새로운 제품으로 대체하게 만들며, 산업 전반의 발전을 가져온다.

2. 신제품의 확산속도

신제품이 출시되고, 이를 받아들이는 소비자의 수용 유형에 따라 제품의 수명주기가 만들어지는 경우가 있다. 이는 소비자행동의 행태와 관련된 것으로, 혁신적이고 창의적 성격을 가진 소비자는 신제품을 가장 먼저 사용하고자 하며, 제품의 장점을 주변 사람들에게 전달하게 된다. 이로 인해 다른 사람들은 제품에 대한 자신들의 생각을 변경하고 신제품 사용에 대한 불안을 줄일 수 있다. 이처럼 신제품의 확산속도는 처음에는 몇몇의 조기수용자에 의해 느리게 진행되다가 대부분의 소비자가 해당 제품을 구입하면서 판매가 급격히 늘어나는 성장기에 진입한다. 그 후에 제품에 관심이 있는 모든 사람이 제품을 구매하고, 새로운 잠재적 소비자가 없을 경우 그 시장은 포화상태가 된다. 이후 경쟁자가 참여하게 되어 또 다른 신제품이 출시되게 되면, 기존의 일부 소비자들은 다시 신제품으로 이동하여 기존 제품의 매출이 감소하게 된다.

3. 소비자 선호도의 변화

제품에 대한 소비자 선호도의 변화는 새로운 제품이 기존 제품을 대체할 수 있을 이유를 제공한다. 즉, 어떤 자동차 모델의 판매가 감소하는 것은 기존 자동차보다 더 좋은 자동차가 출현하여 그러한 새로운 스타일의 자동차가 소비자의 선호의 변화를 불러일으켰기 때문이다. 반면, 과자나 세제제품과 같이 별다른 원료의 변화나 생산기술의 변화 없이 단지 상표나 포장만 바뀌어도 소비자들은 새로운 제품을 선호하는 경우도 있다.

4. 기업을 둘러싼 환경의 변화

환경의 변화도 제품수명주기에 영향을 준다. 1970년대 석유 가격의 급격한 인상은 대형 승용차를 비롯하여 에너지를 많이 사용하는 제품의 판매를 감소시켰다. 또한 법적 환경의 변화 역시 제품의 주기에 영향을 미치는데, 2013년 7월부터 실내 금연법의 시행으로 담배 판매량이 감소한 것이 그 예이다. 이러한 경제적·법적 환경의 변화는 통제가 불가능한 경우가 많으므로, 변화하는 환경에 대처하기 위한 준비와 대책 마련이 마케팅관리자의 과제가 된다.

5. 제품의 새로운 용도와 디자인의 발견

제품수명주기 중 쇠퇴기에 속하는 제품을 관리하는 전략으로, 해당 제품의 새로운 용도의 개발, 새로운 고객의 창출, 품질혁신 등이 요구된다. 앞서 재상승모형(scaollped 모형)의 예시로 설명한 나일론의 경우가 전형적인 예이다. 또한 1970년대 석유가격의 상승 시 보잉 비행기 제조회사는 휘발유 절약형 비행기인 '보잉727'로 다시 디자인하여 재상승기를 맞게 되었다.

Ⅱ 신제품의 개발과 확산전략

1 신제품의 유형

'신제품'이라고 하면, 세상에 존재하지 않는 획기적인 제품을 지칭하는 것 같지만 현실적으로 이런 종류의 신제품은 드물다. 그야말로 시장에 처음 나타나는 새로운 신제품인 원초제품 혹은 선발제품이 있고, 다른 기업에서 이미 출시하였지만, 우리 기업은 처음 내놓은 후발제품, 기존 제품에 약간의 기능을 추가하거나 뺀 제품을 개량신제품이 있다. 또한, 기존 제품으로 새로운 용도를 개척하거나 새로운 시장에 적용한 것을 신용도제품이라 하며, 기존 제품의 디자인이나 포장을 새로 바꾼 것을 신포장제품, 상표만 새로 바꾼 것을 신상표제품이라고 한다. 가장 좁은 의미의 원초제품부터 광의의 신상표제품까지 모두 신제품으로 아우를 수 있다. 또한, 시장과 기업의 신제품을 보는 관점에 따라 [그림 8-5]와 같이 유형을 구분할 수 있다.

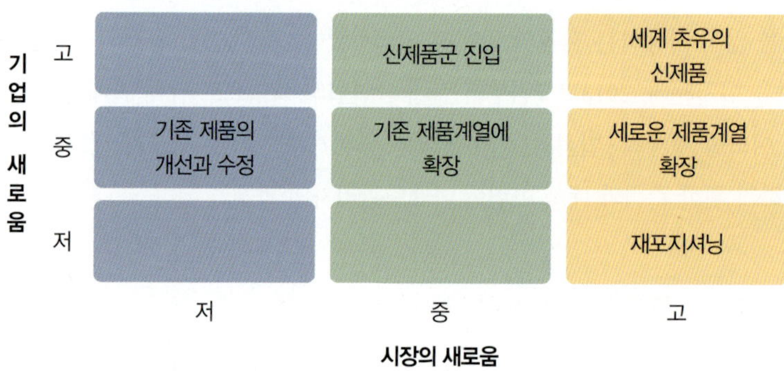

그림 8-5 신제품의 유형

2 신제품개발의 개념

1. 신제품개발의 의의

오늘날 기업환경과 시장상황의 특징은 소비자들의 기호나 기술이 빠르게 변화하고, 기업 간의 경쟁이 치열한 '무한경쟁의 시대'라는 것이다. 이러한 경쟁 하에 어느 기업이든 기존의 제품에만 의존해서는 성장하기 어렵다. 따라서 기업들은 새로운 제품이나 보다 나은 품질의 제품을 요구하는 소비자의 니즈와 변화하는 기호를 반영한 신제품을 계속하여 개발하여야 하며, 그렇지 못한 기업은 경쟁에서 뒤지게 되고, 결국 시장에서 도태된다.

기업이 신제품을 획득하는 방법은 두 가지 형태가 있다. 하나는 타 기업을 흡수(acquisition)하는 형태인데, 타 기업 전체를 인수하거나, 특허권 혹은 타 기업의 제품을 생산할 수 있는 면허를 획득하는 방법이다. 또 다른 하나의 방법은 혁신(innovation)으로서, 기업 자체가 신제품 연구개발부(R&D)를 설치하여 제품을 개발하는 내부혁신과 외부의 연구기관에 의뢰하는 계약혁신 방법이 있다.

이러한 방법을 통한 신제품개발은 기업이 수행하는 여러 활동 들 중에서 매우 중요한 위치를 차지한다. 앞서 제품수명주기 부분에서 설명한 바와 같이 신제품이 시장에 나오게 되면 어떠한 수명주기를 거쳐 결국은 시장에서 사라지게 된다. 신제품은 이를 보상하기 위해 개발되어야 하며, 기업이 해당 시장에서 얼마나 오래 살아남을 수 있을까에 대한 문제와 밀접하게 관련되어 있다. 한편, 제품의 수명주기가 더욱 짧아지고 있는 상황에서 요구되는 만큼 계속적으로 신제품개발에 투자를 하는 것은 결국 개발비, 마케팅 비용 등의 엄청난 비용 문제가 발생시킬 수 있는 위험부담이 있으므로 기업에게 있어서 중요한 의사결정 과제이다.

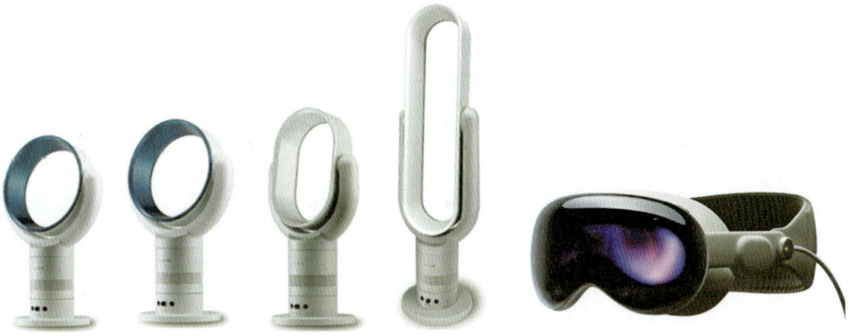

그림 8-6 신제품의 예시

2. 신제품개발의 어려움

신제품은 기업의 내부나 외부 연구 및 개발을 통해 만들어지는 제품을 의미한다. 신제품 개발은 수요를 예측하기 어렵고, 제품의 가격, 제조 비용, 그리고 수명주기 등을 예측하기 어려운 특징을 가지고 있다. 또한 과거에 비해 제품에 대한 소비자들의 선호가 빠르게 변화하고 있어 신제품개발이 더욱 힘들어졌다. 보다 세부적으로 신제품개발의 어려움을 살펴보면, 먼저 주요 신제품에 대한 아이디어의 부족을 꼽을 수 있다. 소비자의 다양한 니즈를 충족해 줄 제품은 이미 시장에 많이 나와 있다. 그러나 더 새로운 것이 요구되는 상황에서 획기적인 아이디어를 빈번하게 도출하기란 어렵다. 두 번째로, 시장의 세분화에 따른 분할현상으로 점차 격해지는 경쟁 역시 신제품개발이 어려운 이유이다. 신제품은 기업의 이익뿐만 아니라 공공의 이익에도 부합해야 하므로 발생되는 사회의 압력과 정부의 규제강화, 안전과 환경에 대한 이해가 요구된다. 또한, 신제품 개발비용과 자본비용의 상승 그리고 제품 수명의 단축은 신제품 개발의 어려움을 증가시킨다.

이처럼 신제품을 개발하는 데는 많은 위험이 수반되고 있으며, 따라서 의사결정자에게 보다 많은 정보를 제공함으로써 실패의 위험을 감소시키려는 과정이 진정한 의미의 신제품개발이라고 할 수 있다. 신제품개발에 있어 간혹, 최고경영자가 신제품의 유리한 점만을 믿고 제품개발을 추진하여 실패에 이르는 경우가 있으므로 이를 방지하기 위한 효과적인 조직편성이 요구된다.

3. 신제품개발을 위한 효과적인 조직편성

앞서 언급한 바와 같이 신제품개발에 실패하는 원인 중 하나는 철저한 조사를 통해 발견된 사실의 충분한 신빙성이 없음에도 불구하고 최고경영자의 의사결정으로 인해 무리한 제품개발을 추진하는 것이다. 이러한 오류를 방지하기 위해 신제품을 다룰 조직을 개편하고 신제품개발에 효과적인 조직을 편성하여야 한다.

첫째, 신제품관리위원회로 마케팅, 생산, 연구, 자금, 회계담당의 최고경영층으로 구성되는 위원회이다. 이 위원회의 역할은 신제품을 직접 개발하거나 조정하기보다는 새로운 제품계획을 검토하고 평가하여 승인하는 것이다. 이 조직을 통한 신제품개발은 각 담당 부문의 의견을 취합하여 최종적인 의견일치를 도출할 수 있다는 장점이 있으나 결정이 늦어지고 보수적인 측면도 있다.

둘째, 신제품개발부로 앞서 말한 신제품관리위원회의 늦고 보수적인 결정 등의 결함을 제거하기 위해 신제품개발을 전담하는 부서를 만드는 것이다. 대기업의 경우, 기업과 관련한 의사결정에 상당한 권한을 가진 이사급의 사람에 의해 주도되기도 한다. 이 부서는 신제품개발의 모든 책임을 진다. 즉, 아이디어를 재검토하고 신제품의 규격 등을 개발하며 타 부서와의 의견절

충을 수행한다.

셋째, 신제품관리자로 신제품에 대한 아이디어를 개발하고 이를 제품화하는 역할을 수행한다. 이 담당자는 제품을 변경하거나 향상시키는 등의 제품다양화하는 데도 책임이 있다. 신제품관리자가 제품관리자에게 보고하게 하는 조직체계를 구성할 수 있다.

넷째, 제품관리자로, 특정 제품에만 관여하고, 그 제품의 가격결정, 광고, 판매촉진 등에 책임을 지는 사람이다. 실제 판매사원과 직접적인 상하관계, 보고관계는 없으나 자기 제품의 판매에 대한 조언을 할 수 있는 위치에 있다. 간혹 제품 담당자가 신제품을 개발하는 경우도 있다.

다섯째, **벤처팀**(venture team)으로 기업 내부의 각 부서를 대표하는 사람들이 하나의 팀을 구성하여, 신제품개발이 끝날 때까지 하나의 신제품개발조직으로 존재한다. 이들은 신제품을 시장에 공급하거나 새로운 사업을 발굴하는 책임을 맡게 된다.

4. 신제품개발의 차별화

신제품개발의 성패를 좌우하는 것은 제품을 둘러싼 환경적 요인보다 제품 그 자체에 있다. 그러므로 신제품 성공의 첫걸음은 표적시장의 욕구에 더 잘 부합되고 더 높은 편익을 제공하는 의미 있는 차별화를 이루는 것에서 시작된다.

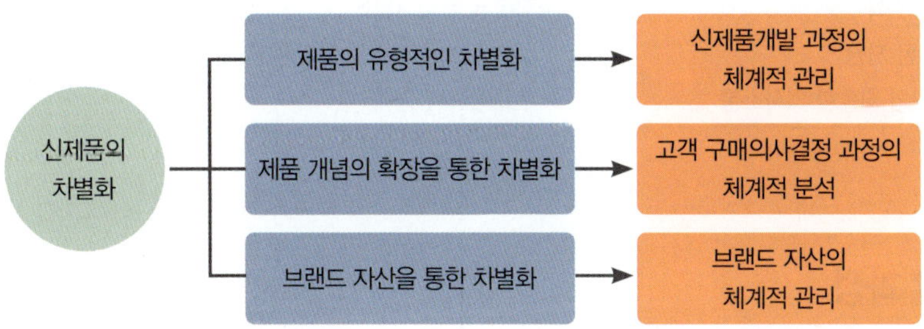

그림 8-7 신제품의 차별화 방법

신제품을 차별화하는 방법은 수없이 많이 있지만, [그림 8–7]과 같이 크게 세 가지로 분류할 수 있다. 먼저, 신제품에 대한 아이디어 창출에서 이를 제품으로 상품화하는 일련의 신제품개발 과정의 체계적 관리를 통해 제품 자체의 유형적인 차별화를 이룰 수 있다. 의미 있는 차별화의 가장 기본이 되는 것으로, 신제품개발 과정을 고객 지향적으로 충실하게 운영하는 것을 의미한다. 두 번째, 제품의 유형적인 차별화는 이미 경쟁자들에 의해 쉽게 모방될 수 있으며, 이미 규격화된 제품을 판매하는 경우에는 더욱 어렵다. 따라서 제품의 유형적인 것에만 초점을 두지 않고, 제품에 새로운 편익을 추가하여 제품의 개념을 확장하는 것 또한 신제품을 차별화는 방법이다. 마지막으로 브랜드 자산을 통한 차별화를 들 수 있다. 만약 제품 그 자체로 더 이상 차별화하기 어렵고, 제품 개념을 확장하는 것도 어렵다면 차별화의 답은 브랜드에 있다. 브랜드 자산은 브랜드의 인지도와 이미지로부터 형성된 것으로, 제품이나 기술에 비해 경쟁자가 쉽게 모방할 수 없으며 기업에게 꾸준한 이익을 제공해 줄 수 있는 부가가치이기 때문이다. 즉, 브랜드 자산을 체계적으로 관리함으로써 신제품을 의미 있는 방향을 차별화 할 수 있다.

그러나, 이러한 차별화 전략에도 불구하고 신제품의 성공 또는 실패에는 여러 요인이 영향을 미친다. 이에 대한 많은 연구가 진행됐고, 연구 결과는 [표 8-2]에 정리되어 있다.

표 8-2 신제품개발의 성공과 실패 요인

성공 요인	실패 요인
• 소비자욕구 충족 제품	• 차별화된 편익 제공의 실패
• 제품의 기술적 우월성	• 표적시장 선정 실패
• 성장잠재력이 큼	• 잘못된 포지셔닝
• 자사의 강점과 조화된 제품	• 광고, 판촉, 유통자원의 부족
• 경쟁 정도가 작음	• 기술개발의 진부화
• 효과적인 제품개발 조직	• 잘못된 출시 시기
• 최고경영자의 일관된 지원	• 신제품개발 부서 간의 불충분한 의사소통
• 신제품개발 부서 간의 원활한 의사소통	• 수요예측의 실패

3 신제품개발 과정

그림 8-8 새로운 시장을 창출한 캘러웨이와 빅버사

세계적인 골프용품회사인 캘러웨이(Callaway)는 자사의 대표적 제품인 빅버사(Big Bertha)를 개발할 당시, 많은 부를 축척하고 시간이 여유로운 노인층이 골프장에 나가지 않는 이유가 나이가 들어감에 따라 기존에 사용하던 드라이버가 잘 맞지 않아서임을 발견하고, 드라이버의 크기를 크게 만들어 노인층 시장을 끌어들인 시장선도자가 된 바가 있다. 신제품개발에 있어 그 시작점은 시장의 기회를 발견한다는 것을 보여주는 예시이다. 시장기회를 발견하면서 신제품개발 과정이 진행된다.

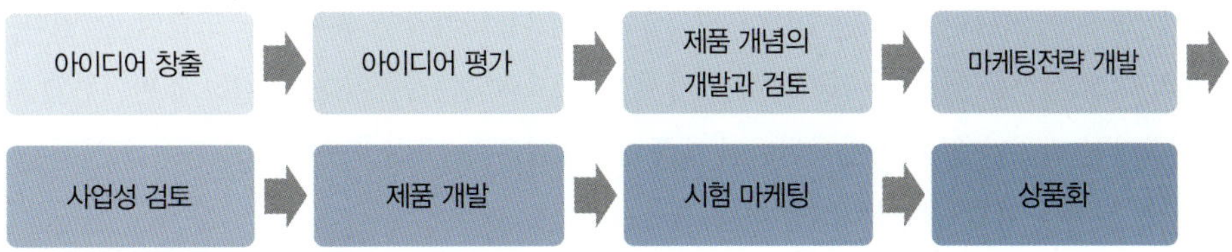

그림 8-9 신제품의 개발 과정

신제품을 개발하는 과정은 기업의 목표와 개발의 필요성, 절차가 각기 다르기 때문에 어떤 특정한 형태가 있는 것은 아니다. 따라서 모든 기업이 반드시 [그림 8-10]과 같은 개발 과정을 따르는 것은 아니지만 제품개발 과정에 있어 의사결정을 수행할 때 유용한 기준이 될 수 있다. 신제품은 다음과 같은 8단계를 거쳐서 완성된다. 각 단계의 핵심적 질문에 따라 제품개발 계획을 포기할 것인가 아니면 다음 단계로 넘어갈 것인가를 결정하며 과정을 진행하게 된다.

1. 아이디어 창출

신제품개발의 첫 단계는 아이디어를 창출하는 것부터 시작한다. 아직 충족되지 않은 소비자의 니즈나 기술적 혁신의 최상의 조합을 통해 창출된 신제품에는 엄청난 기회가 존재한다고 믿는다. 신제품에 대한 아이디어는 다양한 집단과의 상호작용과 브레인스토밍과 같은 창의적 기법에 의해 도출될 수 있다. P&G사는 보다 효과적으로 신제품을 개발하기 위해 "Connect + Develop"을 채택하였다. 이는 기업이 자사와 협업할 수 있는 다양한 기관과 개인들과 상호작용함으로써 외부로부터의 혁신을 추구하였다. 이를 통해 성공적인 신제품개발 전략을 창출하기 위한 3가지 핵심 필요사항을 정립하였다.

• "ready to go" 아이디어가 실제로 진행 가능할 것이라고 가정하지 마라.
• 신제품개발에 필요한 기업 내부의 자원을 과소평가하지 마라.
• CEO의 허가 없이 신제품을 런칭하지 마라.

이 단계는 신제품 개발의 첫 번째 단계이며, 조직적이고 체계적으로 진행되어야 한다. 그렇지 않으면 아이디어는 풍부하지만 적절하지 않아서 불필요한 비용만 발생할 수 있다. 아이디어의 정보원은 매우 다양하다. 기업의 영업 사원, 마케팅 사원, 연구개발부 사원과 소매상, 경쟁사 제품 등을 통해 아이디어를 구할 수 있으며, 소비자의 니즈 파악을 통해서도 도출할 수 있다. 이 단계의 핵심 질문은 "창출된 아이디어가 가치 있게 고려되는가?"이다. 냉철하게 판단하였을 때, 고려할만한 가치가 없는 아이디어라면 제품개발계획을 포기하는 편이 낫고 가치가 있는 아이디어라면 다음 단계로 진행할 수 있다.

그림 8-10 **P&G의 청소도구 Swiffer Dusters**

2. 아이디어 평가

아이디어 평가단계에서 핵심 질문은 "창출된 아이디어가 기업의 목표, 전략, 자원과 부합되는가?"이다. 즉, 그 아이디어가 기업의 기본적인 목표에 어울리는 것인지를 심사, 검토하고, 제품으로서의 독특한 아이디어인지 또는 그 제품을 만들기 위한 원료, 생산시설을 기업이 보유하고 있는지, 현재 기업의 능력으로 가능한지 등을 검토하여 창출된 아이디어를 다음 단계로 진전시킬지 아니면 철회할지를 결정하는 단계이다.

아이디어 평가단계에서 2가지 오류를 범할 수 있는데, 먼저 **기각오류**(drop-error)는 실제로 유용한 아이디어임에도 불구하고 가능성이 없는 것으로 잘못 판단하여 철회하는 오류이다. 두 번째는 **채택오류**(adoption-error)로, 빈약한 아이디어를 계속 개발하여 상용화하는 오류이다. 평가에 있어 중요한 부분은 현실성이 없는 아이디어는 평가 과정 초기에 발견하여 제거하는 것이다. 이는 개발비용이 급격히 증가하고 있는 오늘날의 추세에 더욱 필요한 것이다. 개발 과정에 이미 진전된 후에는 개발비용이 투입되고 이를 회수하는 데는 어려움이 따르기 때문이다. 잘못된 아이디어 평가로 인해 발생하는 피해를 최소화하기 위해 [표 8-3]과 같은 체크리스트를 활용할 수 있다.

표 8-3 아이디어 평가를 위한 체크리스트

신제품의 일반적 성격	신제품의 마케팅적 특정	신제품의 제품 특성
• 이익잠재력	• 시장 능력과의 적합성	• 생산 능력의 적합성
• 현재 경쟁상황	• 계절적 요소의 정도	• 상업화 기간
• 잠재적 경쟁상황	• 차별화 이점의 존재 여부	• 생산의 용이성
• 시장의 크기	• 제품수명주기의 잠재적 길이	• 노동력의 가용성
• 투자의 크기	• 현재 소비자들의 소구점	• 원자재의 가용성
• 특허 여부	• 제품의 이미지	
• 위험의 수준	• 가격경쟁력	
각 항목의 가중치(A) × 각 항목의 만족 정도(B) = 각 항목의 종합점수(A×B)		

아이디어를 평가하는 기준은 앞서 말한 바와 같이 기업의 목표, 전략과 자원 등에 따라 다르기 때문에 동일한 제품이라도 그 제품의 가치를 평가하는 것은 기업마다 다르다. 예를 들면, 제록스(Xerox)사는 Chester Carlson의 복사기 아이디어의 가능성을 높이 사고, 이를 개발하고 상용화하여 성공했으나, IBM이나 Kodak사는 복사기 아이디어를 그렇게 좋은 아이디어로 보지 않아 기회를 놓치기도 했다. 미친가지로 RCA사는 라디오를 매우 혁신적인 제품으로 보아 이를 제품화했고, Victor사는 그렇게 보지 않았다. 아이디어 검토에 있어 긍정적인 평가를 받은 제품은 다음 단계로 진행할 수 있다.

3. 제품 개념의 개발과 검토

아이디어 평가 과정을 통과한 매력적인 아이디어는 제품 개념의 개발과 검토 과정을 통해 구체화 된다. **신제품 개념**(new product concept)이란, 앞 단계에서 선별된 아이디어를 소비자가 사용하는 언어나 그림 등을 통해 구체화 시키는 것으로, 누가 이 제품을 사용할까? 이 제품의 일차적인 혜택은 무엇인가? 언제 소비될 것인가? 등의 질문에 기초하여 여러 개념을 개발할 수 있다. 예컨대, 하이트(Hite)맥주를 개발할 때, 마케팅관리자는 기존의 경쟁 제품의 약점이 '물'이라는 점을 파악하고, 이를 이용한 신제품 아이디어를 개발할 수 있었다. 그 아이디어는 "지하 150m 이 천연 암반수로 만든 부드러운 맛의 맥주"라는 구체적인 신제품 개념으로 표현될 수 있었다.

제품 개념의 개발과 검토에 대한 보다 자세한 예를 들어보자. 어떤 기업에서 기존 우유에 영양분이 풍부한 가루를 넣어서 마시는 아이디어가 생각이 났고, 좋은 평가를 받아 제품 개념 개발 단계가 진행된다고 하자. 이 아이디어는 여러 제품의 개념을 생각하게 할 것이다. 누가 이 제품을 사용할 것인가?(유아, 아이, 10대 청소년, 젊은이, 중년, 노인) 또 이 제품은 어떤 장점이 있는가?(맛이 좋은가, 영양가가 높은가, 충분한 에너지를 제공하는가), 그리고 언제 이 제품을 마실 것인가?(아침 식사 때, 아침과 점심 사이에, 점심에, 점심과 저녁 사이에, 저녁 식사에, 늦은 밤에) 등을 조사하여야 한다. 이러한 질문에 답을 얻음으로써 기업은 여러 가지 제품 개념을 개발할 수 있다.

- **제품 개념 1**: 아침 식사 대용으로 영양가 있는 아침 식사를 빠르게 하길 원하는 성인용
- **제품 개념 2**: 낮 시간에 맛있는 간식 음료를 원하는 어린이 간식용
- **제품 개념 3**: 취침하기 전 늦은 밤에 마실 수 있는 노인 건강보조용 음료

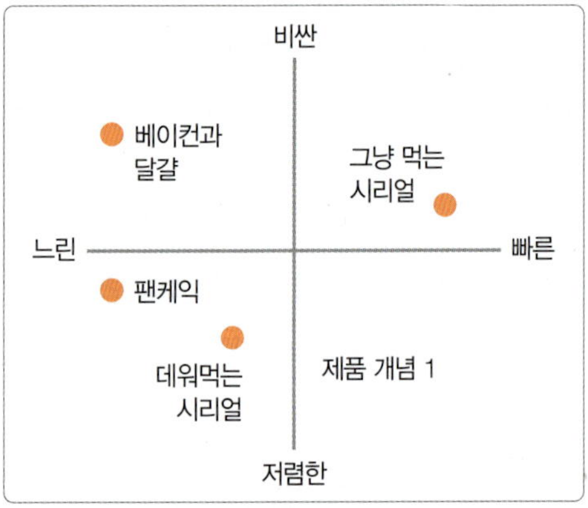

(a) 제품 포지셔닝 맵 | (아침 식사 시장)

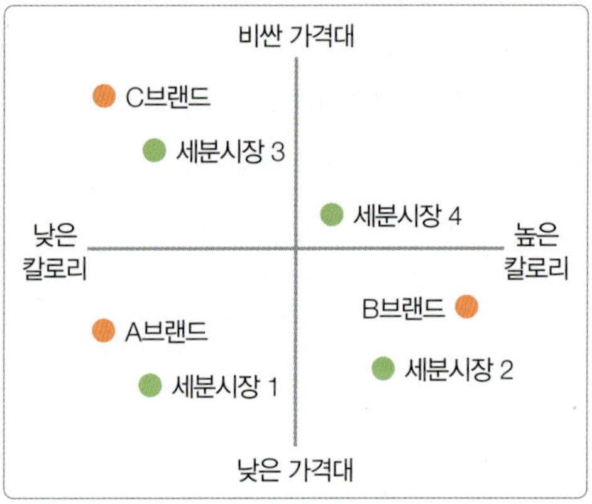

(b) 브랜드 포지셔닝 맵 | (인스턴트 아침 식사 시장)

그림 8-11 신제품의 제품 콘셉트 개발: 제품·브랜드 포지셔닝 맵

각각의 개념은 제품의 경쟁력을 정의할 수 있는 제품 카테고리의 개념이 된다. 아마 아침 식사 대용의 제품 개념 1은 베이컨과 달걀, 시리얼, 커피와 빵 등과 같은 아침 식사 대용품과 경쟁할 것이다. 그 다음에 과업은 **제품 포지지셔닝 맵**(product positioning map)을 통해 다른 아침 식사 제

품과의 관계를 살펴보는 것이다. [그림 8-11 (a)]와 같이 아침 식사 제품을 가격(비싼 vs 저렴한)과 준비하는 시간(빠른 vs 느린)의 2개 차원으로 구분하여 제품의 위치와 경쟁 제품과의 거리를 파악할 수 있으며, 이러한 대조는 시장에 제품 개념에 대해 의사전달하고 이를 촉진하는 데 도움이 된다.

이후에는 **브랜드 포지셔닝 맵**(brand positioning map)을 통해 실제 소비자 유형에 따라 나눠진 세분시장에 어떤 브랜드가 자리 잡고 있는지, 자사의 제품이 진입할 수 있는 위치가 어디인지를 파악할 수 있다. [그림 8-11 (b)]를 보면 세분시장 1~3은 각각 브랜드 A~C가 이미 자리 잡고 있고, 중간 가격의 중간 정도의 칼로리를 갖는 제품의 부재로 '세분시장 4'에 속하는 소비자가 제품 개념 1의 적합한 위치라고 볼 수 있다.

제품의 **개념 테스트**(concept test)는 개발된 개념을 표적시장에 제시하고 소비자들의 반응을 얻는 단계이다. 예컨대, 제품 개념을 다음과 같이 정교화할 수 있다.

"우리 제품은 우유에 가루를 섞어 먹는 제품으로, 하루에 필요한 영양분을 제공하는 맛이 좋고 편리한 인스턴트 아침 식사용 제품입니다. 우리 제품은 초콜릿, 바닐라, 딸기 3가지 맛이 있으며 개별적으로 포장되어 있으며, 한 상자에 여섯 개의 제품이 있습니다. 가격은 한 상자에 3,000원입니다"

제품에 대한 이러한 정보를 받은 후에, 마케팅관리자 혹은 신제품개발자는 소비자로부터 이 제품에 대한 신뢰성, 자신의 니즈를 해결할 수 있는 수준인지, 비슷한 편익을 제공하는 다른 제품을 접한 적이 있는지, 가격이 적절한지, 구매할 의도가 있는지, 또는 누가, 언제, 얼마나 자주 이 제품을 사용할 것 같은지 등에 대한 질문을 던져 그 답을 분석하여 제품의 차원을 측정할 수 있다. 제시된 개념이 최종 제품과 유사할수록 개념 테스트가 잘 이루어질 수 있으며, 제품의 어떤 차원이 소비자들의 선호를 높일 수 있는가를 조사하기 위해 **컨조인트 분석**(conjoint analysis)과 같은 기법들을 이용한다.

4. 마케팅전략 개발

성공적인 제품 개념 테스트를 통과한 신제품은 시장에 출시될 제품의 마케팅전략을 예비적으로 개발하는 단계를 거친다. 이 단계는 제품에 적절한 시장조건에서 성공적으로 출시될 준비를 하기 위한 것으로, 제품개발의 범위를 결정하여 실패 위험을 줄이고 성공 가능성을 높이기 위해 진행된다. 신제품을 시장에 도입하기 위해 세 가지 부분의 전략을 개발한다. 첫 번째는 표적시장의 크기와 구조, 시장을 구성하는 소비자들의 행동과 계획된 제품 포지셔닝, 판매, 시장 점유율과 1차 연도의 달성하고자 하는 이익목표 등을 기술한다. 두 번째는 계획된 가격, 유통 전략과 1차 연도의 마케팅 예산 개요를 수립하는 단계이다. 마케팅전략 개발의 세 번째 단계는 장기적인 판매량과 이익목표, 마케팅믹스 전략을 기술하는 것이다.

5. 사업성 검토

제품 개념과 마케팅전략의 개발이 완료되면, 제시된 **사업의 매력성**(attractiveness)을 평가할 수 있다. 경영층은 이 제품을 통해 기업의 목적을 달성하기 위해 판매량과 비용, 이익 예측을 준비해야 한다. 구체적으로 이 제품이 목표로 두고 있는 시장에서 성공할 수 있는지, 제품 성장률이 좋은 것인지, 경쟁 제품과의 경쟁에서 충분한 경쟁성을 보유하고 있는지 등을 분석하는 것이다. [표 8-4]와 같이 판매량, 매출액, 비용 등에 대한 추정치를 작성하여 이를 토대로 해당 사업이 기업의 목적과 원활한 현금흐름에 기여하는지를 판단할 수 있으며, 수요예측, 제품원가분석, 총이익 추정 등으로 구성된다.

표 8-4 사업성 검토를 위한 현금흐름 추정 방법의 예시

	0차 연도	1차 연도	2차 연도	3차 연도	4차 연도	5차 연도
1. 매출이익	0	11,889	15,381	19,654	28,253	32,491
2. 매출원가	0	3,981	5,150	6,581	9,461	10,880
3. 매출총이익	0	7,908	10,231	13,073	18,792	21,611
4. 개발비용	−3,500	0	0	0	0	0
5. 마케팅비용	0	8,000	6,460	8,255	11,866	13,646
6. 기타 제조간접비	0	1,189	1,538	1,965	2,825	3,249
7. 매출기여도	−3,500	−1,281	2,233	2,853	4,101	4,716
8. 보충기여도	0	0	0	0	0	0
9. 순기여도	−3,500	−1,281	2,233	2,853	4,101	4,716
10. 할인기여도(15%)	−3,500	−1,113	1,691	1,877	2,343	2,346
11. 누적현금할인법	−3,500	−4,613	−2,922	−1,045	1,298	3,644

6. 제품개발

사업성 분석을 통해 충분한 시장성이 보장된 제품의 아이디어가 실제 제품으로 형성되는 과정이다. 이 과정은 연구개발 부서가 소비자의 취향에 맞는 제품의 모양, 색감, 포장 등을 실제로 구현한 **원형제품**(prototype)을 만들어 내는 것부터 시작한다. 과거에는 성공적인 원형제품을 만들어 내는 데 몇 주 또는 몇 년 이상이 걸렸으나, 오늘날에는 정교화된 기술과 웹의 발전으로 더 빠르고 유연한 개발이 가능해졌다. 이후에는 생산 부서가 제품의 하자나 결함 여부를 찾기 위해 여러 가지 테스트를 거친다. 즉, 원형제품을 공정화하여 시장에 내놓을 수 있는지 여부를 판단하는 것이다. 이런 과정을 거쳐 탄생한 원형제품이 소비자가 원하는 제품의 핵심적인 편익을 잘 표현하고 있는지, 일상적인 조건으로 제대로 된 기능을 수행하는지, 또 제한된 기업 예산 범위 내에서 생산할 수 있는지 아닌지를 마케팅 부서에서 종합적으로 테스트한다.

원형제품의 제작이 완료되면, 신제품이 시장이 출시되기 전에 해당 제품이 시장 경쟁에서 살아남을 수 있는지, 수요에 적합한지를 미리 알아보기 위해 기능시험과 소비자 테스트와 같은 테스틀 통해 결점을 피드백한다. 고객시험의 목적은 원형제품이 실제 소비자가 미리 사용해 봄으로써 제품에 대한 그들의 태도, 사용행태 그리고 요구사항 등을 세밀하게 관찰하고 분석하도록 하는 것에 있다. 이러한 테스트의 결과가 모두 만족스러우면, 설비투자가 이루어지고 생산단계에 들어간다.

7. 시험마케팅

경영층이 기능적인 측면과 심리적인 성과에 만족하게 되면 제품에 브랜드를 붙이고 포장하여 **시험마케팅** 준비단계에 진입하게 된다. 이는 신제품을 출시하기 직전에 잠재적인 구매자들이 제품을 사용하게 한 다음 그들의 반응을 조사하는 것이다. 시험마케팅의 목적은 시장진입 초기에 나타날 수 있는 잠재적 문제점들에 대해 큰 비용을 들지 않고 사전에 해결점을 찾고자 하는 데 있다. 또한, 소비자들이 제품을 어떻게 다루고 사용하며 재구매하는지, 시장의 규모가 어느 정도인지를 파악하는 데 있다.

시험마케팅을 어느 수준으로 시행할 것인가의 문제는 투자비용과 위험수준의 영향을 받으며 시간적인 제한과 조사비용에 의해서도 제약을 받게 된다. 특히 시장세분화, 표적시장의 설정, 포지셔닝, 가격, 제품, 유통경로, 광고 정책 등과 같은 전반적 마케팅 프로그램에 대한 테스트를 수행할 때 비용과 위험과 같은 상황을 고려하여 시행 정도를 먼저 결정해야 한다. 즉, 막대한 비용을 투자하고 위험성이 높은 제품은 실패할 가능성이 높으므로 시험마케팅을 실시하는 것이 바람직하다. 반면, 개발비용이나 초기 시장진입비용이 낮거나, 기존 제품에 부분적으로 수정한 것이어서 시장진입에 자신감이 있는 경우에는 실시하지 않을 수도 있다.

8. 상품화

신제품을 시장에 처음 내보내는 시장도입단계로서, **출시**(launching)라고도 한다. 이 단계에서는 언제, 어디서, 누구에게, 어떻게 신제품을 출시할 것인지를 결정해야 하는데, 상품화단계는 신제품개발 과정 중 가장 많은 비용이 소요될 것이다. 특히 마케팅 비용은 보통 1차 연도 기간 중 판매액에 57%를 차지하는 것처럼 막대한 자금이 요구된다. **상품화**(commercialization)는 최종적으로 브랜드, 포장 및 서비스 결정을 포함하는 마케팅전략이 확정되는 단계로, 언제, 어디서, 누구에게, 어떻게 출시할 것인지를 결정하여야 한다.

1) 언제: 시기의 선정

신제품의 시장진출 시기를 결정하는 것은 기업의 기존 제품 재고처리와 같은 사항뿐만 아니라, 경쟁자와의 관계에 있어서 시장으로부터의 호의적인 반응을 얻는 가장 중요한 결정 중 하나이다. 기업은 다음 3가지 선택안 중 하나를 선택할 수 있다.

- **선발 진출**: 경쟁 제품보다 먼저 시장에 진입하면서 유리한 유통경로를 선점하거나 특정 제품군에서 선도자의 이미지를 확립하는 등의 이점을 얻을 수 있으나, 만약 그 제품의 결점을 모두 보완하기 전에 시장에 진입할 경우에는 선발 진입은 실패할 수 있다.
- **동시 진출**: 경쟁기업과 동시에 시장에 진입하는 전략으로, 경쟁기업의 신제품 출시 시기에 따라 자사 신제품의 출시 시기를 미루거나 앞당길 수 있다.
- **후발 진출**: 경쟁기업이 시장에 먼저 진입한 후에 진출하는 전략으로, 초기진입에 드는 막대한 비용을 줄이고 경쟁기업이 시장에서 겪을 수 있는 여러 가지 문제점을 미리 간파하여 해결할 수 있는 기회를 제공한다. 또한, 진출하고자 하는 시장의 규모를 파악할 수 있다.

2) 어디서: 지리적 도입전략

시장의 잠재력, 자사의 지역 평판, 유통경로에 소요되는 비용 등을 기준으로 단일 지역에 제품을 출시할 것인지, 몇몇 지역에 다발적으로 진출할 것인지, 또는 전국시장 혹은 국제시장을 대상으로 동시에 출시할 것인지를 결정해야 한다. 보통 자본력이 있는 대기업의 경우 몇 개의 지역이나 전국시장을 대상으로 신제품을 동시에 출시할 수 있으나, 대부분의 중소기업의 경우 성공 가능성이 높은 특정 지역에 먼저 진출한 다음 시간이 지남에 따라 점차 진출시장의 범위를 확대하는 전략은 수립한다.

사례 | 소프트웨어(건설공학 프로그램) 세계 1위 마이다스 IT

건설 관련 설계를 할 때 없어서는 안되는 프로그램이 있다. 구조설계(CAE) 프로그램 세계 1위인 마이다스 IT의 프로그램이다. 우리나라 기업이 소프트웨어 분야 세계 정상에 서있는 것이 많지가 않은데, 마이다스는 그 분야 국내 시장점유율 90%, 세계시장점유율 1위로 세계 정상에 우뚝 서 있다. 세계적 건물인 두바이의 버즈 칼리파(162층), 인천대교(1,480m), 인천공항, 북경공항, 서울월드컵경기장 등 주요 건물을 지을 때 본 프로그램이 사용되었다.

이 회사는 2000년 포스코의 사내 벤처기업으로 시작하여, 직원 15명이 현재 700명이 되었으며 2022년 매출은 1천억 원이 넘었고, 입사 경쟁률이 1천 : 1이 넘는 회사가 되었으며, 요즘은 AI면접 프로그램인 InAir와 치매진단 프로그램인 InBrain도 개발하고 있다.

3) 누구에게: 표적시장의 예상고객

기업은 최적의 **예상고객**에게 초기 유통과 촉진을 수행해야 한다. 이상적인 주요 예상 잠재고객은 **혁신자**(innovator)와 **조기수용자**(early adopter)인데, 이들은 다량사용자, 의견선도자, 그리고 저렴한 비용으로도 접촉이 가능한 사람들로 특정된다. 기업은 이러한 특성을 기준으로 여러 예상고객들을 평가하여 최종 예상고객집단을 표적으로 한다. 이들의 마음을 사로잡음으로써 또 다른 새로운 예상고객을 유인할 수 있으며, 구전마케팅의 효과를 얻을 수 있다.

4) 어떻게: 도입기 시장전략

신제품의 출시가 예상보다 빈번하게 발생하고, 시간이 많이 소요되어 많은 비용이 지출되기 때문에 잠재력을 갖고 있는 성공적인 제공물들이 자금부족으로 고전하고 있다. 따라서 신제품을 출시하는데 관련된 많은 행동들을 조정하기 위해 경영자는 **신제품의 주요 진로 일정계획**(CPS: critical path scheduling)과 같은 네트워크 기법을 사용할 수 있다. CPS는 신제품을 출시하는 데 동시에 연속적으로 일어나는 활동들을 종합적으로 보여주는 도표를 작성하는 것으로, 각 활동에 어느 정도의 시간이 소요되는지를 예측함으로써 신제품 출시 및 시장 진로 일정에 따라 조정할 수 있다.

Ⅲ 신제품의 수용과 확산

신제품의 수용과 확산 과정의 초점이 되는 개념은 '혁신'이다. 혁신이란, 사람들이 새로운 것으로 인식하게 되는 제품 및 서비스, 아이디어 등을 말하는데 만일 오래전부터 존재해온 아이디어라 하더라도 그것을 새로운 것으로 보는 사람이 있다면, 그 사람에게는 하나의 혁신이다. 이러한 혁신은 **확산 과정**(diffusion process)에서 새롭게 발명되거나 창조되는 아이디어를 최종적으로 수용하고 이용할 사람들에게 확대·보급되는 것을 말하며, **수용 과정**(adoption process)은 한 개인이 혁신에 대한 이야기를 처음 접한 다음, 최종적으로 수용하게 되는 동안에 겪는 두뇌작용 과정에 초점을 둔 것이다. 소비자가 신제품을 수용하는 과정은 다음과 같다.

1 소비자의 신제품 수용 과정

신제품을 개발하여 출시한 후의 성공과 실패는 소비자 수용 여부에 달려있다. 따라서 신제품을 상용화하려는 의사결정을 내리기 위해 기업은, 소비자의 수용 과정을 이해하는 것이 매우 중요한 일이다. 보통 잠재적인 고객이 신제품을 점차적으로 인식하게 됨에 따라 구매를 시도하며, 궁극적으로 구매하거나 구매를 거절하는 과정을 거치게 되는데, 이러한 과정은 **제품수명주기**(product life cycle)의 '도입기'나 '성장기'에 특히 중요한 의미를 갖는다.

신제품을 수용하는 과정에서 개별소비자들은 몇 가지 단계를 거친다고 알려져 있다. 에버렛 로저스(Everett Rogers)는 소비자가 수용 과정은 혁신에 관한 이야기를 처음 듣는 순간부터 최종수용에 이르는 동안 개인이 겪는 정신적 과정을 다음과 같이 분류한다.

- **인지**(awareness): 먼저, 소비자는 혁신을 알고 있지만 이에 대한 정보가 부족한 상태이다. 즉, 새로운 제품이나 기술이 존재하는 것을 알고 있으나 자세한 정보가 부족하다.
- **관심**(interest): 이후, 소비자는 혁신에 대한 더 많은 정보를 얻고자 자극을 받게 된다. 이 단계에서 소비자는 혁신에 대한 관심을 느끼며, 더 자세한 정보를 탐색하고자 한다.
- **평가**(evaluation): 관심을 가진 소비자는 이제 혁신을 수용할 가치가 있는지를 평가하게 된다. 혁신이 현재의 상황을 개선하거나 더 나은 대안으로 보이는지를 고려한다.
- **시용**(trial): 소비자는 혁신의 가치를 실제로 경험해보기 위해 소규모로 제품을 시험해 볼 수 있다. 이것은 혁신을 실제로 사용해 보는 것으로, 자신의 상황에 맞는지를 확인한다.

- 수용(adoption): 마지막으로, 소비자는 혁신을 정식으로 수용하고 규칙적으로 사용할 것인지를 결정한다. 혁신이 자신의 필요를 충족하고 가치 있는 것으로 입증되었을 때 이루어진다.

이렇게 혁신 수용 과정을 분류하면, 소비자들이 혁신을 어떤 단계에서 받아들이고 있는지를 이해하는 데 도움이 되며, 제품 마케팅 및 전략 수립에 유용한 정보를 제공할 수 있다.

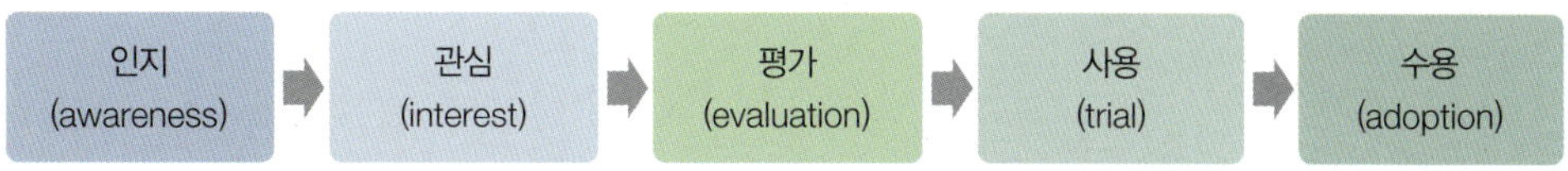

그림 8-12 소비자의 신제품 수용 과정

2 신제품 수용자의 유형

어떤 소비자는 신제품이 나오자마자 구입하고 어떤 소비자는 늦게 구입한다. 예를 들면, 애플(Apple)사에서 출시한 AirPods 제품이 나오자마자 구입한 사람이 있는 반면, 아직까지 구매하지 않는 사람도 있다. 반면에 AirPods를 구입하여 사용하다가 AirPods Pro(업그레이드 버전)가 출시함과 동시에 새로 구입하는 사람도 있다. 이처럼 신제품을 수용하는 데 있어 개인적 성향의 차이가 존재한다.

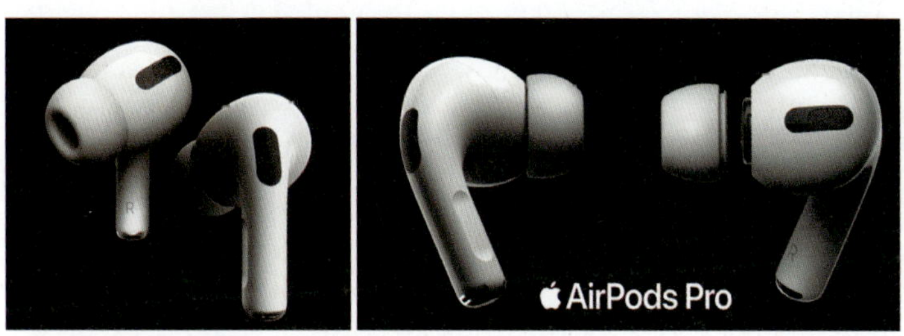

그림 8-13 Apple사의 AirPods와 AirPods Pro

미국의 사회학자인 로저스는 한 개인의 혁신성을 '사회구조 내에서 한 사람이 다른 구성원들보다 새로운 아이디어를 상대적으로 더 빨리 수용하는 정도'라고 정의했다. 또한 개인의 혁신성을 기준으로 소비자들을 [그림 8-14]와 같이 5개의 카테고리로 분류하였다. 이들 5개 집단은 서로 다른 특성을 가지므로, 혁신적인 신제품을 성공적으로 마케팅하기 위해서는 각 집단의 특성을 정확하게 이해하여 각기 다른 전략으로 접근해야 한다. 각 집단의 특성을 구체적으로 살펴보면 다음과 같다.

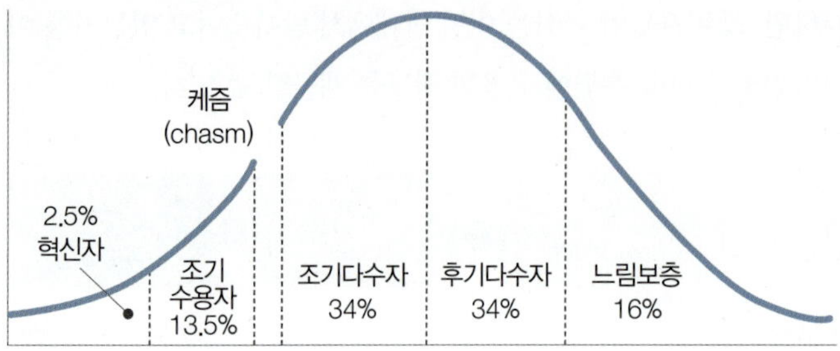

그림 8-14 신제품 수용자의 분류

1. 혁신자

혁신자(innovators)는 신제품을 가장 먼저 받아들이는 사람으로서 통상 시장의 2.5%를 점유한다. 이들의 주요한 심리적 특성은 모험적이고 새로운 경험을 계속 추구한다는 것이다. 또한, 사교적이고 활동 영역이 넓어 이용 가능한 정보 원천이 다양하게 존재한다. 특히 신제품 초기의 높은 가격에 대해 별로 부담을 느끼지 않거나, 크게 신경 쓰지 않는다. 보통 전문성이 높고 다른 집단에 비해 비교적 젊은 층이 많이 속해 있다는 특징이 있다.

2. 조기수용자

조기수용자(early adopters)는 한 사회 또는 시장의 구성원 중 13.5%에 해당하는 사람들로, 혁신자 다음으로 신제품을 빨리 구매한다. 가장 중요한 특징은 이들이 사회의 존경을 받는 지도층 인사라는 것이다. 경제력이나 다양한 정보 원천은 혁신자와 유사하나, 조기수용자는 **의견선도자**(opinion leader)로서의 지위를 유지하기 위해 신제품을 구매한다는 점이 다르다. 지위 유지를 위해 그들을 따르는 사람들보다 뒤져서는 안 되지만, 그렇다고 해서 너무 일찍이 새로운 것을 받아들인다면 사회의 규범을 어길 가능성이 있어 혁신자에 앞서 신제품을 채택하지는 않는다.

3. 조기다수자

전체 시장의 34%를 차지하는 **조기다수자**(early majority)는 신제품의 이점이 입증되고, 많은 사람들이 채택했을 경우 새로운 것을 받아들이는 신중한 실리주의자이다. 이들은 매사에 신중을 기하는 특징을 가지며, 사회 활동의 범위나 부의 수준, 정보 원천의 다양성 등에 있어 앞의 두 카테고리보다 좁고 낮지만, 이후의 나머지에 비해서는 상대적으로 넓고 높다. 가장 중요한 부분은 이들이 시장의 주류를 구성한다는 것이다.

4. 후기다수자

후기다수자(late majority)는 시장구성원의 34%를 형성한다. 이들은 위험을 싫어하고, 새로운 기술에 조심성이 있으며 가격에 민감하고 의심이 많은 회의적인 성격의 소유자들이다. 마지막 카테고리인 '느림보층'을 제외한 나머지 카테고리에 비해 사회 활동의 범위, 사용하는 매체의 다양성, 부의 수준, 직업의 전문성 등이 좁고 낮다.

5. 느림보층

느림보층(laggards)은 신제품을 가장 마지막으로 채택하는 시장구성원으로 전체에서 차지하는 비율은 16%이다. 전통지향적인 성향이 있어 과거에 대한 많은 향수를 가지고 있으며 새로운 것에 대해서는 매우 부정적이다. 이들이 혁신을 수용하게 된 이유는 그러한 혁신이 각자의 전통적인 가치관과 부합된다고 생각하기 때문이다.

하이테크 분야의 유명한 컨설턴트인 제프리 무어(Geoffrey Moore)는 초기시장(혁신자와 조기수용자)과 주류시장(나머지 3집단) 사이에 큰 갭(gap)이 존재한다고 주장하고, 이를 협곡을 뜻하는 지질학 용어인 '캐즘(chasm)'이라고 표현했다. 초기시장의 소비자들은 기술을 잘 알고 있고, 남들과 다르게 보이기 위해 신제품에 대한 위험을 기꺼이 감수할 용의를 갖고 있다. 반면, 주류시장의 소비자들은 기술에 대해 많이 알지 못하고 위험을 최소화하기를 원하며 남과 함께 가기를 원한다. 따라서, 초기시장에서 성공한 마케팅 방식을 주류시장에서 적용하려고 하면 캐즘에 빠져서 실패하게 될 것이다. 즉, 주류시장에서 성공하기 위해서는 기술만으로 충분하지 않고 소비자의 문제를 완벽하게 해결해줄 수 있는 솔루션을 제공해야 한다고 주장한다.

3 신제품 수용에 영향을 미치는 요인

플라스틱 원반(frisbee)은 제품의 도입기부터 성숙기에 이르기까지 6개월이 걸렸다. 반면, 미국 농무성에서 개발한 새 품종의 옥수수 종자는 미국 농민들에게 확신시키는 데 13년이 걸렸다. 이처럼 신제품의 수용 속도는 소비자 개인적 성향에 따라 다르며 다른 여러 요인들에 의해 결정된다.

- 혁신의 상대적 이점(relative advantage): 기존 제품에 비해 낮은 가격, 우수한 제품 성능, 사용의 편리함 등으로 기존의 아이디어보다 우월한 것 같이 보이는 정도. 신제품이 수익성이 높고, 조작이 쉬우며 신뢰성이 높다면 사람들이 인식하고 있는 혁신의 이점이 상대적으로 큼.
- 혁신의 적합성(compatability): 혁신이 그 사회구성원들의 가치관이나 경험과 일치하는 정도를 말하며, 일치도가 높을수록 수용 속도는 빨라짐.
- 혁신의 복잡성(complexity): 이해하거나 사용하기 어려운 정도. 다른 조건들이 동일하다면, 혁신이 난해할수록 신제품 수용기간이 오래 걸림.
- 혁신의 시용가능성(trialability): 혁신을 몇 가지로 분류하여 시험하여 볼 수 있는 정도로, 신제품을 구입함으로써 금전적 손해와 필요 없는 물건을 샀다는 부담을 갖지 않도록 해줄수록 수용 속도가 증가함.
- 혁신의 전달용이도(observability): 혁신의 결과를 관찰하여 다른 사람들에게 유용성을 구체적으로 설명할 수 있으면 신제품 수용 속도는 빠르게 나타남.

위의 요인들 외에도, 신제품 구매와 관련된 초기 비용, 지속적인 비용, 위험 및 불확실성, 과학적 신뢰성, 사회적 인정과 같은 다른 요소들도 신제품 수요에 영향을 미친다. 그러므로 신제품 개발 및 마케팅 관리자는 이러한 모든 요소를 종합적으로 조사하고, 신제품과 마케팅 전략을 개발할 때 이러한 요인들에 주의를 기울여야 한다.

주요 용어

느림보층(laggards)
도입기(introduction)
마케팅전략
사업성 검토
상품화(commercialization)
성숙기(maturity)
성장기(growth)
소비자 수용 과정
쇠퇴기(decline)
수용자의 분류
시험마케팅
신제품
신제품 수용에의 영향 요인
신제품개발 과정
신제품의 수용과 확산
아이디어 창출
아이디어 평가
제품 개념의 개발과 검토
제품개발
제품수명주기(Product Life Cycle)
조기다수자(early majority)
조기수용자(early adopter)
조기채택자
혁신자(innovator)
후기다수자(late majority)

연습문제

01 제품수명주기의 개념과 각 단계별 특징을 설명하시오.

02 제품수명주기 단계별 특성과 마케팅 목표와 전략을 설명하시오.

03 제품수명주기의 여러 형태를 예시를 들어 설명하시오.

04 제품수명주기에 영향을 미치는 요인을 설명하시오.

05 신제품개발 과정에 대해 설명하시오.

06 신제품개발이 어려운 이유는 무엇이며, 신제품을 차별화하는 방법에 대해 설명하시오.

07 신제품개발이 끝나고 바로 시장에 출시했을 때 어떤 문제가 발생하는지 논의하시오.

08 신제품 수용자의 유형을 설명하시오.

09 신제품 수용에 영향을 미치는 요인은 무엇인지 설명하시오.

CHAPTER 9

가격결정

Ⅰ. 가격의 중요성

Ⅱ. 가격결정 과정

Ⅲ. 최종가격의 결정

Ⅳ. 가격의 변경

학습목표

- 마케팅믹스에서 가격결정의 중요성에 대해 이해한다.
- 가격결정에 영향을 미치는 주요 요인들에 대해 이해한다.
- 가격결정방법과 가격목표과정에 대해 알아본다.
- 가격전략의 실행과 최종가격결정 시 고려사항에 대해 이해한다.

주요 내용

고객은 자신이 원하는 제품이나 서비스를 사용하기 위해 적절한 대가를 지급해야 한다. 교육을 받기 위해 등록금을, 차입금에 대해 이자를, 버스나 택시와 같은 교통서비스에 대해서 요금을, 의사의 진료에 대해서 진료비를 낸다. 이와 같이 다양한 명칭으로 시장에서 제품이나 서비스의 가치를 화폐단위로 표현한 것이 바로 가격(price)이다. 이 화폐적 가치는 제품이나 서비스의 실제적 시장가치를 반영할 뿐 아니라 제품이나 서비스가 소비자의 문제를 해결해주는 정도에 대한 소비자의 주관적 판단도 반영하게 된다. 이러한 가격은 판매하는 사람의 입장에서는 원가를 회수하고 이익을 실현시켜주며, 구매하려는 사람의 입장에서는 자신의 소비문제해결에 대한 비용이 되므로, 가격은 판매자와 구매자 사이에 이루어진 교섭의 결과이다. 제품과 서비스를 얻기 위한 소비자의 부담은 가격이라는 금전적 비용 이외에도 시간, 노력 및 심리적 · 사회적 비용을 부담하게 된다. 따라서 동일한 제품을 동일한 가격에 산 사람들 중에는 만족한 소비자도 있고 그렇지 못한 고객도 있는 것이다.

가격은 가장 강력한 경쟁의 무기로 작용할 수 있으며 기업 성과에 커다란 영향을 미친다. 특히, 올바른 가격을 알아내기란 쉽지 않기 때문에, 가격결정은 실무자들에게 가장 골치 아픈 문제로 여겨지곤 한다. 이 장에서는 가격결정에 고려되는 주요 요인들과 가격결정 방법, 가격전략의 실행 및 최종 가격결정이 어떻게 이루어지는지를 알아보기로 한다.

I 가격의 중요성

가격이란 "소비자가 제품이나 서비스를 구입하고 그 대가로 지불하는 화폐가치로서 가치 있는 것에 부과되는 금액"을 말한다. [그림 9-1]에 나타난 바와 같이 가격과 관련된 기업의 행동은 시장 요인과 사회적·법적 요인의 제약에 따라 결정된다.

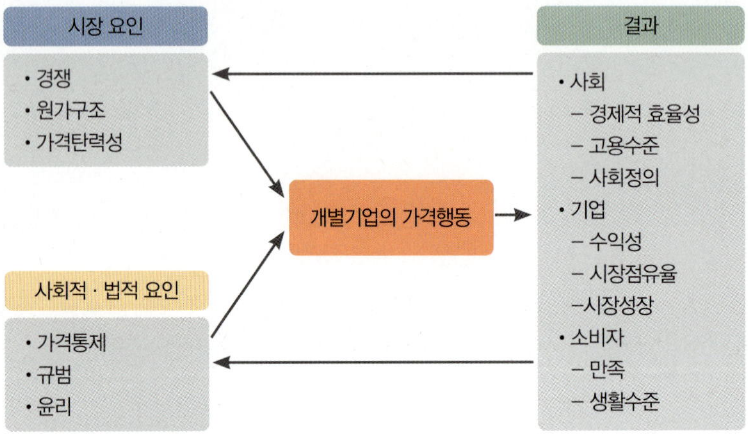

그림 9-1 가격에 대한 거시적 관점

가격이 완전히 시장 요인에 의해서 결정된다면 이상적인 시장경제가 실현된다. 예를 들어, **완전경쟁**(perfect competition)시장에서 기업들은 시장가격을 받아들여야하기 때문에 자사 제품에 대한 가격을 책정하지 못한다. 다시 말해, 완전경쟁시장에서 가격은 기업들이 관리하는 것이 아니라 시장에서 결정되는 가격에 의해 관리되는 것이다. 이에 반해 **과점**(oligopoly)·**독점**(monopoly)시장에서 활동하는 기업들은 가격책정에서 더 많은 재량권을 갖게 된다. 그러므로 계획경제에서 가격은 사회적·법적 요인에 따라 결정된다. 오늘날 모든 사회에서 시장경제와 계획경제가 혼합되어 있어서 기업의 가격행동은 시장 요인과 사회적·법적 요인을 모두 반영하게 된다.

개별기업의 가격행동은 세 가지의 결과를 갖는다. 사회적 수준에서 가격은 희소자원의 배분과 사용을 조절해주며, 생산의 효율성에 직접적인 영향을 끼칠 뿐 아니라 소득분배와 사회정의에도 간접적인 영향을 끼치는 것으로 알려져 있다. 소비자수준에서 가격은 소비자들의 복지에 커다란 영향을 끼치며, 소비자의 만족수준과 전반적인 생활수준을 구현해준다. 마지막으로 기업

수준에서 가격은 수익성, 시장점유율, 시장성장률에 영향을 끼친다. 고객욕구를 충족시킬 수 있는 기업능력을 측정해주는 이익은 다음과 같은 이익 등식으로 나타낼 수 있다.

이익 = 총수입 − 총비용 = (가격 × 판매량) − 총비용

이 등식에서 볼 수 있듯이 총수입은 가격과 판매량에 의해서 결정된다. 일반적으로 가격과 판매량은 역의 관계에 있다. 가격이 상승하면 판매량이 감소하고 가격이 하락하면 판매량이 증가한다. 높은 마진을 위해 가격을 높게 책정하면 판매량이 감소하고, 판매량을 증대시키기 위하여 가격을 낮게 책정하면 수익성을 확보하는 데 어려움이 생길 수 있다.

그런데 이익에 대한 영향은 판매량보다는 가격이 더 큰 것으로 알려져 있다. 미국에서 2,463개의 기업들을 대상으로 수행된 한 연구에 의하면, 판매량이 줄지 않는다고 가정할 때 1%의 가격 인상은 영업이익을 11.1%를 향상시켜주는 반면에, 판매량이 1% 증가하면 영업이익은 3.3%가 개선된다. 또한, 가격은 시장에서 제품의 위상과 밀접한 관계가 있다.

가격은 다른 마케팅 변수들과 비교하여 상대적으로 쉽게 조정할 수 있다. 그러나 한 번 형성된 가격 이미지는 상대적으로 변화하기 어렵다. 보통 어떤 상표의 제품이 높은 가격을 가질 경우 소비자들은 해당 상표의 품질이 우수하다고 판단한다. 또한, 어떤 상표의 가격이 낮을지라도 소비자들은 해당 상표를 고가 제품으로 간주하여 구매를 꺼릴 수 있으며, 이러한 가격 이미지는 쉽게 개선되지 않는다. 가격은 소비자의 브랜드 선택에 있어서 유일한 결정 요인은 아니지만, 기업과 소비자 간의 거래에서 중요한 역할을 한다. 명품의 경우 가격이 비쌀수록 잘 팔릴 수 있지만, 최근에 대형 할인점들 사이의 경쟁에서 알 수 있듯이 가격이 저렴할수록 소비자들이 많이 몰리게 된다. 그러나 가격인하는 자칫 가격경쟁을 불러일으킬 수도 있으며, 잘못 책정된 가격은 기대이익의 상실로 이어질 수도 있어서, 대부분의 마케터들이 가격책정을 가장 골칫거리로 생각한다. 따라서 가격은 매출규모와 시장점유율에 영향을 끼칠 뿐 아니라 기업의 수익성에도 커다란 영향을 끼쳐 중요한 마케팅 변수로 여겨진다.

Ⅱ 가격결정 과정

가격은 마케팅 부서 단독으로 책정되는 것이 아니라 재무 부서 등과 밀접한 협조하에 책정된다. 프랑스의 하이테크 기업들에 대한 조사에 따르면, 조사 대상기업의 50%는 중역들에 의해서, 40%는 영업 관리자에 의해서, 30%는 여러 기능의 위원회에서, 그리고 단지 20%만이 최종적인 가격을 마케팅 이사가 책정한다. 가격을 책정하는 데는 많은 요인들이 작용할 수 있는데, [그림 9−2]에 제시된 절차에 따라 가격결정 과정을 설명한다.

그림 9-2 **가격결정 과정**

1 가격결정 목표

가격을 책정하는 과정은 그 목표를 명확하게 하는 것에서 시작된다. **가격결정 목표**는 마케팅 목표와 일치해야 하며, 가격을 결정하는 모든 과정에서 최종적인 지침이 된다. 일반적으로 표적시장을 위한 가치를 창출하면서 기업의 마케팅 목표, 더 나아가서는 기업목표를 실현할 수 있도록 가격결정 목표가 정해져야 한다. 예를 들어, 상류층을 대상으로 하는 고급 승용차의 경우, 추구하는 위상에 맞는 가격으로 책정해야 하며, 일반인들을 대상으로 시내 주행을 위주로 개발된 경승용차는 경제성에 부합되는 가격을 책정해야 한다.

마케팅 문헌에서 이익 극대화 가정의 타당성에 의문이 제기된 이래로 가격결정의 목표가 활발하게 논의되었다. 가격결정의 목표에 대한 여러 가지 대안들이 제시되었는데, 이들은 대부분이 이익을 매출액이익률이나 투자수익률 또는 매출액이나 시장점유율로 대체하거나 극대화 대신에 만족 수준(satisfying level)을 추구하는 것으로 정리할 수 있으며, 다른 일부는 부분적으로 서로 보완적이면서 서로 상충하는 다원적 목표들의 집합체로 보았다.

가격결정을 통해서 마케터가 실현하고자 하는 것은 기업에 따라 다르지만, 수익성 목표, 매출 규모 목표, 경쟁상의 목표 및 기타 목표로 크게 분류될 수 있다.

1. 수익성 목표

고전적 경제이론에 따르면 기업들은 합리적이므로 이익을 극대화할 수 있도록 가격을 매긴다. 그러므로 이익은 수입과 비용의 함수이다.

$$이익 = 수입 - 비용$$

그리고 수입은 다음과 같이 제품의 판매단가와 판매수량에 의해서 결정된다.

$$총수입 = 가격 \times 판매수량$$

따라서 이익을 극대화해 주는 가격은 가격인상이 판매수량의 감소를 가져오지 않는 점에서 결정된다. 예를 들어, 10%의 가격인상으로 판매수량이 8% 감소한다면, 이익은 증가할 것이다. 그러나 10%의 가격인상이 11%의 판매량 감소를 가져온다면, 이익은 감소할 것이다. 다시 말해, 총수입의 증가가 총비용의 증가와 균형을 이룰 수 있도록 가격을 결정한다. 이러한 접근 방법을 한계분석(marginal analysis)이라고 한다. 이 접근 방법은 제품의 수요곡선과 비용함수를 전제하고 있는데, 이들을 정확하게 추정하는 데 어려움이 있어서 실무에는 자주 사용되지 않는다.

많은 기업들은 목표수익률을 실현할 수 있도록 가격을 결정한다. 즉, 투자금액이나 매출액의 일정 비율로 표현되는 단기 또는 장기목표를 정하고, 이를 실현할 수 있도록 제품의 가격을 결정한다. 예를 들어, 슈퍼마켓에서는 세후 순매출을 기준으로 목표수익률을 1~2%로, 백화점들은 4%로 책정한다. 대체로 수익성 목표를 추구하는 기업들은 가격보다는 제품의 품질이나 독특성 또는 사회적 지위 등을 중요하게 생각하는 소비자들을 표적으로 높은 가격을 매기는 초기 고가전략(skimming pricing)을 추구하는 경향이 있다. 수익성 목표에 따른 고가전략은 현재 잠재

수요가 충분하고, 소비자들이 가격에 민감하지 않으며, 규모의 경제가 존재하지 않아서 단위당 비용이 생산량의 증가에 따라 별로 감소하지 않을 때 유용한 전략이 될 수 있다.

2. 매출규모 목표

많은 기업들이 일정한 수익성 제약 아래서 매출을 극대화하려고 한다. 즉, 최소한의 수용 가능한 이익 수준을 미리 정해놓고, 매출을 극대화할 수 있도록 가격을 결정한다. 이런 기업들은 장기적인 시장경쟁에서 매출액 규모를 키우는 것이 당장 높은 수익성보다 더 중요하다고 믿는다. 예를 들어, 패스트푸드 시장에서는 매출액을 극대화하기 위해 치열한 경쟁이 벌어지고 있다. 맥도널드는 각 고객에게 추가적인 매출을 얻기 위해 'extra value meal'라는 개념을 도입했다. 즉, 햄버거를 수익성이 높은 감자튀김 및 청량음료와 함께 묶음으로 만들어 세트 메뉴를 개발하였다.

매출규모와 관련된 다른 목표 중 하나는 시장점유율을 조절하려는 목표가 있다. 구체적인 목표는 현재의 시장점유율을 유지하거나, 현재 15%의 시장점유율을 20%로 늘리는 것과 같이 시장점유율을 확대하는 것이다. 매출액 극대화나 시장점유율 목표와 같은 매출규모 목표는 대부분의 기업에서 가격을 결정하는데 매우 중요한 역할을 한다. PIMS(Profit Impact of Market Strategies) 연구에 의하면, 매출규모는 수익성과 밀접한 관계가 있다. 성공을 결정짓는 특성을 파악하기 위해서 2,000개 이상의 기업을 분석한 PIMS 프로젝트는 수익성의 가장 중요한 결정 요인으로 제품품질과 시장점유율을 식별하였다. 시장점유율이 40% 이상인 기업들은 세전 투자수익률이 평균 32%이며, 시장점유율이 20~40%인 기업들은 평균투자수익률이 24%, 시장점유율이 10% 미만인 기업들은 평균 투자수익률이 13%에 불과했다.

시장점유율과 수익성 사이의 정(+)의 관계는 개별상표에도 적용된다. 여러 시장에서 상위 4개 상표를 비교하였을 때, 시장 선도상표는 2위 이하의 상표들보다 훨씬 높은 18%의 세후 투자수익률을 보였다. 이처럼 시장점유율과 수익성 사이에 정(+)의 관계가 성립하는 것은 다음과 같이 설명할 수 있다. 시장점유율이 큰 기업들은 시장점유율이 작은 기업들에 비해 운영경험을 훨씬 더 크게 축적할 수 있고 전반적인 원가를 크게 낮출 수 있다. 따라서 규모가 큰 시장에서 작은 시장점유율을 갖는 것보다 규모가 작은 세분시장에서 큰 시장점유율을 가질 수 있도록 마케팅전략이 수립되어야 한다.

매출규모 목표를 추구하는 가격전략은 **침투가격**(penetration pricing)을 들 수 있다. 침투가격전략은 자사 제품에 매우 낮은 가격을 매겨서 시장을 확대하려는 전략이다. 일반적으로 소비자들이 가격에 매우 민감하고, 낮은 가격으로 경쟁자들의 반응을 무력화시킬 수 있으면 사용될 수 있다.

3. 경쟁상의 목표

기업들은 시장선도자의 가격과 대등하게 자사 제품의 가격을 책정하려고 한다. 특히 다수의 경쟁자가 본질적으로 같은 제품을 제공할 때, 고객들은 가격을 토대로 상표를 선택하게 된다. 즉, 가격을 높게 책정하면 고객들이 다른 상표를 선택하게 되므로 마케터들은 서로의 가격을 따르게 된다. 이에 반해 공개입찰의 경우 마케터들은 가장 낮은 가격을 책정하려고 한다.

경쟁상의 목표를 추구하는 기업들은 마케팅믹스에서 가격 요소의 중요성을 줄이고 경쟁수단을 비가격 요소에 집중한다. 이러한 이유는 가격이 경쟁에서 차별적 우위를 획득할 수 있는 쉽고 효과적인 수단이지만, 다른 기업들이 쉽게 모방할 수 있으므로 소위 가격전쟁에 휘말릴 수 있기 때문이다. 가격할인이 일상화된 요즘은 가격보다는 전반적인 제품가치에 따라 상표선택이 이루어지는 경향이 있다. 그러므로 이러한 시장상황을 고려하여 가치가격결정이라는 새로운 전략이 등장하고 있다. **가치가격결정**(value pricing)이란 경쟁제품의 가격과 품질에 비해 자사 제품이 제공하는 가치(편익－비용)를 강조한다. 이 전략은 세제나 치약 등과 같이 가격수준이 비교적 낮은 제품이나 서비스에 대체로 잘 맞는다. 이 전략에 따른 제품은 고급품보다는 저렴하지만, 싸구려 제품을 의미하지는 않는다. 즉, 가치는 가격뿐 아니라 제품성능과 소비자기대 및 필요와 밀접하게 연결된다.

4. 기타 가격결정 목표

마케터들이 가격결정에서 추구하는 것은 수익성이나 매출규모 및 경쟁상의 이유 이외에도 여러 가지가 있다. 때에 따라 마케터들은 기업의 생존 그 자체를 목표로 삼을 수 있다. 즉, 공장을 계속해서 가동하고 제품 재고를 회전시키기 위해 가격을 아주 낮게 책정할 수 있다. 기아자동차가 부도 유예사태를 겪으면서 정상가격에서 30% 인하한 가격으로 자동차를 판매한 경우가 이에 속한다. 이러한 경우 가격이 변동비와 고정비의 일부만을 충당하더라도 단기적인 위기를 극복할 수 있도록 조업도를 유지할 수 있다.

또 다른 가격결정 목표로 긍지가격결정을 들 수 있다. **긍지가격결정**(prestige pricing)은 지위 의식적인 소비자들에게 소구할 수 있는 고품질과 배타성의 이미지를 만들고 유지할 수 있도록 비교적 높은 가격을 매긴다. 예를 들어, 도요타 자동차의 렉서스는 승용차시장에서, 삼성전자의 하우젠은 가전제품 시장에서 최고의 품질을 추구하며 가격도 높게 책정하고 있다.

2 가격결정의 시장 요인

경제적 관점에서 가격은 매우 근본적인 역할을 한다. 미시수준에서 소비자는 자신의 예산제약하에서 효용을 극대화하려고 하며, 기업은 주어진 가격으로 이익을 극대화하는 것으로 가정한다. 소비자와 기업을 각각 집단(시장과 산업)수준으로 합하면, 소비자들과 기업들은 시장에서 작용하는 수요 및 공급 요인에 의해서 책정되는 가격에 따라 행동하게 된다. 개별기업이 가격을 결정할 때는 관습이나 문화적 측면을 포함하는 사회적 요인과 공정거래법 등의 법적 요인뿐 아니라 시장 요인으로 경쟁, 원가구조 및 수요 측면을 반영해야 한다. 시장 요인에 의해서 일정한 범위의 시장가격이 결정되고, 개별기업의 제품가격은 항상 일정한 가격상한과 하한의 범위 내에서 변화한다. [표 9-1]에 제시된 바와 같이, 가격의 상한은 진출할 시장에 의해서 결정된다. 상한가 이상으로 구입하려는 고객은 하나도 없으며 이 상한가에서는 시장점유율이 영이 된다. 가격의 하한은 제품의 원가구조에 의해서 결정되며, 이 가격 이하로 판매하면 판매하는 만큼 손실을 본다.

표 9-1 가격의 상한과 하한

가격지침	활동	가격결정기법
세분시장의 수용	수요의 가격탄력성	대체재와 비교 가치가격
경쟁자의 가격전략	경쟁자가격의 체크	시장가격 입찰가격
제품의 원가구조	학습곡선의 측정	손익분기점 원가가산가격

1. 수요곡선과 가격탄력성

가격을 결정하려는 마케터는 소비자들이 가격에 어떻게 반응하는지를 알아야 한다. 가격과 소비자 반응 사이의 관계를 이해하는 데 중요한 개념으로 수요법칙과 수요의 가격탄력성을 들 수 있다. **수요법칙**(law of demand)은 특정 시점에서 제품가격과 제품구매량 사이의 관계를 나타낸다. 이 관계는 다음과 같은 세 가지 가정에 기초를 두고 있다. 첫째, 시장은 특정 제품에 대한 욕구와 구매력을 가진 소비자들로 구성된다. 둘째, 수요의 일반적인 패턴은 수요량과 가격 사이에 반비례 관계이다. 즉, 가격이 인하되면 수요량이 증가하고 가격이 인상되면 수요량이 감소한다. 끝으로, 수요는 특정 시점에서 수요량과 가격 사이의 관계를 나타낸다.

수요의 가격탄력성(price elasticity of demand)은 가격 변화에 대한 고객반응의 민감성으로, 가격의 증감에 따른 수요량(고객 구매량)의 변동을 파악할 수 있게 해준다. 즉, 제품의 가격이 변화함에 따라 판매량이 얼마나 변화하는지를 나타내주는 지표로, 다음과 같은 수식으로 나타낼 수 있다.

$$\text{가격탄력성} = \frac{\text{판매량의변화율(\%)}}{\text{가격의변화율(\%)}} = \frac{\dfrac{\text{변화후판매량}-\text{변화전판매량}}{\text{변화전판매량}}}{\dfrac{\text{변화후가격}-\text{변화전가격}}{\text{변화전가격}}}$$

가격탄력성이 절댓값 1보다 크면 탄력적(elastic) 수요라고 하며 약간의 가격 변화에도 판매량이 크게 변화한다. 만일 탄력성이 높다면, 제품의 수요는 가격에 의해서 많은 영향을 받게 된다. 제품의 수요가 탄력적이면 가격을 인하하면 총수익이 늘어나고, 가격을 인상하면 총수익이 줄어들게 된다. 이와는 반대로 가격탄력성이 절댓값 1보다 작으면, 그 제품의 수요는 **비탄력적**(inelastic)이라고 한다. 비탄력적 수요에서는 가격을 인상하면 총수익이 증가하게 된다. 가격탄력성의 절댓값이 1인 경우는 **단위탄력적**(unitary elastic)이라고 하며, 가격의 변화가 총수익의 변화를 가져오지 않는다. 제품에 대한 수요탄력성을 이해함으로써 어떤 제품이 시장침투를 주도하고, 이에 따라 낮은 침투가격이 필요하고 어떤 제품에 가격을 높게 책정할 것인지를 결정할 수 있다.

탄력적인 제품

비탄력적인 제품

그림 9-3 탄력적인 제품과 비탄력적인 제품

그렇다면 왜 어떤 제품은 가격탄력성이 낮고 어떤 제품은 높은가? 수요의 가격탄력성은 어떤 요인들에 의해서 영향을 받는가? 이러한 질문의 대답으로 제품의 가격탄력성은 대체재의 유무나 필수품·사치품에 따라 달라지기 때문이다. 만일 소비자들이 어떤 제품의 대체품을 쉽게 찾을 수 있다면, 그들은 그 제품에 대해서 탄력적인 수요를 보일 것이다. 예를 들어, 휴렛 팩커드(HP: Hewlett-Packard)가 인수하기 전, PC 컴퓨터 회사인 컴팩(Compaq)은 기술적 역량을 강조한 전략에서 일관되게 가격을 저렴하게 유지한 전략으로 바꾼 후, 매출이 63%나 급증하였다. 반면에 경쟁자들이 제공하지 못하는 특별한 매력을 지닌 제품의 경우에는 가격탄력성이 낮아져서 가격의 인상이나 인하가 수요량에 별로 영향을 끼치지 못하게 된다. 이는 특정 상표에 대한 애호도가 아주 높은 소비자들은 그 상표를 독특한 것으로 여겨서 다른 대체품을 사려고 하지 않기 때문에 가격 변화에 별로 영향을 받지 않는다.

또한, 필수품은 가격탄력성이 낮고 사치품은 높다. 한 예로 의료산업에서 치료 서비스는 대부분 소비자들에게 필수품으로 여겨져서 가격탄력성이 낮지만, 치장성격의 성형서비스는 사치품으로 여겨져서 가격탄력성이 비교적 높다.

일반적으로, 혁신적인 제품은 가격탄력성이 낮은 비탄력적 수요인 경우가 많다. 이것은 증가이든 감소이든 가격이 크게 변화하더라도 수요량은 별로 변화하지 않음을 의미한다. 이러한 제품들은 대체재가 거의 없으며, 경쟁자와 구매자들이 부가적인 성능보다는 가격에 덜 민감하다. 또한, 이들 제품의 높은 가격은 좋은 품질의 상징으로 지각되어 기업에 대한 소비자들의 신뢰를 강화시켜주기도 한다. 이에 반해 시장-주도적이거나 덜 혁신적인 제품에서는 수요의 가격탄력성이 높아진다. 유사하지만 덜 비싼 제품이나 더 나은 가격/성능 비율을 갖는 신제품을 갖고 있는 경쟁자가 진입하게 되면 구매자들은 가격에 더 민감해지게 된다. 결국 제품은 표준화되고 높은 가격이 고객을 안심시켜 주는 역할을 상실하게 된다. 이러한 경우에 오늘날 가전제품이나 개인용 컴퓨터 시장에서 볼 수 있는 바와 같이, 상당한 폭의 가격인하는 수요의 증대로 이어질 수 있다.

어떤 제품의 가격탄력성은 과거의 자료를 이용하여 평가할 수 있으나 완벽한 방법은 존재하지 않는다. 특히 최근에는 짧아진 제품수명주기와 빠른 제품 변화로 인해서 이 과제는 더욱 어려워지고 있다.

2. 제품의 원가구조

제품의 원가는 가격의 하한선을 결정한다는 점에서 매우 중요하다. 미래의 투자를 위한 이익을 실현하기 위해 기업은 최소한 생산량과 연결된 **변동비**(variable cost)와 제품을 생산하는 데 필요한 **고정비**(fixed cost)를 회수할 수 있어야 한다. 특히 최근에는 글로벌 경쟁과 신기술의 지속적 출현으로 원가구조에 대한 이해가 더욱 중요하게 되었으며, 경쟁에 대응하기 위해 유연성을 확보한다는 점에서 원가구조의 이해가 더욱 중요해지고 있다.

예를 들어, 어떤 스마트폰 생산업체(A)가 하루에 3,000대를 생산한다고 가정해보자. 지속적으로 생산할수록 A업체는 생산경험을 얻음에 따라 생산 방법이 개선될 수 있다. 그러므로 근로자들은 더 나은 작업 방법을 찾게 되고, 자재의 흐름이 더 유연하게 되며, 조달원가를 절감하는 방법을 터득하게 된다. 이러한 일련의 활동결과로 누적생산량이 늘어감에 따라 평균원가는 감소하게 된다. 처음 10만 대를 생산하는 데서 평균원가가 500,000원이었다면, 누적생산량이 20만 대에 이르게 되면, 평균원가는 400,000원이 되고, 40만 대를 생산하게 되었을 때는 평균원가가 320,000원이 되게 된다. 이처럼 누적생산 경험에 따라 평균원가가 일정한 비율로 평균비용이 감소하는 것을 **경험곡선효과**(experience curve effect)라고 한다.

만약 스마트폰시장에 A, B, C 3개의 회사가 있다고 하자. A회사는 40만 대의 생산경험이 있으며 현재 320,000원으로 가장 낮은 생산원가를 갖고 있다. 만일 3개 회사가 400,000원에 판매하고 있다면, A회사는 한 대에 80,000원을 벌고 B회사는 한 대에 50,000원을 벌며 C회사는 손익분기점이라고 하자. 이러한 상황에서 A회사가 취할 수 있는 최선의 전략은 스마트폰의 판매가격을 350,000원 이하로 낮추는 것일 수 있다. 이 전략은 C회사가 이 시장을 떠나게 되고 B회사도 철수를 고려하게 된다. A회사는 C회사의 판매량(B회사의 판매량까지도)을 흡수하게 되며,

가격이 인하됨에 따라 시장은 확대되게 된다. 이에 따라서 50,000원이 인하된 350,000원의 판매가격에도 A회사는 누적생산량이 400,000대를 넘어섰기 때문에 320,000원 이하로 떨어져서 판매가격이 400,000원이었을 때보다 더 많은 이익을 실현할 수 있게 된다.

경험곡선효과에 따르면, 어떤 제품을 조립하는 데 있어 경험을 누적시킴에 따라, 실질가치로 파악된 제품원가는 예측할 수 있는 비율로 감소하게 된다. 즉, 생산경험이 쌓이게 되면 원가가 떨어지게 되는 것이다. 이러한 현상은 1930년대에 **학습곡선**(learning curve)이라 하였는데, 1970년대에 보스턴컨설팅그룹(Boston Consulting Group)의 집중적인 연구로 **경험곡선**(experience curve)이라 명명하면서 널리 사용되게 되었다. 예컨대, 80%의 경험곡선은 누적경험이 배로 증가할 때마다 원가가 20%씩 감소함을 의미한다. 따라서 커다란 시장점유율을 실현한 최초 진입자가 지속적인 원가우위를 가진다. 이러한 경험곡선은 부분적으로 규모의 경제 때문에 생기지만, 주로 다음과 같은 원천에 토대를 두고 있다.

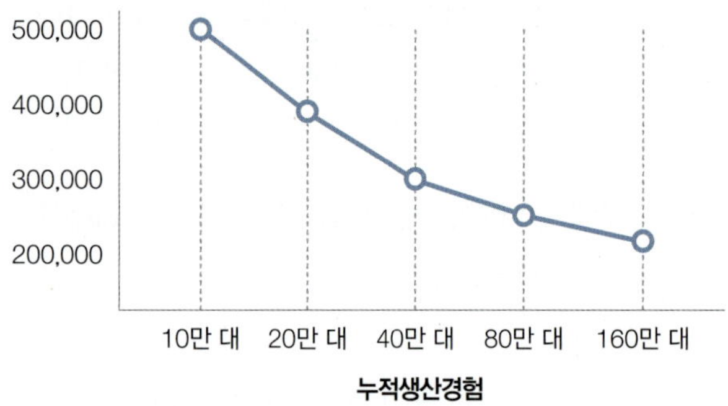

그림 9-4 경험곡선의 예

1) 학습곡선

사람들은 어떤 과제를 반복 수행함으로써 그 과제를 더 빠르고 더 효율적으로 수행할 수 있게 된다. 오랜 기간에 걸쳐서 생산량이 커질수록, 과업 프로세스를 개선하는 것의 가치는 더 커진다. 이러한 학습은 미국에서 1900년대 초의 시간 및 동작연구, 1930년대의 학습곡선, 그리고 최근의 품질분임조와 밀접한 관계가 있다.

2) 생산·운영에서의 기술개선

생산이나 운영을 개선하기 위해 새로운 기계, 컴퓨터·정보시스템, 기타 자본설비를 설치하게 되면, 특히 자본집약적 산업에서 원가는 극단적인 영향을 받게 된다. 또한 경험이 누적됨에 따라 사람들은 그러한 설비의 최대 용량까지 이용하는 방법을 익히게 되며 부분적인 수정으로 성능을 향상하게 된다.

3) 제품 재설계

제품을 단순화시키면 원가는 크게 절감될 수 있다. 미국의 자동차 산업에서는 1954년에는 문자물쇠통의 부품 수가 17개였지만, 1974년에는 4개로 감소했다. 이 기간 동안 원가가 거의 75%로 감소했다. 이 원가의 감소는 기술 개선을 포함한 각 제품 개선 결과로 이루어졌다.

경험곡선효과는 제품수명주기의 성장단계에서 특히 전략적으로 중요한 의미를 갖는데, 이 단계에서 생산량이 많이 증가하며 다음과 같은 분야에서 많은 개선이 이루어지기 때문이다. 구매의 최적화, 생산목적에서 디자인의 단순화, 생산시설당 산출의 증대, 판매력의 개선, 유통업체, 판매촉진 캠페인의 성과 향상 등이 있다. 이들 분야에서의 생산성 향상은 평균 단위당 원가의 절감에 이어진다. 이 원가절감은 경쟁자에 대응하기 위해서 또는 가격에 민감한 수요를 자극하기 위하여 가격에 반영시킬 수 있다.

마케터들은 시장가격의 추세에 따라 평균단위원가의 변동과 가격-경험곡선에서의 지위를 지속적으로 추적해야 한다. 만일 어떤 기업의 원가절감이 시장가격보다 더 빠르게 진행된다면, 경험덕분에 이익과 시장점유율이 확대될 수 있다. 반면에, 원가가 산업평균보다 더 빠르게 상승한다면, 그 기업은 이익이 점점 감소하게 된다. 이러한 기업은 전략의 자율성과 시장점유율을 모두 잃게 된다. 흔히, 이러한 상황에 처했을 때, 자신들의 실패는 깨닫지 못하고 "덤핑"이나 '불공정 경쟁'이라는 불평을 늘어놓는 경우가 많다. 사실, 비록 R&D 비용의 조기회수에 대한 필요성은 모든 상황에서 비슷할지라도, 경험곡선분석은 주문생산시스템보다는 대량생산시스템에 더 적합하다. 산업이 성숙되었을 때는 누적경험이 배로 증가하는 데 오랜 기간이 필요하므로, 경험곡선은 거의 평평해진다. 또한, 부가가치가 낮은 경우에도 경험곡선의 영향은 거의 없게 된다. 예컨대 밀이나 유황과 같은 원자재의 구입이 원가의 80%를 차지한다면, 경험곡선이 작용할 여지는 거의 없다. 즉, 경험곡선을 활용할 수 있는 분야와 시기는 제한적이다.

3. 경쟁

시장수요에 의해서 설정된 가격의 상한선과 제품의 원가구조에 의해서 결정된 가격의 하한선 사이에서 구체적인 가격결정에 영향을 끼치는 요소가 바로 경쟁이다. 즉, 경쟁자의 가격, 원가 및 품질 등에 대한 정보를 토대로 구체적인 가격을 책정할 수 있다.

많은 산업에서 시장선도자인 기업이 제품에 대한 시장가격을 책정한다. 어떤 기업이 시장선도자가 되지 못하게 되면, 경쟁자가 표준을 정하고 이 기업은 스스로의 위상을 찾아가게 된다. 예를 들어, 전화 사업에서 새로운 참가자는 기존 기업의 서비스를 이용해 온 사용자들을 가능한 많이 빼올 수 있도록 가격을 결정한다. 미국에서와 같이 유럽에서도, 대부분의 새로운 참가자들은 15%에서 20% 할인가격으로 시장에 참가하였다. 미국 시장에서 Sprint와 MCI가 그랬던 것과 같이 프랑스에서 Cegetel과 Bouygues도 그렇게 하였다. 경험에 의하면, 평균시장가격이 주요 업체들의 상대적 시장점유율이 안정되는 수준에 이르게 되면 할인율은 거의 0에 가까워지게 된다. 미국에서 그러하였던 것과 같이 프랑스, 스페인, 독일, 그리고 이탈리아에서는 아직도 경쟁이 치열한 이동전화 사업에서 가격할인이 진행되고 있다.

가격은 특정 세분시장에서 어떤 제품의 경쟁지위에 기여하게 되며 경쟁자의 제품에 대한 고객의 지각을 바꿈으로써 경쟁무기가 될 수도 있다. 따라서 특정 업체의 경쟁에 직면하였을 때, 만일 자신들의 제품성능이 우수한 것으로 고객들이 생각하거나 더 나은 제품 이미지를 갖고 있다면 높은 가격을 매길 수도 있다. 카메라 사업에서 일본계 기업인 Cortex는 독일에서 제조되는 자사 제품에 대해서 고품질지위를 선택하였다. Cortex는 Nikon이나 Canon과 비교해서 높은 가격정책을 체계적이고 성공적으로 실행해 왔다.

마케터들은 경쟁자의 가격을 알고 이해해야 한다. 유통업체로부터 가격에 대한 정보를 얻을 수 있으며, 경쟁자의 가격 변화와 고객들의 반응을 파악하도록 영업 부문에 요청할 수 있다.

3 가격결정 방법

수요의 특성을 파악하고, 원가를 평가하고, 경쟁자의 가격을 파악한 후에 마케터는 가격전략에서 추구해야 할 목표를 고려하여 자사 제품의 가격을 책정하게 된다. 가격을 책정하기 위해서 마케터들이 이용하는 방법으로는 원가지향적 가격결정, 소비자지향적 가격결정 및 경쟁지향적 가격결정이 있다.

1. 원가지향적 가격결정

일반적으로, 제품의 가격은 그 제품의 생산과 마케팅에 소요되는 총비용을 회수하고 이익을 낼 수 있는 수준에서 결정되어야 한다. **원가지향적 가격결정**(cost-oriented pricing)은 원가에 목표이익을 더 해서 가격을 결정한다. 여기에서 원가는 크게 변동비와 고정비로 구분되는데, 이들의 상대적 비중에 따라 전략이 달라져야 한다. 판매가격에서 변동비를 빼고 남는 금액을 **공헌이익**(contribution margin)이라고 한다. 이 금액은 고정비를 회수하고 이익을 내는 데 기여하기 때문에 공헌이익이라고 한다. **공헌이익률**(contribution margin rate)의 크기에 따라 가격의 변화와 수익성 사이의 관계가 달라진다.

변동비의 비중이 높아서 공헌이익률이 낮은 경우에 고정비를 회수하는 것은 크게 이슈가 되지 않기 때문에 공헌이익이 수익성을 좌우하게 된다. 그러므로 이런 제품은 단위당 가격을 높게 책정하여 유지하는 것이 바람직하다. 반면에 고정비의 비중이 커서 공헌이익률이 높은 경우에는 고정비를 회수할 수 있는 공헌이익을 확보할 수 있는 매출규모가 매우 중요하다. 예를 들어, 변동비의 수준이 낮고(연료와 기내음식) 고정비수준이 높은(승무원, 항공기에 대한 투자) 항공운송업(대부분의 서비스산업)의 경우에는 변동비보다 높은 수준이라면 가격을 할인해서라도 탑승객 수를 늘려야 한다. 승객당 수익은 떨어질지더라도 매 비행당 총수입은 증가하게 된다. 이러한 결론은 [표 9-2]에서 분명하게 드러난다. 이 표의 각 열은 공헌이익률을 나타내며, 왼쪽에서 오른쪽으로 갈수록 공헌이익률이 높아진다. 각 행은 가격변화율을 나타낸다. 행과 열이 만나는 각 칸은 손익분기점에 필요한 판매량의 변화율을 나타낸다. 예컨대, 35%의 공헌이익률을 갖는 제품의 가격을 10% 할인하면, 손익분기점에 도달하기 위해서 40%를 더 팔아야 한다. 즉, 10% 가격인하로 판매량을 40% 이상 늘릴 수 있다면 가격인하의 효과는 긍정적으로 된다. 이와 반대로 가격을 10% 인상해서 매출규모가 22% 미만으로 줄어든다면, 가격인상으로 득을 본다.

표 9-2 가격 변화, 공헌이익률 및 판매량 사이의 관계

	공헌이익률(%)								
	10	15	20	25	30	35	40	45	50
+25	29	38	45	50	55	58	62	64	66
+20	33	43	50	56	60	64	67	69	72
+15	40	50	53	57	67	70	73	75	77
+10	50	60	67	72	73	78	80	82	83
+5	67	75	80	83	86	88	89	90	91
0	100	100	100	100	100	100	100	100	100
−5	200	150	133	125	123	117	114	113	111
−10		300	200	167	150	140	133	129	125
−15			300	280	200	175	160	150	143
−20				500	300	233	200	180	167
−25					600	350	267	225	200

*각 수준의 공헌이익률을 갖는 제품의 가격 변화에 따라서 손익분기점을 유지하는 데 필요한 판매량의 변화비율을 나타낸다.

1) 원가가산 가격결정

여러 산업에서 자주 이용되는 **원가가산 가격결정**(cost-plus pricing)은 총원가에 일정한 이익을 가산하여 가격을 결정한다. 이 방법에 따른 제품가격은 일반적으로 총생산량을 먼저 추정하고 이에 따른 고정비와 변동비를 산출하여 여기에 목표이익을 합산한 다음 이 값을 총생산량으로 나누어줌으로써 얻어진다. **변동비**(variable cost)는 생산량이나 판매량에 비례해서 변동하는 원가를 말하며, 재료비나 생산직의 인건비 등이 여기에 해당한다. **고정비**(fixed cost)는 생산량과 무관한 원가를 가리키며, 건물임차료, 사무직의 급여 등이 여기에 해당한다. 판매가격은 다음과 같은 수식으로 간단히 나타낼 수 있다.

이 방법은 매우 간단하며, 특정 세분시장에서 고객수요의 변화보다는 원가의 변화를 추정하는 것이 더 쉽다. 그러나 시장의 조건을 고려하지 않기 때문에 이 기법은 최적 이익을 달성하지 못할 수도 있다. 원가 가산 가격 결정법은 가격 변화가 판매량에 큰 영향을 미치지 않거나 회사가 가격을 통제할 수 있는 경우에 효과적이다.

$$\text{제품가격} = \frac{\text{총고정비} + \text{총변동비} + \text{목표이익}}{\text{총생산량}}$$

2) 가산이익률 가격결정

원가지향적 가격결정법의 다른 유형으로 가산이익률 **가격결정**(mark-up pricing)이 있다. 이 방법은 가장 간단한 가격결정 방법으로 제품의 단위당 원가에 판매비용의 충당과 적정이익을 남길 수 있는 표준적인 **가산액**(mark-up)을 더해서 가격을 결정한다. 가산이익률 가격은 예상판매수준을 실현하였을 때 기대이익을 달성할 수 있다. 아래의 예에서 50,000단위를 판매하지 못하게 되면, 단위당 고정비 부담액 때문에 적절한 이익을 보장하지 못하게 된다. 예를 들어, 어떤 제품이 다음과 같은 원가구조와 예상 판매량을 갖고 있다고 가정해보자.

- 변동비: 10
- 고정비: 300,000
- 예상 판매량: 50,000

제품의 단위당 원가는 다음과 같이 간단하게 계산할 수 있다.

$$단위당원가 = 변동비 + \frac{고정비}{판매량} = 10 + \frac{300{,}000}{50{,}000} = 16$$

만약 회사가 20%의 가산이익을 원한다면, 최종판매가격은 다음과 같이 20원이 된다.

$$판매가격 = \frac{단위원가}{1 - 가산이익률} = \frac{16}{1-0.2} = 20$$

가산이익률 가격결정은 계산이 비교적 단순하고, 같은 산업에 있는 기업들이 이 방법을 이용한다면 가격경쟁이 최소화될 수 있으며, 구매자와 판매자 모두에게 비교적 공정한 것으로 여겨질 수 있어서 가장 널리 사용되고 있다. 그러나 소비자의 수요, 지각된 제품가치 및 경쟁상황 등을 고려하지 않은 가격결정이라는 문제점이 있다.

3) 목표이익 가격결정

목표이익 가격결정(target return pricing)은 기업이 목표수익률을 미리 정하고 이를 기준으로 제품가격을 결정한다. 즉, 단위당 제품원가에 단위당 목표이익을 더해서 제품가격을 결정한다. 제품원가는 단위당 변동비와 단위당 고정비가 합해진 것이다. 예를 들어, [그림 9–5]에서와 같이, 20억 원을 투자하여 15%의 이익을 기대하고 있으며, 단위당 변동비가 25,000원이고 총고정비가 12억 원이며, 연간매출 목표가 60,000단위라면, 단위당 가격은 다음과 같게 된다.

$$\text{제품가격} = \text{단위당 원가} + \frac{\text{투자금액} \times \text{목표수익률}}{\text{예상판매수량}}$$

$$= \text{단위당 변동비} + \frac{\text{총고정비}}{\text{예상판매량}} + \frac{\text{투자금액} \times \text{목표수익률}}{\text{예상판매수량}}$$

$$= 25{,}000 + \frac{1{,}200{,}000{,}000}{60{,}000} + \frac{(2{,}000{,}000{,}000 \times 0.15)}{60{,}000} = 50{,}000$$

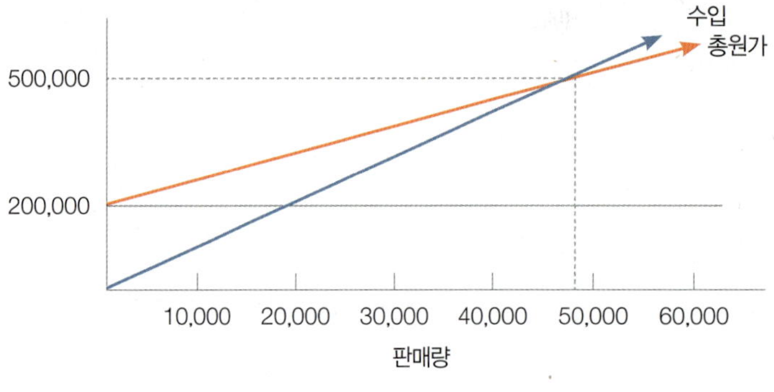

그림 9-5 수익성, 가격 및 손익분기점

위와 같이 목표투자수익률에 따라 가격을 결정했을 때, 만일 추정한 매출을 달성하지 못하면 영업결과는 어떻게 될까? 손실을 회피하려면 최소 어느 정도를 판매해야 할까? 이에 대한 답은 **손익분기점**(break-even point)분석을 통해서 얻을 수 있다. 손익분기점은 매출액이 관련 고정비와 변동비를 상쇄하는 지점을 나타낸다. 기업들은 손익분기점 이상에서 제품가격을 결정하게 된다. 손익분기점분석은 주어진 가격에서 총수익이 총비용과 같아지는 매출액이나 매출단위를 계산해 준다.

$$\text{손익분기점(판매량)} = \frac{\text{총고정비}}{\text{공헌이익}} = \frac{\text{총고정비}}{\text{판매가격}-\text{단위당변동비}}$$

$$= \frac{1{,}200{,}000{,}000}{50{,}000-25{,}000} = 48{,}000$$

$$\text{손익분기점(판매액)} = \frac{\text{총고정비}}{\text{공헌이익률}} = \frac{\text{총고정비}}{1-\dfrac{\text{단위당변동비}}{\text{판매가격}}}$$

$$= \frac{1{,}200{,}000{,}000}{1-\dfrac{25{,}000}{50{,}000}} = 2{,}400{,}000{,}000$$

위의 자료에 따른 손익분기점은 다음과 같이 계산할 수 있다.

이 회사가 제품가격을 50,000원으로 책정하여 48,000단위를 판다면, 변동비는 12억 원(25,000 ×48,000)과 고정비 12억 원을 겨우 회수하게 된다. 그런데 60,000단위를 판다면 총매출액은 30억 원(50,000×60,000)이 되고 원가는 변동비 15억 원에 고정비 12억 원을 더한 27억 원이 되어서, 투자금액 20억 원에 대한 목표투자수익률 15%인 3억 원의 이익을 실현하게 된다.

만일 목표이익(3억 원)을 반영한 제품가격(50,000원)에 따른 예상 판매량이 손익분기점에 이르지 못하게 된다면, 목표이익을 수정하여 가격에 변화를 주든가 아니면 마케팅전략을 수정하여 예상 판매량을 수정해야 한다. 이 방법도 고객수요나 반응을 고려하지 않고 있다. 예를 들어, 높은 가격은 낮은 손익분기점에 이어질 수 있지만, 그러한 가격수준에서는 제품이 팔리지 않을 수도 있다.

2. 소비자지향적 가격결정

소비자지향적 가격결정(consumer-oriented pricing)은 제품을 생산하여 마케팅하는 데 소요되는 비용을 뛰어넘어서 표적시장에 있는 소비자들의 제품평가와 이에 따른 수요를 바탕으로 가격을 결정한다. 이익극대화 목표를 가정하는 경제학적 분석에서는 **한계수입**(marginal revenue)과 **한계비용**(marginal cost)이 같아지는 점에서 균형가격이 형성되는 것으로 설명한다. 그러나 한계분석은 수요에 대한 추정이 가능해야 적용할 수 있다.

원가지향적 가격결정은 제품의 원가를 먼저 결정하고 이를 토대로 가격을 결정한 다음에 제품 가치를 고객들에게 설득하고 확신시키는 과정을 거친다. 반면에 소비자지향적 가격결정의 대표적인 예인 가치가격결정은 표적고객들이 자사 제품에 어느 정도의 가치를 부여하는지를 파악하여 목표가격으로 책정한 다음에 그러한 가치를 실현할 수 있도록 원가를 관리한다.

가치가격결정(value pricing)은 가치에 대한 고객들의 지각을 강조하는데, 아주 간단한 가정에 토대를 두고 있다. 즉, 어떤 제품이 고객욕구에 부합되었을 때, 고객은 제품의 차별적 편익을 반영하여 제품의 가치를 파악하게 되고, 이 가치에 상응하는 가격을 기꺼이 부담하려고 한다.

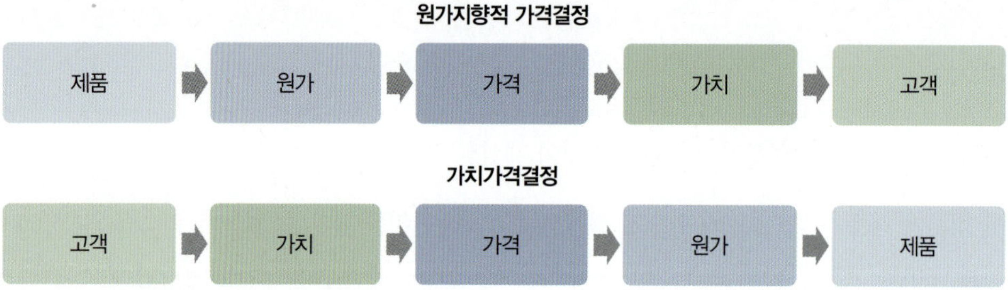

그림 9-6 원가지향적 가격결정과 가치가격결정 비교

특정제품에 대한 고객들의 지각된 가치를 스스로 평가하게 하여 그 가치에 따른 제품가격을 직접 제시하도록 고객들에게 요청할 수 있다. 새로운 제품의 전반적인 경제적 이득(시간절약, 제조원가, 인건비, 유지비용, 사용의 편리성 등)을 추산할 수 있으며, 표적시장에서 이 경제적 이득의 잠재적 가치를 평가할 수 있게 된다. 다른 방법으로는 경쟁제품에 대비되는 특정제품의 여러 가지 특징의 가치에 대한 고객들의 평가를 파악하여, 제품의 지각된 가치를 계산하고, 이를 토대로 가격을 결정할 수 있다.

지각된 가치와 실제 가치 사이의 차이를 이용하여, 동일 가격대에서 기업들은 시장의 평균과 비교하여 자기 제품의 가격을 인상하거나, 신규고객을 유치하여 시장점유율을 확대하려고 하는 경우에는 가격을 인하할 수도 있다.

3. 경쟁지향적 가격결정

경쟁지향적 가격결정(competition-oriented pricing)은 제품가격의 결정에서 경쟁제품의 가격을 가장 중요한 기준으로 여긴다. 이 방법은 소비자들이 경쟁제품들을 유사하게 생각하며 경쟁제품들의 가격을 비교하여 특정 제품을 선택할 것이라고 가정한다. 특히 다음과 같은 경우에는 경쟁제품의 가격이 매우 중요하게 고려되어야 한다.

- 제품의 품질수준이 비슷한 경쟁자들이 다수가 있을 때
- 일부 경쟁자의 재무적 지위가 매우 강할 때
- 제품특징을 쉽게 모방할 수 있고 제품차별화가 어려울 때
- 경쟁자들이 유통경로에 쉽게 접근할 수 있을 때
- 경쟁자들이 높은 수준의 마케팅지식과 기량을 갖고 있을 때
- 경쟁자들이 유사한 원가구조를 갖고 있을 때

경쟁지향적 가격결정에서 가격결정의 기준으로는 시장가격과 입찰가격을 들 수 있다.

1) 시장가격

시장에 경쟁제품들이 이미 존재할 때, 마케터는 경쟁제품의 가격을 기준으로 **시장가격**(going rate)을 책정할 수 있다. 즉, 주요 경쟁자의 제품가격과 비슷한 수준이나 낮은 수준 또는 높은 수준으로 제품가격을 결정할 수 있다. 경쟁자보다 싸게 가격을 매기는 것은 대개 시장점유율을 높이기 위한 공격적 전략으로 이용된다. 특히 후발주자들이 시장선도자를 따라잡기 위해서 추가적인 편익을 제공하거나 낮은 가격으로 제품을 출시하는 경우가 많다. 국제전화사업에서 후발주자인 데이콤과 온세통신은 한국통신보다 낮은 가격수준으로 시장을 확보할 수 있었다. 또한, 마케터는 경쟁제품에 대비되는 제품위상을 구축하거나 강화하기 위하여 가격을 이용할 수 있다. 경쟁제품과 품질이나 특징에서 큰 차이가 없더라도 기업명성이나 상표인지도가 높은 경우에는 이를 뒷받침하기 위해서 높은 가격을 매길 수 있다. 끝으로, 원가구조와 수요의 추정이 어렵고 경쟁자의 반응이 불확실한 경우에는 경쟁자들과 비슷한 가격을 매기게 된다.

특정 가격의 **실행가능성**(feasibility)은 손익분기점과 공헌이익을 통해서 따져볼 수 있다. 즉, 손익분기점을 계산해서 예상 판매량과 비교함으로써 예상이익을 검토할 수 있다. 또한, 단위당 공헌이익과 예상 판매량을 곱해서 얻은 총공헌이익에서 총고정비를 차감함으로써 예상이익을 검토할 수 있다. 예를 들어, 총고정비가 2,000,000,000원이고 단위당 변동비가 51,250원으

로 CD 플레이어를 생산하는 회사가 주요 경쟁자와 같은 150,000원에 판매하기로 하고 물류비용과 소매점의 이익을 고려해서 81,270원에 소매점에 공급하기로 하였다. 이 가격에 판매할 수 있는 예상 판매량은 100,000대이다. 이 경우에 단위당 공헌이익은 30,020원(81,270원−51,250원)이므로 손익분기점 판매량은 66,622대(2,000,000,000/30,020)가 된다. 이때 예상이익은 30,020×33,378(100,000−66,622)=1,002,007,560원이 된다. 두 번째 접근 방법으로는 단위당 공헌이익 30,020원에 예상 판매량 100,000대를 곱하여 얻은 총공헌이익 3,002,000,000원에서 총고정비 2,000,000,000원을 빼면 1,002,000,000원의 예상이익을 구할 수 있다.

2) 입찰가격

입찰 과정은 전통적으로 정부와의 계약에 사용되었으나, 일부 민간 부문의 계약에도 사용되고 있다. 입찰 과정에서는 경쟁이 공개적으로 이루어지며 최저가격을 제시한 공급자가 선정된다. **입찰가격**은 경쟁자의 응찰가격에 대한 정보와 제품 우위에 대한 고객의 의견에 따라 책정된다.

입찰가격에 따라 수익성과 계약의 가능성이 좌우되기 때문에, **기대이익**(expected profit)을 토대로 입찰가격을 책정할 수 있다. 기대이익은 입찰가격에서 비용을 차감한 이익에다 낙찰에 성공할 확률을 곱하여 얻는다. 입찰가격이 높아지면 이익도 커지지만 낙찰확률은 낮아진다. 따라서 각 입찰금액별로 경쟁자의 반응을 고려해서 낙찰확률을 정확하게 추정하는 것이 입찰가격결정에 매우 중요하다. [표 9-3]과 같은 상황에서 입찰가격을 90,000원으로 하게 되면 낙찰확률은 0.7로 높지만 이익이 낮아서 기대이익은 7,000원이 된다. 입찰가격을 110,000원으로 하게 되면 이익은 커지지만 낙찰확률이 높지 않아서 기대이익은 9,000원이 된다. 따라서 기대이익이 가장 큰 100,000원으로 입찰가격을 결정하는 것이 가장 합리적이다.

표 9-3 입찰가격의 결정

입찰가격	원가	이익	낙찰확률	기대이익
90,000	80,000	10,000	0.7	7,000
100,000	80,000	20,000	0.5	10,000
110,000	80,000	30,000	0.3	9,000

Ⅲ 최종가격의 결정

지금까지 우리는 개별제품의 가격이 결정되는 과정을 설명하였다. 마케터는 여기에 더해서 다음과 같은 몇 가지를 더 고려하여 최종적인 가격을 확정하고 실행하게 된다.

1 제품믹스에 대한 가격결정

대부분은 개별제품은 그 기업이 취급하는 제품믹스의 한 부분을 구성하고 있는데, 마케터는 제품믹스 전체의 관점에서 각 제품에 대한 가격을 조정하게 된다. 제품믹스에 대한 가격결정에서는 제품계열에 대한 가격결정, 선택사양제품에 대한 가격결정, 종속제품에 대한 가격결정 및 묶음제품에 대한 가격결정 등이 포함된다.

1. 제품계열에 대한 가격결정

제품계열에 대한 가격결정(product line pricing)은 하나의 제품계열을 구성하는 여러 가지 제품들 사이에 어느 정도의 가격 차이를 둘 것인지를 결정한다. 특정 제품계열의 신제품 가격을 결정할 때, 고객들의 지각을 이해하고 예측할 수 있도록 다음 두 가지 위험에 대처할 필요가 있다.

첫째, 만일 어떤 제품이 제품계열 내의 다른 제품에 비해서 너무 높은 가격으로 시장에 도입된다면, 고객들은 더 매력적인 가격/성능 비율을 갖는 구형의 다른 제품을 계속 선호하기 때문에 신제품의 매출이 신장되지 않을 위험이 있다.

둘째, 제품계열에 속한 다른 제품들에 비해서 너무 낮은 가격을 매기면, 그 제품이 나머지 제품들의 매출에 치명적인 영향을 끼치게 될 수 있다. 즉, 다른 제품들이 팔리지 않게 되며, 신제품의 수요는 폭발해서 기존 시설로는 대응하지 못하게 될 수 있다. 가격은 제품의 **시장잠식**(cannibalization)을 억제하거나 가속화시키는 결정적인 요소이다. 또한, 기존 제품들의 가격인하는 그 제품을 점진적으로 정리하면서 다른 제품으로의 대체를 준비할 수 있게 해준다.

생존을 위해서 역동성이 필요한 하이테크 부문에서 제품계열에 대한 가격결정은 매우 중요하다. 예를 들어, 1991년에 Apple은 1,500명의 종업원들을 해고하게 되었는데, 이들은 고가형 Macs의 일부 시장을 잠식한 저가형 Macintosh의 성공에 대한 희생양이었다. 당시에 Macintosh

의 판매수량은 85%가 증가하였지만 매출액은 13%의 증가에 그쳤으며 1991년 첫 분기의 이익은 제자리걸음을 하였다. 이에 따라 Apple은 수익성을 유지하기 위하여 종업원을 감축하게 되었다.

이와는 달리, 1997년 가을에 Intel은 제품계열을 염가 PC, 중간단계의 성능 PC, 그리고 강력한 기업용 서버시장을 겨냥한 마이크로프로세서로 분할하였다. 이 전략으로 Intel은 $2,000 이상의 고가형인 Pentium Ⅱ Xeon과 같은 현금젖소와 $86에 팔린 저가형 PC에 장착된 Celerons와 같은 제품의 빈약한 이익에 균형을 도모할 수 있었다. 수익성이 가장 좋은 칩은 $1,500 이상을 호가하는 모든 PC의 97%에 사용된 중간범위의 Pentium Ⅱ이었다.

2. 선택사양에 대한 가격결정

많은 기업들이 주력제품과 함께 다양한 **선택사양**(optional-feature)을 제공한다. 예를 들어, 자동차회사들은 기본제품 이외에 자동주행장치, 가죽시트, 선루프 등을 선택하여 추가로 살 수 있게 해주고 있다. 대체로 기본제품에 대해서는 낮은 가격을 매기는 회사들도 이러한 선택사양에 대해서는 상대적으로 높은 가격을 책정하는 경향이 있다.

3. 종속제품에 대한 가격결정

일부 제품(면도기)은 추가로 다른 제품(면도날)의 사용이 불가피하게 수반되어야 하는데, 이러한 제품(면도날)을 **종속제품**(captive product)이라고 한다. 면도기나 카메라와 같은 기본제품과 면도날이나 필름과 같은 종속제품을 함께 생산하는 기업들은 기본제품에 대해서는 상대적으로 낮은 수준의 가격을 책정하고 종속제품에 대해서는 상대적으로 높은 가격을 매기는 전략을 많이 사용하고 있다. 복사기 시장에서 신도리코는 복사기에 대해서는 가격을 높게 책정하지 않지만 토너나 카트리지 같은 소모품에 대해서는 높은 수준의 가격을 책정하여 수익을 실현하고 있다. 반면에, 승용차시장에서 현대자동차는 소모품과 부속품에 대한 가격을 상대적으로 낮게 유지함으로써 승용차시장에서 위상을 강화하고 있다. 애프터시장(after market)의 특성에 따라 종속제품의 가격전략이 달라진다.

4. 묶음제품에 대한 가격결정

많은 기업들이 기본적인 제품과 선택사양 또는 기본제품들을 묶어서 하나의 가격으로 시장에 제시하여 소비자들의 구매를 유도하는데, 이를 **묶음제품에 대한 가격결정**(product-bundle pricing)이라고 한다. 프로야구팀들이 시즌입장권을 개별 경기의 입장권보다 저렴하게 파는 것이나, 튜브형 치약 몇 개를 하나로 묶어서 낱개보다 싸게 파는 것이 여기에 속한다. 일반적으로 소비자들은 묶음에 포함된 모든 것을 사려고 하지 않았을 수도 있으므로 묶음가격으로 그들의 구매를 유도하기 위해서는 묶음가격으로 절약되는 금액이 상당히 커야 한다.

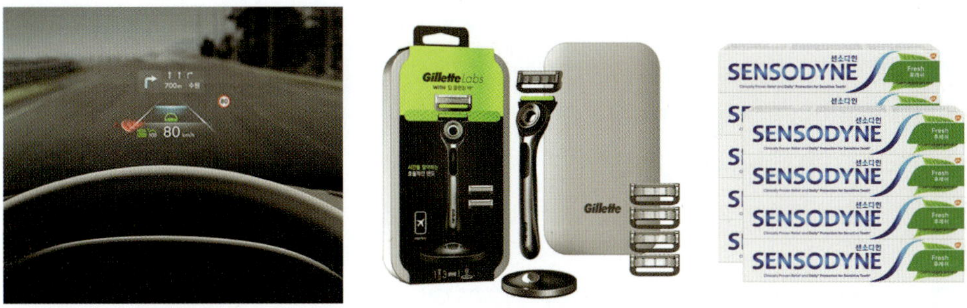

선택사양 종속제품 묶음제품

그림 9-7 선택사양, 종속제품, 묶음제품의 예

2 신제품의 가격전략

신제품에 대한 가격전략은 초기고가전략과 시장침투전략이 있다. **초기고가전략**(skimming pricing)은 시장의 상층부를 흡수하기 위해서 출시가격을 비싸게 책정한다. Intel은 초기고가전략을 많이 활용한다. (1) 비싼 가격을 부담할 수 있는 수요층이 충분히 커야 하고, (2) 소량생산의 단위원가가 가격프리미엄을 상쇄시킬 정도로 높지 않아야 하며, (3) 초기의 비싼 가격이 더 많은 경쟁자들을 끌어들이지 않으며, (4) 비싼 가격이 우수한 제품이라는 이미지를 전달할 수 있을 때, 초기고가전략이 성공할 수 있다. IBM이 가정용 컴퓨터시장을 공략하기로 하였을 때(기존 제품계열에 비해서 저가형 제품으로), 시장의 평균가격보다 높은 수준에서 가격을 결정하였는데, 그 이유는 산업재시장에서 IBM은 습관적으로 다른 기업들보다 높은 가격을 책정했기 때문이다.

시장침투전략(penetration pricing)은 출시 초기에는 시장점유율을 확대하기 위해서 낮은 가격을 매기고 차츰 가격을 인상하는 전략이다. 이 전략을 추구하는 기업들은 매출액 규모가 확대되면 단위원가가 낮아지기 때문에 초기에 시장점유율을 확대하는 것이 장기적인 이익을 확대해 준다고 믿는다. 즉, 시장이 가격에 민감하다는 가정에서 가장 낮은 가격을 선택한다. Texas Instruments는 이러한 시장침투전략을 실행하고 있다. TI는 큰 공장을 짓고 가능한 한 가격을 낮춰서 시장점유율을 확보함으로써, 급격한 원가절감을 경험하고 다시 원가가 절감되는 만큼 가격을 인하한다. (1) 시장이 가격에 아주 민감해서 싼 가격이 시장성장을 자극하고, (2) 누적 생산량이 증가함에 따라 생산과 유통원가가 줄어드는 경험곡선효과가 발생하고, (3) 싼 가격이 실제 및 잠재적 경쟁을 억제해줄 수 있을 때, 시장침투전략이 성공할 수 있다. Apple이 기업시장을 공략하기로 하였을 때, 고품질의 Macintosh가 시장의 경쟁자들의 가격에 비해서 상대적으로 낮았다. 이것은 Apple사가 모든 사람들에게 컴퓨터를 이용할 수 있게 한다는 사명으로 출발하였다는 상징성 때문이었다.

3 고객의 심리적 반응을 고려한 가격전략

최종적인 가격을 결정할 때, 고객의 심리적 반응도 반영되어야 한다. 고객의 심리적 반응을 고려한 **심리적 가격결정**(psychological pricing)에는 긍지가격, 단수가격, 유인가격, 준거가격 등이 있다.

많은 소비자들은 가격과 품질 사이의 **연상관계**(price-quality association)를 형성하고 있어서, 가격이 비싼 제품은 품질이 좋을 것이고 가격이 싼 제품은 품질이 좋지 않으리라 생각하는 경향이 있다. 일반적으로 소비자들은 품질을 판단할 수 있는 정보가 부족하거나 제품속성을 파악하는데 어려움이 있는 경우에는 가격을 품질의 지표로 사용한다. 이러한 현상을 반영하여 제품가격을 높게 책정함으로써, **긍지가격**(prestige price)은 고급품질 이미지를 전달하거나 사회적 지위를 강화할 수 있다.

소비자들의 심리적 반응에 따라 가격을 변화시키는 다른 방법으로 **단수가격**(odd price)이 있다. 이는 정수보다 약간 낮게 가격을 책정함으로써 실제보다 제품가격이 저렴한 것으로 지각되게 하는 방법이다. 예를 들어, 제품가격이 각각 1,000원과 990원인 경우에, 가격 차이가 거의 없지만 소비자들은 990원을 훨씬 싸다고 느낄 수 있다. 이처럼, 실질적인 가격 차이는 별로 나지 않지만 소비자들이 심리적으로 느끼는 가격 차이로 인해서 매출액에 변화가 발생할 수 있다.

유인가격은 유통업체의 전단지에 제시한 가격과 같이 소비자를 유인할 목적으로 아주 저렴하게 가격을 매기는 경우로 때로는 원가 이하로 팔 때도 있으며 보통은 수량을 한정하는 경우도 있다.

긍지가격

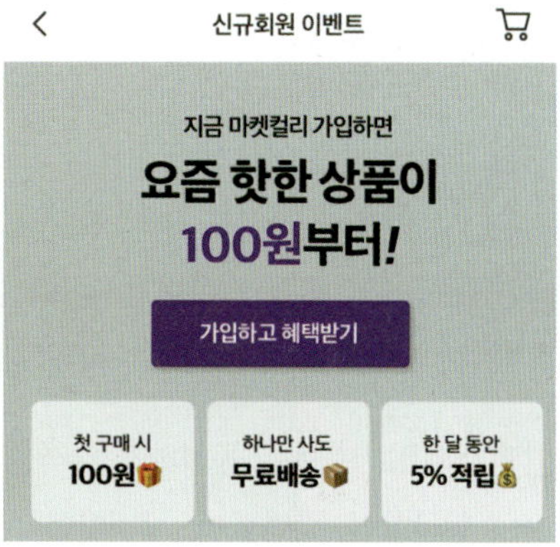

유인가격

그림 9-8 긍지가격과 유인가격 제품의 예

심리적 가격결정의 또 다른 유형은 **준거가격**(reference price)이다. 이는 어떤 제품을 구입하려고 할 때 자신이 심리적으로 적정하다고 생각하는 가격수준을 의미한다. 소비자들은 현재의 전반적인 제품가격, 과거의 구매경험 등을 토대로 준거가격을 갖게 되고 이를 기준으로 사게 된다. 만일 준거가격과 실제가격을 비교하여 실제가격이 준거가격보다 저렴하다고 판단하게 되면, 그 제품이 싸다고 생각하여 쉽게 구매하게 될 것이다. 소비자가 어떤 제품을 살 의사가 있는 최고가격을 **유보가격**(reservation price)이라고 한다. 즉, 특정 제품의 가격이 이 수준을 넘어가면 그 소비자는 너무 비싸다고 생각하여 사는 것을 유보하게 된다. 또한, 제품의 품질에 의문을 제기하지 않으면서 가장 저렴한 가격을 **최저수용가격**(lowest acceptable price)이라고 한다.

4 차별가격과 할인가격

기업들은 소비자들의 수요가 차이가 있을 때, 동일 또는 비슷한 상품에 대하여 차별적으로 가격을 매기기도 한다. 차별가격의 유형으로는 시기별·장소별·상품유형별·고객유형별 차별가격이 있다.

시기별 차별가격으로는 계절별·요일별·시간대별로 가격이 다른 것으로 골프장 입장료를 주말과 주중으로 다르게 책정하거나 극장 입장료를 시간대에 따라 다르게 결정하는 것이 그 예이다. 장소별로는 야구장 입장료나 음악회 입장료와 같이 좌석의 위치에 따라 가격이 다르며, 같은 우유라도 고온 살균, 저온 살균 우유의 값이 다르고, 일반 우유, 저지방, 무지방 우윳값이 다른 것이 상품 유형별 차별가격이다. 수도료나 전기료는 같은 상품이지만 일반 가정용, 상업용, 산업용으로 가격이 다른데, 이것은 고객별 차별가격의 예라고 할 수 있다.

할인가격은 처음에는 동일하게 가격을 책정하였다가 일정한 기준이 되면 가격을 내려주는 것으로 현금할인, 수량할인, 계절할인, 기능할인 등이 있다. 현금할인은 외상이나 카드로 주로 결제하는 업계에서 현금으로 결제하면 할인해주는 것이고, 수량할인은 일정 수량 이상 구매하는 고객에게 할인해주고, 계절할인은 계절성 상품을 비수기에 구매하면 할인해주는 것, 기능할인은 업자할인이라고도 하는데 생산자가 거래 과정에서 도매상이나 소매상에게 할인해주는 것이다.

사례 | 400권의 책에서 찾은 전략 … 휴럼, 400억대 기업으로

서울 가산동에 있는 휴럼은 건강기능식품 회사다. 과거 주력 제품은 요거트 제조기였다. 이 제품을 판매하던 후스타일이 휴럼과 합병했다. 후스타일의 전기가 필요 없는 요거트 메이커는 200만 개나 팔렸다. 현재 간판 제품은 유산균과 40~50대를 겨냥한 '황후의 보이차 다이어트'다.

김진석 휴럼 사장은 "기업은 정체해 있으면 망할 수밖에 없다. 항상 성장을 이끌 다음 제품은 무엇인지 고민한 결과"라고 말했다.

후속 전략을 준비하다 김 사장은 2000년대 초 요거베리란 카페를 열어 본격적으로 사업을 시작했다. 해외 20여 개국에 매장을 내며 2012년 무역의 날 수출상도 받았다.

국내에서는 자금력의 한계로 더 이상 성장이 불가능하다고 판단한 김 사장은 해법을 찾기 위해 공부를 시작했다. 그는 매년 150권 가량의 책을 읽는다. 비싼 컨설팅을 받는 것보다 책을 보고 해법을 찾았다. 미국 프랜차이즈들을 연구한 결과 두 가지 성장전략을 찾아냈다. 하나는 제품을 통한 성장이고,

다른 하나는 인수합병(M&A)이었다. 예컨대 스타벅스는 커피뿐만 아니라 텀블러, 커피메이커도 판매한다.

김 사장은 제품으로 승부하기로 했다. 요거트 메이커를 제작해 팔기로 하고 시장조사를 시작했다. 조사결과 기존 요거트 메이커를 잘 쓰지 않는 이유를 알아냈다. 이유는 귀찮다는 것이었다. 밥솥 같은 필수품이 아닌데 발효시키고, 청소하는 과정 등이 복잡했다. 이를 해결한 제품을 내놨다. 전기를 사용하지 않는, 청소가 쉬운 제품이었다. 열 대신 뜨거운 물을 사용했다.

판매망은 주부들이 주로 보는 홈쇼핑을 선택했다. 홈앤쇼핑의 중소기업 지원 프로그램 '일사천리'를 통해 기회를 잡았다. 김 사장은 브랜드 인지도가 낮은 제품을 홈쇼핑에서 성공시키려면 무엇이 필요한지 연구했다. 홈쇼핑 구매에 영향을 미치는 세 가지는 브랜드, 사은품, 쇼호스트였다. 사은품만 그가 어떻게 해볼 수 있었다. 첫 사은품으로 키친아트 무선주전자를 택했다. 김 사장은 "소비자가 '저 제품은 대략 얼마 정도 할 거야'라고 생각하는 준거가격을 활용했다"고 했다. 무선주전자는 4만~5만 원 정도라고 생각하는 것을 이용했다. 39,800원짜리 요거트 메이커를 사면 주전자를 사은품으로 줬다.

물량도 조절했다. 흰색과 핑크색 두 가지 색상 가운데 핑크색 물량을 소량 제작했다. 핑크색이 조기에 매진되자 주력인 흰색 제품 판매에 가속도가 붙었다. 첫 방송 18분 만에 준비한 수량을 모두 팔았다. '대박'이었다.

…

김 사장은 경영전략, 발명, 아이디어 등 다양한 분야의 책 4,000여 권을 읽었다. 책에서 배운 것을 사업에 활용한다. 논문도 열심히 본다. 휴럼 사무실 곳곳에는 책장이 놓여 있다. 그는 "혼자 창업해 회사를 키우면서 책의 힘을 믿게 됐다"고 말했다.

신제품개발에 큰돈을 들이는 것을 김 사장은 꺼린다. 그는 "하이테크 제품은 연구개발비가 많이 들고 수익을 올리는 데 시간이 걸리지만 로테크 제품은 이미 시장이 형성돼 있어 당장 캐시카우(cash cow)가 될 수 있다"며 "이 분야에서 기능을 개선하거나 원가를 줄이는 획기적인 아이디어를 찾는 게 우리 목표"라고 말했다. "황후의 보이차 다이어트는 직원들의 집단지성을 통해 개발한 제품"이라고 김 사장은 말했다.

출처: 김낙훈, 한국경제 2018. 07. 15.

5 지역별 가격전략

상품의 가격결정에서 수송비를 비롯한 물류비의 비중이 큰 경우 지역에 따라서 가격을 달리 책정할 수 있다. 우리나라의 경우는 지역이 넓지 않아 전국적으로 균일가격을 채택하는 경우가 많으나 땅이 넓은 미국이나 러시아 같은 경우는 동일 상품이라 하더라도 지역에 따라 다른 가격을 책정할 수 있다.

균일가격(uniform delivery pricing) 혹은 우편가격은 전국적인 운임평균을 모든 상품에 반영하여 전국적으로 동일한 가격을 책정하는 경우이고, **지대가격**(zone pricing)은 운임에 따라 전국을 몇 개의 지역으로 나누어 지역별로 다른 운임을 반영하여 가격을 다르게 책정하는 것이다. 거기에 비해 **기점가격**(basing-point pricing)은 일정 기점을 기준으로 하는 경우로서 특정 공장에서의 거리에 따라 가격을 다르게 책정하는 경우이다. **공장인도가격**(FOB pricing)은 상품의 가격결정에 운임은 포함하지 않고 구매자가 운임을 부담하는 경우이다.

Ⅳ 가격의 변경

보통 한 번 책정한 가격은 장기적으로 변경하지 않지만, 기업은 다양한 환경 변화에 따라 때로는 가격을 조정해야 한다. 이 조정은 가격을 올리는 가격인상과 가격을 낮추는 가격인하의 두 가지 경우로 나눌 수 있다.

① 가격인상

원가인상 요인(예: 원재료 가격 상승 또는 임금 인상과 같은 비용)의 증가

제품의 개선 또는 브랜드 재포지셔닝으로 인한 변경

기업이 독점적 지위 획득으로 경쟁 가격을 변경하여 높은 이익을 얻어야 하는 경우

② 가격인하

원가 감소 요인(예: 원재료 가격 하락 또는 임금 감소와 같은 비용)의 증가

경쟁 심화로 인한 가격 경쟁력 강화를 위해 가격을 낮추는 경우

이러한 가격 조정은 기업의 경쟁 환경과 비용 구조에 따라 달라지며, 경영 전략에 따라 적절하게 채택한다.

사례 | 빼빼로와 Hershey 가격인상 전략

지난 2018년 4월 롯데제과는 빼빼로의 가격을 1통에 1,200원에서 1,500원으로 인상하면서 무게는 46g에서 54g으로 인상하였다. 빼빼로의 가격인상과 무게의 변동을 살펴보면 2015년에는 무게만 52g에서 46g으로 줄였고, 2014년에는 가격을 1,000원에서 1,200원으로 올리는 대신 무게를 42g에서 52g으로 올렸다. 빼빼로는 1983년 50g, 200원으로 시작하여 계속 무게와 가격의 변화를 주면서 오늘에 이르렀다. Hershey 초코렛은 지난 25년 동안 가격을 4번 인상하는 동안 무게는 14번이나 변경하였다고 한다. 이처럼 지각의 변별식역 Weber의 법칙을 이용하여 소비자들이 지각하지 못하는 범위 내에서 무게의 변화를 주고 가격인상은 최소화 한다.

주요 용어

가격결정 목표
가격결정의 시장 요인
가격과 품질 사이의 연상관계
가격탄력성(price elasticity of demand)
가산이익률 가격결정
가치가격결정(value pricing)
경험곡선효과(experience curve effect)
고정비(fixed cost)
공헌이익(contribution margin)
긍지가격(prestige price)
긍지가격결정(prestige pricing)
단수가격(odd price)
목표이익 가격결정(target return pricing)
묶음제품에 대한 가격결정
(product-bundle pricing)
변동비(variable cost)
선택사양에 대한 가격결정
손익분기점(break-even point)
수요의 법칙
시장가격(going rate)
원가가산 가격결정법
원가지향적 가격결정(cost-oriented pricing)
유보가격(reservation price)
입찰가격
제품계열에 대한 가격결정
(product line pricing)
종속제품에 대한 가격결정
준거가격(reference price)
지각된 가치
초기고가전략(skimming pricing)
최저수용가격(lowest acceptable price)
침투가격(penetration pricing)
한계분석(marginal analysis)

연습문제

01 마케팅전략에서 가격이 수행하는 역할을 마케팅믹스의 다른 요소들과 비교하여 설명하시오.

02 가치가격결정의 장 · 단점을 원가지향적 가격결정과 비교하여 설명하시오.

03 고객이 준거가격을 결정하는 방식은 소비자지향적 가격결정에서 마케터에게 어떻게 영향을 끼치는지를 논의하시오.

04 특정 제품을 선택하여 수요의 가격탄력성을 구하고, 그 제품의 가격결정과 수익성에 어떤 영향을 끼치는지를 논의하시오.

05 가격결정에서 손익분기점은 어떤 역할을 수행하는지 설명하시오.

06 소비자들이 가격에 대한 정보를 어떻게 처리하는지를 설명하시오.

07 신제품의 가격을 결정할 때 어떤 요인들을 고려해야 하는지 설명하시오.

CHAPTER 10

촉진전략

Ⅰ. 촉진믹스와 IMC

Ⅱ. 커뮤니케이션 과정의 기본모형

Ⅲ. 효과적인 촉진전략

Ⅳ. 촉진수단의 종류

Ⅴ. 뉴노멀 시대의 시장 변화를 고려한 촉진 전략

학습목표

- 촉진믹스와 IMC에 대해 알아본다.
- 커뮤니케이션은 어떻게 이루어지는지 알아본다.
- 촉진전략의 개발방법에 대해 이해한다.
- 촉진수단의 수단에 대해 살펴본다.
- 온라인과 모바일환경에서의 촉진방법을 살펴본다.
- 엔데믹시대에 촉진전략에서 고려해야 할 뉴노멀시대 시장변화에 대해 알아본다.

주요 내용

우수한 품질의 제품을 개발하여 소비자들이 감당할 수 있는 가격으로 편리한 곳에서 살 수 있도록 한 후에, 마케터는 소비자들에게 정보를 제공하고 사도록 설득하는 촉진활동을 하게 된다. 정보를 제공하는 것은 고객들이 제품에 대한 결정을 할 수 있도록 제품에 대해서 알려주는 것을 의미한다. 예를 들어, 마케터는 자사상표의 인지도를 창출하기 위해서 자사상표의 특징, 가격 및 판매장소 등에 대하여 광고를 통해서 일반대중에게 알려준다. 또한, 소비자들이 자사상표를 사고 싶은 마음을 자극하거나 상표태도를 호의적이게 하거나 리베이트나 경품을 제공하여 구매를 장려한다.

이번 장에서는 기업이 소비자들에게 정보를 전달하고 설득하는데 사용할 수 있는 다양한 수단들을 알아보고, 커뮤니케이션의 기본모형을 설명한 후에, 촉진전략을 개발하는 과정에서 주요 쟁점들을 살펴보며 촉진수단들 광고를 제외한 판촉과 인적판매 PR등에 대해 살펴보며 광고는 다음 장에서 집중적으로 다루기로 한다.

Ⅰ 촉진믹스와 IMC

촉진(promotion)은 소비자에게 자사의 제품과 서비스 및 아이디어를 알리고 구매하도록 유도하는 판매자 주도적인 모든 노력으로, 이 과정에서 동원할 수 있는 모든 마케팅수단과 정보 및 설득의 채널이 가동되기 때문에 마케팅커뮤니케이션(marketing communication)이라고도 한다. 이러한 촉진과정에는 **광고**(advertising), **판매촉진**(sales promotion), **인적판매**(personal selling), **PR**(public relations) 및 **직접마케팅**(direct marketing)이 기본적으로 활용된다. 최근 정보기술의 발달로 전통적인 매체(신문, 잡지, 라디오, 전화, TV 등)뿐만 아니라 뉴미디어(유튜브, 페이스북, 블로그, 앱)를 통해서도 이해관계자 및 일반대중과 의사소통이 가능해졌다. [표 10-1]에서 알 수 있듯이, 커뮤니케이션 수단은 더욱 다양해지고 사용단가는 획기적으로 낮아졌으며, 새로운 커뮤니케이션 매체를 통해서는 일 대 일 맞춤형 커뮤니케이션도 가능해졌다. 판매전단계, 판매단계, 소비 및 소비후단계에서 기업과 고객이 쌍방향으로 의사소통 할 수 있는 가능성이 극대화되었다. 정보흐름이 **일방향적**(one-way) 커뮤니케이션인 전통적 촉진과 달리, 최근에는 다양한 이벤트, 스폰서십, 전시회를 진행하면서 인터넷, 뉴미디어 및 4차산업 커뮤니케이션 매체를 결합할 수 있게 되어 쌍방적인 커뮤니케이션의 잠재성도 보다 높아짐과 동시에 중요성도 배가되고 있다.

표 10-1 마케팅 커뮤니케이션 수단

광고	판매촉진	홍보(PR)	인적판매	직접마케팅	뉴미디어
신문광고	경품	보도자료	판매/영업	카달로그	페이스북
잡지광고	쿠폰	연설/강연	대리점영업	우편물	트위터
라디오광고	프리미엄	세미나	판매회의	텔레마케팅	유튜브
TV광고	리베이트	연례보고	전문상담판매	온라인쇼핑	인스타그램
옥외광고	무료견본품	기부/후원	중간상영업	홈쇼핑	블로그
디스플레이광고	사은품	간행물	방문판매	팩스	앱활용
POP진열광고	전시박람회	사보		이메일	e-카달로그
포스트/전단지	PPG/PPL	지역사회활동		보이스메일	
상공인명부	삽입광고	각종행사			

주도면밀하게 기획된 기업의 이러한 촉진활동은 마케팅믹스 및 다양한 기업활동과 통합되어 운영되며 이러한 과정에서 마케터는 기업 내외부의 이해관계자들과 의사소통을 강화한다. 한 예로 제품스타일, 가격, 포장, 복장과 매너 및 영업점의 다양한 실내장식 등이 복합적으로 결

합되어 상표나 기업이미지에 대한 정보가 소비자들에게 다가가며, 이러한 정보를 토대로 소비자는 해당기업이나 관련 브랜드를 지각하고 판단한다. 또한, 기업문화와 관행, 경영철학, 기업사명 등과 같은 기업차원의 전략적이고 포괄적 활동도 고객 및 이해관계자들에게는 해당 기업을 평가하는 주요한 정보원천이 되기도 한다. 이런 맥락에서 나이키 본사는 동남아지역 일부 공장에서 미성년자들을 고용하고 열악한 작업여건에서 노동을 강행한다는 보도로 어려움에 처하기도 하였다.

이처럼 기업과 고객 및 이해관계자들 사이의 커뮤니케이션은 전통적인 촉진활동을 포함하여 기업수준의 전략적 활동까지 다양한 접점에서 이루어지고 있다. 기업과 소비자가 만나는 이러한 접점에 대한 이해가 해당 기업에는 매우 중요한데, **접점**(contact point)은 스칸디나비아항공사의 사장이었던 얀칼슨(Jan Carlson)이 일반화한 개념이다. 그는 고객의 선택에 커다란 영향을 끼치는 기업과 소비자의 상호작용을 인식하고, 이를 진실의 순간(moment of truth: 결정적 순간이라고도 함)이라고 하였다. 소비자와 기업 사이에 의사소통이 이루어지는 접점은 광고나 PR과 같은 **대중매체접촉**(mass media contact), 판매촉진과 패키징과 같은 **상황적 접촉**(situational contact), 인적판매와 직접마케팅을 포함하는 **인적접촉**(personal contact), 그리고 스폰서십과 고객서비스 등을 포함하는 **경험적 접촉**(experiential contact)으로 분류된다.

한편, 기업이나 상표에 대한 소비자들의 지각은 위에서 언급한 여러 마케팅 정보원천을 통하여 종합적이고 전반적인 이미지로 구현되어 개별상표 및 기업에 대한 의견을 형성하게 된다. 예를 들어, 제품의 상품화나 디자인, 상표명, 판매점이미지 등의 적절한 마케팅활동과 함께 제품의 높은 가격이 소비자에게 제품의 우수성과 연계된 것으로 인식되도록 할 수 있다. 높은 브랜드자산을 구축하려는 기업은 고객과 이해관계자들에게 일관된 모습(one look)과 단일화된 목소리(one voice)로 차별화된 하나의 이미지(one image)를 구축할 수 있는 광범위한 촉진, 마케팅 및 기업활동을 조정하고 통합해야 한다. 이는 **통합적 마케팅 커뮤니케이션**(IMC: Integrated Marketing Communication)이라는 개념으로 통칭되고 있으며 최근에는 이러한 개념을 360도 브랜딩이라는 새로운 개념으로 그 영역을 확대해 나가고 있다. IMC의 핵심은 다양한 매체를 통해서 고객 및 이해관계자들에게 전달되는 메시지의 조정·통합(orchestration)과 촘촘하고 부드러운 커뮤니케이션 실행에 있다. IMC활동을 통해 마케팅 커뮤니케이션 수단뿐만 아니라 마케팅활동 및 그 이상의 커뮤니케이션 활동이 통합되고 일관된 기업활동으로 전개되어 비용낭비를 줄임과 동시에 여러 촉진수단들 사이에 시너지효과를 얻을 수 있다.

사례 | PR 마케팅: 브랜드 평판 관리의 핵심 능력

기업들이 사회의 일반사람들(공중)과 우호적인 관계를 구축해나가기 위해 PR마케팅을 전개한다. 마케팅의 촉진 믹스의 범주에서 불특정 다수까지 그 영향력을 전이시켜나가야 하는 영역이기에 마케팅의 영역에서도 가장 근본적이고 마케팅 메시지를 잘 전달하는 중요한 마케팅 툴이다. 공중관계는 고객을 고관여로 참여시키며 고객이 브랜드 스토리 부분으로 만들 수 있는 힘을 가지고 있다.

애플의 아이패드 PR마케팅 사례

▶**사전마케팅** – 아이패드 신제품 런칭은 머천다이징 산업에서 가장 혁신적이고 성공적인 하나였다. 사전광고 없이 신제품을 런칭하였고, 애플은 단순히 PR마케팅에만 집중했다. 사전평가 방식을 도입하여 아이패드를 배포하고, 온라인 및 오프라인으로 구미가 당기는 토막뉴스를 제공하며 수천 개의 구매 가능한 아이패드 앱에 대한 온라인 열기를 제공함으로써 아이패드 출시 예고의 입소문을 구축했다.

▶**출시마케팅** – 아이패드 시판시기에는 TV시트콤 모던패밀리에 단역 출연, TV토크쇼에 시판 당일 출연 및 다른 이벤트를 이용해 그 열기에 활력을 불어 넣었다. 하루 이틀전부터 애플매장에 줄을 세우고 밤을 지새는 프레임들이 전세계 주요 이슈 뉴스에 나오게 하였고 공중관계만으로도 아이패드 런칭은 끊임없이 이어지는 소비자 흥분과 미디어 열광을 창출하였다.

▶**사후마케팅** – 애플의 아이패드 성공사례의 공중관계(PR)마케팅의 성공적인 이슈 이후에도 아이패드2, 아이폰 시리즈들의 신제품들이 나올 때면 미국은 물론 전세계적으로 줄세우는 문화는 여전히 유효하게 이어져 가고 있다. 이처럼 공중관계에 집중하는 마케팅에 집중하는 것들을 마케터들은 체득해야한다.

PR마케터가 기획, 운영, 전개해가야 할 공중관계 역할들

▶**언론사 및 PR대행사와의 관계 선구출 :** 사람, 제품, 혹은 서비스에 대한 주의를 끌고 브랜드를 구축하기 위해 네이버에 노출되는 미디어에 트랜디하고 이슈적이며 가시성이 높은 정보를 기획 개발하고 제공하는 역할

▶**신제품 퍼블리시티 능력 :** 신제품, 신서비스관련 뉴스를 기획하고 작성하며 각 언론사의 컨셉과 타깃에 부합되도록 뉴스 송출하는 능력

▶**공중 문제 :** 커뮤니티를 중심으로 전국적인 또는 지역적인 온오프라인적인 커뮤니티 관계를 구축하고 유지해가는 역할

▶**로비 활동 :** 입법과 정부 규제에 영향을 미치기 위하여 입법관계자나 정부관료, 정치인, 지방의회 의원, 조례를 만들고 법의 선진화에 고관여 하는 사람들과의 관계를 구축하고 유지하는 역할

▶**투자관계 :** 금융 커뮤니티에 있는 주주나 이해관계자들과 관계를 유지하는 역할

▶**CSR마케팅과의 연계 :** 자발적인 후원과 기부를 통하여 비영리 단체의 관계자 및 회원들과 공중관계를 유지하는 역할 등

브랜드평판의 시대 필수 뉴스마케팅과 뉴스 릴리즈 마케팅 및 PR마케팅을 통한 공중관계의 실행

기업들이 지향하는 마케팅 전략, 컨셉, 프레임, 메시지에 부합되게 브랜드 평판을 관리하기 위해 하는 PR마케팅, PR바이럴마케팅, PR SNS마케팅, 뉴스마케팅, 뉴스 릴리즈 등은 타깃 고객군에 영향을 줄 수 있다. 기업의 이미지를 제고하며, 판매량 증가에 직간접적인 영향을 미치는 것이 사실이며, 요즘 처럼 모바일 그리드시대에 보여주는 화면의 크기가 작아지고 노출되는 네이버 섹션별 갯수가 적게 뿌려질때에는 PR마케팅 관점에서 뉴스 송출마케팅과 뉴스 릴리즈 마케팅은 그 효과가 가장 우수하다고 할 수 있다. 단순히 트레픽이나 노출횟수, 인지, 이해 또는 태도변화의 설문조사, 매출액과 수익에 대한 공헌도식의 측정도 좋은 방식이지만, 브랜드 평판지수로 새로운 기준점을 제시하고 있는 한국기업평판연구소의 브랜드평판 발표 사례를 기업의 마케터, MD, BM, CM, PR마케터, SNS마케터, 광고기획자, 카피라이터, PR대행사, CEO 들까지 학습하고 그 지수들의 추이들을 면밀히 관찰하는 전략적인 접근이 필요한 시대다.

새로운 브랜드마케팅의 평가요소

고객들의 관점에서 참여지수, 미디어지수, 소통지수, 커뮤니티지수, 사회공헌지수, 브랜드 평판지수등을 선고려한 PR마케팅 전략과 실행 스케줄, 마케팅PR프로그램 설계 및 적용, 네이버 언론으로의 체계적인 송출이 필요한 시대다. 단순히 공중관계를 우호적으로 구축하고 유지하는 것이 목적이었던 오프라인과 온라인 마케팅만 있을 때와 지금 모바일마케팅이 중심이 된 현재에는 브랜드평판들이 빅데이터마이닝을 통해 추출되어지고, 조사 분석되어지며 실시간으로 그 추이가 변동되는 시대에서 마케터들의 전문성 또한 고도화되고 초연결되어져야 한다.

출처 : 미래한국(http://www.futurekorea.co.kr)

Ⅱ 커뮤니케이션 과정의 기본모형

촉진관리를 위해서는 커뮤니케이션이 어떻게 이루어지는지를 알 필요가 있다. 일반적으로 커뮤니케이션(communication)은 "발신자와 수신자 사이의 정보전달, 아이디어 교환, 그리고 생각의 공유나 합일을 형성하는 과정" 등으로 정의되는데 여기에서는 두 가지 측면에 특히 주목해야 한다. 즉 커뮤니케이션이 발생하기 위해서는 수발신자가 능동적으로 정보를 교환하는 공유관계(sharing relationship)를 통해서 생각을 일치시킨다는 점과 서로의 생각이 전달되는 과정이

기 때문에 구조적으로 분석되고 이해되어야 하는 하나의 과정(process)이라는 점을 잘 인식해야 한다.

그렇다면, 발신자와 수신자의 생각이 어떻게 같아지게 되는가? 발신자가 전달하려는 생각은 개념과 의미의 단위인 스키마(schema)로 기억화되어 있는데, 본인의 생각을 수신자에게 직접 전달할 수 없기 때문에 발신자는 기호를 사용하게 된다. 즉, 발신자는 자신의 생각을 기호와 전달수단(소리)을 통해서 물리적 자극(음파나 글자)으로 전환하여 수신자에게 전달한다. 그러면, 수신자는 감각기관을 통해서 자극의 물리적 에너지를 정신적 에너지로 전환하여 해석함으로써 발신자의 생각을 파악할 수 있게 된다. 이러한 커뮤니케이션이 이루어지는 과정은 [그림 10-1]과 같이 9가지 요소로 설명할 수 있다. 커뮤니케이션의 주요 참여자로는 발신자와 수신자가 있으며, 수단에는 메시지와 매체가 있고, 커뮤니케이션 기능에는 부호화, 해독, 반응 및 피드백이 있다. 그리고 노이즈(noises)는 커뮤니케이션의 모든 단계에서 발생할 수 있는 방해요소이다.

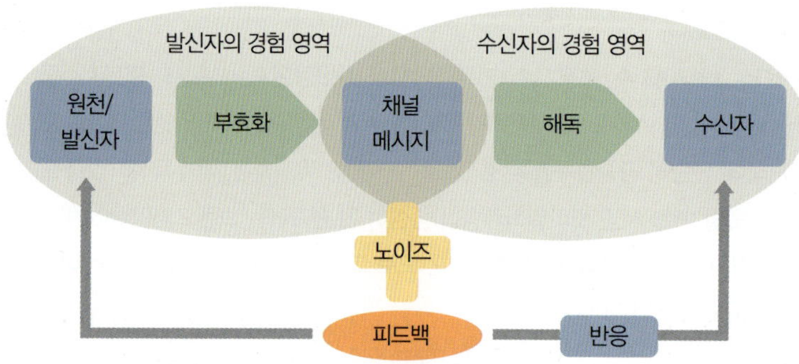

그림 10-1 커뮤니케이션의 기본모형

① 발신자/부호화

커뮤니케이션의 발신자 또는 원천은 다른 사람이나 집단과 정보를 공유하려는 사람이나 조직을 의미한다. 원천(source)은 사람(판매원이나 광고모델)이나 비인적 실체(기업 자체나 매체수단도 종종 원천으로 간주함)가 될 수 있어서 다면적 개념이다. 예를 들어, 광고모델과 광고주 모두가 정보원천이 된다. 다른 예로 컴퓨터잡지에서 개인용 컴퓨터에 관한 기사를 읽는 경우에는 그 잡지가 원천이며, 친구나 친척 혹은 이웃 등에서 소비정보를 획득하는 인적원천도 있다. 즉 원천은 발신자의 생각을 전달하는데 직접 또는 간접적으로 관련된 사람과 실체를 지칭한다.

청중이 이러한 정보원천을 어떻게 생각하느냐에 따라 커뮤니케이션 효과가 달라질 수 있다. 매력적이고 믿을 수 있는 원천일수록 전달에 따른 설득효과가 높아진다.

수신자에게 전달할 생각이나 아이디어를 표현하기 위하여 문자, 그림, 말 등과 같은 원천을 이용하게 되는데, 이 과정을 **부호화**(encoding)라고 한다. 부호화는 생각이나 아이디어 또는 정보를 상징적 기호로 전환시키는 것을 지칭한다. 발신자 입장에서는 수신자가 확실하게 이해할 수 있도록 자신의 생각을 기호화하는 것이 중요하다. 이를 위해 표적청중이 친숙하고 쉽게 이해할 수 있는 단어나 기호 혹은 상징물을 이용한다. 따라서 부호화수단은 발신자/수신자 사이에 공유된 경험이 존재하는 지점에서 발굴되어야 한다.

② 메시지

정보원천이 전달하고자 하는 생각이나 의미를 부호화한 결과가 **메시지**(message)이다. 메시지는 언어적이거나 비언어적일 수 있으며, 구어체나 문어체가 될 수 있고, 상징적 형태나 기호로 표현된다. 메시지는 매체수단을 통해서 전달되는데 전달력 있고 적합하게 만들어져야 한다. 커뮤니케이션효과는 메시지의 **실제적 표현**(actual words)보다 메시지가 전달하는 인상(impression)이나 이미지에 좌우되는 경향이 있다. 예를 들어, 향수광고에서는 매력적인 광고 모델, 디자인, 상표명과 같은 부가적인 요소를 사용하여 이미지나 인상을 형성하여 소비자가 매혹적인 느낌을 경험하도록 전달한다.

③ 경로

경로(channel)는 발신자나 원천으로부터 수신자에게 커뮤니케이션 대상을 이동시키는 방법이나 수단을 말한다. 이는 발신자와 수신자를 연결시켜 상표와 고객 및 이해관계자들이 서로 접촉할 수 있게 하는 브릿지로 인적경로와 비인적경로로 크게 나눌 수 있다. **인적경로**(personal channel)는 청중과 직접적인 대인접촉이 이루어지는 수단으로 인적판매와 구전 커뮤니케이션이 있는데, 즉각적인 피드백이 가장 큰 장점이다. **비인적경로**(nonpersonal channel)는 인적접촉이 없이 메시지를 전달하는 것으로 일반적인 **대중매체**(mass media)가 해당된다. 비인적경로는 일시에 많은 메시지 전달이 가능하데, 인쇄매체와 방송매체 및 기타매체가 있다. 상표메시지에 노출될 수 있게 해주는 모든 사람, 사물 및 사건이 매체가 될 수 있는데, 제품 그 자체나 포장 또는 기업로고도 상표메시지를 전달해 주는 매체다.

소비자와 기업 사이에 이루어지는 정보관련 상호작용을 **상표접점**(brand contact point)이라고 한다. 특정 상표를 이용하는 지점, 대중매체를 통해 상표에 대한 기사나 보도내용을 읽거나 시청하는 지점, 상표에 대해서 소비자들 간에 이야기하는 지점, 도로에서 회사의 트럭을 통해 상품이나 기업을 인지하는 지점 등이 모두 상표 접점에 해당한다.

④ 수신자/해독

수신자는 발신자의 생각이나 정보를 공유하려는 사람이다. 일반적으로 수신자들은 일반 청중이나 표적시장을 구성하고 있는 소비자들로, 이들은 마케터의 메시지를 읽거나 듣거나 혹은 보고 그것을 해석하여 반응하게 된다. **해독**(decoding)은 발신자의 메시지를 생각이나 정보로 바꾸고 해석하는 과정이다. 즉, 수신자가 광고물에 주의를 기울이고, 의미를 파악하는 지각(perception) 과정이다. 해독은 소비자의 경험영역이나 준거체계에 의해서 크게 영향을 받는다. 경험영역은 커뮤니케이션 상황에 투영된 경험, 태도 및 가치기준을 말한다.

효과적인 커뮤니케이션이 이루어지기 위해서는 수신자의 해독과정이 발신자의 부호화와 잘 맞아야 하는데, 양당사자 사이에 공통의 배경이 많을수록 더 효과적인 커뮤니케이션이 이루어진다(앞의 [그림 10-1]에서 경험영역을 나타내는 2개 원의 중복부분이 바로 이 공통의 배경에 해당한다). 수신자가 정보원천이 전달하려는 생각이나 정보를 바르게 이해하고 해석하는 것 또한 중요하다. 발신자가 수신자를 많이 알수록, 수신자들의 요구를 이해하고 맞춤형 정보를 구성하여 주요 생각을 효과적으로 전달할 가능성이 커진다.

⑤ 반응/피드백

수신자는 메시지 수신 후에 그 메시지에 대해 일련의 **반향**(reaction)을 갖게 되고, 이들이 구성되어 **반응**(response)을 보이게 된다. 수신자반응은 기억 속에 정보를 저장하는 것과 같이 관찰할 수 없는 것에서부터 즉각적으로 구매 및 주문하는 것과 같이 곧바로 행동을 취하는 것에 이르기까지 매우 다양하다. **피드백**(feedback)은 수신자의 반응들 중에서 발신자에게 전달되는 부분이다. 피드백은 발신자가 의도한 메시지가 수신자에게 제대로 전달되었는지를 확인할 수 있게 해주고, 이후의 커뮤니케이션 활동에 대한 기초 자료로 활용되기도 한다.

⑥ 노이즈

커뮤니케이션의 모든 과정에서 메시지의 수신을 왜곡하거나 방해하는 외생요인이 존재하는데, 예기치 못한 왜곡이나 방해를 **노이즈**(noise)라고 한다. 부호화과정의 오류나 문제점, 라디오나 텔레비전 전파장애, 주의분산 등이 그 예이다.

Ⅲ 효과적인 촉진전략

마케터는 표적 시장의 소비자들에게 영향을 미치기 위해 정보를 제공하려고 한다. 따라서 촉진전략을 계획할 때, 먼저 표적 시장을 구성하는 수신자들을 식별해야 한다. 이러한 수신자, 즉 표적 청중에 따라 어떤 내용을 전달할지, 언제, 어디서, 어떤 방식으로 전달할지 달라진다. 즉, 마케터는 표적청중으로부터 원하는 반응을 이끌어내기 위해서 메시지, 매체, 촉진수단 등에 대한 결정을 하게 된다.

1 표적청중의 파악

효과적인 마케팅 커뮤니케이션 프로그램을 개발하려면 먼저 **표적청중**(target audience)을 명확하게 정의해야 한다. 청중은 잠재적 구매자나 현재 사용자들로서 직접 구매결정을 하거나 의사결정에 영향을 끼칠 수 있는 사람들이며, 개인소비자들일 수도 있고 집단일 수도 있다. 표적청중 결정은 시장세분화와 표적시장 선정 등의 마케팅전략 수립에 주요 지침이 된다. 표적청중이 파악되면 이미지를 분석해야 하는데, 이미지는 소비자가 대상물에 대해서 가지는 아이디어, 신념 및 인상을 말한다. 이미지분석에서는 회사나 상표에 대해서 소비자들이 얼마나 알고 있고 어느 정도로 좋아하는지를 주로 다룬다. 이를 통해서 마케터는 마케팅 커뮤니케이션에서 다루어야 할 주요 이슈들을 도출할 수 있다.

2 목표의 결정

표적청중이 결정되고 나면, 마케터는 커뮤니케이션을 통해서 표적청중으로부터 얻고자 하는 반응을 결정해야 하는데, 매출과 직접 관련된 시장성과와 커뮤니케이션으로 크게 나눌 수 있다. 시장성과는 매출규모, 시장점유율, 수익성 및 투자수익률 등과 같이 구체적이고 측정가능한 성과로 정의되며, 커뮤니케이션반응은 인지도창출, 긍정적 태도강화, 경로참가자들과의 관계강화, 고객유지 등을 포함한다. 경로참가자들 사이에 굳건한 관계구축을 예로 들면, 제조업체는 쿠폰을 발행하고, 특별 진열을 준비하고, 촉진행사를 준비하기 위하여 소매점들과 협력하게 되며, 소매점은 고객들을 끌어들이기 위한 자신의 광고에서 제조업체의 상표를 활용할 수 있다. 이러한 촉진과정에서 서로 협력함으로써 보다 강력한 경로관계를 구축할 수 있게 된다.

또한 촉진을 통해서 마케터는 고객을 위한 가치를 창조하여 그들의 필요와 욕구를 충족시키고 그들의 애호도를 높임으로써 계속관계를 유지할 수 있다.

일반적으로 특정 서비스나 상품의 구매라는 소비자의 행동은 촉진자극에 직면한 순간에 바로 이루어지기보다는 일련의 정신적 과정을 거쳐서 이루어진다. 소비자가 촉진자극을 접한 후에 구입하기까지를 **반응과정**(response process)이라 한다. 이러한 반응과정을 설명하기 위하여 많은 모형들이 개발되었다([그림 10-2]).

단계	모형: AIDA 모형	효과계층 모형	혁신수용 모형	정보처리 모형
인지단계	주의	인지 지식	인지	노출 주의 이해
감성단계	관심 욕망	호감 선호 확신	관심 평가	수긍 보유
행동단계	행위	구매	수용	행동

그림 10-2 반응과정에 대한 전통적 모형

1. AIDA모형

인적판매과정에서 구매자가 거치는 연속적인 반응과정을 묘사한 최초의 모형이다. 마케터는 고객의 주의(attention)를 끈 다음에 상표에 대한 관심(interest)을 불러일으켜야 한다. 관심수준이 높아진 고객은 그 상표를 갖고 싶은 욕망(desire)을 갖게 되며, 마지막 행위(action) 단계에서는 고객이 그 상표의 구매에 강한 집착을 갖게 함으로써 판매를 종결하게 된다. 이러한 AIDA모형은 능동적 청중을 전제로 한다.

2. 효과계층모형

효과계층모형(The hierarchy of effects model)은 광고목표를 세우고 측정하기 위해 개발된 모형으로 개발자 이름을 따서 Lavidge&Steiner모형이라고도 한다. 이 모형은 소비자가 제품을 최초로 알고 나서 실제로 구매하기까지 순차적인 과정을 거치는 것을 기본가정으로 한다. 이 과정이 바로 광고가 작용하는 과정으로 광고는 즉각적으로 구매행위를 일으키는 것이 아니라 각 단계의 실현에 의해서 순차적으로 효과가 발생하는 것으로 보는 이론이다. 상표를 알게 된 소비자는 그 상표의 특징이나 속성 등에 대한 지식을 갖게 되며, 이 지식은 상표에 대한 긍정적 평가나 태도를 형성하여 선호도를 형성한다. 이러한 선호는 구매의도를 갖게 하여 최종적으로 구매에 이르게 된다.

3. 혁신수용모형

혁신수용모형(innovation-adoption model)은 신제품 등과 같은 혁신을 받아들이는데서 소비자가 거치는 정신적 과정을 묘사한 것으로 혁신의 확산에 대한 연구에서 유래되었다. 인지(awareness) 단계에서 소비자는 신제품의 존재를 알게 되며, 관심(interest)을 갖게 되면 그 제품의 특징이나 편익 등에 대해서 알아보게 된다. 평가(evaluation)단계에서 소비자는 제품이 자신의 필요 내지 욕구를 충족시킬 수 있는지를 일련의 평가기준에 따라 검토하게 된다. 평가결과로 긍정적인 기대가 형성되면 소비자는 일단 한 번 사용해 보며(시용구매: trial), 사용경험에 따라 최종적으로 수용(adoption)하게 된다.

4. 정보처리모형

정보처리모형(The information-processing model)은 맥과이어(McGuire)가 제안한 모형으로 광고와 같은 설득커뮤니케이션 상황에서 소비자를 문제해결자 또는 정보처리자로 보았다. 즉 소비자가 설득되는 과정을 메시지 노출, 주의, 이해, 수용, 보유 및 행동으로 묘사하였다. 효과계층모형과 매우 유사한데, 주의와 이해는 효과계층모형의 인지 및 지식과 유사하며, 메시지 수용은 호감과 유사하다. 정보처리모형에서 보유(retention)는 이해한 정보를 타당하거나 관련된 것으로 기억을 통해 유지하는 것을 의미한다. 이는 차후의 구매결정에서 이용될 수 있는 정보와 연관되어 중요한 의미를 갖는다.

위에서 살펴본 소비자의 반응과정에 대한 전통적 모형들은 다음과 같은 측면에서 마케터들에게 유용하다. 첫째, 제품의 존재를 전혀 알지 못한 상태에서 구입하게 되는 상태까지 소비자가 거치는 지각화 과정의 윤곽을 그려 준다. 둘째, 잠재고객들이 반응과정의 각기 다른 단계에 있을 수 있으므로 마케터들은 각 단계별로 상이한 커뮤니케이션 과제를 수행해야 한다. 예를 들면, PDA 같은 혁신적 제품의 마케터는 자사제품이 어떤 특징과 편익을 갖고 있는지를 알리고 확신을 갖게 하는 데 주력해야 하는 반면, 상표애호도가 높은 성숙된 상표의 마케터는 인지수준과 긍정적 지각을 강화해주는 지원과제를 수행해야 한다. 마지막으로, 전통적 모형들은 커뮤니케이션의 유효성을 파악하기 위한 척도로 활용할 수 있다. 정보처리모형의 각 단계가 실무적으로 적용할 수 있는 유효한 성과지표와 연결되는 것이 중요한데, [그림 10-3]을 통해 설득과정의 각 단계와 실무적 관점에서의 유효한 커뮤니케이션 척도가 어떻게 연결되는지를 파악할 수 있다.

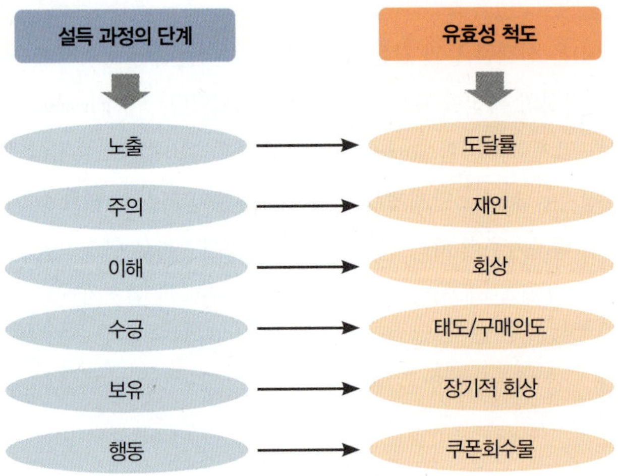

그림 10-3 반응과정과 유효성 척도의 관련성

3 촉진예산

촉진활동의 규모와 구성은 산업에 따라, 그리고 동일산업내의 기업에 따라 크게 다르다. 장비산업은 매출액의 1% 미만을 촉진활동에 쓰기도 하며, 화장품산업은 매출액의 20~30%를 촉진활동에 사용하기도 한다. 촉진예산은 적정수준을 파악하는 것과 각 촉진수단별로 할당액을 정하는 문제가 가장 큰 이슈이다.

촉진활동의 매출에 대한 효과는 시차가 있으며 **포화점**(saturation point)이 있다. 초기에 정보제공과 설득 및 소매점 진열공간 확보에 주력하면서 매출이 증가하게 된다. 각 촉진수단의 매출효과가 점점 커지다가 어느 수준에 다다르면 체감한다. 즉 어느 수준에선가는 촉진예산을 증액하더라도 더 이상 매출이 증가하지 않는다는 것이다. 이 지점이 바로 촉진의 최적수준으로 경제학적으로 접근하면 촉진의 **한계비용**(marginal cost)과 **한계수익**(marginal revenue)이 같아지게 촉진예산을 책정하는 것이다. 하지만, 이러한 한계분석을 실행할 때 판매반응함수를 추정하는 데는 현실적으로 상당한 어려움이 있다. 따라서 많은 기업들이 실무적 경험을 통해서 확립된 방법을 주로 이용하고 있는데, 여기에는 가용자금법, 경쟁사기준법, 매출비율법 및 목표과업법 등이 있다.

첫째, **가용자금법**(affordable method)은 기업에서 중요하게 여겨지는 활동에 우선적으로 예산을 배정하고 나머지 자금의 범위내에서 촉진예산을 책정하는 방법을 말한다. 이 방법은 제한된 자금을 갖고 있는 기업에서 촉진에 지나치게 많은 예산을 배분하지 않으려는 의도로 사용되는 경우가 많다. 그러나 논리적 근거가 없다는 문제점을 갖고 있으며, 촉진예산이 너무 낮게 책정되거나 너무 높게 책정될 수 있다.

둘째, **경쟁사기준법**(competitive parity)은 경쟁회사의 촉진예산을 기준으로 자사의 촉진예산을 책정하는 방법이다. 이 방법은 경쟁사들과 비슷한 수준에서 촉진활동이 펼쳐지므로 시장의 안정을 가져다줄 수 있다. 경쟁사를 기준으로 책정된 촉진예산은 기업의 고유한 특성과 마케팅상황이 반영된 촉진목표에 잘 맞지 않을 수 있다는 문제점이 있으며, 시장이 안정된다는 증거가 아직 찾아지지 않았다.

셋째, **매출비율법**(percentage of sales method)은 촉진예산의 책정에서 가장 많이 사용되는 것으로, 매출실적 또는 예상매출액의 일정비율을 촉진예산으로 책정한다. 이 방법은 단순해서 실행이 쉽기는 하지만 기본적인 촉진목표의 실현을 지원하지는 않는다. 과거 또는 미래 매출의 임의적인 비율은 업계의 표준비율이나 해당 기업이 과거부터 적용해온 내부비율을 이용하기 때문에 경쟁상황이나 마케팅전략의 변화 등에 따른 요구에 탄력적으로 활용하기 어렵다. 또한, 매출이 촉진의 결과가 아니라 원인으로 다루어지기 때문에 논리적이지 않다. 예컨대 경쟁상황이 악화되어 매출이 감소한 때도 촉진예산이 축소되므로 더 어려운 처지에 빠질 수 있다.

넷째, **목표과업법**(objective and task method)은 촉진으로 달성하려는 목표를 먼저 설정하고 이를 실현하기 위한 촉진활동을 결정한 다음에 각 활동에 드는 비용을 합산하여 촉진예산으로 책정한다. 이 방법이 유효하기 위해서 마케터는 첫째 촉진활동을 통해서 실현하려는 목표를 현실성 있게 양적으로 정의할 수 있어야 한다. 예를 들어, 현재 60%인 상표인지도를 80%로 끌어올리는 것과 같이 목표를 구체적이고 계량적으로 표현할 수 있음과 동시에 이러한 목표를 실현할 수 있는 촉진활동의 유형과 규모를 결정해야 한다.

4 메시지의 설계

촉진을 통해서 표적청중으로부터 이끌어내려는 반응을 결정하고 예산을 책정한 후에, 마케터는 효과적인 메시지를 개발하는데 힘을 기울이게 된다. 효과적인 메시지를 개발하기 위해서, 마케터는 통합적 **마케팅커뮤니케이션**(IMC: Integrated Marketing Communication)의 주요 컨셉을 정하고, 무엇을 말할 것인가(메시지 내용), 내용을 논리적으로 어떻게 말할 것인가(메시지 구조), 내용을 상징적으로 어떻게 표현할 것인가(메시지 형태 또는 실행 스타일), 그리고 내용을 누가 말할 것인가(메시지 원천)에 대한 문제를 해결해야 한다.

1. IMC컨셉

대부분의 촉진활동은 분리된 것이 아닌, 통합적이고 유기적으로 연결된 촉진캠페인의 한 부분이다. 즉, IMC 캠페인(IMC campaign)은 단일 테마를 중심으로 일정기간 다양한 형태로 펼쳐지는 상호 연결되고 조정된 일련의 촉진활동들이다. 메시지 전략의 출발점은 IMC를 이끌어 갈 중심적 컨셉을 정하는 것으로 IMC를 통해 해결하고자 하는 핵심문제와 연결되며, 개별 IMC활동에 지침을 제공하면서 여타 마케팅전략과 긴밀한 관계를 유지해야 한다.

바람직한 메시지는 표적시장에서 중요하게 여기는 사회적 가치(social values)를 구현시켜 주는 편익(benefit)과, 다시 이 편익을 제공하는데 중요한 제품특징(attributes)이 명확해야 한다. 즉, 가치와 편익과 속성이 잘 연결될 수 있도록 IMC컨셉을 정하는 것이 바람직하다. 독특한 판매제안, 상표이미지 및 내재적 드라마 강화 등은 이러한 IMC컨셉의 예들이다. 독특한 판매제안(USP: unique selling proposition)은 맑고 깨끗함을 강조한 7-Up의 'Uncola' 캠페인과 같이 자사의 독특한 점을 IMC컨셉으로 활용하는 것이다. 상표이미지(brand image)는 경쟁상표의 기능이나 성능이 유사해서 독특한 속성이나 편익을 창출하기 어려운 경우에 많이 이용되며, 기억하기 쉽고 강력한 상표정체성(brand identity) 구축을 IMC의 주요 컨셉으로 설정하는 것으로, 마이클 조던의 이미지를 활용하여 개성을 창출한 나이키의 에어조던을 예로 들 수 있다. 내재적 드라마(inherent drama)는 소비자편익을 표현하는 데서 극적인 요소를 강조하는데, 메시지가 친근감과 현실감을 느낄 수 있도록 개별 IMC를 제작해야 한다. 광고를 사람들의 기억에 오랫동안 남기고 인상 깊게 만들기 위해서는 광고 캐릭터를 따로 만들어 내재적인 드라마를 구축하여 광고하는 것이 효과적이다. 내재적인 드라마를 활용한 대표적인 기업으로 S-oil이 있다. S-oil은 광고에 "구도일"이라는 캐릭터를 활용하여 내재적 드라마를 구성하여 광고를 더 생동감 있고 기억에 남도록 만들었습니다. 특히, "구도일" 캐릭터의 이미지를 통해 S-oil 기름이 차량의 성능을 향상시켜 지치지 않고 힘차게 주행할 수 있는 메시지를 강조하였다.

Uncola 캠페인 나이키 에어조던 S-oil의 내재된 드라마

그림 10-4 광고에서의 독특한 판매제안

2. 메시지 소구

커뮤니케이션에서 사용되는 주의와 관심을 끌기 위한 토대나 접근 방법은 일반적으로 **소구**(appeal)로 알려져 있으며, 메시지 소구는 [그림 10-5]처럼 이성적, 감성적, 그리고 도덕적 소구로 나뉜다.

이성적 소구(rational appeal)는 제품에 대한 소비자의 실용적·기능적 또는 실리적인 필요에 초점을 맞추고 제품의 특징이나 상표의 편익을 강조한다. 이러한 유형의 메시지의 내용은 사실, 학습, 그리고 설득의 논리를 강조해서 정보 제공적 커뮤니케이션이 된다. **감성적 소구**(emotional appeal)는 제품구매에 대한 소비자의 심리적·사회적 필요와 연결된다. 즉, 구매를 자극할 수 있는 긍정적이거나 부정적인 감성을 불러일으키려고 한다. 재미, 훈훈함, 향수 등과 같은 긍정적 느낌은 소비자에게 긍정적인 마음의 틀(frame of mind)을 세워준다. 훈훈한 감정이 커뮤니케이션에서 느껴지면, 이 감정은 해당 커뮤니케이션에 포함된 상표에 전이되어 상표를 긍정적으로 인식하게 하고 커뮤니케이션의 내용을 더 잘 기억하게 도와준다. **도덕적 소구**(moral appeal)는 무엇이 옳고 적절한지에 대해서 청중들이 생각하게 하는 접근방법이다. '올바른 운전'이나 '환경보호'와 같은 사회적 대의(social causes)를 지지하도록 호소하는 데 많이 이용된다.

이성적 소구

도덕적 소구

감성적 소구

그림 10-5 광고에서의 독특한 판매제안

3. 메시지 구조

마케팅 커뮤니케이션은 일반적으로 전달하려는 많은 구성요소 내지 메시지 주장으로 구성되어 있다. 즉, 메시지 내용은 마케터가 소비자들에게 전달하려는 여러 가지 세부적인 주장으로 구성되어 있는데, 마케터는 청중들이 갖고 있을 수도 있는 상반되는 관점이나 태도를 극복하면서 메시지 주장을 청중들에게 전달하는 최선의 방법을 찾아내야 한다. 특히, 마케터는 결론의 도출 여부, 일면적 또는 양면적 주장, 그리고 제시순서를 결정해야 한다.

메시지의 결론을 명시적으로 제시할 것인가 아니면 그냥 청중들에게 맡겨둘 것인가에 대한 초기의 연구들은 결론의 제시가 쉽게 이해되고 태도에 영향을 끼치는데 효과적이라는 결과를 얻었다. 그러나 결론제시의 유효성은 표적청중의 특성, 주제의 형태, 그리고 상황의 특성에 따라 달라질 수 있다. 교육수준이 높고 이슈에 깊게 관여된 소비자는 스스로 메시지의 결론을 도출하려고 한다. 이슈가 복잡한 경우는 결론을 제시하는 것이 더 효과적이다.

판매제시에서 제품의 장점만을 이야기하는 일면적(one-sided) 주장과 제품의 장점뿐만 아니라 단점도 언급하는 양면적(two-sided) 주장 중에서 어느 것이 더 효과적인가? 표적청중들이 주제에 대해서 호의적일 때는 일면적 주장이 더 효과적이고, 표적청중들의 교육수준이 높거나 상반된 입장을 가지고 있을 때는 양면적 주장이 더 효과적이다. 양면적 주장은 원천과 메시지의 신빙성을 높여주기 때문에 더 효과적일 수 있다. 이슈의 양면을 제시하거나 반대 입장을 인정함으로써, 일면적 주장이 이용되었을 때보다 더 객관적이고 덜 치우친 것으로 보일 수 있다.

그렇다면, 가장 강한 주장을 메시지의 첫 부분, 중간 또는 마지막 부분에 제시할 것인가? 학습과 기억에 대한 연구에 따르면, 기억해야 할 일련의 과제가 주어질 때 처음과 마지막에 제시된 과제가 중간에 제시된 것보다 잘 기억된다. 만일 표적청중이 상반된 입장을 취한 경우에는 반박을 줄이기 위해서 처음에 강한 주장을 제시하는 것이 더 바람직하다. 만일 표적청중이 호의적이거나 이슈에 대한 관여수준이 높다면, 강한 주장을 마지막에 제시하는 것이 더 효과적이다.

4. 메시지 형태

메시지의 내용과 구조를 정한 후, 표적청중들의 주의를 끌기 위한 메시지의 표현 방식을 찾게 된다. 메시지 형태는 소구를 메시지로 전환하는, 즉 소구가 제시되는 방식을 말하며, 실행 스타일(execution style)이라고도 한다. "환자가 무언가를 중얼거리더라도 아무런 변화가 일어나지 않지만, 건강하고 활기찬 사람이 그걸 말하면 세상이 바뀔 수 있다"와 같은 표현은 메시지의 내용이 어떻게 제시되는가에 따라 효과가 달라질 수 있음을 의미한다.

유명인모델

전문가모델

일반인모델

그림 10-6 광고모델

5. 원천

똑같은 내용이라도 유명인사, 좋아하는 사람이 전달하면 커뮤니케이션에 더 많은 주의를 기울이게 된다. 이것이 유명 연예인, 운동 선수, 혹은 해당 분야 전문가를 광고 모델로 활용하는 이유이다. 이들은 특정 분야에서 뛰어나거나 일정 자격을 갖춘 전문가이거나 대중적으로 인기가 있으며, 때로는 매력적인 외모를 가지고 있는 경우가 있어 원천적인 효과가 발생한다. 흔히 전자를 원천의 신빙성(credibility)이라고 하며, 후자는 원천의 매력(attractiveness)이라고 한다. 신빙성은 원천이 얼마나 많은 전문성(expertise)을 가졌는지와 얼마나 믿을만한지에 따라 달라진다. 연구결과에 의하면, 신빙성이 높은 원천이 항상 더 효과적인 것은 아니다. 그러나 청중이 메시지의 입장에 호의적이지 않을 때는 신빙성이 높은 원천이 더 효과적이다. 예를 들어, 프리미엄 캔 커피 '조지아 고티카' TV광고에는 세계적인 커피전문가이자 미국 스페셜티 커피협회 기술위원인 션 스테이만 박사가 등장하여 "원두가 품은 향은 로스팅하는 순간 깨어난다. 이 순간을 놓치지 않는 것이 중요하다"며 커피 향의 중요성을 강조한다. 일동제약의 프로바이오틱스 '지큐랩'은 배우 김희애와 제품개발에 실제로 참여한 중앙연구소 이승훈 책임연구원이 직접 등장하는 TV광고를 방영하는데, 여기서 그는 세계 최초로 특허받은 4중코팅 프로바이오틱스에 대해 설명하며 특허기술과 특장점을 강조하며 신뢰성을 높였다.

조지아 고티카, 션 스테이만 박사

프로바이오틱스 지큐랩, 이승훈 책임연구원

그림 10-7 전문가를 활용한 광고

5 매체선택

메시지가 정해지면 마케터는 메시지를 표적청중들에게 전달하는데 이용할 경로 내지 매체를 결정해야 한다. 커뮤니케이션의 경로는 인적매체와 비인적매체로 구분할 수 있다. **인적매체**(personal medium)는 발신자와 수신자가 직접 마주보고 의사소통이 이루어진다. **비인적매체**(nonpersonal medium)는 접촉이 간접적이고 하나 이상의 경로를 통해서 발생한다. 비인적매체는 피드백에 상당한 시간이 소요되며, 정보흐름이 발신자에서 수신자로 일방적이다. 인쇄매체(신문, 잡지)나 방송매체(라디오, TV) 및 전시매체(포스트, 옥외간판, 벽보) 등이 비인적매체에 해당하며 판매원 및 영업사원을 통한 판매는 인적매체이다. 일반적으로 인적매체는 비인적매체보다 다음과 같은 이유로 설득력이 더 높다.

첫째, 비인적매체는 메시지가 사전에 확정되는데 비해, 인적매체는 메시지를 상황에 따라 유연하게 구성할 수 있다.
둘째, 비인적매체는 불특정 다수인을 상대로 소구점을 결정하는 반면에, 인적매체는 커뮤니케이션 상대에 맞는 소구점을 이용할 수 있다.
셋째, 인적매체는 즉각적 피드백이 가능하다.
넷째, 인적매체는 쌍방적 커뮤니케이션이 가능하다.

6 촉진수단의 선택

촉진전략은 광고, 판매촉진, 인적판매, PR과 홍보, 그리고 직접마케팅과 같은 수단을 통해서 실행된다. 통합적 커뮤니케이션을 위한 촉진목표를 효과적으로 달성할 수 있도록 적절한 촉진수단들의 믹스를 구성해야 하는데, 이를 **촉진믹스**(promotion mix)라고 한다. 기업에 따라 각 촉진수단을 활용하는 정도가 동일산업 내에서도 다를 수 있다. 국내외 동일 화장품업계일지라도 각 개별 기업들이 구사하는 촉진믹스는 다양하게 분포한다. 아모레퍼시픽은 TV광고와 인적판매를 중심으로 다양한 촉진믹스를 조합하면서 글로벌 브랜드에 대항하고 있다.

1. 촉진수단들

마케터는 최적 촉진믹스를 구성하기 위해서 각 촉진수단의 특성과 비용 및 효과를 잘 파악할 수 있어야 한다([표 10-2] 참조).

- **광고**: 기업이나 특정 조직이 광고주(스폰서)로서 대가를 지급하고 아이디어, 상품 및 서비스를 비인적매체를 통해서 알리고 촉진하는 커뮤니케이션의 형태이다. 광고는 많은 소비자들에게 동시에 메시지를 전달할 수 있는 일반적 대중매체(텔레비전, 라디오, 신문, 잡지)를 이용함으로 즉각적 피드백이 어렵고 큰 지출이 수반되지만, 다수의 소비자들에게 메시지를 전달할 수 있어서 1인당 전달비용은 가장 저렴하다. 광고는 또한 상표 이미지를 형성하고, 소비자들의 감정을 자극하며, 제품을 돋보이게 하는 데 유용하게 사용될 수 있다.
- **판매촉진**: 제품이나 서비스의 시용(trial)이나 구매를 장려하기 위한 다양한 형태의 단기적인 인센티브로, 최종소비자 또는 중간유통기관들을 대상으로 할 수 있다.
- **PR/홍보**: 기업이미지나 개별제품을 촉진하거나 보호하기 위해서 준비된 다양한 프로그램으로, 여타 다른 촉진 믹스들보다 높은 신뢰성을 형성한다. PR(public relations)은 기업과 일반대중(고객들, 종업원들, 공급자들, 주주들, 금융기관들 및 일반대중) 사이에 우호적인 관계를 확립하고 강화시키는 것이다. PR의 수단은 매우 다양하다. 뉴스, 연설, 특별행사, 사회봉사활동, 간행물(연례보고서, 시청각자료, 기업의 사보 및 잡지), 오디오비주얼, 전화정보서비스 등이 있다.
- **인적판매**: 포괄적으로는 영업을 의미한다. 영업사원이 잠재고객을 직접 만나서 제품을 사도록 권유하는 활동으로 개인적 대면으로 인해 비용이 상당이 투입되어야 한다.

- 직접마케팅: 직접적 반응을 이끌어내기 위해서 특정고객 및 잠재고객과 우편, 전화, 팩스, 전자우편 또는 인터넷을 이용하여 직접 의사소통하는 것으로 상호작용이 가능하다.

표 10-2 촉진수단들의 장점과 단점

촉진수단	장점	단점
광고	• 다수의 잠재고객에게 도달할 수 있다. • 이미지를 창출하는 효과적인 방법 • 시간과 지역에서 유연하다. • 이용매체가 다양하다. • 1인당 전달비용이 저렴하다. • 여러 가지 커뮤니케이션 목표를 실현하는 데 적절하다.	• 잠재구매자가 아닌 사람들에게도 도달한다. • 많은 비판을 받고 있다. • 노출시간이 짧다. • 많은 사람들이 광고물을 걸러 내버리는 경향이 있다. • 총비용이 많이 든다.
인적 판매	• 영업사원은 설득력이 높다. • 다양한 문의와 피드백이 가능한 양방향 커뮤니케이션이다. • 특정인에게 메시지를 맞출 수 있다. • 복잡한 제품과 같이 일부 상황에서는 고객이 인적 접촉을 기대한다.	• 1인당 전달비용이 비싸다. • 영원사원의 선발과 동기부여가 어렵다. • 영업사원에 따라 판매제시가 달라진다. • 어설픈 영업사원은 이미지를 실추시킨다.
판매 촉진	• 수요를 자극하기 위한 단기적인 가격인하를 지지한다. • 매우 다양한 수단을 활용할 수 있다. • 행동을 변화시키는 데 효과적이다. • 다른 촉진수단과 쉽게 연결할 수 있다.	• 다른 소비자들에게는 영향을 끼치지 못하고 상표애호적 소비자들이 재고량을 늘리는 데 그칠 수 있다. • 효과가 매우 단기적이다. • 가격에 관련된 판매촉진은 상표 이미지를 손상시킬 수 있다. • 경쟁자들이 모방하기 쉽다.
홍보	• 총비용이 저렴하다. • 신빙성이 높다. • 잠재구매자들이 잘 걸러 내지 않는다.	• 매체사가 협조적이지 않을 수 있다. • 매체의 주의를 끌기가 쉽지 않다. • 메시지에 대한 통제력이 거의 없다. • 메시지가 거의 반복되지 않는다.
직접 마케팅	• 메시지를 매우 신속하게 준비할 수 있다. • 개별고객에게 맞출 수 있다. • 쌍방향적이다. • 지원 활동이 많이 필요하다. • 1인당 비용이 비싸다.	• 클러터가 심하다. • IT활용 직접마케팅일 경우, 왜곡 가능성이 높다.

2. 촉진믹스의 고려요인

올바른 촉진믹스 전략을 구사하기 위하여 마케터는 제품과 시장의 특성, 마케팅전략의 방향, 소비자의 반응단계 및 제품수명주기의 단계 등을 고려해야 한다.

1) 제품과 시장의 특성

촉진믹스는 제품의 특성과 해당 제품이 속한 시장의 특성에 따라 변화한다. [그림 10-8]에서 볼 수 있듯이, 소비재 마케팅에서는 주로 광고가 중요시되며 그 다음으로 인적판매, 판매촉진, 홍보 순으로 활용된다. 반면, 산업재 마케팅에서는 인적판매가 가장 중요하며, 판매촉진, 광고, 홍보 순으로 중요성이 떨어진다. 인적판매는 일반적으로 복잡하고 고가의 산업재 시장에서 많이 사용된다. 그럼에도 불구하고 산업재 시장에서도 기업 광고가 상표와 제품 특성을 홍보하는 데 큰 역할을 할 수 있다.

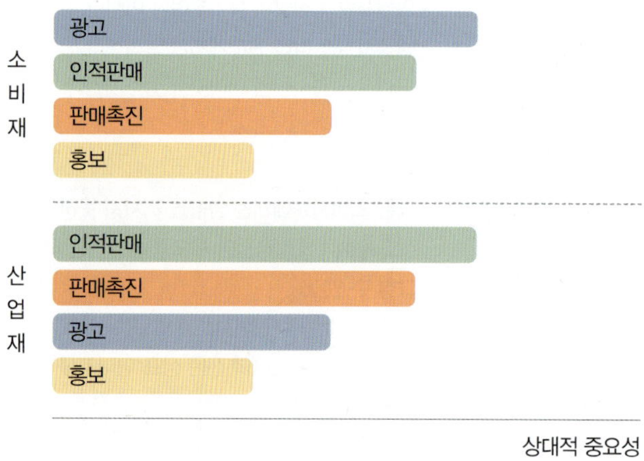

그림 10-8 **소비재와 산업재시장에서 촉진수단의 상대적 중요성**

2) 마케팅전략의 방향

촉진믹스는 마케팅전략의 방향에 따라 영향을 받는다. 즉, 마케팅전략의 방향이 푸쉬(push)인가 풀(pull)인가에 따라 촉진믹스 방식이 달라진다. [그림 10-9]와 같이, 푸쉬전략은 생산자가 유통경로를 통해서 최종소비자들에게 제품을 밀어 넣는 것을 말한다. 유통경로상에 있는 각각의 구성원들이 그다음 단계의 구성원들에게 구매를 설득하기 위해 수행되는 촉진활동을 말한다. 즉, 제조업자는 중간상을, 중간상은 소비자를 설득시켜 제품을 구매하도록 하는 전략이다.

생산자는 유통경로 구성원들을 상대로 인적판매나 중간상 판촉 등과 같은 촉진활동을 수행하는데, 이는 구성원들이 자사제품을 취급하도록 하고 제품을 최종소비자들에게 촉진하게끔 하기 위한 활동이다. 반면에, 풀전략은 생산자가 최종소비자들을 상대로 촉진활동을 전개하여 이들이 자사제품을 찾게 만들어서 경로구성원들이 자발적으로 자사제품을 취급하게 하는 전략이다. 광고 등과 같은 마케팅 활동을 최종소비자들에게 직접적으로 수행한다. 풀전략에서는 대중매체를 이용한 광고가 중심적인 역할을 한다. 산업재를 생산하는 기업들은 푸쉬전략에 크게 의존하며 소비재마케팅에서는 풀전략을 주로 사용한다.

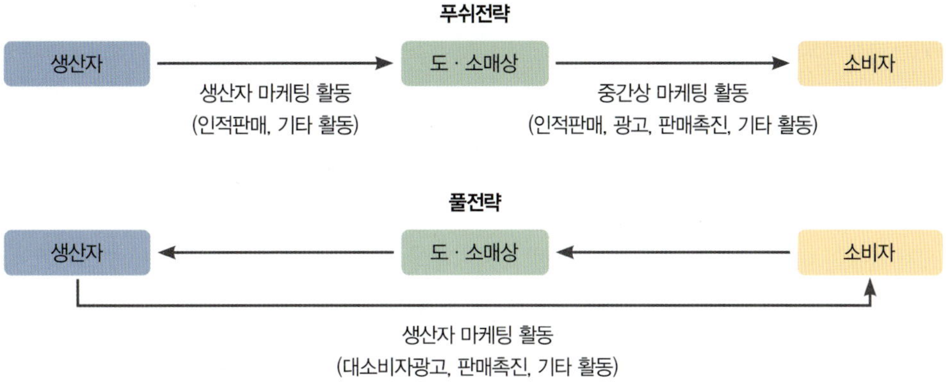

그림 10-9 푸쉬(Push)와 풀(Pull) 전략

3) 소비자의 반응단계

소비자들이 반응과정의 어느 단계에 있느냐에 따라 촉진수단의 효과가 크게 영향을 받는다. 상표에 대한 인지도와 상표의 특성을 이해하는 인지단계에서는 광고와 홍보가 가장 중요한 역할을 수행할 수 있으며, 호감을 형성하고 확신을 갖게 되는 감성단계에서는 광고와 인적판매가 큰 역할을 하고, 제품을 사게 되는 행동단계는 인적판매와 판매촉진이 많이 사용된다.

4) 제품수명주기의 단계

제품이 제품수명주기의 각 단계를 거침에 따라 촉진믹스도 달라져야 한다. 도입기에서 광고와 홍보를 통해서 제품을 널리 알리고 중간상들의 협조를 확보하기 위해서 인적판매를 활용하며, 판매촉진으로 시용구매를 일으켜야 한다. 성장기에서는 구전을 통해서 여세를 몰아갈 수 있기 때문에 촉진의 비중이 작아진다. 차별화에 크게 관심을 갖게 되는 성숙기에는 판매촉진이 광고

보다 더 큰 역할을 하게 되며, 광고는 제품의 존재를 잊지 않게 하는 역할을 한다. 쇠퇴기에는 전반적으로 촉진수준이 감소하지만, 판매촉진은 강화될 수 있다.

7 촉진전략의 실행과 통제

촉진전략의 실행은 다양한 활동을 수반하며, 어느 촉진수단이 주로 활용되느냐에 따라 달라진다. 예를 들어 광고는 광고대행사를 선정하고 메시지를 개발하여 적절한 매체에 게재하는 활동을 포함하며, 인적판매는 영업사원들을 채용하고 판매구역을 설정하며 보상방법을 평가하는 것을 중점적으로 다룬다.

촉진활동의 **유효성**(effectiveness)을 평가하는 데는 많은 어려움이 있다. 주요 쟁점은 측정과 목표선택의 옳고 그름과 애매하고 정확함의 문제로 요약할 수 있다. 관행적으로 매출규모나 시장점유율과 같은 시장성과의 성취정도로 촉진노력의 유효성을 평가해 왔는데, 이는 두 가지 관점에서 적절하지 않다. 첫째, 광고를 포함한 촉진노력의 매출에 대한 순수한 효과를 분리하기 어렵다. 즉 특정 상표의 매출은 환경요인과 경쟁사의 마케팅전략의 영향을 받는다. 둘째, 광고를 포함한 촉진노력의 매출에 대한 효과는 단기적인 효과도 있지만 일정한 기간에 따른 장기적 효과도 있기 때문에 특정기간에 실현된 매출을 그 기간에 수행된 촉진성과로 보는 것은 적절하지 않다. 따라서 인지도와 태도 등의 커뮤니케이션과제 실현정도를 같이 고려하여 촉진노력을 평가해야 한다. 이에 반하여 일부학자들은 커뮤니케이션과제가 아니라 실현된 매출에 의해서 촉진노력을 평가해야 한다고 주장한다. 특히 최근에는 마케팅활동의 재무적 성과가 강조되고 있는 점을 감안한다면, 정확한 측정의 한계에도 불구하고 촉진전략이 매출규모나 수익성에 어느 정도로 기여하는지를 파악하려는 노력은 지속되어야 한다.

Ⅳ 촉진수단의 종류

촉진의 수단의 종류로는 광고를 비롯하여 인적판매, 판매촉진, 홍보 및 PR 등이 있는데 광고는 다음 장에서 다루고 여기서는 판매촉진과 인적판매, PR과 홍보에 대해서 알아보기로 한다.

1 판매촉진

1. 판매촉진의 특성

제품을 진열대에서 소비자의 손안으로 옮기는 것이 촉진의 역할이라고 한다면, 광고는 장기적으로 제품의 구매이유(reasons to buy)를 제공한 반면에, 판매촉진은 구매장려금(incentives to buy)을 제공하여 당장 구매하도록 고객들을 이끄는 것이라고 할 수 있다.

판매촉진(sales promotion)은 즉각적인 매출을 실현하는 것을 일차적인 목적으로 제품에 덧붙여진 특별가치나 장려금을 영업사원들, 중간상들 및 소비자들에게 제공하는 직접적인 유인책이다. 이러한 판매촉진의 특징은 다음과 같다.

첫째, 판매촉진은 사고 싶은 마음이 들게 하는 특별장려금을 제공하는 유인책이다. 판촉 프로그램의 핵심인 장려금은 쿠폰이나 가격할인과 같이 즉각적인 구매행동을 불러일으키는 직접적인 혜택이나, 미래의 구매를 기대할 수 있게 해주는 무료견본품과 같은 형태 또는 상표명을 환기하고 상표이미지를 강화시켜주는 역할을 하는 프리미엄의 형태를 포함한다. 판매촉진은 소비자주머니의 부담을 덜어줌으로써 제품에 가치를 덧붙여 준다.

둘째, 판매촉진은 본질적으로 영업과정에 박차를 가하고 매출규모를 극대화하도록 설계된 **가속화 도구**(acceleration tools)이다. 특별장려금을 제공하여 소비자들이나 중간상들을 자극하여 곧바로 행동하도록 장려함으로써 구매량을 늘리거나 구매주기를 단축하여 단기적으로 매출을 확대하게 된다.

끝으로, 판매촉진은 [그림 10-10]에서 보이듯 영업사원들, 중간상들 그리고 소비자들을 대상으로 펼쳐진다.

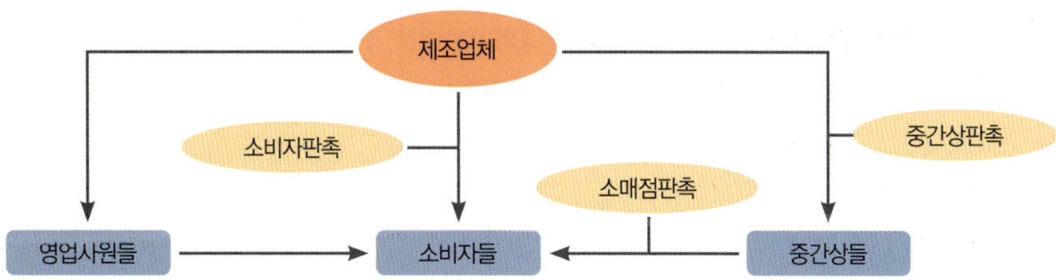

그림 10-10 판매촉진활동의 대상

영업사원들을 대상으로 하는 판매촉진은 실질적으로 판매관리(인적판매)에 속한다. 따라서 판매촉진활동은 소비자판매촉진, 중간상판매촉진 그리고 소매업체가 최종소비자들을 대상으로 펼치는 소매점 판매촉진으로 유형화할 수 있다. 소비자판매촉진은 소비자들이 특정 상표를 사도록 장려한다는 점에서 끌기전략(pull strategy)의 일환이다. 중간상판매촉진은 중간상들이 더 많은 재고를 갖고 최종소비자들을 대상으로 더 많은 판매노력을 하도록 자극하는 밀기전략(push strategy)의 일부이다. 소매점판매촉진은 최종소비자들이 특정 상점에서 사도록 소매점들이 최종소비자들을 자극한다.

2. 판매촉진의 수단

촉진믹스의 여느 요소와 마찬가지로, 마케터는 상황분석을 한 후에 통합적 마케팅 커뮤니케이션에서 판매촉진의 구체적인 역할을 결정함으로써 판매촉진을 기획하게 된다. 즉, 판매촉진으로 무엇을 실현하고자 하며 누구를 표적으로 판매촉진활동을 펼칠 것인지를 결정함으로써 구체적인 판매촉진수단을 선택할 수 있다. 판매촉진의 수단은 매우 다양하고 나날이 새로운 수단들이 등장한다. 여기서는 소비자판매촉진과 중간상판매촉진으로 나누어 주요 수단들을 살펴보자.

1) 소비자판매촉진

"판매촉진으로 무엇을 실현하고자 하는가?"는 "왜 소비자들이 판매촉진수단에 반응하는가?"와 밀접하게 관련되어 있다. 판매촉진의 목표는 시용구매(trial purchase)의 유도, 반복구매의 장려 그리고 상표이미지의 강화로 구체화할 수 있다. 비사용자들에게 무료샘플이나 쿠폰을 제공하여 한 번 써보도록 유도하거나, 다른 상표로 전환을 생각하지 않도록 계속해서 구매하는 것에 보상함으로써 기존고객기반을 붙들어 매거나, 적절한 사은품이나 경품을 제공하여 광고메시지와 제품에 대한 소비자 관여수준을 높이고 상표이미지를 강화할 수 있다.

왜 소비자들은 판매촉진에 반응할까? 모든 판매촉진기법은 소비자들에게 보상을 제공하여 즉각적인 행동을 하도록 장려한다. 소비자들에게 제공되는 보상은 비용절감(cash savings)이나 무료 사은품(free gift)의 형태가 일반적이며, 보상이 즉각적일 수도 있고 일정 기간이 지난 후에 보상이 이루어질 수도 있다. 일반적으로, 소비자들은 지연된 보상보다는 즉각적인 보상에 더 민감하게 반응을 보이는데, 이것은 목전의 즐거움에 대한 자연적인 선호와 맥을 같이한다. 또한, 보상의 규모가 비슷하더라도, 잠재적 이익으로 보일 수 있는 판매촉진이 손실의 축소로 여겨질 수 있는 판매촉진보다 더 효과적이라고 한다. 소비자판매촉진의 수단들은 마케팅목표와 소비자보상에 따라 6가지로 유형화할 수 있다([표 10−3]).

표 10-3 소비자판매촉진의 수단들

<table>
<tr><th colspan="2" rowspan="2"></th><th colspan="3">마케팅 목표</th></tr>
<tr><th>시용구매의 유도</th><th>반복구매의 장려</th><th>상표 이미지 강화</th></tr>
<tr><td rowspan="2">소비자 보상</td><td>즉각적 보상</td><td>• 샘플
• 즉석 쿠폰
• 점내 리베이트</td><td>• 가격할인
• 보너스 팩
• 사은품증정
• 애호도 프로그램</td><td>• 이벤트 마케팅</td></tr>
<tr><td>지연된 보상</td><td>• 매체전달 쿠폰
• 우송 쿠폰
• 우송 리베이트
• 인터넷 쿠폰</td><td>• 포장 쿠폰
• 우송 리베이트
• 애호도 프로그램</td><td>• 우송 사은품
• 소비자부담 사은품
• 컨테스트와 경품
• 애호도 프로그램</td></tr>
</table>

① 샘플

샘플(sample)은 소비자에게 특정 제품을 무료로 제공하는 것을 말한다. 샘플은 방문이나 우편배달, 점내 및 가두배포, 다른 제품에 부착하는 방법 등이 널리 쓰이고 있다. 샘플은 시용구매를 이끄는 가장 효과적인 방법인 동시에 비용이 가장 많이 드는 판촉수단이다. 샘플은 비교적 저렴한 단가와 구매주기가 짧은 비내구재에서 사용되는 반면에, 가전제품이나 승용차와 같은 내구재를 일정기간 무료로 시용할 수 있게 해주는 것은 무료시용(free trial)이라고 한다.

② 쿠폰

쿠폰(coupon)은 소지자가 명시된 제품을 살 때 일정한 할인혜택을 받을 수 있게 해주는 증서이다. 쿠폰은 점내에서 배포되거나(in-store couponing), 우편을 통해서 전달되거나(direct-mail couponing), 제품포장에 담거나 부착되기도 하고(in-pack/on-pack coupon), 신문이나 잡지에 인쇄되거나(run-of-press coupon), 신문에 끼워 넣어지기도(FSI: free-standing insert) 하며, 최근에는 인터넷을 통해서 배포되기도 한다. 미국에서 쿠폰은 역사가 가장 깊고 가장 많이 활용되며 효과적인 촉진수단으로 활용되고 있으나, 국내에서도 쿠폰발행과 회수에 대한 인프라가 잘 구축되면 앞으로 많이 활용될 것으로 여겨진다.

그림 10-11 샘플과 쿠폰

③ 사은품

사은품(premium/gift)은 구매에 대한 특별장려금으로 무료 또는 낮은 가격으로 동일 또는 다른 제품을 제공하는 것을 말한다. 사은품의 기본유형은 무료사은품과 소비자부담사은품이 있다. 무료사은품(free premium)은 무료로 제공되는 작은 소품이나 소량의 제품을 말하며, 소비자부담사은품(self-liquidating premium)은 비용 일부를 소비자가 부담하는 사은품이다. 또한, 사은품은 살 때 제품에 덧붙여져 제공되기도 하고 나중에 우송되기도 한다. 제품에 덧붙여진 사은품은 충동가치가 매우 크지만, 비용과 적절한 품목을 찾는 데 문제가 있다. 구매증거를 토대로 우송되는 사은품은 반복구매를 북돋우며 상표애호도를 보상하게 되지만, 구매에 대한 즉각적인 강화/보상이 주어지지 않기 때문에 구매를 부추기는 힘이 크지 않다.

④ 경품

경품(prize)은 일정한 자격을 갖춘 소비자 중에서 일부에게 주어지는 현금이나 제품이다. 경품은 다른 촉진수단과는 달리 일확천금의 무지갯빛 꿈을 갖게 해주는 매력을 갖고 있어서 소비자들의 주의를 끌고 관심을 불러일으키는데 좋은 촉진수단이다. 경품이 주어지는 방식에 따라 경연경품과 현상경품으로 구분할 수 있다. 경연경품(contest)은 제품을 산 소비자들이 기량과 능력을 토대로 경품을 타려고 경쟁하는 촉진수단이다. 예컨대 자사제품을 사고 응모한 소비자 중에서 코리언시리즈 우승팀이나 우승팀의 점수를 맞춘 소비자에게 경품을 제공하는 것과 같이, 일정한 기준을 충족시키는 응모자에게 경품이 주어진다. 반면에 현상경품(sweepstakes)은 경품을 갖게 될 당첨자가 전적으로 운에 의해서 결정되며 자사제품을 산 소비자들로 응모권을 한정하지 않는 촉진수단이다. 현상경품의 한 유형인 게임(game)은 우연한 당첨가능성을 갖고 있지만, 비교적 장기간에 걸쳐서 실행된다. 현장에서 당첨자가 결정되는 즉석식 카드(scratch-off cards)도 현상경품의 일종이다.

⑤ 현금환불

현금환불(refund/rebate)은 소비자가 제품을 샀다는 증빙자료를 보내면 구입가격의 일정액을 되돌려주는 형태의 촉진을 말한다. 환불해주는 절대액수가 커질수록 소비자들은 민감하게 반응한다.

⑥ 보너스 팩

보너스 팩(bonus packs)은 제품을 보다 큰 용기에 담거나 덤으로 더 많은 개수를 포장에 포함시킴으로써 정상가격에 더 많은 양의 제품을 제공하는 것을 말한다. 예컨대 포장단위 185g의 치약에 50g짜리를 덧붙여서 185g짜리 가격에 팔거나 치약과 칫솔을 묶어서 싼 가격으로 제시하기 때문에, 쿠폰이나 현금환불과 같은 복잡한 절차가 없이 직접적인 혜택이 주어짐으로써 구매시점에서의 의사결정에 큰 영향을 끼칠 수 있다.

⑦ 소액할인

소액할인(price-off deal/sale)은 일정기간 동안에 정가에서 일정한 금액을 직접 깎아주는 것을 말한다. 대체로 정상가격의 10~25% 정도를 깎아주는데, 이 비용은 중간상이 아니라 제조업체가 부담한다. 고가의 내구재에서는 무이자할부와 같은 형태를 취한다.

⑧ 애호도 프로그램

애호도 프로그램(loyalty/frequency program)은 특정 상표를 반복적으로 구입하는 소비자들에게 실적에 따라 금전적 보상을 제공한다. 항공사들이 실행하고 있는 마일리지(mileage) 프로그램이 좋은 예이다. 애호도 프로그램은 원가에서 고정비의 비중이 큰 상표에 가장 적합하다. 예컨대, 항공사의 경우에 항공기연료비, 승무원 인건비, 항공기 감가상각 및 공항이용료 등의 고정비가 승객의 탑승수속을 밟게 하는데 드는 변동비보다 비중이 훨씬 크다.

⑨ **이벤트마케팅**

이벤트마케팅(event marketing)은 소비자들의 경험을 창출하거나 제품을 촉진시킬 목적으로 일정한 테마를 갖는 활동이 펼쳐지는 행사(events)에 기업이나 상표가 연결되어 있는 촉진이다. 스포츠행사나 음악회 또는 축제 등과 같은 대중적인 활동과 제품을 연결시켜 이벤트마케팅을 전개한다. 또한, 촉진목적으로 자체 행사를 진행하기도 한다.

반면에, **이벤트 후원**(event sponsorship)은 어떤 행사에 실질적인 후원관계를 구축하여 경제적 지원을 하고 그 대가로 상표나 로고 또는 광고메시지를 제시할 수 있는 권리를 획득하고 행사의 후원자로 인정을 받는 통합적 마케팅 커뮤니케이션(IMC) 활동이다.

2) 중간상판매촉진

도매상이나 소매상을 대상으로 펼쳐지는 중간상판매촉진은 유통망의 확보와 강화, 진열공간의 확대와 같은 자사상표에 대한 판매노력의 강화, 자사상표의 재고수준을 높이는 것 등을 목표로 한다. 본질적으로 중간상판매촉진은 자사상표의 매출을 늘리려는 중간상들의 특별한 노력에 대한 보답으로 장려금을 그들에게 제공한다. 제조업체가 도매상이나 소매상과 같은 중간상들을 대상으로 펼치는 중간상판매촉진은 다양한 형태가 있으나 주요 수단은 다음과 같다.

① **판매경연과 판매장려금**

제조업체들은 도·소매상의 관리자들과 영업사원들의 자사상표에 대한 판매노력과 지원을 자극하기 위해서 판매경연과 판매장려금 프로그램을 만든다. **판매경연**(trade/sales contest)은 대체로 제조업자가 제시한 판매목표를 달성한 영업점장이나 부문관리자들에게 여행상품과 같은 경품을 제공한다. 반면에, 일정한 과제의 수행을 장려하기 위해서 영업점의 관리자들과 영업사원들에게 **판매장려금**(trade incentives)을 줄 수 있다. 예를 들어, 소비자들을 대상으로 경품행사를 진행할 때 제조업체는 소비자들에게 제공될 경품을 진열할 필요가 있는데, 이를 적극 독려하기 위해서 그 진열품을 행사 후에 영업점 관리자에게 줄 수 있다. 다른 형태의 판매장려금은 제조업체의 제품라인 중 특정 품목의 공격적인 영업의 일환으로 영업사원들에게 지급되는 특별 장려금을 들 수 있다. 예를 들어, 6개월 동안 에쿠스를 판 영업사원들에게 기존의 수당에 더해서 한 대당 20만원을 지급할 수 있는데, 이것을 푸쉬머니(PM: push money) 또는 스피프(spiff)라고 한다.

② 중간상할인

중간상할인(trade allowance)은 가장 많이 활용되는 수단으로, 도·소매상들이 제조업체의 제품의 재고를 늘리고 촉진활동을 펼치거나 진열하도록 격려하기 위해서 그들에게 제공되는 각종 지원금을 말한다. 소매상들에게 제공되는 지원금에는 구매공제, 촉진지원금, 진열보조금 등이 있다. 구매공제(buying allowance)는 일정량 이상을 구입한 중간상에게 송장에서 일정금액을 감해주거나(off-invoice allowance), 제품의 일정량을 덤으로 주는 것을 말한다. 촉진지원금(promotional allowance)은 중간상이 제조업체를 위해서 펼친 촉진활동에 대한 지원금을 말한다. 진열보조금(slotting allowance)은 진열공간을 확보하기 위해서 중간상들에게 제공되는 대가로, 소매점측에서는 일종의 위험부담금이라고 할 수 있다.

③ 판매원 교육

제조업체는 자사제품의 매출증대를 위해서 중간상들에게 **판매원교육 프로그램**(sales training program)을 지원한다. 판매원은 소비자와 직접 접촉하여 구입을 설득하는 중요한 역할을 수행한다. 즉, 구매시점에서 자사 상표/모델의 특징과 편익 등에 대한 정보를 소비자에게 제공하고 경우에 따라서는 특정 상표/모델을 소비자에게 권장하기도 한다. 따라서 제조업체는 자체적으로 교육·훈련 프로그램을 운영하거나 영업사원을 판매점에 파견하거나 제품설명서 등의 영업보조자료를 제공할 수 있다.

2 인적판매

1. 인적판매의 특성

인적판매(personal selling)는 영업사원이 직접 잠재고객들과 마주보고 자사제품을 사도록 설득하는 커뮤니케이션활동을 말한다. 인적판매는 메시지가 발신자에서 수신자로 직접 흘러들어간다는 점에서 다른 촉진수단들과는 크게 다르다. 직접적(direct)이고 인적인(personal) 커뮤니케이션으로 영업사원은 고객의 표정이나 어투 등을 통해서 자신의 메시지에 대한 고객의 반응을 곧바로 파악할 수 있다. 따라서 영업사원은 고객의 입맛에 맞추어 대화내용을 이끌어갈 수 있는데, 이러한 커뮤니케이션을 쌍방향(dyadic) 커뮤니케이션이라고 한다. 인적판매의 구체적인 장점은 다음과 같다.

- 마주보는 상황에서 커뮤니케이션이 이루어지기 때문에 인적판매는 높은 수준의 주의를 끌고 유지할 수 있다.
- 고객의 흥미와 욕구에 맞게 메시지를 구성하여 제시할 수 있다.
- 쌍방향 커뮤니케이션으로 즉각적인 피드백이 가능하므로, 판매제시가 적절한지를 파악할 수 있다.
- 인적판매는 다른 촉진수단들에 비해서 기술적이고 복잡한 정보를 충분히 전달할 수 있다.
- 인적판매는 제품기능의 작동과 성능을 고객들이 눈으로 확인할 수 있게 해줄 수 있는 촉진수단이다.
- 고객과 영업사원의 빈번한 상호작용은 신뢰관계를 싹 틔워 공동의 이해를 달성할 수 있는 상호협력을 가능하게 하며, 영업사원의 개인적인 유대관계를 통해서 탄탄하고 장기적인 고객관계(customer relationship)를 구축할 수 있다.

그러나 인적판매는 고객과 개별적으로 접촉해야 하므로 다른 촉진수단들보다 많은 비용이 든다. 미국에서 나온 조사결과에 따르면, 판매방문의 비용은 산업에 따라 $235에서 $332가 들며, 판매를 성사시키는데 평균 4회의 방문이 필요하다고 한다. 이러한 비용은 TV광고를 통해서 한 고객에게 메시지를 전달하는데 드는 3센트와는 비교가 어렵다. 그러나 인적판매의 비용을 평가하는데서 우리는 판매방문의 특성과 목적을 고려해야 한다. 인적판매는 메시지를 전달하는 것 이상의 일을 하기 때문에 많은 비용이 들더라도 피할 수 없는 측면이 있다.

그림 10-12 방문판매의 대표적인 예시

2. 영업과정

1) 영업사원의 활동과 과제

영업사원은 자기회사와 고객 모두를 위해서 가치를 창출한다. 영업사원은 고객들이 직면하고 있는 문제를 파악하여 회사가 더 좋은 제품을 만들도록 하거나 새로운 고객을 찾아내어 매출과 이익을 늘릴 수 있도록 함으로써 회사를 위한 가치를 창출한다. 또한 영업사원은 고객들에게 유용한 정보를 제공하여 현명한 선택을 하도록 돕거나 쇼핑이 더 즐겁게 도와줌으로써 고객들을 위한 가치를 창출하고 서로에게 도움이 되는 장기적인 관계를 구축할 수 있게 된다. 이를 위해서 영업사원이 펼치는 구체적인 활동은 자동차나 보험 등과 같은 업종에 따라 그리고 소매점이나 도매점 또는 제조업체 등과 같은 유통기관에 따라 다르다. 그러나 모든 유형의 영업에 공통적인 기본활동은 대면 영업활동, 고객서비스, 내부활동(회의, 부서간 조정, 보고 등)을 들 수 있다.

일반적으로 영업사원은 주문유도, 주문획득, 주문이행의 기본적인 과제와 영업지원 과제를 수행한다. 주문유도(order-getting)는 잠재고객을 찾아내어 비즈니스를 개발하고, 제품에 대한 정보를 제공하여 사도록 설득하는 것이다. 신규고객을 찾아낸다는 의미에서 수요창출(demand creating)이라고도 한다. 주문획득(order-taking)은 고객들이 사기로 이미 결정한 후에 거래를 일상적으로 마무리 짓는 것을 말한다. 고객의 질문에 응답하는 것이나 가격·대금지급조건을 조정하는 것 또는 고객불평의 처리 등이 여기에 속한다. 주문이행(oder-delivery)은 제품을 고객의 손에 넘겨주고 제대로 사용될 수 있도록 하는데 관련된 과제이다. 제품의 인도, 설치, 사용법의 교육, 보증처리 등이 여기에 속한다.

영업지원(sales support) 과제는 고객과 실제 거래는 하지 않고 주문유도나 주문획득을 다양한 방법으로 지원한다. 전도 영업사원(missionary salesperson)은 예를 들어 병원의 의사들을 방문하여 신약에 대한 정보를 제공함으로써 특정 제약회사의 제품을 처방하도록 하는 것과 같이, 제조업체를 위해서 경로구성원들이나 최종 사용자를 방문하여 촉진활동을 수행한다. 즉 자사 제품의 수요를 자극하는데 도움이 되는 과제를 수행한다. 기술전문가(technical specialist 또는 sales engineer)는 제품의 기술적 측면에서 영업사원들을 지원한다.

2) 영업과정

영업사원의 주된 업무인 영업(selling)은 고객모색, 교섭, 사후관리의 3가지 주요 활동으로 구성된다. 고객모색(prospecting)은 새로운 고객을 찾아내어 거래가능성을 타진하고 설득의 기초자료를 수집하는 단계이다. 교섭(negotiating)은 유망한 고객들에게 정보를 제공하고 설득하여 계약을 체결함으로써 사업목적을 실현시키는 단계이다. 사후관리(follow-up)는 고객들이 만족하여 호혜적인 관계가 지속되고 강화될 수 있도록 하는 것이다.

그림 10-13 **영업활동**

이러한 3가지 주요 활동 외에도, 영업사원들은 영업과정의 모든 단계에서 지원을 받는다. 고객들과 접촉을 유지하기 위하여 지속적인 커뮤니케이션이 있어야 한다. 고객들, 경쟁자들 그리고 시장에 대한 정보 등 모든 자료를 관리하는 방법을 알아야 한다. 또한 고객이 원하는 장소에 제품을 설치할 수 있도록 물적유통을 확보해야 한다. 이 모든 활동은 [그림 10-13]과 같이 영업사슬을 구성하며, 이의 유일한 목적은 고객들을 완벽하게 만족시켜 호혜적인 관계를 구축하고 강화시키는 것이다.

① **잠재고객 찾기**(prospecting)

영업활동은 유망한 잠재고객을 찾는 것에서 시작된다. 영업사원은 빠져나간 고객들을 대체하고 매출을 늘리기 위해서 항상 새로운 고객을 확보해야 한다는 점에서 새로운 잠재고객을 영업활동의 원동력이라고 한다. 잠재고객과 예비고객을 혼동하는 경향이 있는데, 예비고객(leads)은 잠재고객이 될 수 있다고 생각하는 사람들이나 조직을 말하며, 자사제품을 살 생각이 있고 살 능력이 있는지를 따져서 선별된 사람들이나 조직을 잠재고객(prospects)이라고 하며, 바로 이들을 대상으로 영업활동을 펼치게 된다. 예비고객을 평가하는 일반적인 기준으로 제품에 대한 필요 내지 욕구, 구입할 수 있는 재무적 능력, 살 수 있는 권한, 호의적인 접근가능성 및 영업사원/회사의 역량 등을 들 수 있다.

영업사원은 여러 원천에서 예비고객을 확보할 수 있는데, 일반적으로 전화번호부나 인명록 등과 같은 명부, 만족한 고객의 소개, 전시회참가 등이 많이 이용된다.

② **접촉준비**(preapproach)

잠재고객들을 파악한 영업사원은 그들의 필요 내지 욕구를 더 깊게 검토하고 그들의 특성을 파악해야 하며, 필요하다면 제품의 기술적인 측면에 대해서도 충분히 알아두어야 한다. 잠재고객을 이해하고 철저하게 준비한 영업사원은 자신감을 가질 수 있을 뿐만 아니라 판매방문(sales call)의 목적을 명확하게 하고 그 잠재고객에게 가장 적절한 판매제안을 마련할 수 있다. 판매제안의 방향이 잡히면, 누구와 언제 어디에서 만날 것인지를 정하는 것이 바람직하다. 판매방문의 사전약속은 영업사원의 시간을 절약해주고 방문의 유효성을 높여준다.

③ **잠재고객과의 접촉**(approach)

상담을 성공적으로 이끌기 위해서 영업사원은 잠재고객과의 만남에서 친밀감을 심어주고 신뢰를 쌓아나가야 한다. 즉, 잠재고객이 영업사원 자신을 믿고 의지할 수 있게 만들어야 한다. 이를 위해서 좋은 인상(impression)을 갖게 하고, 잠재고객의 필요·욕구를 확인하고, 제품특징을 고객편익에 연결시키고, 잠재고객의 반응을 예의 주시해야 한다. [그림 10-13]는 영업사원이 판매방문 시 고려해야 하는 중요한 사항을 보여준다.

그림 10-14 판매방문의 핵심요소

④ **판매제시**(sales presentation)

영업사원은 자신의 제품이 경쟁자의 제품보다 잠재고객의 문제를 어떻게 더 잘 해결할 수 있는지 잠재고객에게 설득력 있게 설명해야 판매 상담을 성공으로 이끌 수 있다. 따라서, 영업사원은 판매 메시지를 잠재고객에게 설득력 있게 전달하기 위해 다양한 커뮤니케이션 도구를 활용하며, 잠재고객의 주의를 끄떡이고, 이해도를 향상시키고, 설명한 내용을 기억하기 쉽게 돕는 노력을 기울여야 한다.

⑤ **의견조정**(handling objections)

판매메시지를 제시하고 설득하는 과정에서 영업사원들은 잠재고객들이 제기하는 의문이나 어려운 고비에 부딪힐 수 있다. 예컨대 "그 제품이 필요하지 않다," "살 돈이 없다," "회사를 좋아하지 않는다" 또는 "제시된 내용이 이해되지 않거나 믿기지 않는다" 등과 같이 판매메시지에 반대하거나 저항하는 잠재고객들의 반응을 이의(objection)라고 한다. 이의는 상담에서 가장 큰 장애요인이 될 수 있기 때문에 잘 극복해야 한다. 잠재고객의 이의를 극복할 수 있도록 의견을 조정하는데서 영업사원은 잠재고객의 얘기를 진지하게 듣고 진정한 문제가 무엇인지를 파악하고, 잠재고객이 제기한 이의가 자신의 능력에 맞서는 것이 아니라 영업과정의 일부라는 긍정적인 태도를 가져야 한다. 또한, 제기된 이의를 논리적으로 반박하여 설득하려는 것보다는 진지하게 대응하는 것이 더 바람직하다.

⑥ **판매종결**(closing)

잠재고객이 판매 메시지를 수용하는 것은 의견 조정만으로 영업이 성공했다고 볼 수는 없다. 잠재고객이 제품구입을 결심하여 실제로 거래가 이루어질 수 있도록 도움을 주는 단계를 판매종결이라고 한다. 영업사원은 "잠재고객은 제품을 사는 것이 아니라 자신의 문제에 대한 해결책을 찾는다"는 점을 염두에 두고 잠재고객을 면밀하게 관찰하여 구매결심을 촉구하는 시기를 포착해야 한다. 성공적인 영업사원들은 판매제시에 대한 잠재고객의 반응이나 비언어적 단서와 행동 그리고 떠보는 질문(probes)에 대한 반응 등을 주의 깊게 관찰하여 적절한 시기를 포착한다. 판매종결을 위해서 성공적인 영업사원은 조바심을 갖지 않고 잠재고객의 진행상황(pace)에 맞추고, 공격적이지 않으면서 단호하게 대응한다.

⑦ **사후관리**(follow-up)

제품을 파는 것으로 영업과정이 끝나는 것은 아니다. 제품을 산 고객이 그 제품의 편익을 제대로 향유할 수 있도록 도와주는 사후관리가 필요하다. 즉, 제품의 배달, 설치, 원활한 작동 등을 확인하고 만일 문제가 있다면 신속하게 해결되도록 해야 한다. 철저한 사후관리는 고객의 불만요인을 최소화하고 고객만족을 극대화하여 반복구매와 파트너십의 구축은 물론이고 다른 사람들에게 호의적인 입소문을 퍼뜨린다. 또한, 사후관리과정에서 고객의 신뢰를 강화시키는 등 관계를 심화시키고, 시장동향이나 경쟁기업의 동태 그리고 신제품수요 등에 대한 정보도 얻을 수 있다.

3 PR과 홍보

1. PR의 의의

PR(Public Relations)은 기업과 다양한 이해관계자들 사이에 우호적인 관계(goodwill)를 가꾸는데 관련된 조직의 활동을 말한다. PR노력의 대상인 이해관계자에는 종업원, 공급자, 주주, 정부 및 일반 시민단체 등이 포함된다. 대부분의 PR활동은 마케팅이 아니라 전반 경영 문제를 다룬다. 종업원, 투자자, 시민운동집단, 정부 등과의 상호작용은 최고경영층의 관심사이다. PR 활동과 마케팅 활동은 중복되는 면이 많지만, 주요 목적은 크게 다르다. 즉, 마케팅이 주로 제품을 팔려고 한다면, PR은 기업이라는 조직 그 자체를 팔려고 한다. 또한, PR과 관련해서 자주 사용되는 홍보(publicity)는 기업이나 제품 또는 상표 등에 대한 뉴스거리를 만들어 방송이나 인쇄매체에 실리게 하는 것으로, PR의 한 수단이다. 홍보는 보도가치가 있는 뉴스거리로 메시지의 추가적인 노출과 신빙성을 덧붙여줌으로써 인지도를 쌓는데 기여하며, 소비자들의 마음속에 강하고 호의적인 연상을 만들어냄으로써 상표이미지를 강화시켜준다.

표 10-4 PR 프로그램의 유형

유형	프로그램 내용
법인관계 (corporate relation)	기업의 정체성이나 명성관리에 초점을 맞춘 것으로, • 이슈관리(issues management): 예컨대 제약이나 주류와 같이 여론에 민감한 산업에 속한 기업들에서는 여론의 동태를 파악하여 최고경영층에 보고하고 조언한다. • 시역사회관계(community relations): 지역사회의 주요 현안을 다룬다. • 정부관계(government relations/public affairs): 입법 및 행정부의 규제나 지원에 대한 동향을 파악하고 대응한다. • 산업관계(industry relations): 회사가 속한 산업의 주요 관심사들을 다루는 활동들
위기관리 (crisis management)	재난이 발생하였을 때 어떻게 대응할 것인지에 대한 전반적인 계획
매체관계 (media relations)	기업에 대한 홍보를 창출하는 매체에 정보를 배포하는 활동, 주요 기자나 편집인들과 친분을 쌓아가는 활동들
종업원관계 (employee relations)	종업원들에게 정보를 제공하여 그들의 사기를 앙양시키는 내부 커뮤니케이션 프로그램들
투자자관계 (investor relations)	투자자나 애널리스트 등과 같은 금융계를 위한 정보 프로그램들
마케팅PR (marketing public relations)	주로 소비자들을 대상으로 펼쳐지는 제품/상표 커뮤니케이션을 지원하는 프로그램들

[표 10-4]는 기업이 주요 이해관계자들과 좋은 관계를 유지하기 위해 시행하는 프로그램의 종류를 나타낸다.

이러한 PR활동은 상표인지도를 높이고, 소비자들에게 정보를 제공하여 교육을 시키고, 기업과 제품에 대한 이해를 증진시켜 신뢰를 구축하는데 도움을 줄 수 있다. 이와 같이 상표를 촉진하는데 도움이 될 수 있는 활동들을 마케팅PR이라고 한다. 마케팅PR(MPR: marketing public relations)은 소비자들에게 긍정적인 영향을 끼칠 수 있도록 설계된 기업·상표정보를 전달하기 위해서 대가를 지급하지 않은 매체를 이용하는 것으로 PR활동의 한 유형이다. 마케팅PR은 상표메시지의 신빙성을 높여주고, 특정 청중에 맞춰진 메시지를 전달하며, 의견선도자 등의 여론형성층에 영향을 끼치며, 특별행사 등을 통해서 고객들의 관여수준을 높임으로써 상표메시지를 보강해준다.

마케팅PR은 다시 주도적 마케팅PR과 대응적 마케팅PR로 구분할 수 있다. 주도적 마케팅PR(proactive marketing public relations)은 기업의 마케팅목표에 의해서 이끌어지며, 방어적이 아니라 공격적이고, 이미 발생한 문제를 해결하기보다는 새로운 기회를 찾는다. 주도적 마케팅PR의 주요 도구는 신제품출시, 경영층동정, 기업이나 제품을 소개하는 특집보도 등과 같은 홍보이다. 반면에, 대응적 마케팅PR(reactive marketing public relations)은 외부환경의 변화에 대처하기 위한 PR활동이다. 즉, 경쟁사의 활동, 소비자태도의 변화, 정부정책의 변화 등에 의해서 야기되는 외부의 압력과 도전에 대한 대응활동이다. 대응적 마케팅PR은 대체로 조직에 부정적인 영향을 끼치는 변화에 대처하는 수단이다. 대응적 마케팅PR은 명성을 회복하고, 시장잠식을 방지하거나, 상실된 매출을 회복시킬 수 있다.

2. PR의 주요 수단

주요 이해관계자들과 우호적인 관계를 가꾸기 위해서 기업들은 각 이해관계자에 적합한 프로그램을 마련해야 한다. 특히 이해관계자들에게 다가가기 위한 마케팅PR활동의 직접적인 대상은 매체 정보통제자, 의견선도자, 그리고 일반 대중으로 크게 나눌 수 있다. 매체 정보통제자(media gatekeeper)는 시청자들이나 독자들이 관심을 보일 것이라는 판단을 토대로 방송국이나 신문사를 위해서 기사를 선별하는 편집인이나 리포터들이다. 방송이나 인쇄매체에 실리기 위해서는 이들 매체전문가들에게 다가갈 수 있어야 한다. 또한, 기업·상표 위상에 대한 의견선도층의 옹호가 구전을 통해서 일반대중들에게 전파될 때 그 위력이 대단히 커질 수 있다. 즉,

기업·상표에 대한 의견선도층의 지지는 다른 형태의 마케팅 커뮤니케이션보다 훨씬 신빙성이 높기 때문에 일반 소비자들에 대한 전파력이 강하다. 기업·상표 위상을 강화시킬 수 있는 메시지가 대중매체를 통해서 의견선도층에 전달되고, 다시 이 정보가 일반 소비자들에게 전파되는 2단계 정보흐름을 거치게 되는데, PR은 이 모형을 보다 체계적으로 관리할 수 있다. 끝으로, 특별행사나 최고경영자의 연설 등과 같이 일반 대중을 대상으로 한 PR활동도 언론매체의 시선을 끌 수 있도록 설계될 수 있다. 이처럼 PR활동의 많은 부분이 언론매체를 통해서 메시지가 전달되기 때문에 홍보가 특히 중요한데, 마케팅PR활동은 [표 10-5]와 같이 매우 다양하다.

표 10-5 마케팅PR활동

매체 내지 프로그램	내용
언론보도 (press release)	언론매체에 기업 활동에 관련된 뉴스거리를 제공하여 보도되게 하는 활동
간행물 발행 (publications)	뉴스레터, 잡지, 회사소개책자 등의 간행물을 발간하는 것은 가장 오래되고 광범위하게 이용된다.
연차보고서 (annual reports)	기업의 재무상태와 영업 활동에 대한 보고서
기업광고 (corporate advertising)	기업의 정체성이나 기업의 입장을 옹호하고 지원하는 광고
시청각 자료 (film and videos)	고객 등의 이해관계자들에게 배포할 시청각 자료로, 기업이나 제품에 대한 정보를 담고 있다.
기자회견 (press conference)	인수 · 합병이나 신제품개발 등과 같은 기업의 주요 활동을 알리기 위한 기자회견
산업시찰 (industrial tour)	고객들이나 일반대중에게 공장 등을 보여주는 활동
특별행사 (special events)	전람회, 음악회, 운동경기 등을 후원하거나 신제품출시 기념회나 투자설명회 등을 개최하여 기업이나 제품에 대한 이해관계자들의 주의를 집중시키는 활동
웹사이트(website)	인터넷의 가상공간에서 기업이나 제품을 알리려는 활동

4 온라인과 모바일환경에서의 촉진

1. 온라인과 모바일환경에서의 촉진 배경 및 개념

4차산업에 따른 정보통신기술의 발달로 인터넷과 모바일 환경에서의 비즈니스 확산으로 모든 산업 분야에서 e-Business 및 e-Business의 중요성이 갈수록 증대되고 있는 가운데, 인터넷을 포함한 온라인 플랫폼을 소매유통 채널로 활용하는 온라인 시장 역시 지속적이고 빠른 속도로 성장하고 있다. 이러한 가운데 온라인 맥락과 관련한 비즈니스의 용어가 혼용되어 사용되고 있는데, e-Business는 e-Commerce라는 의미로 사용되며, 인터넷을 통해 e-Business는 제조업체가 중개상을 거치지 않고 직접 소비자와 접촉하고 판매하는 형태로 포스트 팬데믹 시기의 온라인/모바일에서의 e-Business 확산은 유통구조의 새로운 변화를 초래하고 있다. 이러한 개념과 맥락의 시초는 기업이 소비자에게 판매하는 소매형태인 온라인 B2C로 e-Retailing이라는 개념이 일반적으로 사용되고 있는데 이는 B2C/EC의 소매형태를 말하며, 가장 대표적인 사례가 쇼핑몰이고 현재는 이러한 온라인 비즈니스 맥락이 4차산업 기술혁신으로 보다 진화되고 정교화 되고 있으며 스마트폰 주도의 모바일 맥락으로 확대되어 오프라인의 비즈니스 규모를 넘어서고 있다.

2. 온라인과 모바일환경에서의 비지니스 특징과 특장점

온라인과 모바일환경에서는 하루 24시간 전 세계 소비자와 직접 만날 수 있고, 고객의 수요를 정확하게 파악할 수 있으며, 신속히 대응할 수 있고 쌍방의 의사소통이 가능하다. 점포마련 비용이 들지 않으며 사이버상에서 손쉽게 운영/관리할 수 있으며 전통적인 상거래 방식과 비교해볼 때, 기업과 소비자를 직접 연결함에 따라 유통구조의 많은 변화를 가져오고 있다. 이러한 맥락은 4차산업 시대의 유통혁명 모두에 동일하게 적용될 수 있는 특징으로 현재는 이러하나 맥락과 특성이 손안의 시장환경은 모바일 비즈니스로 확대 적용되고 있다. 온라인과 모바일환경에서의 비즈니스 프로세스는 소비자 측면에서 효율적인 쇼핑기능을 제공하고, 상당량의 동적인 정보에 접근이 용이하며, 구매비용 절감이 가능하고 기업차원에서는 유통비용을 절감할 수 있고, 효율적인 마케팅 커뮤니케이션과 촉진이 가능하며 운용상으로도 대금수금이 용이하고, 새로운 시장과 시장세분화 창출이 가능하다.

3. 온라인과 모바일환경에서의 촉진

온라인과 모바일 비즈니스 환경에서는 다양한 판매촉진 방식을 활용할 수 있다. 기존의 촉진 방식인 판매자 사이트에서 보이는 일반적인 e-Catalog 방식 전화번호부와 같은 White Page, Whois 서비스, Yellow Page 등의 Directory 방식을 기본으로 하고 온라인/모바일에서의 비교 검색 사이트와 같은 비교구매방식이나 경매와 입찰의 활용방식 및 C2C/EC 방식을 통한 촉진 방안들이 다양하고 복합적으로 고려될 수 있다. 이러한 다양한 형식의 촉진방법 활용으로 차별화된 촉진 및 상품 전략을 가능하게 하는 디자인과 구조를 포함하는 사이트운영전략 및 맞춤형 검색시스템과 e광고 등의 활용을 통해 매출극대화를 도모할 수 있다. 특히 빠른 변화에 따른 발빠른 대응과 정기적인 사이트의 개선, 그리고 경쟁기반의 변화추세, 고객의 불만을 해결하고 니즈를 파악하는 일반적 마케팅전략과 연계한 촉진전술 프로세스가 다양하게 고려될 수 있다.

한편, 온라인과 모바일환경에서의 촉진을 위해서 온라인과 오프라인을 연계하는 Click & Mortar 전략은 비용절감과 경쟁력 강화의 유용한 수단이 될 수 있으며, 경쟁적으로 진행되고 있는 가격할인, 경품제공, 무료배송 등은 손익분석을 통해 다양한 e촉진 전략이 개발 및 실행될 수 있다. 이 과정에서 상품구색, 물류서비스, 보안시스템, 지불방식, 커뮤니티 등에서 경쟁사와 차별화된 경쟁포지션을 확보해야 할 것인데, 규모가 작은 중소 e-Retailing 기업은 기존 기업과는 다른 가치창출방식을 구현하거나 한정된 품목을 전문적으로 취급해 성공을 거두는 니치 전략을 추진해서 성공모델을 창출하기도 한다. 한편, 구매고객과의 관계에 있어서는 로열티 프로그램 강화를 통해 고객 충성도를 제고하고, 우량고객에 대해서는 고객 특성에 맞는 차별화된 마케딩활동을 전개해야 하며, 공급자와의 관계에 있어서는, 채널 갈등을 최소화하면서 기업은 상품차별화를, 공급자들은 매출확대를 추구하는 윈윈(Win-Win) 관계를 형성해야 한다.

4. 온라인과 모바일환경에서의 촉진전망 및 과제

온라인과 모바일환경에서의 낮은 수익 구조에도 불구하고, 수요 측면에서 볼 때 매우 빠른 성장전망을 보이는데, 대기업 계열기업과, 일부 순수 인터넷쇼핑몰 및 해외 기업들을 중심으로 경쟁구도가 새롭게 정립됨에 따라 관련된 기업들의 온라인/모바일 촉진 전략 또한 새로운 패러다임 모색이 빈발하고 있다. 기업들이 온라인과 모바일환경에서 지속적 성장을 담보할 수 있는 안정적 수익성을 어떻게 확보할 것인가는 직간접 매출을 유발하는 촉진전략과도 긴밀하게 연결되어 있다. 운영의 효율성과 차별화된 제품의 제공 및 그에 부합하는 촉진전술 개발을 통해 비용절감이 해당 기업의 지속가능 경쟁우위 확보를 위해 필수적이다. 공급자와 구매자와의 관계에 있어서는, 우량고객 관리와 제휴상품 개발 강화를 통해 수익성을 제고하는 방안 또한 B2B 촉진전략과 연계하여 모색될 필요가 있다.

V 뉴노멀 시대의 시장 변화를 고려한 촉진 전략

팬데믹에 따른 환경급변으로 시장 위기가 찾아옴에 따라 젊은 세대가 주도하는 구매행동 변화의 흐름을 파악하는 것이 모든 산업에서 더 중요해졌다. 현명한 기업들은 Z세대와 밀레니얼 소비자들에 대한 더 깊은 통찰로 이들의 태도를 파악하고, 또 이 흐름을 빠르게 따라가기 위해 마케팅 전략을 변경해야 한다.

① 시장환경의 변화

변화된 시장환경의 패턴을 살펴보면, 우선 미국에서는 전자상거래 사용률이 16%에서 27%로 영국은 18%에서 30%까지 상승했다. 여행과 관광 상품의 하락률은 쉽게 회복되지 않고 있으며 백화점 매출은 이전보다 훨씬 하락한 후 본래로 회복되고 있지 않으며 음식 배달 서비스는 매출이 90% 상승했다. 국내시장의 변화를 보면, 2020년 8월 기준으로 온라인 쇼핑 거래액은 총 14조 3,833억 원에 달했는데, 이는 전년 동월 대비 3조 1,047억 원, 즉 27.5%가 증가한 숫자였다. 음, 식료품 혹은 음식 배달 서비스뿐 아니라 가전, 전자, 통신기기, 생활용품, 화장품 등도 모두 엄청난 증가세를 보였으며, 모바일 쇼핑 거래액 역시 2019년에 비해 27.8%가 상승해 9조 3,265억 원의 규모를 보였다.

소비자의 대규모 온라인 및 모바일 이전은 두 가지 측면에서 고려해야 한다. 첫 번째는 기존 제품을 오프라인에서 온라인으로 구매하게 된 측면이고, 두 번째는 디지털에서만 이용할 수 있는 제품, 서비스 및 브랜드를 구매하는 측면이다.

② 서비스 산업의 변화

무엇보다 서비스 산업에서의 변화가 두드러지며, 전통적인 공연 관람이 어려운 상황에서 가상 콘서트, VOD 시청, 온라인 스트리밍 등 집에서 유료 영상 콘텐츠를 더 다양하게 즐길 수 있게 되었다. 온라인으로 뮤지컬과 발레 등 다양한 엔터테인먼트 콘텐츠가 제공되며, 시간과 공간 제약 없이 더 많은 사람들이 문화 생활을 즐길 수 있는 기회가 생겼다. 특히 패션 분야에서는 핏과 소재 때문에 주로 오프라인 쇼핑을 선호했지만, 인스타그램 쇼핑 기능과 패션 큐레이팅 앱들로 인해 온라인 전용 패션 브랜드가 늘어나고 있다.

그림 10-15 **패션 큐레이팅 서비스**

고관여 소비 품목 중 명품 브랜드인 프라다와 같은 브랜드들조차도 코로나 이후 온라인 숍을 추가하면서 패션 시장이 크게 온라인으로 이동하고 있다. 외식산업도 치킨, 족발, 짜장면과 같은 배달 음식뿐만 아니라 돼지갈비찜과 브라우니와 같은 제품들이 배달 서비스를 지원하며, 전통 재래시장의 물품부터 아이스크림, 빙수와 같은 식품까지 온라인으로 확장되면서 소비자들은 집에서도 다양한 먹거리를 즐길 수 있게 되었다.

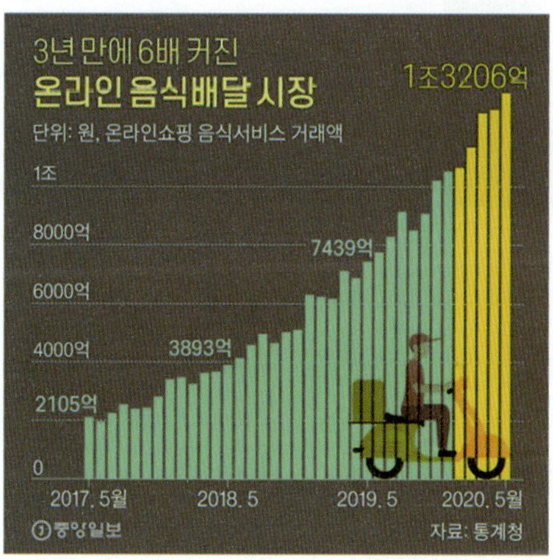

그림 10-16 **온라인 음식배달 시장 변동 추이**

③ 뉴노멀 시대의 지속 여부

그렇다면 온라인으로 이동한 소비 트렌드가 앞으로도 계속 유지될까. 더 중요한 질문은 코로나 사태로 인해 나타난 이러한 구매 행동 변화가 다시 원래대로 돌아갈지, 아니면 계속해서 "뉴노멀" 시대가 이어질지 여부다. 이러한 행동을 이해하기 위해 소비자의 자체 평가 뿐만 아니라 이전의 구매 습관, 현재의 구매 습관, 습관적인 심리 등 다양한 요소를 고려하여 뉴 노멀의 전망을 예측할 수 있다. 다시 말해, NNP 방식에 따르면 Z세대와 밀레니얼 세대는 최소한 일부분은 디지털 미디어에 소비하는 시간을 늘린 상태로 유지할 것으로 예상된다. 예를 들어, 소셜 미디어 같은 경우 팬데믹 이전 수준으로 돌아갈 것으로 예상되지만, Z세대와 밀레니얼은 TV나 영화관과 같은 전통적인 영상 매체를 더 적게 소비할 것으로 예상된다. 또한, Z세대와 밀레니얼은 구매하는 제품에 대한 변화된 소비 양식을 유지할 것으로 예상되며, 많은 젊은 소비자들은 '집에서 사용하는 제품', 건강과 헬스 관련 제품, 생필품에 대한 소비를 늘렸으며, 충동 구매 유형의 제품 소비는 줄였다. 이러한 단순한 소비 트렌드는 계속 유지될 것으로 예상하고 있다.

그림 10-17 온라인 음식배달 시장 변동 추이

해당 기업들은 이러한 변화를 활용하여 최근에는 온-오프라인 옴니채널링 전략을 채택하고 있다. 이전에도 온-오프라인 옴니채널링은 서서히 진행되어왔으나, 코로나로 인해 온라인 판매는 이제 단순한 판매 전략을 넘어선 필수적인 요소가 되었다. 예를 들어, 카페와 베이커리 업계에서는 배달 애플리케이션을 통한 경쟁이 치열해지고, B마트와 같은 모바일 장보기 플랫폼도 가속화되고 있다.

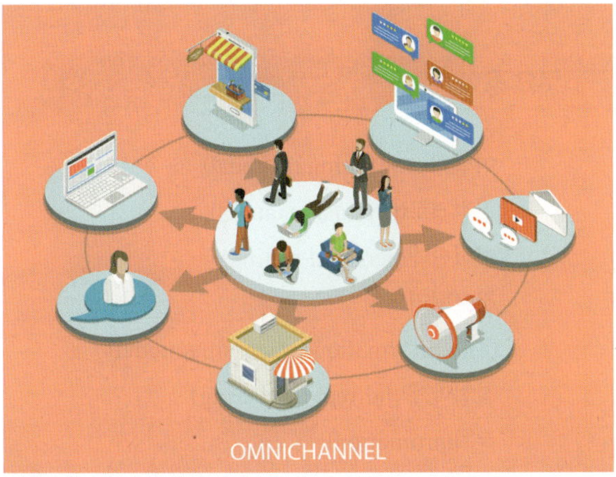

그림 10-18 **옴니채널**

하지만 브랜드의 분위기와 아이덴티티를 온라인 판매를 통해 전달하는 것은 생각보다 어려운 일이다. 따라서 브랜드만의 고유한 이미지와 차별점을 온라인에서도 효과적으로 전달하기 위한 방안을 고려해야 한다. 이와 관련된 전략 중 하나는 브랜드 에센스가 반영된 디자인 패키지를 제작하는 것이다. 패키지 디자인은 소비자에게 브랜드의 이미지를 명확하게 전달할 수 있으며, 브랜드의 특징을 강조할 수 있다. 디자인은 맥도날드와 같이 빨간 배경과 샛노란 M자로 빠르게 인식되는 패키지를 갖고 있는 경우와 같이 브랜드 아이덴티티를 소비자에게 전달하는 강력한 도구이다. 이렇게 함으로써, 소비자들은 백화점이나 상점을 방문하지 않고도 브랜드의 아이덴티티를 온라인 주문 및 포장 디자인을 통해 경험할 수 있다.

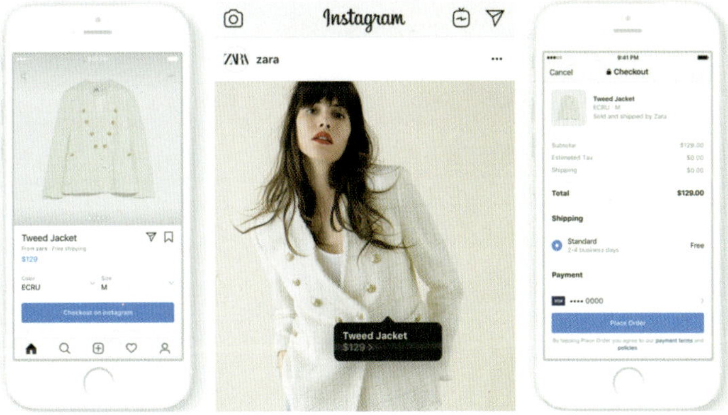

그림 10-19 **SNS를 활용한 쇼핑**

주요 용어

가용자금법(affordable method)
감성적 소구(emotional appeal)
경로(channel)
경쟁사기준법(competitive parity)
경품(prize)
광고(advertising)
구매공제(buying allowance)
끌기전략(pull strategy)
내재적 드라마(inherent drama)
노이즈(noises)
대중매체(mass media)
도덕적 소구(moral appeal)
매출비율법(percentage of sales method)
메시지(message)
목표과업법(objective and task method)
밀기전략(push strategy)
반응(response)
부호화(encoding)
비인적경로(nonpersonal channel)
사은품(premium/gift)
상표이미지(brand image)
샘플(sample)
소구(appeal)
시장성과
애호도 프로그램
(loyalty/frequency program)
영업과정
영업관리
원천(source)
이성적 소구(rational appeal)
인적경로(personal channel)
인적판매(personal selling)
정보처리모형
(The information-processing model)
직접마케팅(direct marketing)
촉진(promotion)
촉진믹스(promotion mix)
캠페인테마
쿠폰(coupon)
통합적 마케팅 커뮤니케이션(IMC)
판매경연(trade/sales contest)
판매촉진(sales promotion)
표적청중(target audience)
혁신수용모형(innovation-adoption model)
효과계층모형
(The hierarchy of effects model)
AIDA모형
PR(public relations)

연습문제

01 현대자동차의 소나타와 같은 승용차의 마케팅에서 IMC가 수행할 수 있는 역할을 분석하고, IMC의 각 수단들이 어떻게 활용될 수 있는지를 논의해보시오.

02 촉진과 관련하여 마케터들이 직면하는 가장 까다로운 문제는 "언제 어느 촉진수단을 사용해야 하는가?"라고 한다. 제품유형, 마케팅채널, 가격 및 촉진시기를 반영하여 이 문제에 대한 답을 논의해보시오.

03 스포츠를 후원하였을 때, 그 효과를 어떻게 측정하고 평가해야하는지를 논의해보시오.

04 모든 커뮤니케이션 프로그램의 기본문제는 이성적 또는 감성적 소구를 이용할 것인가에 있다. 제품유형과 시장상황을 고려하여 각 소구유형의 장 · 단점을 논의해보시오.

05 광고모델의 신빙성과 매력이 메시지의 설득을 매개한다고 한다. 특정 광고물 2개를 선정하여 광고모델의 특성을 비교 · 분석하고, 이 차이가 광고된 제품의 매출에 어떻게 영향을 끼치는지를 논의해보시오.

06 커뮤니케이션과제를 촉진목표로 잡을 경우에 촉진예산을 책정하는 가장 바람직한 방법은 무엇인가?

07 촉진에 대한 일반인들의 비판적 시각에는 어떤 것들이 있는지를 알아보고, 각각에 대해서 어떻게 방어할 수 있는지를 논의해보시오.

08 촉진수단들에 대해 알아보고 각 수단들의 장단점을 비교해보시오.

CHAPTER 11

광고관리

Ⅰ. 광고의 개념

Ⅱ. 광고의 효과

Ⅲ. 광고관리 프로세스

Ⅳ. 광고효과의 평가

학습목표

- 광고의 정의에 대해 알아본다.
- 다양한 광고의 종류를 알아본다.
- 광고가 어떤 기능을 수행하는지 살펴본다.
- 광고가 제품, 소비자, 기업에 미치는 영향을 이해한다.
- 광고관리 프로세스를 단계별로 살펴본다.

주요 내용

촉진이란 제품이나 서비스를 소비자들이 구매하도록 유도하는 기업의 마케팅 노력의 일체로서 기업의 의사를 소비자에게 전달한다는 의미에서 마케팅 커뮤니케이션이라고도 부른다. 광고는 대표적인 촉진 활동으로 기업, 비영리조직, 정부와 개인이 제품, 서비스, 조직 혹은 아이디어를 대중매체로 표적시장의 구성원이나 청중에게 알리거나, 이들을 설득하기 위해 관련된 메시지를 적시 · 적소에 배치하는 것으로 정의된다.

이번 장에서는 광고의 정의에 대하여 알아보고 광고의 종류는 어떤 것이 있는지, 광고는 어떤 기능을 수행하는지 알아볼 것이다. 또한 광고가 제품, 소비자, 기업에 미치는 영향을 다양한 시각에서 살펴볼 것이다. 마지막으로 기업의 입장에서 광고를 관리하기 위한 프로세스를 단계별로 살펴본다.

I 광고의 개념

1 광고의 정의

표적시장의 소비자들에게 정보를 제공하고 설득하여 구매와 관련된 행동을 유도하는 촉진수단 중에서 광고는 우리가 가장 쉽게 접할 수 있는 마케팅 활동이다. 광고는 인지도 구축자(awareness builder)라고도 하며, 다른 촉진수단에 비해서 비용 측면에서 효율적으로 메시지를 확산시킬 수 있다.

광고는 '기업, 비영리조직, 정부와 개인이 제품, 서비스, 조직 혹은 아이디어를 대중매체로 표적시장의 구성원이나 청중에게 알리거나, 이들을 설득하기 위해 관련된 메시지를 적시적소에 배치하는 것'으로 정의된다(AMA: American Marketing Association, 미국마케팅협회). 따라서 광고의 주요 5요소는 광고를 시행하는 주체인 **광고주**와 광고하는 제품이나 서비스, 메시지인 **광고 대상**, 광고를 접하는 **광고 수용자**, 온라인이나 오프라인상의 대중매체인 **광고매체**, 마지막으로 광고의 성과인 **광고효과**이다.

그림 11-1 도심 속 다양하게 노출되는 광고

광고주는 광고의 대가를 지급하게 되는데 이는 광고 메시지 송출을 위한 시간이나 공간에 대한 통제권을 갖고 있음을 의미한다. 대중매체는 동시에 많은 사람에게 메시지를 전달할 수 있으나, 즉각적인 피드백이 어렵기 때문에 광고주는 청중들이 메시지를 어떻게 지각하고 받아들이는지를 사전에 충분히 검토해야 한다. 대중매체는 많은 사람들에게 메시지를 전달할 수 있어서 광고 지출의 절대 금액은 상당히 크지만 1인당 메시지 전달 비용은 아주 저렴하다. 또한, 광고는 브랜드나 제품의 특징과 편익 등에 대한 정보를 소비자들에게 전달하여 인지도를 높일 뿐만 아니라 브랜드의 독특한 위상을 창출할 수 있어서 브랜드에 가치를 더해준다.

사례 I 광고의 진정성

광고에서 제품의 단점을 가식 없이 그대로 보여주는 것은 위험할까? 영국 사람들이 좋아하는 스프레드인 마마이트(Marmite)의 광고는 이 질문에 대한 답을 보여준다.

마마이트는 이스트 추출물을 농축해 만들어 각종 비타민이 풍부하지만, 냄새가 고약한 제품이다. 단점처럼 보이는 고약한 냄새를 회사는 마마이트 광고의 핵심 메시지로 사용했다. '사랑하거나, 증오하거나(Love it, or Hate it)' 캠페인이 바로 그것인데, 엄마가 아이에게 젖을 물리며 마마이트를 듬뿍 바른 빵을 한 입 베어 문 후, 아기가 엄마 얼굴에 젖을 뿜거나 마마이트를 식빵에 발라먹고 있는 직원을 다른 직원이 신고해 경찰이 출동하는 등의 유머러스한 광고를 통해 마마이트의 지독한 냄새를 풍자하고 있다. 광고에서 마마이트의 장점인 비타민이 풍부하다는 말은 어디에서도 찾아볼 수 없다. 마마이트가 광고를 통해서 자신의 정체성(?)을 끝까지 포기하지 않은 이유는 무엇일까? 냄새는 지독하지만, 비타민이 듬뿍 들어있다는 것을 보여주려고 했던 것은 아닐까? 이와 같이 단점이 장점을 높여줄 수 있다면 광고에서 솔직하게 단점을 시인하는 것도 나쁘지 않을 것이다.

사진 출처: 마마이트 제공

『진정성의 힘』의 저자 제임스 길모어와 조지프 파인 2세는 진짜도 '진짜 진짜(Real-Real)'와 '가짜 진짜(Fake-Real)'로 나뉜다고 하면서, 자신의 정체성을 유지하지 않는 진짜는 가짜 진짜라고 규정한다. 그러니까 '자아에 충실한' 브랜드는 자신의 약점까지도 버릴 수 없는 운명인가 보다. 미국 속담에는 "표범은 자신의 얼룩무늬를 바꾸려고 하지 않는다"라는 말도 있다.

한 싸구려 호텔은 당당하게 자신의 단점을 '커밍아웃'한 후 명소가 되었다. 암스테르담에 있는 '한스브링커 버짓(Hans Brinker Budget) 호텔'인데, 객실에 TV는 물론 거울 화장대도 없는 이 호텔은 '친환경'을 위해 난방시설과 엘리베이터를 만들지 않았다고 뻔뻔하게 주장한다. 자칭 "세계 최악의 호텔"이라는 광고에는 호텔 입구에 개똥이 있을 수 있으며, 객실 문이 잘 안 잠기니까 조심하라는 식으로 단점들이 나열되어 있다. 부대시설은 열악하지만, 가격은 유럽 '최저'라는 걸 강조하기 위한 광고인데, 이 광고 후에 객실 예약률이 크게 올랐고, 무엇보다 투숙객의 불평불만이 싹 사라졌다고 한다. (최악을 기대하고 온 사람이 무얼 불평하겠는가?)

그 밖에 프랑스 맥도날드가 소아 비만에 패스트푸드가 일부 영향을 끼치고 있음을 인정하며 "어린이들은 일주일에 한 번만 맥도날드에 오세요"라고 광고하거나, 분유 회사 네슬레가 모유 수유의 우수성을 알리는 캠페인을 하면서 "수유가 어려우면 자사 제품을 이용해 달라"고 덧붙이는 것 등도 '심리적 공명(resonance)'을 끌어내는 '정직성 커뮤니케이션'방식으로 이해할 수 있다.

사진 출처: 한스 브링커 호텔과 광고, 트립어드바이저 제공

하버드 대학의 문영미 교수는 '자기 공개(self-disclosure)'야말로 매우 효과적인 설득의 기술이라고 말한다. 트렌드 워칭(Trend watching)이라는 조사기관은 이러한 마케팅전략을 '유결점 마케팅(flaw-some marketing)'이라 이름 붙였다. 우아하고 젠체하는 사람보다 부족해도 솔직하고 재미있는 사람을 좋아하는 심리를 간파한 전략으로 볼 수 있다.

솔직함이 유머 감각과 결합할 때, 단점은 장점으로 승화된다. 코로나 맥주가 처음 미국에 진출했을 때 유리병에 담긴 맥주의 양이 제각각이어서 경쟁자인 버드와이저의 놀림을 받았다. 여러분이 코로나 맥주의 사장이라면 어떻게 대응하겠는가? 놀랍게도 코로나는 "병마다 맥주량이 다른 게 멕시코의 여유와 낭만"이라고 했다. 약점을 강점으로 반전시킨 것이다.

제품의 치명적인 약점을 미소나 농담으로 덮을 수는 없다. 그건 무슨 수를 써서라도 고쳐야 할 것이다. 하지만 그 정도가 아니라면 한 번쯤 큰맘 먹고 작은 약점을 과감하게 공개해 보는 건 어떨까? 완벽한 인간보다 약간의 결점을 가진 사람이 더 사랑받는다는 사실은 진리이다.

브랜드의 가치가 가장 크게 폭락하는 경우는 어느 때일까? 제품의 결함보다도, 그것을 감추려 했던 거짓이 드러나는 순간일 것이다. 신뢰를 얻는 데는 오랜 시간이 걸리지만 무너지는 건 한순간이다. 타이어의 결함을 숨겼던 포드 자동차(그리고 타이어 업체인 파이어스톤), 반도체 칩의 연산 에러를 덮으려 했던 인텔, 배기가스 테스트 결과를 속인 폭스바겐의 브랜드는 회복 불가능할 정도의 타격을 입었다. 정직함이 가장 요구되는 순간은 잘못을 저질렀을 때다. 누가 정직한가는 위기의 순간에 가장 잘 드러난다. 그리고 정직보다 거짓이 훨씬 더 위험하다.

출처: 인터비즈(inter-biz@naver.com, 2019. 2. 28.)

이러한 장점이 있는 광고지만 다음과 같은 한계도 존재한다. 첫째, 광고는 제품에 대한 정보를 일방적으로 전달하는 한 방향(one way) 커뮤니케이션이므로 소비자와의 원활한 의사소통이 어렵다. 둘째, 광고는 낭비가 심하다. 표적시장의 소비자들과 대중매체의 청중이 완벽하게 일치하는 경우는 거의 없어서 어느 정도의 낭비가 불가피하다. 셋째, 광고는 과장된 표현을 일삼는다는 인식이 널리 퍼져 있어서 광고의 신뢰도가 낮다. 대부분의 소비자들은 광고에서 언급된 사항들을 액면 그대로 받아들이지 않는다. 넷째, 많은 광고로 소비자들이 혼란을 느끼는 클러터(clutter)가 심하다. '광고의 홍수'라는 표현이 함축하듯이 모든 매체에서 광고량이 대단히 많아서 소비자들을 자사 광고에 주의를 기울이게 만드는 것이 점점 더 어려워지고 있다. 알 리스(A. Ries)는 이러한 문제점들 때문에 인지도가 낮은 신생기업은 표적시장에 제품을 알릴 때 광고보다는 홍보(publicity)를 활용하는 것이 효과적이라고 주장한다. 그는 신생기업일수록 인지도를 높이기 위해서 광고에 많은 예산을 투입하지만, 소비자들은 신생기업의 제품이나 서비스에 대해서 아직은 신뢰가 형성되지 않은 상태이므로 투입비용 대비 광고효과가 크지 않고 신문기사나 뉴스와 같은 중립적 정보원을 활용하여 홍보하는 것이 훨씬 효과적이라고 주장한다.

그림 11-2 LG의 제품광고와 조직광고

2 광고의 종류

광고를 분류하는 방법은 상당히 다양하며 여러 가지 방법이 있다.

첫째, 광고 카피에 따라 이성광고와 감성광고로 분류할 수 있다. 이는 광고 수용자에게 어떠한 소구 방식으로 접근할 것인가의 문제로서 크리에이티브 전략이라고도 표현할 수 있다. 이성광고는 광고 수용자의 인지적 반응을 불러일으키는 광고이며, 감성광고는 광고 수용자의 감정을 유발하는 광고이다.

둘째, 광고 대상에 따라 제품광고와 조직광고, 개념광고와 인물광고로 분류할 수 있다. 제품광고는 특정 제품이나 서비스의 비인적 판매 활동으로, 가장 일반적이다. 조직도 일종의 제품으로 간주할 수 있지만, 조직광고는 특정 제품이나 서비스보다는 경영이념이나 경영 목표를 전달하는 것을 우선시하는 광고이다. 환경보호와 같은 공익 개념의 광고나 선거철 정치인들의 광고도 흔히 볼 수 있는 광고 형태이다.

셋째, 광고 메시지의 일차적 목적에 따라 정보적 광고, 설득적 광고 및 상기광고로 나눌 수 있다. 정보적 광고(informative advertising)는 시장에 새로 진입한 제품이나 서비스의 초기수요를 자극하기 위한 광고이다. 설득적 광고(persuasive advertising)는 수명주기의 성장단계나 성숙단계에 있는 제품이나 서비스의 수요를 자극한다. 상기광고(reminder advertising)는 상표명의 기억을 새롭게 함으로써 이전에 실행된 촉진 활동을 강화해 준다.

넷째, 이용하는 매체에 따라 대중매체광고와 인터랙티브광고, 옥외광고로 구분할 수 있다. 대중매체광고(mass media advertising)는 TV, 신문, 라디오 및 잡지 등 4대 매체를 이용한다. 대중매체는 메시지를 광고주로부터 청중들에게 일방적으로 전달할 뿐이다. 반면에 인터랙티브광고(interactive advertising)는 서로 메시지를 주고받음으로써 소비자들이 광고커뮤니케이션에 직접 참여하게 된다. 멀티미디어 기술, 인터넷 및 온라인 서비스는 일방적인 메시지전달이라는 광고의 특성을 크게 변화시키고 있다. 즉, 이용자들이 요청할 때 더 많은 정보를 제공할 수 있도록 광고가 대화를 이끌어낸다. 여기에서 광고주의 과제는 보려고 하는 것을 소비자들이 스스로 통제하는 환경에서 그들의 관심을 끌어 붙잡아 두는 것이다. 인터랙티브 매체는 간략한 정보를 일방적으로 전달하는 전통적인 대중매체와는 달리, 구매 및 소비단계에서 소비자들에게 풍부한 정보를 제공할 수 있다. 한편, 건물이나 시설, 자연적인 경관을 활용하는 옥외(OOH: Out of Home)광고는 다양한 형태로 주변에서 볼 수 있다.

다섯째, 광고 메시지 전달 방식에 따라서 단순 소개형 광고와 드라마형 광고, 비교광고로 구분할 수 있다. 또한 광고에 음악이나 특수기법을 사용할지, 어떤 모델을 사용할지, 광고하고자 하는 결론을 명확하게 직접적으로 제시할지 아니면 불분명하게 간접적으로 제시할지도 고려해야 한다. 환경이 변화하면서 크리에이티브를 효과적으로 표현하는 방식도 바뀌고 있어 광고 메시지 전달 방식은 더욱 다양해지고 있다. 기업이 비교광고를 하는 경우에는 국가 간의 차이를 고려해야 한다. 미국에서는 비교광고에 대한 규제가 거의 없지만 유럽 일부 국가에서는 자사 제품이 경쟁제품보다 우수하다고 주장하는 것이 허용되지 않는다. 예를 들어, 독일에서는 평생 품질보장(life warranty)을 상대적으로 광고하는 것은 법으로 금지되어 있다. 또한 아랍국가에서는 일반적으로 다른 사람들과 경쟁하지 않고 부를 나누는 것이 일반적인 문화적 가치로 여겨지기 때문에 비교광고를 실행하기가 어렵다. 일본의 사회문화적 분위기도 경쟁제품에 적대적이며, 소비자들을 예우하지 않거나, 경쟁기업을 존중하지 않는 내용을 직설적으로 표현하는 것에 부정적이므로 많은 광고주들이 비교광고를 주저하는 경향이 있다.

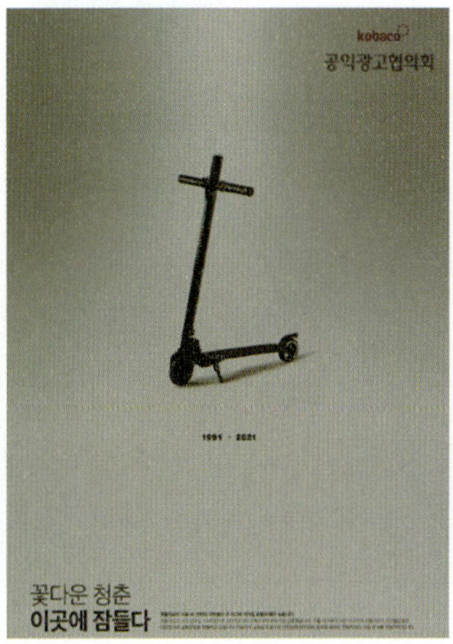

그림 11-3 공익광고

그림 11-4 옥외광고

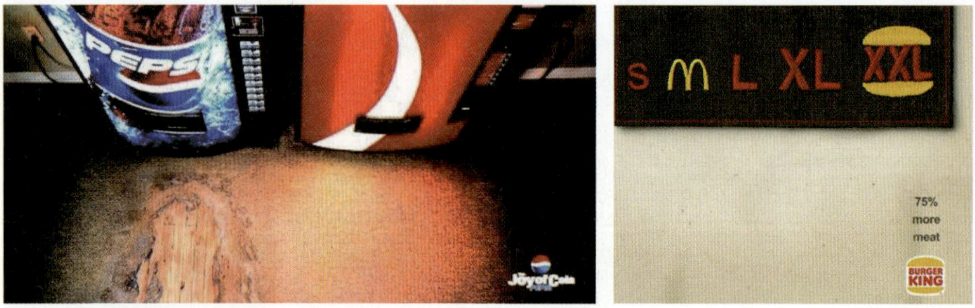

그림 11-5 비교광고

3 광고의 기능

광고는 4P 중 한 요소인 촉진(promotion)에 속하는 활동으로서 기업에는 제품의 판매를 촉진하는 수단으로서의 기능을 수행하고 소비자에게는 제품에 대한 정보를 제공하는 역할과 경쟁제품과 차별할 수 있는 근거를 제공하는 기능을 수행한다. 이와 관련하여, 다음에 나올 '광고의 효과'절에서 자세히 설명하겠다. 광고는 주로 다음과 같은 몇 가지 기능을 가지고 있다.

1. 경제적 기능

잘 만들어진 광고는 광고된 제품의 매출을 증대시키기 때문에 기업은 수익을 극대화하기 위해서 해당 제품의 생산에 우선적으로 자원을 투입함으로써 대량생산을 도모하며, 결과적으로 규모의 경제를 실현하여 제조 비용을 낮추거나 경제성장에 이바지할 수 있다. 하지만 기업이 경제성만을 기준으로 의사결정을 내린다면 경제성이 부족한 사회적 필수재는 기업의 우선순위에서 밀릴 수 있다. 또한 광고 제품과 경쟁제품을 차별화하거나 정보를 제공하여 경쟁을 촉진함으로써 광고는 기업의 시장 독점력에 영향을 미친다.

이 점을 이해하기 위해서는 가격탄력성(price elasticity) 개념을 먼저 알아야 한다. 가격 탄력성은 가격 변화에 대한 수요의 민감도를 나타낸다. 일반적으로 제품 가격이 오르면 수요량이 감소하고, 가격이 내려가면 수요량이 증가하므로 가격 탄력성은 일반적으로 음(-)의 값을 가진다. 그러나 부호보다는 절댓값이 더 중요하다. 탄력성이 1보다 큰 제품의 수요는 가격 탄력적(elastic)이라 하고, 1보다 작은 제품의 수요는 가격 비탄력적(inelastic)이라고 한다.

광고제품이 성공적으로 차별화되었다면 대체할 수 있는 제품이 없으므로 가격 비탄력적으로 되고 결과적으로 기업의 독점력은 증가한다. 한편, 광고를 통해 제품정보가 많이 제공되기 때문에 유사한 경쟁제품들이 출시될 수도 있는데, 이 경우에는 경쟁이 심화함으로써 가격탄력적으로 되고 결과적으로 기업의 독점력은 약화된다. 한국 자일리톨껌 시장의 개척자(pioneer)인 롯데제과는 자사의 자일리톨껌은 충치 예방을 위해서 핀란드산 자작나무 추출물을 사용하고 있다고 광고하였는데 경쟁사인 오리온이나 해태제과도 자일리톨 성분의 껌을 출시함으로써 독점력이 약화되었다.

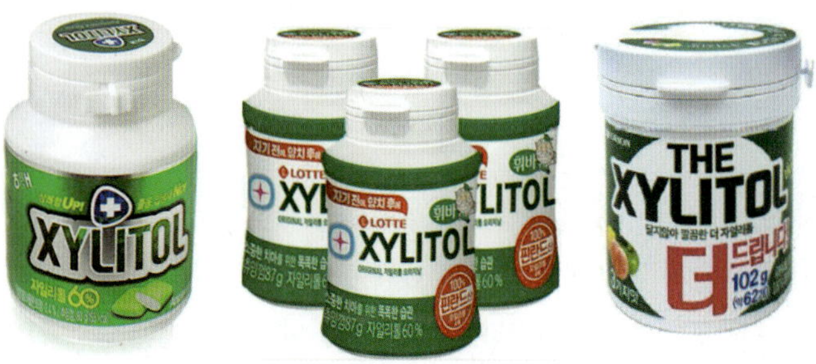

그림 11-6 롯데제과, 오리온, 해태제과의 자일리톨껌

2. 사회문화적 기능

광고는 사회 변화의 주요 영향 요인이 될 수 있다. 예를 들어, 최근의 4차산업혁명에서는 스마트(smart) 개념이 강조되는데 광고에서도 이를 강조함으로써 우리 사회를 변화시키는 사회마케팅(social marketing)의 수단으로 활용하고 있다. 원래 사회마케팅이란 사회 전체의 공익을 고려하는 마케팅 개념이다. 또한 광고는 문화를 상품화하거나 서로 다른 문화 간의 교류를 활성화하는 중요한 수단이 될 수 있다. 최근 전 세계적으로 인기를 끌고 있는 케이팝을 비롯한 한류열풍을 반영하고 있는 광고도 주변에서 쉽게 찾아볼 수 있다. 이 밖에도 광고의 종단적인 내용분석(longitudinal contents analysis) 연구로 사회의 변화를 추론함으로써 라이프스타일이나 소비자 기호의 변화를 파악할 수도 있다.

그림 11-7 광고의 사회문화적 기능

3. 마케팅적 기능

광고는 소비자에게 제품과 관련된 정보를 제공하고 기업이 원하는 방향으로 소비자를 교육하는 기능을 수행한다. 특히 신제품이면 소비자들은 아직은 제품에 대한 정보가 부족하므로 구매를 주저하게 된다. 이때 광고를 통해 소비자들은 몰랐던 사실을 알게 되거나 중요한 정보를 획득할 수 있다. 옥시가 '물먹는 하마'라는 브랜드로 한국에서 제습제를 처음 출시했을 때, 아직 한국의 소비자들은 제습제의 필요성을 피부로 느끼지 못하고 있었다. 이러한 상황에서 옥시는 '물먹는 하마'를 옷장에 넣어두고 몇 주가 지난 후, 제품 용기 안에 가득 찬 물을 보여주는 광고로 제습제에 대한 정보를 시각적으로 제공하고 구매 욕구를 환기하는 데 성공하였다.

또한 광고를 통해서 제품의 가치를 증가시킬 수 있다. 광고를 통해 브랜드의 인지도를 높이고 관련된 연상을 호의적이고 독특하면서도 강력하게 불러일으킬 수 있다면 큰 브랜드 자산(brand equity)을 형성할 수 있다. 비록 애플에 1위를 넘겨주었지만, 코카콜라의 브랜드 가치는 여전히 500억 달러를 훨씬 넘는다. 이러한 브랜드 가치는 장기적으로 서서히 형성되며 이때 광고는 많은 영향을 미친다. 붉은 옷을 입고 풍성한 흰 수염을 단 산타클로스는 코카콜라가 제품홍보를 위해 만든 1931년의 광고에서 처음 도입되어 전 세계적으로 퍼져 나갔다. 또한 광고를 통해 기업의 내부 구성원들은 소비자와 마찬가지로 정보를 취득하고 조직 내에 확산 전파하거나 조직에 대한 충성심이 제고되어 바람직한 조직행동을 유발할 수 있다.

마지막으로 제조기업은 광고를 통해 소비자와 직접적으로 의사소통할 수 있다. 최근의 전 세계적인 추세는 대형 유통기관이 들어서면서 가격책정이나 소비자 판촉 등에 있어서 제조기업보다 유통기관의 영향력이 강해지는 현상을 보이고 있으며, 이들의 영향력을 약화하고자 미국의 주요 제조기업들은 공동으로 IGA(Independent Grocery Association)라는 유통 채널을 만들기도 하였다. 이러한 상황에서 제조업체는 광고를 통해서 유통 채널에 대한 상대적인 힘을 강화할 수 있다.

그림 11-8 **광고의 마케팅적 기능**

그림 11-9 **코카콜라의 광고**

Ⅱ 광고의 효과

광고는 오래 전부터 존재했다. 고대 그리스인들은 가축, 공예품, 화장품 등을 노래나 간판의 형태로 홍보했다고 알려져 있다. 문헌상의 기록을 보면 한국의 경우에도 이러한 형태의 광고가 오래 전부터 이루어졌을 것으로 여겨진다. 하지만 고전 경제학에서는 제품의 공급자인 기업과 제품의 수요자인 소비자가 제품이나 시장에 관련된 완전한 정보를 보유하고 있으며 제품의 **동질성**(homogeneity)을 가정하기 때문에 광고의 필요성을 높게 보지 않았다. 그러나 이러한 가정은 현실적으로는 성립되기 어렵다. 즉, 공급자나 수요자가 보유하고 있는 정보가 불완전하거나 왜곡될 가능성이 크며, 기업들의 제품들도 차별화되어 **이질성**(heterogeneity)을 보이기 때문에 광고의 필요성이 대두된다고 보는 것이 현실적이다. 그래서 광고는 다양한 기능을 수행하게 된다. 이에 따라 광고가 어떤 효과를 제품, 소비자, 기업에 미치는지 이해하는 것이 중요하다.

1 광고의 제품차별화효과

효과적인 광고를 통해 광고 제품과 경쟁 제품을 구분 짓는다. 차별화에는 제품의 품질 측면에서 경쟁제품과 차이가 있다고 이성적으로 소비자를 설득하거나 제품의 이미지 측면에서 소비자의 감성에 소구하며 경쟁제품과 차이를 보여주는 두 가지 유형이 있는데 광고의 초점은 어디에 두어야 할까?

필립 넬슨(P. Nelson)은 제품을 탐색재와 경험재로 분류하였다. **탐색재**(search goods)는 소비자가 여러 가지 정보탐색 활동을 통해서 얻은 충분한 정보를 나름대로 분석하여 품질을 평가한 후 제품을 구매하는 유형의 제품으로 가전제품이나 자동차 등이 이에 속한다. **경험재**(experience goods)는 사용경험이 있기 전에는 제품의 품질을 판단하기 어려운 유형의 제품으로 화장품 등이 이에 속한다. 한편, 제품을 사용한 후에도 품질을 제대로 평가하기 어려운 경우도 있다. 이러한 극단적인 형태의 경험재를 **신용재**(credence goods)로 따로 구분하기도 하는데 자동차 연료 첨가제나 생명보험 등이 이에 속한다.

1. 탐색재의 광고

이때는 정보제공을 통한 품질의 차별화에 광고의 초점을 두어야 한다. 품질은 다차원적인 개념으로 소비자는 제품의 품질을 평가하면서 성능, 내구성, 디자인과 같은 여러 가지 요소들을 복합적으로 고려한다. 기업이 차별화할 수 있는 품질의 하위 차원으로는 성능, 내구성, 디자인 외에도 특성, 신뢰성, 일관성, 서비스 능력, 스타일 등이 있다. 적합한 광고매체로는 많은 정보를 제공할 수 있는 신문, 잡지와 같은 인쇄매체나 인터넷과 같은 온라인매체를 들 수 있다.

2. 경험재 · 신용재의 광고

이때는 이미지 차별화에 광고의 초점을 두어야 한다. 소비자들은 제품을 경험해야만 그 효용을 알 수 있으므로 품질에 대한 정보를 구체적으로 제공하는 광고는 그리 효과적이지 못하다. 또한 넬슨은 경험재 · 신용재를 반복해서 광고할 때는 소비자들에게 브랜드를 알려줄 뿐만 아니라 친숙하게 함으로써 결과적으로 브랜드 충성도를 높일 수 있다고 주장한다. 적합한 광고매체로는 TV와 같은 방송매체나 인쇄매체 중에서도 고급 잡지를 들 수 있다. 한편, 탐색재의 경우라도 제품의 품질상 경쟁제품과 차별화가 어렵다면 이미지 차별화를 꾀할 수도 있다.

차별화의 장점으로 유용한 정보 제공, 자원의 효율적 배분, 규모의 경제 효과로 인한 저가격 책정 가능, 그리고 품질 개선 촉진을 들 수 있다. 그러나 차별화의 문제점으로는 광고 정보의 설득적 성격으로 인해 허위 또는 과장 광고 문제가 발생할 수 있으며, 광고에 과다한 비용을 지출할 때 제품 가격 상승으로 이이질 수 있다는 점을 언급할 수 있다.

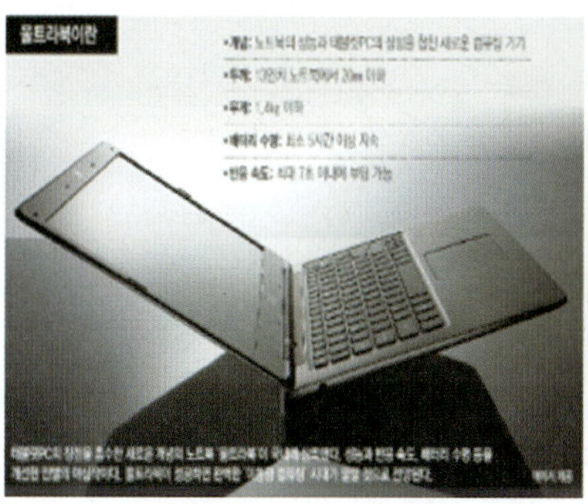

그림 11-10 **탐색재 광고와 경험재 광고**

2 광고의 소비자효과

잘 만들어진 광고는 소비자의 구매행동을 유발한다. 소비자의 구매 행동은 수시로 발생하는지에 따라 한정 구매와 반복 구매로 구분할 수 있다. 예를 들어, 어떤 소비자가 자동차와 같은 내구재를 구매하는 일은 자주 발생하지 않을 것이므로 한정 구매이지만, 음료수를 구매하는 일은 빈번하게 발생하기 때문에 반복 구매이다. 일반적인 한정 구매의 경우에는 소비자가 신중하게 구매 결정을 내리기 때문에 소비자는 충분한 정보를 제공하는 광고가 필요하다. 따라서 광고는 제품 관련 정보를 중심으로 전달해야 한다. 한편, 반복 구매의 경우에는 많은 소비자가 습관적으로 친숙한 제품을 구매하는 경향을 보인다. 이때 소비자가 해당 제품에 브랜드 충성도(brand loyalty)를 가지고 있다면 기업의 경쟁우위가 된다. 윌리엄 코마너(W. Comanor)와 토마스 윌슨(T. Wilson)은 소비자가 습관적으로 정보를 처리하려는 경향과 위험을 피하려는 성향을 가지고 있어 반복 구매의 경우에는 기존에 이미 알고 있던 친숙한 브랜드를 구매한다고 주장함으로써 브랜드 충성도의 근거를 제공하였다. 따라서 소비자가 정보가 부족한 상태에서는 광고를 통해 브랜드 인지도를 제고하는 것이 유리하므로 광고의 이미지 차별화 효과가 중요하다. 예를 들어 음료수의 성분에 대한 정보를 자세히 제공하는 광고보다는 '젊다면 펩시!'와 같은 광고가 효과적이다. 한편, 소비자들의 판별 능력이 낮거나 진실하지 않은 허위·과장광고는 소비자가 합리적인 구매 의사결정을 하는 데 부정적인 영향을 미쳐 소비자의 후생에 심각한 손해를 초래할 수 있다. 이런 이유로 많은 광고들은 다른 소비자들도 많이 구입하고 있음을 강조하거나 수상기업과 같은 공적인 신뢰성을 부각하여 소비자의 불안감을 낮추려고 한다.

그림 11-11 소비자의 불안감을 낮추고자 하는 광고들

3 광고의 기업효과

1. 광고와 시장경쟁

광고로 유발된 소비자들의 구매 행동은 기업의 행동에 영향을 미친다. 이때 기업은 경쟁 정도를 고려해야 하는데, 시장집중률 개념을 활용하면 유용하다. **시장집중률**(CR: Concentration Ratio)이란 특정 산업에서의 경쟁 정도를 나타내는 지수로써 시장집중률과 경쟁의 강도는 반비례한다. 즉, 시장집중률이 100%라면 경쟁 강도는 0%이므로 완전 독점상태를 의미한다. 앞서 서술한대로 광고는 차별화 효과를 만들어내어 기업의 독점력을 강화한다. 따라서, 기업의 광고량이 늘어나면 시장의 집중도도 증가하지만, 일정 수준 이상에서는 광고량을 줄여도 시장의 집중도가 계속해서 높아질 수 있다. 시장이 완전경쟁 상태이거나 완전 독점상태에서는 광고량은 적을 것이므로 광고와 시장집중률의 관계는 [그림 11-12]와 같이 역 U자의 형태를 보일 것이다. 그런데 시장집중률에는 광고 외에도 제품가격이나 유통과 같은 다양한 요인들이 영향을 미친다. 따라서 기업은 이들 요인과 더불어 시장집중률이 극대화되는 광고량을 파악하여 광고비용을 효율적으로 집행하여야 한다. 기업이 광고량을 늘리면 단기적으로는 제품의 가격이 높아질 수 있으나, 장기적으로는 광고를 통해 시장점유율을 높임으로써 생산원가 절감 및 저가격 책정이 가능할 수 있다. ASR(Advertising to Sales Ratio)은 매출액에 대한 광고액의 비율로서 광고집약도이다.

한편, 이러한 이유로 시장에 뒤늦게 진입한 **후빌주자**(late entrant)에게는 **선발진입자**(first mover)의 광고가 부담스러울 수밖에 없다. 이러한 문제를 해결하기 위해서 후발주자는 혁신적인 제품을 개발하여 선발진입자의 제품과 차별화함과 동시에 광고에서도 선발진입자의 인지도를 활용하거나 창의적인 아이디어로 소비자들의 **브랜드 전환**(brand switching)을 유도해야 한다.

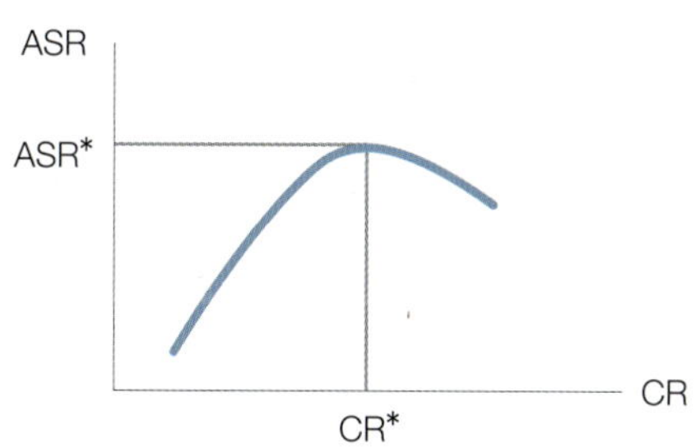

그림 11-12 광고와 시장집중률과의 관계

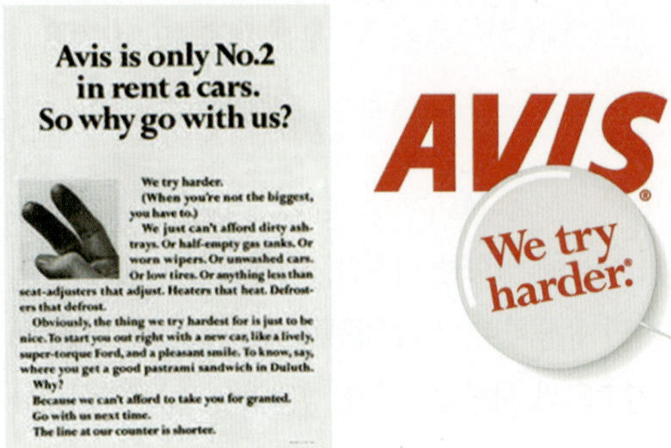

그림 11-13 **선발진입자의 인지도를 활용한 AVIS의 광고**

2. 광고와 수익

광고는 궁극적으로 기업의 수익에 영향을 미친다. 즉, 광고의 양이 제품차별화의 정도에 영향을 미치고 기업의 수익을 결정하며, 수익은 다시 광고의 양에 영향을 미친다. 그런데 광고와 기업 수익과의 상관관계는 제품의 종류에 따라 달라진다. 포터(M. Porter)는 비내구재와 내구재로 제품을 구분하여 광고와 수익의 상관관계를 살펴보았는데, 비내구재가 내구재에 비해서 높은 상관관계를 보이는 것을 발견하고 그 이유로 도·소매업자와 같은 유통 부문의 영향력을 들었다. 이처럼 광고와 기업 수익은 일률적인 관계가 아니므로 광고와 수익 형성과의 관계를 밝힐 수 있는 다양한 분석 프레임의 개발이 필요할 것이다.

그림 11-14 **광고와 수익의 관계**

Ⅲ 광고관리 프로세스

광고주가 광고전략을 개발하는 데는 [그림 11-15]와 같이 광고목표·표적청중, 광고예산, 광고메시지, 광고매체·일정 및 광고효과 평가에 관한 결정이 수반된다. 이들 영역에 대한 결정을 일관된 광고 프로그램으로, 그리고 다시 전반적인 마케팅 노력으로 통합하는 것이 바람직하지만 결코 쉬운 일이 아니다. 메시지나 매체에 대한 세부적인 과제는 수준 높은 전문성이 요구되며, 마케터는 외부의 전문가들을 많이 활용한다.

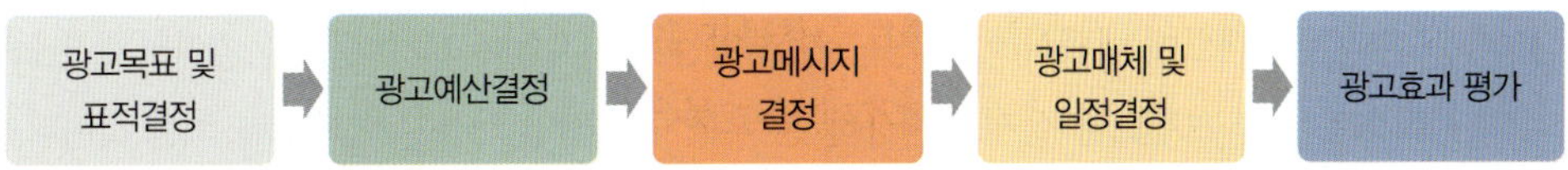

그림 11-15 **광고관리 프로세스**

1 광고목표 및 표적결정

"효과적인 촉진전략은 주어진 예산으로 특정 표적시장에서 구체적인 목표를 실현할 수 있어야 한다"는 말이 함축하듯이, 광고전략은 광고목표의 결정에서 시작된다. 광고목표(advertising objectives)는 여행의 목적지처럼 전략수립의 길잡이가 되고, 성과를 평가하는데 기준이 된다.

광고목표는 상위 개념인 촉진믹스 및 마케팅믹스의 목적과 조화를 고려하여 설정하여야 하며 구체적이고 측정할 수 있는 형태로 변환할 수 있는 목표이어야 한다. 광고목표는 시장 성과와 커뮤니케이션 성과로 크게 나누어진다. 시장 성과(market performance)는 매출규모나 시장점유율을 말한다. 커뮤니케이션 성과(communication performance)는 인지도나 선호도를 말한다. 시장 성과와 커뮤니케이션 성과 중에서 어느 것을 광고목표로 할 것인가는 광고효과의 측정과 관련해서 오랫동안 논란이 되어 왔다. 광고의 최종 목적은 표적시장의 소비자들이 자사제품을 구매하도록 유도하는 것이라는 점에서는 시장 성과를 궁극적인 광고목표로 삼아야 할 것이다. 그러나 광고를 접한 소비자가 광고된 제품을 구매할 때까지의 반응 과정은 매우 복잡하며 한순간에 진행되지 않는다. 이러한 점을 고려한다면, 일차적인 광고목표는 커뮤니케이션 성과가 되어야 할 것이다. 일반적으로 많이 사용하고 있는 커뮤니케이션 목표는 다음과 같으며, 광고목표 수립과 동시에 표적청중을 결정한다.

- 인지도 증대
- 제품정보 제공
- 제품 관련 호의적 태도 형성 및 강화
- 기업 혹은 브랜드의 긍정적인 이미지 구축

광고가 수행해야 할 과제는 [그림 11-16]과 같이 피라미드를 축조하는 것과 같은 방식으로 설명할 수 있다. 새로운 브랜드를 시장에 내놓으면 광고는 표적시장의 소비자들에게 브랜드를 알리고 브랜드에 대한 지식과 이해를 도모해야 한다. 이 과제는 피라미드의 아랫부분에 해당한다. 다음 과제는 브랜드에 대해서 어느 정도 알고 있는 소비자들이 그 브랜드를 좋아하게 만들고, 최종적으로는 그 브랜드를 실제로 사용해 본 후에 규칙적인 사용자가 되도록 하는 것이다. 브랜드를 좋아하게 만드는 것은 브랜드를 알리는 것보다 더 어려운 과제이며, 구매하게 만드는 것은 좋아하게 만드는 것보다 더 어렵기 때문에, 피라미드의 위로 올라갈수록 잠재고객의 비율이 낮아진다. 마케터는 표적시장의 소비자들이 이 피라미드의 어느 수준에 있는지를 파악하여 광고목표를 정할 수 있다. 만일 브랜드의 인지도나 브랜드의 특징과 편익에 대한 지식수준이 낮은 상태라면, 광고는 브랜드를 널리 알리고 브랜드의 특징과 편익에 대한 정보를 전달하는 데 초점을 맞추어야 한다. 만일 많은 소비자가 브랜드명이나 브랜드의 특징과 편익을 알고 있다면, 광고는 브랜드 이미지를 강화하여 브랜드를 구매하게 만들어야 한다.

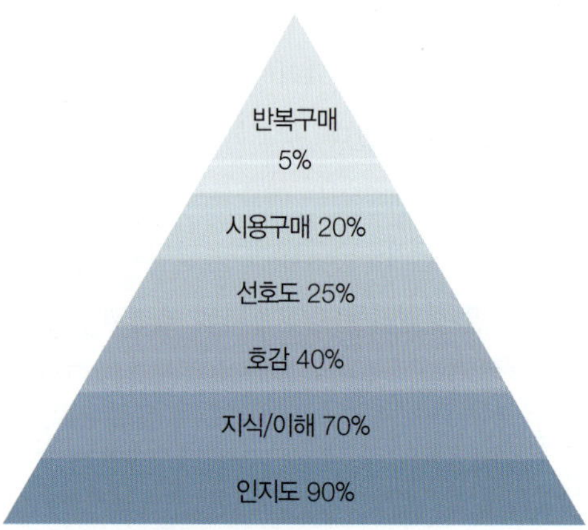

그림 11-16 광고효과 피라미드

2 광고예산결정

광고목표와 표적청중을 결정한 후, 기업은 어느 정도의 예산을 광고에 투입할지 결정한다. 광고예산결정 방법은 다음과 같이 다섯 가지가 있다.

1. 가용자원법

기업의 재정이 허락하는 범위 내에서 광고의 예상비용을 결정하고 예상매출액과 예상이익을 계산하는 방법이다. 간단하지만 광고목표를 고려하지 않고 예산을 설정하는 단점이 있다.

2. 매출액비율법

매출액의 일정 비율을 광고예산으로 할당하는 방법으로 실무에서 가장 빈번히 사용된다. 사용이 용이하고, 기업의 자금운용이 용이하며, 지나친 경쟁이 방지되는 점을 장점으로 꼽을 수 있지만 매출을 광고의 원인으로 보는 점과, 장기적인 광고계획 수립이 곤란하다는 점이 단점이다.

3. 임의할당법

최고경영자나 관련 의사결정자가 감각이나 직관에 근거하여 광고예산을 결정하는 방법이다. 단순하지만 비합리적인 예산책정 방법으로 예산수립에 드는 시간이 충분하지 않거나 기타 불가피한 경우에 한정하여 사용하는 것이 좋다.

4. 경쟁사 기준법

가장 중요한 경쟁자의 광고예산이나 동종산업의 평균 광고예산을 기준으로 광고예산을 책정하는 방법이다. 경쟁사와 자사의 경영이념, 가용자원 및 기업의 목표가 다르므로 단순히 광고예산만 유사하게 책정하는 것은 무리라는 점이 단점이지만 실무적으로는 자주 사용하는 방법이다.

5. 목표과업법

광고가 달성해야 하는 목표를 먼저 설정하고 이를 달성하기 위해 수행될 과업계획 및 각각의 과업과 관련된 비용을 산정함으로써 광고예산을 결정하는 방법이다. 가장 합리적인 방법이지만 예산결정 과정이 복잡하다는 것이 단점이다. 예를 들어, 시장점유율 목표를 설정했다면 광고가 도달되어야 하는 표적청중을 결정하고 설득해야 할 잠재적 구매자비율을 계산한 후에 광고노출 횟수를 결정하여 필요한 광고 예산을 최종 산정한다.

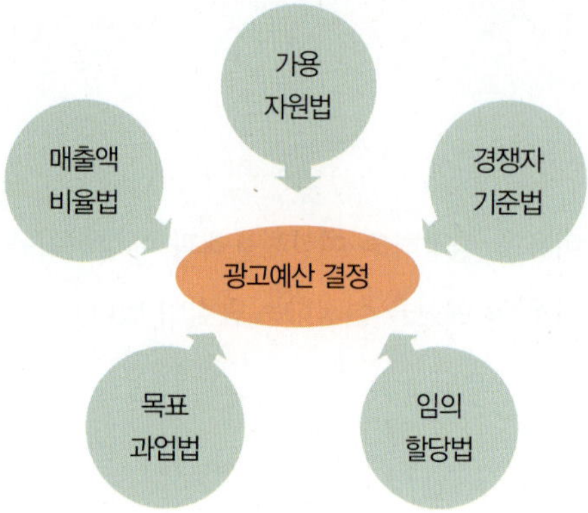

그림 11-17 광고예산 결정 방법

3 광고메시지 결정

광고목표와 예산이 결정되면 표적청중에게 소구해야 할 메시지가 설계되어야 한다. 효과적인 메시지의 조건은 다음과 같은 세 가지 내용을 반영해야 한다.

① 자사 제품의 바람직한 면(desirability)

② 경쟁사 제품과 구분되는 차별성(exclusiveness)

③ 광고의 진실성과 신뢰성(believability)

다음으로 위의 조건들을 반영하여 제품의 속성을 설명하는 메시지를 만들 것인지, 제품을 사용함으로써 얻을 수 있는 편익을 보여주는 메시지를 만들 것인지, 아니면 제품을 의인화하는 메시지를 만들 것인지를 선택한다. 마지막으로 메시지를 표현하는 방법인 집행 스타일을 결정한다.

광고메시지의 기본적인 역할은 브랜드 정보를 전달하는 것이지만 실제로는 훨씬 많은 기능을 수행한다. 여러 가지 매체에서 소비자가 보거나 듣는 광고물들은 정보원이 될 뿐만 아니라 오락, 동기유발, 공상을 일으키기도 하고 소비자를 불쾌하게도 만든다. 마케터의 입장에서 광고메시지는 브랜드가 소비자들의 문제나 욕구를 어떻게 해결하거나 충족시켜 주는지를 소비자들에게 말해주는 하나의 수단이다.

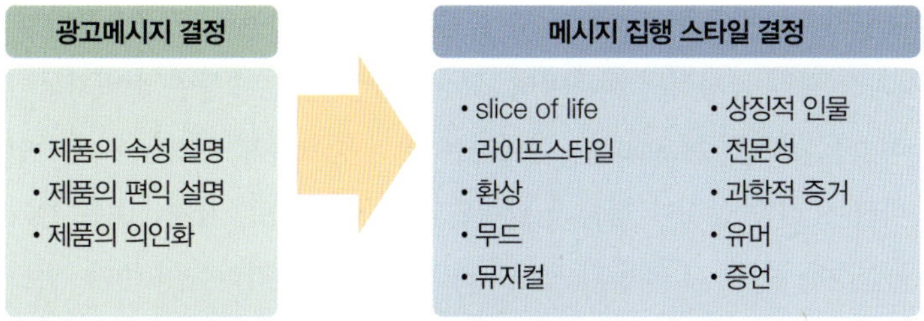

그림 11-18 광고메시지 결정 및 메시지 집행 스타일의 결정

과학적 측면과 예술적 측면이 혼합된 광고메시지를 개발하기 위해서 마케터는 표적시장, 기본적인 문제 혹은 이슈, 광고메시지가 전달하려고 하는 핵심 편익 등을 반영해서 메시지전략을 수립하게 된다. 메시지전략의 기본적인 요소들을 정리한 것을 크리에이티브 플랫폼(creative platform)이라고 한다. 크리에이티브 플랫폼의 구체적인 내용은 [표 11-1]과 같이 광고회사에 따라 다르다.

표 11-1 광고회사들의 크리에이티브 플랫폼

Ogilvy & Mather	DDB Worldwide	Young & Rubicam
제품	마케팅목표	주요 사실
주요 이슈/문제	경쟁우위	소비자 문제
약속	광고목표	광고목표
지원	표적별 행위	크리에이티브전략
경쟁	주요 통찰력	1. 잠재고객의 정의
표적	보상/지원	– 인구통계적 특성
– 인구통계적 특성	브랜드개성/톤	– 심리묘사적 특성
– 심리묘사적 특성	위상	2. 제품용도
바라는 행동	매체	3. 경쟁
표적시장의 인상		4. 소비자 편익
톤과 매너		5. 구매이유

소비자들의 주의를 끌고 그들을 설득할 수 있는 광고메시지를 개발하는데 소위 수단–목적 사슬을 이용할 수 있다. 제품의 속성이 소비자들에게 의미를 갖는 결과 및 그 결과가 강화시켜주는 개인적 가치기준을 연결시킴으로써 **수단–목적사슬**(means-end chain)이 완성된다. 속성(attributes)은 광고된 브랜드의 특징을 말한다. 예를 들어, 승용차는 엔진성능, 디자인, 차체의 크기 등과 같은 속성들을 갖고 있다. 결과(consequences)는 광고된 브랜드를 사용함으로써 얻게

되는 편익(benefits)이나 사용하지 않음으로써 입을 수 있는 손상(detriments)이다. 지위, 편리성, 안전성 및 경제성은 승용차와 연결된 긍정적인 결과이며, 고장이나 낮은 연비 등은 소비자들이 피하고 싶은 부정적인 결과이다. 가치기준(values)은 살아가는 데서 중요하게 여기는 지속적인 신념으로, 자신의 삶에서 바라는 최종 상태나 행동과 관련된다. 일반적으로, 가치기준은 결과가 갖는 상대적인 중요성을 결정해 주며, 그 제품과 브랜드가 갖는 의미를 가다듬어 준다. 이러한 가치기준이 모든 행동의 출발점이자 촉매이며 동기의 원천이 된다. 브랜드의 속성과 결과는 그 자체로 의미를 갖는 것이 아니라 소비자가 소중하게 여기는 최종 상태를 실현하는 수단으로 작용할 때 의미를 갖게 된다.

그림 11-19 Creative로 유명한 베네통 광고들

4 광고매체 및 일정 결정

광고매체는 방송매체, 인쇄매체, 옥외매체 및 쌍방향적(interactive) 특성을 갖는 인터넷 등의 뉴미디어로 크게 구분할 수 있는데, TV와 라디오 그리고 신문 및 잡지를 4대 대중매체라고 한다. 전통적인 4대 매체를 ATL(Above The Line)로, 뉴미디어와 같은 ATL 이외의 수단을 BTL(Below The Line)로 부르기도 한다.

한국을 포함하여, 전 세계적으로 ATL 광고시장의 성장은 둔화되고 있는 반면에 디지털로 특화되고 있는 BTL 광고시장은 급속하게 성장하고 있다.

각 매체 내에서 동아일보, 주간매경, MBC 뉴스데스크 등과 같이 각 매체의 구체적인 운반수단을 **매체수단**(media vehicles)이라고 한다. 완성된 광고메시지를 표적시장의 소비자들에게 잘 전달하기 위해서 마케터는 매체 유형의 선택, 매체 수단의 선택 및 매체 일정에 대한 결정을 내려야 한다.

1. 매체 유형의 선택

어떤 매체가 우리의 광고에 가장 적합한가? 이에 대한 답은 매체의 커뮤니케이션 특성과 표적청중의 도달범위 및 비용을 고려해서 찾을 수 있다.

첫째, 소비자에게 정보를 전달하고 영향을 끼칠 수 있는 정도는 매체에 따라 크게 다르다. [표 11-2]에는 각 매체의 주요 특징이 요약되어 있다.

둘째, 매체에 따라 도달범위가 다르다. 도달범위(reach)는 일정 기간(통상적으로 4주)에 최소한 한 번 이상 매체를 접촉하게 되는 사람들의 수를 말한다. 매체에 접촉하는 사람들의 규모와 특성은 매체에 따라 크게 다르다. 따라서 마케터는 표적시장을 구성하고 있는 소비자들의 특성과 그들의 매체습관을 고려하여 매체의 유형을 결정하게 된다.

표 11-2 각종 매체의 주요 특징

매체	강점	약점
TV	• 음향과 동영상 활용으로 다양한 연출이 가능하다. • 시청자의 주의를 끄는 힘이 강하다. • 많은 소비자들에게 메시지를 전달한다. • 도달범위가 넓다.	• 매체비용의 절대액수가 높다. • 메시지 수명이 짧다. • 청중의 선별이 어렵다. • 다른 광고물의 간섭이 많다.
신문	• 광고물 제작비용이 저렴하다. • 길고 복잡한 메시지 전달이 가능하다. • 리드타임이 짧다. • 독자가 노출을 통제한다. • 지역신문이 많이 있다.	• 광고물의 수명이 짧다. • 매체낭비가 크다. • 시각효과에 한정된다. • 인쇄화질이 낮다.
라디오	• 청중의 선별이 가능하다. • 매체비용의 절대액수가 저렴하다. • 상대적으로 제작비용이 낮다. • 마음의 극장으로 상상력을 활용한다.	• 청각만을 이용한다. • 주의획득력이 낮다. • 메시지 수명이 짧다.
잡지	• 청중의 선별이 가능하다. • 메시지 수명이 길다. • 고화질 인쇄가 가능하다. • 전문적인 환경이다.	• 리드타임이 길다. • 빈도가 낮다(주간, 월간, 혹은 계간). • 시각만을 이용한다.
옥외	• 높은 반복노출이 가능하다. • 특정 지역의 선별이 가능하다. • 비교적 비용이 저렴하다.	• 선별성이 없다. • 노출시간이 짧다. • 도시환경 측면에서의 규제가 있다.
DM	• 선별성이 매우 높다. • 결과측정이 용이하다. • 개별고객의 취향에 맞출 수 있다. • 길고 복잡한 메시지를 전달할 수 있다.	• 1인당 정보전달비용이 비싸다. • 쓰레기 우편물(junk mail)에 따른 부정적 이미지를 줄 수 있다.
텔레마케팅	• 개별고객의 취향에 맞출 수 있다. • 실시간 상호작용이 가능하다. • 주의획득력이 높다. • 결과측정이 용이하다.	• 비용이 많이 든다. • 부정적인 이미지를 남길 수 있다.
인터넷	• 쌍방향 커뮤니케이션이 가능하다. • 개별고객의 취향에 맞출 수 있다. • 상대적으로 비용이 저렴하다.	• 도달범위가 인터넷 사용자로 한정된다. • 결과측정이 용이하지 않다.

광고목표를 실현하기 위해서 얼마나 많은 소비자들에게 광고메시지를 몇 번 전달해야 하는지는 매우 중요한 문제이다. 얼마나 많은 소비자들에게 전달해야 하는가는 도달범위와 관련되며, 몇 번을 전달해야 하는가는 빈도와 관련된다. 빈도(frequency)란 일정한 기간 동안에 한 소비자가 특정 매체에 노출된 평균 횟수를 말한다. 예를 들어, 강남신문이 표적시장의 고객 중에서 100명에게는 전혀 노출되지 않고, 50명에게는 한 번, 100명에게는 두 번, 200명에게는 세 번, 그리고 200명에게는 네 번, 그리고 150 명에게는 다섯 번 노출되었다면, 이때 강남신문의 빈도는 아래의 계산과 같이 3회가 된다.

$$(100 \times 0 + 50 \times 1 + 100 \times 2 + 200 \times 3 + 200 \times 4 + 150 \times 5) / 800 = 3$$

매체 구입에서는 도달범위와 빈도가 결합한 **총시청률**(GRP: Gross Ratings Points)을 이용하며, 다음과 같이 계산한다.

GRP = 도달범위 × 빈도

끝으로, 마케터들은 각 매체의 비용을 고려하여 매체를 선택한다. 예를 들어, MBC의 뉴스데스크는 15초 기준 1회에 11,910,000원이며 다음 초기화면 배너광고는 일주일에 15,000,000원이 들게 되는 것과 같이, 광고를 위한 시간이나 공간을 확보하는데 실제로 드는 절대비용이 매체에 따라 크게 차이가 난다. 또한 시청자·독자의 규모와 특성이 매체에 따라 달라서 매체들 사이에 비용을 비교하는 것이 쉽지 않다. 일반적으로 많이 사용되는 것은 CPM을 들 수 있다. CPM(Cost Per Mille)은 1,000명의 독자에게 메시지를 전달하는 데 드는 비용으로 다음과 같이 계산한다.

CPM = 광고공간의 비용 × 1,000 / 발행부수

예를 들어, 중앙일보 뒷면 컬러광고(12컬럼 15단)를 하면 105,300,000원이 들게 되는데, 만일 독자 수가 200만 명이라면 1,000명의 독자들에게 메시지를 전달하는 비용인 CPM은 52,650원이 된다. 한편, 매일경제 뒷면 컬러광고는 55,500,000원이 들게 되는데 독자 수가 80만 명이라면, CPM은 69,375원이 된다. 절대 금액에서는 매일경제가 더 저렴하지만 CPM을 기준으로 할 때는 중앙일보가 더 효율적인 매체가 된다.

방송매체에서 수단(vehicle)을 비교하는 데는 CPP(Cost Per Point)가 사용된다. 여기서 'Point'란 시청률(rating point)을 의미하므로, CPRP(Cost Per Rating Point)라고도 한다. CPP는 방송광고비용을 시청률로 나눈 것이므로, 시청률 1%를 올리기 위한 매체비용을 의미하며 한 가구에 메시지를 전달하는 비용이라고 할 수 있다.

2. 매체수단의 선택

마케터는 각 매체에 속해 있는 다양한 매체수단들 가운데서 가장 적절한 **매체수단**(media vehicles)을 선택하게 된다. 예를 들어, TV에서는 MBC의 뉴스데스크, SBS 대하드라마, KBS2 미니시리즈 등이 매체수단이며, 잡지의 경우에는 매경ECONOMY, 시사저널 등의 주간지와 월간조선, 월간중앙 등의 월간지가 있다. 마케터는 각 매체수단의 커뮤니케이션 특성, 시청자·독자, 도달범위 및 비용뿐만 아니라 매체수단의 질적 특성도 고려해야 한다. 매체수단의 질적 특성으로는 주된 청중의 특성, 편집의 질, 주의획득력 등이 있다.

3. 매체일정의 결정

매체유형과 매체수단의 선택으로 어디에 광고할 것인지에 대한 문제를 해결한 마케터는 광고 메시지를 언제 전달하고 얼마나 자주 반복해야 하는지를 결정해야 한다. 즉, 매체일정에 대해 결정을 해야 한다. **매체일정**(media scheduling)에서는 표적청중 1인당 최적 노출횟수는 몇 회이며, 얼마나 많은 표적청중들에게 이러한 반복노출이 이루어져야 하는지 그리고 광고시기, 즉 어느 달, 어느 주, 어느 요일, 어느 시간대에 광고할 것인가를 결정한다.

매체일정은 기본적으로 3가지 유형이 있다. 첫째, 지속형(maintenance type)은 주간지에 매주 또는 격주로 광고하거나, 월간지에 매달 광고하는 것과 같이, 캠페인 기간에 고르게 광고한다. 둘째, 집중형(blitz type)은 예컨대 신제품을 도입할 때나 빙과류의 여름 성수기 등과 같은 특정 시기에 모든 광고를 집중적으로 실행한다. 끝으로, 파동형(pulse type)은 계절적 수요와 같이 일정한 주기를 갖는 경우에 평상시에는 일정한 수준의 광고를 하고 성수기와 같은 특정 시기에 더 많은 광고를 집행한다.

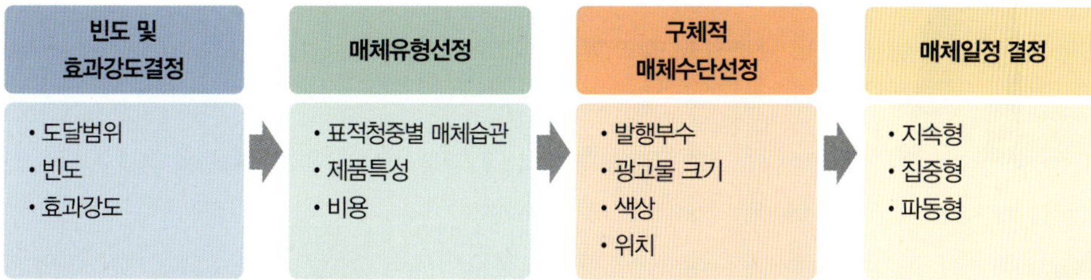

그림 11-20 **광고매체 및 일정 결정**

Ⅳ 광고효과의 평가

마케팅 수단으로써 광고의 효과를 측정하는 문제는 오랫동안 많은 논란을 불러일으켰다. 광고효과의 측정에 대한 논란은 2가지로 정리할 수 있다. 첫째, 언제 광고효과를 측정할 것인가의 문제이다. 광고효과 측정은 광고를 실행하기 전의 사전조사와 광고를 실행한 후의 사후조사로 나뉜다. 사전조사는 표적청중의 반응을 예측하기 위해서 제작 도중의 광고물이나 완성된 광고물에 대한 반응을 측정한다. 둘째, 어떤 기준을 사용할 것인가의 문제이다. 광고효과를 평가하는 기준으로는 브랜드나 제품에 대해서 소비자가 얼마나 아는지를 측정하는 기억반응, 브랜드 태도나 선호도가 어느 정도 형성되었는지를 측정하는 설득반응 그리고 구매할 생각이 있는지를 측정하는 구매 의도 등의 커뮤니케이션 과제에 관련된 반응뿐만 아니라 쿠폰회수율이나 문의정도 또는 광고 전후의 실제 매출액의 변화 등과 같은 행동반응이 많이 사용된다. 최근에는 안구 움직임이나 맥박 등의 생리적 반응도 광고효과를 측정하는 중요한 기준이 되고 있다.

광고를 실행한 후에 효과를 파악하는 것은 관리적 측면에서 매우 중요하지만, 체계적으로 광고효과를 측정하여 평가하는 기업들은 그리 많지 않다.

문 1) 왼편의 광고를 TV에서 보신 적이 있습니까?
① 본 적 있다. ② 본 듯하다.
③ 본 적 없다.

문 2) (①, ②번 응답자만) 이 광고를 TV에서 보았을 때 얼마나 좋은 광고라고 생각하셨습니까?
① 매우 안 좋은 광고다. ② 별로 안 좋은 광고다.
③ 보통이다. ④ 약간 좋은 광고다.
⑤ 매우 좋은 광고다.

문 3) 그렇게 생각하시는 이유는 무엇입니까?
____

문 4–1) 왼편의 광고 장면들 중에서 가장 인상적인 장면은 무엇입니까? (한 장면만)
_____ 번

문 4–2) 왼편의 광고 장면들 중에서 가장 인상적인 문구는 무엇입니까? (한 문구만)
_____ 번

문 5) 이 광고를 보시고 광고하는 상품을 구매하고 싶은 생각이 드셨는지요?
① 전혀 들지 않았다. ② 별로 들지 않았다.
③ 보통이다. ④ 약간 들었다.
⑤ 매우 많이 들었다.

문 6) 광고 문구 내용 중 (　　)안에 들어가는 내용은 본 광고 제품의 상품 이름입니다. 이 광고에서 광고하는 상품 이름은 무엇이라 기억하고 있습니까?

그림 11-21 TV광고효과 조사사례

사례 | 경쟁 기업을 미소짓게한 광고

‘재주는 곰이 넘고 돈은 주인이 번다.’는 속담은 애써 일한 사람은 따로 있고, 그 일에서 나오는 이득은 다른 사람이 얻는다는 뜻이다. 이런 일이 국내 백신업계에서 벌어지고 있다. 재주를 부린 곰은 GSK(글락소스미스클라인)가 개발하고 GC녹십자가 유통하는 대상포진 백신 ‘싱그릭스’이고, 그 덕에 돈을 번 곳은 SK바이오사이언스가 개발한 국산 백신 ‘스카이조스터’다. 28일 의약품 시장조사기관 아이큐비아에 따르면 지난해 4분기 국내 대상포진 백신의 시장점유율 1위는 스카이조스터(6만 4,893도스, 57%)로 나타났다. 2위는 MSD가 개발한 조스타박스(4만6,427도스, 41%), 3위는 싱그릭스(2,021도스, 2%)였다. 지난해 3분기까지 국내에서 접종 가능한 대상포진 백신은 스카이조스터와 조스타박스 둘뿐이었는데, 싱그릭스가 지난해 12월 국내 출시되면서 셋으로 늘었다.

Dosage Units	품명	22년 1분기	22년 2분기	22년 3분기	22년 4분기	22년 총계
	스카이조스터	44,840	58,974	63,984	64,893	232,691
	싱그릭스				2,021	2,021
	조스타박스	42,392	54,106	50,439	46,427	193,364
	총합계	**87,232**	**113,080**	**114,423**	**113,341**	**428,076**
M/S	스카이조스터	**51%**	**52%**	**56%**	**57%**	**54%**
	싱그릭스	0%	0%	0%	2%	0%
	조스타박스	49%	48%	44%	41%	45%

대상포진은 수두 바이러스가 체내에 잠복해 있다가, 면역력이 떨어지면 활성화되면서 나타나는 질환이다. 피부에 붉은 반점이 생겨 피부 질환으로 오해하기 쉽지만, 일상생활이 힘들 정도의 극심한 신경통을 동반한 고통스러운 질병이다. 면역력이 떨어지기 시작하는 50대부터 발병하는 까닭에 백신 접종이 권고된다. 대상포진은 나이가 들어 면역력이 떨어지면 발병하기 때문에, 고령화가 진행될수록 백신 시장은 커질 전망이다. 건강보험심사평가원에 따르면 2010년 48만 명이던 국내 대상포진 환자수는 10년 만인 2020년 72만 명으로 약 1.5배 늘었다.

싱그릭스는 '90%' 예방효과로 유명한 차세대 백신이다. 조스타박스와 스카이조스터는 대상포진 바이러스의 위력을 약하게 만들어서 주사하는 생(生)백신으로 예방효과가 70% 수준이다. 싱그릭스는 바이러스의 일부 단백질을 떼어내 만든 사(死)백신인데, 강한 면역반응을 유도하도록 설계된 항원보강제(AS01B)를 결합해 효과가 뛰어나다. 이런 덕분에 미국에서는 지난 2017년 출시된 이후, 시장을 휩쓸었다. 국내에서도 싱그릭스의 출시여부가 오래전부터 관심을 받았다. 싱그릭스가 도입되면 가장 먼저 대상포진 백신을 맞겠다는 의사들도 있었다.싱그릭스 국내 판권을 두고 국내 제약사의 입찰경쟁도 치열했다. GSK는 국내 최대 백신 유통망을 갖고 있는 GC녹십자 등과 손잡았다. 작년 11월부터는 배우 마동석을 광고 모델로 한 '당신도 대상포진 대상자'라는 TV광고를 방영했다. 이 광고의 유튜브 누적 조회수는 799만 회로 코웨이가 방탄소년단을 모델로 찍은 공기청정기 광고의 유튜브 조회수(800만 회)에 육박한다.

그런데 싱그릭스 국내 출시 첫 달 실적은 2021도스에 그쳤다. 반대로 경쟁 제품인 스카이조스터의 판매량은 지난해 1분기 4만 4,840도스에서 지난해 4분기 6만 4,893도스로 45%가 급증했다. 이러니 업계에서는 마동석이 출연한 대상포진 광고가 오히려 SK바이오사이언스 좋은 일 시킨다는 얘기가 나온다. 가격이 가장 큰 변수였다. 싱그릭스는 2개월 간격으로 2번 접종하는 방식의 백신인데, 1회 접종비가 25만~30만 원에 이르는 초고가 프리미엄 백신이다. 조스타박스와 스카이조스터의 가격은 15만~20만 원 선으로 싱그릭스에는 비교할 수가 없다. 국내 병원의 한 관계자는 "GSK의 대상포진 인식 제고 광고를 보고 대상포진 백신을 문의하러 왔다가, 접종 가격을 듣고서 스카이조스터

등을 접종한 경우도 있었다"라고 말했다. 접종비를 고려하면 싱그릭스와 비교해 기존 백신이 가성비가 훨씬 뛰어나게 느껴질 수 있다는 얘기다. 개원의들 사이에서도 "싱그릭스의 예방률이 아무리 높다고 해도 50만~60만 원은 병원 입장에서 접종을 권할 수 없는 가격이다"라는 말도 나온다. 싱그릭스가 2~6개월 간격으로 총 2회 근육주사로 접종해야 한다는 점도 심리적 장벽이 됐다. 조스타박스와 스카이조스터는 한 번만 접종하면 된다. 백신을 접종하려는 사람들 입장에서는 두 번 접종은 번거로울 수 있다.

의료계에서는 "싱그릭스가 코로나19 백신이 끝난 백신시장에서 대상포진 백신으로 시장에 활기를 불어넣은 것은 맞지만, 마케팅이나 물량 조달 같은 기업 경영 측면에서는 SK바이오사이언스가 한 수 위"라는 말도 나온다. SK바이오는 싱그릭스 국내 출시에 맞춰서 '저렴한 가격의 국산 백신'이라는 장점을 내세워서 공격적 마케팅에 들어갔다.

출처: 사이언스조선(biz.chosun.com/science-chosun, 2023.3.1.)

주요 용어

가격탄력성(price elasticity)
광고관리 프로세스
광고매체
광고메시지
광고목표(advertising objectives)
광고예산
광고와 수익
광고의 기능
광고의 정의
광고의 기업효과
광고의 소비자효과
광고의 제품차별화효과
대중매체광고(mass media advertising)
브랜드 자산(brand equity)
브랜드 충성도(brand loyalty)
브랜드 전환(brand switching)
상기광고(reminder advertising)
설득적 광고(persuasive advertising)
시장집중률(CR: Concentration Ratio)
인터랙티브광고(interactive advertising)
정보적 광고(informative advertising)

연습문제

01 광고목표로서 시장 성과와 커뮤니케이션 성과의 상대적 장 · 단점에 대해서 논의해보시오.

02 광고의 차별화효과와 경쟁촉진효과를 설명하고 어느 효과를 지지하는지 설명하시오.

03 가격비탄력적인 제품과 가격탄력적인 제품을 찾아보고 두 제품광고의 차이를 토의해 보시오.

04 후발주자의 광고 중 선발진입자의 인지도를 활용한 광고를 찾아보시오.

05 특정 광고물 2개를 선택하여, 광고 목표, 메시지 및 매체를 비교하고 광고효과에서 어떤 차이가 있는지를 알아보시오.

06 광고의 세 가지 기능을 설명하고 사례를 들어보시오.

07 기업이나 조직을 선정하고, 광고관리 프로세스에 기초하여 단계별로 광고전략을 수립하시오.

CHAPTER 12

유통경로

Ⅰ. 유통경로의 개념과 구조

Ⅱ. 유통경로의 설계

Ⅲ. 경로관리

학습목표

- 유통경로의 개념과 필요성에 대해 이해한다.
- 소비용품의 유통경로와 산업용품의 유통경로 간의 차이점을 이해한다.
- 유통경로의 설계 과정에 대해 학습한다.
- 유통경로의 관리에 대해 살펴본다.
- 유통경로는 어떻게 계열화 할 수 있는지 살펴본다.

주요 내용

유통경로란 제조업자로부터 소비자에게로 상품 및 서비스를 이동시키는 과정에서 참여하는 모든 조직체나 개인을 말한다. 제조업자로부터 중간상인을 거쳐 소비자에게 제품이 흘러가는 길 또는 파이프라인과 비교할 수 있다. 이 과정에서 참여하는 제조업자, 중간상, 소비자를 경로구성원이라고 하고, 유통활동을 담당하는 주간상을 유통기관이라고도 한다. 그러면 기업의 입장에서 어떤 유통경로를 통해서 제품을 유통시킬 것인가? 유통경로를 결정하기 위해서는 어떤 요인들을 고려해야 할까?
먼저 고객이 원하는 서비스수준을 파악하고, 그 다음으로 경로의 목표를 어디에 둘 것인지, 경로목표를 설정시 어떤 요인이 영향을 미치는가를 파악해야 한다. 그리고 주요 경로대안을 파악하고 평가해야 한다. 이렇게 해서 경로구성원을 선정하고, 마지막으로 선정된 경로구성원들의 활동에 대한 성과를 평가하여야 할 것이다. 경로가 결정된 다음에는 그들에게 협조를 얻을 수 있도록 잘 관리되어야 하고, 경로갈등에 대한 관리도 잘 이루어져야 한다.
20세기 중반 이후 유통업계는 대형 소매상의 등장과 함께 강력한 결속력을 가진 마케팅 시스템이 등장하여, 전통적인 유통업체들을 위협하고 있다. 유통업계에서의 새로운 양상은 이제 더 이상 독립적인 개별 유통업체들 간의 경쟁이 아닌, 중앙집권적으로 계획된 네트워크로서의 마케팅 시스템들 간의 경쟁으로 나타난다. 이 장에서는 이러한 문제를 인식하고, 신중하게 유통경로를 설계하고 관리하는 방안을 살펴보고자 한다.

Ⅰ 유통경로의 개념과 구조

1 유통경로의 개념

우리가 할인점이나 백화점에 가서 사는 물건들은 어떤 과정으로 제조업자로부터 우리들의 손으로 들어올까? 어떤 물건들은 생산자인 농민이나 제조업자로부터 여러 중간상인들을 거쳐 우리들의 손으로 들어오고, 또 어떤 물건들은 생산자로부터 직접 구입을 하는 경우도 있다. 이렇게 제조업자로부터 중간상인을 거쳐 소비자인 우리들에게 제품이 흘러가는 길을 **유통경로**(marketing channel, distribution channel)라고 한다. 다른 말로 표현하면 유통경로란 제조업자로부터 소비자에게로 상품 및 서비스를 이동시키는 과정에서 참여하는 모든 조직체나 개인을 말한다. 이 과정에서 참여하는 제조업자, 중간상, 소비자를 경로구성원이라고 하고, 유통 활동을 담당하는 중간상을 유통기관이라고도 한다.

도매상과 소매상 같은 중간상은 상품을 구매하고 소유하였다가 재판매하는데, 이들을 **상인 중간상**(merchant middleman)이라 한다. 이에 반해 **브로커**(broker), 판매대리상과 같이 고객을 찾고 판매자를 대신하여 협상을 하지만 상품의 소유권을 가지지 않는 사람들을 **대리중간상**(agent middleman)이라 한다.

그러면 사람들은 왜 중간상을 이용하는 것일까? 백화점이나 할인점, 슈퍼마켓과 같은 중간상을 거치지 않고, 제조업자와 소비자가 직접 거래를 하면, 소비자는 좀 더 싸게 상품을 구입할 것이고, 제조업자는 좀 더 높은 가격을 받을 수 있다고 볼 수도 있다. 그런데 다른 한편으로 생각하면 모든 제조업자와 모든 소비자가 직접 거래를 한다는 것은 엄청난 혼란과 비효율이 생길 것이다. 다음 [그림 12-1]에서 보는 바와 같이 세 명의 제조업자와 세 명의 소비자가 직접 거래를 하면 아홉 번의 거래가 이루어진다. 그런데 이것이 백 명의 제조업자와 백 명의 소비자가 거래를 하면 만 번의 거래가 일어날 것이다. 그러나 오른쪽 그림과 같이 그 중간에 상인이 끼게 되면 아홉 번의 거래는 여섯 번으로 줄게 되고, 일만 번의 거래는 이백 번으로 줄게 된다. 이러한 원리를 총거래 수 최소의 원리 또는 거래의 경제성이라고 한다.

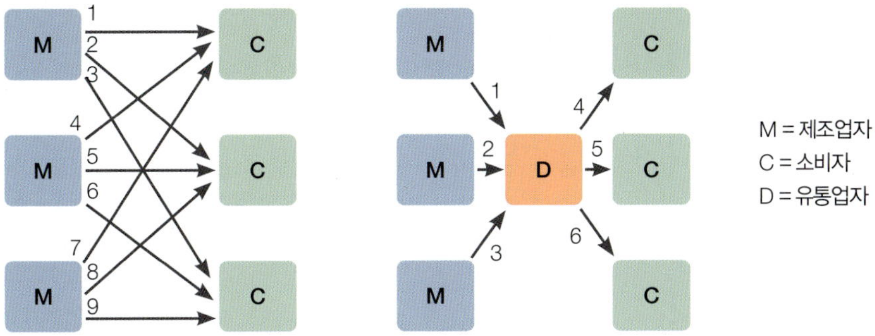

(a) 접촉 수
M×C=3×3=9

(b) 접촉 수
M+C=3+3=6

그림 12-1 중간상의 이용에 의한 거래의 경제성

사례 | 세계를 휩쓰는 무인점포

미국 아마존은 워싱턴주 시애틀에 완전 무인점포인 아마존고(Amazon Go)를 개설한 이래 2019년 현재 미국 전역에 21개의 매장을 개설하고 있으며 2020년도 말에는 156개로 확장할 계획이다. 월마트는 미국 내 50개 점포에 보사노바라는 로봇을 도입하여 로봇이 재고를 체크하고 가격표시나 진열의 잘못 여부를 체크하도록 하고 있으며, 한국 신세계는 무인점포인 이마트24를 전국 6곳에 시범 운영하고 있고, 중국 알리바바 자회사인 식료품 전문점 헤마(Hema)도 무인계산대를 운영하고 있다.

출처: ZDNet Korea 2019. 11. 21. 발췌.

중간상은 이렇게 거래의 경제성 외에도 시간효용, 장소효용, 소유효용 등을 창출한다. 중간상은 보관 활동을 통해서 소비자가 원하는 시기에 상품을 공급하고, 수송 활동을 통해서 소비가 이루어지는 장소로 상품을 이동시킨다. 이것을 시간효용과 장소효용을 창출한다고 한다. 또한 중간상들은 제조업자로부터 자기 명의로 상품을 구매하여 자신의 명의로 소유권을 가지고 있다가 소비자에게 되팔므로 하여 소유권을 넘기게 되는데, 이 과정에서 소유효용이 일어나게 된다.

2 유통경로의 구조

1. 소비용품의 유통경로

일반적으로 상품들은 다양한 유통경로를 거쳐 소비자들에게 유통된다. 산업에 따라서도 유통경로는 차이가 나며, 상품에 따라서도 다르고, 기업에 따라서도 유통경로는 다를 수 있다. 그렇지만 소비용품과 산업용품에 따라서 유통경로는 크게 차이가 난다.

소비용품의 유통경로는 [그림 12-2]에서 보는 바와 같이 4가지 유형으로 나누어 볼 수 있다. 유형 1의 제조업자로부터 소비자에게 직접 상품이 흘러가는 경우를 직접유통 혹은 직접마케팅이라고 하며, 제조업자의 직영점에 의한 판매나, 소규모 제조업자가 생산현장에서 직접 판매를 하는 경우인데, 오히려 소비용품에서는 일반적인 경우가 아니다. 그러나 요즘은 인터넷 거래나 전화나 우편과 같은 통신판매, 방문판매 등의 증가로 이러한 직접유통도 그 규모가 늘어나고 있다. 유형 2부터 유형 4까지를 간접유통 혹은 간접마케팅이라고 하며, 유형 2를 1단계유통, 유형 3을 2단계유통, 유형 4를 3단계유통이라 한다. 거기에 비해 유형 1의 직접유통은 0단계유통이라고 할 수 있다. 유형 2는 제조업자로부터 소매상을 거쳐 소비자에게 상품이 흘러가는 경우로서, 이 경우는 제조업자가 대규모이거나 소매상이 대형업체인 경우에 이러한 경로를 거치며, 요즘은 소매상이 점점 대형화되어 이러한 경로를 거치는 경우가 많다. 상품별로는 전문품이나 일부 선매품의 경우 이러한 1단계유통이 이루어지는 예가 많다.

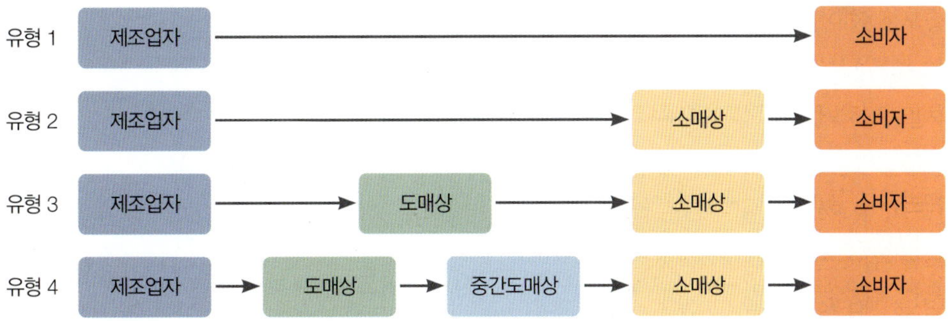

그림 12-2 소비용품의 유통경로 유형

유형 3은 제조업자로부터 도매상, 소매상을 거쳐 소비자에게 상품이 흘러가는 경우로서 가장 일반적이며 전형적인 경로이다. 대부분의 편의품과 선매품이 이러한 2단계유통으로 이루어진다. 유형 4의 3단계유통은 도매상을 한 번 더 거치는 경우로서 제조업자가 소규모이거나, 농어촌과 같이 제조업자들이 지역적으로 널리 분산되어 있는 경우 이러한 경로를 거친다. 일부 농수산물의 경우는 3단계 이상의 4단계나 5단계의 유통이 이루어지는 경우도 있다.

2. 산업용품의 유통경로

산업용품의 유통경로는 소비용품의 유통경로보다 비교적 단순하다. 산업용품 특성상 구매자와 판매자가 사전에 정해져 있으며, 판매자들은 주로 특정 지역에 집중되어 있다. 대량 거래와 판매자 간 상호거래가 흔하기 때문에 유통 경로가 짧고 단순하다. [그림 12-3]에서 보는 바와 같이 4가지 유형으로 나누어 볼 수 있다. 유형 1은 제조업자와 소비자가 직접 거래하는 직접유통으로서 산업용품의 경우 가장 많이 발생한다. 유형 2는 제조업자와 소비자 사이에 도매상격의 대형 산업용품 유통업자가 사이에 끼어서 제조업자와 소비자 사이를 연결시켜주는 유형으로서 제조업자나 소비자의 규모가 조금 작을 때 이러한 유형의 거래가 많이 발생한다. 유형 3은 산업용품 도매상 대신에 제조업자 총판이나 직영점이 그 역할을 대신하는 것으로서 유형 2와 같이 1단계유통이다. 유형 4는 2단계의 유통으로서 제조업자나 소비자 중의 어느 하나가 아주 규모가 작을 때 이러한 긴 유통경로를 거치게 된다. 산업용품의 경우 이러한 2단계유통은 일반적인 유통경로가 아니다.

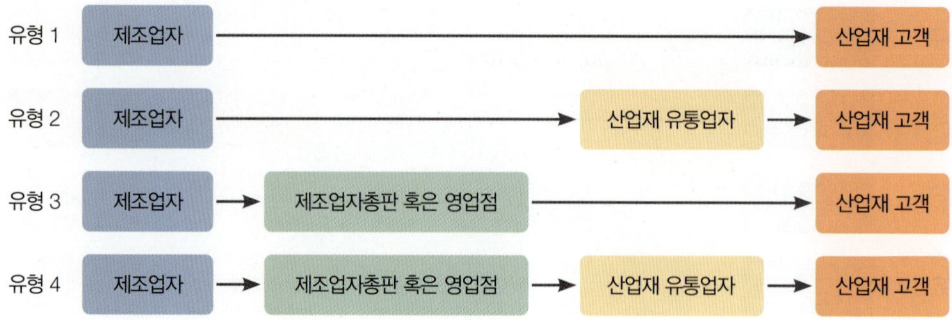

그림 12-3 산업용품의 유통경로 유형

Ⅱ 유통경로의 설계

1 유통경로 설계 과정

신설기업은 한정된 시장에서만 판매 활동을 하며, 대부분 기존의 중간상들을 이용하여 영업 활동을 한다. 거기에 비해서 대기업인 삼성전자나 LG전자 같은 기업은 자신의 제품만을 취급하는 판매 대리점을 전국적으로 운영하며, 일부는 하이마트와 같은 중간상이나, 연금매장, 백화점이나 할인점 매장 등을 이용하여 제품을 유통시키고 있다. GM과 같은 기업은 미국에서만 8,100여 개의 판매상을 통해 제품을 판매하고 있다. Timex라는 시계회사는 기존의 시계회사들이 시계전문점을 통해 제품을 유통시키는데 반해서 슈퍼마켓을 통해 제품을 유통시킨 최초의 회사이며, 한국야쿠르트는 일반 소매점이 아닌 방문판매를 통해서 제품을 유통시켜 성공을 거두었다.

그러면 기업의 입장에서 어떤 유통경로를 통해서 제품을 유통시킬 것인가? 유통경로를 결정하기 위해서는 어떤 요인들을 고려하여야 할까? [그림 12-4]에서 보듯, 서비스 수준을 정하기 위해 고객의 요구를 이해하고, 그 다음에는 경로의 목표를 설정하기 위한 영향을 미치는 요인을 고려해야 한다. 그리고 주요 경로 옵션을 고려하고, 이러한 옵션들을 평가해야 한다. 이렇게 경로를 구성한 다음, 마지막으로 선택한 경로의 구성원들이 수행하는 활동을 평가한다.

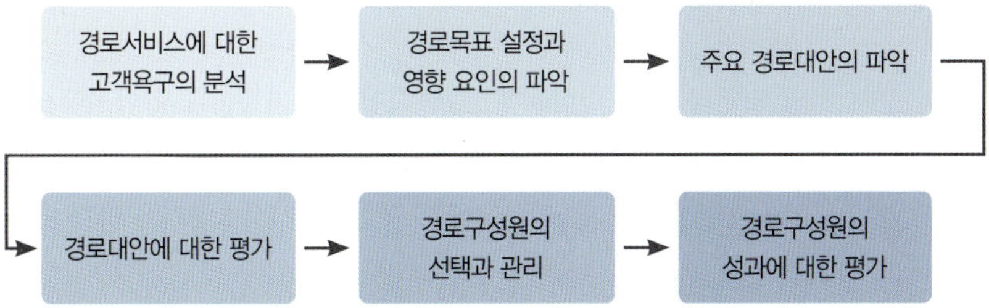

그림 12-4 **유통경로 설계 과정**

2 경로서비스에 대한 고객욕구수준의 분석

유통경로를 설계하는데 있어 기업은 표적고객들이 원하는 서비스의 수준을 이해해야 하는데, 다음의 다섯 가지 사항을 고려해야 한다.

1. 입지의 편의성

입지의 편의성은 고객들이 편리하게 접근할 수 있는 공간을 제공해야 하는데, 그렇게 하기 위해서는 많은 유통업체를 통하여 소비자들에게 가까이 다가가야 한다. 현대자동차의 매장은 많아서 쉽게 접근할 수 있으나, 상대적으로 쌍용자동차의 매장은 많지 않아 어떤 소비자는 쌍용차를 사기 위해 멀리까지 가야 한다.

그림 12-5 **코스트코의 외관과 내부**

2. 최소구매단위

최소구매단위는 1회 구매 시의 크기나 양을 말하는데, 일반적인 슈퍼마켓이나 할인점에서는 적은 양의 상품도 살 수 있으나, 코스트코나 이마트 트레이더스와 같은 곳은 적은 양은 팔지도 않고, 단위 구매량이 커서 신혼부부 같은 경우는 이런 곳에서 살 경우 오히려 낭비가 발생할 수 있다.

3. 대기시간

제품을 주문한 후 상품이 인도되기까지의 대기시간을 말하는데, 고급 식당에서는 음식을 주문 후 꽤 오랜 시간을 기다려야 음식이 나오지만, 롯데리아 같은 즉석식품점에서는 주문 후 곧바로 음식을 받아먹을 수 있다. 자동차 같은 경우도 어떤 때는 주문하고 다음 날로 배달이 되지만 또 다른 때는 몇 달을 기다려야 하는 경우도 있다.

4. 제품의 다양성

제품이 다양하다는 것은 마케팅경로가 제공하는 제품구색의 범위가 넓다는 것이다. 고객들은 제품구색이 넓어질수록 그들의 욕구를 충족할 수 있는 기회가 넓어진다는 것을 의미한다. 하이마트에 가면 전자제품 다양한 종류를 구매할 수 있지만, 인켈매장과 같은 전문점에 가면 오디오 장비는 구할 수 있지만 다른 전자제품은 다양하게 제공하지 않는다.

5. 서비스 지원

서비스 지원이란 중간상들이 제공하는 추가적인 서비스의 지원을 말하는데, 배달, 설치, 수리, 보증, 교육, 신용 등과 같은 것으로서, 서비스 지원이 커질수록 그 경로가 제공해야 할 업무가 많아진다.

3 경로목표의 설정과 영향 요인의 파악

경로목표는 먼저 표적소비자집단의 기대서비스수준에 입각해서 설정되어야 하고, 고객들을 만족시킬 수 있도록 설정되어야 한다. 또한 경로목표는 상품이나 시장의 특성과 기업의 특성도 고려해야 한다. 부패성이 강한 상품은 가능하면 직접유통이 이루어져야 하고 아니면 경로단계를 줄이기 위해 노력해야 한다. 시멘트, 철근 등과 같이 무게나 부피가 큰 제품은 제조업자와 소비자의 중간에 하역과 선적을 최소화 할 수 있도록 경로설계가 이루어져야 한다. 시장의 특성, 즉 대도시와 같이 인구가 밀집된 시장과 농어촌과 같이 인구가 적은 시장은 기본적으로 경로목표가 다를 것이며, 대기업과 중소기업은 경로목표를 다르게 설정할 것이다.

경로목표는 경쟁사의 경로목표를 고려해야하며, 해당 국가의 유통구조, 경제적 상황, 법적 규제 등과 같은 환경적인 요소도 고려해야 한다. 그 나라의 도매상이나 소매상들이 많은 수가 소규모로 난립하는지, 아니면 대형 유통업체 몇 개가 전국의 유통을 장악하고 있는지는 아주 중요한 문제이다. 월마트는 미국에만 약 2,400개의 점포를 가지고 전 세계 유통업계의 선두를 달리고 있으며, Sears, K-mart, JC Penny, Home Depot 등을 포함한 몇십 개의 유통업체가 미국 유통산업을 장악하고 있다.

그림 12-6 월마트와 이마트

4 주요 경로대안의 파악

경로대안을 검토할 때는 중간상의 유형, 중간상의 수, 경로구성원의 계약조건과 상호 책임관계 등을 고려하여 결정해야 한다. 중간상의 유형에 대해서는 다음 장에서 자세히 다루기 때문에 여기서는 설명을 생략하고, 중간상의 수, 즉 경로 커버리지 전략은 집약적 유통, 전속적 유통, 선택적 유통의 3가지 전략 유형으로 나누어 볼 수 있다.

1. 집약적 유통

집약적 유통(intensive distribution)은 개방적 유통이라고도 하며, 유통업자에 대한 제한이 없이 가능한 한 많은 점포에 상품을 공급하려고 하는 것이다. 이 전략은 소비자가 제품을 구매할 때 장소의 편의성을 추구하는 편의품의 경우에 많이 사용하는 전략이다. 치약, 비누, 과자, 음료수 등의 제품들은 소비자의 상표애호도가 비교적 높지 않고, 원하는 제품을 찾지 못할 때, 다른 상표의 제품을 구매하는 경향이 있다. 따라서, 이러한 제품들은 먼저 소비자들의 눈에 띄도록 진열되어야 하며, 판매량을 늘리려면 많은 유통업자들이 해당 제품을 판매하도록 유도해야 한다.

2. 전속적 유통

전속적 유통(exclusive distribution)은 배타적 유통이라고도 하며, 취급하는 유통업자의 수를 제한하여, 일정 지역에서 한 유통업자에 대해서만 그 제품을 취급하도록 하는 전략이다. 전속적 유통은 제조업자가 유통업자에 대해 통제를 많이 하고자 할 때 사용한다. 전속적 유통경로는 제조업자와 유통업자 간에 보다 강한 유대관계를 가지려고 할 때 채택되며, 유통업자는 경쟁사의 상품 취급을 제한받는 것이 일반적이다. 자동차, 가구, 가전제품, 피아노, 유명상표 의류 등에서 볼 수 있다.

3. 선택적 유통

선택적 유통(selective distribution)정책은 일정한 자격 요건을 갖춘 유통업자에게는 모두 상품을 취급하도록 하는 것으로서, 전속적 유통과 같이 아주 수를 제한하지도 않고, 집약적 유통과 같이 무제한 상품을 취급하도록 하는 것도 아닌 중간 형태의 경로정책이다. 제조업자는 유통업자가 판매경험, 상품취급지식, 매장면적, 자본금 등 몇 가지 조건만 충족되면 여러 유통업자에게 상품을 취급하도록 하는 정책이다. 일반적으로 신발, 의류와 같은 선매품의 경우 이 정책을 많이 이용한다.

표 12-1 집약적 유통, 전속적 유통, 선택적 유통의 비교

	집약적 유통	전속적 유통	선택적 유통
전략	가능한 한 많은 점포들로 하여금 자사제품을 취급하도록 함	한 지역에 하나의 점포에게 판매권을 부여함	한 지역에 제한된 수의 점포들에게 판매권을 줌
점포 수	가능한 많은 점포	하나	소수
통제	제조업자의 통제력이 낮음	제조업자의 통제력이 매우 높음	제한된 범위에서 제조업자의 통제가 가능함
제품 유형(소비재)	편의품	전문품	선매품
소비재의 예	페리오치약, 비트세제	크리스천디올 향수, 패션의류, 영창피아노	삼성 가전제품

제조업자는 자기 제품의 유통에 참여하는 경로구성원들의 권리와 책임에 대해 분명하게 해야 한다. 또한 제조업자는 유통업자가 생사를 같이하는 동반자란 생각을 가지고 최대한 호의를 베풀어야 하며, 유통업자가 이익을 낼 수 있도록 고려해야 한다. 여기서 고려해야 할 요인으로는 가격정책, 판매조건, 지역권, 서비스에 대한 책임 등이다.

가격정책은 제조업자가 정가, 할인, 할인 계획을 결정하고 이를 유통업자에게 알리는 것을 의미하며, 이러한 정책은 공정하고 충분하다고 생각하는 선에서 가격정책이 이루어져야 한다. 판매조건은 지급조건과 보증을 말하고, 지역권은 유통업자의 판매가 미치는 지역적 범위로서 전속적 유통에서 특히 중요하다. 서비스에 대한 책임은 여러 가지 서비스에 대해 제조업자와 유통업자 간에 서로의 권리와 책임에 대해서 분명히 해야 한다. McDonald는 프랜차이즈 가맹업자에게 촉진지원, 회계기록시스템 제공, 교육훈련, 기술지원 및 일반관리에 대한 것을 제공한다. 대신 가맹업자에 대해서는 여러 가지 시설에 대해 본사가 정한 표준을 지키고, 촉진프로그램에 협력하고, 특정 공급업자로부터 식품을 구매하며, 필요한 정보를 제공할 것을 요구한다.

5 주요 경로대안의 평가

각 경로대안들에 대해 검토하였으면 이들 경로대안들에 대하여 경제성, 통제성, 적응성의 평가 기준에 따라서 평가한다.

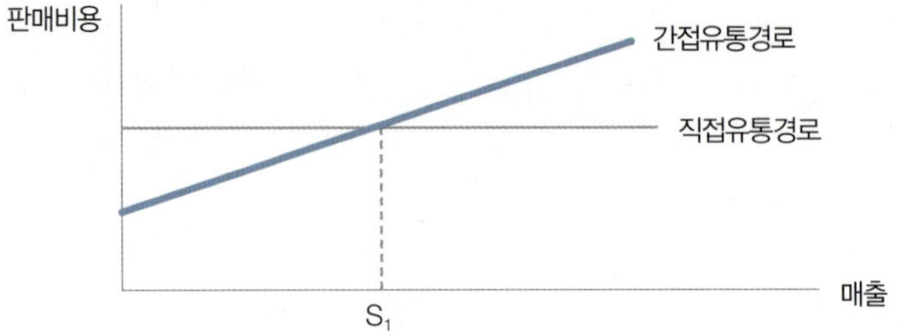

그림 12-7 **경로대안의 매출과 판매비용**

1. 경제성

경제성(economic criteria)은 각각의 경로대안들 중에서 매출액과 비용 면에서 어떤 것이 더 유리한지를 따져 보는 것이다. 첫 번째는 회사에서 판매원을 고용하여 판매하는 것과 판매 대리점이나 일반 중간상을 이용하는 것 중에서 어느 것이 매출을 더 많이 달성할 수 있을 것인지를 검토해 본다. 회사의 판매원은 그 회사의 제품에만 집중하고, 자사 제품의 판매에 대해 더욱 훈련을 잘 받으며, 자신의 장래가 회사의 성공과 일치하기 때문에 더욱 판매에 적극적이라고 볼 수 있다. 반면 판매대리점은 여러 제품을 취급하기 때문에 회사보다 더 많은 판매원을 확보할 수도 있고, 시장에 대해 광범위한 지식을 가질 수도 있으며, 회사에서 많은 수수료를 준다면 더욱 판매에 적극적일 수도 있다. 또한 어떤 소비자들은 하나의 제품만 취급하는 판매원보다 여러 제품을 취급하는 대리점을 더 선호할 수도 있다.

다음 단계는 각 경로대안들의 비용을 추정해 본다. [그림 12−7]에서 보는 바와 같이 판매원을 고용하는 직접유통과 대리점을 통하는 간접유통은 고정비와 변동비 면에서 차이가 난다. 어느 지점(S1)까지는 판매원을 고용하는 것이 고정비가 많기 때문에 비용이 많이 들지만 이 지점을 지나면 대리점을 통하는 것보다 훨씬 비용을 줄인다. 판매원은 고정비가 많이 들고, 대리점은 수수료로 인하여 변동비가 많이 들게 된다. 마지막으로 매출과 비용을 비교하여 어느 경로가 더 좋은 대안인지를 결정한다.

2. 통제성

제조업자는 때때로 자기 회사 제품을 취급하는 중간상들을 적절하게 통제할 필요가 있다. **통제성**(control criteria)은 유통경로에 있는 구성원들을 얼마만큼 통제할 수 있는가의 문제이다. 중간상들은 자신에게 이익이 되는 상품만 판매하려고 하며, 특정 제조업자를 배려하기보다는 고객들이 좋아하고, 많이 구입하는 제품에 집중하기 마련이다. 특히 중간상들은 특정 제품에 관련된 기술적 세부사항을 잘 알지 못해 기술적 문제해결에 대한 적극성을 보이지 않을 수도 있으며, 특정 제조업체의 판촉물을 효과적으로 이용하지 못할 수도 있다. 거기에 비해 자사의 판매원은 통제성의 측면에서는 훨씬 우월하다.

3. 적응성

기업을 둘러싼 환경은 계속 변한다. 새로운 유통여건 변화에 대해 얼마나 신축적으로 적응할 수 있는가도 아주 중요한 문제이다. 따라서 **적응성**(adaptive criteria)이 점점 더 중요해지고 있다. 요즘은 인터넷의 급속한 확산으로 인하여, 인터넷 판매의 비중이 증가하고 있는데, 여기에 미처 대처하지 못한 기업은 상대적으로 매출이 떨어질 수밖에 없다. 하나의 유통경로를 개발하기 위해 경로구성원들은 특정 기간 동안 상호 계약을 맺어야 하는데, 이러한 계약으로 인해 새로운 환경에 적응하는 데 어려움이 생길 수 있다.

6 경로구성원의 선택과 관리

주요 경로 대안의 검토와 평가가 끝나면 경로를 설정한 후, 이 경로를 효과적으로 관리해야 한다. 경로관리는 다음 절에서 다루기로 하고 여기서는 중간상들을 선택하기 위한 평가기준을 소개하겠다. 일반적으로 중간상들을 선택하기 위해서는 신용 능력, 명성과 평판, 영업사원의 규모와 질, 판매 능력, 취급하는 다른 제품들의 수와 특성, 기존 고객의 수와 특성, 수익성과 성장 잠재력, 점포의 입지, 사업경험 등을 고려해야 한다.

Ⅲ 경로관리

1 경로구성원의 훈련과 동기부여

기업들은 자사의 유통업자들에 대해 신중한 교육·훈련프로그램을 계획하고 실행해야 한다. 그 이유는 소비자들이 중간상을 그 기업의 대리인으로 간주하기 때문이다. 따라서 기업은 중간상에게 일반적인 서비스 교육 뿐만 아니라 제품에 대한 지식, 제품 취급 요령, 기업 정보, 보증 및 금융에 대한 지식을 제공해야 한다. Microsoft사는 자사 제품을 취급하는 서비스 기술자들에게 일련의 교육 과정을 이수하게 하고, 완전히 이수한 사람들에게는 마이크로소프트 공인 전문가(Microsoft Certified Professionals)로 인정을 하며, 또한 엔지니어들도 자기 사업에서 이것을 이용하는 것이 유리하기 때문에 이 칭호를 즐겨 사용한다. Ford 자동차는 인공위성에 바탕을 둔 Fordstar Network를 통해 6,000개 이상의 판매상들에게 훈련프로그램과 기술정보를 제공한다.

중간상들은 제조업자에게는 소비자들에 대한 구매대리인으로 행동하며, 소비자 등에게는 제조업자의 판매대리인으로서의 역할을 한다. 따라서 제조업자는 최종소비자와 동일하게 중간상들을 인식하고 그들의 욕구를 충족시켜 주어야 한다. 기업은 교육·훈련프로그램, 시장조사프로그램, 중간상의 성과를 향상시키는 데 도움이 되는 여러 가지 프로그램을 제공해 주어야 한다. 기업은 중간상들이 최종소비자를 만족시키는 데 공동노력을 하는 동반자라는 인식을 하는 것이 중요하다.

대부분의 제조업자들은 중간상들의 협력을 얻어내는 것이 어렵다는 점을 이해하고 있다. 그래서 높은 마진, 특별 할인가격, 협동광고비 공제, 견본(sample) 및 경품(premium) 제공, 판촉물 제공 등을 통해서 협력을 얻을 수 있다. 좀 더 정교한 방법을 사용하는 기업은 유통업자와 장기적인 동업자 관계를 맺으려 하고, 가장 발전된 관계는 제조업자와 유통업자 간에 수직적 마케팅 시스템을 구축하는 것이다. 제조업자들이 유통업자의 협조를 얻기 위하여 사용하는 힘의 원천에는 다음과 같은 것들이 있다.

1. 강제력

강제적인 힘이란 중간상들이 협조하지 않을 경우, 제조업자가 어떤 상품이나 제공물을 공급하지 않거나 관계를 종결할 것을 위협하는 것이다. 이 힘은 중간상들이 지나치게 제조업자에게 의존하는 경우에 효과적이다. 그러나 강제적 힘을 사용하게 되면 반발이 생기거나 중간상들이 제조업자에게 대항하는 힘을 조직하도록 조장할 수가 있다.

2. 보상력

보상력은 제조업자가 중간상이 행한 특별한 활동이나 기능에 대해 어떤 특별한 혜택을 제공한 경우에 나타난다. 보상력은 전형적으로 강제력보다는 좋은 결과를 가져오지만, 과대평가가 될 수도 있다. 중간상들은 제조업자가 어떤 행동이 취해지기를 바라는 때마다 보상을 기대하게 되고, 보상이 제외되는 경우 중간상들은 실망을 하게 된다.

3. 합법력

합법적인 힘은 제조업자가 계약에 의해서 보증되는 행위를 판매업자에게 요구할 때 생기는 것이다. 계약은 법적 효력을 가지며, 이러한 법적 효력에 의해 제조업자는 특정한 권리를 가지며, 판매상은 의무를 갖는다. 프랜차이즈 시스템의 경우에 이러한 합법력이 발생한다.

4. 전문력

전문력은 제조업자가 중간상에게 가치가 있는 특별한 지식을 가지고 있는 경우이다. 상품에 대한 지식, 취급요령을 비롯해서 좋은 교육·훈련프로그램을 제공하는 것도 전문적인 힘에 해당된다.

5. 준거력

준거력은 제조업자가 중간상에게 높은 존경을 받기 때문에 중간상들이 그 제조업체와 동일시되는 것을 자랑스러워하는 경우에 발생하며, 오랜 기간 동안 관계를 가져서 서로를 신뢰할 때도 준거력은 발생한다. 삼성전자, 포항제철과 같은 우량 대기업은 거래하는 중간상들에게 준거력을 가진다고 볼 수 있다.

2 경로갈등의 관리

1. 경로갈등의 유형

경로가 잘 설계되고 관리된다고 해도 갈등과 마찰이 있을 수 있는데, 경로상에서 발생하는 갈등은 수직적 갈등과 수평적 갈등으로 나누어 볼 수 있다. **수직적 갈등**(vertical conflict)은 동일한 경로 내의 서로 다른 단계, 즉 생산단계와 도매단계, 도매단계와 소매단계 사이에서 발생하는 갈등이고, **수평적 갈등**(horizontal conflict)은 동일 단계, 즉 도매단계와 도매단계, 소매단계와 소매단계 사이에서 발생하는 갈등이다. 예를 들어, 제조업자가 밀어내기식으로 상품을 소매상에게 떠맡긴다든지, 촉진 활동을 강요할 때, 제조업자와 유통업자 사이에서는 갈등이 발생할 수 있다. 수평적 갈등의 예로는 시카고 지역의 Ford 자동차 판매상들은 다른 지역에 있는 Ford 판매상들이 공격적으로 광고를 하고 가격을 결정하여 고객을 빼앗아 간다고 불평하고 있으며, Pizza Inn 프랜차이즈 가맹점 중의 일부는 다른 가맹점들이 양념을 속이고, 나쁜 서비스를 제공하여 전체적인 이미지를 실추시킨다고 불만을 터뜨린다. IBM의 조사에 따르면, 주로 세 가지 유형의 갈등이 발생한다. 첫째, 전국 거래처 관리자와 현장 판매원 간의 갈등, 둘째, 현장 판매원과 전화 마케팅 담당자 간의 갈등 그리고 마지막으론 현장 판매원과 판매상 간의 갈등이 있다.

2. 경로갈등의 원인

갈등의 원인으로는 목표의 상이, 불분명한 역할과 권리·의무, 지각과 인식의 차이, 기대의 차이, 불명확한 커뮤니케이션 등에 의해서 발생한다. 가장 중요한 원인은 서로 목표가 다른데서 발생한다. 제조업자는 저가격으로 빨리 시장에 침투하려는 목표를 세우는데 반해서, 유통업자는 단기 수익을 최대화하기 위해 높은 마진을 추구할 수 있다. 불명확한 역할규정과 권리, 의무에 의해서 갈등이 발생할 수 있다. 예를 들어, IBM사는 자사의 판매원을 통해서 직접 대형구매자에게 판매하려고 하는데, 이 회사와 전속계약을 맺은 한 판매상도 역시 이 대형구매자에게 컴퓨터를 판매하고자 할 때 갈등이 발생할 수 있다.

갈등은 지각과 인식의 차이에서도 발생한다. 제조업자는 단기간의 경제적 전망에 대해 낙관적이어서 판매상들에게 많은 재고를 유지하기를 바라지만 판매상들은 비관적으로 보아 재고를 줄이려고 한다. 기대의 차이에서도 갈등은 발생하는데 서로가 상대방에 대해서 너무 많은 것을 기대할 때 결과가 그렇지 못하면 실망을 하게 되고 갈등이 유발된다. 의사전달이 잘못되어서도 갈등은 일어나는데, 문서상으로 주문을 하지 않고, 전화상으로 주문을 했을 때 잘못 전달되어 나중에 문제가 될 수 있다.

3. 경로갈등의 해결과 관리

어떤 갈등은 오히려 건설적인 효과를 가져다주는 경우도 있다. 경로갈등은 변화하는 환경에 보다 능동적으로 적응하도록 유도할 수 있기 때문이다. 반면에 너무나 갈등이 많으면 역기능적인 역할을 하여 구성원들 간에 치명적인 문제를 일으킬 수 있기 때문에 갈등은 가능하면 조기에 해결하고 평소에 갈등을 관리하는 체제를 유지하는 것이 좋다.

갈등을 효과적으로 관리하는 방법으로 고차원적인 목표의 설정, 구성원의 교환, 협의회의 구성, 커뮤니케이션의 증진 방안 모색, 화해와 중재 등이 있을 수 있다. 서로 목표가 상이하여 발생하는 갈등은 고차원적인 목표를 채택함으로써 줄이거나 제거할 수 있다. 경로구성원들이 공동으로 추구하는 기본적인 목표에 대해 서로 합의하도록 하는 것도 중요하다. 목표가 생존, 시장점유율, 고품질, 고객만족 등에 상관없이 공동합의가 되어야 한다. 둘 이상의 경로수준 간에서 구성원을 교환하는 방법은 상대방에 대해서 더 잘 이해할 수가 있다. 또한 동종업종의 구성원들 간에 협의회를 구성하여 협의회 내 구성원들 간의 갈등을 조정하고, 공동의 문제를 해결할 수 있는 기구를 만든다. 커뮤니케이션에 문제가 발생할 때는 커뮤니케이션 장애를 줄일 수 있는 네트워크 시스템을 구축하거나 장비를 도입하도록 한다. 마지막으로 갈등이 첨예하거나 심각한 경우, 양측은 제3자에 의한 화해 및 중재, 조정을 이용하거나 재판에 의해서 문제를 해결할 수 있다.

3 유통경로의 계열화

1. 전통적 경로의 문제점과 계열화의 필요성

독립적인 유통기관들로 구성된 전통적 유통경로는 마케팅 기능에 거의 관심을 가지지 않고 자기들에게 주어진 마케팅 기능들만 수행함으로써 경로구성원들 간에 결속력이 매우 약하다. 전통적인 유통경로는 독립적인 제조업자, 도매상, 소매상으로 구성되어 있는데, 이들은 각각 경로시스템 전체의 이익에는 관심이 없고 자신의 독자적인 이익에만 관심을 가진다. 어떤 구성원도 다른 구성원에 대하여 완벽하게 통제를 하지 못한다. 또한 이들은 공통의 목표를 가지고 있지 않거나 미약하기 때문에 경로구성원들 간의 연결이 약하고 구성원들의 진입과 철수가 용이하다. 따라서, 연쇄점이나 프랜차이즈 시스템을 가진 기업들은 경쟁에서 항상 취약한 위치에 있다. 20세기 중반 이후, 대형소매상의 등장과 함께 강력한 결속력을 가진 마케팅 시스템이 등장하여, 이러한 시스템을 가지지 못한 유통업체들을 위협하고 있다.

유통업계에 있어서 새로운 양상은 더 이상 독립적인 개별 유통업체들 간의 경쟁이 아니라 중앙집권적으로 계획된 네트워크로서의 마케팅 시스템들 사이의 경쟁이라고 할 수 있다. 따라서 독립 소매상들도 점점 결합하여 마케팅 시스템을 이루는 형태로 바뀌어가고 있다. 마케팅 시스템은 수직적 마케팅 시스템과 수평적 마케팅 시스템으로 나누어 볼 수 있다. **수평적 마케팅 시스템**(horizontal marketing system)은 같은 경로단계에 있는 둘 이상의 기업들이 새로운 마케팅 기회를 이용하기 위해 함께 협력하는 것이고, 수직적 마케팅 시스템은 다른 경로단계에 있는 기업들끼리 계열화하는 것이다.

2. 수직적 마케팅 시스템

수직적 마케팅 시스템(VMS: vertical marketing system)은 운영상의 경제성과 시장에 대한 최대한의 영향력을 획득하기 위해 전문적으로 관리되고 본부에 의해 설계된 네트워크 형태의 경로조직으로서 수직적 마케팅 시스템의 특징을 열거하면 다음과 같다.

- 결합된 하나의 시스템으로 행동하는 제조업자, 도매상, 소매상들로 구성된다.
- 한 경로구성원이 다른 구성원들을 모두 소유 또는 그들과 프랜차이즈 계약을 맺거나, 이들 모두를 협력체제로 묶어 놓을 만큼의 힘을 가진다.
- 경로지도자(channel captain)는 제조업자, 도매상 또는 소매상이 될 수 있다.
- 수직적 마케팅 시스템은 경로 행동을 통제하고 독립적인 경로구성원들이 자신의 목적만을 추구함으로써 발생하는 갈등을 제거하기 위해 만들어졌다.
- 수직적 마케팅 시스템은 규모, 교섭력 및 중복되는 서비스를 제거함으로써 달성된다.
- 전체 시장의 상당수를 차지하고 있으며, 소비자시장에 있어서 유통경로의 지배적인 시스템이다.
- 수직적 마케팅 시스템은 기업형·관리형·계약형 등 3가지 유형이 있다.

사례 | 수직적 마케팅 시스템을 활용한 Zara
– SCM의 핵심은 속도와 유연성

스페인 패션회사인 자라(Zara)의 급격한 성장은 많은 주목을 받아왔다. 자라는 극단적으로 빠른 공급사슬시스템(SCM: Supply Chain Management)을 설계하고 운영한다. 이 회사는 기존 의류회사처럼 내년에 어떤 옷이 유행할지를 예측하는 대신(미래의 일을 예측하는 것은 쉽지 않다), 시장에서 일어나는 취향 변화와 의류에 대한 반응을 지속 수집한다. 거의 실시간에 가까운 속도로 이에 대응한 옷감을 제작하고 옷을 만들어 시장에 내놓는다.

자라의 디자이너들은 끊임없이 소비자 취향과 선호를 추적해 1년에 1만 개 이상의 제품을 생산한다. 서로 다른 색상과 사이즈를 고려하면 50만 개 이상의 상품(SKU: Stock Keeping Units)을 제작하는 것이다. 반면 경쟁사들은 많아야 4,000개의 제품을 생산한다.

자라는 또 본사, 공장, 유통업체 등을 통합하는 수직적 결합을 추구해 디자인부터 생산을 거쳐 상점의 매대에 올리는 과정을 불과 4~5주 만에 해낼 수 있게 됐다. 간단한 디자인 변화나 품절된 제품을 다시 매장에 올리는 데는 불과 2주밖에 걸리지 않는다. 전통적 의류회사들이 디자인에만 길게는 6개월, 생산엔 3개월씩 걸리던 것에 비하면 매우 큰 변화다.

출처: 김수언, 한국경제, 2013. 07. 23.

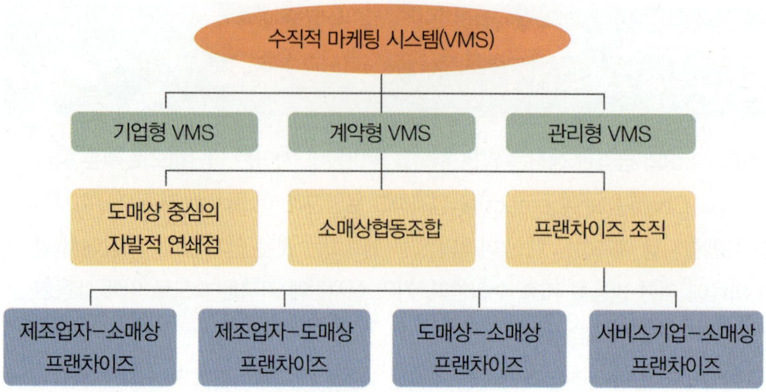

그림 12-8 수직적 마케팅 시스템(VMS)의 주요 유형

1) 기업형 VMS

하나의 소유권에 의해서 생산과 유통의 연속적인 단계를 결합시키고, 높은 수준의 통제를 하고자 하는 기업에 의해서 이루어진다. Sears사는 자사가 판매하는 상품의 50% 이상을 자사가 전부 혹은 부분적으로 소유하는 기업으로부터 공급을 받는다. 아웃백스테이크하우스는 전국에서 100여 개 이상의 점포를 운영하지만 전부 직접 투자하여 운영하고 있다.

2) 관리형 VMS

일련의 생산과 유통단계를 조정하는데 있어서 어느 한쪽의 규모와 힘에 의해서 이루어지며, 지배적인 상표를 가진 제조업자는 재판매업자에게 강력한 협조와 지지를 확보할 수 있다. 세계적인 상표를 취급하는 유통업자는 그 상품의 취급권을 가지는 것만으로도 만족해하며 제조업자의 통제에 잘 따른다.

3) 계약형 VMS

독자적으로 달성할 수 있는 것보다 많은 경제성이나 판매효과를 얻기 위해 계약을 기초로 하여 그들의 시스템 프로그램을 통합하고자 생산과 유통의 상이한 단계에 있는 독립된 기업들로 구성된다. 계약형 VMS는 다시 도매상 중심의 자발적 연쇄점, 소매상협동조합, 프랜차이즈 조직으로 나누어 볼 수 있다.

3. 계약형 VMS의 유형

1) 도매상 중심의 자발적 연쇄점(wholesaler-sponsored voluntary chains)

도매상들은 독립된 소매상들로 하여금 대규모 연쇄조직과 경쟁할 수 있도록 도와주기 위하여 임의적인 체인을 조직한다. 도매상들은 개별 독립 소매상들이 다른 체인조직과 효과적으로 경쟁할 수 있도록 판매행위를 표준화하고, 구매의 경제성을 달성하기 위한 프로그램을 개발하여 공급하고 대신 자신들과 거래를 하도록 한다.

2) 소매상협동조합(retailer cooperatives)

소매상들은 도매상의 기능과 일부 생산기능까지 수행할 수 있는 새로운 사업체를 만들어, 구성원들은 이를 통하여 일괄구매하고, 공동 광고계획을 수립한다. 이윤은 구매비율에 따라 각 구성원에게 분배한다. 비조합원 소매상들도 조합을 통해서 구매할 수 있지만 이윤분배에는 참여하지 못하는 형태의 조직이다.

3) 프랜차이즈 조직(franchise organization)

프랜차이즈 조직은 특별한 제공물을 가진 프랜차이즈 본부(franchiser)가 이것을 이용하고자 하는 가맹점(franchisee)을 모집하여 이 제공물을 제공하는 대신에 강력한 통제를 행사하는 형태의 조직이다[그림 12-9]. 여기에는 여러 기업들이 생산, 유통 과정의 여러 연속적인 단계로 연결되어 있으며, 최근에 가장 빠른 속도로 성장하고 있다. 여기에는 네 가지 유형이 있다. 첫째, 제소업자 중심의 소매상 프랜차이즈 시스템으로서, 포드자동차는 판매상에게 자사의 자동차를 판매할 수 있도록 허가하고 있는데, 판매상들은 포드가 요구하고 있는 조건에 동의한 각각 독립된 유통업자들이다. 둘째로는 제조업자 중심의 도매상 프랜차이즈 시스템으로서 코카콜라는 음료판매회사에게 원액을 공급하고, 이 음료판매회사는 이 원액을 가지고 콜라를 만들어 여러 소매상들에게 판매한다. 셋째는 도매상 중심의 소매상 프랜차이즈 시스템으로, 제조업자가 생산하는 제품의 품목수가 제한되어 도매업자가 여러 제조업자들로부터 다양한 품목을 공급받아 프랜차이즈를 개발하는 시스템이다. 넷째는 서비스기업 중심의 소매상 프랜차이즈 시스템으로서 자동차 대여업(Hertz, Avis), 즉석식품 사업(McDonald's, Burger King, 롯데리아), 숙박사업(Ramada Inn, Holiday Inn), 빵(파리바게트, 뚜레쥬르), 아이스크림 사업(베스킨라빈스) 등이 여기에 속한다.

그림 12-9 프랜차이즈로 운영되는 회사들

주요 용어

간접마케팅
경로 갈등
경로관리
계약형 VMS
관리형 VMS
기업형 VMS
산업용품의 유통경로
선택적 유통(selective distribution)
소비용품의 유통경로
수직적 갈등(vertical conflict)
수직적 마케팅 시스템
(VMS: vertical marketing system)
수평적 갈등(horizontal conflict)
수평적 마케팅 시스템
(horizontal marketing system)
유통경로
(marketing channel, distribution channel)
유통경로의 계열화
유통경로의 설계
전속적 유통(exclusive distribution)
중간상
직접마케팅
집약적 유통(intensive distribution)
프랜차이즈 시스템

연습문제

01 유통경로는 무엇이며, 중간상은 왜 필요한지를 설명하시오.

02 소비용품의 유통경로와 산업용 품의 유통경로를 비교 및 설명하시오.

03 유통경로의 설계 과정을 설명하시오.

04 경로서비스에 대한 고객욕구수준을 분석하는데 고려해야 하는 요인들을 설명하시오.

05 경로커버리지 전략의 유형을 설명하시오.

06 경로갈등의 원인과 해결 방안은 무엇인지 설명하시오.

07 유통경로 계열화의 필요성과 수직적 마케팅 시스템의 유형에 대해 설명하시오.

CHAPTER 13

유통기관과 물류

학습목표

- 소매상에 대해 이해한다.
- 도매상과 대리상에 대해 이해한다.
- 물적유통관리의 관리에 대해 학습한다.

주요 내용

유통기관은 상인중간상과 대리중간상이 있고, 상인중간상은 도매상과 소매상으로 나눌 수 있다. 소매상은 최종소비자에게 판매하는 상인으로서, 소매상이 행하는 기능으로는 소비자가 원하는 상품구색의 제공, 소비자에게 필요한 정보제공, 금융기능, 물류기능, 애프터서비스의 제공, 사용 방법의 교육 등과 같은 다양한 고객서비스를 제공한다. 소매상의 유형 중 점포유무에 의한 분류로 점포 소매상은 백화점, 연쇄점, 슈퍼마켓, 할인점, 편의점, 회원제 도매클럽, 전문할인점, 상설할인점, 카탈로그 쇼룸, 하이퍼마켓, 슈퍼스토어 등이 있다. 무점포 소매상으로는 자동판매기, 방문판매, 텔레마케팅, 온라인마케팅 등이 있다.

도매상은 재판매 또는 사업을 목적으로 구입하는 고객에게 상품이나 서비스를 판매하고 이와 관련된 활동을 수행하는 상인으로서, 완전기능도매상, 한정기능도매상으로 나누며, 한정기능도매상에는 현금무배달도매상, 트럭도매상, 직송도매상, 선반도매상 등이 있다. 대리중간상은 상품에 대한 소유권을 가지지 않으면서 거래가 원만하게 성립되도록 도와주는 역할만 하는 상인으로서, 거간, 객주, 판매대리상, 구매대리상 등이 있다.

물적유통은 로지스틱스라고도 하며 원자재, 재공품, 완제품 및 관련 정보를 발생 지점에서 소비 지점까지 효율적이고 효과적으로 흐르도록 계획 · 실시 · 통제하는 과정으로 수송, 보관 및 이에 따르는 제반 활동을 포함한다. 물류 활동은 주문처리 활동, 보관 및 재고관리 활동, 수송 활동을 포함한다. 이번 장에서는 소 · 도매상과 물적유통에 관해서 알아보기로 한다.

I 소매상

1 소매상의 개념과 기능

우리는 앞 장에서 유통경로를 생산자로부터 최종소비자에게로 상품 및 서비스를 이동시키는 과정에 참여하는 조직체나 개인이라고 하였고, 거기에 참여하는 조직체나 개인을 경로구성원이라고 하며, 제조업자, 중간상, 소비자로 이루어진다고 하였다. 여기서 중간상은 다시 도매상과 소매상으로 나눌 수 있는데, 도매상은 조직구매자를 대상으로 판매행위를 하며, 소매상은 최종소비자를 대상으로 판매행위를 한다.

다시 말하면 소매상은 상품이나 서비스를 개인적 혹은 비영리적 목적의 최종소비자에게 판매하는 것과 관련된 활동을 하는 상인을 말한다. 우리는 매일 매일 필요한 상품들을 동네 구멍가게나 편의점에서 조금씩 자주 사기도 하고, 큰 할인점이나 슈퍼마켓, 백화점 등지에서 많은 양을 가끔씩 구매하기도 한다. 가정에서 소비를 할 목적으로 구매행위를 하는 사람들을 최종소비자라고 하는데, 이 최종소비자에게 판매를 하는 것을 소매라 하고, 소매행위를 하는 상인을 소매상이라 한다.

소매상이 행하는 기능으로는 첫째로 소비자가 원하는 상품구색을 제공하고, 둘째 소비자에게 필요한 여러 가지 정보를 제공하며, 셋째 외상거래, 할부거래 등을 통하여 소비자의 구매비용 부담을 덜어주는 금융기능을 수행한다. 넷째, 소비자에게 배달, 설치, 보관 활동과 같은 물류기능을 하며, 마지막으로 애프터서비스의 제공, 사용 방법의 교육 등과 같은 다양한 고객서비스를 제공한다.

2 소매상의 형태

소매상의 형태는 매우 다양하다. 또 계속 새로운 형태의 소매상이 출현하고 경쟁에서 뒤진 소매상들은 사라지고 있다. 소매상의 형태는 규모, 취급상품, 서비스수준, 영업 방식, 소유 형태, 입지 등에 따라서 나누어 볼 수 있다[그림 13-1].

규모	입지	서비스수준	취급상품	영업 방식	소유 형태
• 대형점 • 소형점	• 도심지 • 교외 • 주택가 • 쇼핑센터	• 자기서비스 • 한정서비스 • 완전서비스	• 일반상품점 • 한정품점 • 단품종점 • 전문점	• 점포 • 무점포 └ 통신판매 └ 방문판매 └ 자판기	• 독립점포 • 회사연쇄점 • 임의연쇄점 • 소비자협동조합 • 프랜차이즈

그림 13-1 소매상의 분류

먼저 규모에 따라서는 대형점과 소형점으로 나누어 볼 수 있다. 유통업에서 대규모 점포는 매장면적 3,000㎡(909평) 이상인 점포를 말한다. 입지에 따라서는 도시 중심지에 있는 도심점포, 도시 외곽에 있는 교외점포, 주택가에 있는 주택가점포, 그리고 여러 점포를 한 건물에 넣어 놓은 쇼핑센터가 있다. 소매상이 제공하는 서비스수준에 따라서 **자기서비스**(self service), **한정서비스**(limited service), **완전서비스**(full service) 점포로 구분할 수 있으며, 취급상품에 따라서는 잡화점, 한정품점, 단품종점, 전문점으로 구분할 수 있다. 잡화점은 여러 종류의 상품을 취급하는 점포로서 동네의 구멍가게, 문방구점이 대표적이다. 한정품점은 잡화점이 좀 더 전문화해서 두세 종류의 상품만 취급하는 점포이다. 예를 들면, 구두와 핸드백을 동시에 취급한다든가, 여성복과 핸드백, 모자 등을 판매하는 점포의 형태이다. 단품종점은 말 그대로 한 종류의 제품만 취급하는 점포이고, 전문점은 아주 전문화하여 한 종류의 제품도 전부 취급하지 않고 그중 일부 품목만 취급하거나 특정 상표의 제품만 취급하는 점포이다. 예를 든다면 청바지만 취급한다든지, 양말 중에서도 인따르시아 양말만 취급하는 점포이다.

영업 방식에 따른 분류로는 크게 점포판매와 무점포판매로 나눌 수 있다. 점포판매는 말 그대로 일정한 장소에서 점포를 가지고 판매를 하는 것이다. 무점포 판매는 점포 없이 판매하는 것으로 통신판매, 방문판매, 자판기판매가 있다. 통신판매는 다시 우편판매, 전화판매, TV판매, 인터넷판매로 나누어 볼 수 있다. 방문판매는 일정한 점포 없이 판매원들이 집집마다 찾아다니면서 판매하는 것으로, 한국야쿠르트, 일부 화장품회사, 다단계판매회사들이 주로 이러한 방법을 많이 사용한다. [그림 13-2]는 다단계판매 방식에서의 상품유통경로를 설명해 주고 있다.

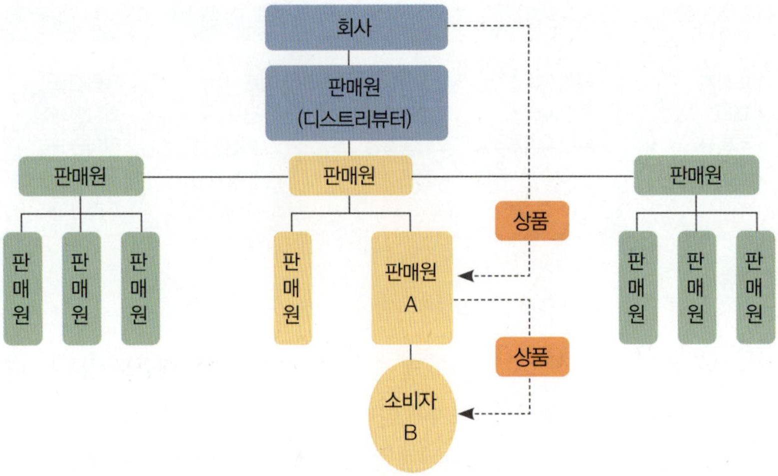

그림 13-2 다단계판매 방식에서의 상품유통경로

자동판매기는 주로 음료수, 담배, 껌, 휴지 등 부피가 작고 가격이 낮은 상품을 판매하는데 많이 이용된다. 우편판매는 상품 카탈로그를 우편으로 보내고 주문을 받은 후 배달하는 방식이며, 전화판매는 전화를 통해 상품을 소개하고 주문을 받아 배달하는 방식이다. TV 판매는 [그림 13-3]과 같이 TV 홈쇼핑 채널을 통해 판매를 하는 방식이고, 인터넷판매는 인터넷 쇼핑몰을 통해 이루어진다. 이러한 방식들은 일반적으로 별개로 사용되는 것보다는 함께 사용되는 경우가 많다. 홈쇼핑 채널이나 인터넷 쇼핑몰에서도 일부 우편판매 카탈로그를 각 가정으로 발송하기도 하고, 홈쇼핑이나 우편판매에서도 주문은 전화를 이용하도록 하며, 배달은 우편이나 택배회사를 이용하기도 한다. 최근에는 인터넷판매가 급성장을 하면서 통신판매의 비중이 많이 늘고 있다.

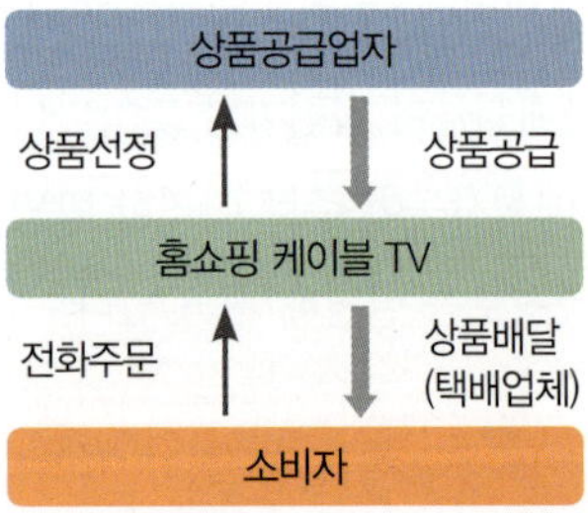

그림 13-3 케이블 TV를 이용한 홈쇼핑 구매 과정

소유 형태로는 독립점포와 연쇄점, 소비자협동조합, 프랜차이즈점으로 나누어 볼 수 있다. 독립점포란 각각 소유가 다른 독립된 매장을 의미한다. 우리 주변의 대부분의 매장은 독립점포다. 연쇄점은 여러 개의 점포가 하나의 관리 주체에 의해 운영되는 것으로 다시 회사연쇄점과 자유연쇄점(임의연쇄점)으로 나눌 수 있다. 회사연쇄점은 여러 점포가 하나의 소유주에 의해 운영되는 것이고, 자유연쇄점은 여러 점포가 각각 소유주는 다르지만 공동으로 운영되는 방식이다. 소비자협동조합은 조합원들이 공동구매를 목적으로 설립한 것으로, 조합원들의 출자에 의해 설립되고, 출자금액이나 이용금액에 비례해서 배당을 받지만 주식회사와 달리 의사결정은 출자금액에 비례하는 것이 아니라 1인 1표 방식에 의해 의결이 이루어진다. 농협이나 수협은 생산자조합의 형태이고 회사의 구내매장이 소비조합의 성격으로 이루어진 곳이 가끔씩 있다. 프랜차이즈 점포는 앞 장에서 설명한대로 프랜차이즈 계약에 의해 가맹점은 본부의 강력한 통제를 받는 형태의 점포이다.

3 소매상의 발달

상인이란 계급이 생겨나면서부터 소매상은 꾸준히 변화하고 발달하였다. 과거에는 소규모 독립소매상들이 잡화점의 형태로 상품을 취급하다가 인구가 많아지고 수요가 증가하면서 점점 분업화하고, 전문화하여 한정품점, 단품종점, 전문점의 형태로 발달하였다. 19세기 후반에 많은 상품들을 취급하는 대규모 점포들이 출현하기 시작하였다. 20세기에는 대형점들이 점점 늘어나고 경쟁이 심해지면서 독립 소규모 점포들은 점점 경쟁력을 잃고 시장에서 사라지게 된다. 대형점들은 백화점, 연쇄점, 슈퍼마켓, 할인점의 순으로 나타나게 되고 20세기 중반 이후 안내책자 전시장(catalog showroom: 카탈로그 쇼룸), 상설할인점(outlet: 아울렛), 전문할인점(category killer: 카테고리 킬러), 하이퍼마켓, 슈퍼스토어, 편의점, 회원제 도매클럽 등이 나타났다.

1. 백화점

백화점(department store)은 우리말로는 여러 가지 상품을 취급한다는 의미이며, 영어로는 부문별로 운영된다는 의미이다. 백화점은 의류뿐만 아니라 가구, 가전제품, 가정용품, 잡화, 식품 등 다양한 종류의 상품을 부문별로 구성하여 판매하는 대규모 소매점으로, 주로 직영점으로 운영된다. 이렇게 구성된 백화점은 소비자들이 다양한 상품을 한곳에서 구매할 수 있도록 한다. 처음에는 도심에 호화로운 시설로 완전서비스를 제공하였으나, 도심의 교통난, 주차난으로 교외로 빠져나가는 경향이 있으며, 취급상품도 식품은 슈퍼마켓에, 가구, 가전제품, 문방구류, 서적 등은 전문할인점으로 넘기고 의류 위주로 구성하며, 할인점과 대비하여 고급품 위주로 바뀌어가는 경향이 있다.

백화점은 1852년 프랑스의 봉 마르쉐(Bon Marche)를 기원으로 한다. 초창기에는 작은 의류 판매점으로 시작했지만, 가격표시제, 정가제, 자유로운 점내 구경, 자유로운 반품 제도 등을 도입하여 빠르게 성장하였다. 19세기 말에는 현재의 백화점 형태를 갖춘 대규모 점포로 성장했지만 백화점이라는 형태는 20세기에 들어서 미국에서 더욱 발전하게 되었다.

우리나라의 경우, 1930년에 미스꼬시 백화점이 처음 시작되었으며, 경성지점(현재의 신세계 본점, 명동)을 개장하였다. 한국인이 운영하는 최초의 백화점은 화신백화점이었으며, 현재는 종로 2가에 위치하던 이 백화점은 지금은 없어졌다.

백화점의 성장 배경은 다음과 같다. 산업화로 대량생산이 증가하고 원활한 유통 체계의 필요성이 커졌으며, 도시가 확장되어 대규모 수요가 발생하고, 교통과 통신 기술이 발전해 제품 정보가 효과적으로 전파되며, 물류 시스템이 강화되었고, 소비자의 소득이 상승하여 소비 요구가 증가하였다.

그림 13-4 최초의 백화점인 봉 마르쉐의 입구와 내부

2. 연쇄점

연쇄점(chain store)은 미국에서 1920년대에 나타난 형태로, 여러 개의 점포가 하나의 경영주체에 의해 운영되는 것을 의미한다. 독립 소규모 소매점과 같이 주택지 인근에 가까이 위치할 수도 있으면서 대량구매의 이점, 전문경영인에 의한 경영, 광고 등의 이점을 누릴 수가 있다. 연쇄점은 회사연쇄점(corporate chain)과 임의연쇄점(voluntary chain)으로 나눌 수가 있다.

회사연쇄점은 여러 개의 점포가 하나의 회사에 의해 운영되는 것이다. 임의연쇄점은 회사연쇄점의 출현에 대항해서 소규모 독립 소매상들이 계약에 의해 운영주체를 세우고 공동운영하는 형태이다. 임의연쇄점은 운영주체가 누가 되느냐에 따라 도매상이 중심이 되고 소매상을 모아 연쇄점을 하는 도매상 주재 임의연쇄점과 대형 소매상이 중심이 되어 다른 소매상을 모아 연쇄점을 하는 소매상 주재 임의연쇄점으로 나눌 수 있다. 초기에는 소규모 소매상들이 여럿 모여서 연쇄점을 이루었으나, 요즘은 백화점, 슈퍼마켓, 할인점 등 대형 점포들도 다점포화 하여 연쇄화 하고 있다.

3. 슈퍼마켓

슈퍼마켓(supermarket)은 미국에서 1930년대 불황기에 싼 가격을 내세우면서 출현한 식료품 위주로 상품을 취급하는 점포이다. 소비자에게 싼 가격으로 상품을 제공하려고 하다 보니 인건비를 절약하게 되었고 이를 통해 셀프서비스제도를 채택하게 되었다. 금융비용을 절약하기 위해 현금주의를 채택하였으며, 임차료를 줄이기 위해 지하 점포나 임차료가 싼 교외의 점포를 이용하였다. 미국에서는 그 시기에 이미 1가구당 1대의 차량이 보편화되어 배달 서비스 없이도 소비자들이 제품을 직접 차량으로 운송할 수 있었다. 이에 더해 냉동 및 냉장 기술의 발전과 포장 기술의 진보로 인해 신선식품을 오랜 기간 동안 보관할 수 있게 되어 슈퍼마켓 등의 형태가 가능해졌다.

4. 할인점

할인점(discount store)은 1950년대에 미국에서 등장한 소매상으로, 전국적으로 유명한 브랜드 제품을 일반 상점보다 더 저렴한 가격에 판매하는 원칙에 따라 운영된다. 소비자에게 제공하는 서비스를 줄이고, 현금, 무배달주의, 대량구매의 이점 등을 살려 소비자에게 싼 가격으로 상품을 공급할 수 있었다. 처음에는 의류 위주로 판매하였으나 지금은 백화점과 같이 다양한 상품을 취급한다.

1962년 미국 Arkansas주 Rogers라는 작은 마을에서 Sam Walton에 의해 창립된 월마트는 처음에는 자동차 부품, 소형가전을 중심으로 취급하였으나, 현재는 2,000여 점포에 1,200억 달러가

넘는 매출액으로 세계 최대의 소매점이 되어있다. "Everyday low price"를 표방하면서 일찍부터 전자문서교환인 EDI(Electronic Data Interchange)를 이용하여 신속한 재고보충과 저가격을 실현하여 급성장할 수 있었다. 우리나라에서는 신세계 산하인 이마트와 삼성과 영국의 Tesco가 합작한 홈플러스 그리고 롯데 계열의 롯데마트가 선두를 이루고 있다. 세계적인 월마트는 한국 시장에서 소비자 욕구를 파악하는데 실패하여 이마트로 사업을 양도하였으며, 유럽의 대표적인 할인점인 까르푸 역시 한국에서 실패하고 홈에버로 넘어갔다가 이후 홈플러스와 합병되었다.

5. 편의점

편의점(convenience store)은 주택지나 유동인구가 많은 접근이 용이한 지역에 위치해서 24시간 연중무휴 영업을 하며 재고회전이 빠른 한정된 제품계열(예를 들어 식료품, 일용품, 문방구 등)을 취급함으로써 소비자들에게 구매의 편의를 제공하는 점포이다. 미국에서 1970년대에 등장한 것으로, 이는 종업원들이 출퇴근하는 대형 소매점의 발달로 소규모 점포들이 경쟁력을 잃고 사라지게 되자 아침 이른 시간과 저녁 늦은 시간에 소비자들의 구매 편의를 위해 등장했다. 주로 주유소와 함께 운영되는 것이 많다. 편의점은 취급하는 제품의 종류는 많으나 제품별 품목수는 적으며, 일반적으로 슈퍼마켓이나 할인점보다 가격이 비싼 것이 보통이다. 예로 세븐일레븐, CU, 패밀리마트, GS25 등이 있다. 요즘은 아마존 닷컴이 운영하는 식료품점인 아마존고 매장도 있다. 이는 최초의 무인매장으로 2018년 1월 시애틀에서 소비자들에게 개발되었다. 그러나 완전무인매장은 아니고 주류와 물건을 채우는 직원이 있다[그림 13-5].

그림 13-5 **CU편의점과 아마존고**

6. 전문할인점

전문할인점은 카테고리 킬러(category killer)라고도 하는데, 한정된 상품군을 취급하며 일반 소매점보다 훨씬 저렴한 가격으로 판매하는 소매업체이다. Toys'R'Us, Home Depot, Office Depot, Best Buy 등이 유명한데, Toys'R'Us는 장난감을 중심으로 어린이용 책, 어린이용 상품을 주로 판매하며, Home Depot는 집에서 사용하는 공구, 벽지, 카페트, 전기제품, 목제제품 등을 중심으로 취급한다. Office Depot는 사무용품을 중심으로 컴퓨터 등을 판매하며, Best Buy는 전자제품을 중심으로 CD, DVD 등을 취급한다. 우리나라의 하이마트와 비슷하며 전문할인점의 형태이다.

7. 상설할인매장

상설할인매장은 공장매장(factory outlet)이라고도 하며, 제조업자가 소유·운영하는 염가매장(off-price store)으로서, 제조업자의 잉여상품, 단절상품, 재고상품, 전시품, 불합격품 등을 주로 취급하면서 가격은 아주 저렴하다. 주로 의류업체에서 재고상품을 취급하거나 도자기나 가구제품, 전기, 전자제품업체에서 불합격품, 전시품을 모아서 아주 싼 가격에 판매한다. 우리나라에는 2001 아울렛이 있으며, 요즘은 이런 상품을 취급하는 점포들만 여러 개를 모아서 하나의 단지에 아웃렛 몰(outlet mall)을 형성하기도 한다. 신세계 프리미엄 아울렛이나 롯데 프리미엄 아울렛 등이 성업 중이다.

8. 회원제 도매클럽

회원제 도매클럽(member's wholesale club) 혹은 **회원제 창고형 할인점**(membership warehouse club)은 일정한 회비를 정기적으로 내는 회원들에게만 할인된 가격으로 정상적인 제품들을 판매하는 유통업체이다. 최소한의 서비스를 제공하여, 심지어는 쇼핑백이나 포장지도 제공하지 않고, 매장도 창고 형태로 최소한의 시설만으로 이루어졌으며, 판매단위가 큰 것이 특징이다. 월마트 산하의 Sam's Club, 우리나라에도 들어와 있는 코스트코 등이 유명하고 이마트 트레이더스나 롯데의 빅마켓도 회원제는 아니지만 도매클럽이라 할 수 있다.

9. 온라인쇼핑

최근 우리나라 유통시장은 기존의 오프라인 유통업체에서 TV홈쇼핑과 인터넷 쇼핑몰의 비약적인 성장으로 통신판매 및 무점포 소매업의 비중이 나날이 확대되고 있는 추세에 있다. 즉, 온라인쇼핑은 PC 기반 인터넷쇼핑과 모바일 기반 인터넷쇼핑을 말한다. 모바일쇼핑의 비중은 2018년 10월 통계청 자료에 의하면 6조 2,399억 원이며, 온라인쇼핑 거래액은 10조 434억 원, 온·오프라인 병행몰은 2017년 동월 대비 29.1% 증가한 3조 3,128억 원으로 추정한다. 이 중 2017년 10월 대비 의복(38.5%), 음·식료품(49.8%), 가전·전자·통신기기(38.2%), 화장품(38.6%) 등에서 증가하였으나, 문화 및 레저 서비스(−4.8%)에서 감소하였다. 이에 반해 모바일쇼핑 거래액 비중은 식품(68.5%), 서비스(66.3%), 생활(63.8%) 순으로 높았으며, 2017년 10월 대비 서비스(6.8%), 도서(5.4%) 등을 포함하여 모든 상품 부문에서 확대되고 있다.

세계 최대 인터넷 쇼핑몰 업체로는 아마존(Amazon)이 1위이며, 미국 시장조사업체인 eMarketer의 보고에 따르면 아마존이 2018년 미국 소매시장에서 2,822억 2,000만 달러(약 318조 135억 원) 매출을 예상했으며, 이는 49.1%로 미국 전체의 절반에 가깝다. 2위로는 이베이(ebay) 이며, 아마존과 8배 가까이 차이가 난다고 하였다. 국내에서는 G마켓, 11번가, 네이버쇼핑, 옥션, 쿠팡, 위메프 등이 있으며, 그 외에도 롯데, 신세계, 현대백화점이 온라인 쇼핑몰을 동시에 운영하고 있다. 홈쇼핑업체인 GS홈쇼핑, CJ쇼핑 등도 온라인 쇼핑몰을 겸하고 있고, 선두주자인 GS홈쇼핑과 CJ쇼핑을 비롯하여 농수산홈쇼핑, 현대홈쇼핑, 우리홈쇼핑 등이 있다.

10. 기타 매장

카탈로그 쇼룸(catalog showroom)은 주로 높은 마진과 빠른 상품 회전율을 가진 유명 상품들을 할인가격으로 판매하는 형태의 상점이다. 이러한 매장은 다양한 상품을 취급하며, 대표적인 예로 미국의 Service Merchandise가 있다. 소비자들은 이러한 매장을 방문하여 대표적인 상품 샘플이나 카탈로그를 확인한 후, 주문서에 품목번호를 기입하고 점원에게 전달하면 종업원이 창고로 가서 해당 상품을 꺼내 주는 형태를 가진다.

사례 | '스타필드' 쇼핑공간에서 놀이와 휴식의 공간으로

과거의 유통업이 단순히 물건을 파는 공간이었다면 신세계는 스타필드라는 복합쇼핑몰을 개장하여 새로운 도전을 하고 있다. 최근에 들어 오프라인 유통업은 온라인 쇼핑몰의 거센 도전으로 매출이 줄고 있으며 일부 매장은 폐점을 하고 있으며 2010년만 하더라도 전체 유통업에서 온라인의 비중이 20% 미만이었는데 2019년 현재 30%를 넘어서고 있다. 이런 상황에서 살아남기 위하여, 고객의 욕구 변화에 선제적으로 대응하기 위하여 쇼핑몰과 테마파크를 접목한 새로운 형태의 쇼핑공간을 열게 된 것이다. 도심이 아닌 교외인 하남에 연면적 14만평으로 축구장의 70배 , 주차공간 6,200대, 비쇼핑공간이 30%를 넘는 스타필드 하남을 2016년도에 개장하였고 그 뒤로 고양점을 오픈하였으며 안성점을 계획 중에 있다. 하남점의 경우 일평균 방문객이 6만 명으로 주말에는 12만 명이 넘으며 연간 2천만 명이 찾고 있다. (홈페이지와 내부 자료를 이용하여 작성함)

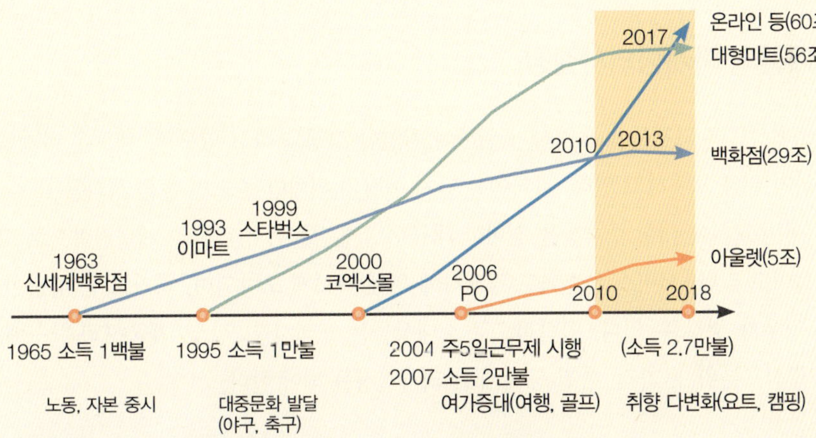

하이퍼마켓(hypermarket)이나 슈퍼스토어(super store)는 슈퍼마켓, 할인점, 창고소매업의 장점을 결합한 형태로, 대형 슈퍼마켓에 할인점의 아이디어를 통합하여 식품, 가구, 가전제품, 의류 등을 경제적인 가격으로 제공하는 소매 업체이다. 하이퍼마켓은 유럽에서 출발하였고, 슈퍼스토어는 미국에서 출발하였는데, 이제는 할인점과 구별이 쉽지 않다. 양판점은 일본에서 출발하였으며, 다수의 점포망을 가지고 어느 정도 깊이의 구색을 갖춘 다양한 상품계열을 저렴하게 판매하는 체인업체이다. 상품구성은 백화점과 비슷하지만 고가의 유명상표가 아닌 저가의 제품을 중심으로 판매하는 점포이다. 할인점의 발달과 더불어 사라지고 있다. 드러그스토어(drug store) 혹은 복합매장(combination store)은 식품과 약을 동시에 판매하는 점포의 형태로서 미국적인 매장이다. Osco Drug, Jewel, Walgreen, CVS 등이 대표적인 매장으로서 넓은 매장에 식품류와 약품을 동시에 판매한다.

4 소매상의 마케팅의사결정

오늘날 소매상들은 고객들을 유치하기 위하여 치열한 경쟁을 하고 있으며, 새로운 마케팅전략을 구사하기 위해 노력하고 있다. 과거에는 단지 매장의 위치만 좋으면 좋은 성과를 낼 수 있었으나, 이제는 교외에 대형 주차장을 겸비한 대규모 소매점들이 강력한 마케팅전략으로 고객들을 불러들이고 있다. 서비스 차별화도 경쟁사에 의해 빠르게 모방되며, 저가도 큰 장점이 아니게 되는 경우가 생길 수 있다. 일반적으로 소매상들은 표적시장, 장소, 제품구색과 구매조달, 서비스 및 점포분위기, 가격, 촉진 등에 대한 의사결정을 해야 한다.

1. 표적시장과 입지 결정

표적시장의 결정은 가장 중요한 의사결정 문제 중의 하나이다. 표적시장을 선택한 후에야 다른 결정을 내릴 수 있다. 표적시장 선택은 어떤 고객을 대상으로 사업을 진행할 것인지에 대한 문제로, 이를 위해서는 시장조사를 실시하고 표적고객들을 만족시키는 방법을 검토해야 한다.

소매업 성공의 세 가지 요소가 장소, 장소, 그리고 장소라고 할 정도로 점포의 위치 선정은 중요한 문제이다. 고객들은 기본적으로 가까운 점포를 선호한다. 특별한 마케팅 프로그램을 가진 대형 소매점이 아닌 소규모 소매상일수록 장소 문제는 그 점포의 사활이 걸려 있다고 해도 과언이 아니다. 소매상들이 위치하는 대표적인 장소로서는 도심 상가 지역, 교외의 대형 쇼핑센터, 지역 쇼핑몰, 대형점포 내를 들 수 있다. 장소를 결정하는 요소로는 다음과 같은 요소들이 고려된다. 매일 점포를 지나가는 고객 수, 점포를 방문하는 고객 비율, 방문객 중에서 실제로 구매하는 고객 비율, 그리고 일인당 평균 구매액 등이 있다.

2. 제품구색과 서비스 결정

소매상의 제품구색은 표적시장의 구매기대와 일치해야 한다. 소매상들은 제품구색의 폭(제품계열)과 깊이(품목)를 결정해야 하는데, 소매상의 실제 문제는 제품구색이 정해진 후 시작된다. 얼마나 많은 종류의 제품을 취급할 것인지, 한 종류의 제품 중에서도 특정 유명상표의 제품 하나만 취급할 것인지, 다양한 제조업자의 여러 상표를 취급할 것인지, 사적상표(유통업자상표)의 제품을 취급할 것인지 등을 결정해야 한다. 소매상들은 제품구색에 대한 결정을 하고 난 후 조달처, 조달 방법, 재고관리, 주문, 선적, 물류, 입고 등의 문제를 결정해야 한다.

소매상들은 고객들에게 제공할 서비스 믹스의 수준을 결정하여야 한다. 구매 전 서비스로는 전화주문 및 우편주문 접수, 광고, 진열장 및 내부 전시, POP광고, 피팅룸(fitting room) 설치 등이며, 구매 후 서비스로는 배달, 설치, 소비자 교육, 조정과 맞춤 손질, 선물포장, 환불과 교환 등이 있다. 보조서비스로는 주차, 식당, 수선, 신용, 금융, 보관, 휴게실, 유아보호서비스, 기타 여러 가지 정보서비스가 있다. 서비스 믹스는 경쟁점포와 자사점포를 구별하는 중요한 수단이 될 수 있다. 또한, 각 표적 시장에 적합한 분위기를 조성하고, 이 분위기가 소비자의 구매와 연관성을 가질 필요가 있다.

3. 가격결정

가격은 소매상의 위상정립을 결정하는 핵심 요소 중의 하나이며 표적시장, 제품 구색, 서비스 믹스 등과 연결하여 결정하여야 한다. 모든 소매상들은 높은 이폭(margin)을 가지면서도 많은 판매량을 올리고자 한다. 그러나 이폭과 판매량은 일치하지 못하는 경우가 많다. 대부분의 소매상들은 높은 이폭에 적은 판매량을 올리는 전문점과 낮은 이폭에 높은 판매량을 올리는 할인점의 중간에서 어떤 방향을 택해야 할지 결정해야 한다. 월마트는 'everyday low price'를 표방하고 있으며, eMart는 경쟁회사보다 높은 가격에 대해서는 3배 보상을 광고하고 있다. 어떤 점포는 'buy one, get one free'를 내세우기도 한다.

4. 촉진결정

소매상들은 또한 소비자들의 구매를 조장하기 위해 다양한 촉진믹스를 사용한다. 제품을 판매하기 위해서는 판매원을 고용하거나 유명 매체를 활용하여 광고를 하며, 다양한 판촉방법을 사용하여 구매를 장려한다. 이를 위해 특별할인 혜택을 제공하거나 환불쿠폰을 발행하며, 소비자를 매장 내로 유도하기 위해 시식 코너를 마련하기도 한다.

한 예로 1993년에 설립되어 비약적인 성장을 하고 있는 미국의 최대 중고자동차 소매업체인 CarMax사는 소비자들이 중고차를 구입할 때 위험하고 어려운 문제라고 생각하는 두 가지 문제를 해결하여 급성장할 수가 있었다. 중고차를 구입하는 사람은 자동차를 사면서 대형 사고가 난 경험이 있는 차를 사는 것은 아닌지 걱정을 하게 되고, 자동차 가격을 아무리 많이 깎아도 본인이 과연 잘 샀는지 확신을 하지 못한다. 여기에 착안한 CarMax는 다른 회사들이 차 값을 많이 불러 깎아주는 정책을 사용해도 CarMax는 적정가격을 표시하고 표시된 가격에서 절대로 할인 정책을 펼치지 않았다. 이런 CarMax의 정책은 오히려 소비자들에게 신뢰감을 줄 수 있었다. 또한 CarMax는 매장 입구에 완전히 부서진 차의 사진과 함께 그것을 깨끗하게 고쳐놓은 차를 전시해 놓고, “우리는 이런 차는 취급하지 않는다.”고 광고한다. 또한, 매력적인 전시실, 어린이 보호실과 같은 부가 서비스를 제공하며, 110가지 이상의 자동차 기술 검색 시스템을 구축하여 중고차와 관련된 포괄적인 정보를 제공하고 있다. 이러한 방법으로 매우 짧은 기간 내에 급격한 성장을 이룩했다.

사례 | 롯데하이마트, 온 · 오프라인 융합 '옴니채널(Omni Channel)'로 전자유통 1위

2019 고객감동브랜드지수 1위(전자제품전문점 부문 6년 연속)

롯데하이마트(주)는 국내 1위 전자유통 전문기업이다. 1999년 출범한 이래 전 세계 다양한 상품을 취급하며 카테고리 킬러(category killer)로서 국내 가전유통시장을 주도하고 있다. 전국에 종합전자 가정생활 전문양판점인 롯데하이마트와 온라인 쇼핑몰을 운영하고 있다. 전국을 그물망처럼 촘촘히 연결하는 매장과 물류센터, 서비스센터가 모두 직영이라는 것이 특징이자 강점이다.

롯데하이마트는 변화하는 시장환경에 대응하기 위해 온라인 판매 채널을 강화하는 데 주력하고 있다. 특히 온 · 오프라인연계(O2O) 판매 방식인 '옴니채널 서비스'를 지속해서 강화해 나가고 있다. 온라인 쇼핑몰에서 구매한 상품을 롯데하이마트 오프라인 매장에서 수령하는 '스마트픽', 위치기반 서비스를 활용해 고객에게 맞춤형 할인 쿠폰이나 이벤트 정보 등을 자동 발송해주는 '엘팟 서비스', 오프라인 매장에서 온라인 전용 상품을 손쉽게 구매할 수 있는 '옴니세일즈' 서비스를 운영하고 있다.

2018년부터 선보이고 있는 옴니스토어도 온라인 판매 채널 강화 노력의 일환이다. 롯데하이마트는 옴니스토어 구리역점에서 기존 옴니세일즈 전용 앱의 편의성을 개선해 선보였다. 기존 옴니존에 설치된 태블릿과는 달리 옴니스토어에 설치된 태블릿 전용 앱에서는 소비자 스스로 제품 주문부터 결제, 배송까지 전 과정을 원스톱으로 처리할 수 있다. 태블릿으로 결제하면 주문 번호가 주어지고, 잠시 후 이 번호가 계산대 안내 화면에 뜨면 제품을 바로 가져갈 수 있다. 롯데하이마트는 연말까지 옴니스토어를 총 20여 곳으로 늘릴 계획이다.

온라인 전용 물류 인프라도 개선했다. 롯데하이마트는 국내 가전 유통업계 최초로 2017년 6월 경기 이천에 4,300㎡ 규모의 온라인 전용 물류센터를 구축했다. 물류센터 내부의 택배 터미널을 활용해 상품 입고 단계부터 분류, 배송까지 원스톱 시스템을 갖췄다. 또 낮 12시 이전에 온라인 쇼핑몰에서 주문한 상품을 당일 배송해주는 '오늘 배송' 서비스, 주문 후 2시간 내 상품을 배송하는 '스마트퀵 120분' 서비스도 도입했다.

출처: 김지원, 한국경제, 2019. 4. 17.

Ⅱ 도매상과 대리상

1 도매상의 개념과 기능

도매상은 재판매 또는 사업을 목적으로 구입하는 고객에게 상품이나 서비스를 판매하고 이와 관련된 활동을 수행하는 상인이다. 도매상은 여러 측면에서 소매상과 다른데, 첫째, 도매상은 최종소비자를 상대하는 것이 아니라 사업하는 고객을 상대하기 때문에 촉진, 분위기, 장소 등에 별로 구애받지 않는다. 둘째, 도매거래는 소매거래에 비해 상권이 크며, 거래 금액도 매우 크다. 마지막으로 도매상들은 단지를 형성하여 모여 있는 경우가 많다. 도매상의 기능으로는 제품의 생산과 소비 사이에서 발생된 장소와 시간의 불일치를 해소시키는 물류기능을 수행하며, 소유권 이전, 촉진, 금융, 구매와 구색 맞춤, 위험부담, 시장정보, 협상, 주문, 지불 활동 등의 경로기능을 수행한다.

2 도매상의 유형과 추세

도매상은 상인들이 수행하는 기능에 따라 완전기능도매상과 한정기능도매상으로 나뉜다. 완전기능도매상은 도매상이 수행해야 할 모든 기능을 수행하는 것이며, 한정기능도매상은 도매상이 일부 기능을 생략하거나 수행하지 않는 형태의 도매상이다.

완전기능도매상은 취급하는 상품의 종류에 따라 잡화도매상, 단품종도매상, 전문도매상으로 나눌 수 있다. 잡화도매상은 문구류도매상과 같이 여러 종류의 상품을 취급하는 도매상이며, 단품종도매상은 한 가지 종류의 상품만을 취급하고, 전문도매상은 한 가지 종류의 상품도 전부 취급하지 않고, 일부 품목만 취급하거나 특정 상표의 제품만을 취급하는 도매상이다.

한정기능도매상은 기능에 따라 현금무배달도매상, 트럭도매상, 직송도매상, 선반중개인, 우편주문도매상 등이 있다. 현금무배달도매상은 현금거래만 하며 배달을 해주지 않는 도매상으로 이렇게 경비를 절약하여 가격을 좀 더 싸게 공급하는 도매상이다. 트럭도매상은 트럭 그 자체가 점포로서 트럭에 상품을 싣고 다니면서 소규모 소매상이나 식당, 병원, 호텔, 회사 등에 상품을 공급한다. 직송도매상은 석유, 석탄, 철강, 시멘트와 같이 무게나 부피가 큰 상품을 취급하는 도매상으로서 점포 내에 상품을 가지지 않고 소매상이나 대형 고객의 주문을 받으면, 도매상 창고나 생산자 창고에서 직접 고객에게 상품을 배달해주는 형태의 도매상이다. 선반중개인은 소매상의 진열선반을 빌려 영업을 하는 상인으로서 신제품이나 소매상들이 취급하기를 좋아하지 않는 상품을 중심으로 취급하며, 선반중개인은 자기 명의로 상품의 소유권을 가지면서 상품을 진열하고 소비자에게 팔린 제품에 대해서만 소매상에게 선반수수료를 제하고 대금을 회수한다. 우편주문도매상은 우편주문 카탈로그를 소매상이나 기관고객에게 보내어 주문을 받고 배달을 하는 형태의 도매상이다.

최근에 대규모 소매상들이 점점 늘어가고 생산자들도 규모가 커져가면서 도매상들을 배제하고 생산자와 소매상이 직접 거래를 하는 경향이 늘어가고 있다. 과거에 교통, 통신이 불편하고 생산자와 소매상 모두 영세할 때는 많은 단계의 중간도매상들이 유통경로에 게재하였다. 그러나 교통, 통신이 발달하고 대형 소매상이 늘어가면서 점점 도매상 배제현상은 가속화되어가고 있다. 따라서 도매상들은 그들의 자구책으로 시장정보에 대한 기능을 강화하며, 수직적 통합을 통하여 소매상에 대한 지원을 강화하고, POS 시스템과, 자동화된 창고, 전자식 자료교환 등 정보기술을 도입하여 거래비용을 줄이며, 전사적 품질경영시스템을 도입하기도 한다.

3 대리상

중간상은 상인중간상과 대리중간상으로 나눌 수 있다. 상인중간상은 도매상과 소매상으로서 자기 명의로 상품의 소유권을 가지면서 거래를 하는데 반하여, 대리중간상은 상품에 대한 소유권을 가지지 않으면서 거래가 원만하게 성립되도록 도와주는 역할만 하는 상인의 형태이다. 대리중간상은 상인으로서의 역할은 도매상과 비슷한 역할을 하지만 도매상과는 다른 형태의 상인이다. 상인중간상이 취하는 이윤의 형태를 이폭이라 하지만 대리중간상이 취하는 이윤의 형태는 수수료(commission)라 한다. 대리상의 유형으로는 중개인(broker), 객주(commission man), 제조업자대리상(manufacturer's agent), 판매대리상(selling agent), 구매대리상(buying agent), 수출입대리상(export and import agent) 등이 있다.

중개인의 주요 역할은 구매자와 판매자를 연결시키고 거래를 원활하게 이끌어내는 것이다. 그들은 거래의 성사를 지원하며, 거래가 성공적으로 이루어지면 수수료를 받을 수 있다. 흔한 예로는 부동산중개인, 증권중개인, 보험중개인, 식품중개인 등이 있다.

사례 | 도매와 소매 그리고 원도매와 중도매

온라인 쇼핑몰이 도매시장 성장에 일조

2010년대 이후 유니클로, 자라와 같은 SPA 브랜드의 성장과 온라인 쇼핑의 활성화로 인해 동대문 시장이 위기에 처했다는 기사를 많이 접하곤 한다. 반은 맞고 반은 틀린 이야기다. 그리고 온라인 쇼핑몰은 일반인을 대상으로 의류를 판매하기에 도매시장보다는 동대문 소매시장과 경쟁한다. 따라서 소매시장은 온라인 쇼핑몰이 급격히 성장할수록 위기에 빠질 수밖에 없다.

그런데 도매시장은 상황이 다르다. 온라인 쇼핑몰은 자체적인 의류 제작 역량이 없는 경우가 대부분이다. 따라서 동대문 도매시장에서 판매되는 의류를 본인 쇼핑몰에 올려서 판매하는 경우가 많다. 온라인 쇼핑몰의 활성화가 동대문 도매시장의 성장에 일조할 수 있는 구조다. 그렇다 해도 온라인 쇼핑몰의 부상으로 동대문 도매시장의 수익구조가 과거보다 나빠졌을 가능성을 배제할 수는 없다.

이러한 변화로 도매시장 내 도매상인의 세분화도 가속화했다. 대략 세 가지 그룹으로 나뉘는데, 첫 번째 그룹은 우리가 일반적으로 인식하는 도매상으로 제품을 자체적으로 기획 · 디자인하고 봉제공장에 외주를 주는 '원도매상'이다. 이들은 대형 패션 기업과 같은 사업구조를 갖고 있다. 두 번째 그룹은 '중도매상'이라 불리는 일종의 패션 유통 업체인데 원도매상으로부터 물건을 매입한 후 도매상에 재판매한다. 마지막으로 원도매와 중도매를 병행하는 일종의 하이브리드 그룹이 있다. 원도매상처럼 본인이 직접 제품을 제작하기도 하고 다른 도매상 물건을 떼다 팔기도 한다. 이들은 '병행업체'라 불린다.

동대문 패션 클러스터는 판매기능(동대문 시장)과 생산기능(창신동 포함 주변 봉제공장)이 공존하는 거대한 산업 생태계다. 동대문시장은 도매시장과 소매시장으로 구분되며, 도매시장은 원도매와 중도매, 병행업체 세 가지로 세분화된다.

우리가 바라보는 동대문시장은 화려한 겉모양 뒤에 매우 복잡한 생태계가 살아 숨 쉬는 곳이다. 그리고 이러한 복잡한 생태계인 동대문 패션 클러스터는 이전에 볼 수 없었던 거대한 위기에 봉착해 있다.

출처: 김경민의 서울탐방 16, 동대문시장의 분화 일부 발췌, 조선경제 303호, 2019. 06. 10.

객주는 판매업자의 상품을 위탁받아 판매를 대행해주는 상인으로서 일시적으로 생산자의 일부 상품만을 위탁받아 구매자를 찾아 매매를 해주며, 판매가 성립되었을 때는 위탁받은 판매자에게 일정 수수료를 받는다.

제조업자대리상은 보완적 제품계열을 생산하는 두 명 이상의 제조업자를 대표한다. 그들은 가격, 영업 지역, 주문, 배달서비스, 수수료율 등에 대해 제조업자와 협의하며, 숙련된 판매원을 가지고 의류, 가구, 전기, 전자제품과 같은 업종에서 주로 종사한다.

판매대리상은 특정 제조업자의 전 품목을 판매 대행하며 가격결정 등 계약상의 권한을 가진다. 구매대리상은 특정 기업의 상품 구매를 대행하며, 구매자를 대신하여 상품을 구입하고 인수하며 검사하여 창고에 보관하고 필요에 따라 구매자에게 상품을 선적하여 보낸다. 수출입대리상은 수출입에 관하여 특정 기업의 무역을 대행해 주며 일정 수수료를 받는다.

Ⅲ 물적유통

1 물적유통의 개념과 목표

물적유통(PD: physical distribution)은 줄여서 물류라고도 하며, 로지스틱스(logistics)와 혼용되어 사용된다. 최근에는 **공급망관리**(SCM: supply chain management)라고 하는 광범위한 개념으로 확대되고 있는 추세에 있다. 물류는 원자재, 재공품, 완제품 및 관련 정보를 발생 지점에서 소비 지점까지 효율적이고 효과적으로 흐르도록 계획·실시·통제하는 과정으로 수송, 보관 및 이에 따르는 제반 활동을 포함한다. 물류 활동은 일반적으로 주문처리 활동, 보관 및 재고관리 활동, 수송 활동을 포함한다.

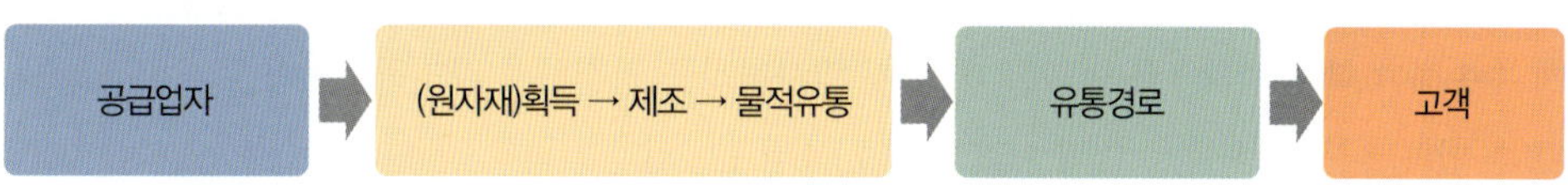

그림 13-6 공급망의 구성 요소

물적 유통의 목표는 고객 서비스 향상과 물류 비용 최소화이다. 이는 제품을 효율적으로 고객에게 제공하기 위한 목표지만 실제로는 고객 서비스 향상과 물류 비용 최소화는 상충 관계일 수 있다. 어떤 물류 시스템도 동시에 고객 서비스 최적화와 유통 비용 최소화를 달성하기란 어렵다. 고객에 대한 서비스를 극대화 한다는 것은 많은 신속한 주문처리를 하고, 월등한 수송을 제공하며, 많은 재고를 확보하기 위해 많은 창고를 확보하는 것인데, 이것은 물류비용을 증가시키기 때문이다. 따라서 고객서비스를 어느 정도 제공하면서 물류비용을 줄이는 적정시점을 찾아서 이들의 적절한 믹스를 구성해야 한다. 주요한 고객서비스 요소로는 재고 이용가능성, 서비스 제공능력, 서비스의 질을 들 수 있고, 주요한 물류비용 요소로는 재고유지비, 수송비, 주문처리비를 들 수 있다. 고객서비스 제공을 위한 총비용 관계는 [그림 13-7]과 같이 나타낼 수 있다.

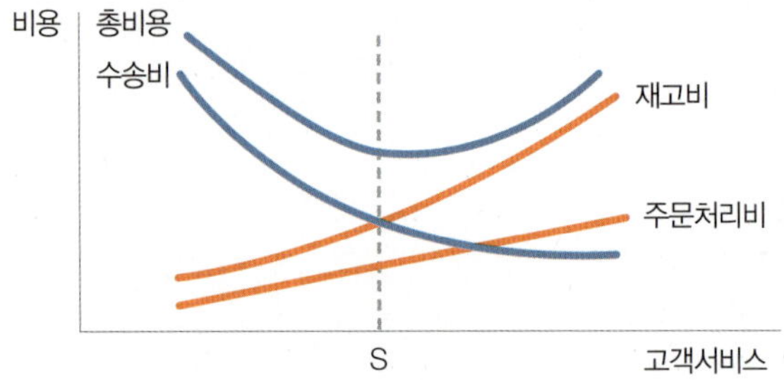

그림 13-7 고객서비스 제공을 위한 총비용

2 물류기능의 관리

기업은 물류 활동과 관련하여 네 가지 의사결정을 하여야 한다. 주문은 어떻게 처리해야 하는가?, 어디에 물건을 보관해야 할 것인가?, 얼마나 많은 재고를 유지해야 하는가?, 제품은 어떻게 수송해야 할 것인가? 로 이러한 네 가지 의사결정을 적절하게 관리하여야만 물류비용을 줄일 수 있다. 이들의 관계를 그림으로 그리면 [그림 13-8]과 같다.

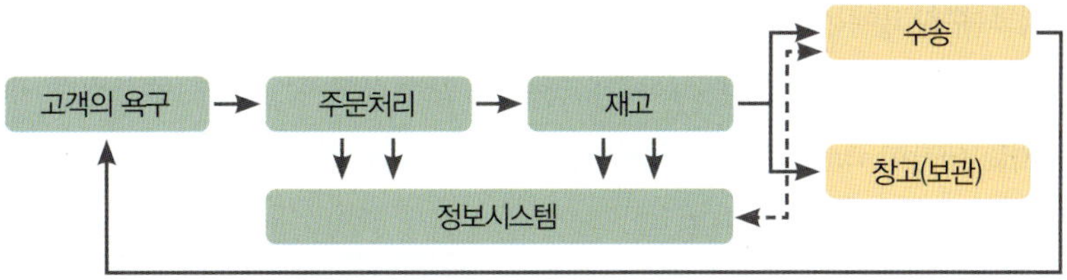

점선: 정보의 흐름을 의미함. 가령, 주문은 정보시스템에 입력되며, 수송 자료가 정보시스템에 입력되면 이에 따라 수송지시가 이루어짐.

그림 13-8 물적유통 기능들 간의 관계

1. 주문처리

대부분의 기업들은 고객들이 주문하고 주문품을 전달하여 송금하는데 걸리는 시간을 줄이기 위해 노력한다. 주문–송금주기에는 몇 단계가 포함되는데, 고객이 주문하면 판매원이 주문을 전달하고 주문의 접수와 고객의 신용도 검토가 이루어지며, 다음으로 재고확인 및 생산일정계획이 수립되고 주문서 및 송장이 송부되고 대금의 수령이 이루어진다. 그런데 이 주문–송금주기가 길면 길수록 고객의 만족은 낮아지고 따라서 기업의 매출도 떨어진다.

GE(General Electric) 같은 회사는 주문을 접수하면 신용 상태 확인, 제품 재고 확인 및 정보 시스템을 활용한다. 재고가 있는 경우, 어디에 있는지 확인하며, 컴퓨터를 통해 선적 명령을 내리고 고객에게 청구서를 보내며, 재고 기록을 수정하고 새로운 제품에 대한 생산 명령을 내리고 판매원에게 메시지를 보낸다. 이 모든 과정은 15초 이내에 완료된다.

2. 보관

모든 기업은 상품을 판매할 때까지 일정 기간 보관을 해야 한다. 그 이유는 상품의 생산과 소비가 시간적으로 일치하지 않기 때문이다. 보관기능은 생산과 소비 간의 시간적인 차이를 해결하여 준다. 기업은 전국적으로 상품을 보관할 최적의 저장 장소 수를 결정하여야 한다. 저장 장소가 많다는 것은 그만큼 빨리 고객에게 상품을 전달할 수 있는데 반해 보관비용은 증가한다.

창고의 종류로는 상당기간 상품을 보관하는 저장창고와 유통 과정에서 일시적으로 보관하는 유통창고가 있다. 자기 회사의 상품만을 보관하는 자가창고와 창고의 임대를 목적으로 설립된 임대창고가 있다. 비바람만을 피할 수 있는 일반적 시설의 일반창고와 특수시설을 한 특수창고로 분류할 수 있으며, 특수창고에는 냉동시설을 한 냉동창고, 냉동은 아니면서 저온을 유지하는 저온 냉장창고가 있다. 일정 기간 관세의 부과를 보류하는 보세창고가 있으며, 컴퓨터로 제어하고 자동으로 상품을 운반하고, 분류하고, 적재하는 자동화창고도 있다.

그림 13-9 대형 창고와 창고의 내부

3. 재고관리

판매원들은 주문을 즉시 처리하려면 충분한 재고를 가지길 원하지만, 많은 재고를 유지하는 것은 비용 효율성 측면에서 문제가 될 수 있다. 예를 들어, 1천 개의 제품을 판매하는 상점이 각 제품마다 10개의 재고를 유지하려면 1만 개의 재고가 필요하며, 이를 보관하기 위한 공간, 냉장 냉동 시설 등의 추가 비용이 발생할 수 있다.

재고를 결정할 때는 언제, 얼마나 주문할 것인가를 결정해야 한다. 재고가 줄어들어 몇 개가 남았을 때 다시 주문할 것인지(재주문점)를 결정하고, 1회 주문 시에 얼마나 많은 양을 주문할 것인지(주문량)를 결정해야 한다. 그리고 주문처리비용과 재고유지비용 사이에서 균형을 이루어야 한다. [그림 13-10]에서 보듯이 주문처리비용과 재고유지비용을 합한 총비용을 최소화하는 Q*점에서 최적주문량이 결정된다.

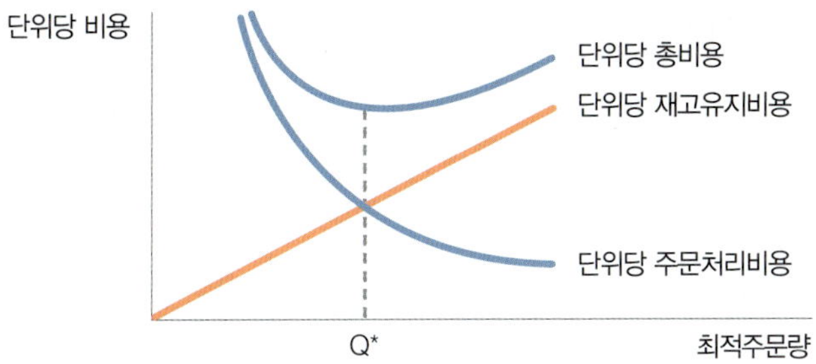

그림 13-10 최적주문량의 결정

4. 수송

수송은 상품의 생산과 소비 사이의 장소적 차이를 해결해주는 기능을 한다. 농촌에서 생산한 농산물과 어촌에서 생산한 수산물을 도시의 소비자에게 전달하기 위해서는 수송기능이 따라가 주어야 한다. 상품을 창고나 판매상 혹은 고객에게 수송하는데 있어서는 5가지 수송수단, 즉 육로, 철도, 해운, 항공, 파이프라인 중에서 선택을 해야 한다. 수송수단의 선택은 제품의 가격, 적시배달 여부, 도착 시의 제품의 상태 등에 영향을 주며, 이 모든 것이 고객의 만족에 영향을 준다. 수송수단을 선택할 때는 속도, 빈도, 수용 능력, 이용가능성, 추적가능성, 다양한 상품의 취급가능성, 비용 등을 고려해야 한다. [표 13-1]은 각 수송수단의 상대적 특성을 보여준다.

표 13-1 수송수단의 상대적 특징

구분	철도	트럭	해상운송	파이프라인	항공
배달속도	3	2	4	5	4
지리적 범위	2	1	4	5	4
정시배달 능력	3	2	4	1	4
다양한 상품의 취급 능력	1	2	3	5	4
상품선적횟수	4	2	5	1	4
파손	5	4	2	1	4
단위당 비용	3	4	1	2	4

※ 1은 각 특성별로 가장 우수한 수송수단을 의미함.

자료: D.J. Bowersox, D.J. Closs, and O.K. Helferich, Logistical Management, 3rd ed.(New York: Macmillan, 1986), p. 166; R.H. Ballou, Business Logistics Management: Planning and Control, 2nd ed.(Englewood Cliffs, NJ: Prentice-Hall, 1985), p. 194.

최근에는 수송을 하는데 있어 팔레트(pallet)와 컨테이너(container)의 등장으로 일시에 많은 양을 파손 없이 수송할 수 있게 되었다. 특히 이것들은 두 가지 이상의 수송수단을 복합적으로 이용할 수 있게 하는데, 피기백(piggyback)은 철도 기차에다가 트럭을 실어 상하차 시간을 줄여 신속하게 이동하게 하는 것을 의미하며, 피쉬백(fishyback)은 선박과 트럭, 트레인십(trainship)은 선박과 기차, 에어트럭(airtruck)은 항공기와 트럭의 복합적인 수송을 나타내는 말이다[그림 13-11].

그림 13-11 팔레트와 컨테이너

주요 용어

객주(commission man)
거간
공급망관리(SCM: supply chain management)
구매대리상(buying agent)
대리중간상
도매상
물적유통(PD: physical distribution)
방문판매
백화점(department store)
보세창고
상설할인점
선반도매상
소매상
수송
슈퍼마켓(supermarket)
에어트럭(airtruck)
연쇄점(chain store)
영업창고
완전기능도매상
잡화점
재고관리
전문할인점(category killer)
주문처리
직송도매상
카탈로그 쇼룸(catalog showroom)
통신판매
트럭도매상
판매대리상
편의점(convenience store)
피기백(piggyback)
피쉬백(fishyback)
하이퍼마켓(hypermarket)
한정기능도매상
한정품점
할인점(discount store)
현금무배달도매상
회원제 도매클럽(member's wholesale club)

연습문제

01 소매상과 도매상을 구분하고 비교 · 설명하시오.

02 소매상의 발달 과정과 유형들을 설명하시오.

03 소매상이 해야 하는 의사결정에는 어떤 것들이 있는가?

04 도매상의 유형을 설명하시오.

05 도매상과 대리상의 차이를 설명하고 이들의 종류를 설명하시오.

06 물류란 무엇이며 물류기능에는 어떤 것들이 있는가?

찾아보기

ㄱ

ㅅ

ㅇ

ㅊ

ㅋ

ㅌ

ㅍ

ㅎ